中文社会科学引文索引(CSSCI)来源集刊

边疆考古研究

RESEARCH OF CHINA'S FRONTIER ARCHAEOLOGY

第29辑

教育部人文社会科学重点研究基地
吉林大学边疆考古研究中心
边疆考古与中国文化认同协同创新中心
编

科学出版社
北京

内 容 简 介

《边疆考古研究》是教育部人文社会科学重点研究基地吉林大学边疆考古研究中心编辑的学术集刊。本辑收录考古调查发掘报告、研究论文等22篇，内容涉及中国边疆及毗邻地区的古代人类、古代文化与环境。

本书可供文物考古研究机构及高校考古、历史专业学生参考阅读。

图书在版编目（CIP）数据

边疆考古研究. 第29辑 / 教育部人文社会科学重点研究基地吉林大学边疆考古研究中心边疆考古与中国文化认同协同创新中心编. —北京：科学出版社，2021.6

ISBN 978-7-03-068781-4

Ⅰ.①边… Ⅱ.①教… Ⅲ.①边疆考古-研究-中国-文集 Ⅳ.①K872-53

中国版本图书馆CIP数据核字（2021）第090903号

责任编辑：赵 越 / 责任校对：邹慧卿

责任印制：肖 兴 / 封面设计：陈 敬

科学出版社 出版

北京东黄城根北街16号

邮政编码：100717

http://www.sciencep.com

中国科学院印刷厂 印刷

科学出版社发行 各地新华书店经销

*

2021年6月第 一 版 开本：787×1092 1/16

2021年6月第一次印刷 印张：24 插页：4

字数：570 000

定价：198.00元

（如有印装质量问题，我社负责调换）

目　录

考古新发现

研究与探索

考古与科技

考古学史

考古新发现

东宁老黑山旧石器地点发现的石制品*

魏天旭[1]　王春雪[1]　陈全家[1]　宋吉富[2]　杨枢通[3]　李有骞[4]

（1. 吉林大学考古学院，长春，130012；2. 东宁市文物管理所，东宁，157200；3. 牡丹江市文物管理站，牡丹江，157000；4. 黑龙江省文物考古研究所，哈尔滨，150080）

2018年4月22日至4月27日，吉林大学考古学院、牡丹江市文物管理站和东宁市文物管理所组成了旧石器考古调查队，对黑龙江省东宁市进行了为期6天的旧石器考古调查。共发现旧石器地点17处、石器近800件，东宁老黑山地点即为其中一处。东宁老黑山地点发现石制品106件，发现于该地Ⅱ级堆积阶地上。本文即对发现的石制品进行研究和讨论。

一、地理位置、地貌与地层

（一）地理位置

东宁老黑山地点位于黑龙江省牡丹江市东宁市老黑山镇老黑山河的Ⅱ级堆积阶地上，地理坐标为北纬43°44′05.38″，东经130°53′26.13″，海拔335米。遗址面积约10000平方米。地点西距老黑山镇95米，西距乡道10米，东距206省道202米，西距老黑山河543米（图一）。

* 本项研究得到了2021年度吉林省教育厅科学研究项目（社会科学研究项目）“长春地区旧石器时代晚期遗存综合研究”的资助。

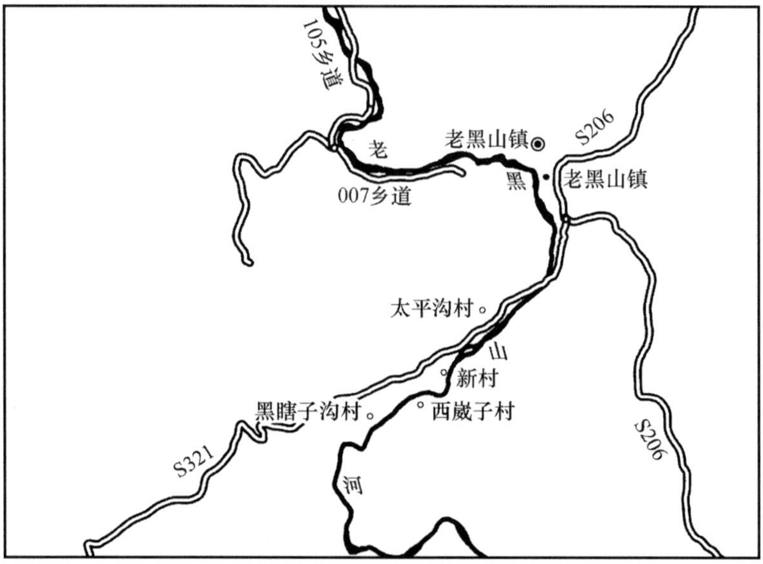

图一　东宁老黑山地点地理位置示意图

（二）地　　貌

东宁老黑山地点所属的东宁市位于黑龙江省牡丹江市绥芬河的西岸上，东宁市位于黑龙江省的东南部，地处中、俄、朝合围的“金三角”腹地，北邻哈尔滨市的依兰县和七台河市的勃利县，西通哈尔滨市的五常市、尚志市、方正县，南濒吉林省的汪清县、敦化市，东接鸡西市、鸡东县，并与俄罗斯接壤。

（三）地　　层

东宁老黑山地点文化层较厚，在调查过程中经过试掘的厚度为45厘米（未到底），第1层为约15厘米的黑色耕土层，第2层为15厘米的灰黄色土，第3层为黄褐色黏土（图二）。

二、石器的分类与描述

本次调查获得石制品106件，类型多样，包括石核、石片、断块和工具。其中石核9件，石片49件，断块5件，工具43件。下面对石制品进行具体的分类描述。

（一）石　　核

9件。根据石核类型可分为石片石核和细石叶石核（图版一，1）。

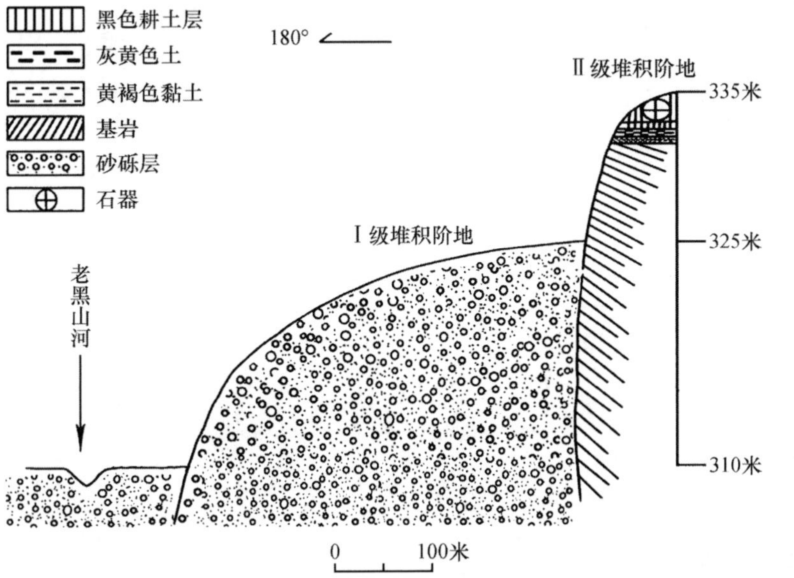

图二　东宁老黑山地点河谷剖面示意图

1. 石片石核

1件。18DLL：1，单台面石核，长39.93毫米，宽82.17毫米，厚64.65毫米，重250.73克。原料为燧石，形状不规则。台面为修理台面，长82.17毫米，宽64.65毫米，台面角75°。可辨认的剥片疤数为大于10个，最大疤长34.35毫米，宽46.34毫米，最大疤延伸程度为长，片疤深入程度为较深。表面轻微风化，自然面比为30%（图三，1）。

2. 细石叶石核

8件。根据石核的形状可分为船底形、锥形和楔形。

（1）船底形

6件。其中3件处于使用阶段，另外3件为预制阶段的细石叶石核。长32.71～43.55毫米，平均35.64毫米；宽63.89～105.34毫米，平均76.47毫米；厚18.40～47.55毫米，平均30.84毫米；重49.05～176.53克，平均92.59克；台面角62°～85°，平均68.8°。原料除1件为硅质灰岩外，均为凝灰岩。

标本18DLL：17，长34.3毫米，宽67.52毫米，厚24.74毫米，重68.84克。原料为凝灰岩，形状呈船底形。台面为修理台面，台面长67.52毫米，宽24.74毫米，台面角为66°，剥片疤大于10个，最大剥片疤长29.76毫米，宽9.67毫米。片疤深入核体程度为浅，表面严重风化（图三，4）。

（2）锥形

1件。18DLL：73，长35.41毫米，宽30.65毫米，厚32.37毫米，重33.85克。原料

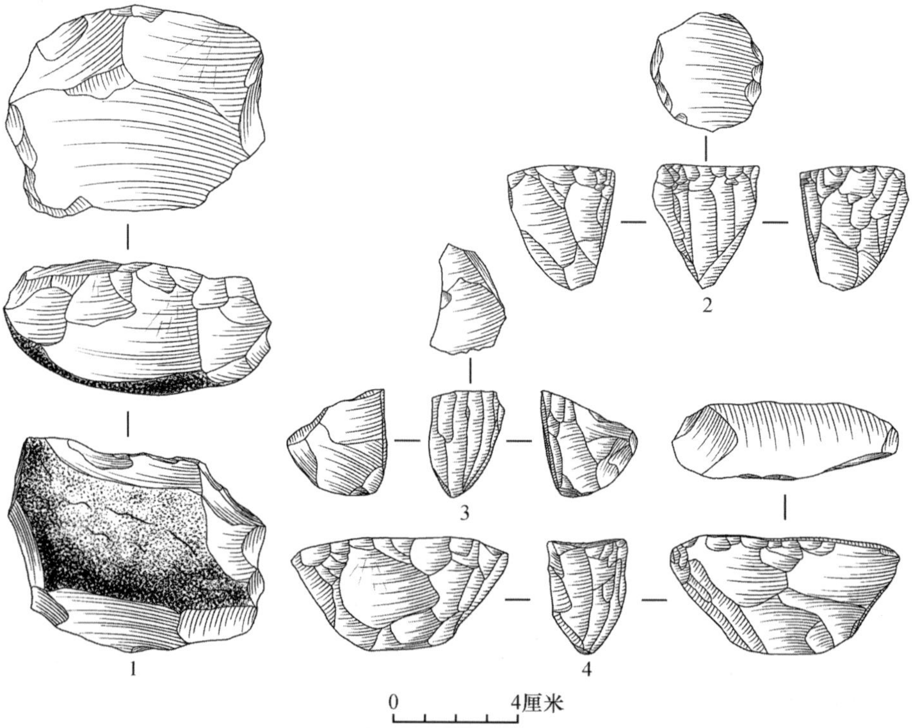

图三 石核

1. 单台面石片石核（18DLL∶1） 2. 锥形细石叶石核（18DLL∶73） 3. 楔形细石叶石核（18DLL∶71）
4. 船底形细石叶石核（18DLL∶17）

为流纹岩，形状呈锥形。台面为修理台面，台面长30.65毫米，宽32.37毫米，台面角为82°，剥片疤大于10个，最大剥片疤长29.36毫米，宽20.42毫米。片疤深入核体程度为浅，表面轻微风化（图三，2）。

（3）楔形

1件。18DLL∶71，长33.03毫米，宽22.59毫米，厚35.06毫米，重21.05克。原料为硅质灰岩，形状呈楔形。台面为打制台面，台面长22.29毫米，宽35.06毫米，台面角为63°，剥片疤大于10个，最大剥片疤长31.84毫米，宽6.64 毫米。片疤深入核体程度为浅，表面轻微风化（图三，3）。

（二）石　片

49件。根据石片的技术可分为锤击石片和石叶（图版一，2）。

1. 锤击石片

44件。根据完整程度可分为完整石片和断片。

（1）完整石片

24件。其中1件为勒瓦娄哇技术的石片，其余均为普通锤击石片。长17.71～93.22毫米，平均43.89毫米；宽19.4～99.63毫米，平均42.22毫米；厚3.34～28.72毫米，平均11.83毫米；重1.08～128.23克，平均26.23克；石片角94°～128°，平均106.68°。原料有凝灰岩、砂岩、玄武岩、角岩、流纹岩和硅质灰岩。

标本18DLL：2，为勒瓦娄哇石片。长93.22毫米，宽52.97毫米，厚27.69毫米，重128.23克。形状近平行四边形，原料为凝灰岩。台面为打制台面，长24.62毫米，宽16.84毫米，石片角为94°。打击点集中，半锥体凸，无锥疤，同心波不显著，无放射线。背面均为石片疤，疤数大于10个，两侧片疤为向心剥片，且均无打击点。两边关系近平行，侧缘中等磨蚀，远端状态为羽状，表面中等风化（图四，1）。

标本18DLL：22，长51.34毫米，宽70.43毫米，厚14.9毫米，重59.29克。形状为椭圆形，原料为砂岩。台面为修理台面，长60.51毫米，宽10.33毫米，石片角为98°。打击点散漫，半锥体微凸，无锥疤，同心波不显著，无放射线。背面均为石片疤，疤数为4个，两边关系为聚敛，侧缘中等磨蚀，远端状态为尖灭，表面严重风化（图四，6）。

（2）断片

20件。根据断裂的方向可分为横向断片和纵向断片。纵向断片为石片左边。

①横向断片　17件。包括近端断片，中段断片和远端断片。

近端断片　13件。长13.65～63.59毫米，平均34.98毫米；宽20.14～76.42毫米，平均41.61毫米；厚3.35～30.36毫米，平均9.82毫米；重1.13～114.84克，平均21.22克。石片角为89°～128°，平均103.68°。原料有砂岩、凝灰岩、流纹岩、安山岩和角岩。

标本18DLL：38，长46.11毫米，宽57.99毫米，厚12.04毫米，重32.77克。形状不规则，原料为砂岩。台面为修理台面，长23.09毫米，宽6.18毫米，石片角为110°。打击点散漫，半锥体微凸，无锥疤，同心波不显著，无放射线。背面均为石片疤，共6个疤，两边关系为扩展，侧缘轻微磨蚀，表面中等风化（图四，2）。

中段断片　1件。18DLL：78，长19.7毫米，宽30.59毫米，厚7.41毫米，重3.66克。形状不规则，原料为硅质灰岩。背面部分石片疤，部分自然面，两边关系近平行，侧缘轻微磨蚀，表面轻微风化（图四，5）。

远端断片　3件。标本18DLL：75，长22.88毫米，宽41.35毫米，厚7.43毫米，重5.59克。形状为四边形，原料为凝灰岩。背面均为石片疤，共2个疤，两边关系近平行，侧缘中等磨蚀，表面中等风化（图四，3）。

②纵向断片　3件。均为左裂片，原料均为凝灰岩。标本18DLL：62，长44.56毫米，宽27.36毫米，厚12.16毫米，重13.37克。形状不规则，原料为凝灰岩。台面为打制台面，长14.78毫米，宽5.71毫米，台面角为120°。打击点散漫，半锥体平，无锥疤，同心波不显著，无放射线。背面均为石片疤，共7个疤，两边关系近平行，侧缘中等磨蚀，表面中等风化（图四，4）。

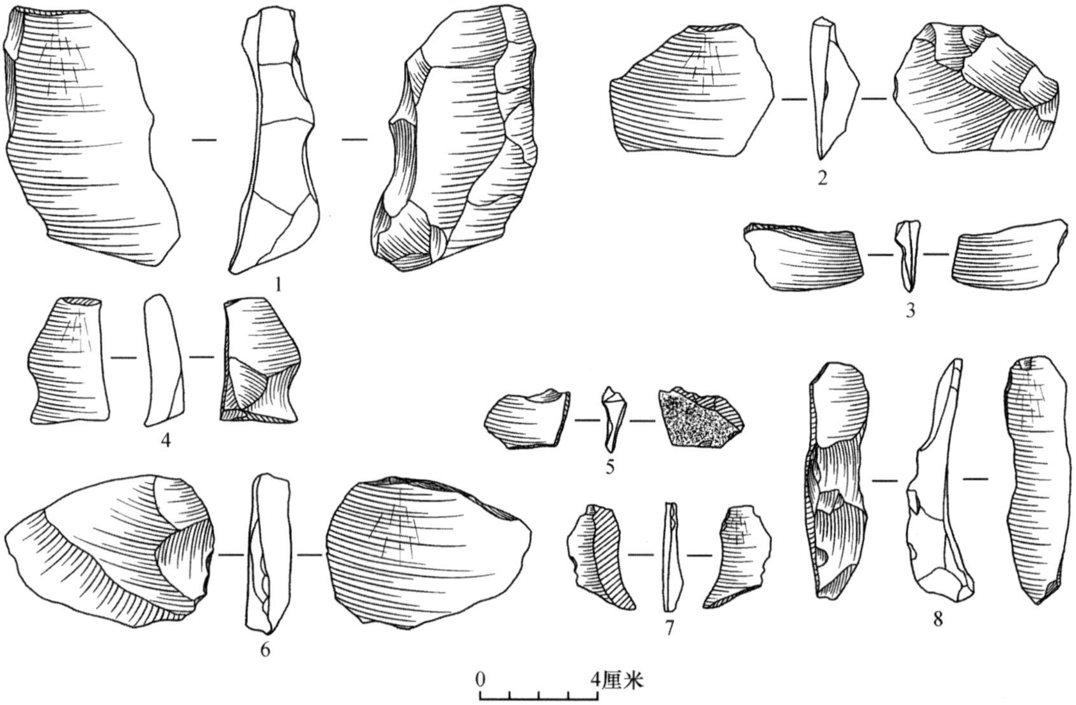

图四　石片与石叶

1、6. 完整石片（18DLL：2、18DLL：22）　2. 近端断片（18DLL：38）　3. 远端断片（18DLL：75）　4. 左裂片（18DLL：62）　5. 中段断片（18DLL：78）　7. 石叶近端断片（18DLL：91）　8. 完整石叶（18DLL：34）

2. 石叶

5件。根据完整程度可分为完整石叶和石叶断片。

（1）完整石叶

2件。均为鸡冠状石叶，原料均为流纹岩。标本18DLL：34，长79.93毫米，宽21毫米，厚18.55毫米，重22.35克。形状为鸡冠状，原料为流纹岩。台面为修理台面，长13.68毫米，宽2.72毫米，石片角为96°。打击点集中，半锥体凸，无锥疤，同心波不显著，有放射线。背面均为石片疤，疤数为5个，两边关系为近平行，侧缘轻微磨蚀，表面轻微风化（图四，8）。

（2）石叶断片

3件。均为石叶近端断片，原料均为硅质灰岩。标本18DLL：91，长33.71毫米，宽19.91毫米，厚6.38毫米，重2.74克。形状不规则，原料为硅质灰岩。台面为打制台面，长8.56毫米，宽2.57毫米，石片角为110°。打击点集中，半锥体凸，无锥疤，同心波不显著，无放射线。背面一半为石片疤，一半为节理面，共1个疤，两边关系为平行，侧缘轻微磨蚀，表面几乎没有风化（图四，7）。

（三）断　　块

共5件。长41.51～71.63毫米，平均61.94毫米；宽34.16～51.75毫米，平均42.41毫米；厚13.42～29.11毫米，平均18.48毫米；重27.85～67.48克，平均47.17克。原料有凝灰岩、砂岩、斑岩、黑曜岩和凝灰岩。

（四）工　　具

本文沿袭陈全家先生的分类方案，将工具分为三类：一类，制作石器的工具（石锤和石砧）；二类，未经加工直接使用的工具；三类，将片状或块状毛坯经过加工修理（修刃、修形和修理把手）的工具。

东宁老黑山发现的工具共43件，包括二类工具15件、三类工具28件。工具类型主要为刮削器，另外还有凹缺器、两面器和砍砸器（表一）。

表一　工具类型及数量　　（单位：件）

<table>
<tr><td rowspan="13">工具</td><td rowspan="4">二类工具</td><td rowspan="4">刮削器</td><td rowspan="4">单刃</td><td>单尖刃</td><td>2</td><td rowspan="4">15</td></tr>
<tr><td>单直刃</td><td>2</td></tr>
<tr><td>单凸刃</td><td>9</td></tr>
<tr><td>单凹刃</td><td>2</td></tr>
<tr><td rowspan="9">三类工具</td><td rowspan="6">刮削器</td><td rowspan="4">单刃</td><td>单直刃</td><td>8</td><td rowspan="9">28</td></tr>
<tr><td>单凸刃</td><td>8</td></tr>
<tr><td>单凹刃</td><td>2</td></tr>
<tr><td>端凸刃</td><td>2</td></tr>
<tr><td rowspan="2">双刃</td><td>直凹</td><td>2</td></tr>
<tr><td>尖凹</td><td>1</td></tr>
<tr><td>凹缺器</td><td></td><td></td><td>2</td></tr>
<tr><td>砍砸器</td><td></td><td>单直刃</td><td>1</td></tr>
<tr><td>两面器</td><td></td><td>矛形</td><td>2</td></tr>
</table>

1. 二类工具

共15件。均为单刃刮削器（图版三，1）。

（1）尖刃

2件。原料为流纹岩和凝灰岩。标本18DLL：95，长32.26毫米，宽24.4毫米，厚10.9毫米，重6克。原料为流纹岩，形状近三角形。A侧刃长29.7毫米，B侧刃长28.61毫米，A和B所夹刃角为96°。表面严重风化（图五，1）。

（2）直刃

2件。原料为玄武岩和凝灰岩。标本18DLL：26，长107.82毫米，宽32.5毫米，厚14.34毫米，重46.69克。原料为玄武岩，形状不规则，毛坯为石叶。A侧为刃，刃缘薄锐，刃长69.21毫米，刃角为35°。刃上零星分布大小不一的使用疤，表面中等风化（图五，3）。

（3）凸刃

9件。长37.93～119.79毫米，平均65.02毫米；宽28.85～90.2毫米，平均54.1毫米；厚5.59～19.64毫米，平均12.67毫米；重6.68～166.15克，平均51.42克；刃角21°～70°，平均34.67°。原料种类有凝灰岩、玄武岩、砂岩和角岩。标本18DLL：49，长56.42毫米，宽45.95毫米，厚9.13毫米，重45.88克。原料为凝灰岩。A侧为凸刃，刃长45.88毫米，刃角21°。表面严重风化（图五，2）。

（4）凹刃

2件。原料均为凝灰岩。标本18DLL：51，长59.69毫米，宽27.99毫米，厚12.81毫米，重18.83克。原料为凝灰岩。A侧为凹刃，刃长32.35毫米，刃角23°。表面中等风化（图五，4）。

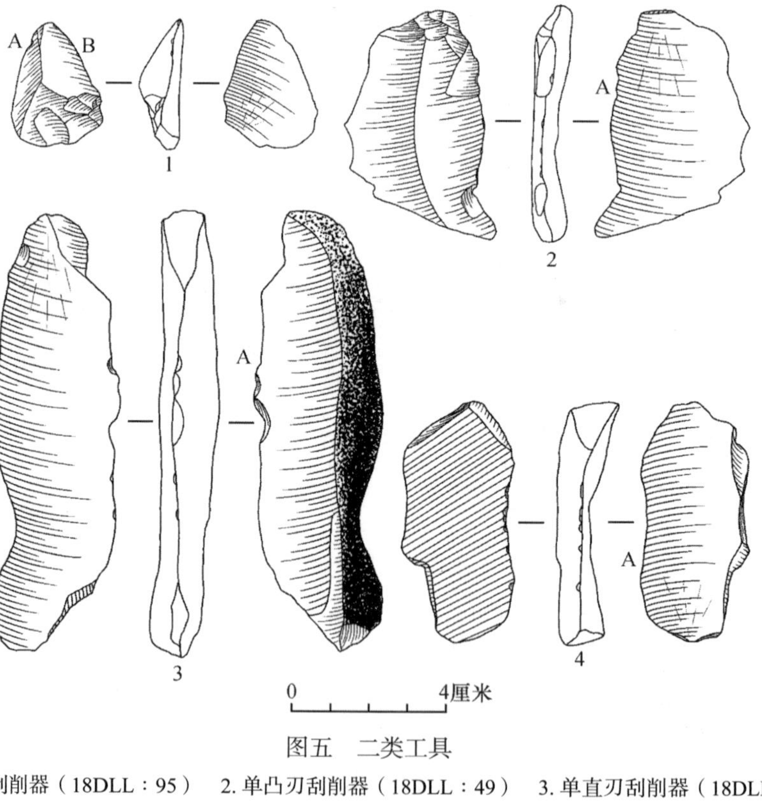

图五　二类工具

1. 单尖刃刮削器（18DLL：95）　2. 单凸刃刮削器（18DLL：49）　3. 单直刃刮削器（18DLL：26）
4. 单凹刃刮削器（18DLL：51）

2. 三类工具

共28件，包括23件刮削器、2件凹缺器、1件砍砸器和2件两面器（图版二）。

（1）刮削器

23件。刮削器根据刃缘数量可分为单刃和双刃。

①单刃　20件。根据刃缘形态分为直刃、凸刃、凹刃和端凸刃。

直刃　8件。长29.89～86.63毫米，平均41.72毫米；宽21.04～56.19毫米，平均35.00毫米；厚5.36～21.35毫米，平均10.32毫米；重3.29～91.17克，平均20.26克；刃长17.04～68.57毫米，平均31.95毫米；刃角为28°～62°，平均39°。原料种类有流纹岩、硅质灰岩、板岩、凝灰岩和安山岩。

标本18DLL：15，长86.63毫米，宽56.19毫米，厚21.35毫米，重91.17克。原料为流纹岩，以石片为毛坯，形状近平行四边形。A侧为直刃，刃长68.57毫米，刃角62°。B侧较钝，修疤为修理把手，刃部和把手部位均采用硬锤复向加工方式，修疤为多层，呈叠层状，疤间关系为叠压，加工距离远。C处用截断方式修理形状。表面轻微风化（图六，1）。

凸刃　8件。长36.95～88.71毫米，平均54.1毫米；宽22.23～59.49毫米，平均44.13毫米；厚8.18～20.91毫米，平均11.75毫米；重6.07～97.53克，平均31.19克，刃长28.91～92.07毫米，平均51.04毫米；刃角为20°～52°，平均35.63°。原料种类有砂岩、凝灰岩、玄武岩、硅质灰岩、角岩和流纹岩。

标本18DLL：10，长74.07毫米，宽59.49毫米，厚14.5毫米，重53.55克。形状不规则，原料为砂岩，以石片为毛坯。A侧为凸刃，刃长82.08毫米，刃角52°。刃部使用硬锤锤击正向加工，修疤为单层，呈普通状，疤间关系为连续，加工距离中等。B处修疤是为修理把手。表面中等风化（图六，2）。

凹刃　2件。原料为凝灰岩和流纹岩。标本18DLL：33，长59.47毫米，宽60.94毫米，厚22.71毫米，重61.48克。形状不规则，原料为凝灰岩，片状毛坯。A侧为凹刃，利用石片锋利的自然边缘作为刃部，刃长37.05毫米，刃角52°。B侧使用截断方式修理形状，表面严重风化（图六，3）。

端凸刃　2件。原料为砂岩和流纹岩。标本18DLL：32，长60.86毫米，宽41.03毫米，厚16.05毫米，重44.56克。原料为砂岩，以石片为毛坯，形状近水滴状。A侧为端凸刃，刃长105.68毫米，刃角74°。B侧修疤为修理形状，均采用硬锤正向加工方式，修疤为多层，呈叠层状，疤间关系为叠压，加工距离为远，表面轻微风化（图六，4）。

②双刃　3件。为直凹和尖凹刃刮削器。

直凹　2件。原料为流纹岩和角岩。标本18DLL：90，长23.78毫米，宽25.71毫米，厚6.23毫米，重3.68克。原料为流纹岩，毛坯为石片，形状近梯形。A侧为直刃，长20.59毫米，刃角为25°；C侧为凹刃，长19.43毫米，刃角为37°，均采用石片自然边缘作

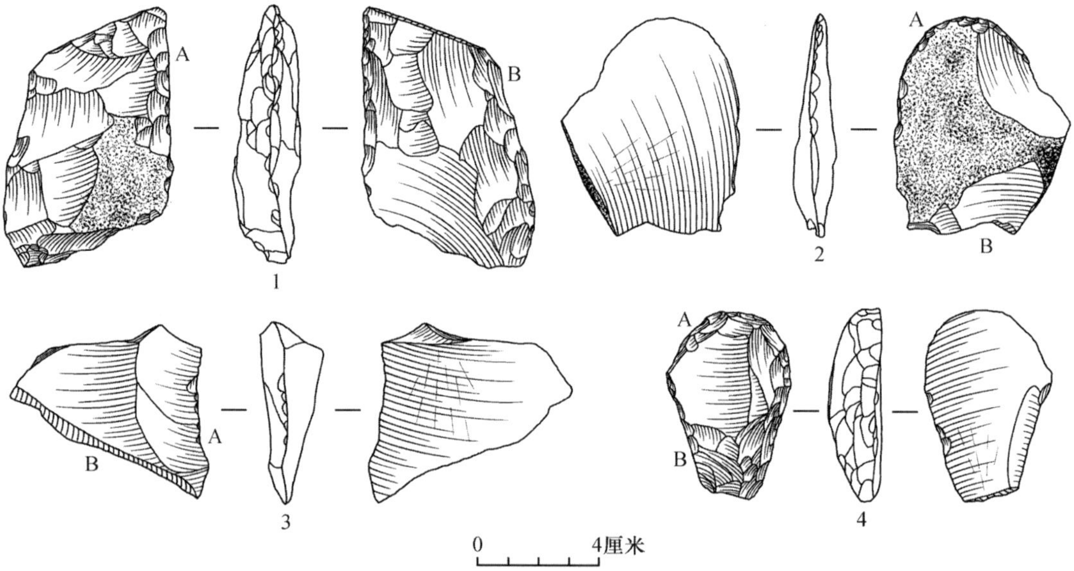

图六　三类工具（一）

1. 单直刃刮削器（18DLL：15）　2. 单凸刃刮削器（18DLL：10）　3. 单凹刃刮削器（18DLL：33）
4. 端凸刃刮削器（18DLL：32）

刃。B、D处采用截断方式修理形状，表面轻微风化（图七，2）。

尖凹　1件。18DLL：24，长66.67毫米，宽42.71毫米，厚16.66毫米，重37.83克。原料为流纹斑岩，毛坯为石片，形状不规则。AB段为凹刃，刃长34.30毫米，刃角38°；BC和CD所夹角为尖刃，BC长18.71毫米，CD长31.04毫米，刃角84°。尖刃使用硬锤正向修理，修疤为单层，呈普通状，疤间关系为断续，加工距离为近。表面轻微风化（图七，3）。

（2）凹缺器

2件。原料均为砂岩。标本18DLL：68，长31.77毫米，宽39.56毫米，厚11.37毫米，重12.51克。原料为砂岩，毛坯为石片，形状为四边形。A侧为凹缺刃，刃长15.11毫米，刃角42°。刃部使用硬锤锤击正向修理，修疤为双层，呈普通状，只有部分刃部经过修理，加工距离为近。表面中等风化（图七，1）。

（3）砍砸器

1件，为单直刃砍砸器。18DLL：106，长79.33毫米，宽73.13毫米，厚31.82毫米，重141.36克。原料为安山岩，毛坯为石片，形状为梯形。A侧为直刃，刃长70.77毫米，刃角62°。刃部使用硬锤锤击反向修理，修疤为单层，呈普通状，疤间关系为连续，加工距离近，表面中等风化（图七，4）。

（4）两面器

2件。原料为角岩和安山岩。标本18DLL：52，长62.58毫米，宽34.13毫米，厚13.7毫米，重26.26克。原料为角岩，毛坯为石片，形状为矛形。A侧刃长72.11毫米，B侧刃

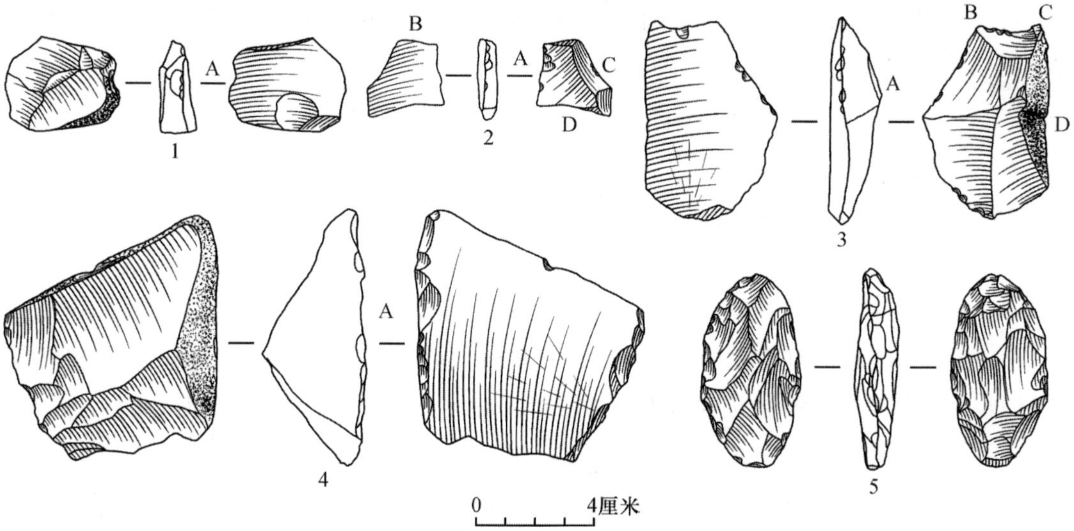

图七　三类工具（二）

1. 凹缺器（18DLL：68）　2. 直凹刃刮削器（18DLL：90）　3. 尖凹刃刮削器（18DLL：24）　4. 单直刃砍砸器（18DLL：106）　5. 两面器（18DLL：52）

长为64.11毫米，刃角为40°。采用硬锤锤击通体修理，修疤为多层，呈叠层状，疤间关系为叠压，加工距离远。表面轻微风化（图七，5）。

三、结　　语

（一）东宁老黑山地点石器工业特征

（1）该遗址发现石制品数量较多，凝灰岩、砂岩和流纹岩为主要原料，另外还有硅质灰岩、角岩、玄武岩、安山岩等。多数原料属于火成岩，这些原料都是较为优质的原料，说明该地区古人类对于石制品原料选择既有着明显的偏好又受当地原料种类的控制。

（2）该遗址大多数石制品为锤击技术产生的石核、石片和以锤击石片为毛坯的工具，说明锤击法剥片为最主要的剥片方式。另外，种类多样的细石叶石核的存在也表明该地点存在间接法剥片方式。

（3）工具修理

三类工具的修理方式以硬锤锤击正向修理为主，其次为反向，复向和通体修理均很少。其中精修类工具较少，多为简单修理。修理的部位主要为刃部和形状，也有对工具把手部位的修理，对工具毛坯形状的控制多采用截断处理的方式。

（4）东宁老黑山地点工具包括二类工具和三类工具，不见一类工具。二类工具有单凸刃刮削器、单直刃刮削器、单凹刃刮削器和单尖刃刮削器。三类工具包括单刃刮削器、双刃刮削器、凹缺器、两面器和砍砸器。

（二）与周边遗址的对比

东宁老黑山地点应属细石叶工业。工具组合既包括石叶工业典型类型，如直接使用的石叶或石叶断片，也包括石片工业的典型器型，如刮削器和砍砸器等，较少块状毛坯制成的工具。

同属于该流域的新立村北山地点[1]、东村北山地点[2]和同属于牡丹江地区、位于牡丹江流域的江富西山、牛场北山和红岩北山地点[3]，以及穆棱河流域的康乐二排山、四平山第一地点、四平山第三地点、共和胜利北山地点、郑家崴子东山和下城子镇东南山地点[4, 5]石器工业性质和东宁老黑山镇地点较为类似。石器原料均以流纹岩、流纹斑岩、硅质灰岩等较为优质的火成岩为主，但燧石、玛瑙、玉髓、黑曜岩和碧玉等非常优质的原料却较少。剥片技术以硬锤锤击法为主，间接剥片法占有一定地位。修理技术也以硬锤锤击为主，兼有压制修理。工具组合以石片或石叶为毛坯的工具为主；类型以刮削器为主，数量庞大，种类繁多；兼有砍砸器、薄刃斧、凹缺器、雕刻器和两面器等。随着调查与发掘的不断增多，该地区旧石器工业面貌的内涵将会愈加丰富。

（三）遗址性质

石制品的大量存在和种类丰富、推测可能为狩猎及加工狩猎产品的工具，是古人类在此生存生活的首要证据；石制品中也包含数量较多的废片和二类工具，因此老黑山地点的古人类曾在遗址进行过石制品加工行为。从周围环境来看，老黑山镇地点位于老黑山河二级阶地上，地势较高，有一定的活动区域，取水方便，且周围群山环绕，地势北高南低，较适合人类在此进行生产活动和长期的生产生活。综上所述，老黑山地点是一处古人类活动地点，且在此加工和制作过工具。

（四）遗址年代

东宁老黑山镇地点发现的石制品应埋藏于黄褐色砂质黏土中，虽无测年数据，但通过与周边旧石器遗址对比发现，在石器剥片方式、工具组合及石器风化程度等方面与该区域旧石器时代晚期遗址有很强的相似性；部分石器表面磨蚀和风化较为严重，多数石器边缘仍显得比较锋利，在石器采集区未发现新石器时代以后的磨制石器和陶片，由此推测，遗址的年代跨度较大，应为旧石器时代晚期或稍晚。

注　释

[1] 陈全家，魏天旭，杨枢通，李有骞. 新立村北山地点发现的石器研究.（待刊）
[2] 陈全家，魏天旭，杨枢通，李有骞. 东村北山地点发现的石器研究.（待刊）
[3] 林森. 牡丹江流域旧石器工业研究［D］. 吉林大学，2018年.
[4] 刘石拓. 穆棱河流域上游旧石器工业研究［D］. 吉林大学，2018年.
[5] 崔祚文. 穆棱河流域中游旧石器工业研究［D］. 吉林大学，2017年.

Analysis of the Stone Artifacts from Paleolithic Locality at Laoheishan Site

WEI Tian-xu　WANG Chun-xue　CHEN Quan-jia　SONG Ji-fu
YANG Shu-tong　LI You-qian

The Laoheishan Paleolithic Locality, which is located in Dongning, Mudanjiang, Heilongjiang Province, was found in April, 2018. The locality is on the second terrace. There were 106 stone artifacts collected in Laoheishan, including cores, flakes, chunks and tools. The raw materials were mainly tuff and rhyolite. Besides, they also use sandstone and some other high-quality raw materials. Most of the stone artifacts were tools. Repairing methods of the third tools were used hammer. The tools made by flakes were the dominance. According to the characteristics of these artifacts, we suggest that this site is the types from microblade industry, probably in upper Paleolithic.

天津蓟州区小港旧石器地点的石制品*

宋家兴[1] 王春雪[1] 魏天旭[1] 王家琪[1] 窦佳欣[1]
盛立双[2] 甘才超[2]

（1. 吉林大学考古学院，长春，130012；2. 天津市文化遗产保护中心，天津，300170）

2005年3～5月，天津市文化遗产保护中心首次在天津蓟州地区发现旧石器地点，后经整理共13处，采集石制品千余件[1]。2007年5～7月，由天津市文化遗产保护中心与中国科学院古脊椎动物与古人类研究所联合组队，对其中的东营坊遗址进行了考古发掘，出土大量石制品[2]。2015年4～5月，吉林大学考古学院与天津市文化遗产保护中心组成旧石器考古队，在蓟州区文物保管所的配合下，再次对蓟州地区进行旧石器田野调查。新发现旧石器地点13处，采集石制品数百件，收获颇丰。2015年4月30日，在小港村发现一处旧石器地点，共采集石制品52件。本文即是对此地点发现的石制品的初步研究。

一、地理位置与地貌

蓟州区位于天津市区北部，属于天山-阴山-燕山纬向构造带，经历了长期的海陆变迁过程。地势北高南低，呈阶梯状分布[3]。小港旧石器地点位于天津市蓟州区北部，该地点东邻石头营，西靠船舱峪，北抵赤霞峪，南距蓟州区18千米，距天津市区约120千米；西距北京市区约100千米。泃河在地点南部自西向东流过。该地点位于泃河北岸的二级阶地上，海拔高度为176米。地理坐标为北纬40°09′35.08″，东经117°33′16.26″（图一、图二）。

* 基金项目：吉林大学2017年度本科教学改革研究项目“高等院校考古学科创新人才培养模式研究”（2017XYB006）；吉林大学2020年度课程思政“学科育人示范课程”项目。

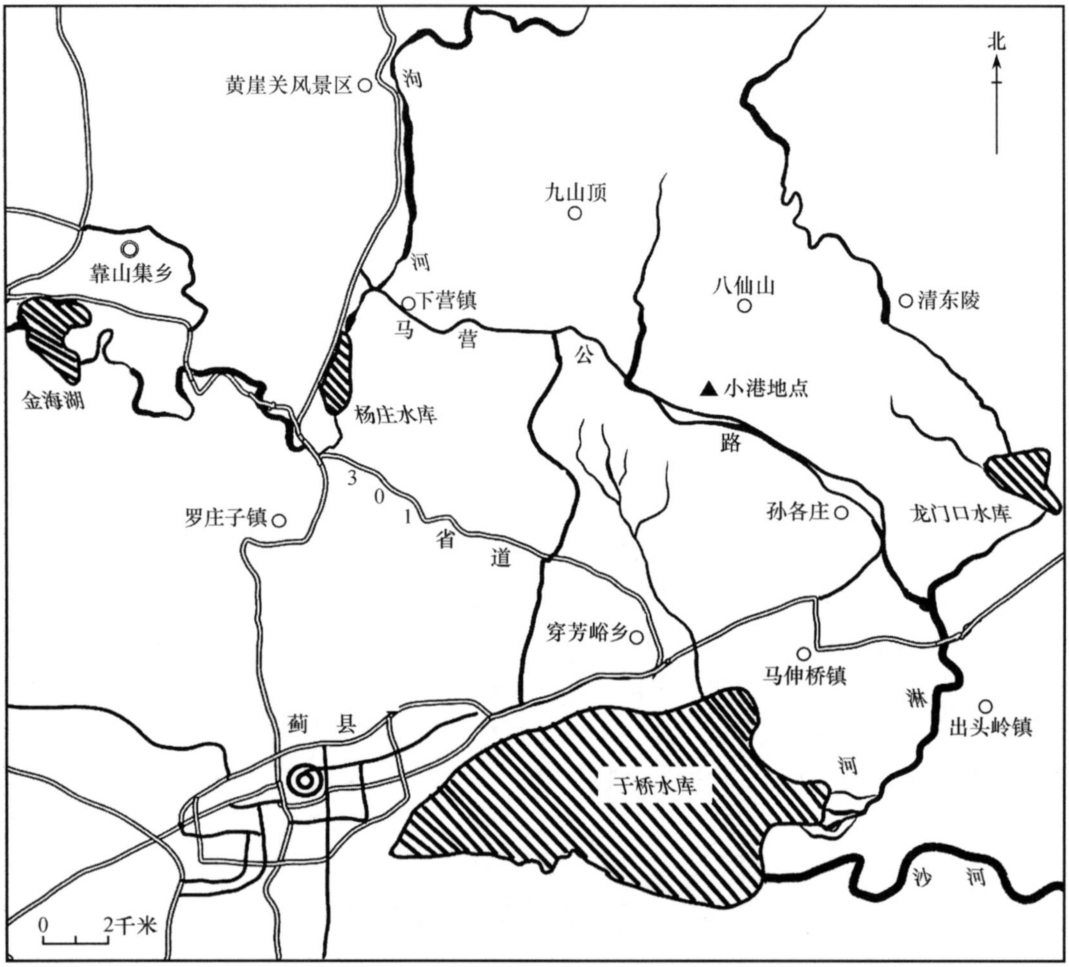

图一　小港旧石器地点的地理位置示意图

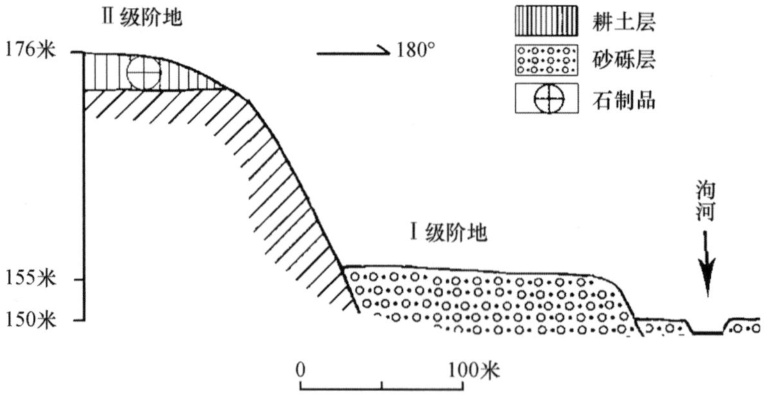

图二　小港旧石器地点的河谷剖面示意图

二、石制品的分类与描述

小港地点共采集石制品52件，原料全部为石英砂岩，石制品类型为石片和工具。

（一）石　　片

共40件，均为锤击石片。根据石片的完整程度分为完整石片和断片（表一）。

表一　石片统计表

名称	类别	数量（件）	百分比（%）
完整石片		14	35
断片	近端石片	11	27.5
	远端断片	5	12.5
	左裂片	5	12.5
	右裂片	5	12.5
合 计		40	100

1. 完整石片

共14件。长32.82～126.74毫米，平均长55.49毫米；宽34.88～199.06毫米，平均宽64.94毫米；厚9.86～60.77毫米，平均厚21.47毫米；重13.3～1191.25克，平均重130.31克。台面分为自然台面、打击台面和线状台面。台面长14.83～99.1毫米，平均长40.27毫米，台面宽7.38～40.69毫米，平均宽15.6毫米。石片角57°～129°，平均91°。石片背面可分为全疤和含少部分自然面两种。背面石片疤数量最多的达9个。

标本15TJXG：7，长71毫米，宽55.48毫米，厚21.63毫米，重80.21克。形状不规则，台面为自然台面，台面长30.13毫米，宽12.14毫米，石片角84°。劈裂面上打击点集中，半椎体平，同心波不显著，放射线清晰，背面含少部分自然面（图三，1）。

2. 断片

共26件。根据断裂方式的不同分为近端、左侧、右侧和远端断片。

（1）横向断片

①近端断片

共11件。长33.5～58毫米，平均长44.61毫米；宽43.74～122.04毫米，平均宽71.55毫米；厚11.34～24.76毫米，平均厚16.14毫米；重15.35～123.79克，平均重54.72克。台面分为自然台面和打击台面。台面长14.41～91.02毫米，平均长41.04毫米，台面宽7.26～24.18毫米，平均宽14.28毫米。石片角68°～128°，平均93.27°。

标本15TJXG：6，长50.18毫米，宽73.11毫米，厚14.8毫米，重51.19克。自然台面，台面长25.73毫米，宽7.26毫米，台面角75°。打击点集中，同心波不明显，有放射线，背面全部为自然面（图三，2）。

②远端断片

共5件。长26.58～49.46毫米，平均长40.56毫米；宽20.38～65.73毫米，平均宽44.47毫米；厚6.55～13.74毫米，平均厚11.42毫米；重9.06～51.72克，平均重22.04克。

标本15TJXG：41，长26.58毫米，宽41.41毫米，厚12.9毫米，重15.77克。同心波明显，背面全疤（图三，3）。

（2）纵向断片

①左裂片

共5件。长57.95～68.07毫米，平均长57.24毫米；宽27.98～67.06毫米，平均宽47.38毫米；厚7.66～27.91毫米，平均厚17.74毫米；重8.3～79.66克，平均重46.9克。

标本15TJXG：31，长68.07毫米，宽53.15毫米，厚22.08毫米，重54.33克。打击点集中，半锥体较平，同心波明显，有放射线，背面全疤（图三，4）。

②右裂片

共5件。长56.38～82.63毫米，平均长66.92毫米；宽36.8～96.42毫米，平均宽54.18毫米；厚13.2～27.43毫米，平均厚20.87毫米；重30.92～149.73克，平均重81.79克。

标本15TJXG：36，长67.12毫米，宽44.75毫米，厚23.62毫米，重61.2克。打击点集中，同心波明显，有放射线，背面留有少部分自然面（图三，5）。

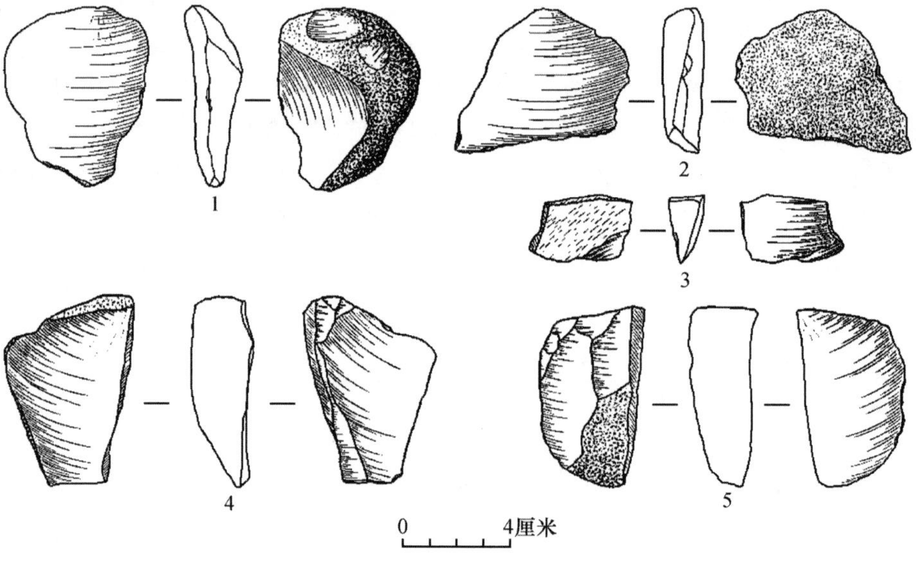

图三　石片

1. 完整石片（15TJXG：7）　2. 近端断片（15TJXG：6）　3. 远端断片（15TJXG：41）
4. 左裂片（15TJXG：31）　5. 右裂片（15TJXG：36）

（二）工　具

共12件，可分为一、二、三类工具[4]。

1. 一类工具

共1件。锤击石锤，标本15TJXG：52。长93.66毫米，宽69.33毫米，厚57.68毫米，重562.64克。A处有不规则的浅疤，应为锤击剥片时留下的崩疤；B处有磨损磕碰的痕迹，应为锤击剥片时留下的痕迹。器体浑圆，大小适中（图四，1）。

2. 二类工具

共5件。均为单刃刮削器，根据刃缘形态的不同分为直和凸刃。毛坯均为片状。

（1）单直刃刮削器

共2件。长55.5～119.71毫米，平均长87.61毫米；宽42.98～75.37毫米，平均宽59.18毫米；厚10.07～28.2毫米，平均厚19.14毫米；重35.29～192.07克，平均重113.68克。刃缘长43.16～101.15毫米，平均长72.16毫米；刃角均为30°。在刃部均有不连续的小疤，应为刃部作用于被加工物所留下的痕迹。

标本15TJXG：46，长55.5毫米，宽42.98毫米，厚10.07毫米，重35.29克。器物大小适中，A处为自然边作为直刃，刃长43.16毫米，刃角30°。刃部薄锐，无须加工，方便直接使用。刃部劈裂面一侧留有细小的使用疤（图四，2）。

（2）单凸刃刮削器

共3件。长40.33～92.88毫米，平均长60.74毫米；宽38.72～67.85毫米，平均宽48.93毫米；厚9.57～18.48毫米，平均厚12.97毫米；重13.17～99.87克，平均重44.63克。刃缘长44.6～73.05毫米，平均长57.98毫米。刃角30°～45°，平均36.67°。刃部均有不连续的小疤，刃部也留有磨光的现象，应为加工柔韧性较强的物质所留下的痕迹。

标本15TJXG：12，长92.88毫米，宽67.85毫米，厚18.48毫米，重99.87克。形状不规则。器物大小适中，A处以自然边做凸刃，刃长73.05毫米，刃35°。刃部薄锐，无须加工，方便直接使用。刃部劈裂面一侧留有细小的不规则的疤，均为与被加工物体接触所致（图四，5）。

3. 三类工具

共6件。均为单刃刮削器。根据刃的形态可分为凸、凹和尖刃。

（1）单凸刃刮削器

共3件。长37.52～92.29毫米，平均长59.76毫米；宽46.51～77.36毫米，平均宽58.11毫米；厚12.83～28.91毫米，平均厚19.37毫米；重22.32～192.63克，平均重94.12克。刃

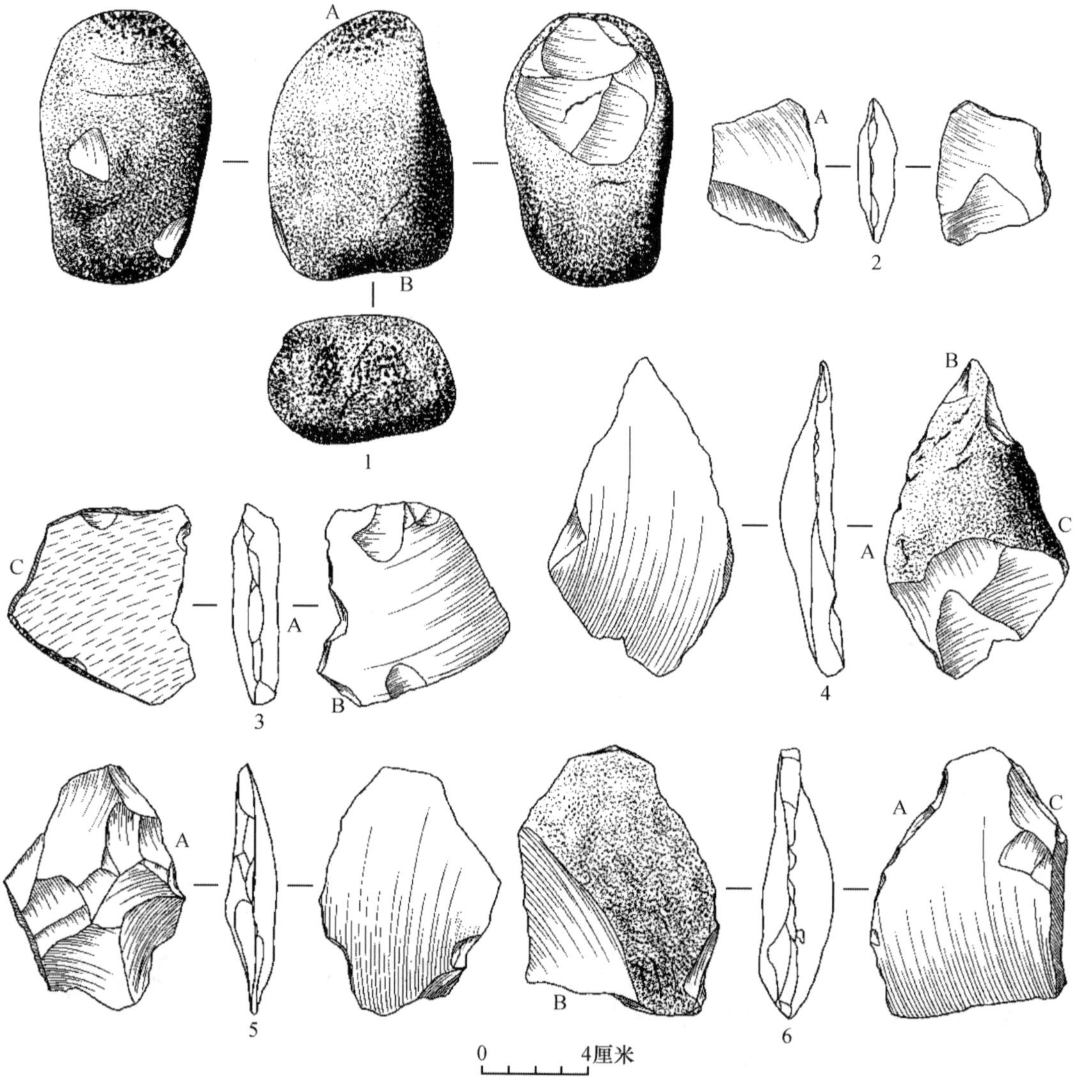

图四　小港旧石器地点发现的部分工具

1. 石锤（15TJXG：52）　2. 单直刃刮削器（15TJXG：46）　3. 单凹刃刮削器（15TJXG：50）　4. 单尖刃刮削器（15TJXG：11）　5. 单凸刃刮削器（15TJXG：12）　6. 单凸刃刮削器（15TJXG：47）

长30.5～82.4毫米，平均长62.2毫米；刃角60°～65°，平均61.67°。

标本15TJXG：47。长92.29毫米，宽77.36毫米，厚28.91毫米，重192.63克。A处以自然边做凸刃，刃长82.4毫米，刃角60°；B、C处为修形、修把手（图四，6）。

（2）单凹刃刮削器

共1件。15TJXG：50，形状不规则。长73.3毫米，宽75.57毫米，厚25.24毫米，重134.27克。A处以自然边为凹刃，刃长59.76毫米，刃角50°；B、C处为修形，修把手，使大小合适，方便使用（图四，3）。

（3）单尖刃刮削器

共2件。长115～115.84毫米，平均长115.42毫米；宽69.51～87.06毫米，平均宽78.29毫米；厚20.36～27.87毫米，平均厚24.12毫米；重120.66～185.09克，平均重152.88克。夹角62°～95°。加工方向为正向。

标本15TJXG：11，形状不规则。长115.84毫米，宽69.51毫米，厚20.36毫米，重120.66克。AB为自然边做刃，刃长为92.3毫米；BC经正向加工，刃长34.61毫米，所夹刃角62°（图四，4）。

三、结　　语

1. 石器工业特征

（1）石制品原料全部为石英砂岩，原料采自河漫滩砾石，属于就地取材。

（2）该地点石制品共52件。总体上看，包括石片40件，其中完整石片14件，断片26件；工具12件，其中一类工具1件，二类工具5件，三类工具6件。

（3）根据石制品的最大直径，可分为微型（＜20 毫米）、小型（20～50 毫米）、中型（50～100 毫米）、大型（100～200 毫米）、巨型（≥200 毫米）五种类型[5]。经统计，该地点的石制品，大型6件，中型31件，小型15件。

（4）石片30件，均为锤击剥片，大部分打击点集中，有清晰的放射线，同心波不太明显，少部分石片保留少量自然砾石面。

（5）一类工具1件，石锤，两端均有锤击痕迹。二类工具5件，均为刮削器，质地粗糙，但石片刃部锋利程度尚可，无须修理，直接使用。三类工具6件，修理方法以硬锤直接打击技术为主，加工方向为正向。修理的部位以修形和修理把手为主，这说明古人是在刃部锋利的情况下，有意地选择合适的部位进行修理，以便于制造出适合人类使用的工具，进行生产生活。

2. 讨论

根据以往研究，天津蓟州地区存在两个石器工业类型，即以石片石器为代表的小石器工业和以细石叶加工的各类石器为特征的细石叶工业类型。而近年来的调查结果显示，该地区也存在大石器工业类型[6]。从蓟州区周边的地区如根据泥河湾盆地及东北地区等地的旧石器文化面貌来看，大石器工业类型和小石器工业类型从旧石器时代早期开始，就应该同时存在并行发展的。自旧石器时代晚期开始，细石叶工业开始出现。但并没有取代原有的传统，而是与之共同发展[7]。本文认为同一地区大小石器传统是并行的，随着时间推移，新的工业类型并不会完全取代原有的工业类型。从天津蓟县地区大石器工业、小石器工业，包括细石器工业均存在且互相融合这一现象，也可以印证这一观点。小港旧石器地点的石制品虽以中小型的石制品为主，但断片比例较大，应为加工工具的副产品，而且该地点的工具几乎都以大石片加工而成，这符合大石器工业类型的特点。

通过上述石制品的研究，该地点没有发现石核类的石制品，石片类和工具数量众多，本文推测，小港可能为临时加工工具或狩猎等活动场所。虽然该地点未发现可供测年的动物化石，且没有发现原生层位，石制品均为地表采集。但由于没有陶片或磨制石器等遗物的发现，根据天津地区区域地层的堆积年代[8]及该地点的河流阶地性质分析，小港地点应属旧石器时代晚期。

注　　释

［1］ 盛立双. 初耕集——天津蓟县旧石器考古发现与研究［M］. 天津：天津古籍出版社，2014：3-12.

［2］ 盛立双，王春雪. 天津蓟县东营坊旧石器遗址发掘［C］. 2007中国重要考古发现. 北京：文物出版社，2008：2-5.

［3］ 蓟县志编修委员会. 蓟县志［M］. 天津：南开大学出版社，天津社会科学院出版社，1991：122-133.

［4］ 陈全家. 吉林镇赉丹岱大坎子发现的旧石器［J］. 北方文物，2001（2）：1-7.
本文选用陈全家先生的分类观点，将工具分为三类：一类，制作石器的工具（石锤、石砧）；二类，石片未经加工直接使用者（使用石片）；三类，直接将片状或块状毛坯经过加工修理者（修刃、修形和修理把手）。

［5］ 卫奇. 石制品观察格式探讨［C］. 第八届中国古脊椎动物学学术年会论文集. 北京：海洋出版社，2001：209-218.

［6］ 王春雪，李万博，陈全家，等. 天津蓟县杨庄西山旧石器地点发现的石制品［C］. 边疆考古研究（第21辑）. 北京：科学出版社，2017：1-12.

［7］ 陈全家，王春雪. 东北地区近几年旧石器考古的新发现和研究［C］. 考古学研究（七）. 北京：科学出版社，2008：183-204.

［8］ 天津市地质矿产局. 天津市区域地质志［M］. 北京：地质出版社，1992：116-142.

Preliminary Research on Xiaogang Paleolithic Locality in Jizhou District of Tianjin

SONG Jia-xing WANG Chun-xue WEI Tian-xu WANG Jia-qi DOU Jia-xin
SHENG Li-shuang GAN Cai-chao

Xiaogang Paleolithic locality, which is located in Jizhou area of Tianjin City, was found during the fieldwork by Protection Center of Cultural Heritage in Tianjin and School of Archaeology of Jilin University in April, 2015. The number of the stone artifacts, which the raw materials are mainly quartz sandstone, is 52, and the types are flakes and tools. According to the whole characteristics, the site should belong to the pebble-tool industry. The age is probably in Upper Paleolithic.

敖汉旗下洼镇敖东遗址第二地点发掘简报

赤 峰 学 院 历 史 文 化 学 院
内蒙古自治区文物考古研究所
敖　汉　旗　博　物　馆

敖东遗址第二地点位于赤峰市敖汉旗下洼镇敖东村东1.5千米坡地上，东南距敖汉旗新惠镇约50千米。遗址东倚教来河，南望燕长城，地理坐标为北纬42°29′46.20″，东经120°27′14.60″，海拔432米（图一）。

赤峰学院历史文化学院2012级考古学本科、2013级文物鉴定与修复专科学生完成本学年的教学计划后，为了提升田野考古实践技能，同时为了对敖汉旗历史文化资源进

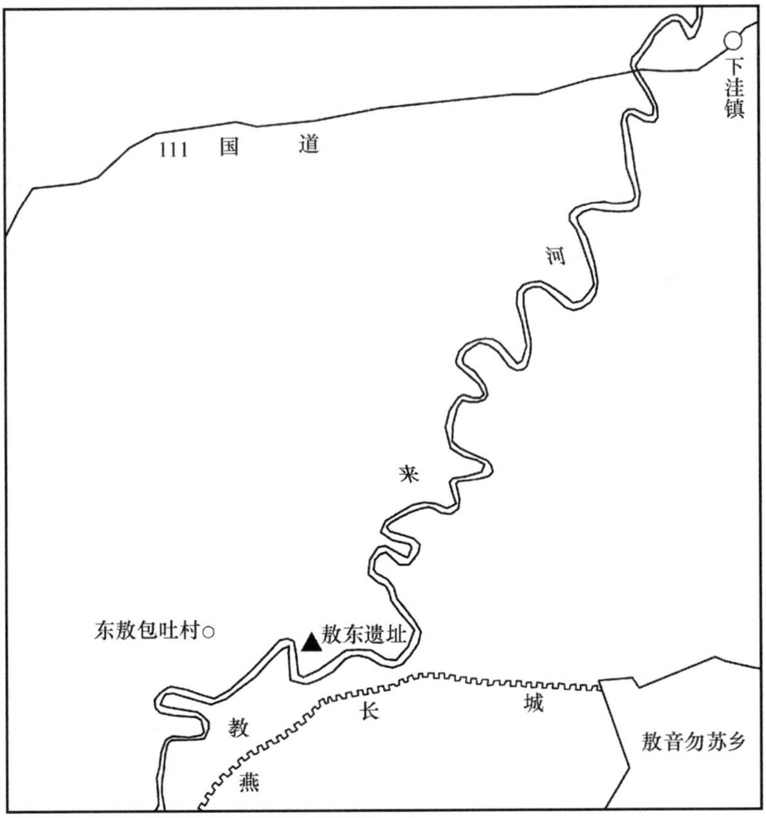

图一　敖东遗址第二地点位置示意图

行深入发掘整理，由赤峰学院历史文化学院、内蒙古自治区文物考古研究所、敖汉旗博物馆三家单位组建联合考古队，于2014年6～8月对敖东遗址第二地点进行了考古发掘。现将本年度发掘成果简报如下。

此次发掘共布5米×5米探方18个，10米×10米探方8个，发掘总面积为1250平方米。揭露出新石器时代房址2座，灰坑4座，壕沟2条，出土遗物包括陶器、石器和蚌器。陶器主要分为夹砂陶和泥质陶，器形主要包括筒形罐、钵等。石器大多为磨制，主要器类有磨盘、磨棒、石耜、斧、锄等。出土遗存以赵宝沟文化为主，并发现少量红山文化遗存。同时，调查与勘探结果表明，在发掘区东南部的向阳坡地上还有一处面积约3000平方米的夏家店下层文化环壕聚落。

一、地层堆积

本年度的发掘位于丘顶东坡，地势由西向东倾斜。敖东遗址第二地点地层堆积十分简单，厚度较为均匀，此次清理的遗迹均开口于耕土层下，打破生土层。整个发掘区除现代耕土层外，未发现古代的文化层堆积。现以T20东壁为例，介绍该遗址的地层堆积情况（图二）。

T20第1层为耕土层，黄褐色，质地疏松，厚20～30厘米。包含物除赵宝沟文化、红山文化及少量夏家店下层文化陶片外，还有植物根茎、碎石块及地膜。赵宝沟文化G1开口于此层下，打破生土层。生土层为质地纯净的黄色土，土质较硬。

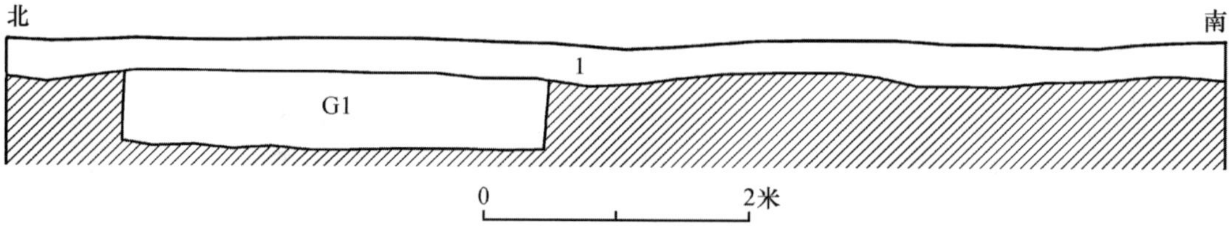

图二　T20东壁剖面图

二、遗　　迹

敖东遗址第二地点发现的新石器时代遗迹包括房址2座，灰坑4座，灰沟2条。

1. 房址

F1　位于发掘区北部T17西北角处，开口于第1层下，东距F2约0.75米，方向为东偏南20°。为半地穴式建筑，平面形状呈圆角方形。房址东深西浅，东西长5～6.5米，南北宽4～4.6米。房屋墙壁留有加工过的痕迹，墙壁较直，居住面修整的较为平整，房址西北至东南呈缓坡状。灶址位于房址中部，距离西壁约1.6米，为圆形土坑灶，灶壁不明显，灶址底部仍存红烧土硬面。口径0.4米，深0.1米。门道位于东壁处，长约0.52米，宽约0.58米。距灶东部0.38米和1.16米处有柱洞2个（编号D3和D5），在灶南北两侧各有一个柱洞（编号为D8和D9），在门道两侧分布柱洞5个（编号为D1、D2、D4、D6、D7）。居住面遗物主要集中在灶址与门道中间位置，以陶碗为主。房址有一层倒塌堆积（编号为F1①），土色为黑色和灰褐色，质地疏松，最厚处达0.56米（图三）。

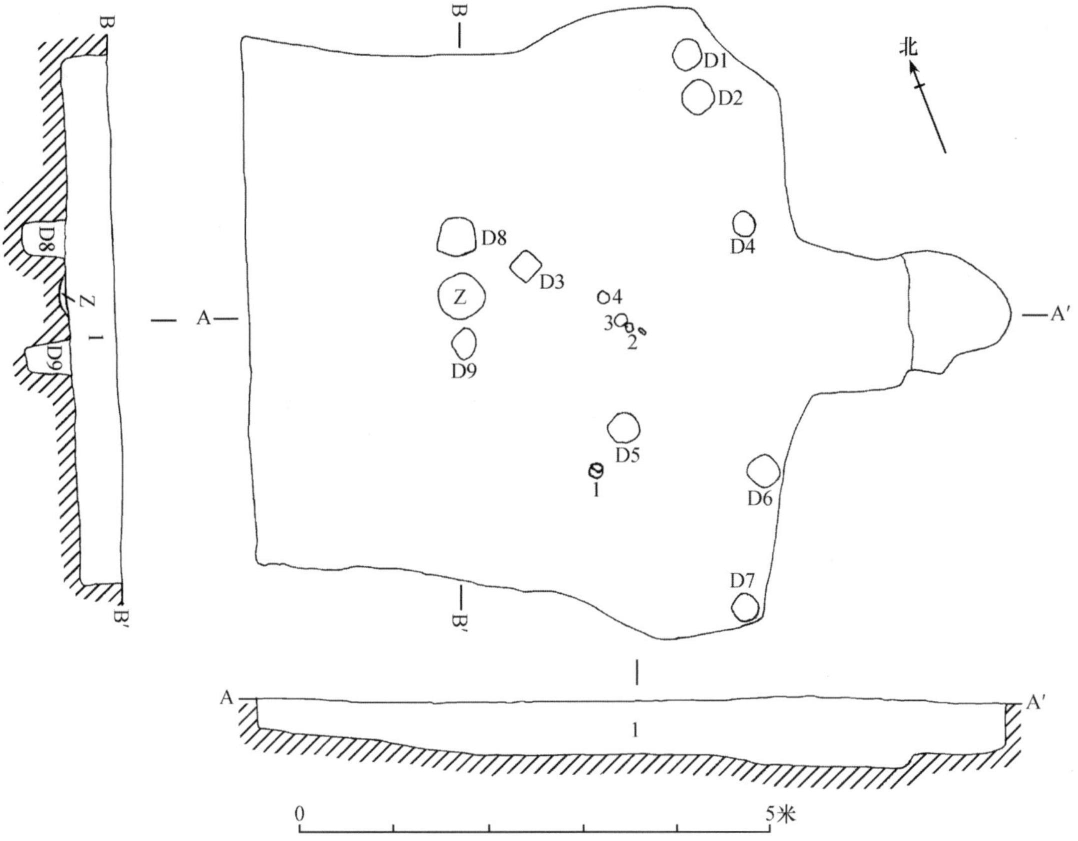

图三　F1平、剖面图
1、3、4. 陶碗　2. 陶罐　D1～D9. 柱洞

F2　位于发掘区北部T17东北角处，开口于第1层下，方向为东偏南27°。半地穴式建筑，平面形状呈圆角长方形。房址东西长约8米，南北宽6.6米。房址壁面有人为加工过的痕迹，较为平直。居住面经过烧烤处理，非常坚硬。房址居住面呈二级阶梯状，西部高于东部，高差约为0.2米。灶址位于房址高居住面上，距离西壁约1.44米。未发现门道，在房址东壁中部有一袋状坑（编号为H4）。在房址东壁和北壁分布较多柱洞（编号为D1～D13）。居住面出土遗物较少，主要分布于低居住面上。房屋倒塌堆积有一层（编号为F2①），土色为黑灰褐色，质地疏松（图四）。

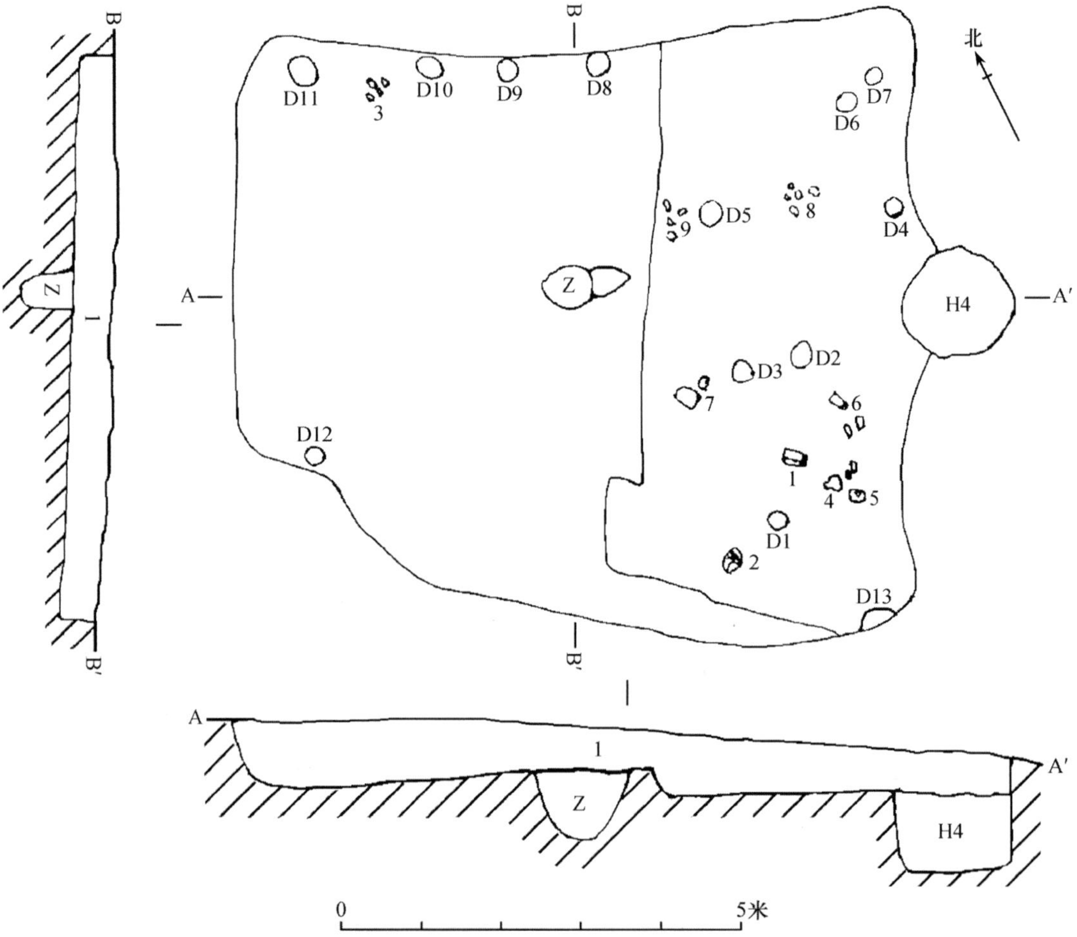

图四　F2平、剖面图

1、6. 磨棒　2、5. 石铲　3、8、9. 筒形罐　4、7. 石斧　D1～D13. 柱洞

2. 灰坑

H1　位于T17内，开口于第1层下，打破生土。平面呈椭圆形，平底，斜壁。口径约1.44米，深约0.58米。坑内填土为灰褐色土，土质较松软。坑内出土有陶片、兽骨、石器、蚌壳等遗物（图五，1）。

H2　位于T21内，开口于第1层下，打破生土。平面近圆形，圜底，坑壁较直。口径约2.38米，深约1米。坑内填土为灰褐色土，土质较松软，未发现遗物（图五，2）。

H3　位于T18内，开口于第1层下，打破生土。平面呈不规则圆形，圜底，斜弧壁。口部长径约1.8米，深约0.64米。坑内填土为灰褐色土，土质较松软。坑底发现一处厚约0.2米的草木灰层。出土有少量陶片和蚌壳（图五，3）。

H4　位于F1内，开口于F1①层下，打破生土。平面近圆形，平底，斜弧壁。口径约0.52米，深约1.2米。坑内填土为灰褐色土，土质较松软，未发现遗物（图五，4）。

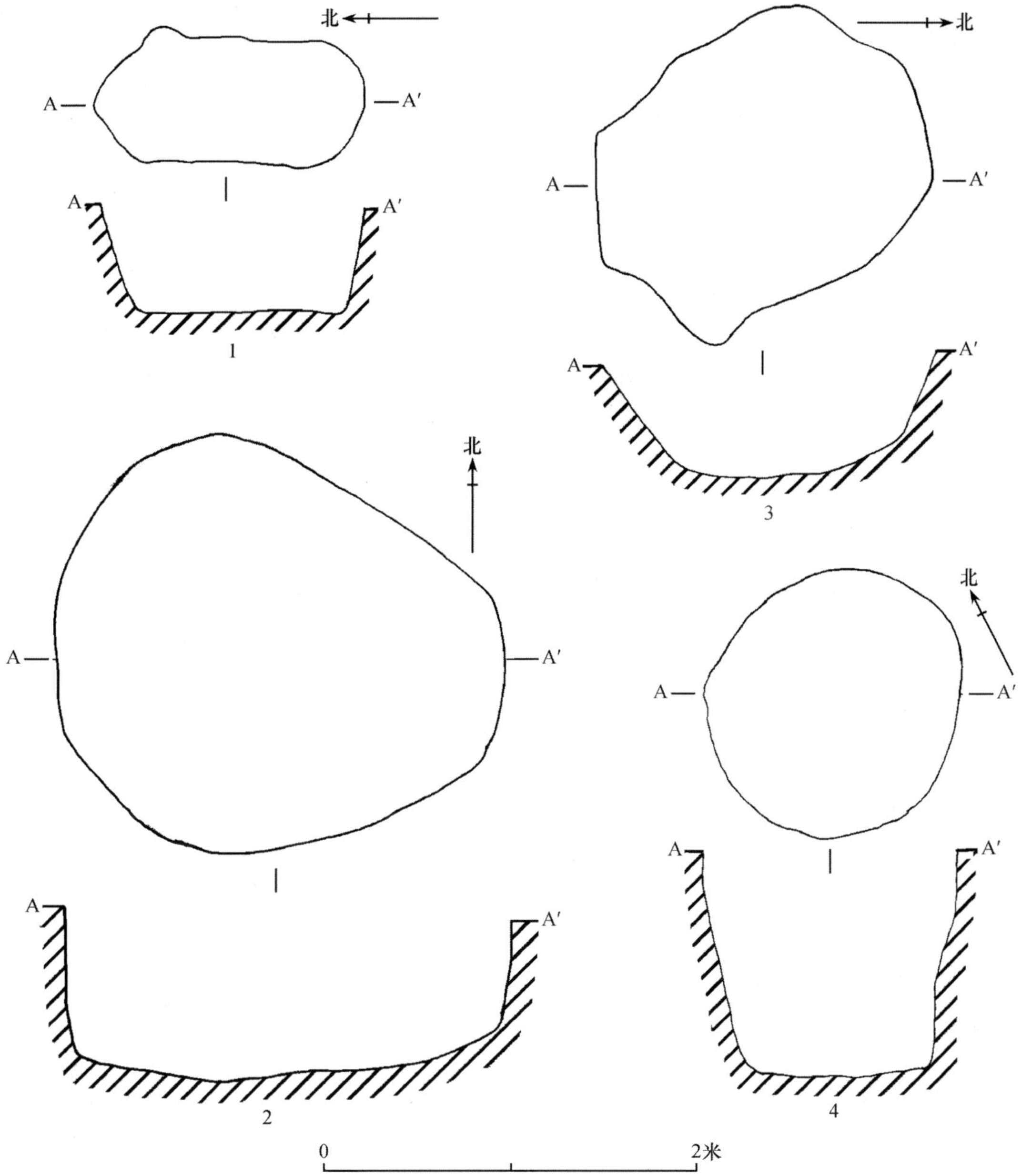

图五 灰坑平、剖面图

1. H1平、剖面图 2. H2平、剖面图 3. H3平、剖面图 4. H4平、剖面图

3. 壕沟

G1　分布于T23、T19、T20内，呈西北—东南走向，开口于第1层下，打破生土。平面呈带状，平底，坑壁略呈弧形，无明显加工痕迹。揭露部分长约18.5米，宽约3米，深约0.57米。坑内填土呈深灰褐色，土质较松软。沟内出土少量陶片，性质为赵宝沟文化。

G2　分布于T24、T20内，呈西北—东南走向，开口于第1层下，打破生土。平面呈带状，平底，坑壁较竖直，无明显加工痕迹。宽约1米，深约0.6米，本次发掘揭露长度为16米。坑内填土呈灰褐色，土质较硬。沟西高东低，呈缓坡状。沟内出土筒形罐一件及较多陶片，文化性质属红山文化。

三、遗　　物

敖东第二地点发掘出土的遗物包括陶器、石器、蚌器（蚌饰）。陶器器类以钵、碗、罐、杯等为主，石器有石耜、石铲、石斧等。

1. 陶器

陶罐　1件。ⅡF1：2，泥质灰黑陶，口微侈，尖圆唇，肩内收，上腹外鼓，平底。肩部饰一周斜长窝纹和凸弦纹带的组合纹饰，腹部满饰细密横压竖排之字纹。口径9厘米，底径5厘米，通高6.4厘米，厚0.5～0.8厘米（图六，1；图九，7）。

中型筒形罐　3件。

ⅡG2：4，夹砂灰褐陶，侈口，方圆唇，斜直腹，平底。腹饰S形（阶梯形）几何纹，器底留有草席托垫痕迹。口径14.2厘米，底径4.8厘米，通高10.8厘米，厚0.5～0.6厘米（图七，3；图九，3、8）。

ⅡF2：9，夹砂灰褐陶，侈口，圆唇，斜直腹，平底。器表饰横压竖排之字纹。口径18.2厘米，底径10.4厘米，通高14.6厘米，厚1厘米（图七，4；图九，1）。

ⅡF2：8，夹砂灰陶，上部残，斜直腹，平底，素面。口径13.5厘米，底径8厘米，通高10.2厘米，厚0.7厘米（图七，2）。

小型筒形罐　1件。ⅡF2：11，泥质灰陶，口微敛，方圆唇，弧腹，平底。器表饰潦草斜线交叉纹。口径8.2厘米，底径5.8厘米，通高7.8厘米，厚0.6厘米（图六，7；图九，5）。

陶碗　4件。

ⅡH1：11，泥质灰褐陶，通体磨光，侈口，尖圆唇，斜弧腹，圈足底。腹部饰两道凹弦纹间饰菱形网格纹，内填平行短斜线。口径11.4厘米，底径7.6厘米，通高6.4厘米，厚0.2厘米（图六，3；图九，6）。

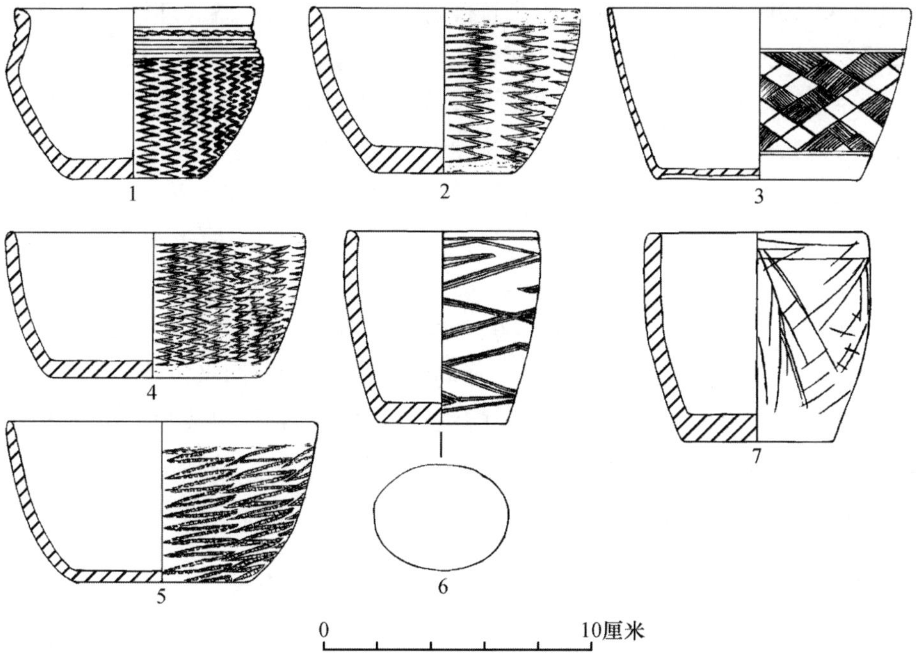

图六　出土陶器（一）

1. 陶罐（ⅡF1：2）　2～5. 陶碗（ⅡF1：1、ⅡH1：11、ⅡF1：4、ⅡF1：3）　6. 陶杯（ⅡF2：10）　7. 小型筒形罐（ⅡF2：11）

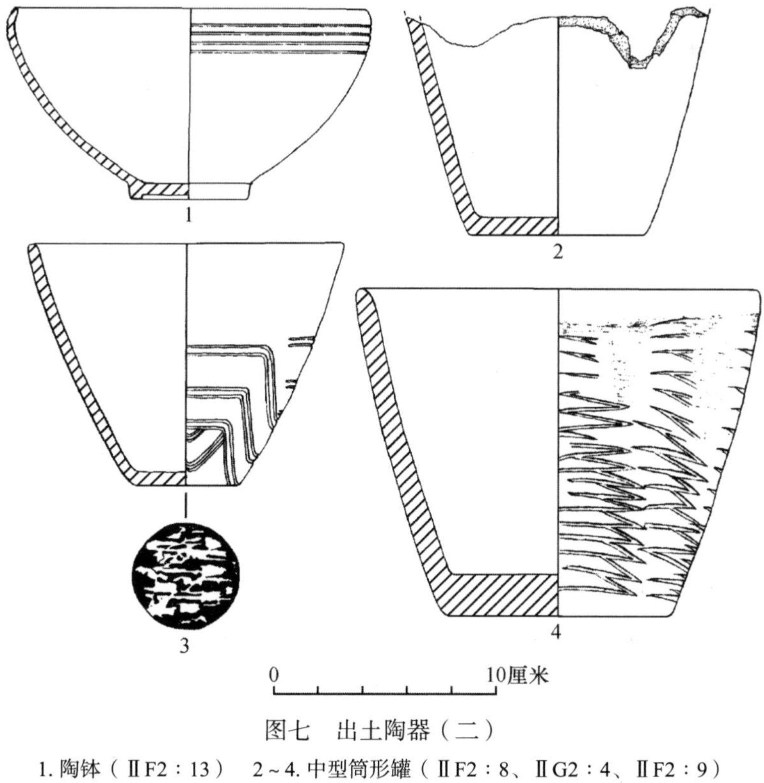

图七　出土陶器（二）

1. 陶钵（ⅡF2：13）　2～4. 中型筒形罐（ⅡF2：8、ⅡG2：4、ⅡF2：9）

ⅡF1：1，夹砂灰褐陶，侈口，尖圆唇，斜弧腹，平底。器表饰横压竖排之字纹。口径10.2厘米，底径5.4厘米，通高6.2厘米，厚0.6厘米（图六，2）。

ⅡF1：4，夹砂灰陶，口微侈，方圆唇，微弧腹，平底。器表饰横压竖排之字纹。口径11.2厘米，底径8厘米，通高5.4厘米，厚0.5厘米（图六，4）。

ⅡF1：3，夹砂黑灰陶，侈口，尖圆唇，斜弧腹，平底。器表饰横压竖排直线篦点式之字纹。口径11.8厘米，底径6.6厘米，通高6厘米，厚0.4厘米（图六，5；图九，2）。

陶钵　1件。ⅡF2：13，夹砂灰褐陶，敛口，尖圆唇，斜弧腹，圈足底。肩部饰四道凹弦纹。口径15.8厘米，底径5.4厘米，通高8.6厘米，厚0.5厘米（图七，1）。

陶杯　1件。ⅡF2：10，夹细砂灰黑陶，敛口，方圆唇，斜弧腹，口部与底部皆呈椭圆形。口部饰一周凹弦纹，腹饰几何纹。口长径7.2厘米，短径6.7厘米，底长径5厘米，短径3.9厘米，通高7.2厘米，厚0.5～0.8厘米（图六，6；图九，4）。

2. 石器

石耜　1件。ⅡT17隔梁：采集，磨制，青色，宽扁体，直腰，平顶，弧形刃，正锋。长20.6厘米，宽12.8厘米，厚1.6厘米（图八，1）。

石铲　1件。ⅡF2：5，板岩，磨制，青色，宽扁体，亚腰，顶部略残，弧形刃，正锋。长18.2厘米，宽16.9厘米，厚1.4厘米（图八，3）。

石斧　1件。ⅡF2：4，磨制，青灰色，宽扁体，平面呈梯形，截面呈鼓形。斧身两边磨平，弧顶，弧刃，正锋。长7.9厘米，宽4.9厘米，厚1.8厘米（图八，2）。

3. 蚌器

蚌饰　1件。ⅡF1：5，截面呈长方形，白色，有人工雕刻的痕迹。长4.4厘米，宽1.5厘米，厚0.2厘米（图八，4）。

四、结　语

敖东遗址第二地点是辽西地区新世纪以来发掘的为数不多的赵宝沟文化遗址，对丰富赵宝沟文化的内涵和推动辽西新石器时代相关问题的研究具有一定意义。

此次发掘未揭露出可兹分期的层位关系，对该遗址赵宝沟文化诸单位年代的判定需通过与其他遗址的比较来进行。敖东遗址ⅡF1：2陶罐（图六，1）无论是形态特征还是装饰风格均与兴隆洼文化晚期白音长汗遗址[1]BF69③：18、BF44①：2十分接近，表现出紧密的嬗变逻辑关系，表明F1应处于赵宝沟文化的较早阶段。不难发现，ⅡF1：3、ⅡH1：11碗（图六，5、3）和ⅡF2：8、ⅡF2：9中型筒形罐（图七，2、4）形制分别同于赵宝沟文化早期[2]赵宝沟遗址[3]F9①：36、F9①：60、F9③：114、

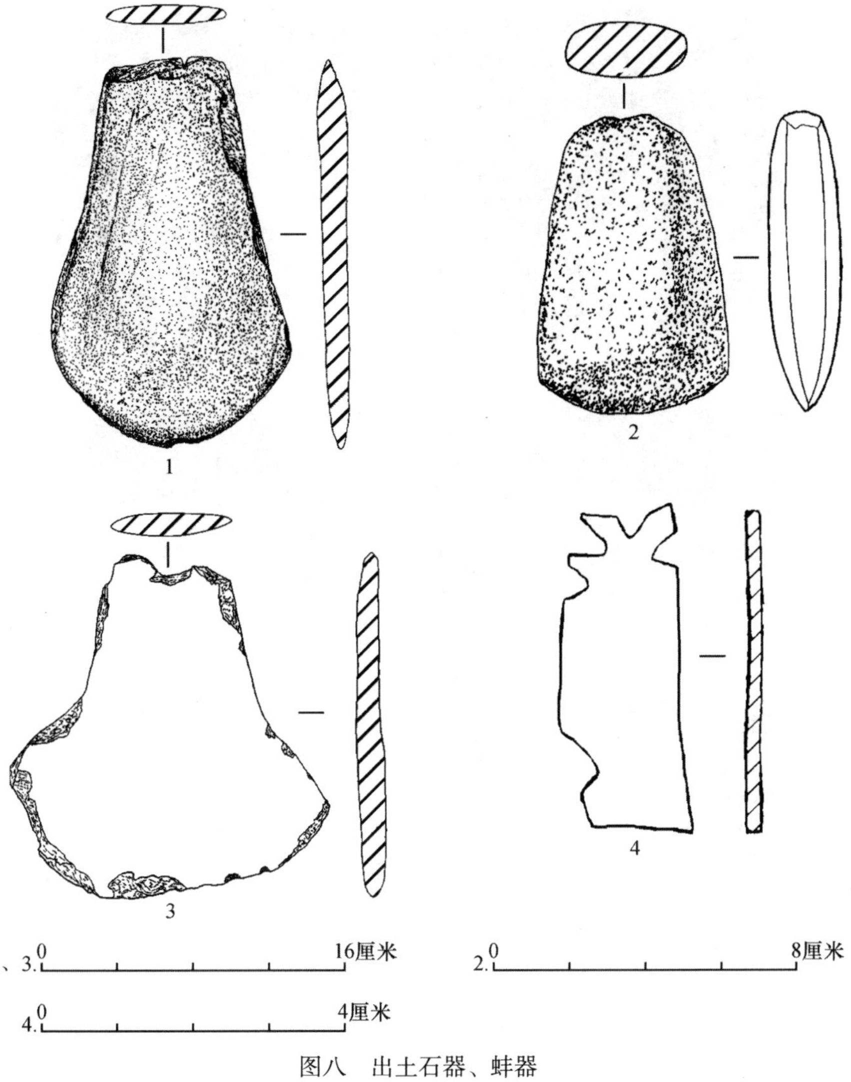

图八 出土石器、蚌器

1. 石耜（ⅡT17隔梁：采集） 2. 石斧（ⅡF2：4） 3. 石铲（ⅡF2：5） 4. 蚌饰（ⅡF1：5）

F9①：3，据此判断敖东遗址第二地点以上单位属赵宝沟文化早期遗存。

此次仅在发掘区南缘揭露一段红山文化灰沟，沟内出土的ⅡG2：4中型筒形罐（图七，3），大口，斜直腹，造型与红山文化中期[4]牛河梁遗址[5]N5ZCZ1：4、N5ZCZ1：47一致，显然彼此年代相去不远。

赵宝沟文化G1的清理是此次发掘工作的重要发现，由此证明赵宝沟文化沿袭了其前身兴隆洼文化环壕聚落的传统，这对于辽西地区新石器时代聚落形态及其变迁的研究具有特殊意义。饶有趣味的是，F1与其西部紧邻的H2分别出土的一件残陶碗可复原为一件完整的器物（图六，5）。这或许是某种仪式性“毁器”行为的产物[6]，更重要的是这一现象生动地表述出了F1与H2的共时性关系及使用功能上的联系。

图九　陶器纹饰拓片

1、3、8. 中型筒形罐（ⅡF2：9、ⅡG2：4）　2、6. 陶碗（ⅡF1：3、ⅡH1：11）　4. 陶杯（ⅡF2：10）
5. 小型筒形罐（ⅡF2：11）　7. 陶罐（ⅡF1：2）

该遗址发掘的F2是继赵宝沟遗址之后再次发现的居住面呈二级阶梯状的房址，其特殊的建筑形式在中国新石器时代考古学文化中是十分罕见的。这种房址构造仅是体现着功能分区还是隐含着其时家庭结构和社会组织等深层次的历史信息？这一点在今后的工作中应引起我们的关注。

附记：参加此次发掘实习的是赤峰学院历史文化学院2012级考古学本科、2013级文物鉴定与修复专科学生；参加发掘的教师有赤峰学院历史文化学院任爱君、孙永刚、陈琳琳、吉日嘎拉、阚凯、王欣、王飞，宁城县博物馆马景录，敖汉旗博物馆田彦国、王泽。

领队：陈永志
绘图：张　帅　高云逸
执笔：孙永刚

注　释

［1］内蒙古文物考古研究所. 白音长汗——新石器时代遗址发掘报告［M］. 北京：科学出版社，2004.

［2］赵宾福. 赵宝沟文化的分期与源流［C］. 中国考古学会第八次年会论文集. 北京：文物出版社，1996.

［3］中国社会科学院考古研究所. 敖汉赵宝沟——新石器时代聚落［M］. 北京：中国大百科全书出版社，1997.

［4］赵宾福，薛振华. 以陶器为视角的红山文化发展阶段研究［J］. 考古学报，2012（1）.

［5］辽宁省文物考古研究所. 牛河梁——红山文化遗址发掘报告（1983—2003年度）［R］. 北京：文物出版社，2012.

［6］朱延平. 辽西区古文化中的祭祀遗存［C］. 中国考古学跨世纪的回顾与前瞻. 北京：科学出版社，2000.

A Brief Report on the Excavation of the Second Locality of Aodong Site, Aohan Banner

From June to August 2014, Chifeng University School of History and Culture, Inner Mongolia Institute of Cultural Relics and Archaeology and Aohan Banner Museum jointly excavated the second site of Aodong site, the excavated area was more than 1000 square meters. The remains of Zhaobaogou culture and Hongshan culture in the Neolithic age were found. The excavated remains include houses, ash pits and trenches. The unearthed remains include pottery, stone tools and clam shell products. Among them, the discovery of Zhaobaogou culture trench is an important achievement of this excavation work, it provides new data for the study of the development and evolution of the trench settlement in this area. The excavation of Aodong site has certain significance for enriching the connotation of Zhaobaogou culture and promoting the research of Neolithic age related issues in West Liao River Basin.

吉林抚松县大青川遗址、黄家崴子遗址发掘与清理简报*

吉林省文物考古研究所
抚 松 县 文 物 管 理 所

为了配合“吉林省抚松县仙人桥镇黑松谷引供水工程”建设，2018年4月，吉林省文物考古研究所对该工程输水管线涉及的大青川遗址进行了抢救性考古发掘，对因取土破坏的黄家崴子遗址进行了抢救性考古清理，获取了一批新的考古学资料，现将发掘与清理情况简报如下。

一、大青川遗址

大青川遗址位于吉林省抚松县仙人桥镇大青川村西南约1.6千米，地处头道松花江右岸一处高出江面约20米的台地上，属头道松花江的河湖相凸岸沉积，适宜人类活动，中心地理坐标为北纬42°13′35.37″、东经127°13′31″，海拔474米（图一）。遗址地貌现为耕地，植被包括粮食作物和经济作物（矮灌木）。地层堆积深浅不一，从西南侧断崖剖面处观察，最深处的土状堆积不超过1米，下伏砾石层，遗址地表部分可见砾石层出露。

2016年，在吉林省“两江流域考古遗址调查”工作期间，由抚松县文物管理所发现了这处遗址，现场采集到夹砂陶片、磨制石器等遗物。2017年，吉林省文物考古研究所在配合“抚松县仙人桥镇黑松谷引供水工程”进行的考古调查过程中，确认工程线路涉及该遗址核心区。此次发掘在遗址核心区布5米×5米探方20个，发掘面积500平方米（图二；图版三，2）。遗址编号为2018FXD。

* 本次发掘与研究得到“吉林省长白山地区旧石器考古专项调查”的资助。

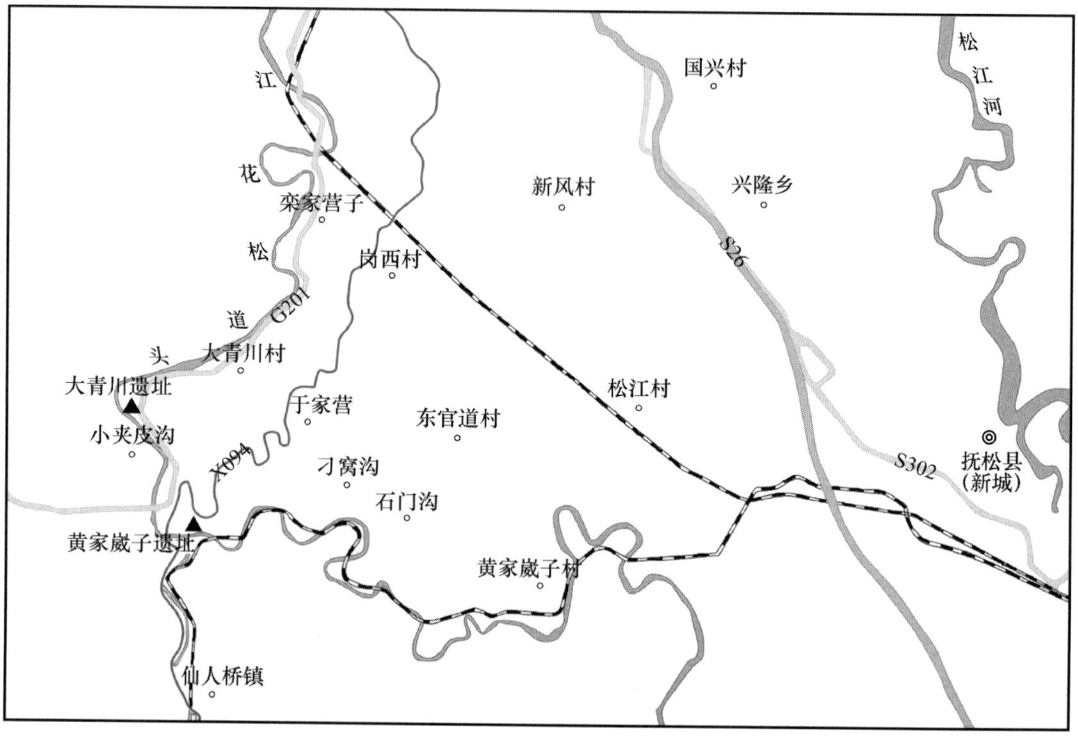

图一　大青川遗址与黄家崴子遗址位置示意图

（一）地层堆积

该遗址地层较为简单，多为一层文化堆积，部分区域耕土层下即为生土或砾石层。现以2018FXDT0401东壁剖面为例加以说明（图三）。

第1层：耕土，为黑色腐殖质土，土质疏松，包含植物根茎、石块和部分陶片、石器等。厚0.2～0.3米。

第2层：文化层，灰黑色黏土，土质致密，遗物较为丰富。此层下的遗迹有F1。

第3层：黄褐色黏土层，包含大量块石，第3层下为砾石层。

从地层层位及其包含物分析，地层的时代和文化性质比较明显，第1层为现代耕土层，第2层为新石器时代文化层。

（二）遗　　迹

本次发掘清理遗迹单位3个，全部集中在发掘区南侧，其中包括房址1个（2018FXDF1以下简称F1），灰坑2个（2018FXDH1、2018FXDH2，以下简称H1、H2）。

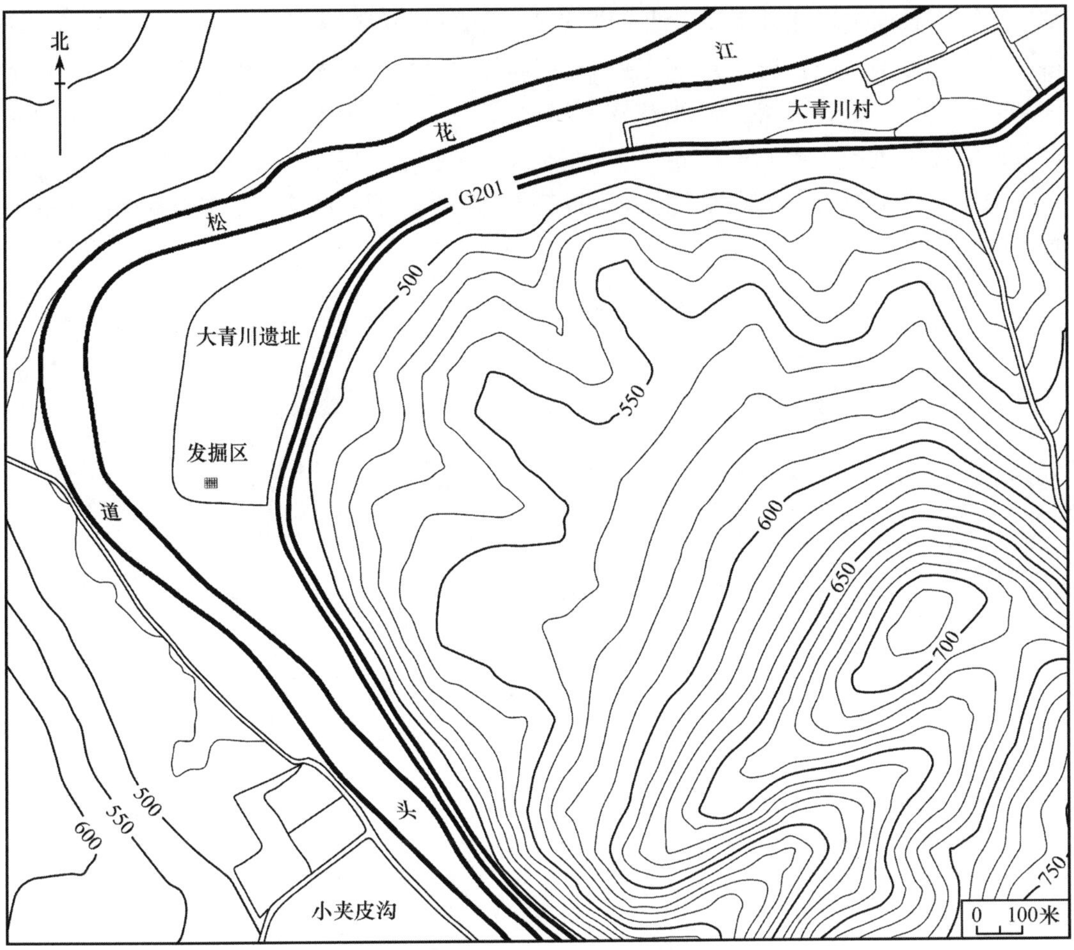

图二 大青川遗址发掘区位置图

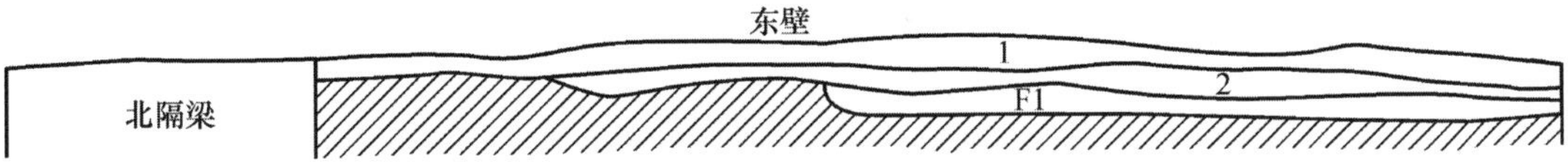

图三 T0401东壁剖面图

1. 房址

F1 半地穴式建筑，位于T0301与T0401内，南侧因断崖被破坏，房址开口于第2层下，打破第3层，坑口距地表0.1米。平面近圆角方形，穴壁竖直，东西长5、南北残长4.7米，现存穴壁深约0.2米，面积约23平方米。北、东、西三侧未见门道，南侧被断崖破坏，门道不清。居住面建在生土上，系人为长期踩踏而成，居住面可见零散分布的砾石和成片分布的红烧土、炭屑。居住面上未见柱洞。房址中部可见石板垒砌的双联灶坑，北半部分呈方形，坑口边长0.8、深0.27米，四壁树立石板，灶坑外侧平铺石板，底部平整，因长期烘烤非常坚硬，灶坑内发现大量炭屑和红烧土块。南半部与北半部相连接，呈半弧形，东侧石板缺失，残存石板略向外敞，坑口最大径长0.8、深0.23米，灶坑底部有红烧土和兽骨（兽骨残破碎小，难以鉴定）。房址居住面西侧发现1件原地埋藏可复原的筒形罐，东南侧居住面发现1件通体遍布凹坑的石器，此外还发现有大量夹砂黄褐陶、夹砂灰陶筒形罐残片，以及大量石器和加工石器的原料、加工过程中产生的废片等（图四）。

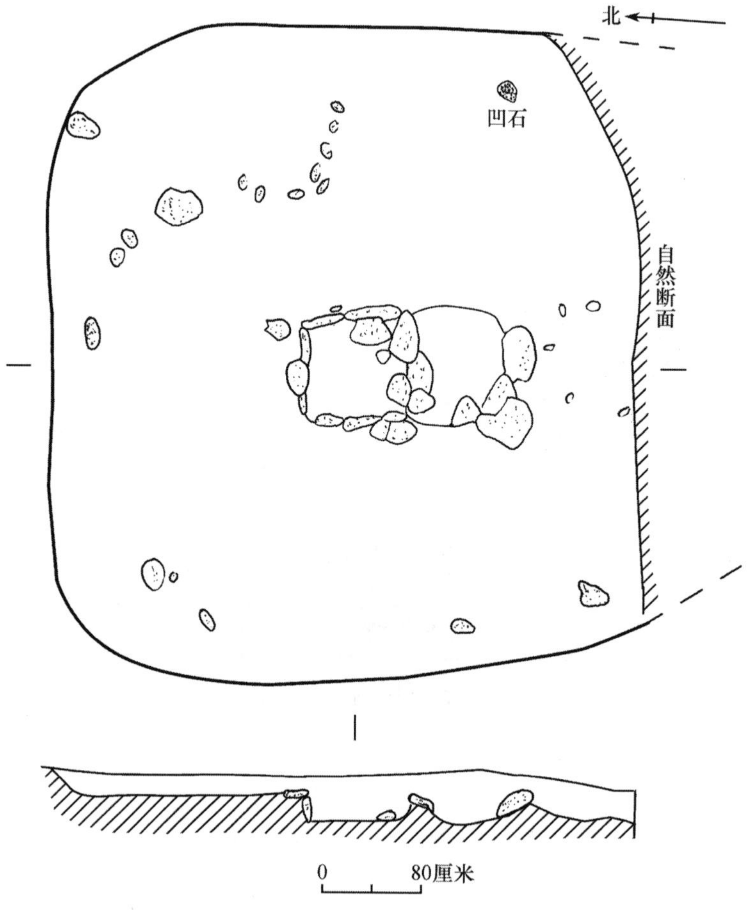

图四　F1平、剖面图

2. 灰坑

H1　位于T0502东北部，开口于第1层下，向下打破生土层，坑口距地表0.1米。坑口呈椭圆形，斜直壁，平底。坑口长径约1.55、短径约1.13、深约0.12米。坑内堆积为黑灰色黏土，土质疏松。出土少量石制品和陶器残片（图五）。

H2　位于T0502南部，开口于第1层下，向下打破生土层，坑口距地表0.1米。坑口呈圆角方形，直壁，平底。坑口东西长1.3、南北长1.8、深约0.1米。坑内堆积为红棕色黏土，土质致密。出土少量石制品和陶器残片（图六）。

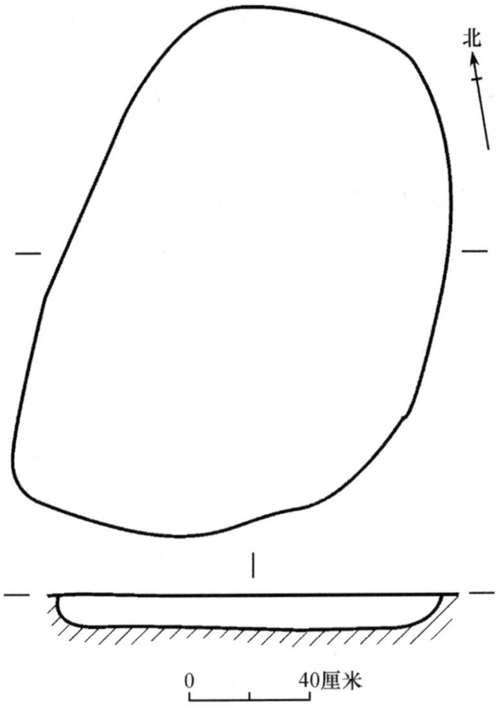

图五　H1平、剖面图

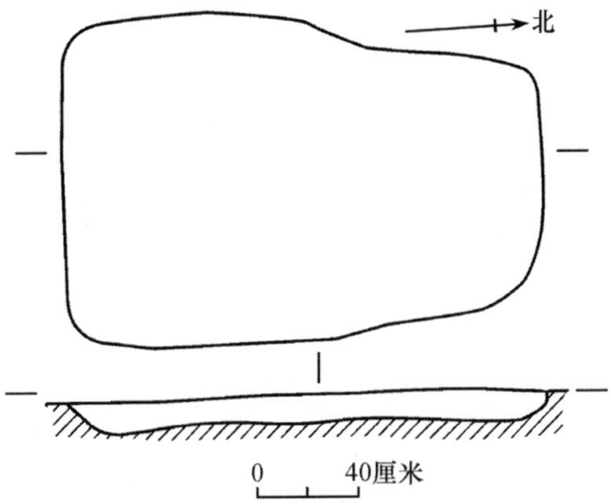

图六　H2平、剖面图

（三）遗　　物

此次发掘出土遗物较丰富，按质地可分为石制品和陶器。

1. 石制品

包括石器、石核和石片。

石器类型包括打制、磨制和压制三种，器类有刮削器、端刮器、尖状器、石镞、石网坠、石铲、凹石等。石片数量较多，主要为锤击石片。石核数量较少，均为锤击石核。

刮削器　10件，均为打制石器。标本F1：55，单刃刮削器，角砾岩，三角形，长61、宽41、厚14.4毫米，以石片为毛坯。单侧边修理，正向加工，修疤形态连续，短而平行，加工刃长30毫米，刃角53°（图七，1）。

端刮器　5件。标本F1：6，拇指盖形端刮器，黑曜石，拇指盖形，长16.7、宽20.4、厚6.5毫米，以石片为毛坯。刃口形态为对称圆弧状，刃角55°，刃缘宽度20毫米、刃缘突出6毫米，刃缘形态为汇聚型（图七，3）。

尖状器　3件。标本F1：164，锐尖尖状器，角砾岩，长三角形，长44、宽27.8、厚9.5毫米，以石片为毛坯。双直刃汇聚成一尖角，尖刃角为40°。左侧刃缘平直，长36毫米，交互加工，刃角为60°，修疤形态连续。右侧刃缘内凹，长25毫米，交互加工，刃角为63°，修疤形态连续（图七，2）。

石镞　22件，其中压制石镞5件，磨制石镞及其半成品17件。压制石镞均为凹底，通体压制成型。磨制石镞大多采用片状页岩切割后磨制，横断面多呈扁平六边形，因没有完整磨制石镞出土，根据残件判断，底部应为平底。磨制石镞半成品已经初步将石料切割成石镞形状，有的还保留有明显的切割痕迹。

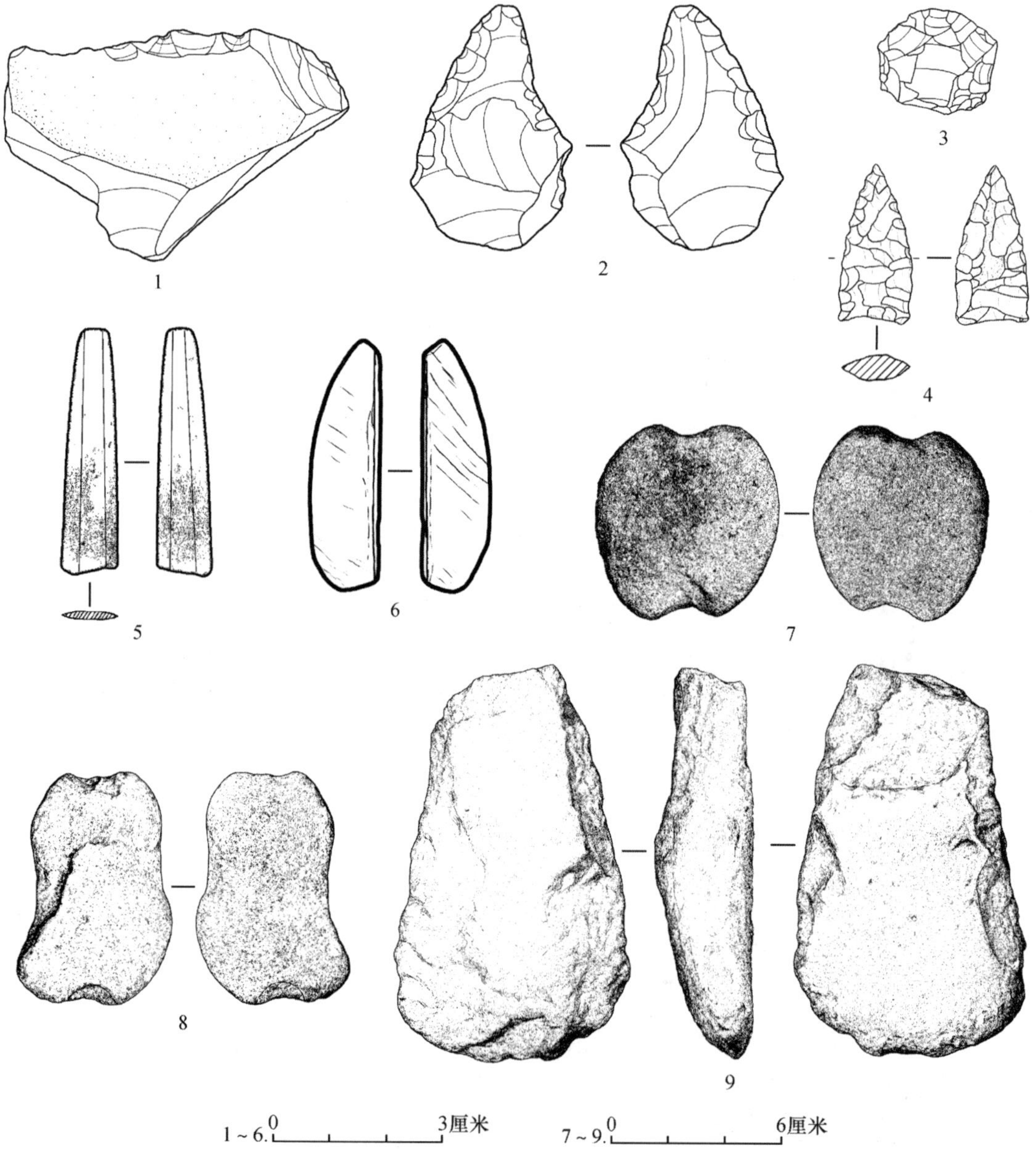

图七　大青川遗址出土部分石制品

1. 刮削器（F1：55）　2. 尖状器（F1：164）　3. 端刮器（F1：6）　4. 压制石镞（F1：47）　5. 磨制石镞（F1：125）　6. 磨制石镞半成品（F1：98）　7、8. 石网坠（F1：126、F1：1）　9. 石铲（F1：100）

标本F1：47，压制石镞，黑曜石，长三角形，长28.5、宽13.3、厚5毫米，通体压制成形。底部略凹，横断面呈透镜形，尖刃角35°（图七，4）。

标本F1：125，磨制石镞，页岩，柳叶形，尖部和底部略残，长44、宽9.5、厚1.8毫米，通体磨光，两侧缘磨制成双面刃（图七，5）。

标本F1：98，磨制石镞半成品，页岩，柳叶形，器身有明显的摩擦痕迹，单侧有对向切割痕迹。长45、宽12.2、厚2.8毫米（图七，6）。

石网坠　17件。均系由扁平的椭圆形砾石，两侧对称打制出豁口而制成。

标本F1：126，玄武岩，近圆形，坯料为扁平砾石，两侧豁口对称，交互打击而成。长68、宽63、厚16.5毫米（图七，7）。

标本F1：1，砂岩，长方形，短边上打制形成对称的两个豁口，长83、宽55、厚22毫米（图七，8）。

石铲　2件。标本F1：100，砂岩，长梯形。长143、宽85、厚36.5毫米。远端刃缘长80毫米，单向加工，两侧缘交互加工（图七，9）。

凹石　1件。F1：167，出土于F1居住面东南角，砂岩，砾石呈扁平状。长260、宽180、厚120毫米。砾石宽面上不规则分布着大小不一的凹坑，凹坑直径10～20毫米，深度一般为5毫米（图八）。

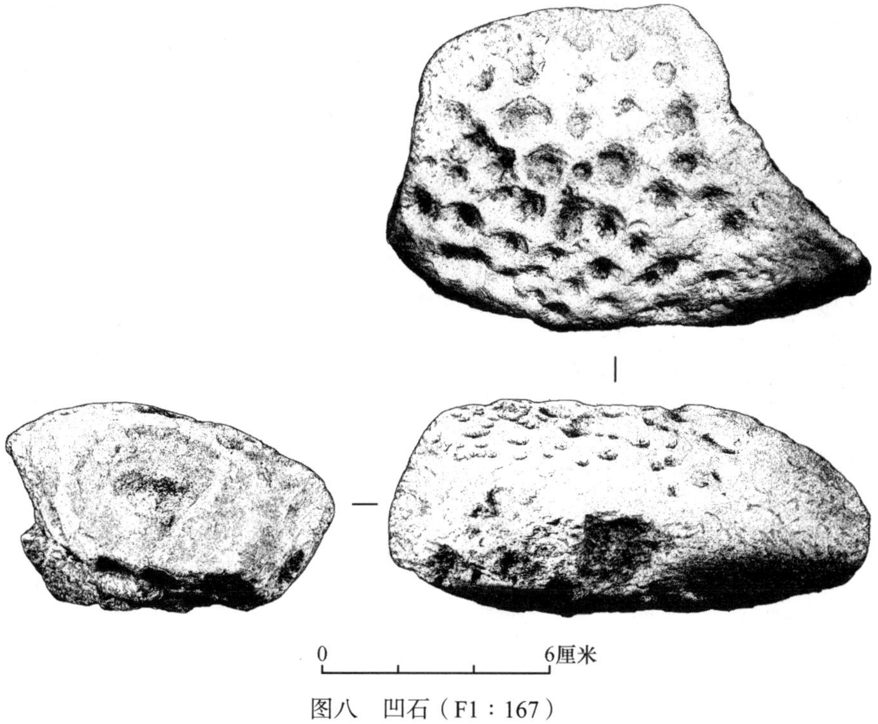

图八　凹石（F1：167）

2. 陶器

根据F1出土陶片数量统计，陶器的陶质陶色主要有夹粗砂黄褐陶（62%）、夹粗砂灰陶（26%）、夹细砂黄褐陶（7%）和夹细砂灰陶（5%）四种。陶片中可辨器形的包括口沿221件、器底90件，器形主要为东北地区新石器时代最为流行的筒形罐，从陶片茬口看，制法应为泥圈套接，口沿偶见指压痕迹。陶器纹饰按照施纹方式可分为附加堆纹、压印纹和刻划纹三类。其中附加堆纹主要为贴敷的横向平行窄条附加堆纹，少数为器物口沿下贴敷一道横向附加堆纹（图九，6、7）。其中排列疏阔者多以手指或工具在其上戳压连续的坑窝（图九，1、2），排列紧密者，形成尖锐的棱（图九，3）。除平行外，还有以堆纹条带和波折纹组成的菱形纹（图九，3～5）。刻划纹由圆头工具或尖头工具刻划而成，其中使用尖头工具刻划形成横向平行线纹和折线纹组合（图九，8、9），使用圆头工具刻划的纹饰为弦纹和纵向平行线纹组合（图九，10），以及横向平

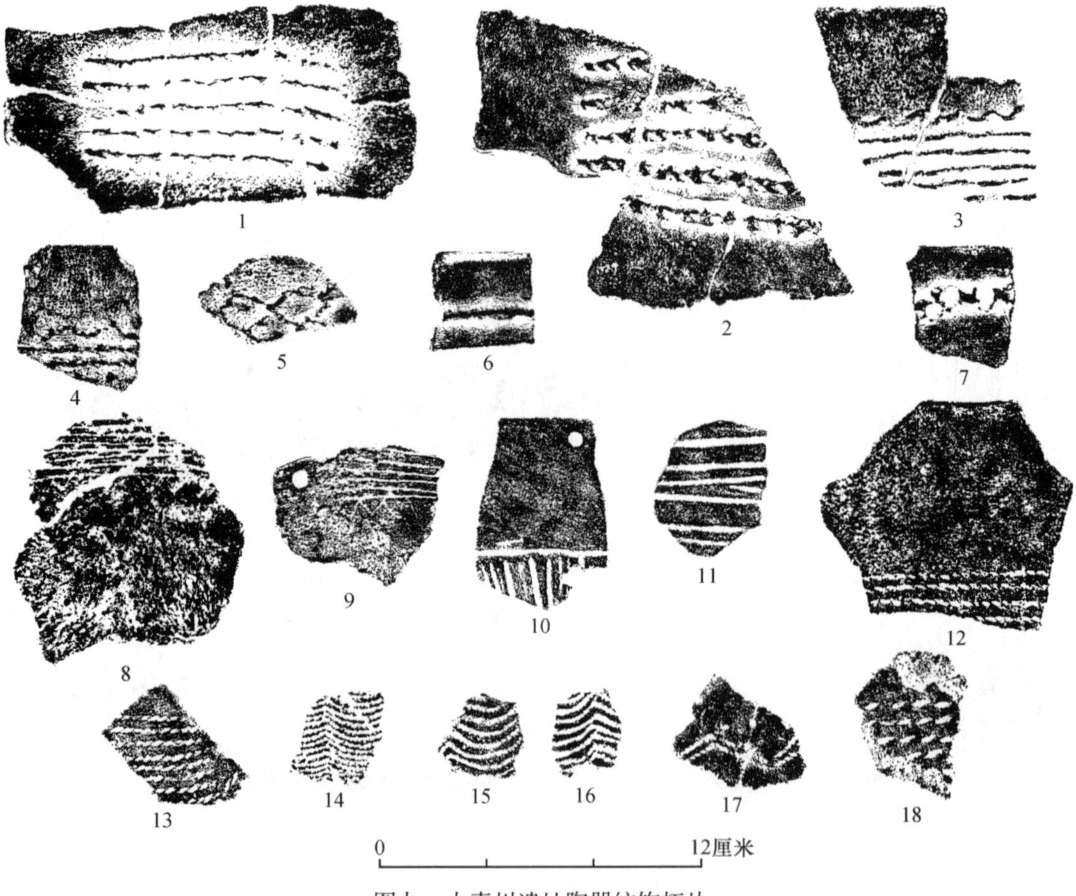

图九　大青川遗址陶器纹饰拓片

1～7. 附加堆纹（F1标：16、F1标：4、F1标：20、F1标：6、F1标：39、F1标：37、F1标：64）　8～11. 刻划纹（F1标：2、F1标：14、F1标：9、F1标：13）　12～18. 压印纹（F1标：22、F1标：10、F1标：47、F1标：27、F1标：18、F1标：42、F1标：7）

行线纹（图九，11）。压印纹有按压和戳压两种，戳压的纹饰有圆头工具戳压的平行连点线纹（图九，12、13）、几何形连点线纹（图九，17）和指甲戳压的平行连点线纹（图九，18），按压的主要为波浪纹（图九，14～16）。

筒形罐　可复原1件，另有可辨口沿10件。据口部形态不同，可分二型。

A型　10件。直口。据唇部形态不同，可分二亚型。

Aa型　8件。唇部圆钝。

标本F1：86，夹粗砂黄褐陶，直口，上腹部略直，腹中，下部弧形内收，台底，底包壁，素面，器底有捏合痕迹。口径244、底径90、高330、壁厚6毫米（图一〇；图版四，3、4）。

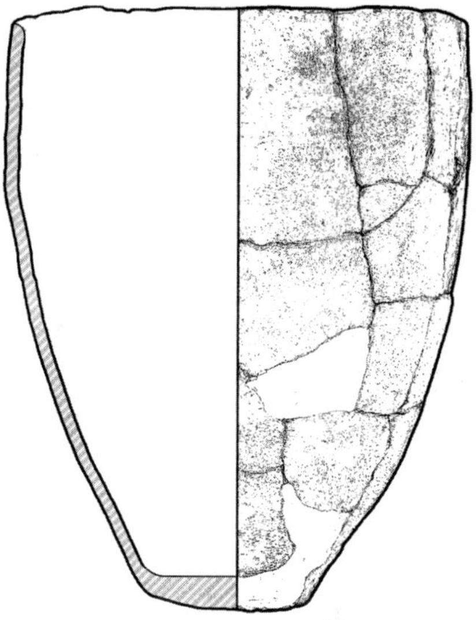

图一〇　筒形罐（F1：86）

标本H2标：1，夹粗砂黄褐陶，直口，素面。残高127.6、器壁厚6毫米（图一一，2）。

标本F1标：51，夹粗砂黄褐陶，直口，素面。残高154、器壁厚6毫米（图一一，1）。

标本F1标：52，夹粗砂黄褐陶，直口，素面。残高154、器壁厚6毫米（图一一，3）。

Ab型　2件。唇部尖锐。

F1标：53，夹粗砂黄褐陶，直口，素面。残高108、器壁厚7.5毫米（图一一，4）。

F1：171，夹细砂黄褐陶，直口，素面。残高80、器壁厚6毫米（图一一，5）。

B型　1件。口微外侈。F1标：55，夹粗砂黄褐陶，唇部尖锐，素面。残高160、器壁厚7毫米，内壁有指压痕迹（图一一，6）。

另有可辨器底9件。

标本F1标：56，夹粗砂黄褐陶，台底，底包壁，器底未见任何痕迹。底径65、底厚7毫米，底壁夹角125°（图一一，8）。

标本F1标：71，夹粗砂灰陶，台底，底包壁，器壁有抹光痕迹。底径85、底厚9毫米，底壁夹角105°（图一一，7）。

标本F1标：57，夹粗砂黄褐陶，台底，底包壁，器壁有抹光痕迹。底径80、底厚6毫米，底壁夹角107°（图一一，9）。

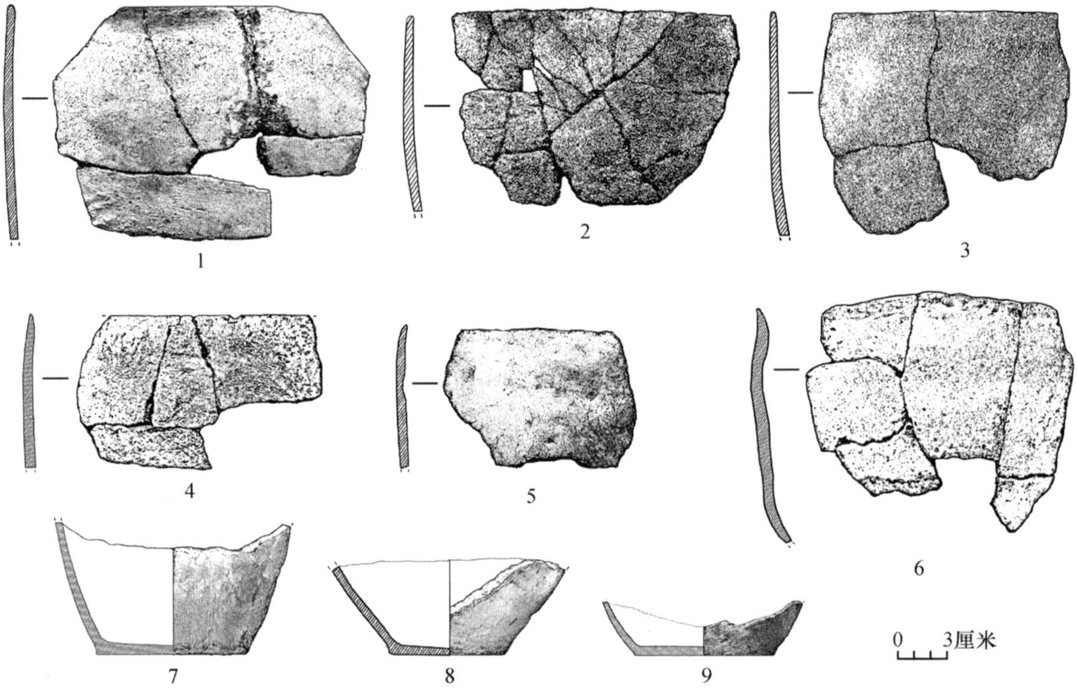

图一一　大青川遗址出土部分筒形罐

1～3. Aa型口沿（F1标：51、H2标：1、F1标：52）　4、5. Ab型口沿（F1标：53、F1：171）　6. B型口沿（F1标：55）　7～9. 器底（F1标：71、F1标：56、F1标：57）

二、黄家崴子遗址

黄家崴子遗址位于吉林省抚松县仙人桥镇自汤河村前往黄家崴子村村道的左侧崖壁之下，崖壁上可见红黑色的烟炱痕迹，从当地村民处了解到，此地原本为一处洞穴，因开山取石洞顶遭到破坏。该遗址中心地理坐标为北纬42°12′13.35″，东经127°14′20.34″，海拔510米，与大青川遗址直线距离不足3千米（图一）。为了确定遗址现状，2018年，在大青川遗址考古发掘期间，吉林省文物考古研究所对被破坏的遗址进行了抢救性清理。该遗址紧邻头道松花江，地势较低，高出头道松花江水面不足5米，洞壁残高3～4米，宽4～5米。因流水冲积，洞穴内曾经填满河沙，洞穴内堆积为细砂土夹部分大块河卵石。在细砂土层的中下部（距离洞顶约4米处），可见一层灰黑色的细砂土条带，深20～30厘米，应为该处洞穴的文化层，但因河水侵蚀和后期人类取土破坏，未发现任何遗迹，清理出大量陶片、石器和动物骨骼（图版三，3）。

（一）遗　物

此次清理出土遗物较为丰富，按质地可分为石器和陶器。

1. 石器

石器发现较多，主要为石网坠，网坠多为椭圆形河卵石两侧打出豁口，还发现有石锄、黑曜石石片等。

石网坠　78件。据形态不同，可分为二型。

A型　77件。椭圆形或圆形，两侧打出对称豁口，个体较小。

标本C-28，砂岩。长53、宽40、厚6毫米（图一二，1）。

标本C-56，砂岩。长44、宽37.5、厚5毫米（图一二，2）。

标本C-61，角砾岩。长43、宽30、厚5毫米（图一二，3）。

标本C-15，角砾岩。长50、宽42、厚5毫米（图一二，4）。

B型　1件。对称凹窝。三角形，个体较大。C-15，砂岩，长180、宽114、厚54毫米（图一二，5）。

2. 陶器

根据清理出土陶片数量统计，陶器的陶质陶色主要为夹砂红陶（97%），另有少量的夹砂灰陶（3%），陶质较大青川遗址更为致密，火候较高。陶片中可辨位置的有口沿16件、器底10件。器形主要以筒形罐为主，带纹饰陶片较多。陶器纹饰按照施纹方式可分为压印纹和刻划纹两类。压印纹有按压和戳印两种，其中按压形成的为横向人字纹（图一三，1～3），戳压的纹饰包括指甲戳压形成的连点线纹（图一三，9、10）和宽头工具同向戳压形成的梳齿纹（图一三，4、5），横向人字纹和梳齿纹多组合出现（图一三，6～8）。刻划纹由尖头工具刻划而成，其中尖头工具包括单头和双头两种，单头工具刻划形成纵横交叉的长线纹（图一三，16、17）和平行排列的短线纹（图一三，11～13），双头工具刻划形成平行的短斜线纹（图一三，14、15）。

筒形罐　可复原1件，可辨器形有口沿2件。据口部形态不同，可分二型。

A型　1件。侈口圆唇。FXH标：131，夹砂红陶，斜直腹、平底、底包壁。器身可见三道指甲戳印形成的连点线纹，器壁有明显的抹光痕迹。口径188、底径113、高26.84、壁厚5毫米（图一四；图版四，2）。

B型　2件。直口尖唇。标本FXH标：7，夹砂红陶，弧腹，残高183、壁厚5毫米。器身施加平行排列的短线纹（图一三，12）。

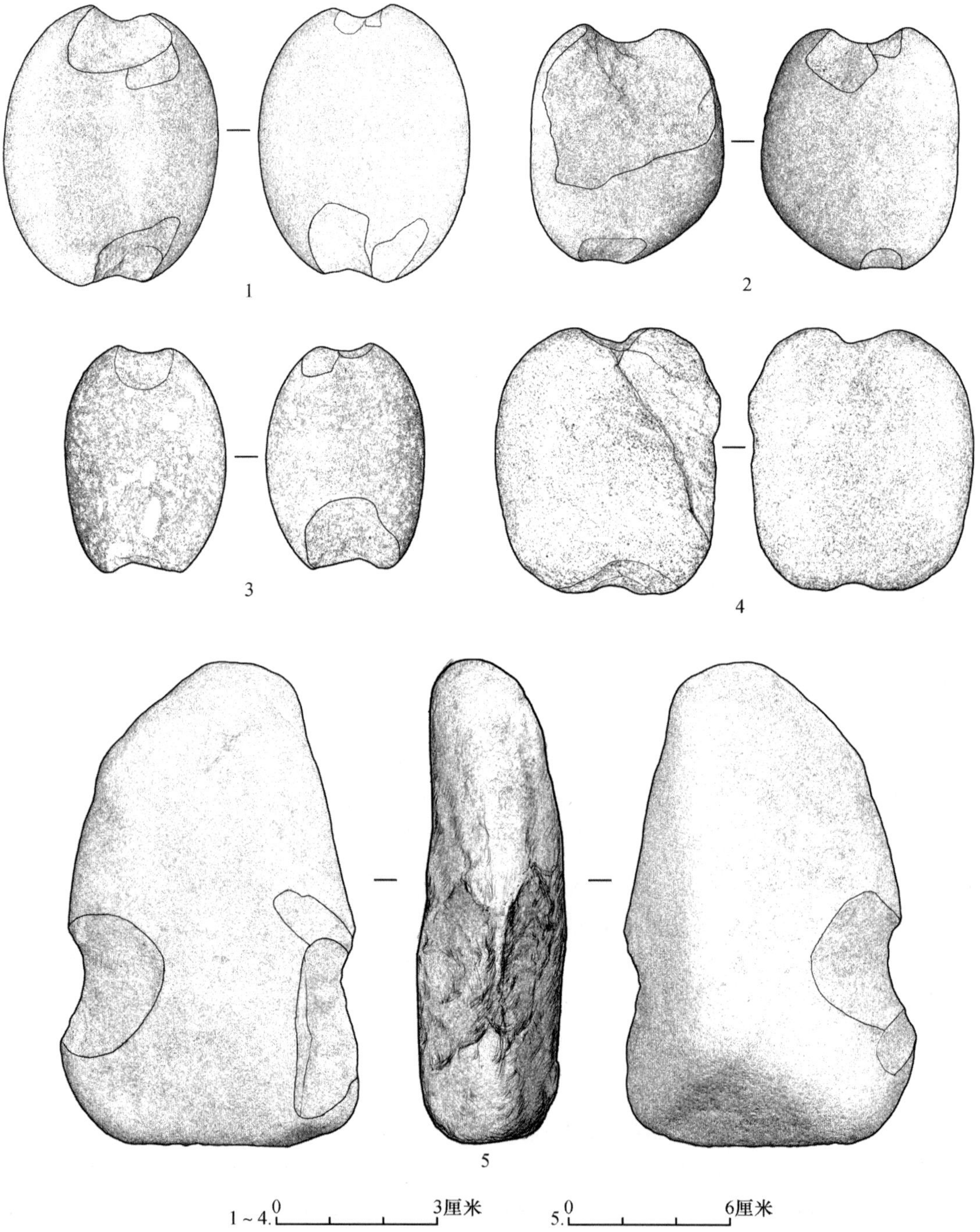

图一二　黄家崴子遗址出土部分石器

1～4. A型网坠（C-28、C-56、C-61、C-15）　5. B型网坠（C-15）

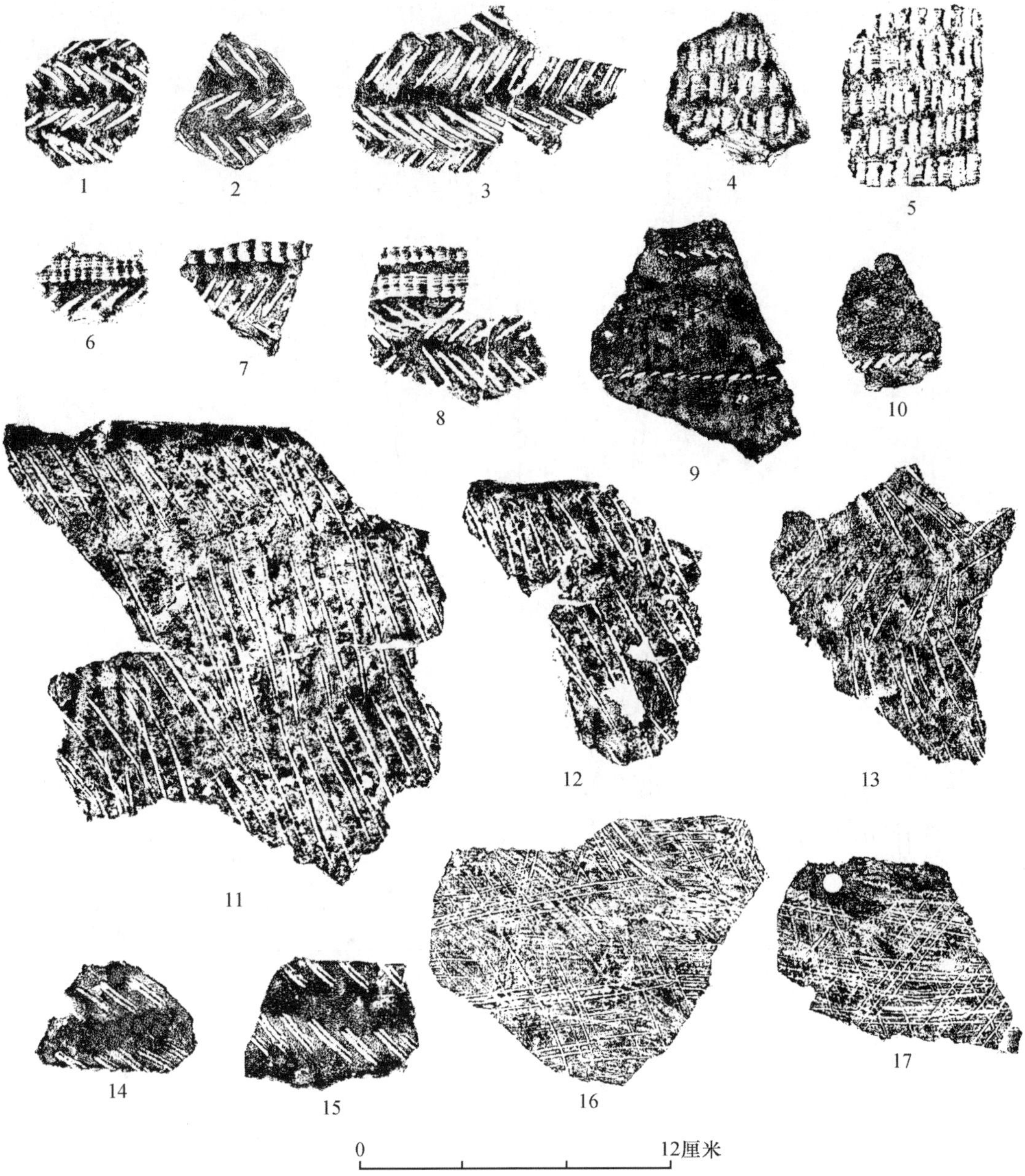

图一三　黄家崴子遗址陶器纹饰拓片

1～10. 压印纹（FXH标：20、FXH标：6、FXH标：1、FXH标：8、FXH标：14、FXH标：64、FXH标：47、FXH标：42、FXH标：85、FXH标：98）　11～17. 刻划纹（FXH标：24、FXH标：7、FXH标：3、FXH标：31、FXH标：35、FXH标：15、FXH标：2）

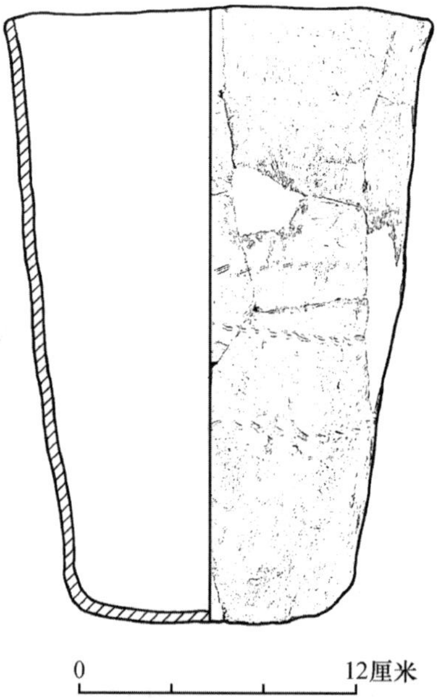

图一四　筒形罐（FXH标：131）

三、结　语

本次发掘对大青川遗址F1出土木炭和陶片内残留物和黄家崴子遗址出土炭屑进行了放射性碳元素测年，结果见表一。

表一　^{14}C测年数据汇总表

样品编号	样品来源	类型	放射性碳年龄	校正后年龄	测年实验室
F1：1	F1	陶片	距今6600年 ± 30年	距今7523 ~ 7434年	BETA
F1：2	F1	木炭	距今5670年 ± 30年	距今6532 ~ 6397年	BETA
F1：3	F1	木炭	距今5730年 ± 30年	距今6573 ~ 6445年	BETA
H：1	碳屑堆积	木炭	距今4600年 ± 30年	距今5330 ~ 5284年 距今5450 ~ 5380年	BETA

大青川遗址与黄家崴子遗址均应属于新石器时代，其中大青川遗址的年代早于黄家崴子遗址。黄家崴子遗址陶器风格中的横向人字纹、梳齿纹、短斜线纹与图们江、鸭绿江流域的金谷文化[1]、西浦项四组遗存[2]十分接近。远东南部滨海地区的扎伊桑诺夫卡文化中筒形罐的表面主要是以刻划短斜线纹、人字形纹和复线回形纹（雷纹）为主，似与黄家崴子遗址文化遗存关系密切[3]。但值得注意的是，据现有测年结果，黄家崴子遗址文化遗存年代更早，已经接近左家山下层文化的最晚阶段[4]，年代在距今5300年左右。

大青川遗址发现有保存较好的房址，房址为半地穴式，平面呈圆角方形，房址内中部可见石板垒砌的灶坑，灶坑分两部分，北半部呈方形，南半部接出呈半圆形，这类带石板灶的房址在该地区尚属首次发现。该遗址陶器最具代表性的特点是器表多饰平行的窄条附加堆纹，这与后套木嘎第二期遗存的陶器纹样特征基本一致，说明二者年代应较为接近[5]。大青川遗址还包括刻划而成的横向平行线纹和折线纹组合，弦纹和纵向平行线纹组合，横向平行线纹，戳压的平行连点线纹、几何形连点线纹和指甲戳压的平行连点线纹，以及按压的波浪纹，陶器纹样更为丰富。根据^{14}C测年结果，大青川遗址的年代应在距今6500年前后。

黄家崴子遗址地势较低，紧邻松花江，易受水患，但从出土数量众多的石网坠和兽骨和洞穴残壁判断，原有洞穴应较为宽敞，推测是一处狩猎采集者的临时营地。大青川遗址F1中出土了数量众多的陶片和石制品，其中陶器以筒形罐为主，部分陶片上还有残留物痕迹，石制品种类丰富，有代表狩猎行为的压制、磨制石镞、代表捕鱼行为的石网坠、代表采集行为的凹石等，结合大量磨制石镞的半成品，说明这处房址经过长时间利用，属于定居农业经济，同时存在发达的渔猎采集经济，人类适应能力有了显著提高。

这两处新石器时代遗存的发现，是松花江上游头道松花江流域对新石器时代文化面貌的首次辨识，虽然可复原陶器较少，缺少较为完整的器物组合，但两处遗址以筒形罐为主要器形，陶器纹样丰富独特，代表了长白山西麓，头道松花江流域两处全新的考古学文化遗存，填补了该地区新石器时代文化的空白，两处遗址年代前后相继，文化特点鲜明，通过将来进一步的整理与研究，将为完善吉林省东部地区史前文化序列提供十分重要的资料。

附记：本次发掘的项目负责人为石晓轩，参加发掘的人员有吉林省文物考古研究所徐廷、王昭，抚松县文物管理所的梁昆峰、孙方伟、张加琪、吴晓雯，吉林市文庙博物馆的赵莹，吉林大学研究生郭玥婷。文中器物线图由吉林省文物考古研究所王昭、石玉鑫绘制，照片由徐廷拍摄。

执笔：徐　廷　赵　莹　吕　斌　梁昆峰

注　释

［1］　延边博物馆. 吉林省龙井县金谷新石器时代遗址清理简报［J］. 北方文物，1991（1）：3-16.

［2］　朝鲜社会科学院考古研究所.朝鲜考古学概要［M］. 哈尔滨：黑龙江省文物出版编辑室，1983.

［3］　冯恩学. 俄国东西伯利亚与远东考古［M］. 长春：吉林大学出版社，2002.

［4］　吉林大学边疆考古研究中心，吉林省文物考古研究所，长春市文物保护研究所，农安县文物

管理所. 吉林农安县左家山遗址新石器时代遗存2015年发掘简报［J］. 考古，2018（2）：12-25.

［5］ 吉林大学边疆考古研究中心，吉林省文物考古研究所. 吉林大安市后套木嘎遗址AⅢ区发掘简报［J］. 考古，2016（9）：3-22.

The Report of Excavation and Cleaning of Daqingchuan Site and Huangjiawaizi Site in Fusong County, Jilin Province

From April to June 2018, Jilin Provincial Institute of Cultural Relics and Archaeology carried out rescue archaeological excavation and cleaning of Daqingchuan site and Huangjiawaizi site in Xianrenqiao Town, Fusong County. In Daqingchuan site, 1 house site and 2 ash pits were cleared, more than 100 pieces of pottery, stone tools and other relics were unearthed, and a large number of ceramic pieces, stone tools and animal bones were cleared at Huangjiawaizi site. According to the unearthed relics and dating results, both sites belong to the Neolithic age, which is the first identification of Neolithic culture in Toudao Songhua River Basin.

凌源市下台子红山文化遗址发掘简报

于怀石[1]　熊增珑[2]　樊圣英[1]　郭　明[1]　陈　利[3]

（1. 辽宁省文物考古研究院，沈阳，110000；2. 暨南大学历史学系，广州，510632；
3. 凌源市博物馆，凌源，122500）

一、遗址概况

凌源市下台子遗址位于辽宁省朝阳市凌源市万元店镇大杖子村北，大凌河西支北侧一条支流右岸山梁的坡地上，地理坐标为北纬41°21′00.70″，东经119°28′58.83″，海拔592米。西南距凌源市直线距离约14千米，东北距建平县直线距离约16千米，东南距牛河梁第二地点直线距离约4.1千米，东南距牛河梁第一地点建筑址直线距离约3.8千米。遗址主要分布在山梁东面的阳坡地，地势西高东低，较为开阔平缓。因多年雨水冲刷，遗址范围内分布有多条东西向的自然冲沟，遗址被冲沟分隔成多片区域。发掘区地表原为耕地，后改种杏树，发掘过程中可见原耕地垄沟痕迹。

下台子遗址是2014年辽宁省文物考古研究院与中国人民大学在牛河梁遗址进行系统性区域考古调查时发现[1]，调查在遗址地表采集到红山文化的陶片标本和大量的细石器，初步判断是一处红山文化遗址，故将下台子遗址考古勘探和考古发掘工作纳入《大凌河中上游红山文化遗存考古工作计划（2016～2020年）》中。2017年8～10月，辽宁省文物考古研究院联合凌源市博物馆，对下台子遗址进行了考古发掘，共布5米×5米探方24个，发掘面积600平方米，清理了一批红山文化遗存（图一）。

二、地层堆积

发掘区地层堆积共分为二层，即耕土层和红山文化文化层，红山文化层下为生土层。以T1104北壁为例，对发掘区地层做如下介绍（图二）。

第1层，表土层，厚5～10厘米，土质疏松，土色灰黑。包含物有少量现代瓷片、辽代陶片、红山文化时期陶片、细石器等。

第2层，厚6～40厘米，土质较为疏松，土色灰褐。坡状分布，仅在发掘区西部局部分布，西部堆积厚，东部堆积薄。包含物有很少量的红山文化时期陶片等。

第2层下为生土层。

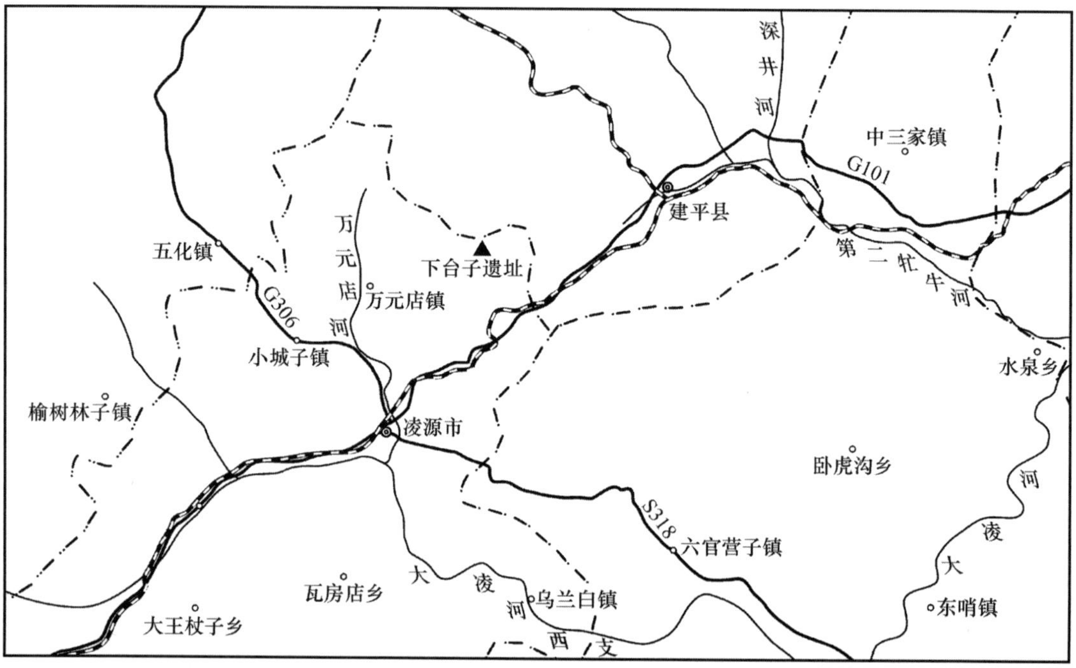

图一　下台子遗址位置示意图

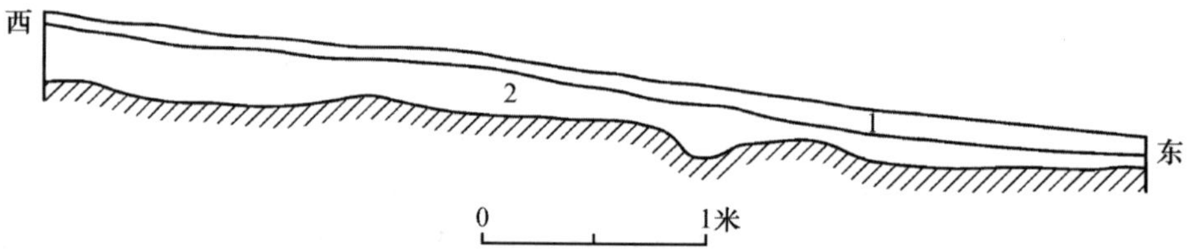

图二　T1104北壁剖面图

三、红山文化遗迹

发掘区共清理红山文化时期遗迹2处。

1. 灰坑

1座。H1，位于T1104东隔梁和T1204西部，开口于第1层下，打破第2层和生土层。坑口平面呈不规则椭圆形，斜壁，平底。坑口长径约145、短径约143厘米，坑底长径约132、短径约91厘米，深约46厘米。在灰坑的坑壁和坑底均未发现有工具加工痕迹。灰坑内堆积不分层，堆积土为黑土，土质疏松，包含物有陶器、细石器、动物骨骼、木炭等（图三）。

2. 灶址

1座。Z1，开口于第1层下，打破生土层。灶口被破坏，有犁耕的痕迹。锅底形灶，口呈椭圆形。口长径约94、短径约64、深约15厘米。灶内堆积分为红烧土和烧土，在灶的西部，有小面积的红烧土，紧贴灶壁，土色红，质地较为紧致，灶内主体堆积为烧土，烧土颜色不均，红黑夹杂，烧土质地松软。灶内出土遗物有陶片、草拌泥烧土块、细石器、动物骨骼、木炭等。遗物以细石器为大宗，包括细石核1件，石叶17件，200余件打制细石器时产生的石片废料（图四）。

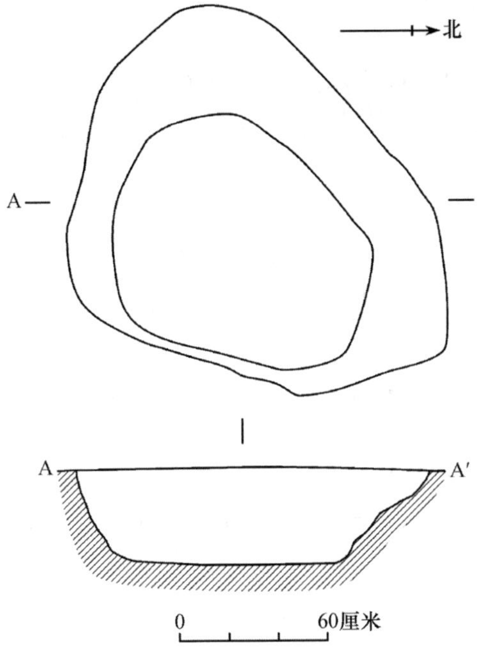

图三　H1平、剖面图

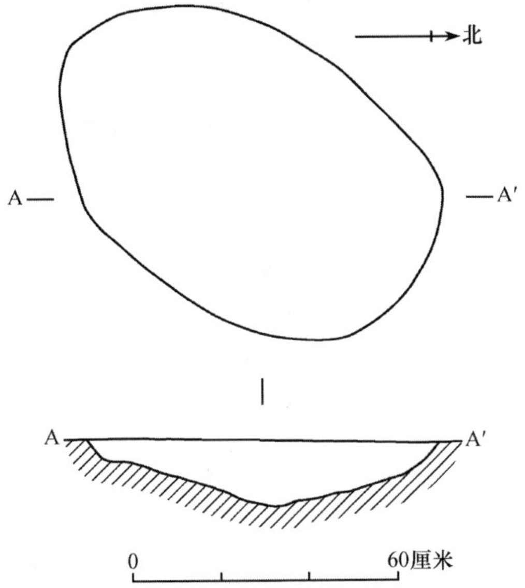

图四　Z1平、剖面图

四、红山文化遗物

1. 陶器

均残损严重，可复原陶器非常少，发掘出土红山文化陶片1500余件，陶质分为夹砂陶和泥质陶两种，泥质陶数量多，占64%，有红陶、黑陶、灰陶、红褐陶、灰褐陶等，可辨器形有陶钵、陶杯等。夹砂陶占36%，有黄褐陶、灰褐陶、黑褐陶、黑陶等，可辨器形有筒形罐、陶杯等。筒形罐器表多施纹，纹饰有刻划之字纹、压划之字纹、刻划斜线纹、刻划席纹、戳印指甲纹、戳印半月形纹、刻划弦纹、瘤状乳钉纹等（图五）。一件器物上的纹饰多为由两种及以上的纹饰要素组成的复合纹饰，主要有由瘤状

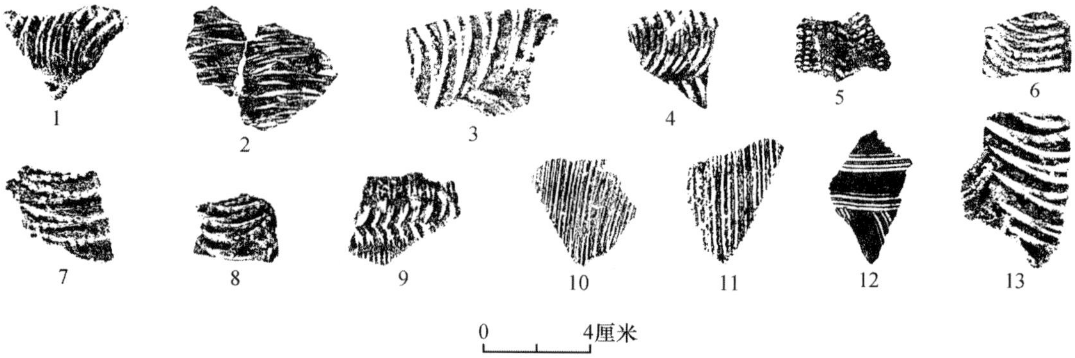

图五　下台子遗址纹饰陶片拓片

1. T0906①标：3　2. T1506①标：1　3. 采集标：2　4. T1104①标：1　5. T0906①标：6　6. 采集标：3　7. T0906①标：4　8. T1104①标：2　9. T0906①标：5　10. T0906①标：2　11. T0906①标：1　12. T1104①标：4　13. T1005①标：1

乳钉纹、指甲纹、刻划斜线纹组成的复合纹饰，由席纹、之字纹组成的复合纹饰，由竖排之字纹和横排之字纹组成的复合纹饰等，部分筒形器器底饰席纹。部分泥质红陶钵口沿饰红彩，纹饰为平行线纹，部分泥质红陶陶器腹片饰红彩或黑彩，多因脱落严重纹饰不甚清晰，可辨纹饰为平行线纹（图一一，10、11）。

筒形罐　基本为夹砂陶，残损严重，无可复原器。根据口部特征可分三型。

A型　7件，敛口。

标本H1：8，残，仅存口沿部分。夹砂陶，外壁呈灰褐色，内壁呈黑色，口微敛，圆唇。器表饰压划竖带弧线之字纹。复原口径约26、残高6.3、壁厚0.7厘米（图六，1）。

标本H1：9，残，仅存口沿部分。夹砂陶，外壁黑褐，内壁经抹光呈黑色。口微敛，方唇，斜腹微弧。器身口沿下饰一周指甲纹及一个瘤状乳钉纹，腹部饰刻划的交叉斜线纹。复原口径约24、残高6、壁厚0.7厘米（图六，2）。

标本T0906①：6，残，仅存口沿部分。夹砂陶，外壁灰褐，内壁抹光呈黑色。口微敛，尖圆唇，唇内抹斜。口沿下饰戳印指甲纹，腹部饰刻划斜线纹。复原口径约26、残高5.7、壁厚0.7厘米（图六，5）。

B型　11件，直口。

标本H1：10，残，仅存口沿部分。夹砂陶，外壁呈黑褐，内壁经抹光呈黑色。直口，尖唇，斜腹。器身口沿下饰一周指甲纹，腹部饰刻划的交叉斜线纹。复原口径约24、残高5.4、壁厚0.6厘米（图六，6）。

标本H1：12，残，仅存口沿部分。夹砂陶，外壁呈灰褐色，内壁呈黑色。直口，圆唇，唇部加厚，口沿下经刮抹，有一周凹槽，饰刻划席纹。复原口径约20、残高4.2、壁厚0.9厘米（图六，3）。

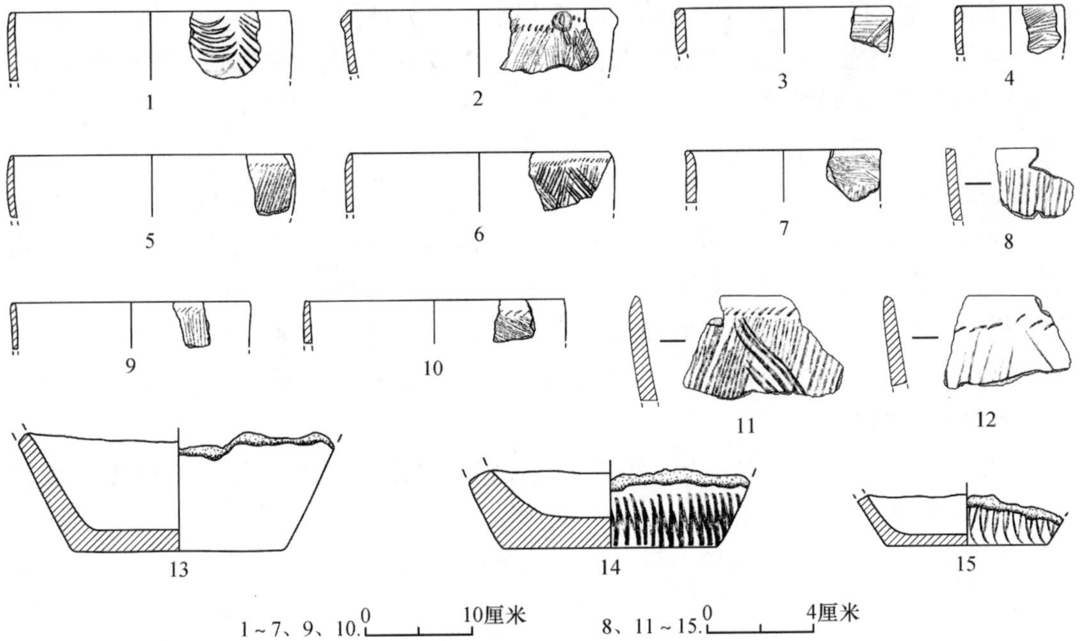

图六 下台子遗址出土陶器

1、2、5. A型筒形罐（H1：8、H1：9、T0906①：6） 3、4、6、8～10. B型筒形罐（H1：12、T1504①：8、H1：10、H1：16、Z1：18、T1104①：3） 7、11、12. C型筒形罐（T1006①：1、H1：15、T1505①：5） 13～15. 器底（T1105①：7、T1504①：9、T1505①：6）

标本H1：16，夹砂黑陶，直口，方唇内抹斜，器表饰刻划纹。残高2.6、壁厚0.35厘米（图六，8）。

标本Z1：18，残，仅存口沿部分。夹砂陶，外壁呈灰褐，口沿和内壁抹光。直口，尖唇，唇内抹斜，口沿下饰一周压印指甲纹，腹部饰刻划斜线纹。复原口径约22、残高4.2、壁厚0.5厘米（图六，9）。

标本T1104①：3，仅存口沿部分。夹砂黑陶，直口，方唇，内抹斜，内壁及口沿处抹光。口沿下饰指甲纹，指甲纹下饰刻划纹。复原口径约24、残高3.9、壁厚0.7厘米（图六，10）。

标本T1504①：8，残，仅存口沿部分。夹砂黄褐陶，内壁抹光，直口，圆唇，饰刻划席纹。复原口径约10、残高4.5、壁厚0.6厘米（图六，4）。

C型 3件，敞口。

标本H1：15，夹砂陶，外壁灰褐，内壁黑，口沿处经过磨光。敞口，尖唇，唇内抹斜。器表口沿下饰指甲纹，器表饰刻划纹。残高3.9、壁厚0.6厘米（图六，11）。

T1505①：5，夹砂黄褐陶，敞口，方唇，内抹斜。口沿下饰指甲纹，器壁饰刻划纹。残高3.4、壁厚0.6厘米（图六，12）。

T1006①：1，夹砂灰褐陶，敞口，圆唇。近口沿处饰席纹，腹部饰竖压横排之字纹。复原口径约18、残高4.8、壁厚0.9厘米（图六，7）。

陶钵　以泥质红陶为大宗，兼有少量泥质黄褐陶、泥质红褐陶、泥质灰褐陶和少量的夹砂黑陶、夹砂黑褐陶。

根据口部特征可分二型。

A型　9件，敞口。

标本T1206①：8，残，仅存口沿部分。泥质红陶，内外壁抹光，敞口，圆唇，沿厚，口沿下饰一周凹弦纹。残高4、壁厚0.5厘米（图七，12）。

标本T0906①：7，残，仅存口沿部分。夹砂陶，外壁呈黑褐，内壁抹光呈黑色。敞口，圆唇，弧腹。腹部饰之字纹，纹饰很浅，不甚清晰。复原口径约20、残高4.6、壁厚0.6厘米（图七，1）。

标本采：9，残，泥质红陶，敞口，外叠唇，弧腹，素面。复原口径约18、残高4、壁厚0.6厘米（图七，2）。

标本采：14，残，夹砂黑褐陶，敞口，外叠唇，弧腹，素面。复原口径约24、残高4.4、厚0.6厘米（图七，3）。

B型　14件，敛口。

标本H1：6，残，夹砂红陶，口沿处红，腹部泛灰。敞口，尖唇，弧腹，素面。复原口径约20、残高5.2、壁厚0.6厘米（图七，4）。

标本H1：7，泥质红陶，口部红，腹部泛灰。内外壁抹光。敛口，尖圆唇，口沿经刮抹处理，弧腹，素面。复原口径约26、残高6.2、壁厚0.8厘米（图七，5）。

标本Z1：19，残，仅存口沿部分。泥质黄褐陶，敛口，圆唇，唇部抹平，弧腹。外壁抹光，口沿下有一周凹弦纹。复原口径约20、残高4.4、壁厚0.7厘米（图七，9）。

标本T0906①：3，残，仅存口沿部分。敞口，外叠唇，弧腹。口沿叠唇处饰红彩，纹饰为平行斜线纹。复原口径26、残高5.7、壁厚0.6厘米（图七，7）。

标本T0906①：4，残，仅存口沿部分。泥质红陶，敛口，圆唇，素面。复原口径

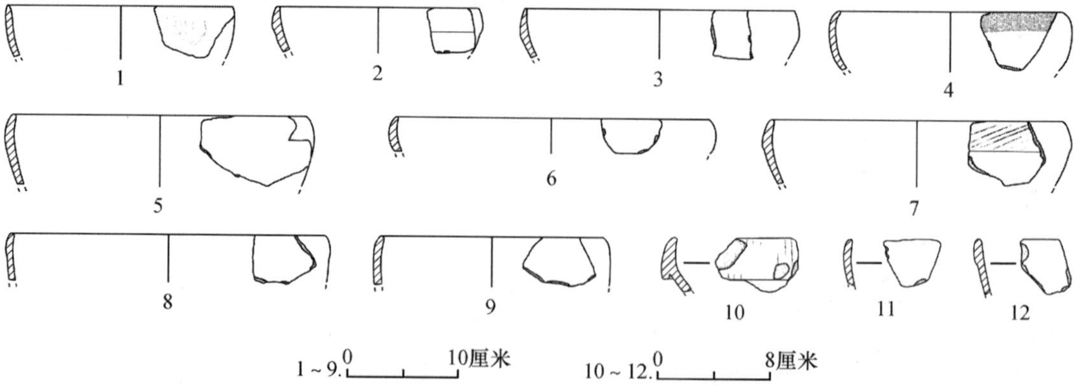

图七　下台子遗址出土陶钵

1～3、12. A型（T0906①：7、采：9、采：14、T1206①：8）　4～11. B型（H1：6、H1：7、T0906①：4、T0906①：3、T1206①：7、Z1：19、T1205①：5、T0906①：5）

约28、残高3、壁厚0.8厘米（图七，6）。

标本T0906①：5，残，仅存口沿部分。泥质红陶，尖圆唇，弧腹，素面。残高3.4、壁厚0.5厘米（图七，11）。

标本T1205①：5，残，仅存口沿部分。泥质黄褐陶，陶色不均匀。敛口，外折沿，沿部饰红彩，纹饰为平行竖线条带纹。残高3.9、壁厚0.6厘米（图七，10）。

标本T1206①：7，残，仅存口沿部分。泥质黄褐陶，敞口，尖圆唇，沿厚，口沿下饰一周凹弦纹。复原口径约28、残高4.3、壁厚0.6厘米（图七，8）。

陶杯　出土有三足杯和平底杯两种。

三足杯　1件。H1：13，残，夹砂黑褐陶，敛口，尖唇，弧腹，器足残缺，素面。残高3.2、壁厚0.6厘米。

平底杯　1件。T0906①：8，夹砂黑褐陶，敞口，圆唇，弧腹，平底，素面。复原口径约3.4、底径1.8、高1.4、底厚0.7厘米（图八，9）。

器底　均为罐底，夹砂陶。

T1105①：7，外壁灰，内壁黑。斜腹，平底。器表素面，器底饰席纹。复原底径约8、残高4.4、壁厚0.8厘米（图六，13）。

T1504①：9，外壁红褐，内壁黑。平底，斜腹，器表近底处饰竖压横排之字纹。复原底径约8、残高2.9、壁厚1厘米（图六，14）。

T1505①：6，外壁灰褐，内壁黑。器壁近底处饰竖压横排弧线之字纹，器底饰席纹。复原底径约6、残高1.9、壁厚0.5厘米（图六，15）。

彩陶　T1504①标：1，泥质红陶，饰红彩，纹饰为平行线纹。残高2.7、壁厚0.4厘米（图八，10）。T1507①标：1，泥质红陶，饰红彩，纹饰为条带纹。残高2.8、壁厚0.6厘米（图八，11）。

2. 石器

包括磨制石器和细石器。

磨制石器　5件。

沟槽石器　2件。

T0905①：5，残，深灰色滑石磨制，器身不甚光滑。圆角直边，一面内凹，一面有一道凹槽。凹槽截面呈U形，方向与器身一致。残长2.7、残宽2.1厘米（图八，5）。

T1505①：4，残，深灰色滑石磨制，器身不甚光滑。整体呈长方形，两面平，两面均有凹槽，一面凹槽宽，凹槽截面呈U形，方向与器身一致。一面凹槽窄，两面凹槽方向是对角线方向。长2.8、宽2.5厘米（图八，6）。

石饰件　1件。T1306①：1，浅灰色滑石磨制，大致呈扁柱状，底面呈不规则椭圆形。底部宽，器身窄。器身加工出亚腰形。上部磨制有孔，孔残。残长2、宽1.2、厚0.7厘米（图八，7）。

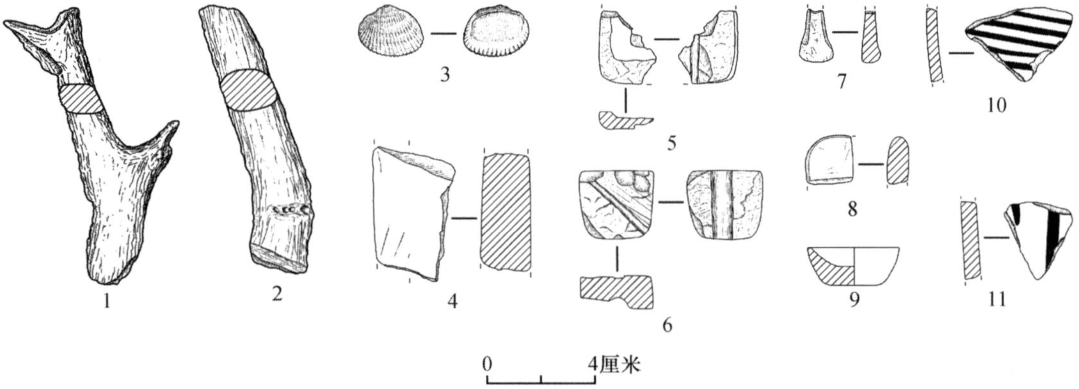

图八　下台子遗址出土遗物

1、2. 鹿角（T1405①：19、T1206①：9）　3. 贝壳（T1405①：20）　4、8. 石器（T1407①：1、T0905①：3）　5、6. 沟槽石器（T0905①：5、T1505①：4）　7. 石饰件（T1306①：1）　9. 陶平底杯（T0906①：8）　10、11. 彩陶（T1504①标：1、T1507①标：1）

另外2件石器残损严重，器形不可辨。

T1407①：1，深灰色，磨制，残损严重，仅剩一角，器形不可辨。残长5、残宽3、厚1.8厘米（图八，4）。

T0905①：3，浅灰色滑石磨制，残损严重，器形不可辨。残长1.8、残宽1.7、厚0.8厘米（图八，8）。

细石器　数量庞大，包括细石器产品和加工石叶等工具时产生的石片废料等。细石器器形有石核、石叶、石镞、石钻等。

石核　18件。可分二型。

A型　15件，楔形石核。

标本Z1：20，红色燧石，整体呈楔形，扁平状，台面经过修整，较平，呈不规则椭圆形。器身一面有打制长条形石叶剥落的痕迹。高3.1、台面长1.9、台面宽1.1厘米（图九，8）。

标本T1106①：1，绿色燧石。整体呈楔形，体圆。台面经过修整，较平。一面较平，经过打制修整。一面圆弧，有打制长条形石叶的剥落痕迹。高4.4、台面长1.9、台面宽1.7厘米（图九，2）。

标本T1304①：1，褐色，整体呈楔形，扁平状。台面经过修整，呈不规则椭圆形。一面较平，大面积为自然石皮，一面有长条形石叶剥落痕迹。高4.7、台面长2.7、台面宽1.5厘米（图九，1）。

标本T1304①：2，绿色燧石，整体呈楔形，体圆。台面经过修整，较为平整，呈不规则圆形。器身四周均有石片剥落痕迹。高3.9、台面长2.8、台面宽2.6厘米（图九，9）。

标本T1506①：1，绿色燧石，整体呈楔形，台面较为平整，呈不规则椭圆形。石

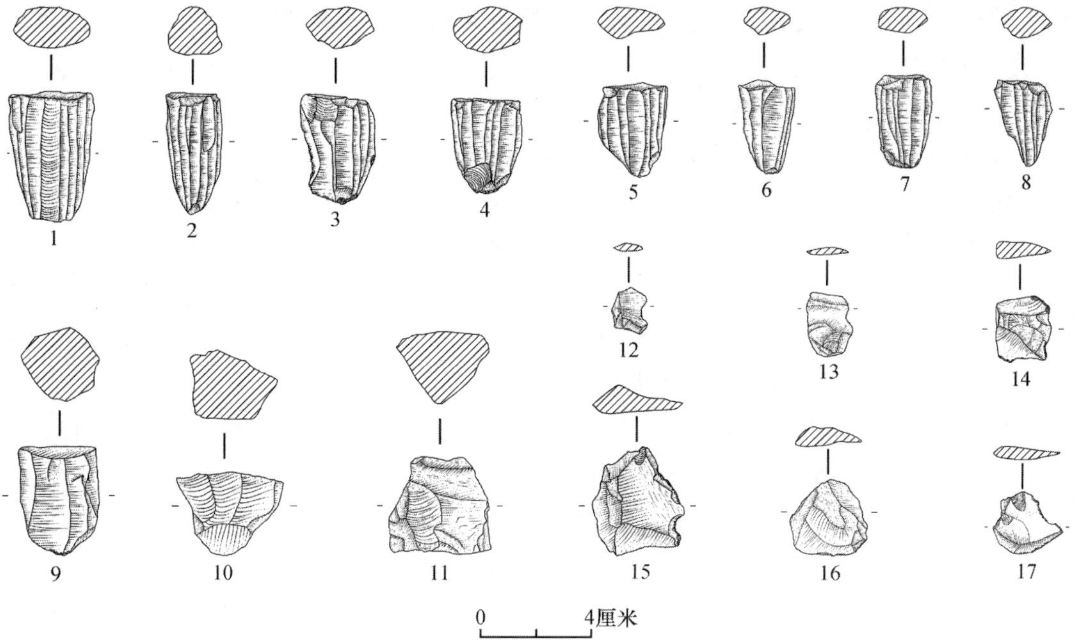

图九 下台子遗址出土细石器（一）
1～9. A型石核（T1304①：1、T1106①：1、T1507①：1、T1506①：1、T1507①：4、T1507①：2、T1507①：3、Z1：20、T1304①：2） 10、11. B型石核（T1504①：7、H1：1） 12～17. 刮削器（T1107①：2、T1506①：4、T1005①：3、T1404①：4、T1406①：20、T1105①：1）

核一面经简单修整，一面有打制长条形石叶的剥落痕迹。高3.4、台面长2.4、台面宽1.6厘米（图九，4）。

标本T1507①：1，绿色燧石，形状不规整，台面平整，一面有打制长条形石叶的剥落痕迹，另一面经过二次加工，在石核边缘修整出刃部，可能经过修整后作为刮削器使用。高3.9、台面长2.5、台面宽1.5厘米（图九，3）。

标本T1507①：2，灰褐色燧石，整体呈楔形，台面形状不规整。一面有打制长条形石叶的剥落痕迹。高3.4、台面长1.7、台面宽1厘米（图九，6）。

标本T1507①：3，红色燧石，整体呈楔形，台面形状不甚规整，一面有打制长条形石叶的剥落痕迹。高3.4、台面长1.8、台面宽0.9厘米（图九，7）。

标本T1507①：4，黄褐色燧石，整体呈楔形，台面呈不规则三角形，不甚平整。一面有打制长条形石叶的剥落痕迹。高3.4、台面长2.4、台面宽1.2厘米（图九，5）。

标本T1404①：1，灰色，整体呈楔形，台面呈不规则橄榄形。一面有打制长条形石叶的剥落痕迹。高2.8、台面长1.6、台面宽0.8厘米（图一一，2）。

标本T0905①：4，绿色燧石，整体呈楔形，台面呈扇形，一面有打制石叶的剥落痕迹。高3.2、台面长1.6、台面宽0.9厘米（图一一，3）。

标本T1105①：6，白色，整体呈楔形，体略圆，台面经过修整，呈不规则椭圆形，器身一面经打制加工修整，一面有打制长条形石片的剥落痕迹。高4.5、台面长2.7、台面宽2厘米（图一一，4）。

B型 3件，多台面石核。

标本T1504①：7，不均匀红色燧石，六面体，三面有石片剥落痕迹。高3厘米（图九，10）。

标本H1：1，红色燧石，多面体，形状不规整。高3.5厘米（图九，11）。

刮削器 14件。

标本T1005①：3，白色燧石，整体呈不规则长方形，顶端厚，刃薄，刃部经二次加工。长2.4、宽2、厚0.6厘米（图九，14）。

标本T1105①：1，绿色燧石，不规则形状，刃部内凹，刃部一面经过二次加工修整。长2.5、宽2.3、厚0.5厘米（图九，17）。

标本T1107①：2，灰色燧石，形状不甚规整，剥落的石片一侧经二次加工修整出刃部。刃部内凹，有使用痕迹，长1.7、宽1.3、厚0.3厘米（图九，12）。

标本T1404①：4，黄褐色燧石，整体呈不规则形状，一侧刃部呈弧状，经二次加工。长3.2、宽2.8、厚0.9厘米（图九，15）。

标本T1406①：20，绿色燧石，不规则形状， 刃部经二次加工处理。长2.8、宽2.8、厚0.3厘米（图九，16）。

标本T1506①：4，不均匀红褐色燧石，不规则扁平状，刃部一面经二次加工处理。长2.3、宽1.6、厚0.3厘米（图九，13）。

石叶 175件。

标本H1：2，燧石，颜色不均匀，一半呈黄褐色，一半呈红色。整体呈长条状，柳叶形，体微弧，两端向腹部弯曲。顶端圆弧，另一端尖。近顶端截面呈梯形，近尖端截面呈三角形。长4.8、宽0.7、厚0.2厘米（图一〇，2）。

标本H1：4，绿色燧石，不规则长条形，两端弧，截面呈三角形。长2.5、宽0.9、厚0.2厘米（图一〇，6）。

标本Z1：2，棕色燧石，整体呈长条形，截面呈三角形。长1.5、宽0.8、厚0.2厘米（图一〇，10）。

标本T1005①：1，绿色燧石，不规则形状，刃部凹，刃部一面经过二次加工修整。长2、宽0.9、厚0.2厘米（图一〇，7）。

标本T1107①：3，红色燧石。整体呈长条形，体弧，两端向腹部弯曲。器身截面呈三角形。器身两侧有石片剥落的痕迹。长4.6、宽0.9、厚0.5厘米（图一〇，1）。

标本T1204①：2，绿色燧石，整体呈长条状，一端残，一端圆弧。截面呈不规则梯形。一侧刃部经过二次加工修整。长1.8、宽0.8、厚0.2厘米（图一〇，8）。

标本T1304①：20，黄褐色燧石，整体呈长条形，一端尖，一端平，平直的一端有二次加工修整痕迹。截面呈三角形，两侧较长的刃部未经二次加工修整。长3.8、宽

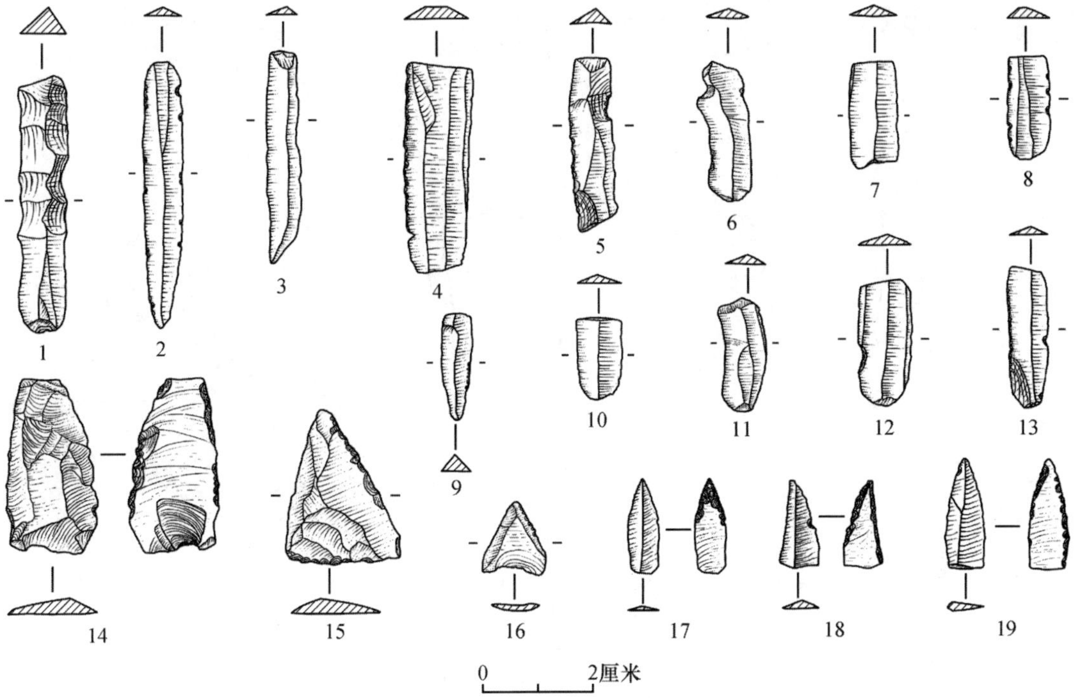

图一〇 下台子遗址出土细石器（二）

1～8、10～13. 石叶（T1107①：3、H1：2、T1304①：20、T1404①：22、T1504①：4、H1：4、T1005①：1、T1204①：2、Z1：2、T1407①：2、T1307①：1、T1405①：6） 9. 石钻（T1507①：5） 14～16. A型石镞（T1206①：1、T1404①：21、T1506①：19） 17～19. B型石镞（T1205①：4、T1304①：11、T1405①：14）

0.6、厚0.2厘米（图一〇，3）。

标本T1307①：1，黄褐色燧石，整体呈长条形，顶端圆弧，截面略呈三角形，两侧刃部均有二次加工痕迹。长2.3、宽1、厚0.2厘米（图一〇，12）。

标本T1405①：6，残，不均匀黄褐色燧石。整体呈长条形，截面呈三角形，一侧刃部经二次加工。长2.6、宽0.7、厚0.2厘米（图一〇，13）。

标本T1404①：22，不均匀黄褐色燧石，两端残。整体呈长方形。截面呈梯形，两侧刃部经二次加工修整。长3.8、宽1.2、厚0.2厘米（图一〇，4）。

标本T1407①：2，深红色燧石，整体呈长条形，略呈弧状。一端截面呈三角形，一端截面呈梯形。长2.1、宽0.9、厚0.2厘米（图一〇，11）。

标本T1504①：4，不均匀红褐色燧石，整体呈长条形，截面呈三角形。两端向腹部弯曲。两侧刃部均经二次加工修整。长3.1、宽0.9、厚0.3厘米（图一〇，5）。

标本T1104①：1，黄褐色燧石，整体呈长条形，截面呈三角形。长2.3、宽0.6、厚0.2厘米（图一一，6）。

标本T1404①：6，灰色，整体呈长条形，截面呈三角形。长1.8、宽0.5、厚0.1厘米（图一一，8）。

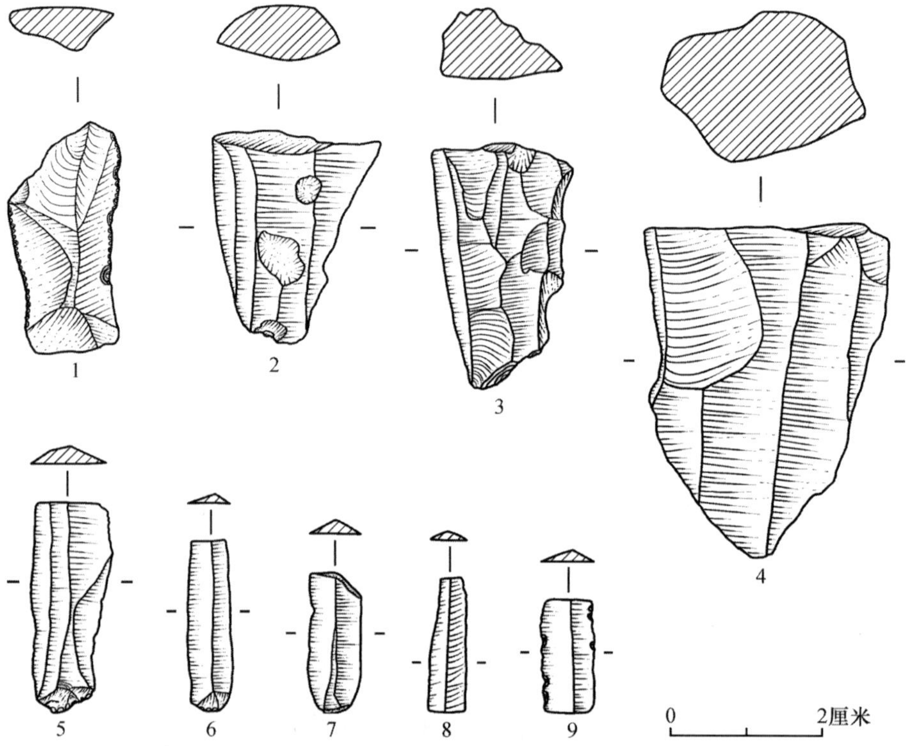

图一一　下台子遗址出土细石器（三）

1、5～9. 石叶（采集：5、采集：2、T1104①：1、采集：1、T1404①：6、T1407①：3）　2～4. A型石核（T1404①：1、T0905①：4、T1105①：6）

标本T1407①：3，灰绿色燧石，整体呈长方形，截面呈三角形。两侧刃部经二次加工修整。长1.5、宽0.7、厚0.1厘米（图一一，9）。

标本采集：1，黄褐色燧石，整体呈长条状，一端圆弧，截面呈三角形，一侧刃部有使用痕迹。长1.9、宽0.7、厚0.2厘米（图一一，7）。

标本采集：2，黄色燧石，整体呈长条形，一端圆弧，截面呈梯形。两侧刃部均经二次加工修整。长2.8、宽1.1、厚0.3厘米（图一一，5）。

标本采集：5，墨绿色燧石，整体呈长条状，两侧刃部略内凹，刃部经二次加工修整。长3.1、宽1.5、厚0.6厘米（图一一，1）。

石钻　2件。标本T1507①：5，黄褐色燧石，颜色不甚均匀。整体呈三棱锥状，器身截面呈三角形，尖端经过二次加工处理，有使用痕迹。长1.9、宽0.6厘米（图一〇，9）。

石镞　7件，可分二型。

A型　4件，三角形石镞。

标本T1206①：1，黄色燧石。整体呈不规则三角形，一面略平，一面较鼓。镞尖部残，两侧刃部经二次加工。残长3.2、宽1.6、厚0.3厘米（图一〇，14）。

标本T1404①：21，红褐色燧石。整体呈三角形，正面略鼓，背面平。两侧刃部经二次加工。长2.8、宽2.5厘米（图一〇，15）。

标本T1506①：19，整体呈三角形，底内凹，底部经过修整。两侧刃部经过二次加工修整，刃部较为锋利。残长1.3、宽1.1、厚0.1厘米（图一〇，16）。

B型 3件，叶形石镞。

T1205①：4，灰褐色燧石，柳叶形，器身截面呈三角形，两侧刃部均经二次加工修整。长1.7、宽0.6、厚0.1厘米（图一〇，17）。

T1304①：11，绿色燧石。石叶经二次加工而成，整体呈三角形，器身截面呈三角形。两侧刃部均呈弧状，一侧内凹，一侧外弧，两侧刃部均经琢制加工修整。长1.6、宽0.7、厚0.2厘米（图一〇，18）。

T1405①：14，绿色燧石。呈柳叶形，器身截面呈三角形，两侧刃部经二次加工处理。长2、宽0.7、厚0.2厘米（图一〇，19）。

此外还有数量庞大的石片，为制作工具过程中产生的废料。

3. 动物骨骼、贝壳

遗址中出土有哺乳动物骨骼、贝壳等（图八，1～3），哺乳动物骨骼可鉴定种属的有猪、鼢鼠、鹿。

五、结 语

（1）下台子遗址文化内涵单纯，是一处红山文化时期生活遗址。遗址文化层薄，红山文化层仅在发掘区小面积局部区域分布，遗迹均开口在耕土层下。Z1口部被破坏，有犁地时产生的刮痕，也不排除Z1是一座房址的可能，房址主体可能因为多年水土流失以及现代耕地被破坏，仅留有低于房址的灶址。遗址分区周边区域山梁遍布，河谷纵深，遗址多是分布在山梁的缓坡位置，地势不平，遗址内的遗迹很容易被破坏以至于保存状态较差。下台子遗址出土的陶器虽然残损严重，但是器形多样，个体数也较多，说明当时下台子遗址有一批较为稳定的居住群体。Z1出土陶器较残，特征与H1出土陶器特征接近。遗址出土陶器器形和纹饰特征与牛河梁第五地点下层遗存[2]中的生活陶器以及小东山遗址[3]和哈海沟遗址[4]出土陶器较为接近。下台子遗址H1：10筒形罐，口直，口沿位置饰指甲纹和腹部饰刻划纹的特征与小东山遗址F8：1[5]、哈拉海沟遗址F1：5[6]陶筒形罐极为相似，下台子遗址H1：8筒形罐，口微敛，器表饰弧线之字纹的特征与小东山遗址H31：2[7]、哈拉海沟遗址F4：2[8]之字纹筒形罐器较为接近。下台子遗址T1205①：5陶钵，外折沿，口沿处饰平行竖线红彩，与小东山遗址H43：4[9]陶钵器形和纹饰均十分接近。小东山遗址F8房址内炭样^{14}C测年数据为距今5340年±80年[10]，下台子遗址年代应该与之相近。

目前，大凌河上游地区经过发掘的红山文化生活遗存有牛河梁遗址第二地点下层遗存和第五地点下层遗存，时代早于牛河梁遗址积石冢阶段[11]。下台子遗址位于牛河梁遗址区，此外，辽宁省文物考古研究院近年开展的大凌河中上游地区红山文化遗存考古调查在牛河梁遗址区发现多处红山文化生活遗址，在南距下台子遗址直线距离约3千米的南店西南、下河杖子西坡地等遗址采集标本细石器较多，陶器中饰之字纹、刻划纹的夹砂陶片数量丰富，无论是器物组合还是陶器特征，都与下台子遗址、牛河梁遗址下层生活遗存表现出很大的共性[12]，推测南店西南、下河杖子西坡地等遗址存在与牛河梁遗址早期时代相当的遗存。综上，说明在红山文化牛河梁积石冢阶段之前红山人就已在大凌河上游地区生活。

（2）2014年对遗址进行调查时，在遗址地表采集到丰富的细石器，包括有石核、石叶、刮削器、石镞以及大量制作工具时产生的石片废料。遗址发掘出土了一批数量更为庞大的细石器组合，包括有石核、细石叶、刮削器、石镞等工具和大量的石片废料。遗址出土细石器中，工具所占比例较小，加工工具时产生的石片废料数量庞大，在Z1内就出土有200余件石片废料，为个体非常小的石屑，分散的分布于灶内堆积里，应是当时人们长时间围坐在灶旁进行细石器生产加工，并且将打制石器过程中产生的石片废料就地集中填埋在灶内。遗址出土细石器组合完整，遗址内无石料，但是在遗址周边多处地区均可见燧石石料。遗址内发现有一处明确的细石器加工地点Z1，当时下台子人应是将石料带回遗址，在遗址内生产加工细石器，很有可能即在房址内或者在室外灶址周围进行生产作业。

（3）细石叶技术最早见于旧石器时代晚期的华北地区，进入新石器时代之后主要分布在长城以北地区。细石器个体小，便于携带，一直被认为是流动性较大的狩猎采集者的工具首选[13]。下台子遗址无论是2014年调查采集石器还是2017年发掘出土石器，细石器均占大宗，数量庞大，遗址基本不见农业生产工具。这样的石器组合与牛河梁五地点下层遗存中的情况相似，牛河梁第五地点下层遗存中细石器亦是数量大，有400余件，组合有石核、石叶、石镞、石钻和石片废料等，农业生产工具很少。牛河梁第五地点下层灰坑中出土有705件动物骨骼，鹿最多，其次为狍、猪、獐、鼢鼠、兔等，均为野生。可见，细石器应是当时生活在该地区的红山在人群重要的生产生活工具，也说明该地区的人群较大程度的依赖狩猎采集的经济方式。

发掘：熊增珑　于怀石　樊圣英
陈　利　李广奇　张春坤
赵海山
绘图：于怀石　马红光
摄影：图旭刚　于怀石　马红光
执笔：于怀石　熊增珑　樊圣英
郭　明　陈　利

注 释

［1］ 吕学明，熊增珑等. 2014年牛河梁遗址系统性区域考古调查研究［J］. 华夏考古，2015（3）：3-8.

［2］ 辽宁省文物考古研究所. 牛河梁——红山文化遗址发掘报告（1983—2003年度）［M］. 北京：文物出版社，2012：267-291.

［3］ 辽宁省文物考古研究所，朝阳市博物馆，朝阳县文物管理所. 朝阳小东山新石器至汉代遗址发掘报告［C］. 辽宁省道路建设考古报告集（2003）. 沈阳：辽宁民族出版社，2004：1-74.

［4］ 内蒙古文物考古研究所，赤峰市博物馆. 元宝山哈拉海沟新石器时代遗址发掘报告［J］. 内蒙古文物考古，2008（1）：1-19.

［5］ 同［2］，图十九-1.

［6］ 同［3］，图一五-5.

［7］ 同［2］，图五十八-2.

［8］ 同［3］，图一五-3.

［9］ 同［2］，图七十三-4.

［10］ 同［2］：72.

［11］ a. 同［2］：139-142，267-291.

b. 赵宾福，薛振华. 以陶器为视角的红山文化发展阶段研究［J］. 考古学报，2012（1）：1-22.

c. 赵宾福，白玉川. 从居址到墓地：红山文化牛河梁遗址的时代变迁与功能转变［J］. 辽宁师范大学学报（社会科学版），2016，39（2）：132-139.

［12］ 辽宁省文物考古研究院最新调查材料.

［13］ 陈胜前. 细石叶工艺产品废弃的文化过程研究［J］. 人类学学报，2008（3）：210-222.

Preliminary Report of the Xiataizi Site Lingyuan

YU Huai-shi XIONG Zeng-long FAN Sheng-ying GUO Ming CHEN Li

In 2017, archaeologcail remains, including one ash pit and one stove, belonging to the Hongshan Culture were discovered during the excavation at the Xiataizi site by the Institute of Cultural Relic and Archaeology of Liaoning Province. Potteries recovered were basically broken, while microlithic artifacts were found in large numbers. According to typology analysis, the age of Xiataizi site is close to that of the Xiaodongshan site. Xiataizi site is supposed to be a point for processing stoneware on the basis of discovery of large quantity of microliths and leftovers, especially in the stove where more than two hundred stone flakes and one stone core were recovered.

吉林省伊通河、饮马河下游地区辽金时期城址的调查*

赵里萌[1]　孟庆旭[2]

（1. 吉林大学考古学院，长春，130012；2. 吉林省文物考古研究所，长春，130033）

一、引　　言

位于吉林省中部的伊通河、饮马河下游地区是松嫩平原的腹地，也是东北平原的十字路口。该地区在辽代属黄龙府管辖，金代属隆州辖境，元代未设建制。伊通河、饮马河均发源于吉林哈达岭，两河并流向北，在农安县靠山镇附近交汇，再流入松花江。周边地形主要是以台地平原为主，气候为半湿润的森林草原气候。

20世纪80年代的第二次全国文物普查（以下简称"二普"）在这一地区共发现了30余座辽金时期城址。受限于时代，这些城址多被草定为辽金沿用，未做进一步断代。随着时代的发展，这种模糊的认识已经越来越难以满足对相关历史问题深入讨论的需要。同时，由于水土流失、土地沙化、农业耕作、基础设施建设等自然、人为因素的破坏，使得这些城址的保存现状堪忧，有必要进行新的调查来备份资料。

为了进一步摸清该地区辽金时期城址的考古学面貌，2018年4月，吉林省文物考古研究所联合吉林大学考古学院对处于该地区的农安县、德惠市、九台市境内的伊通河、饮马河流域的32座辽金时期城址进行了较为详细的调查[1]，同时也对该地区周边处于前郭尔罗斯蒙古族自治县（下简称前郭县）、农安县、扶余市的北流松花江流域的部分城址和处于农安县波罗泡周边的城址进行了调查（图一）。

本次调查充分利用了历史卫星照片（下简称历史卫片）、现代卫片对城址进行宏观观察，使用手持GPS和奥维地图（Omap）进行数据采集和整合，并注重对地表瓷片的采集和窑口、年代的鉴定。在"二普"材料的基础上，我们在这些城址的平面形态、城防结构、城内建筑、使用年代等方面均获得了新的认识，现将调查收获述之于下。

---

* 本文系国家社科基金青年项目"伊通河、饮马河及西流松花江流域辽金城址发掘调查资料整理与研究"（项目编号：19CKG020）成果。

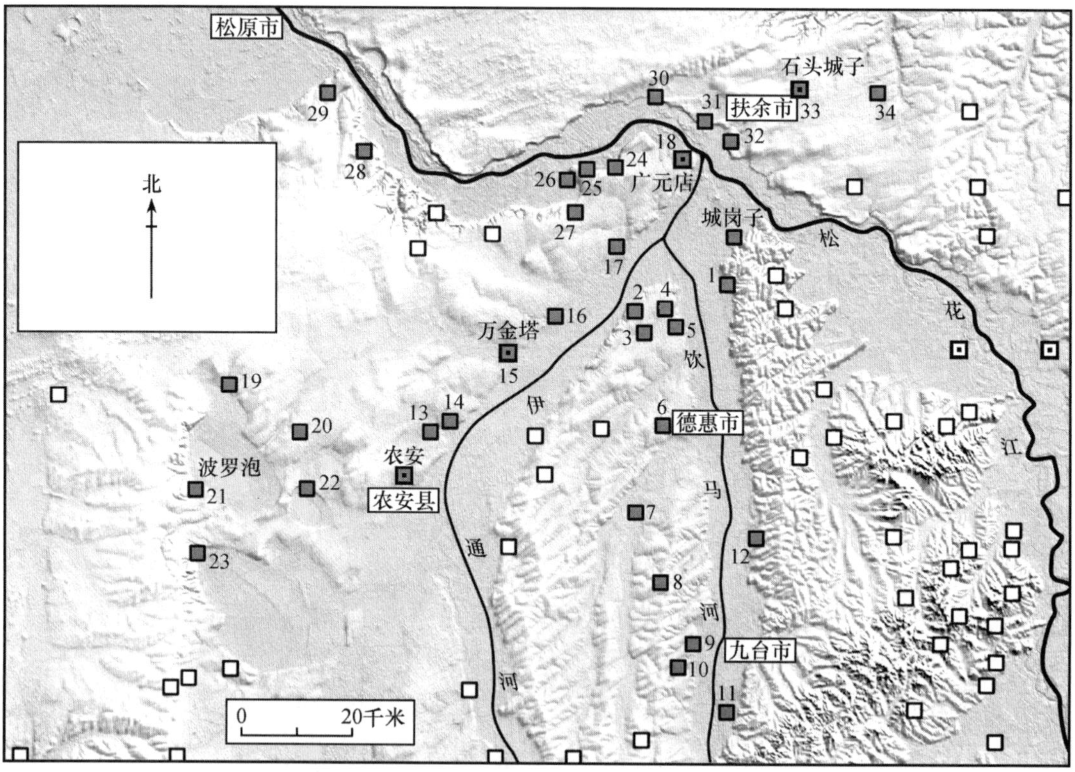

图一　伊通河、饮马河下游辽金城址位置图

1. 德惠杏山堡城址　2. 德惠卧虎城址　3. 德惠马家古城址　4. 德惠双城子城址　5. 德惠丹城子城址　6. 德惠黄花城子城址　7. 德惠后城子城址　8. 九台吴家城子城址　9. 九台大城子城址　10. 九台小城子城址　11. 九台榆树岗子城址　12. 九台偏脸城城址　13. 农安上台子城址　14. 农安西好来宝城址　15. 农安万金塔城址　16. 农安万金塔小城子城址　17. 农安靠山城址　18. 农安广元店城址　19. 农安马家城子城址　20. 农安万顺土城子城址　21. 农安文道沟城址　22. 农安三宝小城子城址　23. 农安顺山城址　24. 农安二泡子、城子里城址　25. 农安岳王城城址　26. 农安瓦盆城城址　27. 农安南台子城址　28. 前郭那拉街城址　29. 前郭扎罕布勒格城址　30. 扶余朱家城子城址　31. 扶余王家屯城址　32. 扶余半拉城城址　33. 扶余石头城子城址　34. 榆树城子城址

二、城址遗迹及遗物

1. 饮马河流域的城址

（1）德惠丹城子城址

位于德惠市边岗乡丹城村西侧，坐落于漫岗上，东距饮马河3千米，西北500米为饮马河支流小河，城内中部高、四周低。城址由主城和附属小城组成（图二）。主城平面呈方形，方向134°，北墙长400、南墙长367、东墙长390、西墙长398米，周长1555米[2]。城墙夯筑，高约2米，南墙破坏无存。城址南开一门，本次调查在东墙北段新发现疑似瓮城痕迹，与在此弯绕的城壕遗迹相契合，似为东门，瓮门右开。城址角台可辨，北墙设

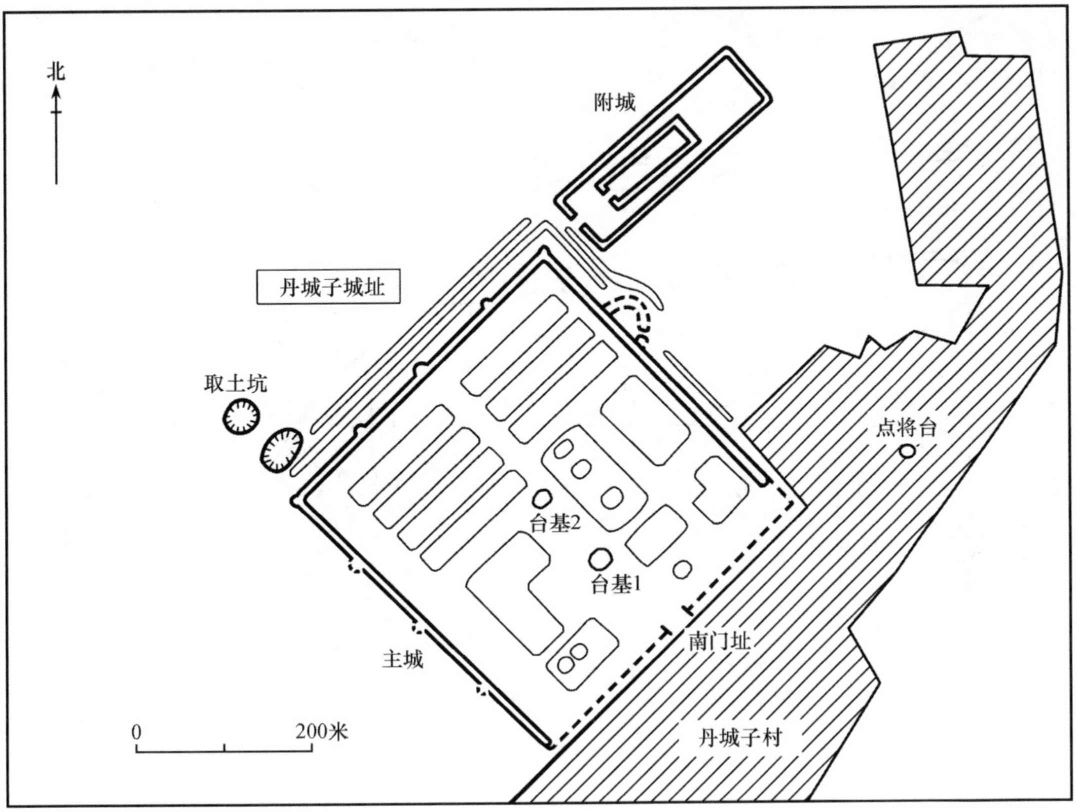

图二　德惠丹城子城址平面图

马面3座，保存较好，西墙马面保存较差，东、南墙马面情况不详。通过历史卫片新发现城外应有两道城壕。此外，在城外西北侧新发现两处深约2米的取土坑遗迹，坑口平面呈椭圆形。城外东南原有一处建筑台基，现无存[3]。城内建筑遗迹较多，从卫片来看（GE2007.5.6[4]），北部有3～4排建筑址，似为民居，中部及西南部有几处成组院落，应为官署、宅第或寺庙。其中中部及中南部的两处台基最为明显。附城平面呈横长方形，方向与主城东西轴线平行，东西长275米，南北宽75米，周长662米，墙高1米，西开一门。城内嵌套一处院落，亦西开一门。城内地表散布较多砖瓦和少量陶瓷片。

丹城子城内地表遗物以陶、瓷片为主，砖瓦也较多（图三）。陶器多具金代大卷沿特征，素面为主。瓷器以金代东北窑口化妆白瓷为主，细瓷窑口丰富，在台基2附近分布最为密集，以青瓷为大宗，其中包括大量高丽青瓷产品，兼有少量定窑白瓷。此外还采集到檐头板瓦、烙铁、蓝色琉璃环。从采集瓷片的特点来看，皆为金代或同时期产品，檐头板瓦也具有金代风格，该城址应为单纯的金代城址。

（2）德惠双城子城址

位于德惠市边岗乡郑家窝堡村西北200米左右，坐落于漫岗上，东距饮马河3千米，南370米处为饮马河支流小河，南1100米即为边岗丹城子城址。城址由南城和北城

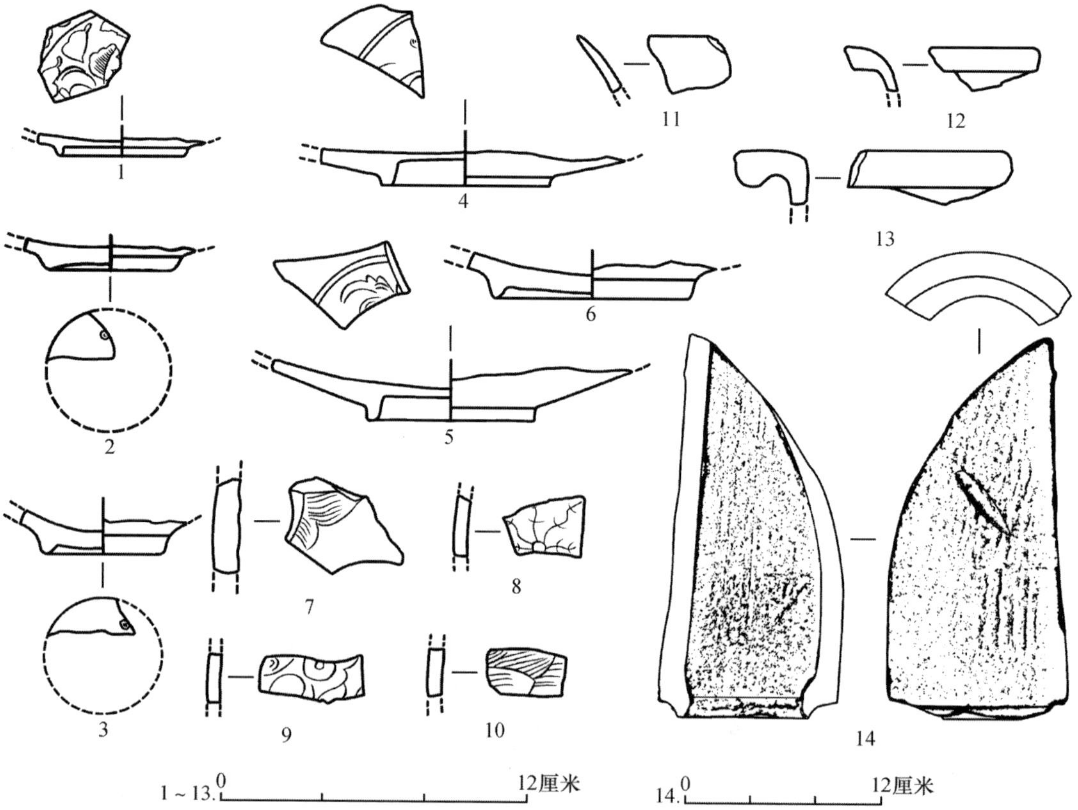

图三　丹城子城址采集遗物

1. 定窑划花白瓷器底　2～6. 高丽青瓷器底　7～11. 高丽青瓷片　12、13. 陶器口沿　14. 筒瓦

组成，北城地势西高东低，南城地势北高南低，北城略高于南城（图四）。

北城平面呈梯形，方向66°。北墙长395、南墙长414、东墙长354、西墙长280米，周长1443米[5]。城墙夯筑，高约2米。东开一门，设瓮城，瓮门右开，宽4米。四隅设角台，北墙等距设马面3座。墙外设一条城壕，从卫片来看，壕外似乎还有矮墙痕迹（GE2007.5.6），但地表不明显。城中心处有一座高包，地表瓦砾较少。城中南部有一处明显的方形院落遗迹，边长约70米，瓦砾较多。

南城平面呈竖长方形，方向177°。北墙长312、南墙残长146、东墙残长269、西墙长394米，周长推测为1412米[6]。城墙夯筑，保存较差，高0.5米。开南、北两门，不见角楼、马面。从卫片来看，城内由南至北共有七排建筑，被南北主街分隔成两列。其中中部偏北的台基1在地表较为明显，高约0.5米。

南城地表遗存较丰富，北城较稀薄。两城地表遗物均以金代大卷沿陶器为主，也有少量平折沿陶器，瓷器有化妆白瓷、定瓷、耀州青瓷、青白瓷，南城还采集到少量篦纹陶片（图五）。从地表遗存来看，南城可能早到辽代，金代沿用，北城可能是金代新建。

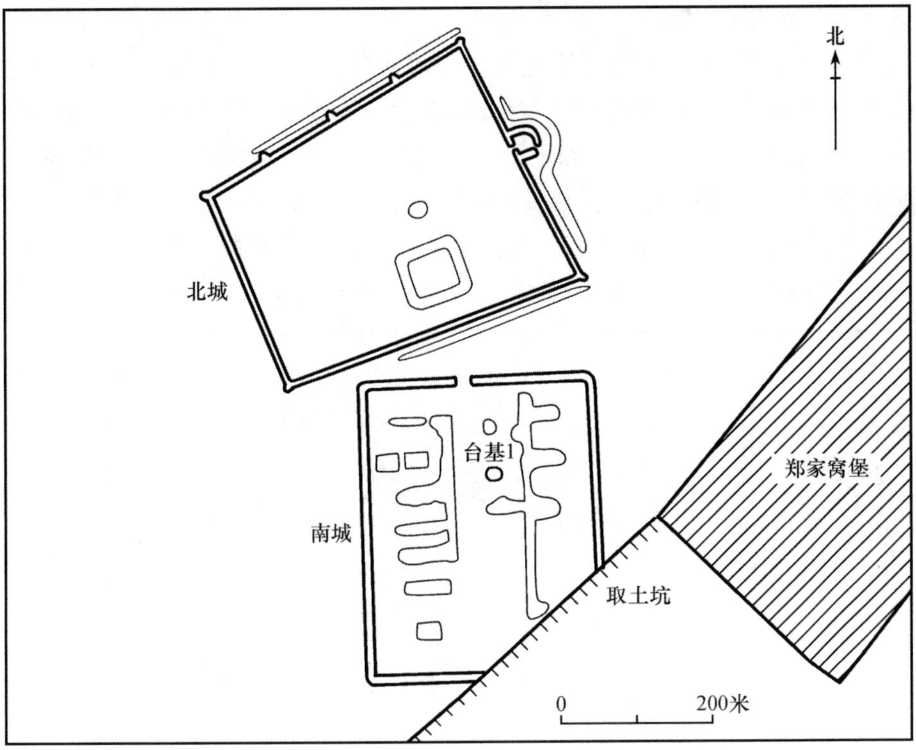

图四　德惠双城子城址平面图

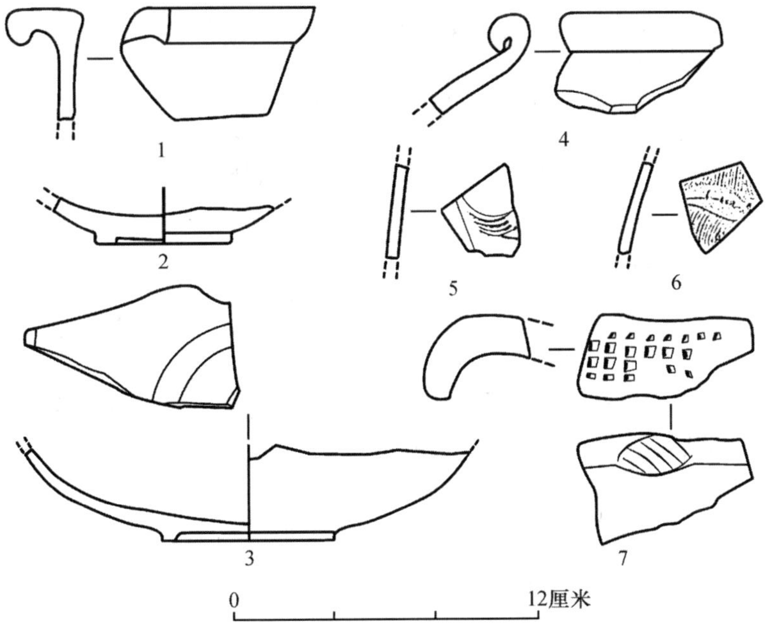

图五　双城子城址采集遗物

1. 陶器口沿　2. 油滴黑釉器底　3. 白瓷器底　4. 陶器口沿　5. 青瓷片　6. 青白瓷片　7. 滴水

（1～3. 北城；4～7. 南城）

（3）德惠黄花城子城址

位于德惠市和平乡福来村东庙屯内，周边地势平坦，东北距德惠市火车站约7千米。城址已被现代村落完全叠压，仅存北墙东段，残高0.5米，另西南角尚可辨认痕迹（图六）。根据历史卫片，可知城址平面呈竖长方形，方向253°。复原估测，北墙长226、南墙长232、东墙长251、西墙长254米，周长963米[7]。按“二普”调查[8]，城西开一门，四面城墙各设马面两座。由于被村落叠压，仅在城内西南隅见有零星陶片，皆为素面泥质灰陶，结合“二普”资料，推测城址时代为金代。

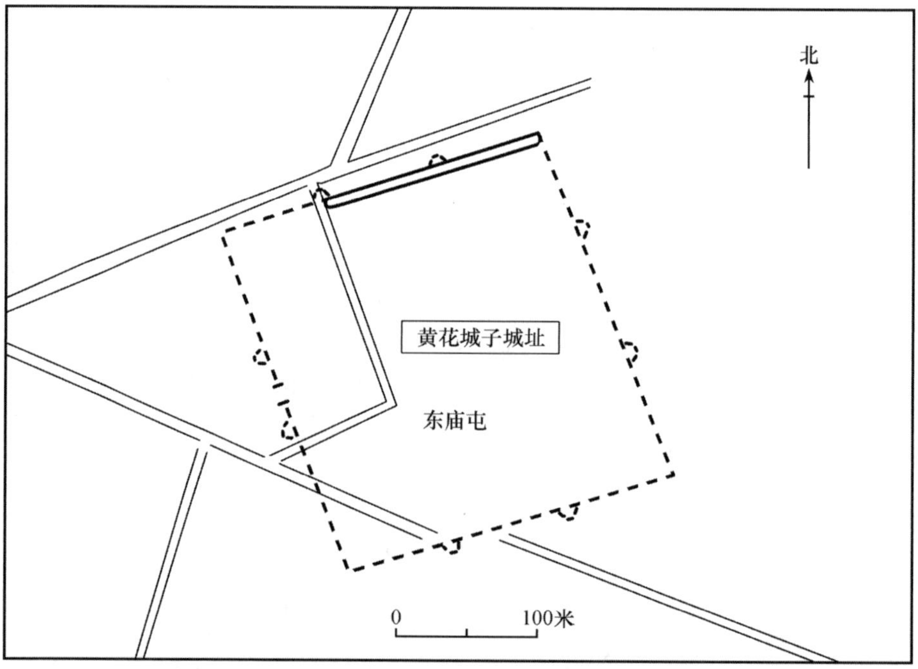

图六　德惠黄花城子城址平面复原图

（4）德惠杏山堡城址

位于德惠市达家沟镇杏山村北180米，西距饮马河6.5千米，坐落在40米高的山顶之上，居高临下，视野开阔（图七）。城址平面呈方形，方向170°，北墙长36、南墙长37、东墙长40、西墙长36米，周长151米[9]。墙体夯筑，高约2米。南开一门。城内散布瓦砾及陶片，陶器皆平折沿、篦纹（图八）。城址南侧的缓坡台地上有一处面积较大的辽代遗址，地表可见碎瓦及陶瓷片。该城址应为辽代的小型戍堡。

（5）九台吴家城子城址

位于九台市纪家镇吴家城子村东，东距饮马河10千米，城内地势平坦，北高南低（图九）。城址平面呈方形，方向154°，北墙长322、南墙长314、东墙长334、西墙长324米，周长1290米[10]。城墙夯筑，高约1.5米。南墙正中砖瓦较多，应为门址所在。四隅设角台，西南角较明显。墙外设一道城壕。地表遗存皆为金代，陶器为素面

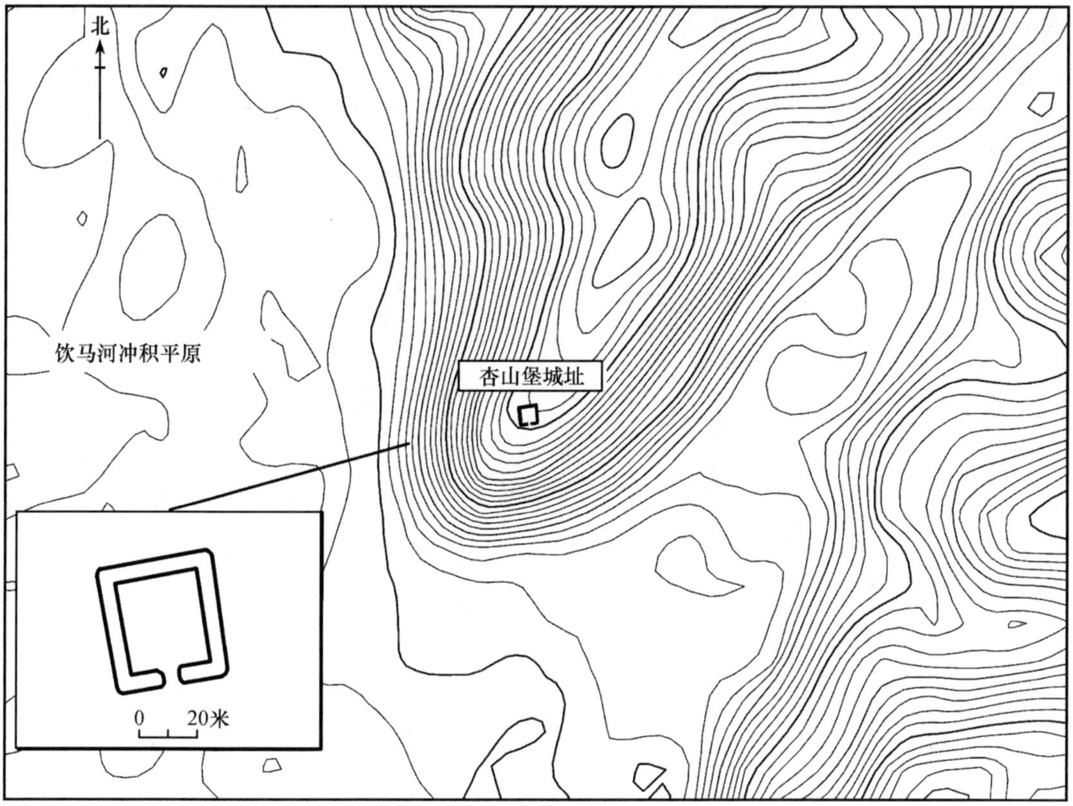

图七 德惠杏山堡城址平面图

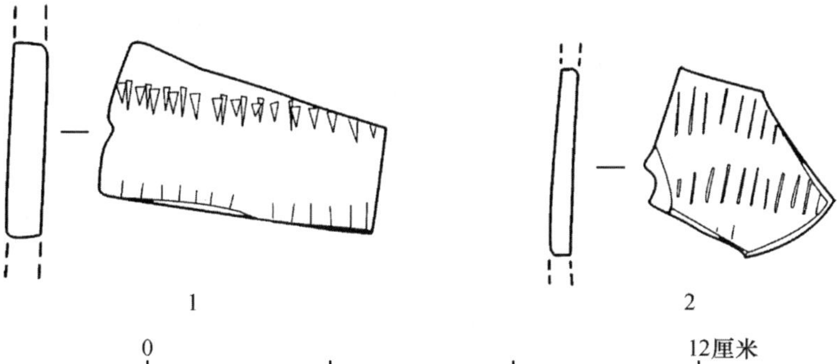

图八 杏山堡城址采集遗物

1、2. 篦纹陶片

陶，有大卷沿、半卷沿，饰附加堆纹（图一〇）。采集到“至道元宝”。该城址时代应为金代。

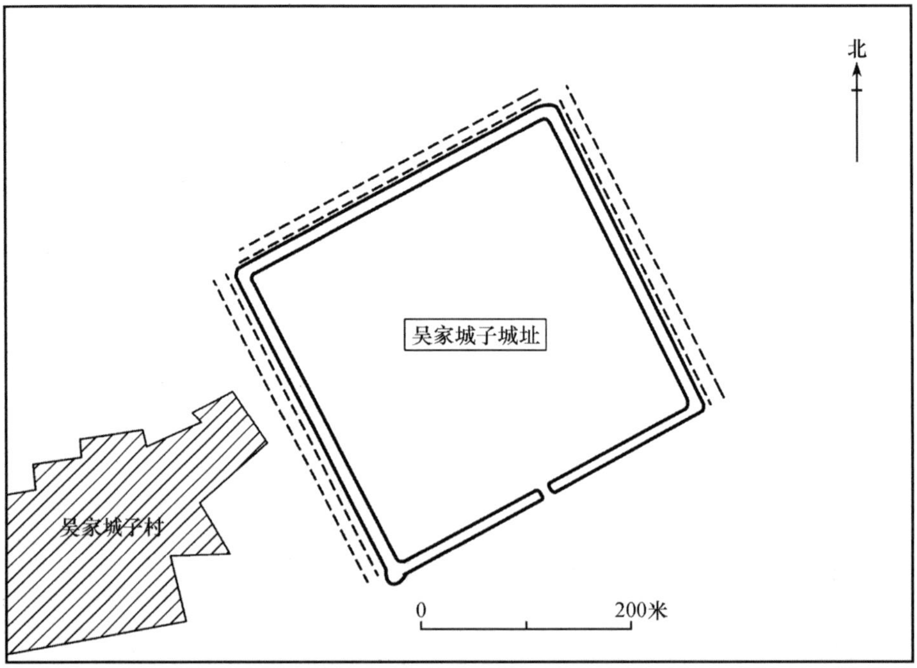

图九　九台吴家城子城址平面图

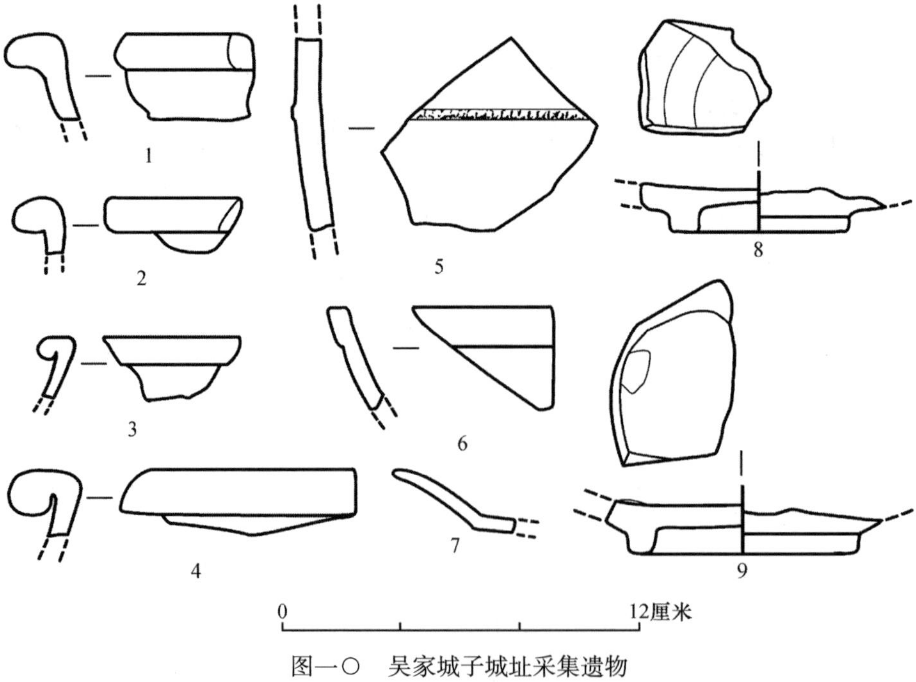

图一〇　吴家城子城址采集遗物

1～4. 陶器口沿　5. 附加堆纹陶片　6. 白瓷口沿　7. 折腹盘残片　8、9. 白瓷器底

（6）九台大城子城址

位于九台市饮马河镇大城子村西北，坐落于饮马河西岸台地边缘，东距饮马河3千米，城内地势西高东低（图一一）。城址平面略呈方形，方向120°，北墙长400、南墙长456、东墙长421、西墙长400米，周长1677米[11]。城墙夯筑，北墙保存较好，高约2米，东、西墙较差，南墙被村落和冲沟破坏无存。门址不详，由于城内遗物主要沿南北轴线分布，推测开南门或南、北两门。未发现角台、马面的迹象。城中心遗物丰富，以金代陶、瓷片为主，瓷器主要为金代东北窑口化妆白瓷、金代钧窑、定窑，此外还见有一定数量的元代陶瓷遗存，主要为元代磁州窑白地黑花瓷、元代钧釉瓷、元代喀左利州窑双色釉瓷（图一二）。该城址的主要使用年代应为金代，元代沿用，但规模相较缩小。

（7）九台小城子城址

位于九台市饮马河镇小城子村西北，坐落于漫岗上，南200米为饮马河支流小河，东北3800米为九台大城子城址（图一三）。城内坡度很大，北高南低，落差约5米。方向145°[12]，北墙长240、南墙长238、东墙长190、西墙长192米，周长860米。城墙夯筑，北墙保存较好，高约1.5米，东、西墙保存较差，南墙被村落破坏无存，门址不详，四隅设角台。地表遗物稀少，皆素面泥质陶，推测为金代城址。

（8）九台偏脸城城址

位于九台市苇子沟镇庆阳村西侧的漫岗上，西距饮马河3.4千米，城南150米有一条小河。城内坡度较大，北高南低（图一四）。城南半部被村落叠压，破坏严重，难以明确平面形状，推测为方形。方向163°，北墙长237、东墙残长102、西墙残长122米，估

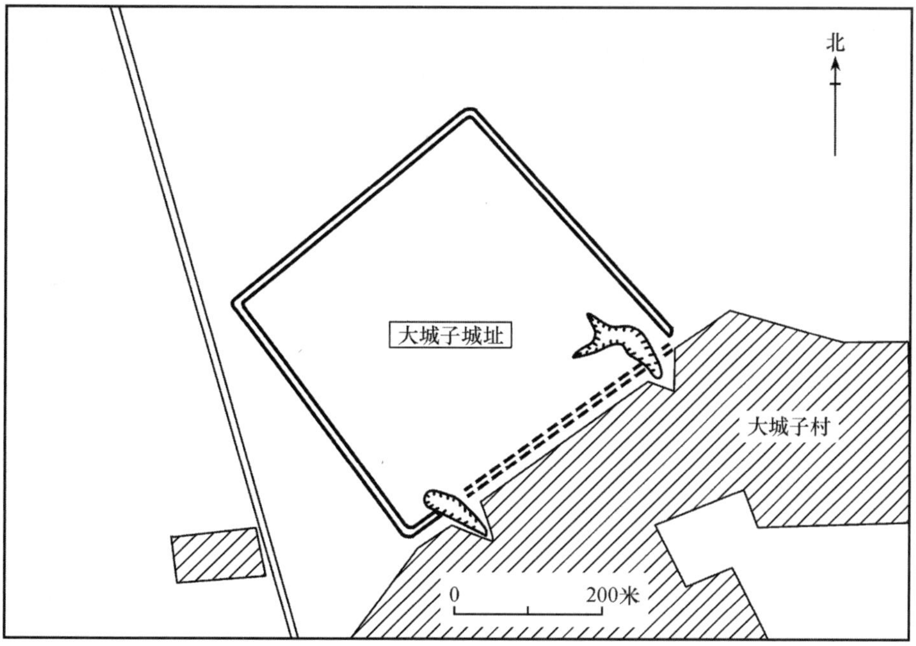

图一一　九台大城子城址平面图

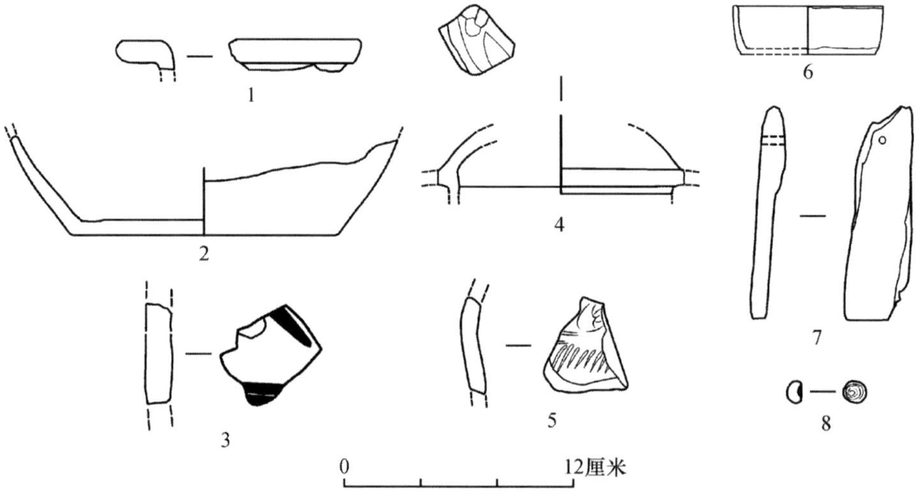

图一二　大城子城址采集遗物

1. 陶器口沿　2. 陶器器底　3. 白地黑花瓷片　4. 青釉褐彩器盖　5. 三彩残片　6. 黑釉瓷盅　7. 磨石　8. 蓝料珠

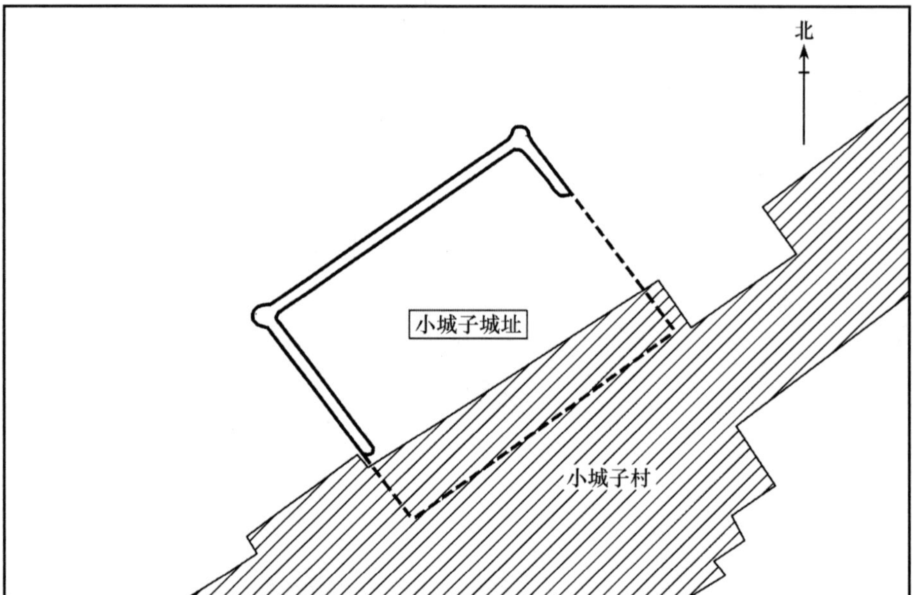

图一三　九台小城子城址平面图

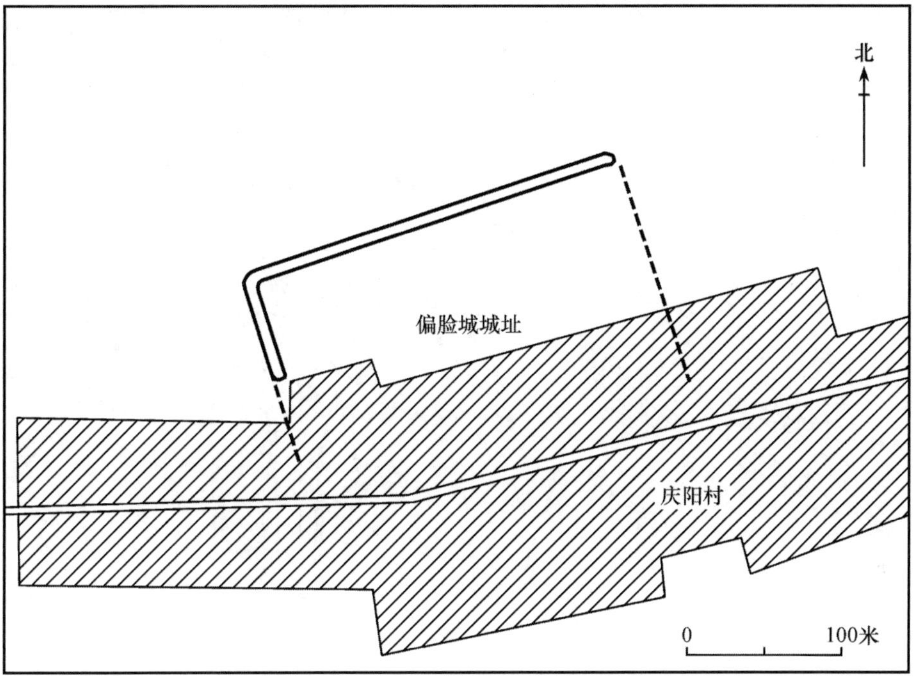

图一四　九台偏脸城城址平面图

测周长在1000米左右。地表遗物稀少，皆素面泥质灰陶，兼有少量青铜时代遗物。该城址的时代推测为金代。

2. 伊通河流域的城址

（1）农安广元店城址

位于农安县靠山镇广元店村东南，处于松花江与伊通河交汇处的南岸台地上，与江面落差15～20米，视野开阔，形势险要（图一五）。城内地势较平坦，自北向南发育的三处冲沟使城东部形成三处漫岗。城址平面略呈竖长方形，东墙依山势而建，略向外凸出。方向67°，北墙长300、南墙长230、东墙长617、西墙长570米，周长1717米[13]。城墙夯筑，西墙被村路破坏无存，北墙、南墙依稀可辨，高约1米，北墙东端保存较好，高2米，东墙断续成列，东门北侧断面处露出清晰的夯层。按“二普”调查，城址开西门、北门、东北门、东门，其中西门现已无存，但从卫片上发现有一条道路遗迹通达西门附近（GE2007.5.6），可作线索。北门地表难见，东北门、东门皆依冲沟豁口而设。城址角台、马面皆难辨认。

地表遗物主要分布于城址中部及中南部，在中部形成一道东西向的遗物散布条带，应为城内主街。在其附近有较多砖瓦，应有成排建筑。在城南部有一道较长冲沟，沟北侧分布有少量元、明时期瓷片（图一六）。地表遗物主要为金代大卷沿陶器、金代东北窑口化妆白瓷，辽代篦纹陶片也较多，还见有一定数量的元代磁州窑白地黑花瓷

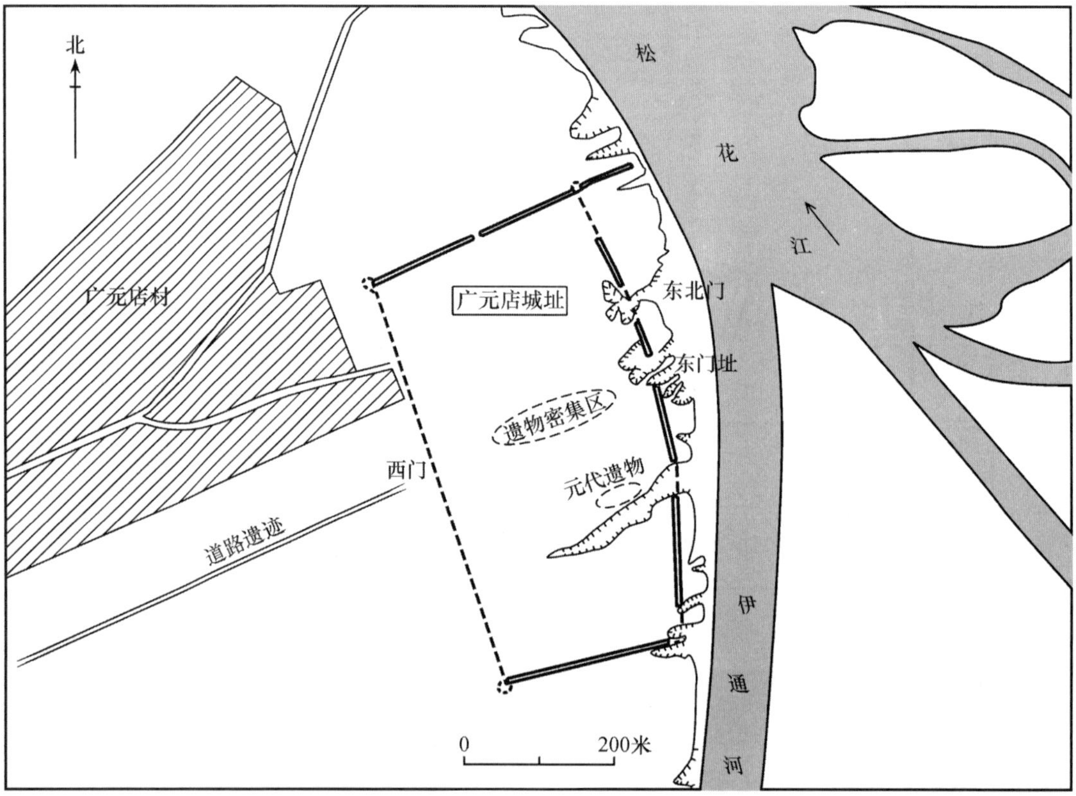

图一五　农安广元店城址平面图

片、明代龙泉窑瓷片、明青花瓷片，采集到一枚“熙宁重宝”（图一六）。目前学界多将此城定为辽代宾州，本次调查明确了城内辽代遗存的存在。该城址应为辽金沿用，在元明时期仍在使用，但规模较小。

（2）农安靠山城址

位于农安县靠山镇西侧的台地上，东距伊通河3千米，东北距靠山镇政府1.2千米。台地落差约20米，城内地势较平坦，由北向南倾斜（图一七）。城址平面呈横长方形，方向166°。地表已无法辨识城墙遗迹的存在，根据历史卫片结合踏查，可对城址的轮廓进行复原，估测北墙长425、南墙长438、东墙长280、西墙长288米，周长1431米[14]。城址南开一门，门外是一条冲沟，东南角原有角台，现无存。地表遗物十分丰富，陶器多为平折沿、凹底，饰粗篦纹，卷沿陶器较少，瓷器包括辽金东北窑口化妆白瓷、辽代龙泉务窑白瓷，整体上以辽代遗存为主（图一八）。该城址时代应以辽代为主，金代虽有沿用，但规模远远缩小。

（3）农安万金塔小城子城址

位于农安县万金塔乡小城子村北，南距伊通河2千米，西南距万金塔乡10千米，城内地形平坦（图一九）。城址平面略呈方形，方向166°，北墙长325、南墙长313、东墙

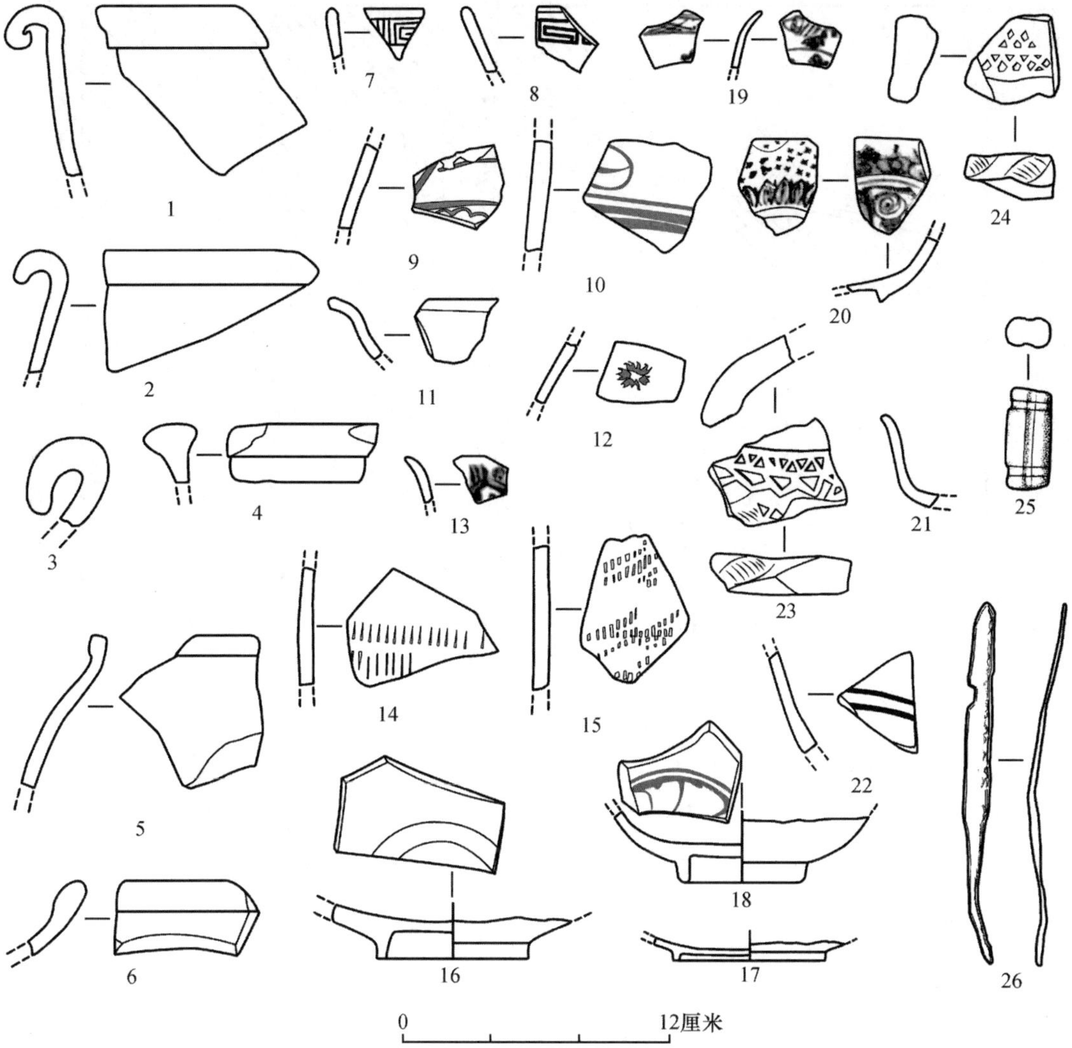

图一六　广元店城址采集遗物

1～6. 陶器口沿　7、8、21. 明代龙泉窑瓷片　9～12、22. 元磁州窑白釉褐彩瓷片　13、18～20. 明青花瓷片　14、15. 辽代篦纹陶片　16、17. 金代化妆白瓷　23、24. 檐头板瓦　25. 陶网坠　26. 铁镞

长332、西墙长323米，周长1293米[15]。城墙夯筑，高约1米，南墙无存。城址南开一门[16]，四隅设角台，西墙见有马面，城外设一道城壕。在城中部有两座台基，城东有一处院落遗迹。城内遗物见有辽代篦纹陶、辽代缸瓦窑化妆白瓷，金代江官屯窑化妆白瓷、金代黑釉三孔器（图二〇）。该城址应为辽金沿用。

（4）农安万金塔城址

位于农安县万金塔乡驻地，城址大部分被现代民居覆盖，城墙保存较差，仅北墙西北段及南墙依稀可辨（图二一）。城址坐落于伊通河西岸台地上，东南距伊通河2600米，城内地势平坦，由西北向东南倾斜。城址平面呈竖长方形，方向174°。通过历史卫

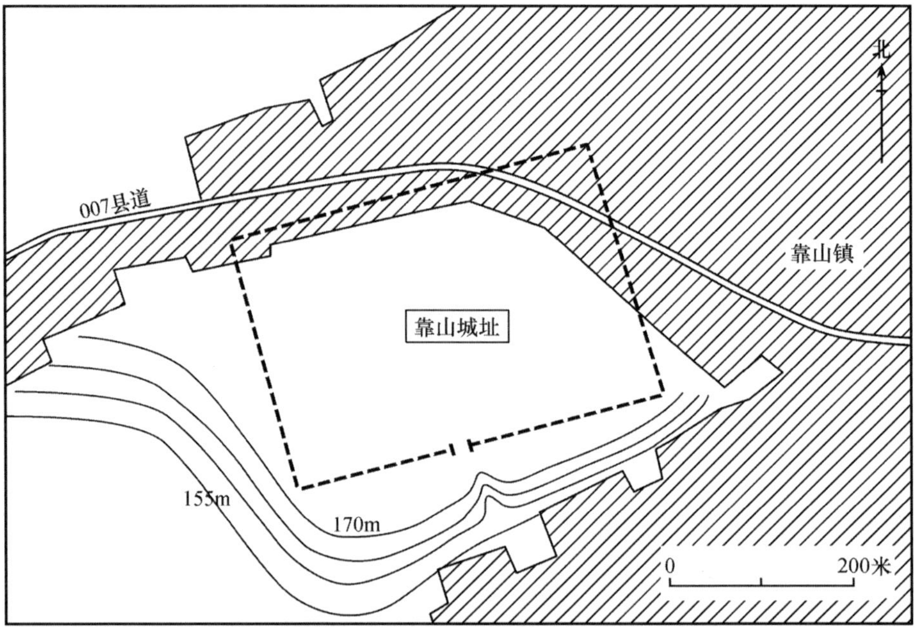

图一七　农安靠山城址平面图

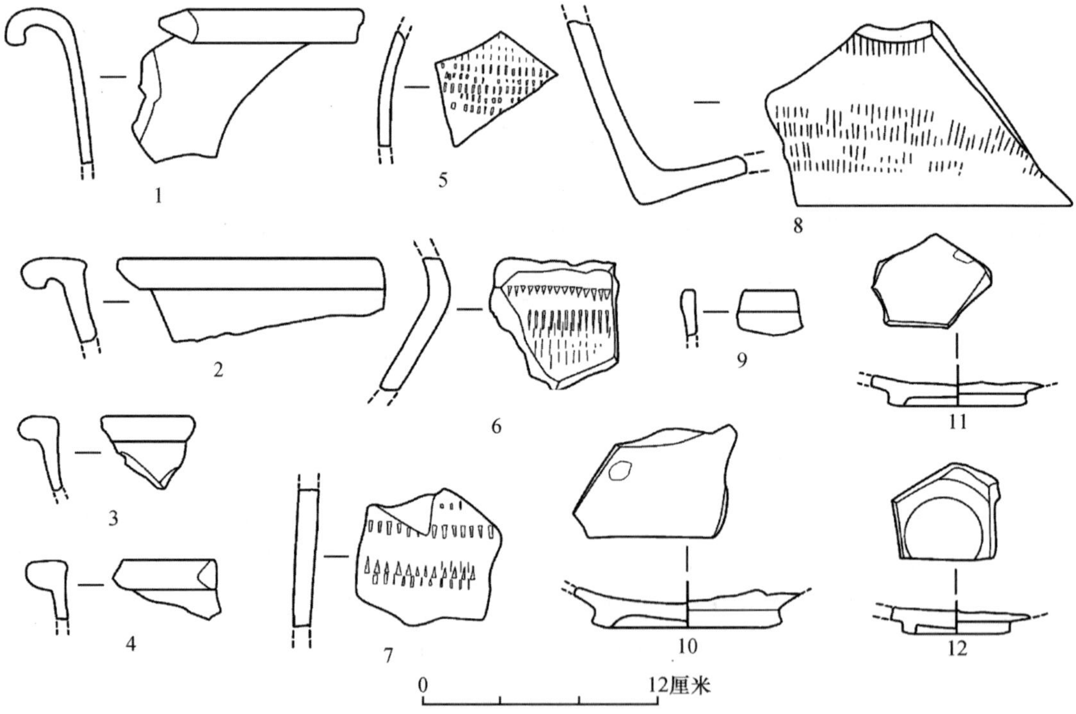

图一八　靠山城址采集遗物

1～4. 陶器口沿　5～7. 篦纹陶片　8. 陶器器底　9. 白瓷口沿　10～12. 白瓷器底

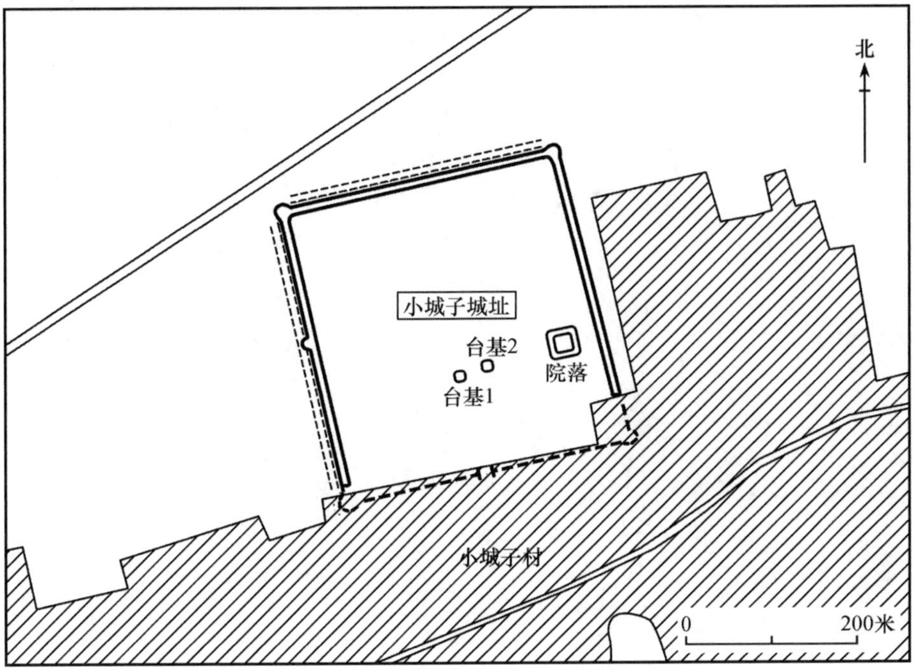

图一九　农安万金塔小城子城址平面图

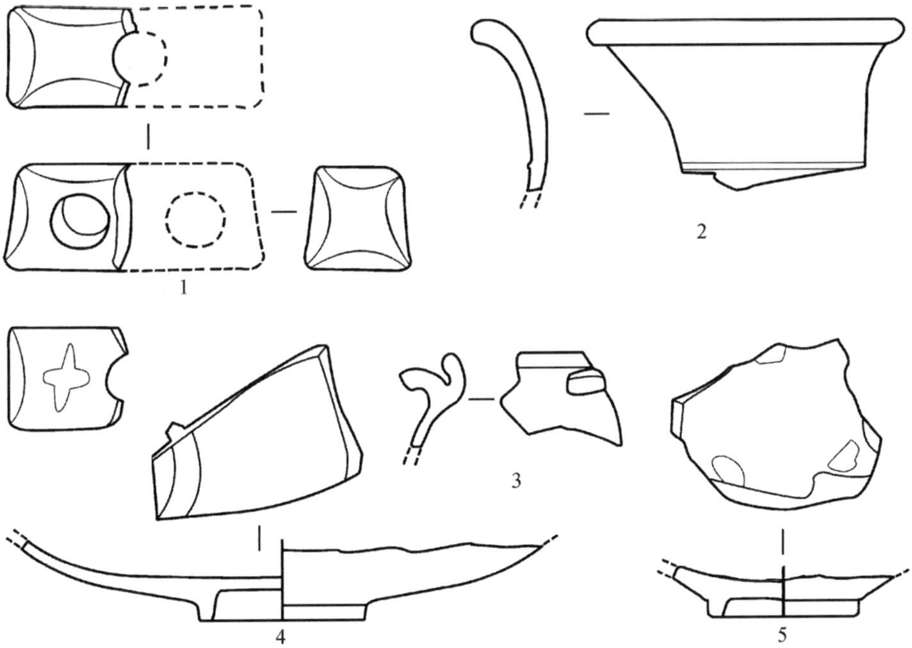

图二〇　小城子城址采集遗物

1. 黑釉多孔器　2. 陶器口沿　3. 酱釉口沿　4、5. 白瓷器底

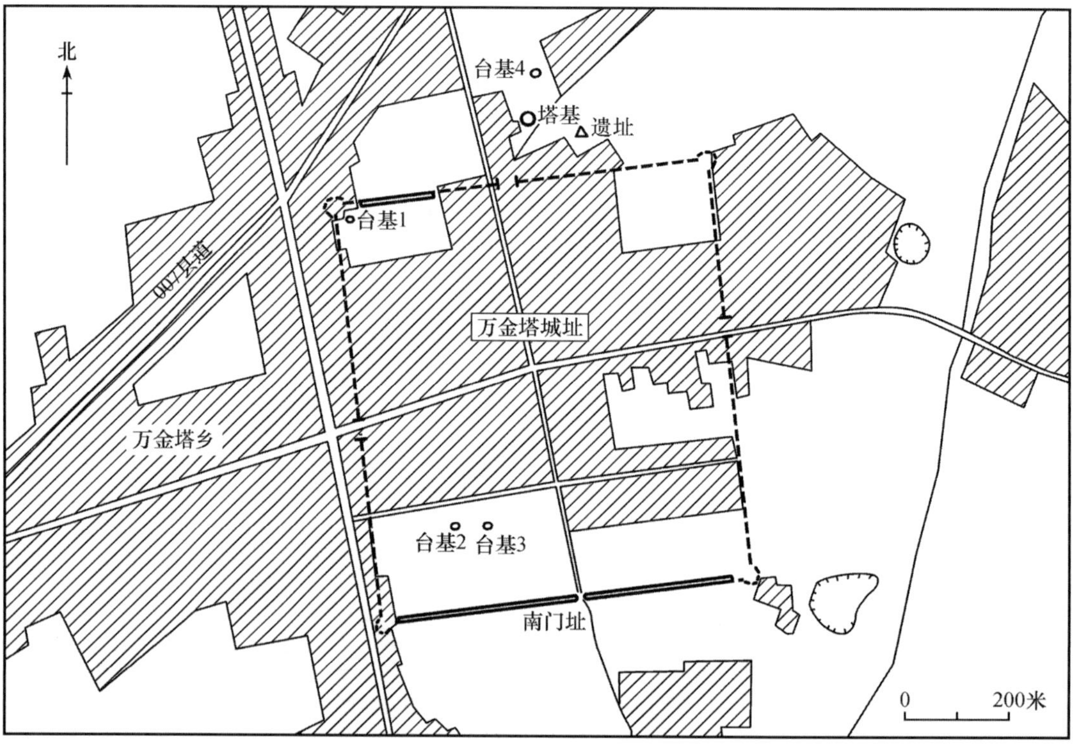

图二一　农安万金塔城址平面图

片，结合踏查，基本可复原出城墙轮廓。估测北墙长727、南墙长717、东墙长786、西墙长806米，周长3036米[17]。城墙夯筑，西北墙已经被用作土路，残高0.3米左右，南墙高0.5米。城址四面各开一门，仅南门尚存。四角原设角台，现无存。

城内西北隅有一处台基，高约1米，散布有大量砖瓦。城西南部有两座台基。城北门外140米处为一处塔基，现已变成大坑，在塔基东北80米处可见一处台基，砖瓦甚多，采集到的筒瓦、檐头板瓦皆具有辽代特点，附近遍布篦纹陶片（图二二）。在塔基东南100米处为一片辽代遗址，篦纹陶片较多。在城内西北、东北、西南、东南、东部各有五处空地未被现代建筑叠压，可见到散布的陶片，其中以南门址北侧的空地最为丰富，此处正在城址南北中轴线上，应是当时的主街。地表遗物以辽代为主，陶器多饰篦纹，篦纹种类丰富，器形多平折沿，瓷器有辽代缸瓦窑化妆白瓷，辽代龙泉务窑白瓷，辽代白釉陶，金代遗存则较稀少（图二三）。

该城址以往多被认为是辽代祥州，于金代被废。从地表遗存的时代来看，该城址主要使用时代应为辽代，金代衰落，与以往认识契合，可为之提供新的证据。

（5）农安西好来宝城址

位于农安县农安镇榛柴乡西好来宝村北侧，城址坐落于伊通河西侧台地上，东距伊通河2千米，007县道从城西北隅穿过，城南部被村落叠压，城内地势较平坦，西北

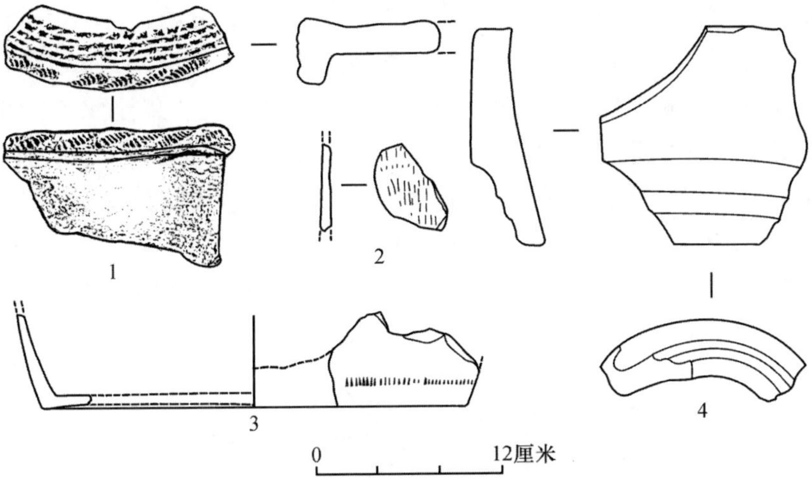

图二二　万金塔塔基附近采集遗物

1. 檐头板瓦　2. 篦纹陶片　3. 陶器器底　4. 筒瓦

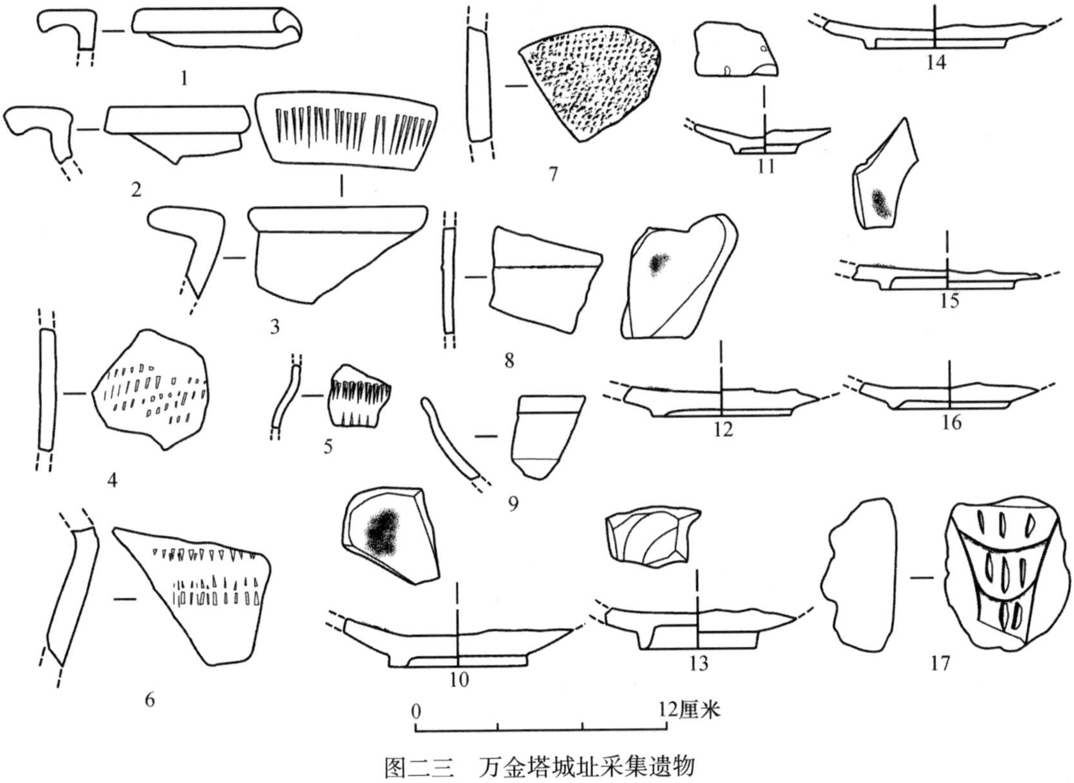

图二三　万金塔城址采集遗物

1～3. 陶器口沿　4～7. 篦纹陶片　8. 凸弦纹陶片　9. 白瓷口沿　10～15. 白瓷器底　16. 釉陶器底　17. 建筑饰件

高、东南低（图二四）。城址平面呈竖长方形，方向94°，北墙长276、南墙长284、东墙长325、西墙长337米，周长1222米[18]。城墙夯筑，高0.5～1米，东开一门，从卫片上可看到门外有一条向东延伸的道路遗迹（GE2017.4.21），四隅设角台，城中心有一处台基较为明显，地表遗物以辽代为主，陶器多平折沿、直口方唇、直口重唇，纹饰多粗篦纹，瓷器以辽代缸瓦窑化妆白瓷为主（图二五），金代遗存较少，另采集到一枚"光绪通宝"。该城址时代应主要为辽代，金代规模缩小。

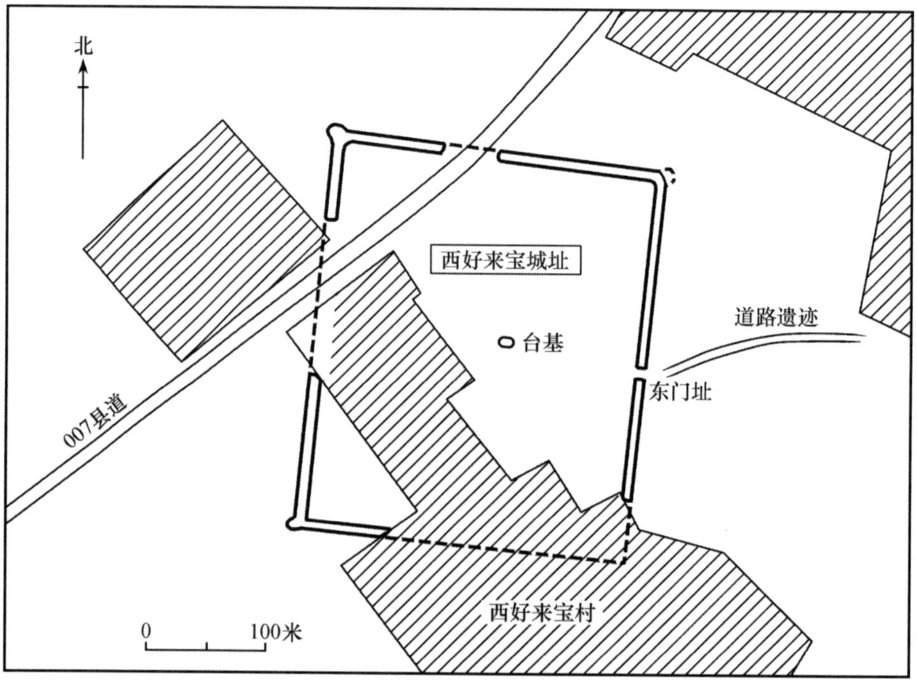

图二四　农安西好来宝城址平面图

（6）农安上台子城址

位于农安县农安镇榛柴乡上台子村北侧，南部已经被村落叠压。城址坐落于伊通河西侧台地上，东南距伊通河4千米，城内地势较平坦，北高南低（图二六）。城址平面呈平行四边形，方向167°。根据历史卫片结合踏查，可对城址轮廓进行复原，估测北墙长263、南墙长260、东墙长262、西墙长264米，周长1049米[19]。城墙夯筑，高0.5米，北偏西开一门，四隅设角台，每面城墙应设马面两座。地表遗物较少，采集到金代东北窑口化妆白瓷，大卷沿、平折沿陶片（图二七）。该城时代可能早到辽代，金代沿用。

（7）德惠卧虎城址

位于德惠市边岗乡卧虎村西750米。坐落在伊通河东岸约25米高的台地边缘，西北距伊通河1100米，城址居高临下，视野开阔（图二八）。城址平面呈正方形，方向37°，北墙长183、南墙长193、东墙长190、西墙长190米，周长756米[20]。墙体夯筑，

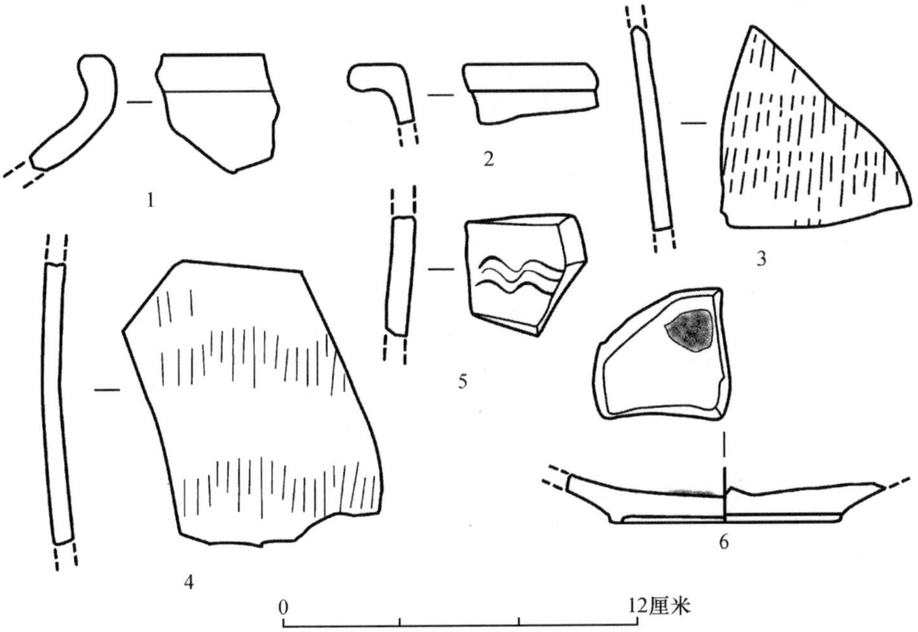

图二五　西好来宝城址采集遗物

1、2. 陶器口沿　3、4. 篦纹陶片　5. 波浪纹陶片　6. 白瓷器底

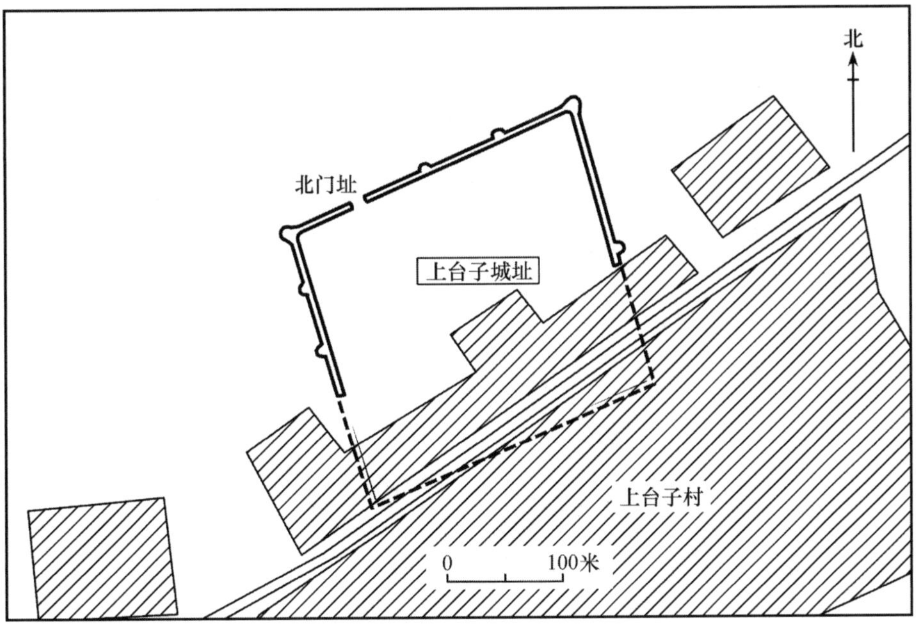

图二六　农安上台子城址平面图

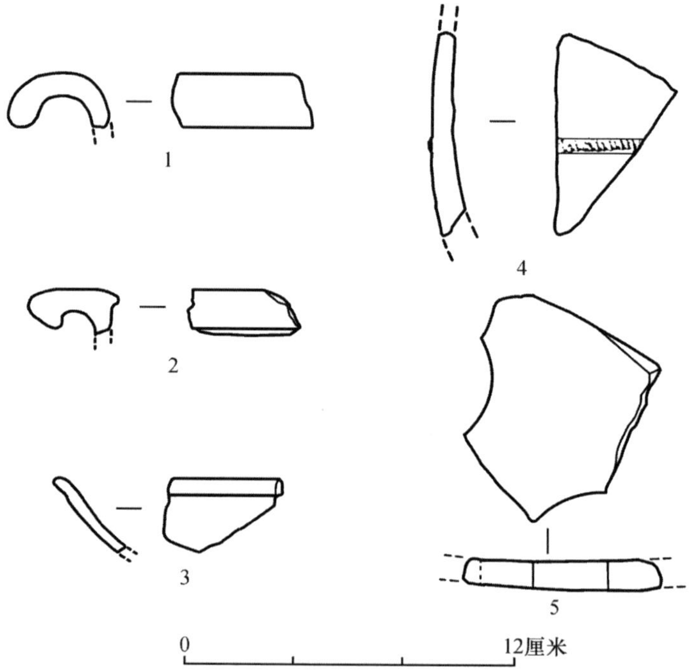

图二七　上台子城址采集遗物

1、2. 陶器口沿　3. 白瓷口沿　4. 附加堆纹陶片　5. 甑底

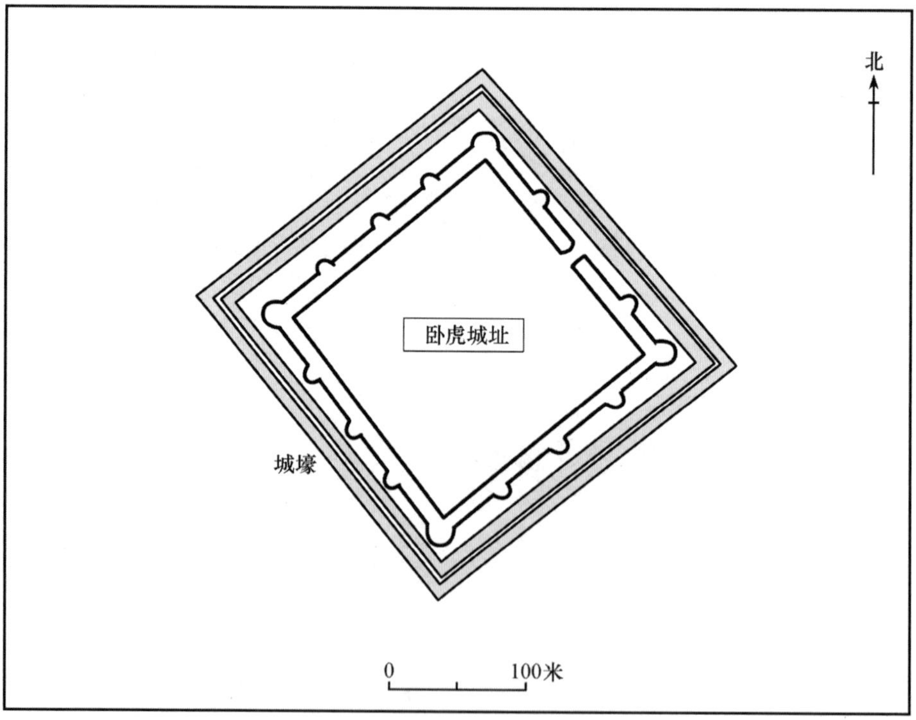

图二八　德惠卧虎城址平面图

高约1.5米。城东开一门，四隅设角台，每面墙体设马面三座，根据历史卫片，于墙外新发现两道城壕[21]，城内遗物十分稀少，采集到辽代篦纹陶片、平折沿陶片（图二九）。该城扼守要道，军事防御色彩浓厚，遗物稀少，应当是辽代军事性的戍守城堡。

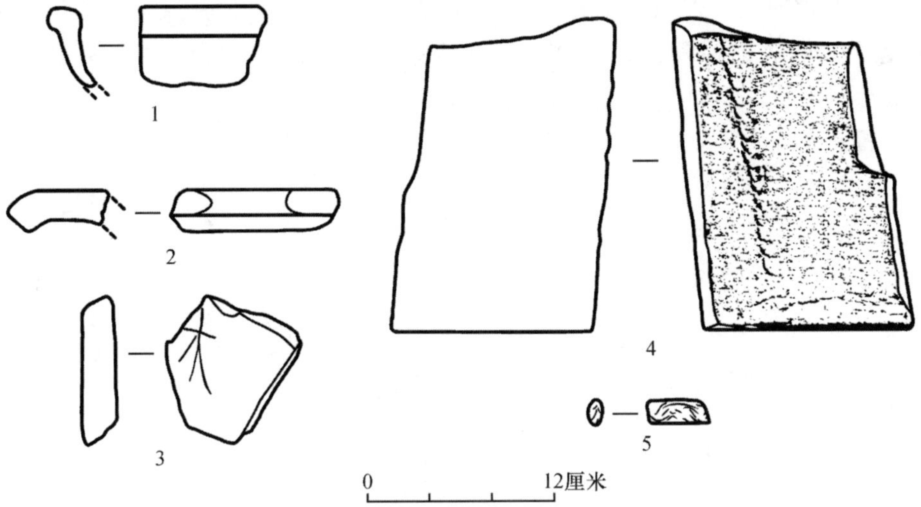

图二九　卧虎城址采集遗物

1、2. 陶器口沿　3. 刻“木”字陶片　4. 板瓦　5. 绞胎蓝琉璃环

（8）德惠马家古城城址

位于德惠市边岗乡庆丰村北侧，周边地势平坦，城南550米为饮马河支流小河，城内地势北高南低（图三〇）。城址平面呈竖长方形，方向182°，北墙长338、南墙333、

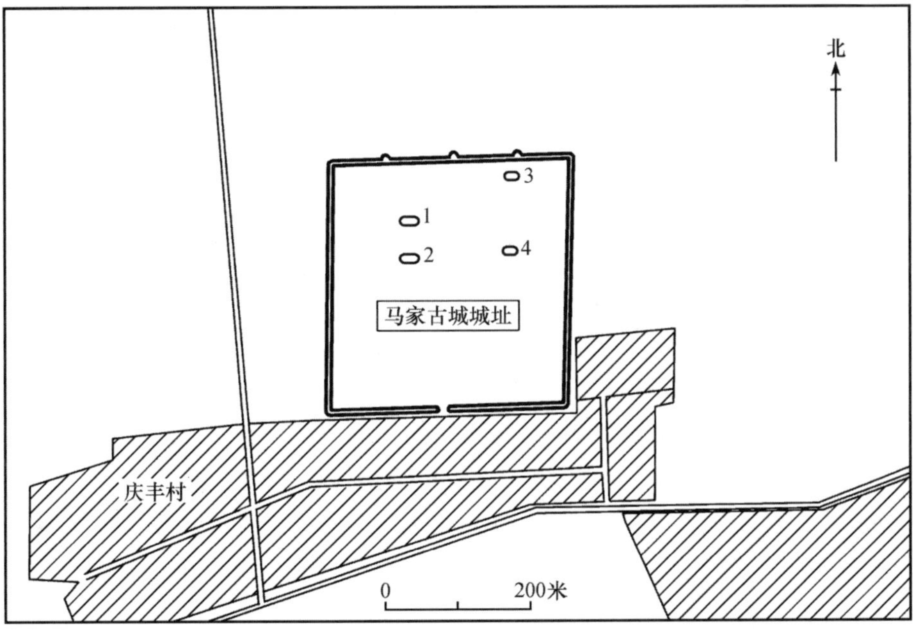

图三〇　德惠马家古城城址平面图

东墙长346、西墙长346米，周长1363米[22]。城墙夯筑，高0.5～1.5米，南墙破坏较严重。南开一门，北墙等距设三座马面，其余墙体上马面无法辨认。北墙外似有城壕迹象。城内建筑集中在北部，其中中偏西北的台基1、台基2似为一组建筑，东北部还有两处较明显的建筑址。城址地表遗物以陶器为主，主要为辽代篦纹陶，多平折沿，兼有少量金代素面大卷沿陶器，瓷器有东北窑口化妆白瓷和定窑白瓷，采集到一件红陶多孔器残件（图三一）。从地表遗物来看，城址主要使用时代为辽代，金代虽有沿用，但相较衰落。

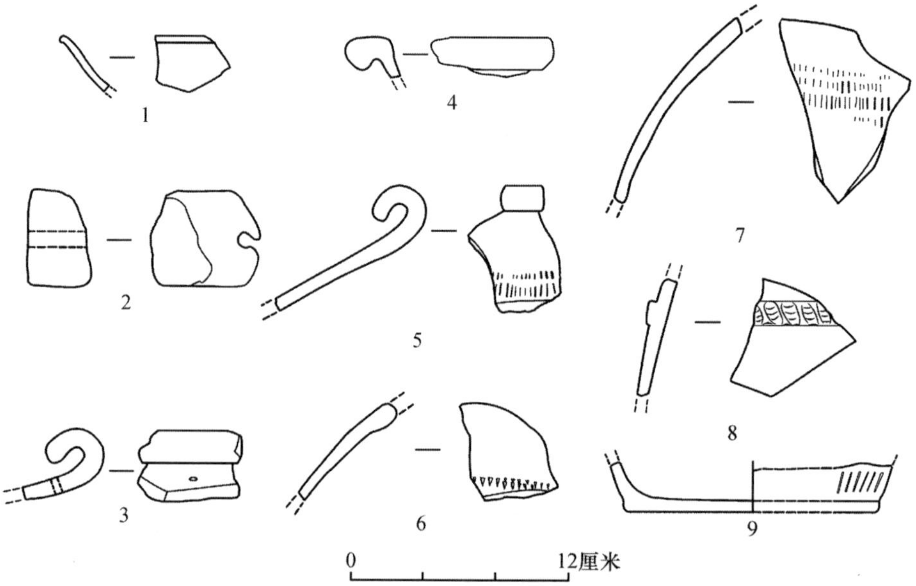

图三一　马家古城采集遗物

1. 白瓷口沿　2. 红陶多孔器　3～5. 陶器口沿　6、7. 篦纹陶片　8. 附加堆纹陶片　9. 陶器器底

3. 北流松花江流域的城址

（1）扶余石头城子城址

位于扶余市三岔河镇石头城子村西北，西南距扶余火车站3.7千米，城南约300米处为拉林河支流小河，城内地势北高南低。城址平面呈横长方形，南墙略向外凸，方向156°，北墙长553、南墙长498、东墙长414、西墙长395米，周长1860米[23]。城墙夯筑，高2米，在北墙东段的断面上可见清晰夯层[24]。根据“二普”资料，城址南开一门。城外有一道城壕。四隅设角台，文物志提到北墙原有一座马面，现已无法辨认（图三二）。城中部有一座台基，瓦砾较多。地表遗物丰富，瓷器主要为金代东北窑口化妆白瓷，兼有少量定窑白瓷，还采集到一件元代磁州窑白地黑花瓮残片，陶器多大卷沿、圆唇，金代特征明显（图三三）。采集铜钱有“崇宁重宝”和“万历通宝”。根据地表遗物推测该城址主要使用时代为金代，元代也有使用。

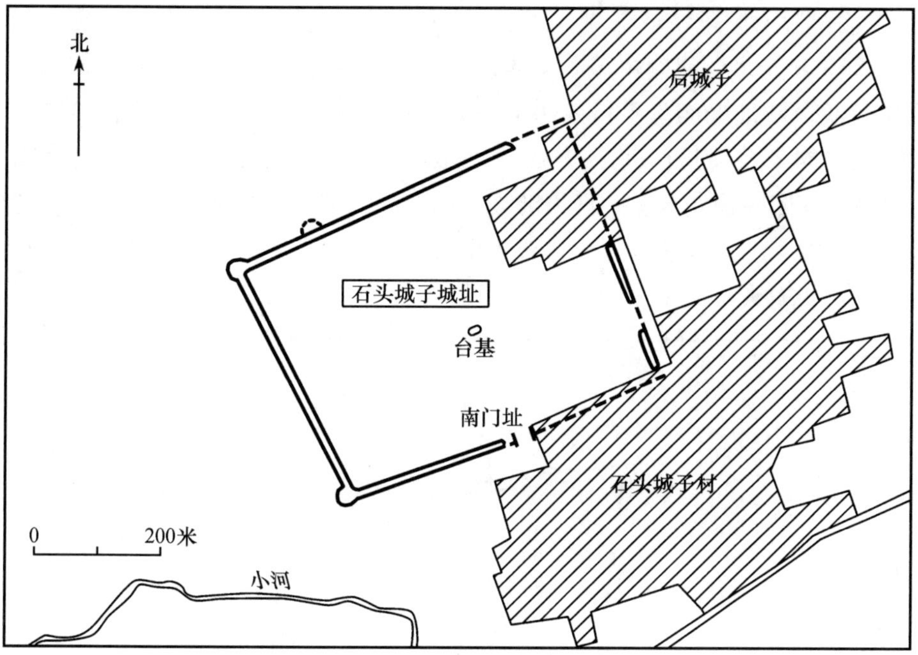

图三二　扶余石头城子城址平面图

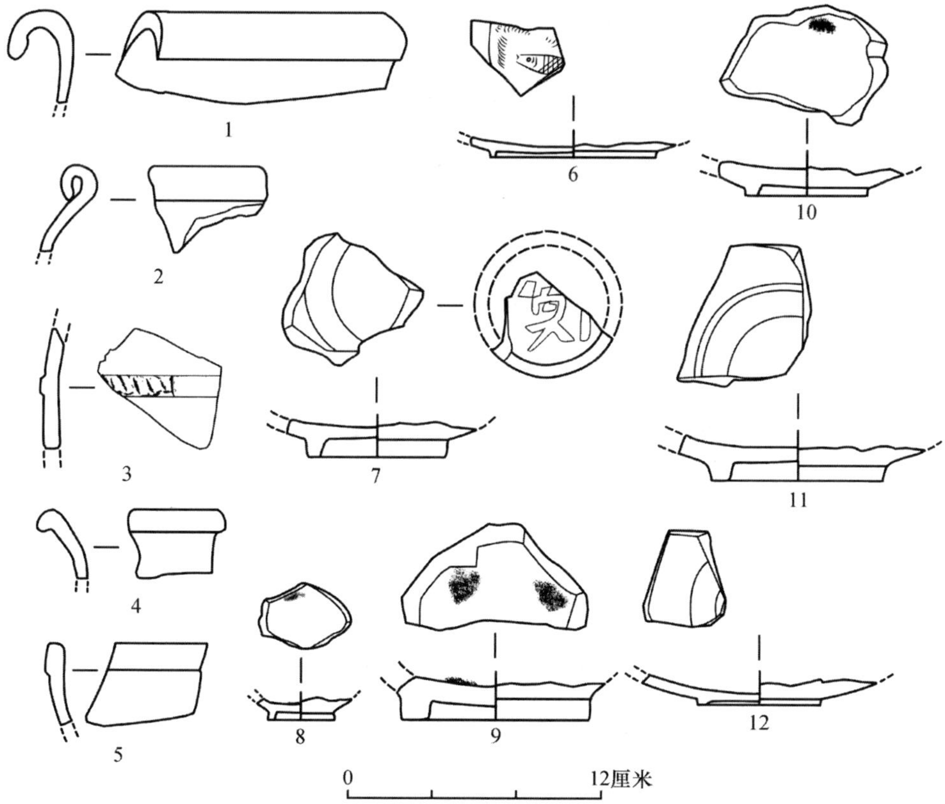

图三三　石头城子城址采集遗物

1、2. 陶器口沿　3. 附加堆纹陶片　4. 酱釉口沿　5. 白瓷口沿　6~12. 白瓷器底

（2）榆树榆树城子城址

位于榆树市五龙乡前榆树城子屯西侧。城址坐落于慢坡上，南临一条小河。城内地势北高南低。城址平面呈平行四边形，方向174°，北墙长375、南墙长367、东墙长350、西墙长374米，周长1466米[25]。城墙保存较好，夯筑，高3米。南开一门，设瓮城，瓮门左开。四隅设角台，每面城墙设马面两座。墙外设城壕一道。南门西北侧有一处台基（图三四）。地表遗物稀少，皆为金代遗存，采集到大卷沿陶片、金代东北窑口化妆白瓷、带状檐头板瓦（图三五）。该城址时代应为金代。

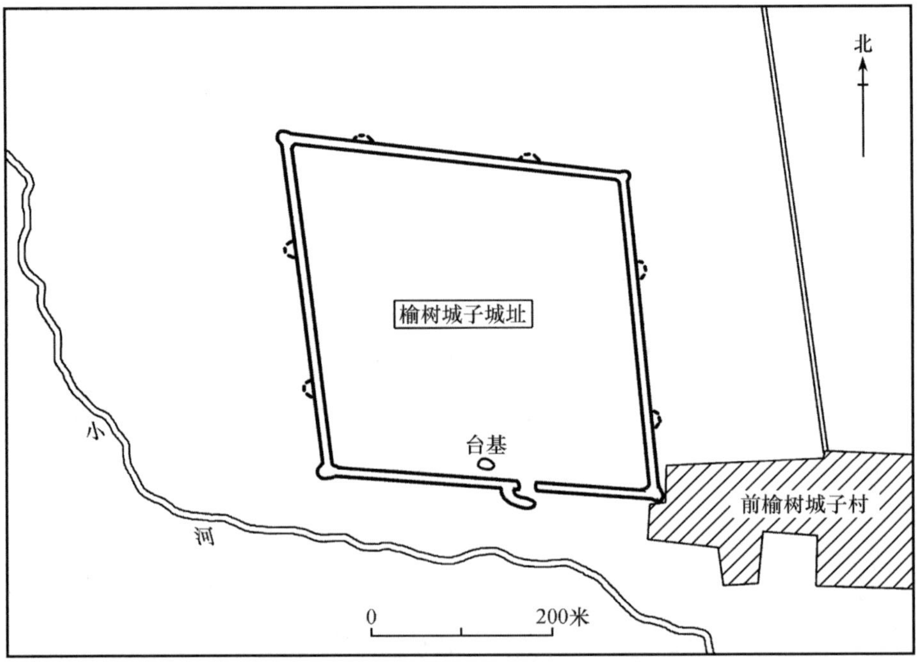

图三四　榆树榆树城子城址平面图

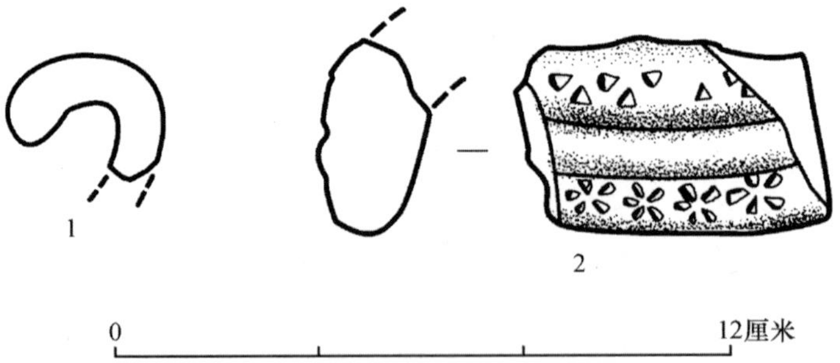

图三五　榆树城子城址采集遗物
1. 陶器口沿　2. 檐头板瓦

（3）扶余王家屯城址

位于扶余市大三家子乡王家屯西800米处，西南距北流松花江9千米，城内地势平坦（图三六）。城址平面呈方形，方向152°，北墙长332、南墙长318、东墙长322、西墙长345米，周长1317米[26]。门址不详，四隅设角台，从历史卫片看，北墙似有两座马面。根据历史卫片结合踏查，新发现城外有一道城壕。地表遗物较少，城中部相对密集，陶片皆为素面，采集到大卷沿陶器、细密附加堆纹陶片（图三七）。该城的时代应为金代。

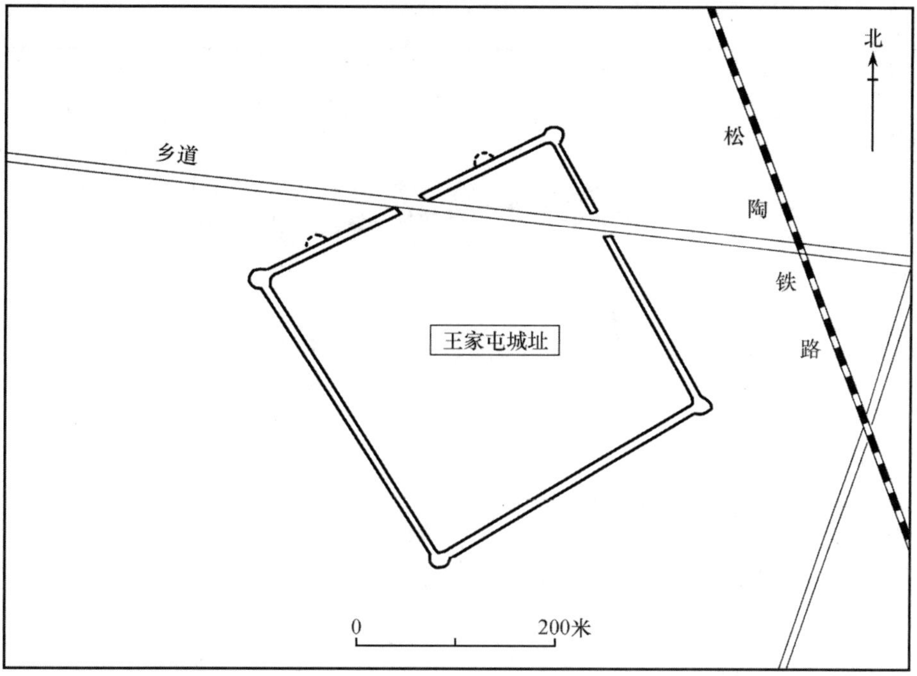

图三六　扶余王家屯城址平面图

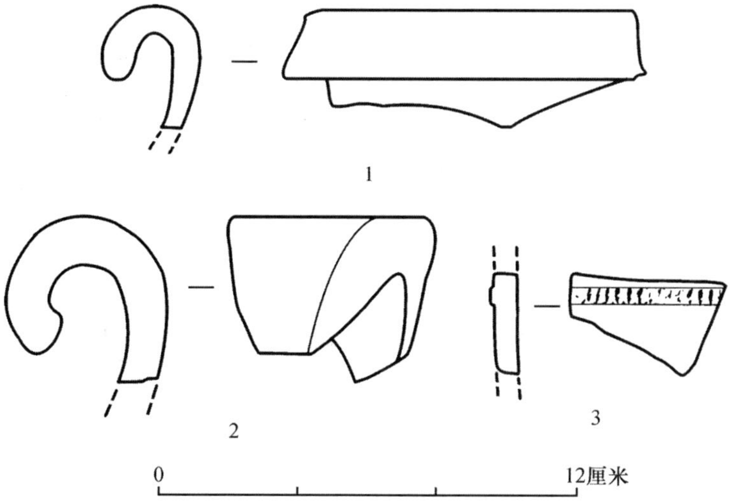

图三七　王家屯城址采集遗物

1、2. 陶器口沿　3. 附加堆纹陶片

（4）扶余朱家城子城址

位于松原市扶余市五家站镇保安村北，西南距五家站镇4.6千米，南距北流松花江6.5千米，城内地势平坦，北高南低（图三八）。城址平面呈方形，方向195°，北墙长353、南墙长339、东墙长355、西墙长352米，周长1399米[27]。城墙夯筑，高1.5～2米。南开一门，设瓮城，瓮门左开，现无存。四隅设角台，每面城墙设马面两座。城内遗物较少，仅采集到金代涩圈化妆白瓷、金代耀州窑划花瓷片、铁镞（图三九）。由于遗物较少，城址时代较难判断，暂定为金代。

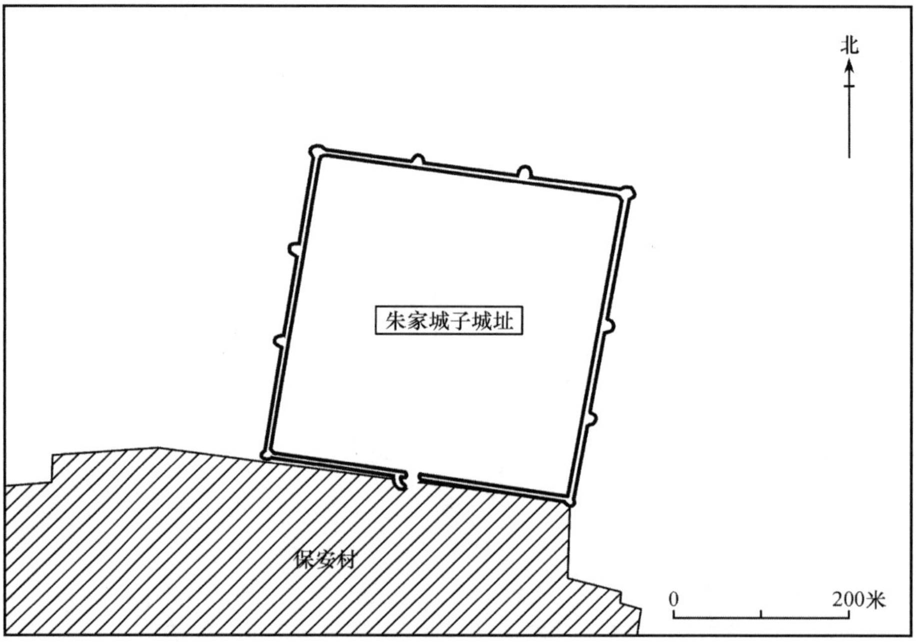

图三八　扶余朱家城子城址平面图

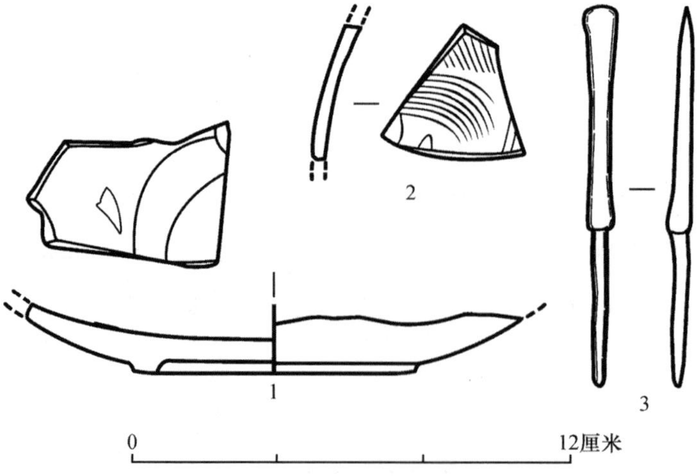

图三九　朱家城子城址采集遗物

1. 白瓷器底　2. 耀州窑篦纹划花瓷片　3. 铁镞

（5）农安城子里城址

位于农安县青山口乡张家炉村西北200米，东南距二泡子城址1200米，西临北流松花江。城址坐落于松花江南岸40米高的台地上，依山势而建，西侧为陡峭的江崖，北、东侧临深沟，只有南侧与平缓的台地相接。城内地势隆起，中高四周低，视野开阔，形势险要（图四〇）。城址平面呈不规则多边形，南北长100米，东西长63米，周长274米[28]。按“二普”资料，该城原有高两米的城墙，今已无存，仅能看到地表微微隆起的土楞。城内遗存不多，主要为辽代粗篦纹陶片，兼有少量青铜时代陶片（图四一）。该城址规模甚小，临江而设，应为一处性质单纯的辽代戍堡。

（6）农安二泡子城址

位于农安县青山口乡二泡子村西北，坐落于松花江南岸的台地上，西北距松花江1200米，城内地势平坦（图四二）。城址平面呈方形，方向155°，北墙长247、南墙长241、东墙长240、西墙长230米，周长958米[29]。城墙夯筑，高0.5～1米。西南开一门，设瓮城，瓮门左开，宽约40米，四隅设角台，墙外设一道城壕。城西北、东部分别有两片瓦砾密集区，似为建筑台基。城内地表遗物稀少，采集有平折沿陶器、蓝色绞胎琉璃环、榆荚钱（图四三）。由于遗物较少，难以确定城址的具体时代，可能早到辽代，金代沿用。

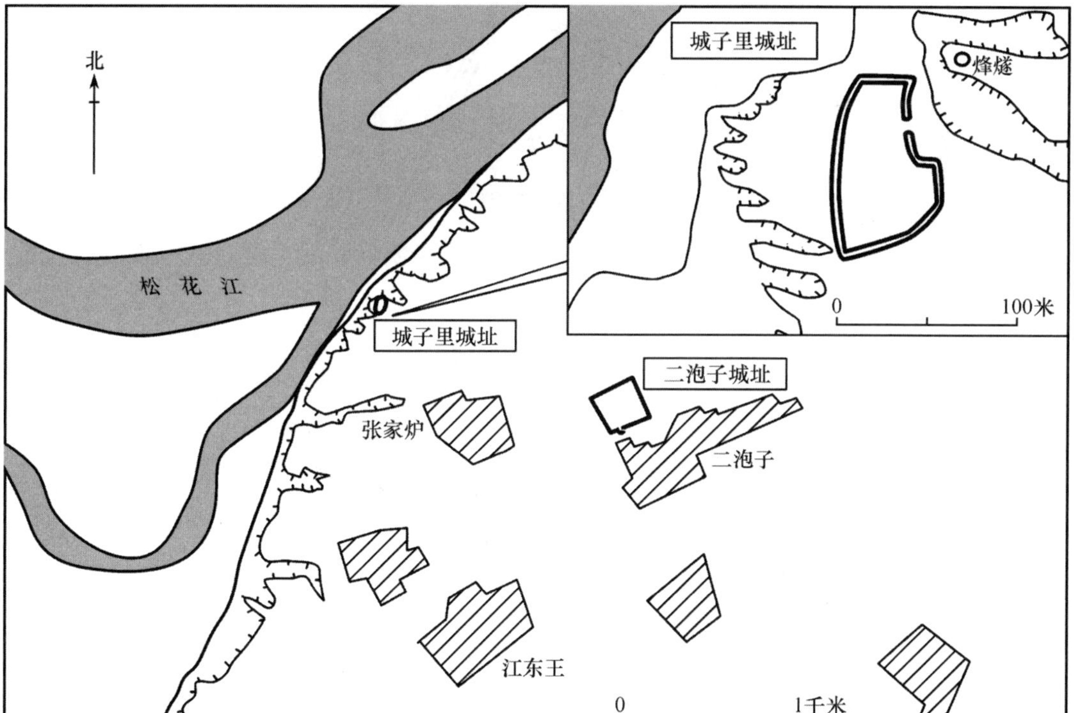

图四〇　农安城子里城址平面图

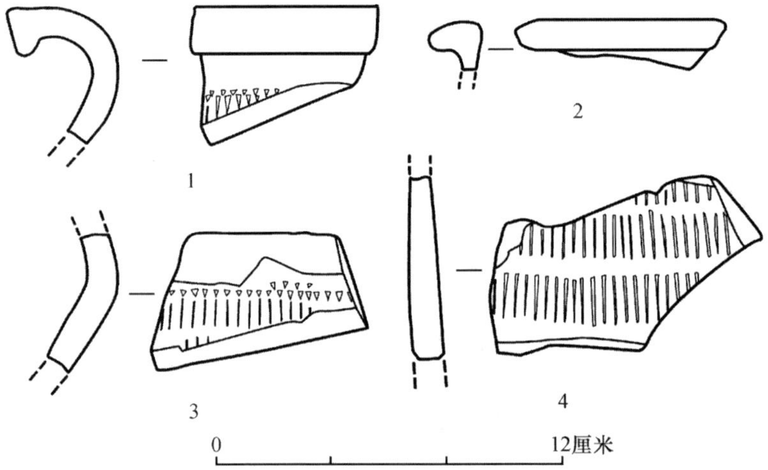

图四一　城子里城址采集遗物

1、2. 陶器口沿　3、4. 篦纹陶片

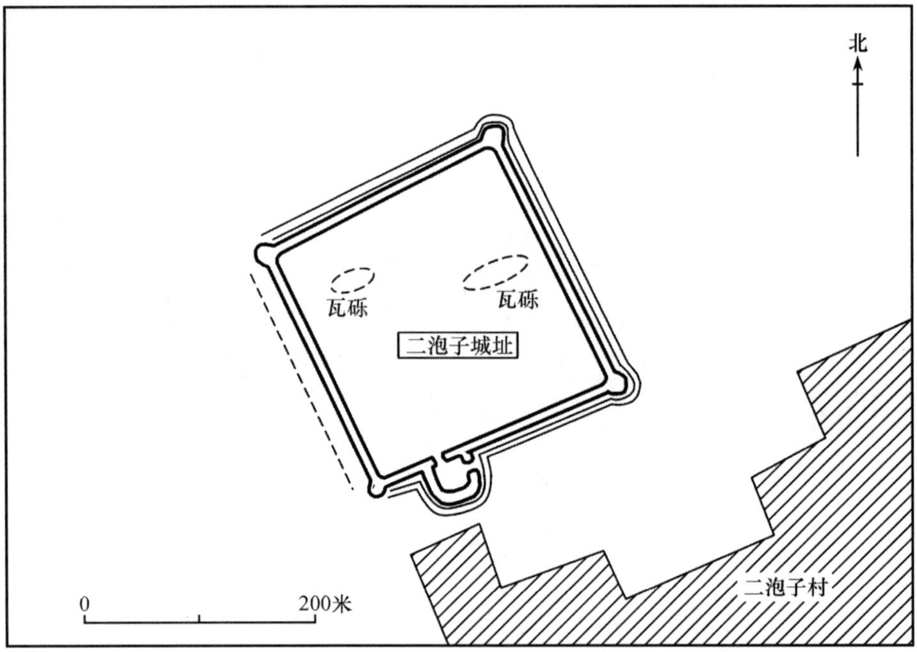

图四二　农安二泡子城址平面图

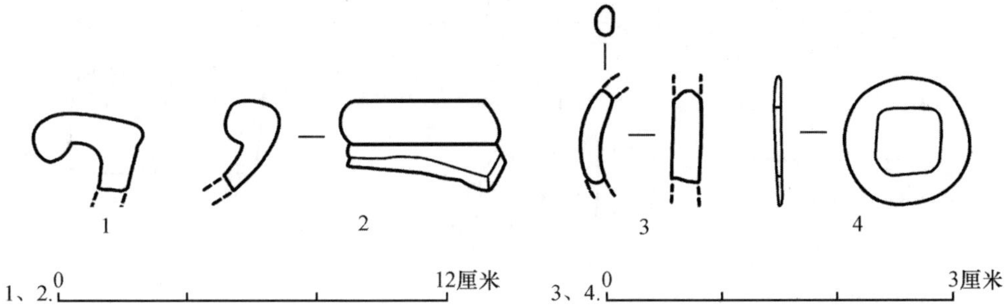

图四三　二泡子城址采集遗物

1、2. 陶器口沿　3. 琉璃环　4. 榆荚钱

（7）农安南台子城址

位于农安县青山口乡南台子村刘孝店屯北600米，北距松花江6千米。城址坐落于松花江南岸台地边缘，城内地势平坦（图四四）。城址平面呈方形，方向25°，北墙长234、南墙长244、东墙长248、西墙长246米，周长972米[30]。城墙夯筑，高0.5～2米。北开一门，四隅设角台，每面城墙设马面两座，墙外设城壕一道。地表遗物较多，辽代遗存有平折沿陶片、篦纹陶片、辽缸瓦窑化妆白瓷，金代遗存有大卷沿陶器、化妆白瓷（图四五），另采集到“道光通宝”一枚。该城址的年代应为辽金沿用。

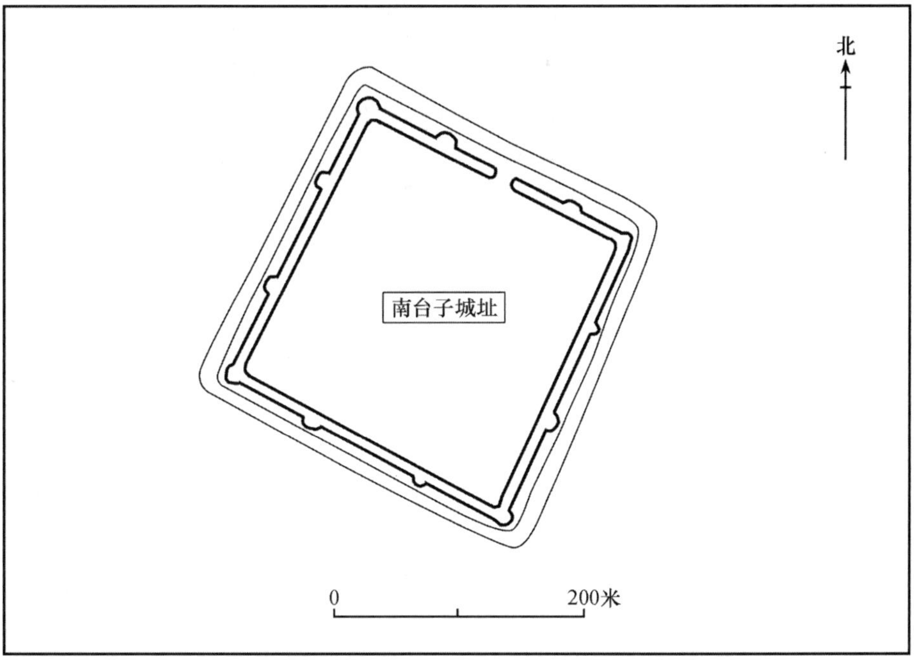

图四四　农安南台子城址平面图

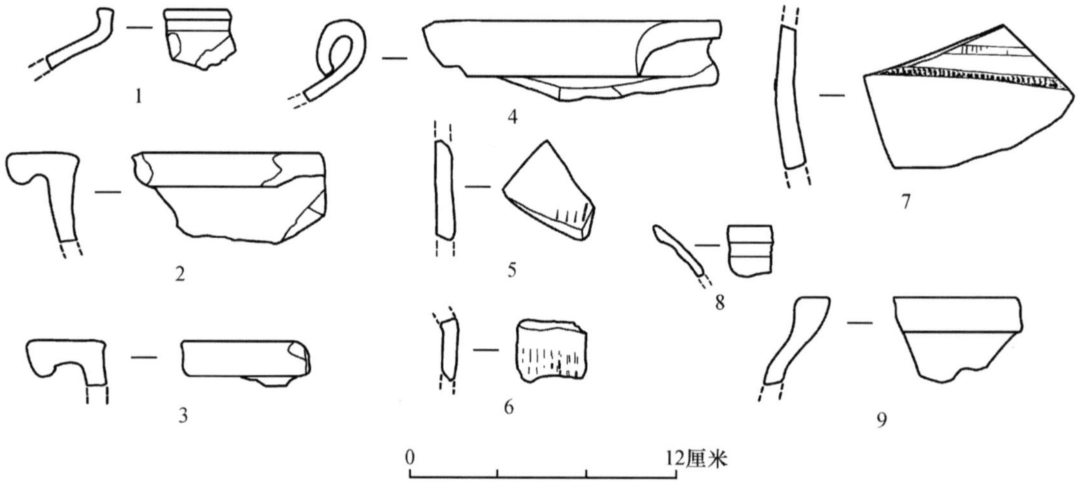

图四五　南台子城址采集遗物

1～4. 陶器口沿　5、6. 篦纹陶片　7. 附加堆纹陶片　8. 白瓷口沿　9. 酱釉口沿

（8）农安瓦盆城城址

位于农安县黄鱼圈乡八里营子村西100米，坐落于北流松花江南岸冲积平原上，北距松花江600米，东北距岳王城1.5千米（图四六）。城址地处松花江沿岸风蚀沙地，城内及周边多为沙坨、沙岗，周边地势较平坦。由于风沙掩埋，地表难辨城墙遗迹，只有腰墙及南墙的东段依稀能辨，高出地表仅20厘米左右。根据20世纪60年代的调查[31]，结合踏查和卫片，可以大致复原城址的轮廓和结构。城址平面呈横长方形，方向193°，

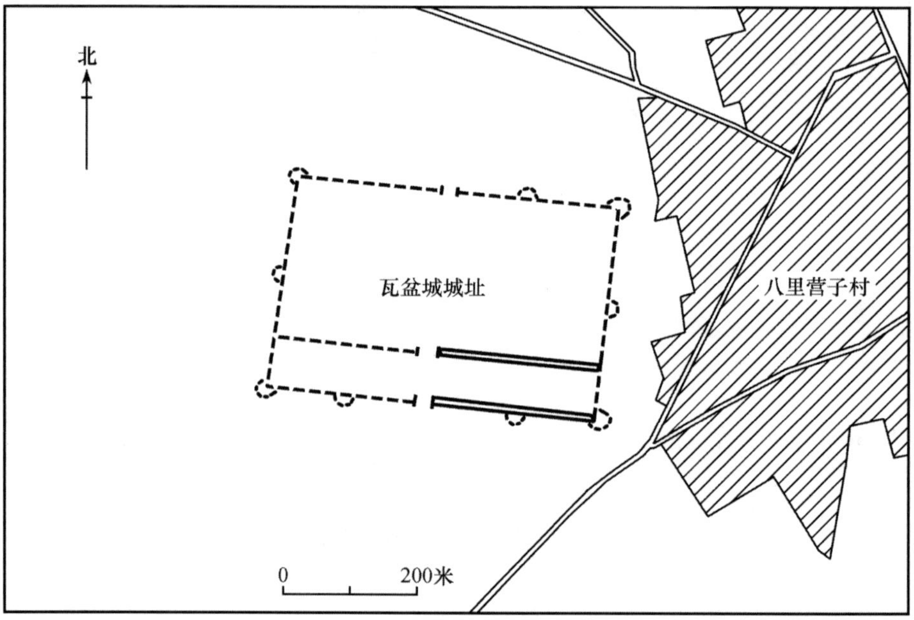

图四六　农安瓦盆城城址平面图

中偏南设一道腰墙，将城分为南、北两部分。北墙长438、南墙长450、东墙长274、西墙长274米，周长1436米。南北开两门，腰墙中开一门，四隅设角楼，墙上设马面，但都难以识别。由于风沙剥蚀，地表陶片十分丰富，器形有盆、罐、瓮等，口沿有平折沿、直口、敛口，纹饰皆为粗篦纹。瓷器则十分稀少，仅见数片金代化妆白瓷和钧瓷（图四七）。该城址的主要使用年代应为辽代，金代也有少量居民。

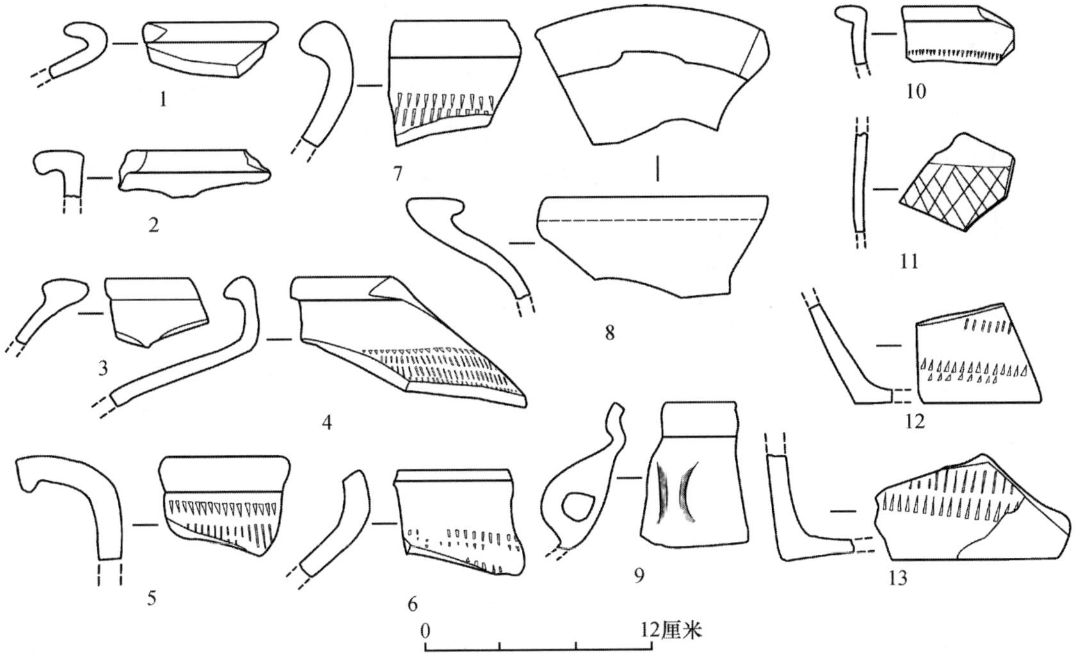

图四七　瓦盆城城址采集遗物

1～10. 陶器口沿　11.网格纹陶片　12、13. 陶器器底

（9）农安岳王城城址

位于农安县黄鱼圈乡八里营子村东北1千米，坐落在40米高的松花江南岸台地上，北临江水，视野开阔。台地被两道冲沟分隔成一个东西向的独立土塬，城址依山势而建，十分险要。城内地势较平坦，东高西低（图四八）。城址平面呈不规则多边形，东西长389、南北宽131米，周长1023米[32]。北墙、西墙保存较差，东墙、南墙尚存1～1.5米高的夯土城墙。“二普”调查时在南墙发现东、西两门，还有角楼、马面等遗迹，现均难以识别。地表遗存除青铜、早期铁器时代遗物外，皆为金代，包括大卷沿陶器、金代东北窑口化妆白瓷、瓷多孔器等。该城址应为一处金代城址，军事防御色彩较强。

（10）前郭那拉街城址

位于松原市前郭县王府站镇东阿拉嘎屯北，西南距王府站镇6千米，东北距北流松花江4千米。城址坐落于松花江左岸台地上，地势较为平坦（图四九）。城址平面呈竖长方形，方向196°，北墙长271、南墙长280、东墙长312、西墙长317米，周长1180米[33]。城

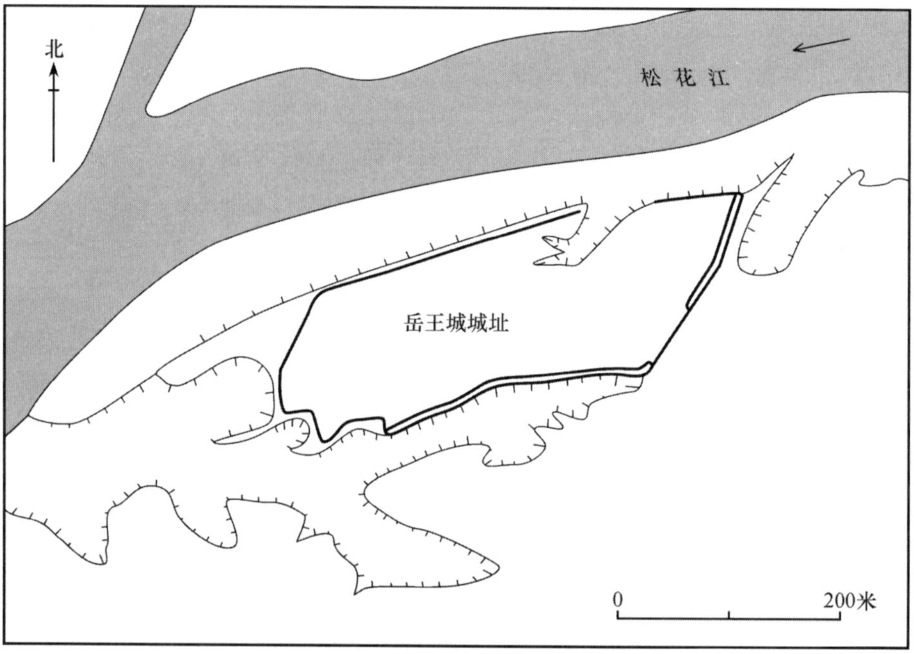

图四八　农安岳王城城址平面图

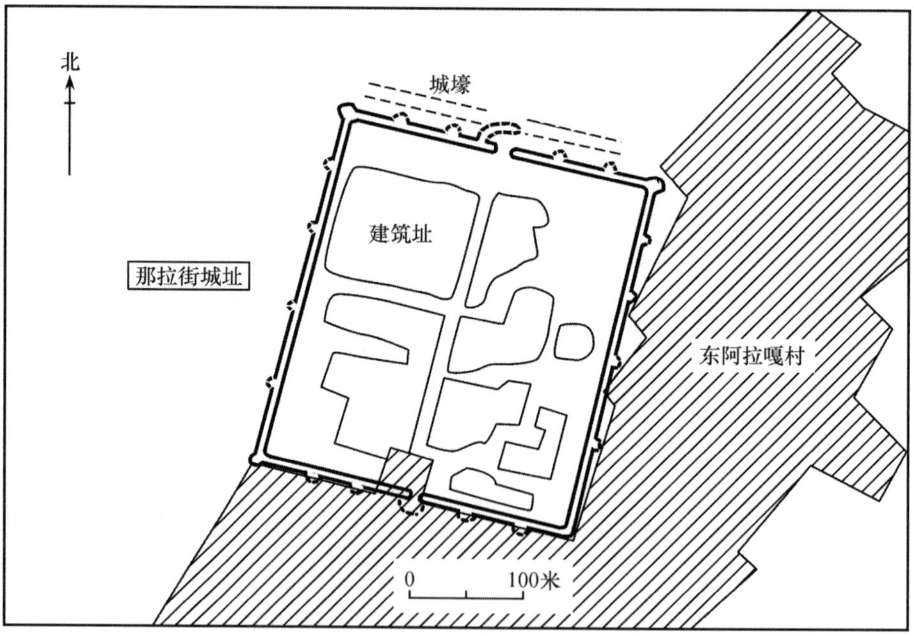

图四九　前郭那拉街城址平面图

墙夯筑，保存较好，高2～3米。南、北开两门，仅存北门。北门原设瓮城，瓮门右开，现难辨认。四隅设角台，每面城墙设马面四座，均难辨认。墙外设城壕一道。通过观察卫片（GE2015.7.16），可发现城址内沿南北大街左右均有成片的房址遗迹，排布井然。地表遗物丰富，皆为辽代篦纹陶器，不见瓷器（图五〇）。陶器多为平折沿、重唇口沿，采集到一枚“元丰通宝”。

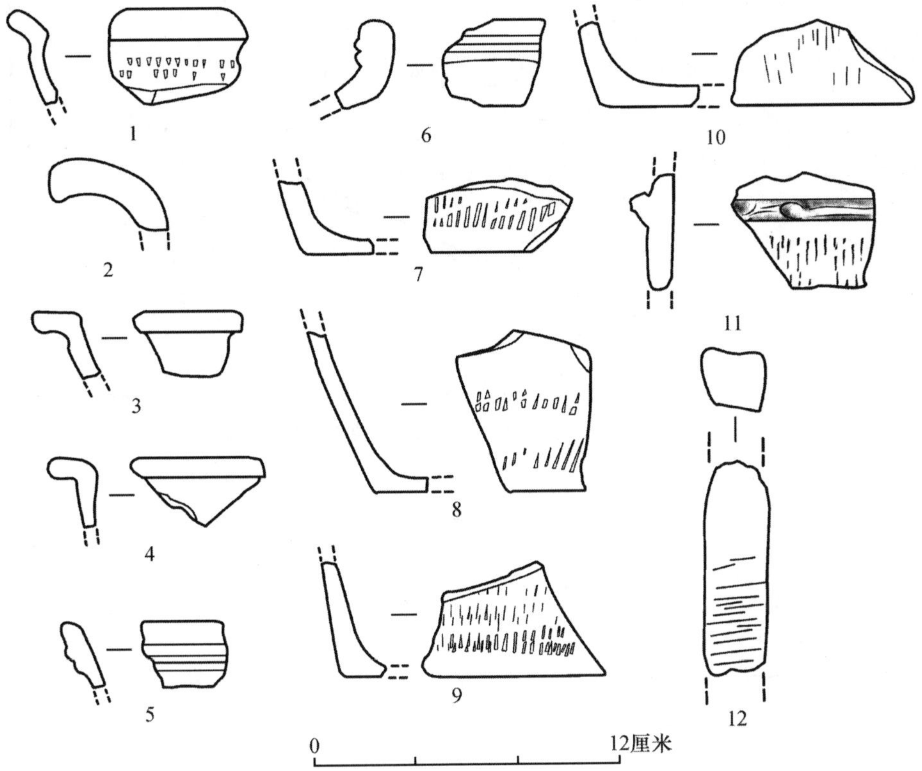

图五〇 那拉街城址采集遗物

1～6. 陶器口沿 7～10. 陶器器底 11. 篦纹陶片 12. 青铜时代鼎足

（11）前郭扎罕布勒格城址

位于松原市前郭县吉拉吐乡扎罕布勒格村东[34]，东北距北流松花江4千米。城址坐落于松花江左岸台地上，地势较为平坦，南高北低（图五一）。城址平面呈竖长方形，方向153°，北墙长198、南墙长208、东墙长234、西墙长248米，周长888米[35]。城墙夯筑，高0.5米。南开一门，四隅设角楼。墙外设城壕一道。地表遗物较少，采集到辽代缸瓦窑剔花瓷片、辽篦纹陶片，金代化妆白瓷（图五二）。该城应为辽金沿用。

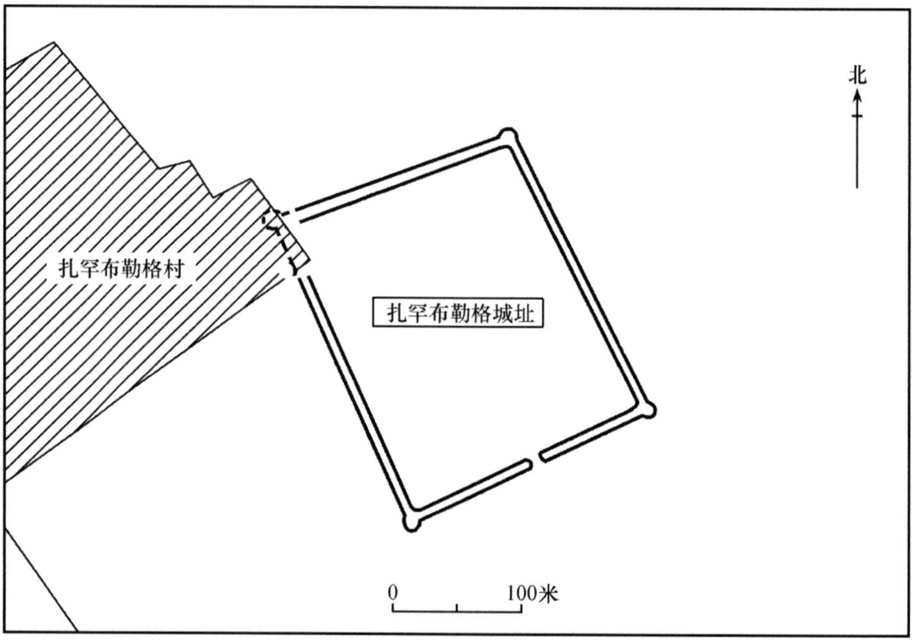

图五一　前郭扎罕布勒格城址平面图

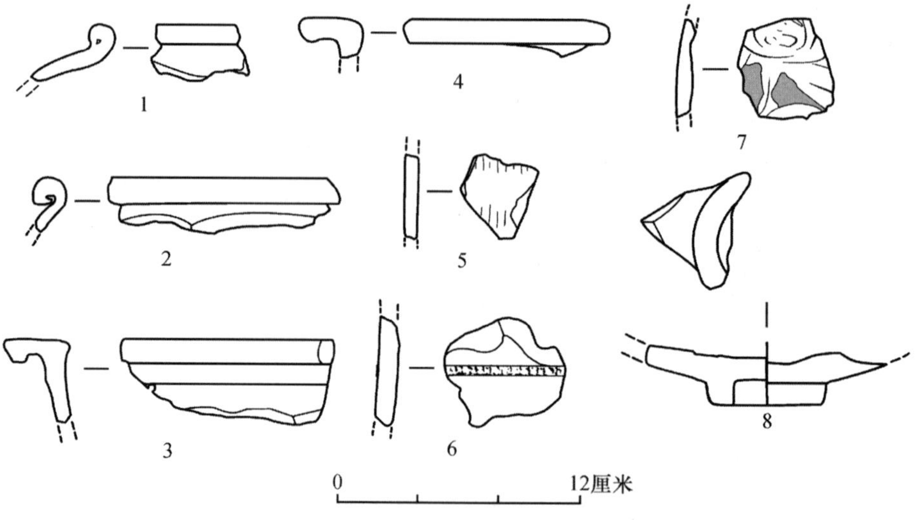

图五二　扎罕布勒格城址采集遗物

1～4. 陶器口沿　5. 篦纹陶片　6. 附加堆纹陶片　7. 白釉剔花瓷片　8. 白瓷器底

4. 波罗泡周围的城址

（1）农安马家城子城址

位于农安县三盛玉镇马家城子村西南侧，东南部已被现代村落叠压。城内地势平坦（图五三）。从历史卫片来看，城址平面呈方形，方向122°，北墙长296、南墙无存、东墙残长50、西墙残长197米，推测周长1100米[36]。城墙夯筑，高0.5～1米。门址不清，四隅设角台。城内遗物较少，皆为金代化妆白瓷和大卷沿陶器（图五四）。该城址应为一处金代城址。

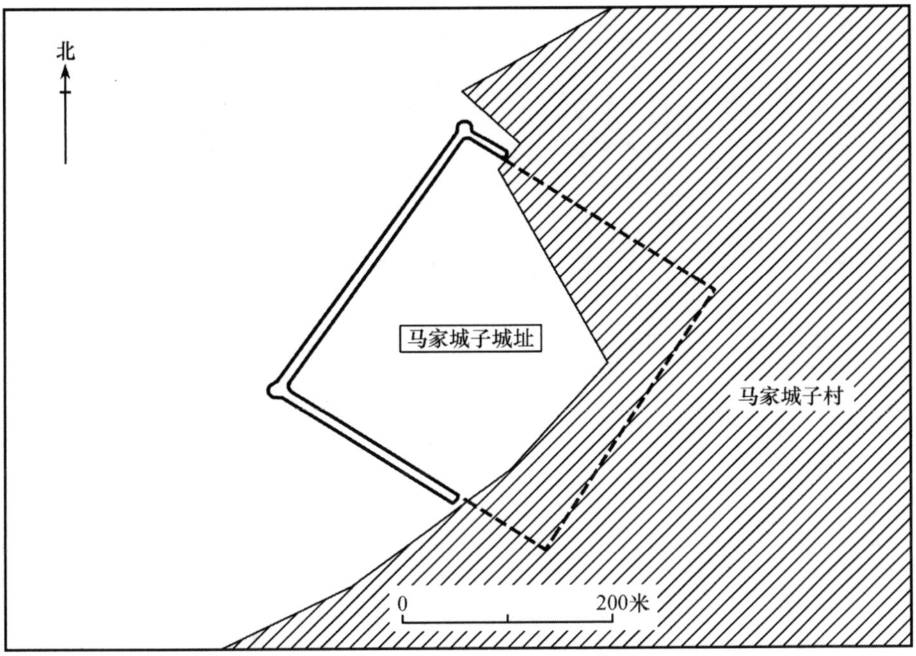

图五三　农安马家城子城址平面图

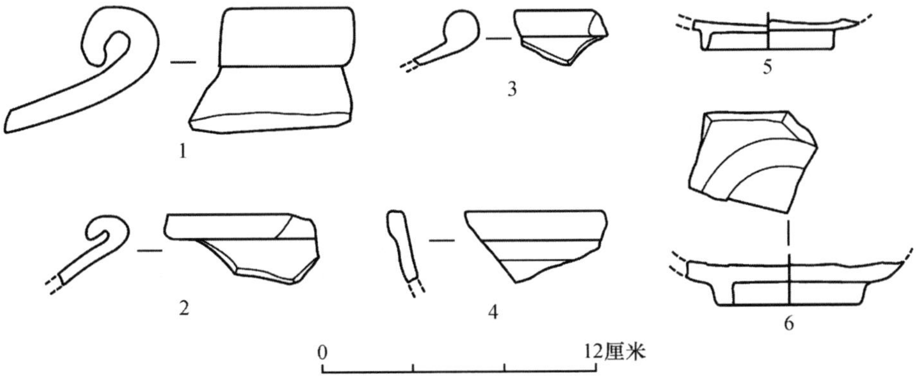

图五四　马家城子城址采集遗物

1～3. 陶器口沿　4.白瓷口沿　5、6. 白瓷器底

（2）农安万顺土城子城址

位于农安县万顺乡西小城子村，城址大部分被村落叠压，城内地势平坦（图五五）。城址平面呈方形，方向129°，北墙长345、南墙长337、东墙长376、西墙长334米，周长1432米[37]。城墙夯筑，高1米。城址原开四门，现仅存南门。四隅设角台，南墙东段残存一座马面。城东南隅散布大量瓦砾，可辨认出三座台基，应为一组大型建筑址。城内地表陶瓷遗物不多，采集到辽代平折沿陶片、金代化妆白瓷、金代定窑瓷片、穿孔磨石（图五六）。该城址的时代可能为辽金沿用。

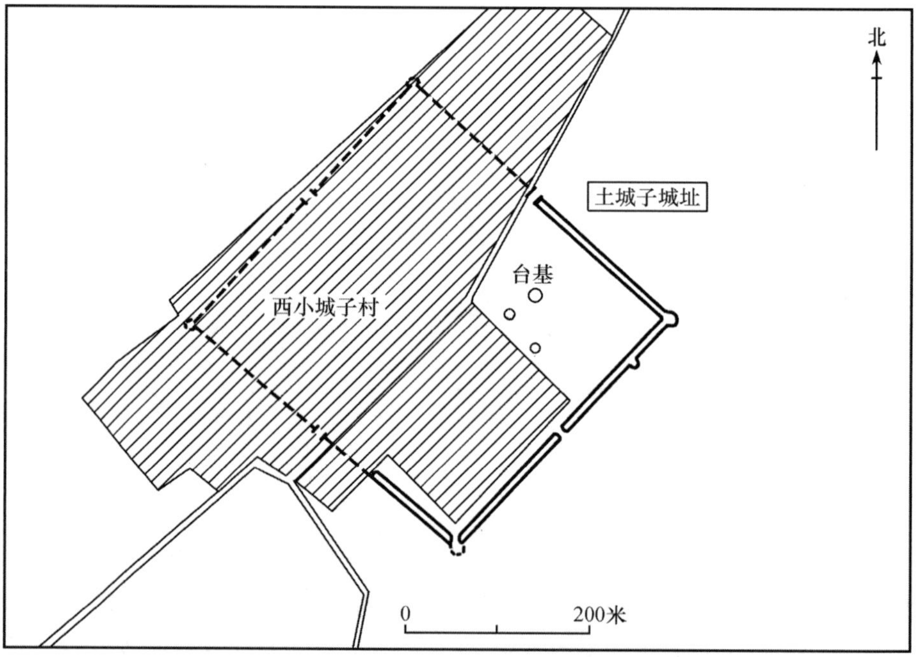

图五五　农安万顺土城子城址平面图

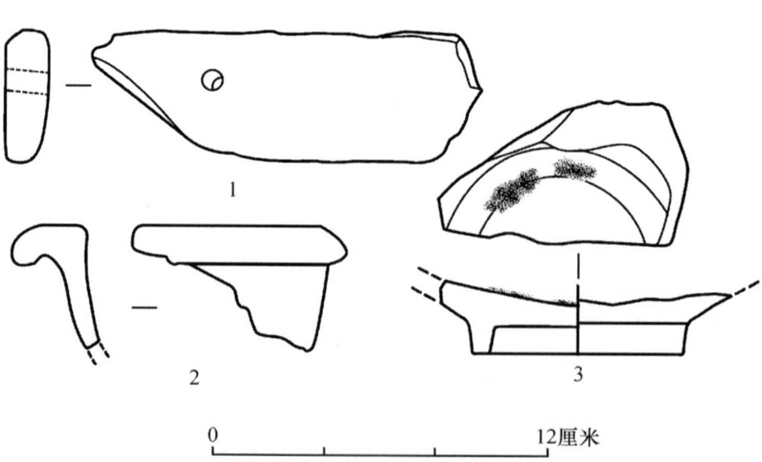

图五六　土城子城址采集遗物

1. 磨石　2. 陶器口沿　3. 白瓷器底

（3）农安三宝小城子城址

位于农安县农安镇三宝乡宝城村王铜匠屯北，西南距敖宝图泡1千米，东北距元宝洼泡2千米。城内地势由北向南倾斜（图五七）。城址平面呈竖长方形，方向206°。城南部已被取土破坏，通过历史卫片结合踏查可复原出城墙轮廓，估测北墙长234、南墙长230、东墙长244、西墙长250米，周长958米[38]。城墙夯筑，高0.5～1米，西墙和东墙断面夯层清晰。门址不清，四隅设角台，每面城墙设马面两座，现均难辨。城北部有一组“品”字形分布的台基建筑，应为一组院落。台基之间有一处1.5米深、直径40米的圆坑，台基周边瓦砾众多，采集到兽面瓦当、缠枝纹檐头板瓦、带状檐头板瓦。地表遗物较多（图五八），皆金代遗存，陶器为大卷沿、卷沿，皆素面，瓷器皆金代化妆白瓷，采集到一枚“圣宋元宝”。

城南的取土坑深2～3米，均达到生土，其断面贯穿全城，应足够说明城址的文化面貌。在剖面底部均为金代遗物，且全城未发现辽代遗存，说明该城应为一座性质单纯的金代城址。此前曾有学者将其考证为辽代威州，现在看来此说非也。

（4）农安文道沟城址

位于农安县伏龙泉镇文道沟村东北[39]，东北距波罗泡西岸2.8千米，东临一条小河。城址坐落于一道漫岗上，地势北高南低。城墙已难辨认，通过历史卫片并结合踏查可初步复原出城墙轮廓（图五九）。城址平面呈竖长方形，方向168°。北墙长247、南墙长225、东墙长316、西墙长318米，周长1106米[40]。地表遗物以辽代为主，见有辽代缸瓦窑化妆白瓷、平折沿陶片、粗篦纹陶片、大附加堆纹陶片、绿釉陶片，金代化妆白瓷则较少见（图六〇）。该城址的主要使用时代应以辽代为主，金代仍有少量居民。

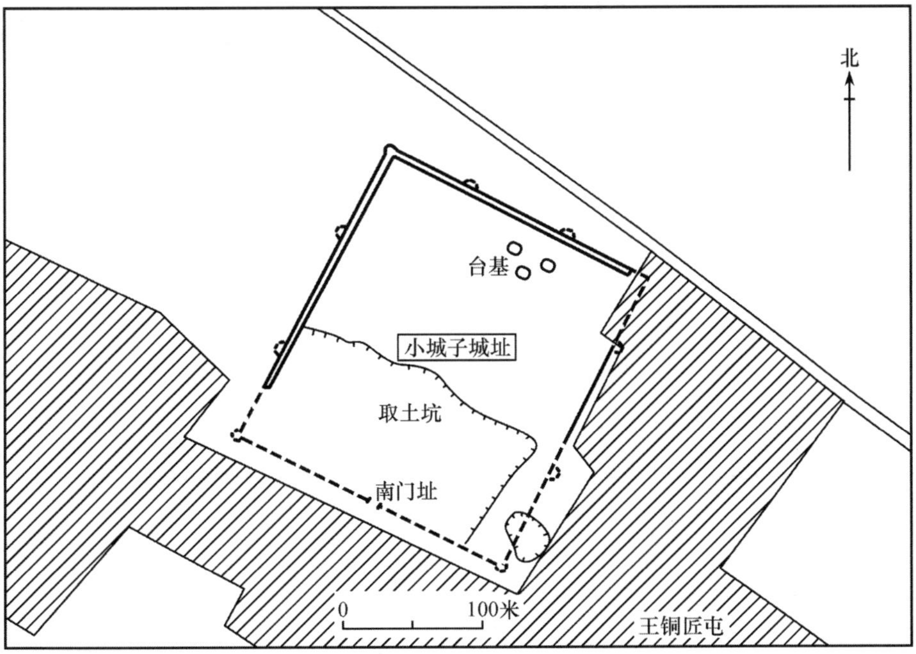

图五七　农安三宝小城子城址平面图

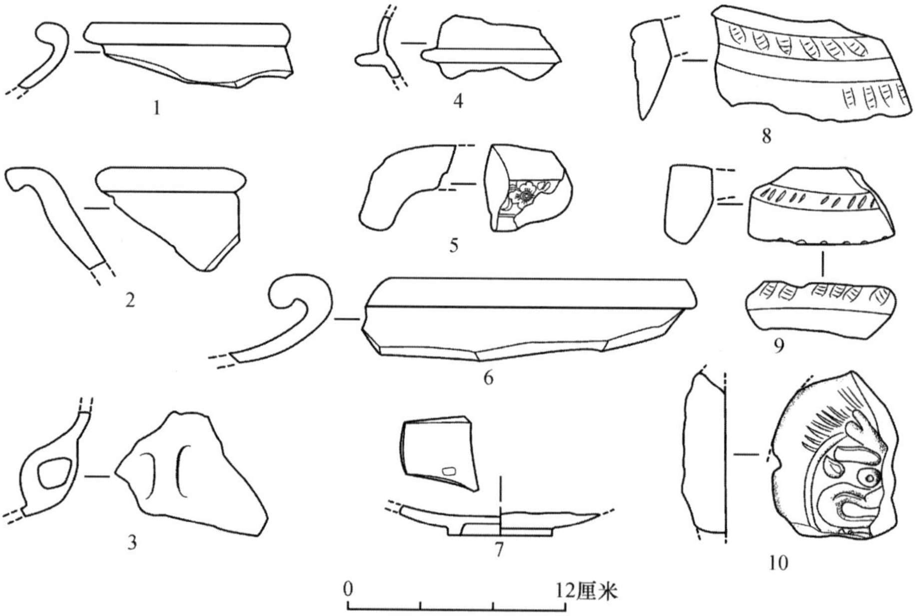

图五八　小城子城址采集遗物

1～3、6. 陶器口沿　4. 陶器器盖　5、8、9. 檐头板瓦　7. 白瓷器底　10. 兽面瓦当

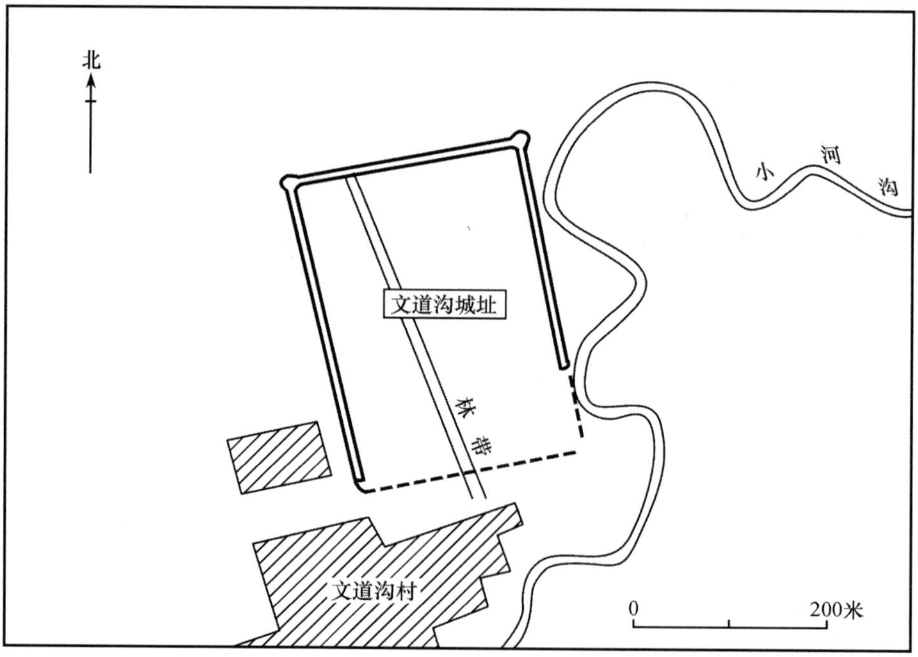

图五九　农安文道沟城址平面图

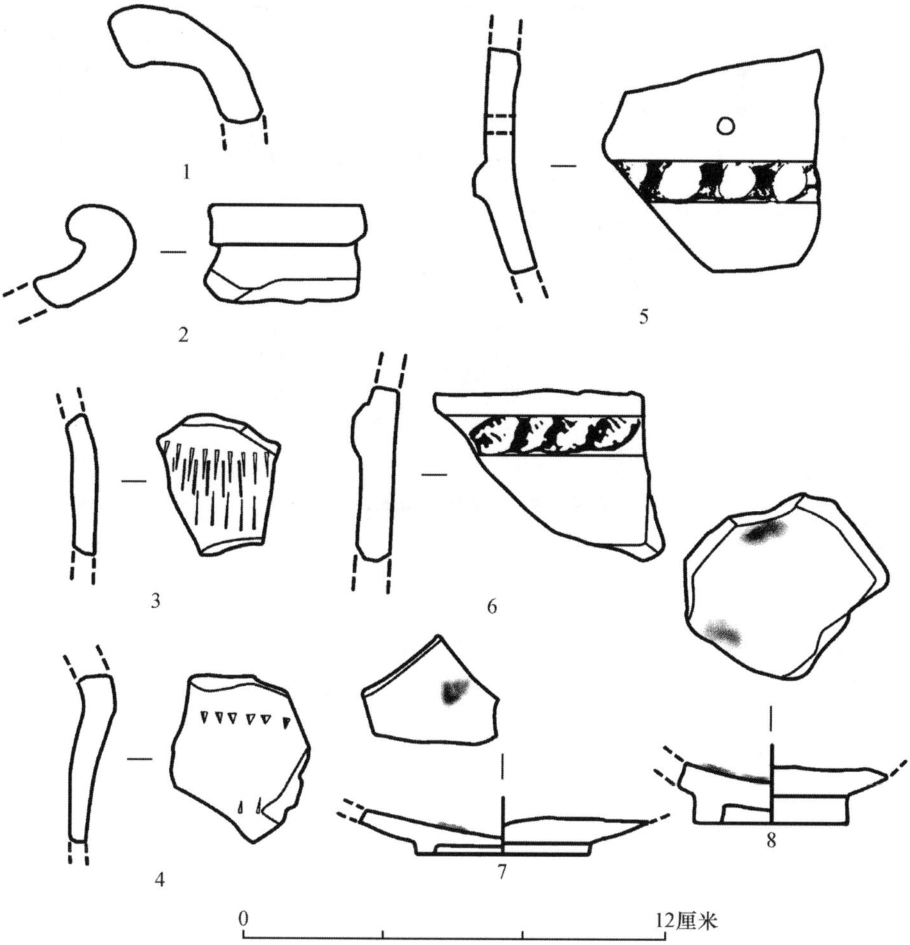

图六〇　文道沟城址采集遗物

1、2. 陶器口沿　3、4. 篦纹陶片　5、6. 附加堆纹陶片　7、8. 白瓷器底

（5）农安顺山城址

位于农安县新阳乡顺山村西北800米，耿家窝堡东南500米，坐落在老雁坑泡子西北2.4千米的台地上。城内地势平坦，城东、南、西北皆有冲沟。该城址是农安地区保存最为完好的辽金城址（图六一）。平面呈方形，方向90°。北墙长233、南墙长340、东墙长327、西墙长314米，周长1214米[41]。城墙夯筑，墙内高1.5～2米，外高2～3米。开东、西两门[42]，四隅设角台，每面墙体设马面两座，现难以辨认。城中部有一条十分明显的东西走向的道路遗迹，宽约12米，深0.3～0.5米，并向城外延伸。城东北部有两处台基建筑，高约0.2米，地表散布大量砖瓦，在南侧台基上采集到一件带状檐头板瓦，这里应是一组两进院落。城内地表遗存较丰富，皆为金代，陶器有大卷沿陶片，瓷器以金代东北窑口化妆白瓷为主，兼有少量定窑瓷片（图六二），另采集到一枚“祥符通宝”。根据地表遗物推测该城址应为一处金代城址。

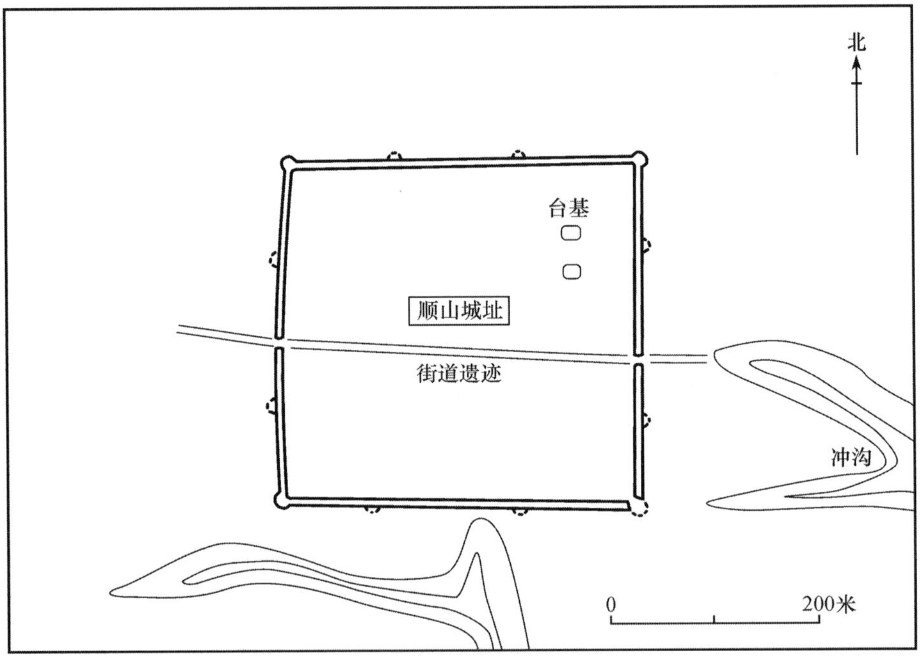

图六一　农安顺山城址平面图

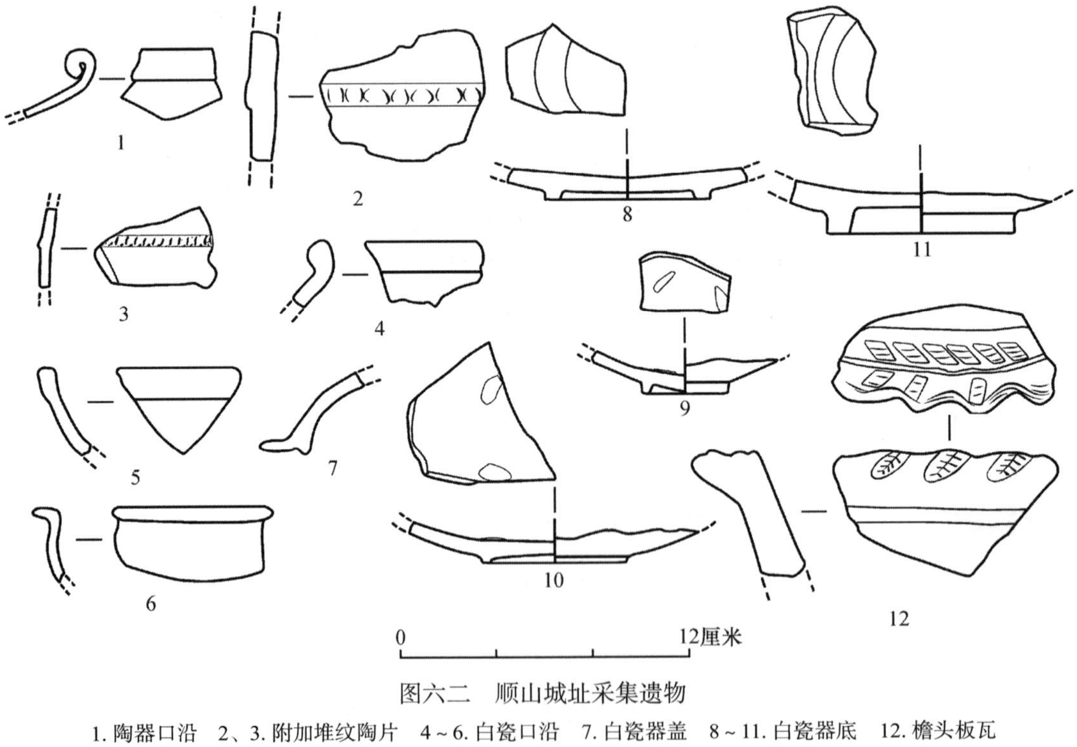

图六二　顺山城址采集遗物

1. 陶器口沿　2、3. 附加堆纹陶片　4～6. 白瓷口沿　7. 白瓷器盖　8～11. 白瓷器底　12. 檐头板瓦

三、结　　语

本次调查在“二普”的基础上，对所涉城址的形制、结构、时代等方面均有所收获。在形制上，新绘制了一批更加精准的平面图及复原图。在结构上，新发现了一批城门、瓮城、城壕等遗迹。在时代上，新识别出了杏山堡、那拉街、城子里、瓦盆城等一批单纯的辽代城址，以及三宝小城子、顺山、丹城子、岳王城等一批单纯的金代城址，尤其是新识别出了大城子、广元店、石头城子这三座具有元代遗存的城址，填补了该地区缺乏明确元代城址的空白。

调查所涉的32座城址[43]，从周长来看，3000米左右的城址1座，2000米左右的1座，1500米左右的14座，1000米左右的13座，100～200米的2座。从平面形态上看，方形的城址13座，长方形的城址13座，平行四边形的城址2座，梯形的城址1座，不规则多边形的城址2座。从朝向来看，东南向的15座，东向的3座，东北向的4座，西南向的5座，南向的3座。总的来看，该地区的城址以周长为1000～1500米的城址为主，平面多为方形或长方形，朝向以东南向为主。

从城防设施来看，数量最多的周长为1000～1500米的中小型城址多设1～2处城门，部分还设有瓮城，普遍设有马面、角台、城壕，有的城址还设有两道城壕。从布局来看，城内高等级建筑的分布较有规律，以中部、中北部较多。从选址来看，这些城址多处于河流两岸台地的前缘，城内地势往往北高南低，这样的选址可以很好地解决给排水问题。

本区辽金城址的分布密度可居东北之首，其形成原因很可能与辽代晚期辽国与女真在该地区的军事对峙有关。设于农安古城的黄龙府在辽代中晚期成为节制、羁縻东北诸部的军事重镇。为了巩固边防，辽人将战争俘获的各部族迁至黄龙府戍边：“当契丹强盛时，虏获异国人则迁徙杂处于此。南有渤海，北有铁离、吐浑，东南有高丽、靺鞨，东有女真、室韦，东北有乌舍，西北有契丹、回纥、党项，西南有奚，故此地杂诸国风俗。”[44]这种多民族杂处的情况必然会加剧本就紧张的边境局势，从辽末达鲁古部在女真发难前摇摆不定的表现即可窥见一斑。总之，这些城址应有一部分属于辽国构筑的戍堡，一部分属于戍边部族所居的城寨，共同造就了该地区异常稠密的城址分布。

从辽金对峙的边境属性出发，可将本区辽代城址划分为几个区组。第一个区组为饮马河右岸的城址，包括德惠城岗子[45]、德惠杏山城址。德惠城岗子城址最新发掘资料证实为辽代城址，“城址略呈不规则长方形，方向170°，南墙长236、西墙长236、北墙长210、东墙长210米”[46]。城北为任家坨子辽金遗址。城址扼守伊通河汇入松花江汉口洼地东端，依山面河，地势险要。城内无明显的大型台基式建筑，城内出土的大量铁甲和兵器显示了城址的军事属性。德惠杏山城址南距德惠城岗子城址直线距离约7千米，周边有平民居址可供依托，应该也是黄龙府外围防线的军事堡垒。

第二个区组为伊通河饮马河之间的数座城址，包括德惠卧虎、德惠马家古城、德惠双城子北城城址。这几座城址相距甚近，仅5～8千米，具有明显的“抱团”趋势。其中卧虎城址设有两道城壕，马面森严，军事防御性明显。这些城址，可为饮马河东岸的前沿堡垒提供支撑。

第三个区组为伊通河左岸农安县城至松花江一线，自农安黄龙府顺河而下，依次分布有上台子、西好来宝、万金塔，小城子、靠山和广元店城址。这些城址之间相隔10～15千米。据考证，宋代行军速度“平原地区每天可行军40～50里，进军过程中倍道兼行则能达到70～90里，在山区加速行军，每日行进也不过35里左右”[47]。辽人的行军速度应与北宋差距不大，甚至优于北宋。故而这些城址皆在一日行程之内，非常利于军事上相互驰援防守。总体来看，这三个区组围绕黄龙府（农安古城）呈内密外疏的放射状分布，且以伊通河一线最为密集，形成高密度的城址条带。沿河而居是人类的共性，但本地区尚有松花江、饮马河两河，唯独伊通河一线的辽城最密，这很可能是人为的有意构建，而非自然的发展形成。我们从史料中无法明确生女真与辽国在此地区的具体界限，但城岗子古城至农安一线所形成的东北—西南走向的带状城址群，或许可以为这个问题提供新的思路。

除沿用辽代城址之外，单纯的金代城址主要集中分布在本区东南部，与分布在本区西部的辽代城址界限分明。而西区的辽金沿用城址到了金代多呈现衰落趋势，个中原因，值得进一步思考和探讨。

此外还须注意的是农安万顺土城子城址，在该城的中南部残留有三座大型台基，错落分布，其地表砖瓦的密度甚高，而城址地表日用陶、瓷器十分少见。农安地区是辽代春捺钵的经行路线之一，该城址存在较高等级的建筑，或与春捺钵行宫、贵族府邸有关。

附记：本文所用历史卫片由中国社会科学院考古研究所刘建国先生无私提供，吉林大学考古学院武松博士参与了部分城址的调查，北京大学考古文博学院博士生李含笑绘制了大部分器物图，在此一并致谢！

注　释

［1］本次调查中，九台榆树岗子城址根据文物志的描述并未找到，该城址位置存疑，暂不做探讨。德惠后城子城址在1987年曾进行过发掘，资料较丰富，且现已被大棚覆盖，难以开展调查，也不做探讨。

［2］城墙长度由谷歌地球测距工具测量，与实测结果比对可知其精度较高，可基本满足考古研究的需要。

［3］吉林省文物志编委会.德惠县文物志［M］. 1983：56. 文物志中记城外东南有一处南北宽12米，东西长16米，高1.5米的被当地人称为“钟鼓楼”的台基。

［4］ GE即谷歌地球软件，时间为历史卫片日期。

［5］ 同［3］：61. 文物志中记该城方向作25°，城墙长度作东墙长400、南墙长400、西墙长270、北墙长400米，周长1470米。

［6］ 同［3］61.文物志中记该城方向作0°，城墙长度作各边长400米，周长1600米。

［7］ 同［3］：66.文物志中记该城方向作175°，周长作1200米。

［8］ 同［3］：67.

［9］ 同［3］：64. 文物志中记该城周长作200米。

［10］ 吉林省文物志编委会.九台县文物志［M］. 1984：94. 文物志中记该城方向作340°，周长作1320米。

［11］ 同［10］：98. 文物志中记该城方向作25°，周长作1597米。

［12］ 同［10］：100. 文物志中记该城方向作320°。

［13］ 吉林省文物志编委会. 农安县文物志［M］. 1987：113. 文物志中记该城方向20°，周长1810米。

［14］ 同［13］：122. 文物志中推算为1453米。

［15］ 同［13］：123. 文物志中记该城方向作360°，周长作1314米。

［16］ 同［13］：132. 文物志中记西北角楼东15米开有东北门，存疑。

［17］ 同［13］：109. 文物志中记平面为正方形，方向作360°，周长作3222米。

［18］ 同［13］：120. 文物志中记该城方向作360°，周长作1223米。

［19］ 同［13］：134. 文物志中记该城方向作355°，周长作1040米。

［20］ 吉林省文物志编委会. 德惠县文物志［M］. 1983：65. 文物志中记该城周长作800米。

［21］ 同［20］. 文物志中将两道城壕看作一道。

［22］ 同［20］：61. 文物志记该城方向作90°，长度作周长1600米，每边长400米。

［23］ 吉林省文物志编委会.扶余县文物志［M］. 1984：40. 文物志中记该城方向作350°，周长作1922米。

［24］ 同［23］. 文物志中认为城墙为土筑，非夯筑。

［25］ 吉林省文物志编委会编. 榆树县文物志［M］. 1983：88. 文物志中记该城方向作351°，周长作1466米。

［26］ 同［23］：58. 文物志记该城每边长250米，即周长1000米。

［27］ 同［23］：56. 文物志中记该城方向作200°，周长作1438米。

［28］ 同［13］：127. 文物志中记该城周长作510米。

［29］ 同［13］：123. 文物志中记该城方向作11°，周长作847米。

［30］ 同［13］：124. 文物志中记该城方向作350°，周长作935米。

［31］ 同［13］：128.

［32］ 同［13］：126. 文物志中记该城周长1543米。

［33］ 吉林省文物志编委会. 前郭尔罗斯蒙古族自治县文物志［M］. 1983：65. 文物志中记该城方向

作355°，周长作1400米。

［34］ 同［33］.

［35］ 同［33］：67. 文物志中记该城方向作355°，周长作1060米。

［36］ 同［13］：134. 文物志中记该城周长作1320米。

［37］ 同［13］：137. 文物志中记该城方向作45°，周长作1560米。

［38］ 同［13］：118. 文物志中记该城方向作50°，周长作1011米。

［39］ 同［13］：133. 文物志中作“温道沟”。

［40］ 同［13］：133. 文物志中记该城周长作1400米。

［41］ 同［13］：130. 文物志中记该城方向作360°，周长作1460米。

［42］ 同［13］：130. 文物志中认为城址开东西南北四门，但是本次调查只发现东西两门。

［43］ 其中平面无法复原的不做讨论。

［44］ （宋）徐梦莘. 三朝北盟会编［M］. 卷二十. 宣和乙巳奉使金国行程录. 上海：上海古籍出版社，1987.

［45］ 城岗子城址2018年进行考古发掘，作者为项目负责人。

［46］ 吉林省文物考古研究所. 吉林德惠市城岗子金代古城发掘简报［J］. 北方文物，2000（3）.

［47］ 仝相卿. 北宋御驾亲征行军速度考［J］. 南都学坛，2014，34（1）：34-37.

附表

城址名称	城址年代		周长（米）	平面形状	方向
	旧的认识	新的认识			
德惠丹城子	辽金	金	1555	正方形	东南
德惠双城子北城	辽金	辽金	1443	梯形	东北
德惠双城子南城	辽金	辽金	1412	长方形	南
德惠黄花城子	辽金	金	963	长方形	西南
德惠杏山堡古城	辽金	辽	151	正方形	偏东南
九台吴家城子	辽金	金	1290	正方形	东南
九台大城子	辽金	金元	1677	正方形	东南
九台小城子	辽金	金	860	长方形	东南
九台偏脸城	辽金	金	不详	不详	不详
农安广元店	辽金元明清	辽金元明	1717	长方形	东北
农安靠山	辽金	辽为主	1431	长方形	东南
万金塔小城子	辽金	辽金	1293	正方形	偏东南
农安万金塔	辽金元	辽金	3036	长方形	偏东南
农安西好来宝	辽金	辽金	1222	长方形	东
农安上台子	辽金	辽金	1049	平行四边形	东南
德惠卧虎	辽金	辽	756	正方形	东北

续表

城址名称	城址年代		周长（米）	平面形状	方向
	旧的认识	新的认识			
德惠马家古城	辽金	辽金	1363	长方形	南
扶余石头城子	辽金	辽金元明	1860	长方形	东南
榆树榆树城子	辽金	金	1466	平行四边形	南
扶余王家屯	辽金	金	1317	正方形	东南
扶余朱家城子	辽金	金	1399	正方形	偏西南
农安城子里	辽金	辽	274	多边形	东
农安二泡子	辽金	辽金	958	正方形	东南
农安南台子	辽金	辽金	972	正方形	东北
农安瓦盆城	辽金	辽	1436	长方形	偏西南
农安岳王城	渤海辽金	金	1023	多边形	偏东南
前郭那拉街	辽金	辽	1180	长方形	偏西南
农安马家城子	辽金	金	1100	正方形	不详
农安万顺土城子	辽金	辽金	1432	正方形	东南
农安三宝小城子	辽金	金	958	长方形	西南
农安文道沟	辽金	辽为主	1106	长方形	东南
农安顺山	辽金	金	1214	正方形	东

A Survey on the City Sites of Liao and Jin Dynasties in the Lower Reaches of Yitong River and Yinma River in Jilin Province

ZHAO Li-meng MENG Qing-xu

Located in the central plain of Jilin Province, the lower reaches of Yitong River and Yinma River were under the jurisdiction of Huanglongfu (黄龙府) in the Liao Dynasty. It is one of the areas where city sites of the Liao and Jin Dynasties are most densely distributed in Northeast China. In April 2018, in order to further understand the cultural features of the city sites of Liao and Jin period in this area, we conducted a special investigation, recorded the information of the city sites and collected a batch of pottery, porcelain and ironware specimens. Through the dating of the surface cultural remains, a number of sites of cities simply existed in Liao Dynasty and newly built in Jin Dynasty are identified, and three city sites with the remains of the Yuan Dynasty are newly discovered. Furthermore, the shape and distribution of the city sites are discussed.

研究与探索

黑龙江下游更新世末期的奥西波夫卡文化研究*

李有骞

（黑龙江省文物考古研究所，哈尔滨，150008）

奥西波夫卡文化（Осиповская культура）是一支主要分布在黑龙江下游的考古学文化。20世纪20～30年代，M. M. 格拉西莫夫（Герасимов）[1]和A. П. 奥克拉德尼科夫（Окладников）[2]先后在哈巴罗夫斯克市周边调查发现三处该文化的遗址。60年代，A. П. 奥克拉德尼科夫对其中的两处遗址进行试掘，判断年代为中石器时代，后来A. П. 杰烈维扬科据此命名了奥西波夫卡文化[3]。70～80年代，A. П. 杰烈维扬科和B. E. 麦德维杰夫在加夏（Гася）遗址大规模发掘，确定该文化存在陶器，根据测年数据可早到更新世，引起轰动[4]。90年代初，З. С. 拉普希娜（Лапшина）发掘胡米（Хумми）遗址，再次证实该文化中陶器的存在[5]。从90年代中期开始，И. Я. 舍夫科穆德（Шевкомуд）在黑龙江与乌苏里江交汇处的亥赫青尔区（Хехцирский геоархеологический район）进行系统调查，发掘了贡恰尔卡-1（Гончарка-1）[6]、诺沃特洛伊斯科耶（Новотроицкое）-10[7]和奥西诺瓦亚列奇卡（Осиновая речка）-10和-12[8]等遗址，日本学者也参与其中，该区的工作极大地推进了对奥西波夫卡文化的认识。目前，在俄罗斯几乎没有学者再把奥西波夫卡文化看作中石器时代，但将其划为新石器时代初期还是旧、新石器过渡时期尚存在争论。前者强调奥西波夫卡文化中陶器、磨制石器等新石器时代的因素[9]，后者着眼旧石器时代的细石叶、两面器技术等所起到的主导作用[10]。

---

* 本文得到国家社科基金项目（编号19BKG009）的资助。

我国学者对奥西波夫卡文化虽无详细研究，但也有关注。宋玉彬先生节译了加夏遗址1980年的发掘报告[11]，冯恩学先生对奥西波夫卡文化的发现做过简要介绍[12]，加夏、胡米和贡恰尔卡-1等遗址也常常出现在有关陶器起源的文章中[13]。近些年，奥西波夫卡文化的发现和研究有许多新的进展，本文在全面收集这些资料的基础上，尝试探讨该文化的年代、内涵和分期等基本问题，以期对我国北方地区旧、新石器文化过渡研究有所借鉴。

一、奥西波夫卡文化的分布和年代

1. 奥西波夫卡文化的分布

奥西波夫卡文化沿黑龙江和乌苏里江两岸分布，最南的遗址是我国的饶河小南山，最北的遗址是孔东，南北跨度约500千米，俄罗斯境内的奥西波夫卡文化遗存可分成四个小区。第一小区位于哈巴罗夫斯克市附近，为哈巴罗夫斯克-沃罗涅日高地，共发现了近10处遗址，以奥西波夫卡-1为代表，也是奥西波夫卡文化的命名地，但是该地区的遗址没有经过大规模的发掘。第二小区是亥克青尔区，位于黑瞎子岛对岸乌苏里江右岸山前地带，共发现40多处奥西波夫卡文化的遗址，其中发掘面积最大研究最充分的是贡恰尔卡-1遗址。另外由俄日学者共同发掘的奥西诺瓦亚列奇卡-10和-12以及诺沃特洛伊斯科耶-10等遗址也有不小的收获。第三小区是马雷舍沃-萨卡奇-阿梁区，位于哈巴罗夫斯克市东北40千米，发现了包括加夏在内的4处奥西波夫卡文化的遗址。第四小区位于更下游的阿穆尔河畔共青城市附近，只有胡米遗址。这些遗址所在地貌具有共同的特点，均在伸向黑龙江或乌苏里江岸边的高地上，一般高出当地水面10米以上。

2. 奥西波夫卡文化的年代

从加夏遗址1980年的发掘开始，陆续在奥西波夫卡文化的许多遗址获得了大量的^{14}C数据，这为我们判断该文化的年代提供了重要的参考。但确定年代，不能只依靠^{14}C方法，还必须结合区域地层情况。以下通过开展工作较为充分的贡恰尔卡-1、加夏和胡米遗址的地层和测年数据的分析，来考察奥西波夫卡文化的年代。

（1）贡恰尔卡-1遗址的地层和年代

贡恰尔卡-1遗址位于哈巴罗夫斯克市西南20千米的新特洛伊斯科耶村东北1千米的乌苏里江右岸。在1995～1996年和2001年共进行了三次发掘，总发掘面积约475平方米，其中前两次由哈巴罗夫斯克地方志博物馆完成，最后一次由该博物馆与北海道以及东京的大学合作完成。以Г-Г探方剖面地层为例[14]：

第1层，草根土、黑色或深灰色腐殖土层，厚5～10厘米。

第2层，浅灰色粉状砂质黏土，厚10～20厘米。

第3层，砂质黏土，分三个亚层。上层为3A层，浅褐色疏松轻质砂质黏土，厚8～16厘米；中层为3Б层，深黄色、淡红色致密轻质砂质黏土，夹砂和小砾石，厚12～30厘米；下层为3B层，灰色的致密的砂质黏土薄层，只有少部分区域有分布。

第4层，砾石层基底。

另外还发现在第3层下开口的冰冻裂缝，裂缝的顶部宽2.4米，底部宽0.9米，深0.9米。裂缝内填充褐色致密胶结的砂质黏土和砾石，上部颜色较深，下部呈浅褐色。奥西波夫卡文化的遗存大部分埋藏在第3Б层中，但在冰冻裂缝以及第3A层中也有少量发现。

目前在贡恰尔卡-1遗址获得了较多的测年数据。1995年和1996年发掘区的第3Б层有四个测年数据，在第一发掘区两个炭粒的测年分别是距今9890年±230年（校正后距今12174～10672年）和距今10590年±60年（校正后距今12800～12400年），И. Я. 舍夫科穆德认为后者采用的是AMS方法，精度更高一些。另两个数据为第三发掘区炭粒，均为距今10280年±70年（校正后距今12380～11770年）。2001年发掘区第3Б层出土的炭粒测年是距今10550年±80年（校正后距今12701～12374年），在更深的相当于3B层的炭粒测年是距今11340年±110年（校正后距今13430～13020年）[15]。此外，在3Б层出土陶器上的残渍获得五个测年数据，分别是距今11650年±60年、距今11390年±60年、距今11160年±60年、距今11110年±60年和距今10060年±50年，五个数据校正后的范围在距今13588～11328年[16]。冰冻裂缝中的两个炭粒测年是距今12500年±60年（校正后距今15072～15302年）和距今12055年±75年（校正后距今14105～13748年）。

孢粉分析反映的环境变化与测年结果吻合。最早的第一孢粉带和第二孢粉带位于冰冻裂缝的上部，以草本植物为主，树木中有落叶松、白桦和山杨等，反映的是冻原-森林草原景观。第三孢粉带反应的是叠压在冰冻裂缝之上的3B层灰色砂质黏土层的环境，为以桦树和落叶松为主的针叶阔叶林，沼泽和藜减少，阔叶树增加，甚至出现了蒙古栎、满洲胡桃以及其他喜温树种，反映的是温暖的气候，应处在博令-阿勒罗德暖期中的最温暖时段。第四和五带反映的是第3Б层中文化层的环境，草原灌木增加，有较大面积的藜、沼泽，比第三带的气候更干冷，该层中获得的^{14}C年代与新仙女木事件的时间吻合，反映了更新世最后的降温事件[17]。

与贡恰尔卡-1遗址同属亥克青尔区的另外三处遗址的发掘和测年结果对判断该区奥西波夫卡文化的年代很具有参考价值，分别是诺沃特洛伊斯科耶-10[18]、奥西诺瓦亚列奇卡-12[19]和奥西诺瓦亚列奇卡-10。这三处遗址的地层相似，共分6层。根据土质土色，1～3层可与贡恰尔卡-1遗址的1～3A层对应，4层可与贡恰尔卡-1遗址的3Б层对应，5层可与贡恰尔卡-1遗址的3B层对应，6层与贡恰尔卡-1遗址的4层（最底部的砾石层）对应。奥西波夫卡文化的遗物在3～5层均有发现，并以第4层最集中。

在奥西诺瓦亚列奇卡-12遗址文化层中的炭粒共获得了5个测年数据，分别是距今

11150年 ± 60年、距今10930年 ± 60年、距今11110年 ± 60年、距今11130年 ± 60年和距今11150年 ± 60年[20]，数据非常集中，校正后在距今13120 ~ 12704年之间。在诺沃特洛伊斯科耶-10遗址的15个炭粒和2件陶片上残渍的测年在距今12090 ~ 10970年（校正后距今14044 ~ 12736年）之间[21]。总之，在亥克青尔区的奥西波夫卡文化遗址中获得的30余个测年数据具有很好的一致性，绝大多数集中在^{14}C年代为1.1万年左右，校正后的年代为距今1.3万年前后。

（2）加夏遗址的地层和年代

加夏该遗址位于哈巴罗夫斯克市下游约40千米黑龙江右岸的阶地上，高出水面13 ~ 15米。在20世纪70 ~ 90年代，А. П. 奥克拉德尼科夫、А. П. 杰烈维扬科和В. Е. 麦德维杰夫先后主持发掘，总发掘面积近2000平方米。1992 ~ 1995年陆续出版了加夏遗址的发掘报告[22]。

因坡度、地层厚度存在很大变化，但是主要的地层层序大体相同，故整个遗址的文化层堆积也比较厚，一般超过1米，有的地方可达到2米。在1980年的报告中对地层的描述如下：

第1层，草根土，厚10 ~ 40厘米。

第2层，灰褐色黄土状亚砂土，厚10 ~ 80厘米。

第3层，浅黄色黄土，厚8 ~ 50厘米。

第4层，疏松的灰棕色亚砂土，局部致密，厚15 ~ 40厘米。

第5层，杂色局部浅黄色成层砂质黏土，平均厚25 ~ 30厘米。

第6层，浅褐色或浅红色块状致密黏土，该层上表面有人类活动痕迹，包含非常大量的文化遗物，更深的层位为生土层。在发掘区北部和西北部局部在黏土层下分布的是玄武岩基岩。

如果对照报告发表的四张剖面图仔细分析地层可以发现，整个发掘区自上而下可分成5大层：草根土→灰色调的亚砂土→黄色调的黄土→杂色砂质黏土→黏土。奥西波夫卡文化的遗物主要分布在杂色砂质黏土和黏土层的交界处。这与亥克青尔区的地层特征相同，但加夏遗址上部地层包含的晚期遗物更多，人为扰动更严重。

加夏遗址是黑龙江下游地区最早发现和确认更新世末期陶器的遗址。在20世纪80年代获得了第一个测年数据距今12960年 ± 120年（校正后距今15878 ~ 15152年），根据黏土层（第5层）顶部出土的炭粒测得[23]。后来测得文化层中的两个炭粒的数据为距今11340年 ± 60年（校正后距今13296 ~ 13080年）和距今10875年 ± 90年（校正后距今12995 ~ 12664年）[24]。在2001年又利用AMS方法对出土的早期陶片测得的数据是距今12050年 ± 95年（校正后距今14171 ~ 13709年）、距今11905年 ± 80年（校正后距今13983 ~ 13553年）、距今11375年 ± 75年（校正后距今13372 ~ 13085年）、距今10260年 ± 95年（校正后距今12414 ~ 11621年）和距今9020年 ± 65年（校正后距今10287 ~ 10111年），对早期陶片热释光测得的年代分别是距今13460年 ± 1460年、距今10430年 ± 1160年和距今8580年±1490年[25]。总体来看，加夏遗址与亥克青尔区奥西波夫卡文化遗址的测年数据相近，以距今1.3万年为中心分布。

（3）胡米遗址的地层和年代

胡米遗址位于阿穆尔河畔共青团市上游20千米胡米河河口的高地上，高出黑龙江水面12～35米。遗址向南不到1千米是胡米湖[26]。

1989年З. С. 拉普希娜首次发现该遗址，1991～1995年，阿穆尔河畔共青团市地方志博物馆的考古队沿防火带共发掘了436平方米，分为相连的4个发掘区。遗址的地层不完全一致，在最高处的地层最为完整，地层情况如下：

第1层，草根土，含植物根系的弱腐殖质化的褐色土，厚4～7厘米。

第2层，浅灰褐色轻质砂质黏土，夹少量炭渣，厚18～20厘米，为上文化层。

第3层，浅灰黄色轻质砂质黏土，夹少量炭渣，厚18～20厘米，为下文化层。

第4层，发白色的粉状轻质砂质黏土，夹少量炭渣，厚从3～5厘米到20厘米，为下文化层。

第5层，深褐色重质砂质黏土，厚30厘米，上部5～20厘米为下文化层，再往下为基底。

如把胡米遗址的第3、4和5层分别与贡恰尔卡-1遗址的3А、3В和3Б地层对比，具有相似性，最上部均为浅黄色调的疏松砂质黏土，最下部均致密黏性增大，奥西波夫卡文化的遗物也位于这三层之中。

胡米遗址的上文化层出土了新石器晚期沃兹涅谢诺夫卡文化的遗物。下文化层共有三个测年结果，其中下文化层上部出土的两个炭粒的测年是距今7760年±120年和距今10345年±110年（校正后距今12550～11774年），З. С. 拉普希娜认为后者炭粒出土时呈集中分布状，更能代表下文化层上部的年代[27]。第5层的重质黏土层中炭粒的测年是距今13260年±100年（校正后距今16247～15649年）。另外在更往下的不见文化遗物的地层中获得了42800年±1900年的测年结果[28]。

总之，如果把贡恰尔卡-1、加夏和胡米等遗址的地层序列和特征综合来看，对评估各遗址测年结果有价值。在乌苏里江下游和黑龙江下游的所有奥西波夫卡文化的遗址地貌位置相同，地层非常相似。从上至下共分5层：第1层为表土；第2层为灰色砂质黏土；第3层为黄色黄土状砂质黏土；第4层为轻质砂质黏土，夹砂，杂色；第5层为重质砂质黏土，致密。奥西波夫卡文化遗物出在第3～5层，但以第4层最集中。从测年结果看，校正后的年龄在1.6万～1万年范围内，但绝大多数分布在距今1.4万～1.2万年。

二、奥西波夫卡文化的石器工业与陶器特点

1. 贡恰尔卡-1及附近遗址的发现

本文以贡恰尔卡-1遗址1995年和1996年发掘的报告[29]为研究重点，结合贡恰尔卡-1遗址2001年、奥西诺瓦亚列奇卡-10和-12，以及诺沃特洛伊斯科耶-10等遗址发表的资料，对亥克青尔区的奥西波夫卡文化进行分析。

在石器工业方面，贡恰尔卡-1遗址和亥克青尔区的其他奥西波夫卡文化的遗址石器原料基本相同。以遗址附近的黑龙江高阶地面的砾石为原料。分为三类：第一类是灰色角质粉砂岩，第二类是浅褐色、浅灰色和红色的流纹质硅化凝灰岩，第三类是各种颜色的硅质岩，有玉髓、光玉髓和碧玉等。其中第一类原料主要用来制作两面器（主要是尖头器和端刮器），其余两类原料常用来制作细石核。另外还有少量的安山岩、玄武岩、粉砂岩、砂岩、花岗岩和来自锡霍特山中部东坡的黑曜岩。

贡恰尔卡-1遗址的剥片以细石叶技术为主。细石核分成两类，一类是小砾石制成的端面细石核，另一类是双面器制成的湧别型细石核。遗址中小砾石细石核发现较多，可以复原出该技术的整个过程：首先在小砾石的一个边（多为长边）进行修理，形成楔形的刃缘（龙骨）（图一，1）。然后纵向打击形成台面（图一，2），有时台面只有稍微地修理（图一，3）或者保持砾石自然面（图一，4）。随着剥片的不断进行，台面角逐渐变小，最后难以继续剥片而废弃（图一，5）。湧别型细石核在贡恰尔卡-1遗址中发现的非常少，但在奥西诺瓦亚列奇卡-10[30]（图一，6）和诺沃特洛伊斯科耶-10遗址中较多。

除了细石叶技术产品，在贡恰尔卡-1遗址中还有少量的长石片和以长石片为毛坯的工具。有些长石片虽然两边平行，且长可达宽的二倍以上，但厚度较大，背面保留小部分自然面或多方向片疤，与典型的石叶不同。И.Я.舍夫科穆德认为贡恰尔卡-1遗址中的这些类似石叶的长石片是在剥取石片时产生的，而不是使用石叶技术获取的，遗址中没有发现相应的石叶石核。缺少石叶技术不仅是贡恰尔卡-1遗址也是整个亥克青尔区奥西波夫卡文化的特征。

贡恰尔卡-1遗址出土的工具包括三大类，分别是双面器（包括单面器）类、修理石片边缘类和磨制技术产品类。双面器即通体修理工具所占的比重最大，原报告分为投枪头、刀-削器、锛-削器、端刮器、削形器、砍砸工具、穿孔器和工具毛坯等。但是如果从制作过程的角度考虑，其中的大部分标本应是两面尖状器制作过程中的半成品。根据大小和长短，两面尖状器又可以分成大、小两种。小的双面尖状器一般长为5厘米左右，可以作为箭头使用。大的双面尖状器一般长在10厘米左右或者更长，可以作为标枪头或者矛头使用。当然，两面器的称呼更多的是从制作技术的角度上考虑，除了作为箭

头、标枪头和矛头之外，还具有刀、穿孔等其他用途，是当之无愧的多功能型工具。

根据贡恰尔卡-1遗址的发现，可将双面器尖状器的制作分为五个阶段。以小两面尖状器为例：第一阶段，基本保留毛坯的原型，有较多的自然面，用硬锤进行修理，从修理特点看具有通体修理的趋势（图一，7），从该阶段标本上保留的自然面看，扁平的砾石是主要的坯材来源，但也偶尔用石片和石叶作为毛坯。第二阶段，仍用硬锤进行修理，但已基本具备了双面尖状器的形状，表面的石片疤宽且大，在原报告中这类工具有

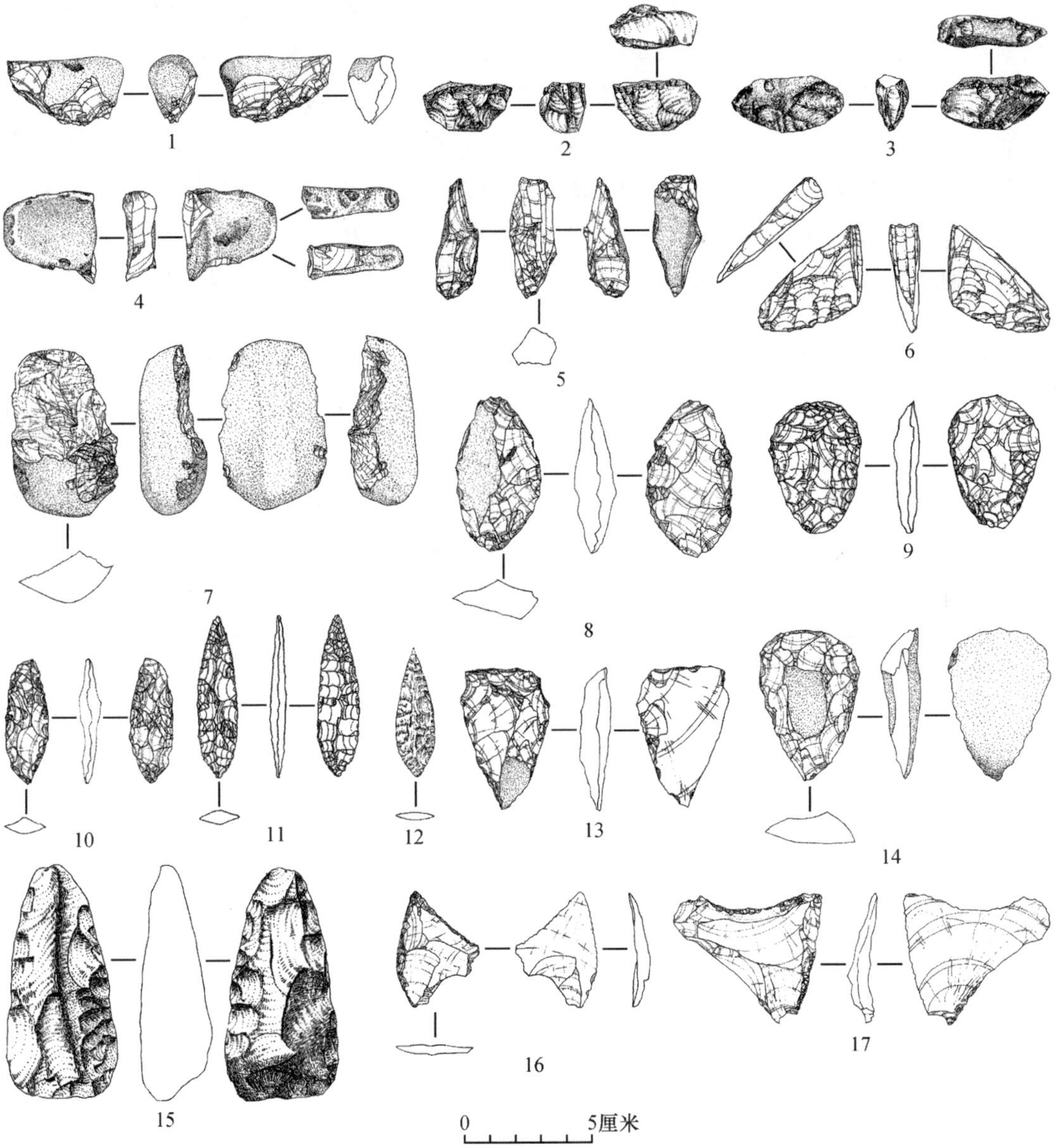

图一　亥克青尔区奥西波夫卡文化的打制石器

1～6. 细石核　7、8、10～12. 两面器　9、13、14. 端刮器　15. 锛形器　16、17. 简单修理石片

（1～5、7～17. 贡恰尔卡-1遗址；6. 奥西诺瓦亚列奇卡-10遗址）

的被称作刀-削型器（图一，8）。第三阶段是软锤的去薄修理，石片疤大小不一，有些大的石片疤越过中央线，器形变得更薄、更规整（图一，10）。第四阶段是进一步地去薄修理，主要采用了压制法，因此边缘有窄长规则的石片疤，两边的石片疤在中央相交（图一，11）。第五阶段是最后的成形阶段，器身更加规则，器表的石片疤更加细小，有的压制成柄（图一，12）。大型双面尖状器的制作过程与小型两面器基本相同，只是有的半成品更像砍砸器或是手斧。

在贡恰尔卡-1遗址中，端刮器是在数量上仅次于双面器尖状器的一类工具。该遗址端刮器最大的特点是很长，都在5厘米以上，最长可达到10厘米，刃口以弧刃和直刃为主。如果从技术类型学特征来看，我们将该遗址的端刮器分成三类，分别是两面通体修理的端刮器（图一，9）、石片单面修理的端刮器（图一，13）和砾石制成的端刮器（图一，14）。以上三类端刮器在工艺技术上还存在一定的关系，砾石制成的端刮器和石片毛坯的端刮器可以进一步修理成为通体的端刮器。但值得注意的是，有些直刃端刮器与锛形器（图一，15）相似，只是器身单薄，端刮器与锛形器界线不明显是贡恰尔卡-1遗址的一个重要特点。

贡恰尔卡-1遗址中还有一定数量的简单修理石片边缘制成的工具，包括修尖（图一，16）和修边（图一，17）两类。制成这些工具的石片台面较小、背面石片疤方向相对、有发达的唇棱，多是在制作两面器过程中产生的。

除了打制石器之外，在贡恰尔卡-1遗址还发现10余件磨制工具，包括局部磨制的两面尖状器（图二，1）、通体磨制的石镞（图二，2、3）、刃部磨制的石斧（图二，7）和箭杆整直器（图二，5）。在奥西诺瓦亚列奇卡-10和诺沃特洛伊斯科耶-10遗址也发现了局部磨制的石器，但是不见通体磨制的石镞。在贡恰尔卡-1遗址磨制产品中还有一类非实用器。其中Y形器，用灰色玄武岩经琢磨而成（图二，6）。在诺沃特洛伊斯科耶-10遗址发现了一件钻孔的小砾石（图二，4）。

贡恰尔卡-1遗址3Б层和冰冻裂缝中均出土了陶片，超过2000块，但大多是2厘米以下的碎片。陶器总体特征为：以灰褐陶和黄褐陶为主，羼和料有矿物和植物纤维，低温烧制，质地疏松易碎，陶胎厚度不均。纹饰主要是梳齿纹（图二，10），部分口沿按压凹坑形成花边（图二，9），在烧制之前从外向内戳孔。有的陶片表面粘挂泥浆层，内外表面常有缠绳或梳状物划出的条痕。可复原的有一件平底钵。与亥克青尔区其他遗址相比，贡恰尔卡-1遗址有少量的附近堆纹（图二，8）。

除地层中的遗物之外，在贡恰尔卡-1遗址还发现了2座墓葬。其中1号墓葬保存较好，平面呈椭圆形，边缘不甚规整，长3.5米，宽1.1米，深20～25厘米；不见人骨遗骸，但可清晰辨别出头部及躯干的位置，墓内有火烧的痕迹，随葬品不多，以石器为主。

2. 加夏遗址的发现

加夏遗址出土的奥西波夫卡文化遗物主要是石制品和少量陶器。1980年发掘获得

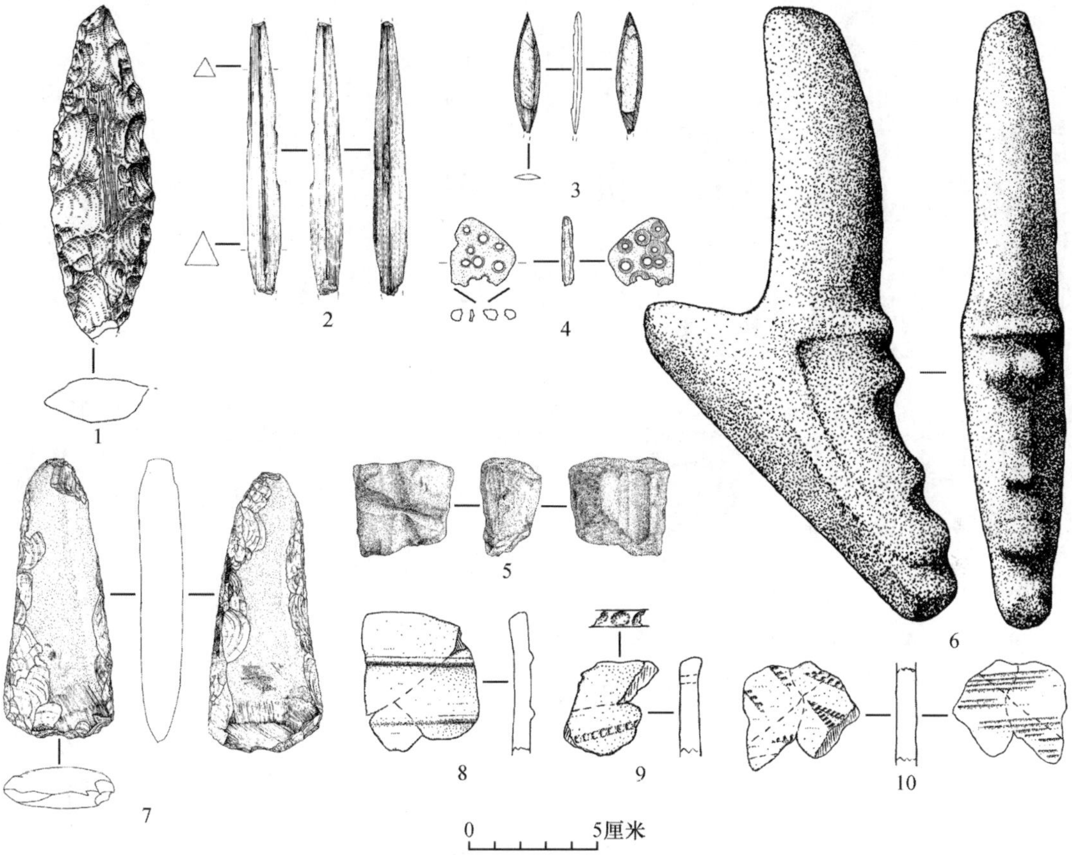

图二　亥克青尔区奥西波夫卡文化的磨制石器和陶片

1. 尖状器　2、3. 石镞　4. 钻孔小砾石　5. 箭杆整直器　6. 丫形器　7. 石斧　8～10. 陶片

（1～3、5～10. 贡恰尔卡-1遗址；4. 诺沃特洛伊斯科耶-10遗址）

的奥西波夫卡文化遗物最丰富，我们以此为分析重点。

该遗址石制品原料大部分是无光泽的黑色硅质页岩，还有少部分浅灰色、灰绿色、褐色硅质岩以及玉髓、碧玉。这与亥克青尔区的情况基本相同。

遗址中能反映剥片技术的石核资料不多，只有3件，其中1件是两端相对剥片的棱柱形石核（图三，1），还有2件楔形细石核（图三，4）。虽然很难复原剥片技术的细节，但有较多反映石叶技术和细石叶技术的边缘削片（图三，2）。亦见两边平行，形态规则的典型石叶（图三，5、7），综合来看，这些石叶应是从棱柱形石核上剥取的。

工具中两面尖状器数量最多，报告中根据大小的不同分为矛头、标枪头和箭头。如果从技术类型学分析，与贡恰尔卡-1遗址的情况类似，遗址中有两面器制作过程各阶段的产品（图三，3、6、13、17）。

端刮器较多，常以石叶或石片为毛坯（图三，8、10），有时也用小的扁平砾石。大部分为近似三角形或扁桃形，还有一些为椭圆形或指甲形。还有少量两面修理的标本

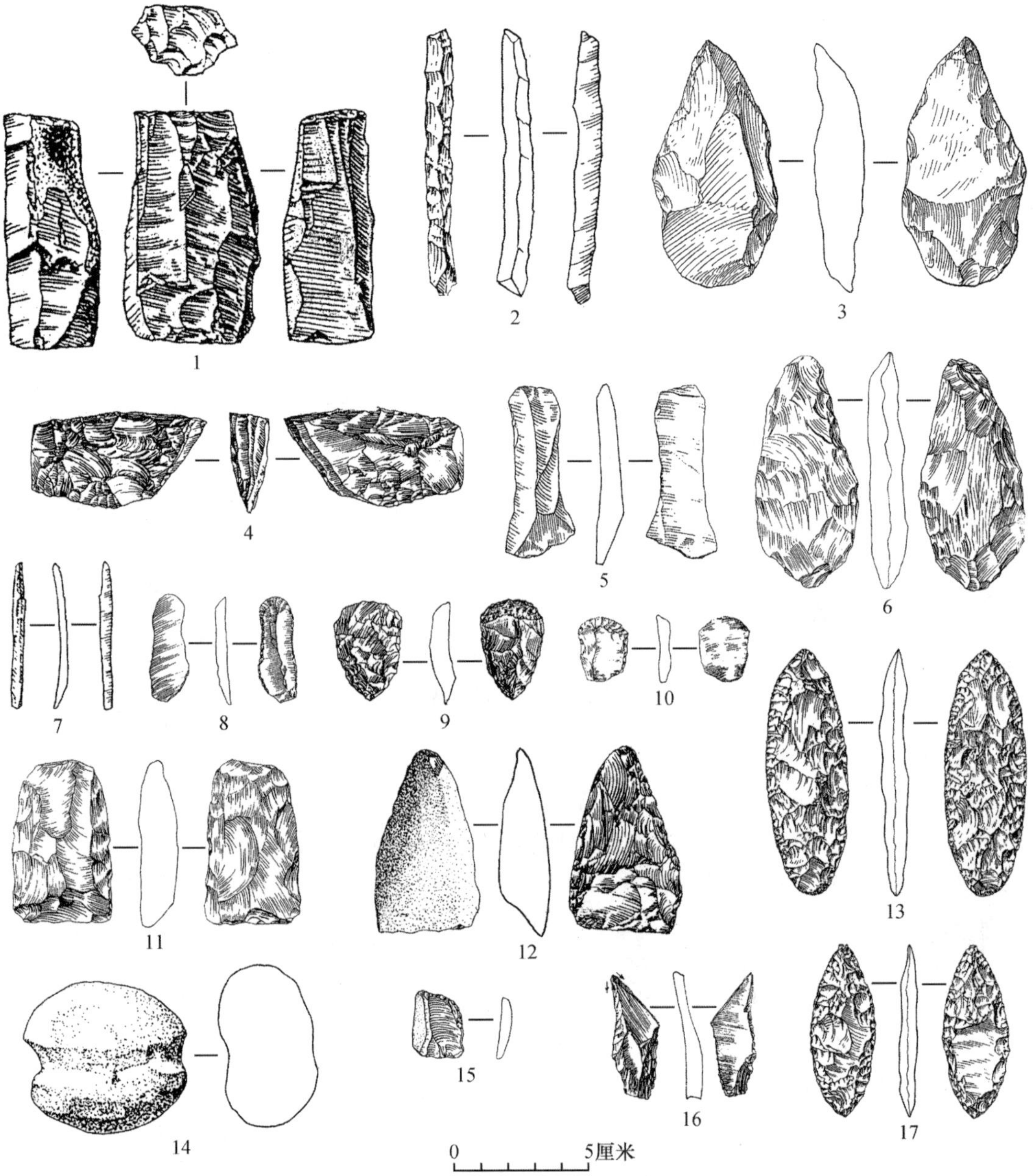

图三　加夏遗址出土遗物

1. 石核　2. 边缘削片　3、6、13、17. 两面器　4. 细石核　5、7. 石叶　8～10. 端刮器　11、12. 锛形器　14. 网坠　15. 简单修理石片　16. 雕刻器

（图三，9）。

锛形器是加夏遗址最具特点的工具，与端刮器相比更厚一些。以一劈两半的长椭圆形砾石为毛坯，在一面精细修理，另一面局部修理或不修理。平面形状呈三角形或梯形（图三，11、12）。

雕刻器，数量较少，也不典型，均是中刃雕刻器，以边缘削片或石片为毛坯（图三，16）。另外还有少量石片边缘只经过简单修理的石片石器（图三，15）。

磨制石器只有3件网坠，为大砾石磨成凹槽（图三，14），根据民族学材料，这类大网坠是在渔网的一角使用[31]。

加夏遗址中发现的陶器大多破碎，但1980年在未经扰动的黏土下的红烧土中发现了1件基本可复原的筒形罐，成为奥西波夫卡文化的代表性器物。此陶罐平底，烧制火候低，质地疏松，器壁薄厚不均，羼和植物纤维，胎芯为黑色，器表上有烟炱痕迹，内外面留有制陶工具纵向刮抹腹壁形成的浅沟纹。

3. 胡米遗址的发现

胡米遗址下文化层属奥西波夫卡文化，出土的遗物主要是石制品，还有少量陶片，另外还有两座房址、两个灶和一套坠饰组合，但是很多俄罗斯学者对该遗址的房址性质提出质疑。

下文化层石制品的原料中属于岩浆岩的有玄武岩、闪长岩和花岗岩，属于沉积岩的有砂岩、凝灰砂岩、粉砂岩、凝灰粉砂岩、板岩、凝灰板岩，属于变质岩的有角岩、泥质页岩、千枚岩，属于矿物的有蛋白石、燧石、石英、玉髓。原料来自黑龙江河滩沉积中的砾石以及河谷中的岩石露头。

原报告对胡米遗址出土的石制品进行了细致的类型学研究，我们可以比较清楚地了解该遗址石制品的基本面貌，但如果采用技术类型学分析，可以进一步了解该遗址的石器制作技术。

拉普希娜将石核分为向心石核、棱柱形石核、楔形石核和端面石核。我们认为大体可归为两种技术产品。

细石叶技术产品，包括报告中的向心石核、楔形石核和端面石核。反映了三种不同的技术方法，第一类以扁平砾石为毛坯，通过两面向心修理形成双面器（原报告中的一些向心石核）（图四，1），然后从一端或两端一次或多次纵向打击形成台面（图四，4），产生船形和雪橇形削片，最后在石核的一端或两端剥取细石叶（图四，2、5），这是湧别技法的特点。第二类同样对扁平砾石双面向心修理，但是在台面一侧为自然面，而不是如第一类的完整透镜体，在自然面的基础上纵向打击形成有效台面，然后在一端或两端进行剥片（图四，3），这与贡恰尔卡-1遗址的小砾石细石核技术相同。第三类以石片或石叶为毛坯，在毛坯的一个侧边纵向打击，形成台面，底缘修理简单，在一端或两端进行剥片（图四，6），许多的雕刻器可以划入此类，该类细石叶技术在日本海西北岸地区十分流行[32]。

棱柱状石核数量不多（图四，9），结合核体上的石片疤看，生产的是石叶，这与遗址中发现的宽2～3厘米的石叶对应，结合调整台面角（图四，12）、更新工作面等技术削片的发现，可以确定胡米遗址中存在典型的石叶技术。

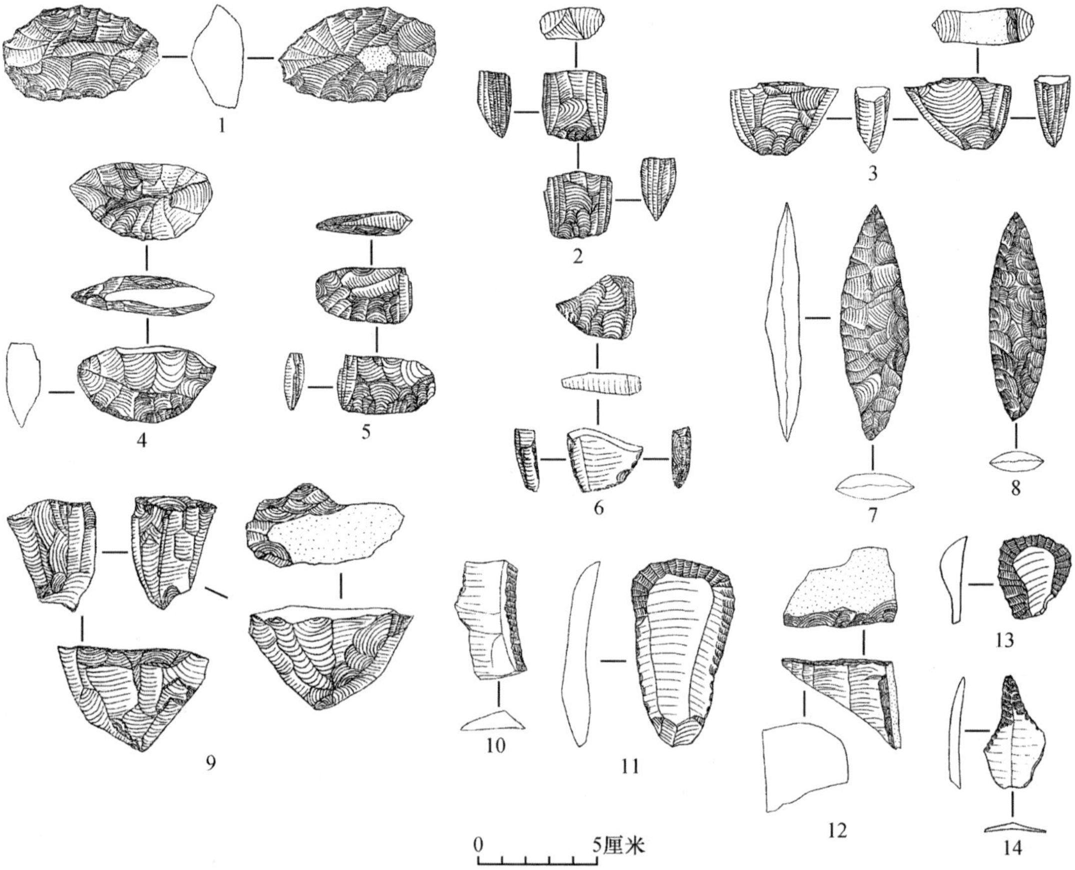

图四　胡米遗址出土遗物

1～6. 细石核　7、8. 两面器　9. 石核　10. 边刮器　11、13. 端刮器　12. 削片　14. 尖状器

胡米遗址的工具以片状毛坯为主，拉普希娜将其分为修理石叶、修理石片、凹缺器、雕刻器、尖状器和钻器等，对照报告线图，这些工具很大一部分可归为端刮器（图四，11、13），还有一部分是尖状器（图四，14）和边刮器（图四，10）以及部分雕刻器。

双面器在胡米遗址工具中占有较大比例，这些工具大小相差很大、形态也有一些差异，除了作为箭头、标枪头、矛头、刀的功能性差异之外，也反映了制作的各个阶段（图四，7、8）。

此外，还有少量的砾石制成的镐形器、网坠、杵、锤、石砧，此外，还有少量砾石制成的镐形器、网坠、杆、锤和石砧，以及少量的玉管和玉珠类的装饰品。装饰品10件，为玉管和玉珠。

胡米遗址发现的陶片很少，烧成温度低，羼和矿物和植物纤维。陶片内外面有条痕纹。

三、结 语

奥西波夫卡文化的遗址大多临近黑龙江或乌苏里江，高出河面10多米，并且集中在山前地带。在更新世末期奥西波夫卡文化所在的时段，该地区水位要比现在高10米，奥西波夫卡文化各小区呈被水环绕的岛状分布。各遗址地层在层序和岩性上具有很好的一致性，文化遗物集中出在黏土与砂质黏土层交界的上下位置，如果把两个土层分别与阿布罗德暖期和新仙女木冷期相联系，则与奥西波夫卡文化距今1.4万～1.2万年（校正后）的测年十分吻合。

贡恰尔卡-1遗址和加夏遗址的石器原料相似，以深灰色的角质粉砂岩或硅质页岩为主，还有各种颜色的硅质页岩和鲜艳的碧玉、玉髓。胡米遗址的石器原料种类比前两个区多一些，主要有玄武岩、砂岩、凝灰岩、板岩和页岩，还有蛋白石、燧石、石英和玉髓等。

奥西波夫卡文化剥片技术最主要的特点是细石叶技术。小砾石的端面细石核技术在所有遗址都存在，湧别技法在贡恰尔卡-1遗址中很少，但在同属亥克青尔区的其他遗址却有很多，在加夏遗址和胡米遗址中也有相当的比例。以石片和石叶为毛坯的细石核只少量存在于胡米遗址，其他遗址不见。

奥西波夫卡文化中的石叶技术令人困惑，在亥克青尔区没有石叶技术，但在胡米遗址中却有很多，加夏遗址中也有典型的标本。这些石叶石核多为棱柱形，棱柱形可能是剥片最后阶段的状态，在石叶石核的预制阶段有修理明显的导向脊，在剥片过程中从台面边缘向心轻微打击调整台面角。

在奥西波夫卡文化的所有遗址中，两面器都占有相当大的比例，并且种类尺寸多样。端刮器也是常见的类型，但各遗址间有细微的差别，在贡恰尔卡-1遗址中的端刮器有许多单面或两面通体修理的情况，有的标本与锛形器相似。加夏遗址和胡米遗址的端刮器主要是石片石器，还有以石叶为毛坯的情况。

锛形器是该地区非常特殊的一类工具，整体来说锛形器比端刮器更厚些，但界线有时模糊。在贡恰尔卡-1遗址和胡米遗址中，原报告划分出的锛形器大部分可算作双面器的半成品或者端刮器，典型的锛形器很少。加夏遗址的锛形器数量更多，最为典型，平面分短三角形和梯形。

除了以上三类工具，奥西波夫卡文化各遗址中更多的是修理石片边缘制成的不定型工具（加夏遗址和胡米遗址中有修理石叶），大部分可归为边刮器，还有少部分可算作尖状器、钻器和雕刻器。另外，在各遗址还有一些由大砾石粗加工的工具，从操作链上可以归为两面器的最初阶段，但也有小部分或可以作为砍砸器使用。

在奥西波夫卡文化中除了打制石器之外，还有磨制石器，虽然数量不多，但是因为属于新的技术，所以值得注意。贡恰尔卡-1遗址的磨制石器数量和种类最多，有局部磨制的两面器、磨制较好的斧或锛、通体磨制的石镞，以及磨成凹槽的大砾石网坠和Y形石器，另外在该区的诺沃特洛伊斯科耶-10遗址还发现了钻孔的小砾石。加夏遗址和胡米遗址的磨制石器很少，只有由大砾石磨成凹槽制成的网坠。胡米遗址发现有磨制的玉管和玉珠。

在陶器方面，贡恰尔卡-1遗址的数量和类型最多，器形有罐、钵、碗、瓮和盆等，装饰有篦点纹、附加堆纹和压印菱形纹等，有花边口沿或在口沿下穿孔。在亥克青尔区的其他遗址中，陶器相对更少，仅见篦点纹。加夏遗址和胡米遗址的陶片较少，可辨别器形仅平底筒形罐一种，纹饰简单，器表上留有平行或交错的划纹。

总之，如果把石叶技术逐渐消失，细石叶技术中湧别技术逐渐简化，锛形器和端刮器界限逐渐模糊，磨制石器数量和种类逐渐增多，陶器器形增多并且纹饰从平行划纹→篦点纹→附加堆纹的过程作为共同的指标，那么把胡米遗址和加夏遗址看作较早阶段，把贡恰尔卡-1遗址看作最晚阶段，存在很大的合理性。

注　释

［1］ Грасимов, М. М. Новые стоянки доисторического человека каменого периода в окрестностях гор. Хабаровска［C］. *Известия Восточно-сибирского отдела Государственного русского географического общества* (LIII). Иркутск: Отдельный оттиск, 1928: 135-140.

［2］ Окладников, А.П. К археологическим исследованиям в 1935 году на Амуре［J］. *Советская археология*, 1936 (1):275-277.

［3］ Деревянко, А. П. *Палеолит дальнего востока и Кореи*［M］. Новосибирск: Наука сибирское отделение, 1983: 94-96.

［4］ a. Деревянко, А. П., В. Е. Медведев. *Исследования поселения Гася* (*общие сведения, предварительные результаты 1975 г.*)［M］. Новосибирск, 1992.

b. Деревянко, А. П., В. Е. Медведев. *Исследования поселения Гася* (*предварительные результаты 1980 г.*)［M］. Новосибирск, 1993.

c. Деревянко, А. П., В. Е. Медведев. *Исследования поселения Гася (предварительные результаты 1986-1987 гг.)*［M］. Новосибирск, 1994.

［5］ Лапшина, З. С. Древности озера Хумми［M］. Хабаровск, 1999.

［6］ Шевкомуд, И. Я., О. В. Яншина. *Начало неолита в Приамурье*: *поселение Гончарка-1*［M］. Санкт-Петербург: МАЭ РАН, 2012.

［7］ 橋詰潤，シェフコムード I. Ya.，内田和典，長沼正樹，松本拓. 更新世末期のアムール川下流域における環境変動と人類行動 Vol.2——ノヴォトロイツコエ10遺跡（2003-2004年）発掘調査報告書［M］. 東京：明治大学黒耀石研究センター，2017.

［8］ 橋詰潤，シェフコムード I. Ya.，内田和典.更新世末期のアムール川下流域における環境変動と人類行動 Vol. 1——オシノヴァヤレーチカ12遺跡（2010年）およびオシノヴァヤレー

チカ10 遺跡（2012-2013 年）発掘調査報告書［M］. 東京：明治大学黒耀石研究センター，2016.

［9］ Медведев, В. Е. К проблеме начального и раннего неолита на нижнем Амуре［C］. *Обозрение результатов полевых и лабораторных исследований археологов, этнографов и антропологов Сибири и Дальнего Востока в 1993 г*. Новосибирск, 1995: 228-237.

［10］ Васильевский, Р. С., С. А. Гладышев. *Верхний палеолит Южного Приморья*［M］. Новосибирск, 1989: 184.

［11］ А. П. 杰烈维扬科，В. Е. 麦德维杰夫. 加夏遗址研究——1980 年初步结果［C］. 东北亚考古资料译文集（俄罗斯专号）. 哈尔滨：北方文物杂志社，1996 .

［12］ 冯恩学. 俄国东西伯利亚与远东考古［M］. 长春：吉林大学出版社，2002：196-199.

［13］ a. 余西云，李俊. 欧亚大陆新石器化研究动态［J］. 考古，2011（4）：87-96.

b. 刘莉，陈星灿. 中国考古学——旧石器时代晚期到早期青铜时代［M］. 北京：生活・读书・新知三联书店，2017：74.

c. 陈宥成，曲彤丽.中国早期陶器的起源及相关问题［J］.考古，2017（6）：82-92.

［14］ 同［6］.

［15］ 同［6］.

［16］ 橋詰潤，シェフコムード I. Ya. 内田和典，長沼正樹. 更新世末期のアムール川下流域における環境変動と人類行動 Vol.3ゴンチャルカ 1 遺跡（2001 年）発掘調査報告書［M］. 東京：明治大学黒耀石研究センター，2018.

［17］ 同［6］.

［18］ 同［7］：80-82.

［19］ 同［8］：20.

［20］ 同［8］：78-80.

［21］ 同［7］：80-82.

［22］ 同［4］.

［23］ Okladnikov, A. P., V. E. Medvedev. The excavations of the multilayered site Gasya on the Lower Amur basin［J］. *Bulletin of the Siberian Branch of the USSR Academy of Sciences*, 1983, 20 (1): 93-97 .

［24］ узьмин, Я. В. Возникновение древнейшей керамики в Восточной Азии (геоархеологический аспект)［J］. *Российская археология*, 2004 (2).

［25］ Kuzmin, Y. V., S. Hall, M. S. Tite, et al. Radiocarbon and thermoluminescence dating of the pottery from Early Neolithic site of Gasya (Russian Far East): initial results［J］. *Quaternary Science Reviews*, 2001, 20.

［26］ Лапшина, З. С. *Древности озера Хумми*［M］. Хабаровск: Приамурское географическое общество, 1999.

［27］ 同［26］.

［28］ 同［26］.

［29］ 同［6］.

［30］ 同［8］：46-54.

［31］ 凌纯声. 松花江下游的赫哲族［M］. 南京：中研院史语所，1934：77-90.

［32］ 李有骞. 日本海西北岸旧石器时代的细石叶技术及其与相邻地区的关系［J］. 北方文物，2011（2）：21-26，69.

A Study on Osipovka Culture at the End of Pleistocene in the Lower Reaches of Heilongjiang

LI You-qian

The Osipovka Culture is distributed in the lower reaches of Heilongjiang, and the stratigraphic sequence and the lithological charateristics of the main sites such as the Goncharka-1 site, Gasya and Khummi are well consistent, which are dated to 14-12KaBP. The most distinctive characteristics of Osipovka culture are the micro-blade technique, which is dominated by biface microcore and small gravel core, and has the technical charateristics of the Yubetsu microcore. The proportion of the blades is not small, and it is not even seen in some sites. The tools are characterized by a large number of bifacial points,and also have end-scrapers, adzes and unshaped flakes (blades). There are a few polished stones and pottery. Taken together, the culture can be divided into early and late stages.

左家山遗址出土“玉龙”的相关问题*

段天璟　高云逸

（吉林大学考古学院，长春，130012）

在前仰韶至仰韶时代[1]，玉器的产生并逐渐繁荣[2]是中国东北地区引人注目的重要文化现象。毋庸置疑，西辽河地区是东北地区玉器发现最早的区域之一，年代可上溯至兴隆洼文化；至红山文化时，该地区已成为中国北方的玉文化中心[3]。

引人注目的是，地处西辽河流域东北、西流松花江域的吉林农安左家山遗址1985年出土了一件“玉龙”（T4②：1；图一，1）[4]。学界普遍认识到，这件器物“肯定

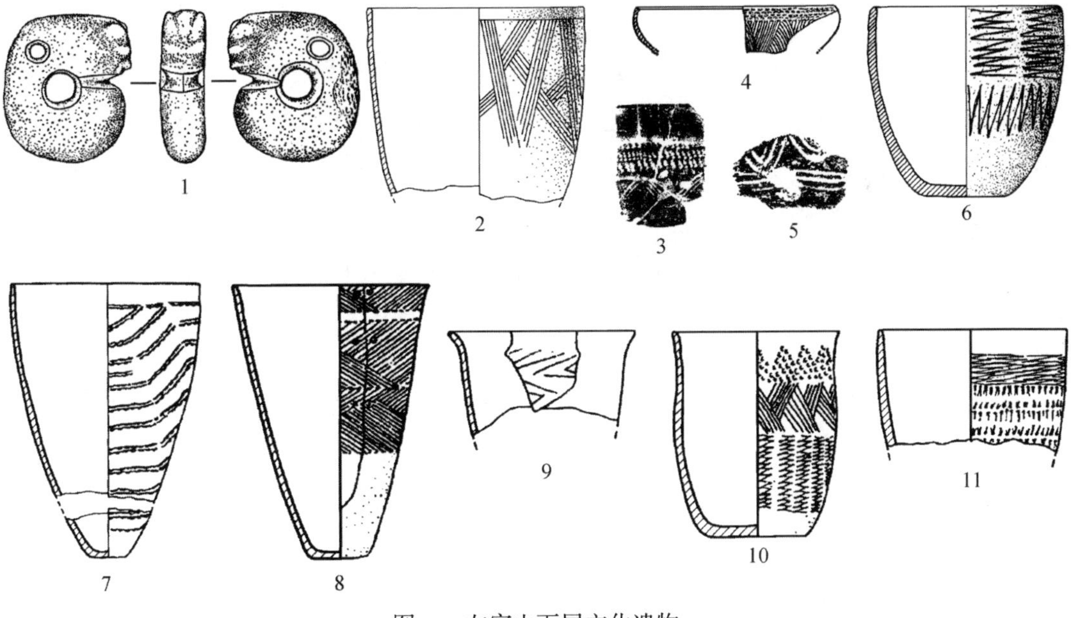

图一　左家山下层文化遗物

1. 玉龙（T4②：1）　2. 筒形罐（T1306④：5）　3. 戳点、波浪纹（F1上）　4. 钵（H11：3）
5. 垂鳞、弦纹（H11）　6. 筒形罐（BF1：10）　7. 筒形罐（T2②：1）　8. 筒形罐（T14③：4）
9. 筒形罐（T16③：7）　10. 筒形罐（F1上：8）　11. 筒形罐（H2：2）
（6为北红嘴子；其余皆为左家山遗址）

*　该成果得到国家社科基金项目（17BKG020）、吉林大学哲学社会科学青年学术领袖培育计划项目（2016FRLX10）资助。

和红山文化玉器有关系”[5]。有意见明确提出左家山遗址出土的玉龙应是红山文化玉龙的祖型[6]。也有意见认为，这件石制品大约相当于红山文化晚期，有可能是仿制品[7]。

1985年左家山遗址出土的这件“玉龙”（T4②：1）属“第二期遗存”。我们发现，左家山遗址1985年T4②刊布的资料皆为石、骨、角器，未见陶器[8]。于是，对这件器物的年代出现上述两种截然不同意见的原因，便不难理解了。

以往研究显示，左家山“第二期遗存”的年代下限约为公元前4000年，与红山文化早期存在文化交流[9]。近来，有意见根据左家山遗址2015年发掘[10]获得的资料将1985年第一、二期遗存的代表单位和以2015年第4层称为“左家山下层文化”，并指出左家山下层文化与辽西地区的兴隆洼文化、赵宝沟文化和红山文化并行发展过一段时期，其年代下限约为公元前3600年[11]。

可以肯定的是，左家山下层文化与红山文化间存在并行发展的关系，而进一步理清左家山下层文化与红山文化间的关系是探讨左家山遗址出土“玉龙”年代问题的前提。

一

红山文化可大致划分为“西水泉期”和“东山嘴期”两个阶段，年代分别为公元前4500～前3500年和公元前3500～前3000年[12]，“西水泉期”又可进一步划分为相当于半坡文化和庙底沟文化的阶段[13]。

年代相当于红山文化“西水泉期”的遗址中，朝阳小东山遗址[14]发现了丰富的遗存和五组具有分期意义的层位关系，对考察红山文化的分期及其与左家山下层文化的关系问题提供了重要参考。

这里不再赘述小东山遗址的分期，仅就该遗址出土筒形罐的排序和相关单位的相对年代作简要说明。

首先，我们同意由F7→F10、H38、H41等层位关系得出的F10、H38、H41（图二，11～16、18）与F7（图二，1～3）分属早、晚两段的意见[15]。

压印之字纹是红山文化的重要特征。据饰之字纹筒形罐的口部特征，上述三个单位出土的筒形罐按照近口处有无饰戳压附加堆纹（或仅饰按压纹）可分为两类。可以看到，F10共出土6件筒形罐，皆为敛口。H41共有7件筒形罐，既见有直口微敛者亦有直口者。其中，在口饰戳压附加堆纹的筒形罐中，只在早段可见口微内收者（图二，11、12、14），敞口、近口部仅饰按压纹者见于晚段的F7中（图二，1）。循此，这类筒形罐似经过了口部微内收、近口处饰戳压附加堆纹（图二，11、12、14）到直口或微敛口、近口处饰戳压附加堆纹（图二，13、2）再到敞口、近口部仅饰戳压纹（图二，1）的演变路径。

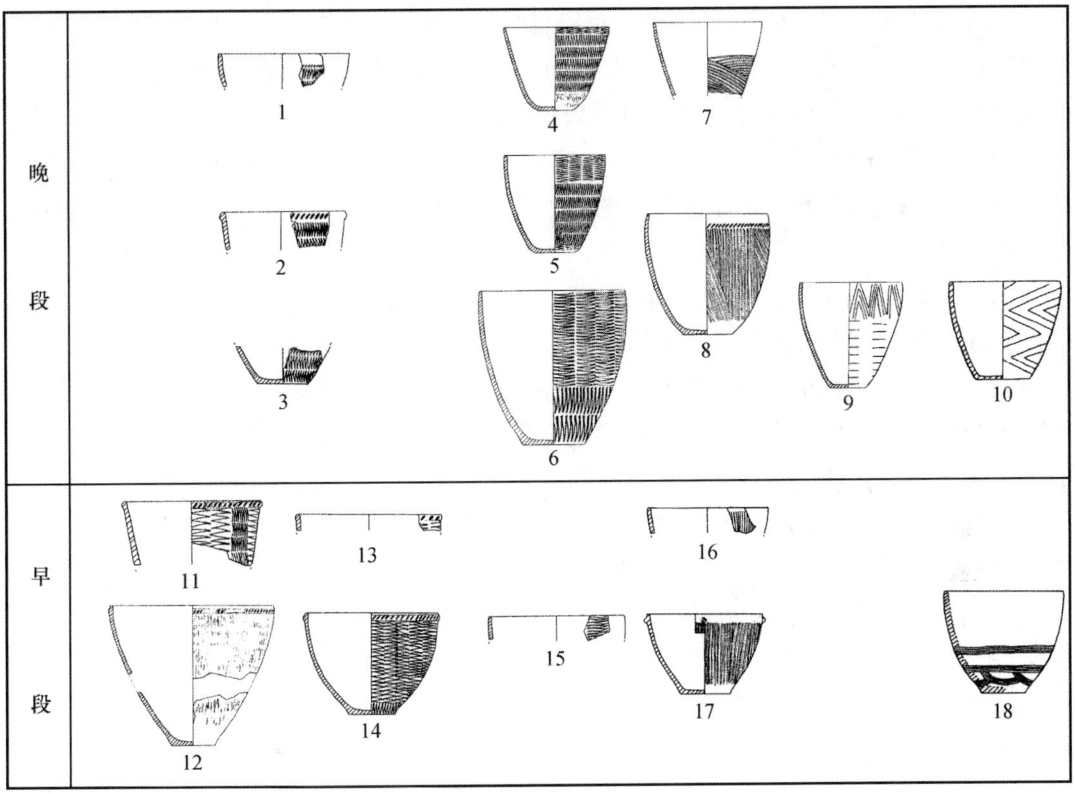

图二 小东山遗址红山文化筒形罐

1. F7①：11 2. F7①：2 3. F7①：3 4. F2：8 5. F2：9 6. H26：1 7. F2：11 8. F7①：1 9. F2：6 10. F2：5 11. F10：2 12. F10：1 13. H41：1 14. H41：13 15. H41：2 16. H41：3 17. H43：15 18. H38：1

再来看口无附加堆纹或戳压纹的之字纹筒形罐。其中，H41仅见一件，为敛口（图二，15）。还有，H43：15筒形罐形态与H41：13相类（图二，17、14），确应属早段。又有H26→H43，故可将H26归入晚段。H26中共有27件筒形罐，在饰压印之字纹的筒形罐中，既有直口者，如H26：1（图二，6），又有口部微敞的，如H26：2。于是，这类筒形罐很可能也存在着口部由敛口到直口再到敞口的变化轨迹。

其次，关于F2的年代。F2共见6件筒形罐（图二，4、5、7、9、10）。其中，饰压印之字纹的F2：9酷似H26：1（图二，5、6），而F2：8筒形罐敞口的特征似应晚于H26：1和F2：9（图二，4～6）。因此，我们认为F2的年代应属晚段。

F2还出土了4件饰刻划纹的筒形罐，口部形态有直口（图二，9、10）和敞口（图二，7）。可见，饰刻划纹的筒形罐大致亦经历了与之字纹筒形罐相同的演进过程（图二，17、16、7）。

有趣的是，年代属于晚段的F7出土的一件饰刻划纹筒形罐F7①：1（图二，8）近口部饰戳压纹，而其敛口的形态则沿用了早段作风。

西水泉遗址[16]F13出土的四件筒形罐皆为敛口（图三，5～8），H1：5和T25①：3筒形罐口部微敞（图三，3、4），且形态分别与小东山早、晚段同类器物相类。H1：18这类折腹体（图三，2）在小东山遗址晚段H26中也有发现。

饰之字纹的筒形罐是红山文化的传统因素。我们可在小东山和西水泉等遗址中看到此类陶器在红山文化“西水泉期”的发展过程（图二、图三）。笔者曾指出，自公元前5000年以前，包括西流松花江流域在内的东北地区南部便已发生了以辽西地区考古学文化为主导的文化交流；公元前5000～前4000年，这一区域诸考古学文化中的刻划纹风格得到了不同程度的发展[17]。例如，左家山下层文化晚期遗存中的竖带与横带复合之字纹筒形罐显然是红山文化的仿制品（图一，6、11；图二，15、6）。不同是，左家山下层文化的之字纹中既有辽西地区赵宝沟文化、红山文化常见的“竖压横带”风格，还有左家山下层文化晚段常见的刻划而成的“横划竖带”之字纹。

左家山下层文化早、晚期均常见刻划类纹饰，例如刻划阶梯状扭曲纹（图一，7），成为该文化的特征。“横划竖带”之字纹很可能是左家山下层文化承自赵宝沟文化并受到红山文化影响产生的创新。刻划复线三角纹、“Y”形纹等左家山下层文化的典型纹饰（图一，2～4、8～10），可在红山文化“西水泉期”中找到相似者（图二，7～10、16、17）。还有，如红山文化“西水泉期”早、晚段均见有刻划而成的“鱼鳞纹”组合纹饰（图二，18；图三，3），在左家山下层文化晚期遗存中亦有相似者（图一，5）。这些情况暗示着，左家山下层文化受到来自辽西地区文化影响的同时，很可能把自身的影响输出到了辽西地区的红山文化中。

可见，左家山下层文化晚期年代的下限约为红山文化“西水泉期”，最新测得的^{14}C数据表明，左家山下层文化年代的下限约在公元前3600年，亦支持这一推断[18]。

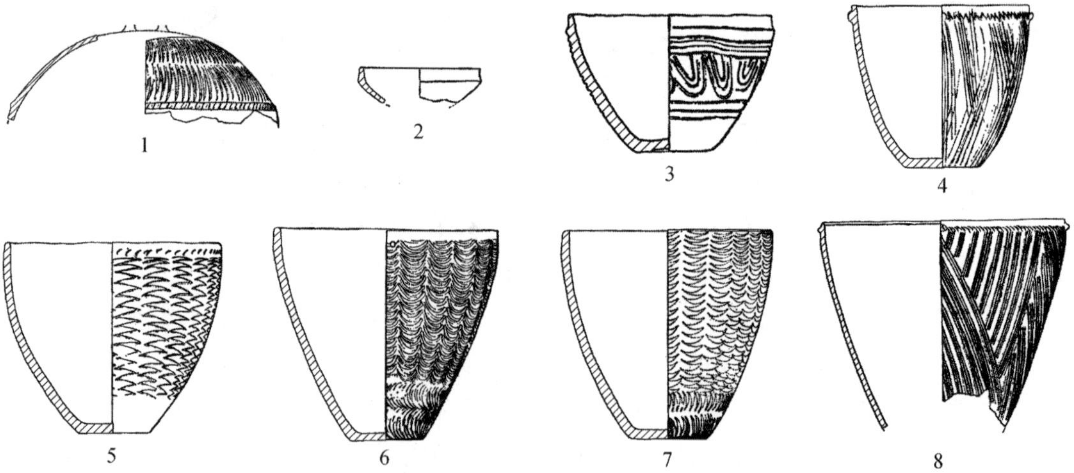

图三　西水泉遗址H1、F13、T25①出土陶器

1. 器盖（H1：8）　2. 钵（H1：18）　3. 筒形罐（H1：5）　4. 筒形罐（T25①：3）　5. 筒形罐（F13：13）　6. 筒形罐（F13：7）　7. 筒形罐（F13：10）　8. 筒形罐（F13：30）

左家山遗址出土"玉龙"（图一，1）属左家山遗址第二期即左家山下层文化晚期。目前，见于著录的红山文化玉猪龙有十余件，但多系采集或征集所得。从有明确出土单位的牛河梁和半拉山遗址[19]来看，出土的玉猪龙均属于红山文化"东山嘴期"遗物。左家山遗址出土的这件"玉龙"，身体蜷曲，面部刻画相对模糊但可见明显的立耳及眼睛，背部钻一圆孔，整体似玦形，形制风格与红山文化玉猪龙接近（图四，1）。可以看到，左家山遗址石龙首尾相接内侧未完全切断。有研究显示，红山文化玉猪龙的演变规律是"首尾开口较小、内侧连接向首尾开口较大、不相连接演变"[20]。要之，左家山下层文化"玉龙"的出现的年代和形态特征均早于红山文化同类品。

左家山下层文化"玉龙"与红山文化玉猪龙的早期标本之间在嬗变逻辑上可能存在过渡形态，但其总的传承轨迹却是清晰可辨的。正如上文所述，辽西地区的考古学文化在向西流松花江流域施加影响的同时，左家山下层文化亦为红山文化的发展做出了贡献。玉猪龙在红山文化中一出现便呈现出成熟的状态，我们认为它是在继承左家山下层文化"玉龙"的基础上发展起来的。

近年来所做的考古工作使得左家山下层文化与红山文化互动的路线已基本明确，考古工作者在对白城市通榆县[21]和通辽市科左中旗[22]的调查过程中在多个遗址中发现了左家山下层文化和红山文化的陶片。这些遗址所在的科尔沁沙地东北部是辽西和西流松花江两大考古文化区的交汇地带，是两地古代人群往来的重要区域，其独特的地理区位优势应当是红山文化与左家山下层文化互动的文化通道。

二

公元前第四千纪后期，东北地区诸考古学文化的互动与碰撞空前频繁。辽西、科尔沁沙地、嫩江中下游和呼伦贝尔地区涌现出了诸多具有共性特征的玉器和陶器，这些具有强烈时代风格和鲜明地域特征的文化因素为我们窥探上述地区文化交流的内涵与途径提供了可能。

朝阳市牛河梁遗址是迄今发掘面积最大、出土遗存最多的红山文化遗址[23]，第二地点一号冢（N2Z1）出土彩陶所饰宽带纹、平行直线间斜线纹、叠错三角纹和勾连涡纹（图四，11～14）是红山文化"东山嘴期"显著的时代特征[24]。这一时期也是红山文化乃至整个东北地区玉器发展的繁荣阶段，玉龙、玉箍形器、勾云形玉器、龙凤佩及各式玉璧等玉器的大量涌现代表着东北史前玉器发展的最高成就[25]（图四，1～9）。

赤峰市西台遗址[26]发现有红山文化"东山嘴期"晚于"西水泉期"的层位证据。该遗址F4出土的五件筒形罐（图五，11～15）中除一件为微敞口外，其余四件敛口的形态特点与西水泉遗址F13出土筒形罐相同（图三，5～8），显然F4系"西水泉期"遗存。F3出土彩陶瓮所饰勾连涡纹和对顶弧边三角纹（图五，9、10）是"东山嘴期"的典型特征。F3出土的三件筒形罐口部标本中，F3①：13为直口，其余两件则为敞口

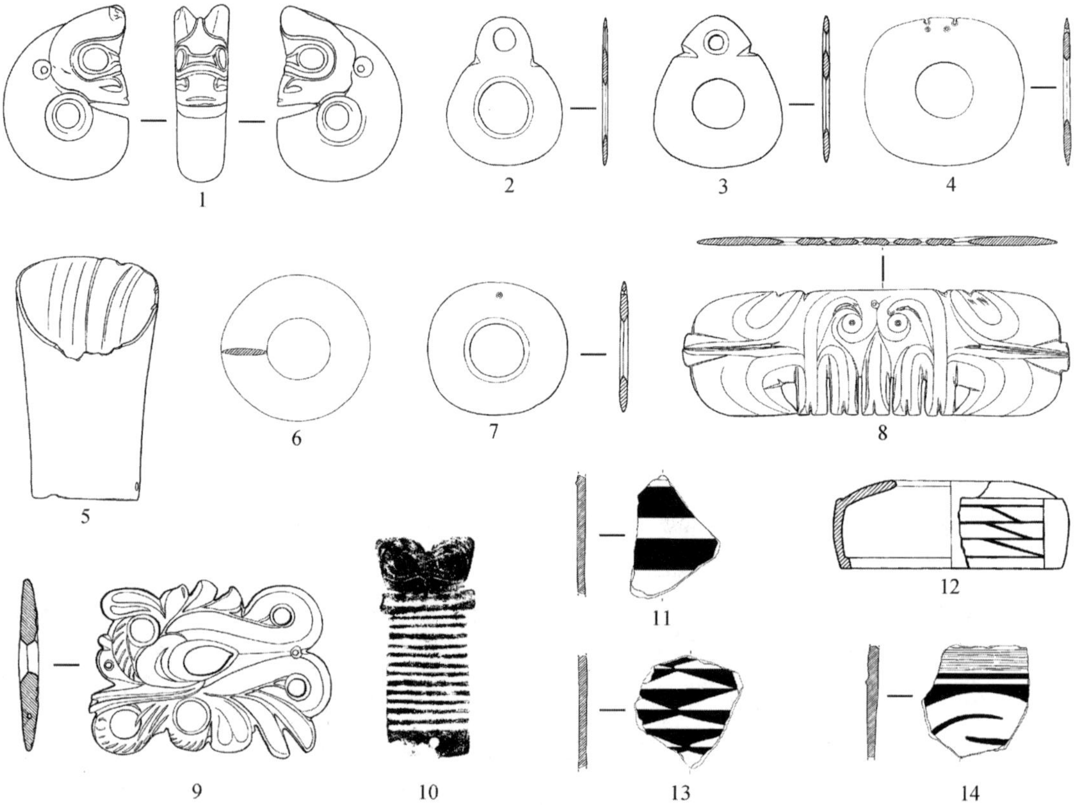

图四　牛河梁遗址N2Z1出土遗物及福兴地收集玉器

1. 玉猪龙（N2Z1M4：3）　2. 双联璧（N2Z1M21：7）　3. 双联璧（N2Z1M21：6）　4. 璧（N2Z1M15：4）　5. 斜口筒形器（N2Z1M4：1）　6. 璧（N2Z1M7：2）　7. 璧（N2Z1M21：19）　8. 勾云形器（N2Z1M27：2）　9. 龙凤玉佩（N2Z1M23：3）　10. 玉兽面形器　11. 筒形器（N2Z1：75）　12. 筒形器（N2Z1：95）　13. 筒形器（N2Z1：63）　14. 筒形器（N2Z1：87）

（10为福兴地；余皆牛河梁）

（图五，1～3）。F3→F4，因之"东山嘴期"筒形罐仍然延续着上文归纳的"西水泉期"筒形罐的演变规律。同时该层位关系表明，陶钵与筒形罐一样遵循着由敛口到敞口的发展趋势（图五，16～18、4～7）。

地处科尔沁沙地的通辽市哈民忙哈遗址F44和F46集中出土了一批具有红山文化"东山嘴期"风格的玉器[27]，如圆角方形璧、圆形璧、双联璧、勾云形玉器等（图六，1～4）与牛河梁遗址出土的同类器物（图四，4、7、2、8）形制极为相似。显而易见，F44、F46和F52出土的三件双耳壶（图六，5～7）形制特征及装饰风格无明显差异，故而这三座房址年代上大体同时。解析开来，F52：12双耳罐（图六，8）的构图就是上述三件陶壶去掉肩部以上的几何形态。不难发现，F52所出高圈足盘（图六，10、11）形态与西台遗址F3③：3（图五，8）一致，类似器物亦见于东山嘴遗址[28]。因此哈民忙哈遗址F44、F46、F52年代与红山文化"东山嘴期"相当，这些情况表明哈民忙

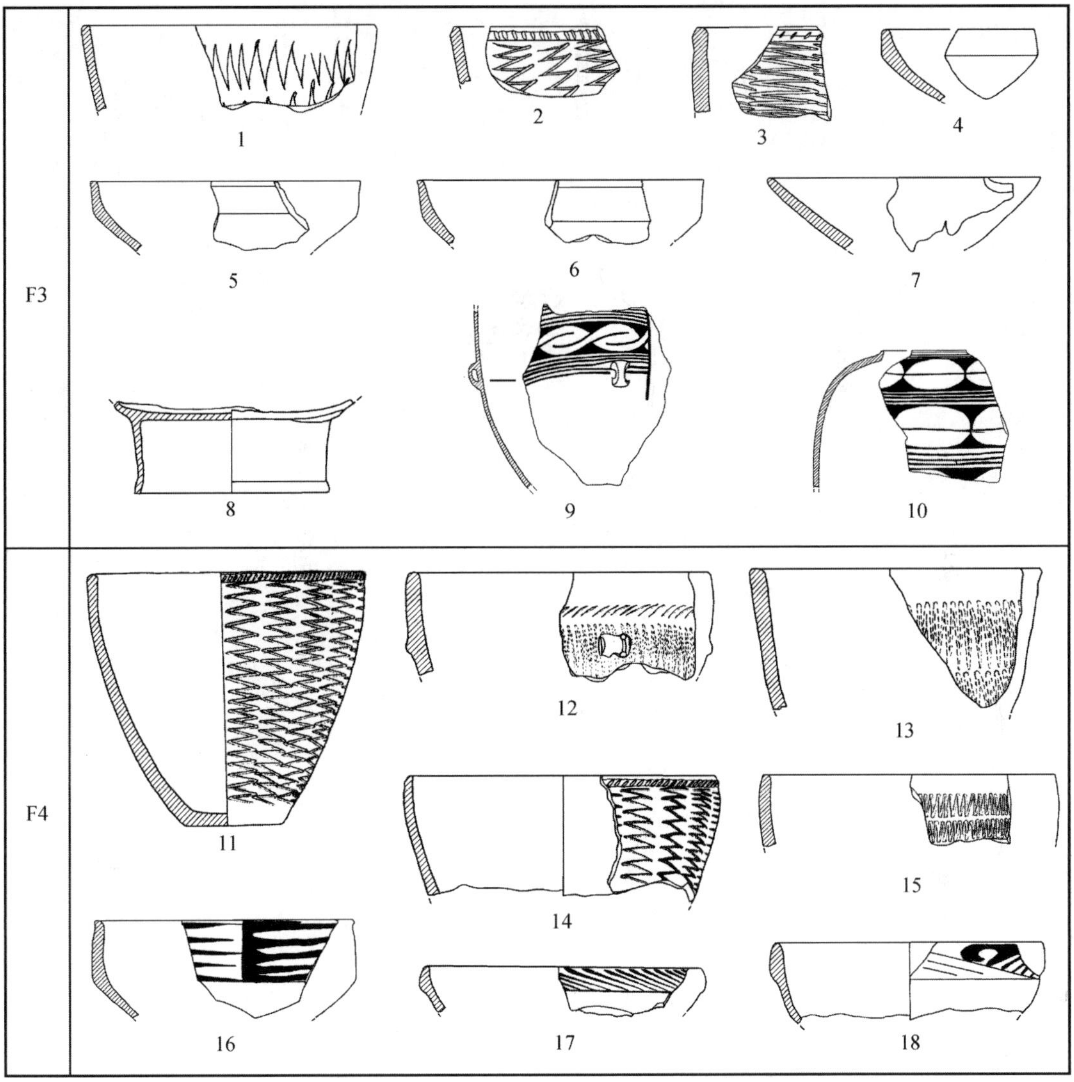

图五　西台遗址F3、F4出土陶器

1. 筒形罐（F3①：10）　2. 筒形罐（F3①：1）　3. 筒形罐（F3①：13）　4. 钵（F3③：15）　5. 钵（F3③：14）　6. 钵（F3③：12）　7. 钵（F3③：11）　8. 圈足盘（F3③：3）　9. 瓮（F3③：5）　10. 瓮（F3③：4）　11. 筒形罐（F4①：46）　12. 筒形罐（F4①：80）　13. 筒形罐（F4①：82）　14. 筒形罐（F4①：83）　15. 筒形罐（F4①：81）　16. 钵（F4①：92）　17. 钵（F4①：93）　18. 钵（F4①：95）

哈文化与红山文化异地并行发展并存在文化交流。

我们注意到，哈民忙哈遗址F46：15玉璧（图六，1）的整体形态与牛河梁遗址N2Z1M15：4（图四，4）相仿。但该玉璧的一角切割成凹缺状，这一角自切割处至双孔上面略突出于璧缘，使其颇具小珠山中层文化玉牙璧[29]（图九，1）的神韵。F46：15玉璧或可视为哈民忙哈文化吸收、融合了红山文化与小珠山中层文化因素的文化杂交产物。哈民忙哈文化所处的科尔沁沙地地区是周边多个文化区交汇的漩涡地带，

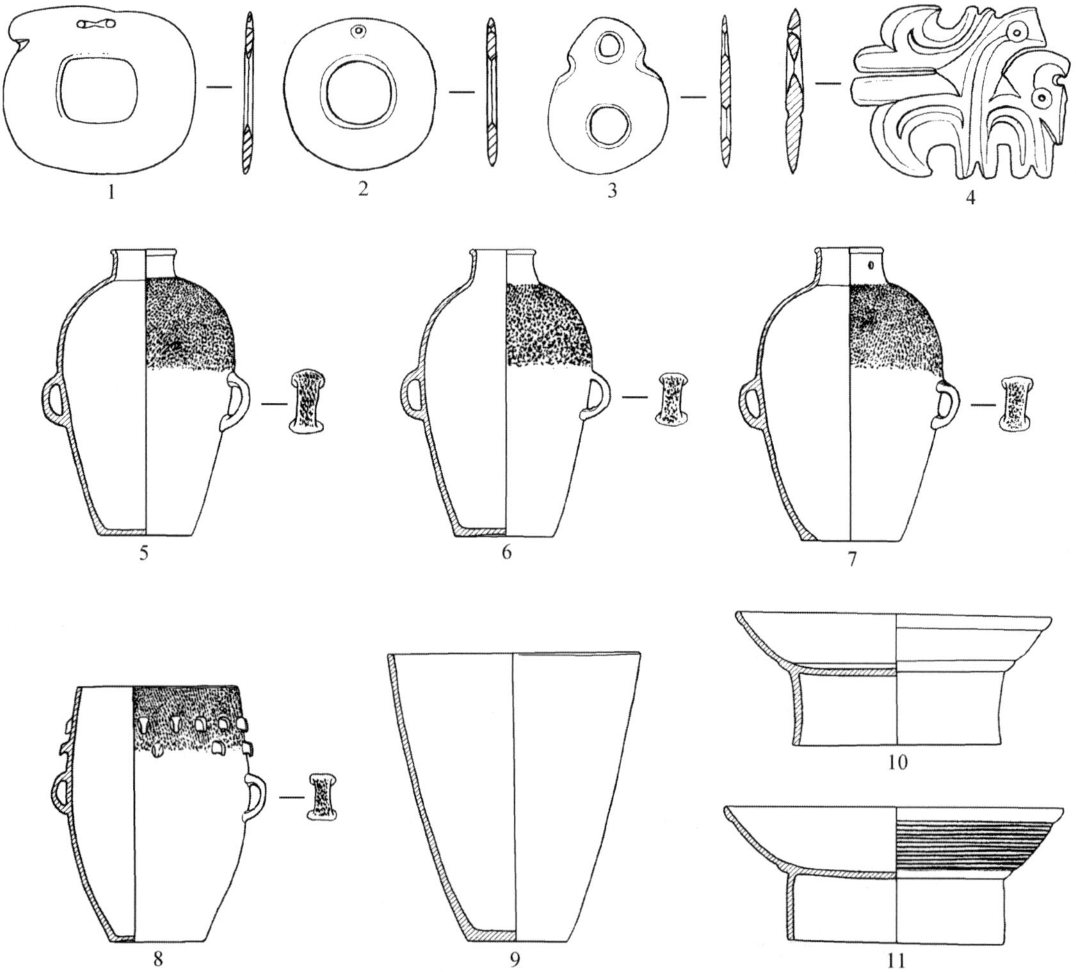

图六　哈民忙哈遗址F44、F46、F52出土遗物

1. 璧（F46：15）　2. 璧（F46：1）　3. 双联璧（F46：13）　4. 勾云形玉器（F44：1）　5. 双耳壶（F44：4）　6. 双耳壶（F46：29）　7. 双耳壶（F52：11）　8. 双耳罐（F52：12）　9. 筒形罐（F52：13）　10. 圈足盘（F52：23）　11. 圈足盘（F52：14）

由此可见不同谱系文化的竞相角逐和交叠影响赋予了该地区文化复杂多元的特点。

地处洮儿河北岸的白城市双塔遗址[30]出土了施拍印麻点纹和方格纹的陶器、勾云形玉器和玉环，并征集到双联璧。研究表明双塔二期遗存的年代亦为红山文化“东山嘴期”[31]，这里发现的勾云形玉器、环、双联璧均见于牛河梁和哈民忙哈遗址。

无独有偶，洮儿河以北的嫩江中下游两岸也存在典型的红山文化风格玉器。黑龙江省泰来县东翁根山和杜尔伯特毛都西那屯曾发现过双联璧[32]。杜尔伯特李家岗M1出土玉璧六件[33]，其中一件近圆角方形玉璧与红山文化及哈民忙哈文化出土者一致。这些玉器因无共存陶器而无法准确判断它们的文化属性，但玉器形态和风格所体现的与红山文化同类器的联系十分明显。哈民忙哈文化和双塔二期遗存玉器的发现不但为我们找到了连接辽西地区与嫩江中下游所发现玉璧和玉联璧遗址的地域节点，而且以明确的年代和文化属性为黑龙江省境内同类玉器年代的判断提供了可靠的参照标尺。

1999年，考古工作者对内蒙古海拉尔团结遗址的调查发现7件玉器，种类包括斧、锛、璧、环、珠（图七，1～3）。所见彩陶片标本十分破碎，均为红地黑彩。调查者注意到团结遗址遗物分布比较集中，且同出有人骨，认为这些遗物多为墓中随葬品，推断该遗址的年代为公元前4000～前3500年[34]。我们认为团结遗址中至少以彩陶片和玉璧为代表的遗存年代应在公元前3500～前3000年的时间范围内。如该遗址的宽带纹、三角形纹、平行直线间斜线纹彩陶（图七，4～6）分别与红山文化“东山嘴期”牛河梁遗址N2Z1：134、N2Z1：63、N2Z1：95（图四，11、13、12）相同，团结遗址采：147玉璧（图七，2）与牛河梁遗址N2Z1M7：2（图四，6）造型相当，团结遗址采：151玉璧（图七，1）的形态亦大量存在于红山文化中。这些情况显示，在这一特定历史阶段内辽西地区与呼伦贝尔草原存在着一定联系。

那么，红山文化是怎样实现与团结遗址所代表遗存的远距离文化互动？2003年内蒙古兴安盟文物管理站对科右中旗嘎查营子遗址的调查[35]采集到了筒形罐、钵、杯等陶器，器表所施纹饰有之字纹和拍印方格纹。还发现一些施勾连涡纹的彩陶片，此类纹饰是红山文化“东山嘴期”最具代表性的彩陶装饰题材之一。该遗址发现的勾连涡纹彩陶和之字纹陶片说明红山文化的影响已扩展至霍林河流域，并很有可能由此与以团结遗址为代表的遗存发生了联系。因此，霍林河流域应是这一时期辽西地区与呼伦贝尔地区之间文化交流的通道。

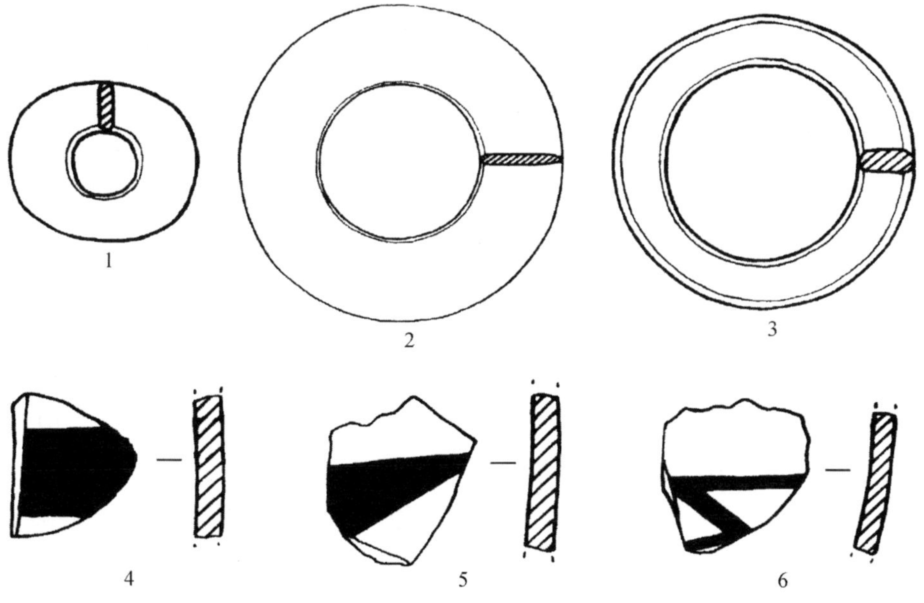

图七　团结遗址采集遗物

1. 玉璧（采：151）　2. 玉璧（采：147）　3. 玉环（采：148）　4. 彩陶片（采168：4）
5. 彩陶片（采168：7）　6. 彩陶片（采168：1）

三

公元前3500年以后，西流松花江流域及牡丹江流域分别出现了左家山上层文化和莺歌岭下层文化。这一时期，红山文化仍固守着之字纹的传统，而左家山上层文化和莺歌岭下层文化中兴起了短斜线刻划纹。以陶器的角度观之，除哈民忙哈文化融入了一些红山文化和左家山上层文化的因素外，此时的辽西地区基本不见与西流松花江流域及牡丹江流域有共性的特征。这种情况与东北西半部分地区考古材料所呈现出的特点相迥异，所以我们只能从西流松花江及牡丹江流域零星所见的玉、石器材料窥探红山文化与东部地区文化交流的状况。

吉林省长岭县腰井子遗址位于科尔沁沙地东北、西流松花江流域西部，发掘者认识到该遗址新石器时代遗存的文化面貌与“左家山早期”即左家山下层文化接近[36]。有研究显示，腰井子遗址的文化内涵并不单纯，刻划叶脉纹陶片等应归入左家山上层文化[37]。该遗址采集的两件玉璧过去一直被视为左家山下层文化时期的制品，其中保存完整的一件横截面作柳叶形（图八，2），整体特征与红山文化“东山嘴期”牛河梁遗址N2Z1M7：2（图四，6）完全相同，据此判断这件玉璧的文化属性也应为左家山上层文化。

地处西流松花江流域南部的吉林省伊通县羊草沟遗址[38]发现了一定数量的左家山上层文化遗存。99YYTG2③：3色泽洁白的石璧虽制作相对简化（图八，3），但形态上与牛河梁遗址N2Z1M21：6双联璧（图四，3）有相通之处。F4出土的一件石丫形器（图八，4）颇引人注意。孙守道曾披露一件辽宁阜新县福兴地收集的玉兽面形器，该玉器作兽首形长条状，肥耳外展，双目圆睁，阔嘴横张，底部钻一圆孔（图四，10）。孙守道提出，其面部特征与红山文化玉猪龙“全然相同，它们同属一个时代，是毫无疑问的”[39]。不难发现，羊草沟遗址出土石丫形器的轮廓特征与福兴地收集的玉兽面形器非常相近，只是前者仅琢其形而未做面部刻画。羊草沟遗址F4出土陶器以筒形罐为主（图八，5～7），其中的一件形态风格与哈民忙哈遗址F52：13（图六，9）一致，因而羊草沟遗址F4的年代也相当于红山文化“东山嘴期”。众所周知红山文化玉猪龙即出现于这一时期，而上述玉兽面形器就是立体玉猪龙的平面表现形式。左家山上层文化石丫形器与红山文化玉兽面形器相比，显然只是形态的模仿，当为舶来品。

上文指出，左家山下层文化的“玉龙”为红山文化玉猪龙的出现提供了启发，红山文化玉猪龙在“东山嘴期”蓬勃发展，其所衍生出的另一种猪龙形象又影响到左家山上层文化，这种现象及其间错综复杂的文化联系和背后隐含的历史意义着实耐人寻味。

自西流松花江流域向东，跨过长白山的支脉张广才岭即达牡丹江流域。黑龙江省宁安市亚布力遗址采集到五件玉器，包括锛、凿、璧三种器类[40]，其中的一件三联璧（图八，1）与红山文化“东山嘴期”胡头沟遗址[41]出土者几乎完全相同。对于该

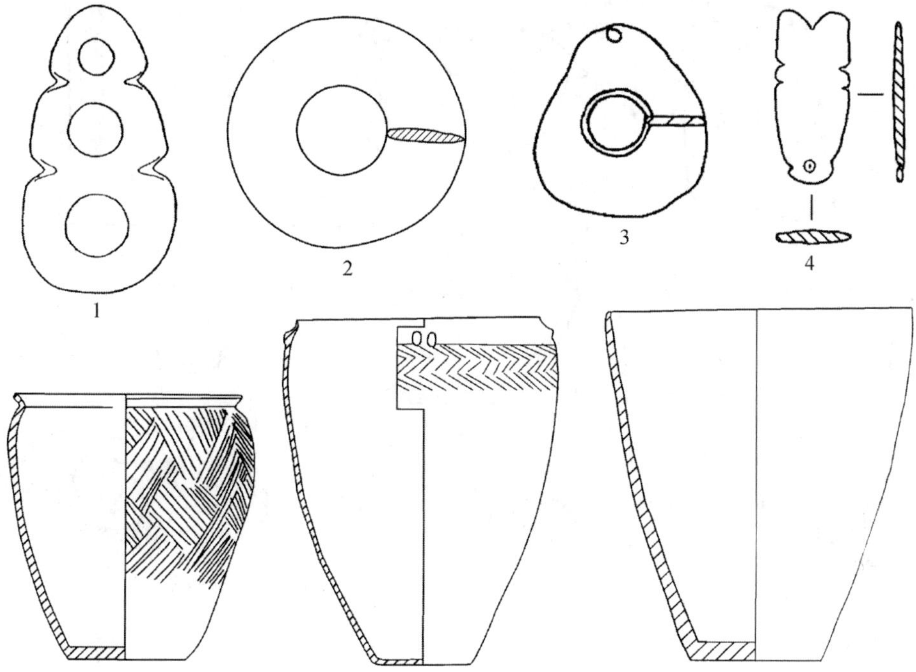

图八　莺歌岭下层、左家山上层文化遗物

1. 三联璧（YB采：12）　2. 璧（采：09）　3. 石璧（92YYTG2③：3）　4. 石丫形器（91YYF4：23）　5. 筒形罐（91YYF4：42）　6. 筒形罐（91YYF4：34）　7. 筒形罐（91YYF4：28）

（1为莺歌岭；2为腰井子；余皆羊草沟）

遗址采集玉璧的文化性质与年代存在不同的意见，一种意见认为属于公元前5000年前的“亚布力遗存”[42]，另一种意见则认为属于公元前3500年以后的莺歌岭下层文化[43]，我们赞同第二种认识，而且近年发掘的红山文化朝阳市半拉山、大汶口文化平阴县周河墓地[44]出土三联璧再次证明这类制品是公元前3500年以后出现的器类。

红山文化“东山嘴期”与左家山上层文化、莺歌岭下层文化在陶器上几乎找不到共性因素，这或可解释为经历了“去之字纹化”革命的左家山上层文化、莺歌岭下层文化与红山文化在制陶与用陶理念上相排斥[45]。但这并不意味着此时的辽西地区与西流松花江流域和牡丹江流域断绝了文化交流，实际上玉器成为了这一时期东北地区东、西文化交流的纽带。可以看到，在这一历史阶段，璧类玉器成为东北地区几大文化区共见的器类，生动展示了相关考古学文化相互依存、往来密切的历史图景。

与东北其他地区相比，辽东半岛的小珠山中层文化与红山文化的联系不甚密切。小珠山中层文化同样存在施勾连涡纹的彩陶[46]（图九，8），表明它与红山文化“东山嘴期”存在相同的时代作风，但从器物群的整体特征判断前者的勾连涡纹与南部文化的影响有关。以短斜线刻划纹为标识的小珠山中层文化罕见之字纹，其文化内涵中几乎不见红山文化影响的痕迹。

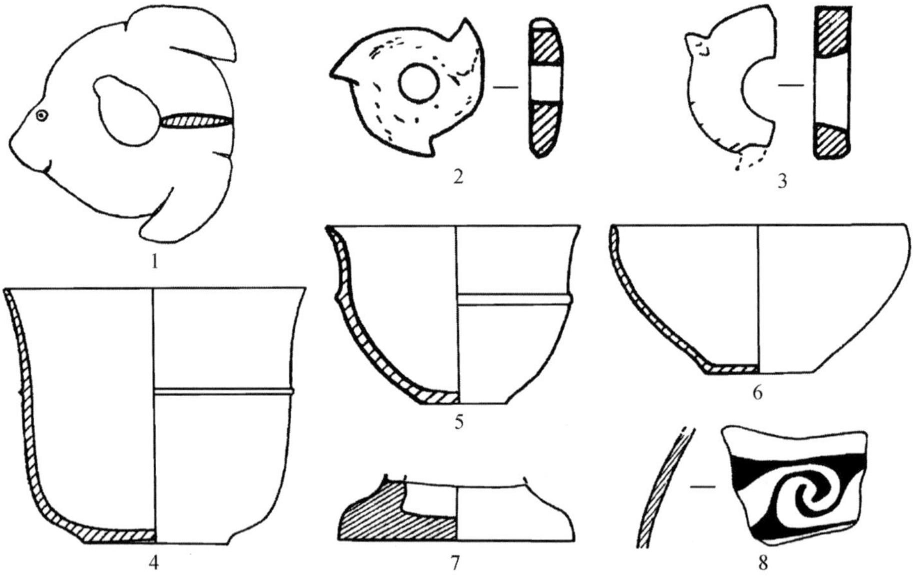

图九　小珠山中层文化遗物

1. 玉牙璧（采：12）　2. 陶牙璧（ⅠT9③：15）　3. 陶牙璧（ⅠT8③：17）　4. 盂（ⅠT9③：18）　5. 碗（ⅠT8③：19）　6. 钵（ⅠT9③：18）　7. 觚（ⅠT9③：22）　8. 彩陶片（T4④：60）

（1为吴家村；2～7为郭家村；8为小珠山）

伴随着以盆形鼎、鬶和觚等为代表的大汶口文化因素涌入辽东半岛，具有海岱地区文化特色的玉牙璧进入旅大地区，并出现了仿玉质的陶牙璧。吴家村遗址采集的一件玉牙璧（图九，1）因脱离原生层位使其所属期别不详，郭家村遗址[47]ⅠT8③、ⅠT9③各出土一件陶牙璧（图九，2、3），ⅠT9③和ⅠT8③出土的盂、碗及觚等（图九，4～7）均为胶东地区的文化因素，由此足见小珠山中层文化接受其文化影响的深度。研究表明，上述两单位系小珠山中层文化晚期遗存[48]。因此据现有材料可以认为，牙璧传入辽东的年代大约在小珠山中层文化晚期。红山文化和小珠山中层文化在陶器、玉器方面的差异乃至互不相见的情况似暗示出了东北地区南部东、西文化系统的分野。

注　释

［1］ a. 张忠培. 仰韶时代——史前社会的繁荣与向文明时代的转变［J］. 文物季刊，1997（1）.

b. 赵宾福. 东北新石器文化格局及其与周边文化的关系［J］. 中国边疆史地研究，2006（6）.

［2］ 吴丽丹，姜晓东. 东北地区新石器时代玉器的四个发展阶段及其特点［J］. 东北史地，2011（1）.

［3］ 张忠培. 西拉木伦河地区考古学文化及其在中国的历史地位［C］. 中国考古学：九十年代的思考. 北京：文物出版社，2005.

［4］ 吉林大学考古教研室. 农安左家山新石器时代遗址［J］. 考古学报，1989（2）.

［5］ 孙守道. 中国史前东北玉文化试论［C］. 东亚玉器（第一册）. 香港：香港中文大学中国考古艺术研究中心，1998.

［6］ 赵宾福. 吉林省出土的史前玉器及相关问题［C］. 东亚玉器（第一册）. 香港：香港中文大学中国考古艺术研究中心，1998.

［7］ 陈雍. 左家山新石器时代遗址分析［J］. 考古，1992（12）.

［8］ 吉林大学考古教研室. 农安左家山新石器时代遗址［J］. 考古学报，1989（2）：图一一，图一二.

［9］ a. 刘伟. 第二松花江流域新石器时代考古学文化纵横关系［J］. 北方文物，2013（2）.
b. 赵宾福，于怀石. 左家山下层文化新探［C］. 边疆考古研究（第19辑）. 北京：科学出版社，2016.

［10］ 吉林大学边疆考古研究中心等. 吉林农安县左家山遗址新石器时代遗存2015年发掘简报［J］. 考古，2018（2）.

［11］ 段天璟. 吉林农安左家山遗址新石器时代遗存的再认识［J］. 考古，2018（9）.

［12］ 赵宾福. 东北石器时代考古［M］. 长春：吉林大学出版社，2003.

［13］ 赵宾福，薛振华. 以陶器为视角的红山文化发展阶段研究［J］. 考古学报，2012（1）.

［14］ 辽宁省文物考古研究所，朝阳市博物馆，朝阳县文物管理所. 朝阳小东山新石器至汉代遗址发掘报告［C］. 辽宁省道路建设考古报告集. 沈阳：辽宁民族出版社，2004.

［15］ 赵宾福，薛振华. 辽宁朝阳小东山红山文化遗存的分期研究［J］. 东北史地，2011（6）.

［16］ 中国社会科学院考古研究所内蒙古工作队. 赤峰西水泉红山文化遗址［J］. 考古学报，1982（2）.

［17］ 段天璟. 吉林农安左家山遗址新石器时代遗存的再认识［J］. 考古，2018（9）.

［18］ 吉林大学边疆考古研究中心等. 吉林农安县左家山遗址新石器时代遗存2015年发掘简报［J］. 考古，2018（2）.

［19］ 辽宁省文物考古研究所，朝阳市龙城区博物馆. 辽宁朝阳市半拉山红山文化墓地的发掘［J］. 考古，2017（2）.

［20］ 朱乃诚. 红山文化兽面玦形玉饰研究［J］. 考古学报，2008（1）.

［21］ 朱永刚，郑钧夫. 通榆县三处史前遗址调查与遗存分类［C］. 边疆考古研究（第7辑）. 北京：科学出版社，2008.

［22］ 朱永刚，王立新. 敖恩套布和西固仁茫哈遗址复查与遗存辨析［C］. 边疆考古研究（第9辑）. 北京：科学出版社，2010.

［23］ 辽宁省文物考古研究所. 牛河梁——红山文化遗址发掘报告（1983—2003年度）［M］. 北京：文物出版社，2012.

［24］ 赵宾福，白玉川. 从居址到墓地：红山文化牛河梁遗址的时代变迁与功能转变［J］. 辽宁师范大学学报，2016（2）.

［25］ 吴丽丹，姜晓东. 东北地区新石器时代玉器的四个发展阶段及其特点［J］. 东北史地，2011（1）.

［26］ 林秀贞，杨虎. 红山文化西台类型的发现与研究［C］. 考古学集刊（第19集）. 北京：科学出版社，2013.

［27］ 内蒙古文物考古研究所. 内蒙古科左中旗哈民忙哈新石器时代遗址2012年的发掘［J］. 考古，2015（10）.

［28］ 郭大顺，张克举. 辽宁省喀左县东山嘴红山文化建筑群址发掘简报［J］. 文物，1984（11）：图一二.

［29］ 辽宁省博物馆，旅顺博物馆，长海县文化馆. 长海县广鹿岛大长山岛贝丘遗址［J］. 考古学报，1981（1）.

［30］ 吉林大学边疆考古研究中心，吉林省文物考古研究所. 吉林白城双塔遗址新石器时代遗存［J］. 考古学报，2013（4）：图三〇，图三二.

［31］ 段天璟，王立新，汤卓炜. 吉林白城市双塔遗址一、二期遗存的相关问题［J］. 考古，2013（12）.

［32］ 孙长庆，殷德明，干志耿. 黑龙江新石器时代玉器研究——兼论黑龙江古代文明的起源［C］. 考古学文化论集（4）. 北京：文物出版社，1997：图二.

［33］ 杜尔伯特蒙古族自治县博物馆. 黑龙江省杜尔伯特李家岗新石器时代墓葬清理简报［J］. 北方文物，1991（2）：图四.

［34］ 中国社会科学院考古研究所内蒙古工作队，呼伦贝尔盟民族博物馆. 内蒙古海拉尔市团结遗址的调查［J］. 考古，2001（5）.

［35］ 连吉林，朴春月. 内蒙古科右中旗嘎查营子遗址调查［J］. 北方文物，2005（1）：图二，图三.

［36］ 吉林省文物考古研究所，白城地区博物馆，长岭县文化局. 吉林长岭县腰井子新石器时代遗址［J］. 考古，1992（8）.

［37］ 赵宾福，于怀石. 吉林长岭腰井子遗址新石器时代陶器试析［J］. 东北史地，2016（1）.

［38］ 吉林省文物考古研究所，四平市文物管理委员会，四平市博物馆. 吉林伊通县羊草沟、何家窝棚、杏山遗址的发掘［J］. 考古，2015（6）.

［39］ 孙守道. 三星他拉红山文化玉龙考［J］. 文物，1984（6）.

［40］ 黑龙江省文物考古研究所. 黑龙江尚志县亚布力新石器时代遗址清理简报［J］. 北方文物，1988（1）.

［41］ 方殿春，刘葆华. 辽宁阜新县胡头沟红山文化玉器墓的发现［J］. 文物，1984（6）：图九.

［42］ 刘国祥. 黑龙江史前玉器研究［J］. 中国历史博物馆馆刊，2000（1）.

［43］ 赵宾福. 牡丹江流域新石器文化序列与编年［J］. 华夏考古，2011（1）.

［44］ 平阴周河遗址考古队. 山东平阴县周河遗址大汶口文化墓葬的发掘［J］. 考古，2014（3）：图一七.

[45] 段天璟，高云逸. 小珠山中层文化刻划纹的传播及其结果——兼谈公元前第四千纪东北地区南部的文化变迁［C］. 边疆考古研究（第24辑）. 北京：科学出版社，2019.

[46] 辽宁省博物馆，旅顺博物馆，长海县文化馆. 长海县广鹿岛大长山岛贝丘遗址［J］. 考古学报，1981（1）.

[47] 辽宁省博物馆，旅顺博物馆. 大连市郭家村新石器时代遗址［J］. 考古学报，1984（3）.

[48] 杜战伟，赵宾福. 小珠山中层文化的分期与年代［C］. 边疆考古研究（第21辑）. 北京：科学出版社，2017.

Research on the Related Problems of “Jade Dragon” Unearthed from Zuojiashan Site

DUAN Tian-jing GAO Yun-yi

According to the typological study on pottery, the lower limit of Lower Zuojiashan Culture is equivalent to the “Xishuiquan Period” of Hongshan Culture. Meanwhile, it shows that there is a close cultural relationship between Lower Zuojiashan Culture and Hongshan Culture. The “Jade Dragon” excavated from Zuojiashan Site presents an obvious evolution relationship with the “Jade Pig Dragon” from Hongshan Culture, the latter is supposed to be developed based on inheriting the former, it deepened the recognition of the age and influence of “Jade Dragon” excavated from Zuojiashan Site. The jade industry in Northeast China experienced its prosperity from 3500 to 3000 BC, through the comparative analysis of jades and pottery, the interaction between Hongshan Culture “Dongshanzui Period” and relevant archaeological cultures in Northeast China is sorted out. Moreover, we outlined their cultural channels and routes of communication. To a certain extent, it reveals the era environment of the jade prosperity of Hongshan Culture and the cultural background of the flourish of prehistoric jade in Northeast China.

浅析外来文化对魏家窝铺红山文化环壕聚落的渗透与影响

侯静波[1, 2] 陈国庆[1]

（1. 吉林大学考古学院，长春，130012；2. 哈尔滨师范大学，哈尔滨，150025）

一、引　　言

魏家窝铺环壕聚落遗址[1]位于内蒙古自治区赤峰市红山区文钟镇魏家窝铺村东北约2千米处的丘陵台地上，属于红山文化中大型或超大型的环壕聚落遗址，很可能是附近遗址群的中心遗址。

2008年5月，赤峰市红山区文物局在第三次全国文物普查中发现了该遗址。同年10～11月，内蒙古自治区文物考古研究所对该遗址进行了全面勘探与测绘。2009～2012年吉林大学考古学专业和内蒙古文物考古研究所对该遗址进行了四次大规模的考古发掘，发掘总面积16057.75平方米；共揭露房址114座、灰坑219个、室外灶址19个、墓葬2座、壕沟4条；出土陶、石、蚌、骨等各类器物及标本近千件。

遗址的平面为略呈北偏东走向的长方形，西段环壕略有曲折，不甚规则，其余三边较平直，南北长约315米，东西宽约295米，环壕周长约1100米，估算环壕内面积约为9.3万平方米，环壕内外区域面积合计为10万～15万平方米。

在考古资料的整理过程中，发现遗址中出土的陶器有很多新类型，突破了我们对红山文化陶器种类的认知；在许多房址中，灶的结构也与已知的本地红山文化有显著的不同。经过分析研究，这些现象的发生，是受到了燕山以南地区同时期诸考古学文化强烈的渗透与影响，鉴于此，本文拟以魏家窝铺红山文化环壕聚落为切入点，浅析其与其他诸考古学文化之间的互动关系。

二、陶器所反映的外来文化渗透与影响

魏家窝铺环壕聚落遗址发现的红山文化时期陶器群特征明显，主要是以筒形罐为主。陶器种类有筒形罐、敛口鼓腹罐、深鼓腹罐、溜肩罐、侈口鼓腹罐、弧腹钵、折腹钵、弧腹盆、折腹盆、釜、壶、瓮、斜口器、器盖、杯、碗、盅、圈足罐、尊形器、三

足钵、甑、盘、支脚等。筒形罐数量最多，其次为敛口鼓腹罐、弧腹钵、折腹钵、弧腹盆、折腹盆、釜，其他种类陶器则数量较少。

从陶器特征上看，筒形罐不仅发现数量多，其形制特征、器形大小和纹饰风格都具有鲜明的本地特色。但聚落遗址中发现的瓮、红顶钵、折腹盆、釜、器盖、溜肩罐、深鼓腹罐、彩陶钵以及一定数量的纹饰彩陶等，应当不是来源于本地，却与燕山以南地区的半坡文化、后冈一期文化和庙底沟文化有着相当密切的关系。下面举例说明。

魏家窝铺环壕聚落遗址深鼓腹罐（G4③：4；图一，1）、瓮（F69：13；图一，2）的形制特点与半坡文化的西安半坡遗址[2]深鼓腹罐（VVIII3型；原报告图九五，1；图一，3）、瓮（XVII型；原报告图一〇六，6；图一，4）及与后冈一期文化的河南省安阳后冈遗址[3]深鼓腹罐（H8：5）基本相同。

红顶钵（G4①：17；图二，1）、折腹盆（F65：4；图二，2）与后冈一期文化的后冈遗址红顶钵（H3：1；图二，3）、折腹盆（H5：2；图二，4）形状相同。

釜（F66：1；图三，1）、器盖（F65：17；图三，2）、溜肩罐（F69：11；图

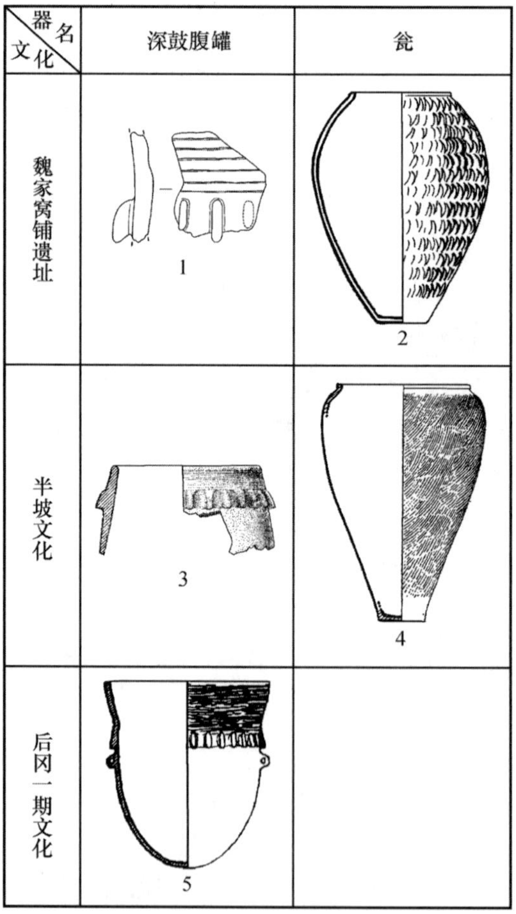

图一　魏家窝铺遗址与半坡文化、后冈一期文化陶器比较图

1. G4③：4　2. F69：13　3. VVIII3型　4. XVII型　5. H8：5

三，3）、深鼓腹罐（G4③：4；图三，4）、彩陶钵（F108：1；图三，5）与河北正定南杨庄遗址[4]二、三期遗存（南杨庄遗址二、三期遗存为后冈一期文化）的釜（T14③：3；图三，6）、器盖（T9③：13；图三，7）、溜肩罐（T48③：9；图三，8）、深鼓腹罐（H18：7；图三，9）、彩陶钵（H23：1；图三，10）相同。

壶（F64：7；图四，1）、彩陶片上的弧线三角纹（G4③：12；图四，2）与庙底沟文化的河北蔚县三关遗址[5]壶（F4：1；图四，3）、彩陶片上的弧线三角纹（F5：2；图四，4）相似。彩陶片上的弧线三角纹（G4③：12）显然是来源于庙底沟

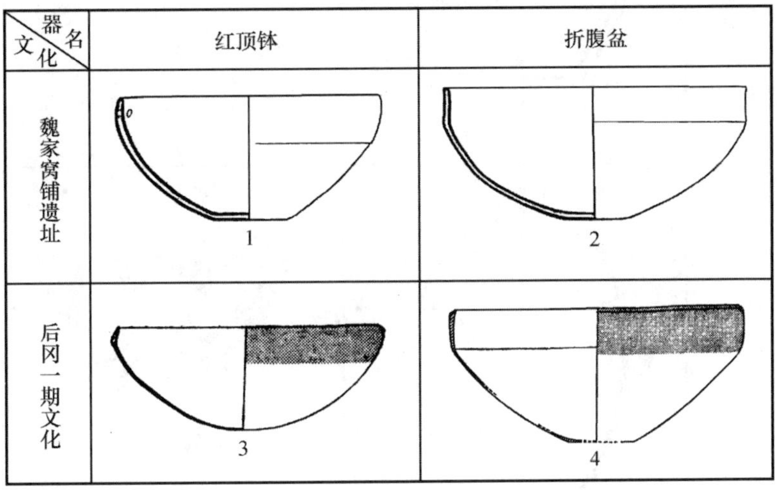

图二　魏家窝铺遗址与后冈一期文化陶器比较图

1. G4①：17　2. F65：4　3. H3：1　4. H5：2

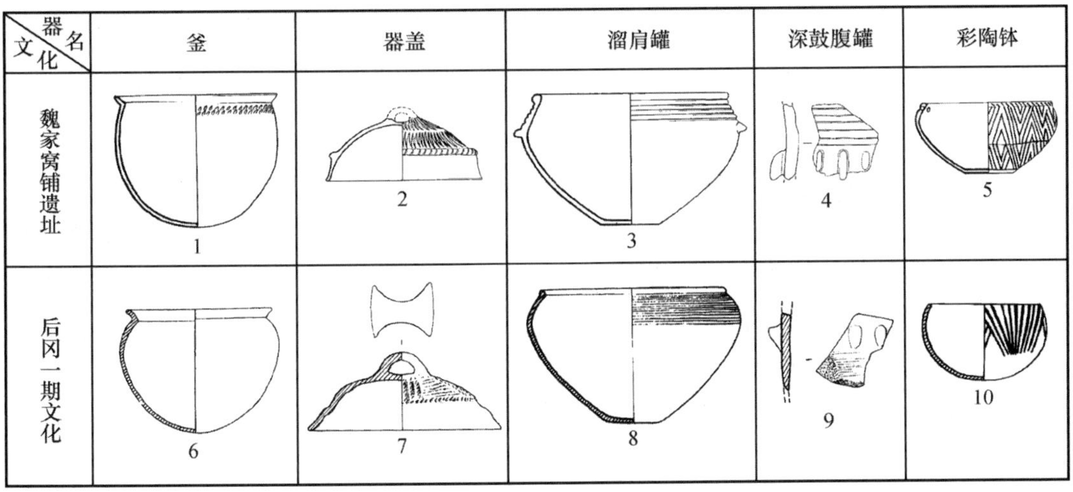

图三　魏家窝铺遗址与后冈一期文化陶器比较图

1. F66：1　2. F65：17　3. F69：11　4. G4③：4　5. F108：1　6. T14③：3　7. T9③：13　8. T48③：9　9. H18：7　10. H23：1

（6～10出自南杨庄遗址）

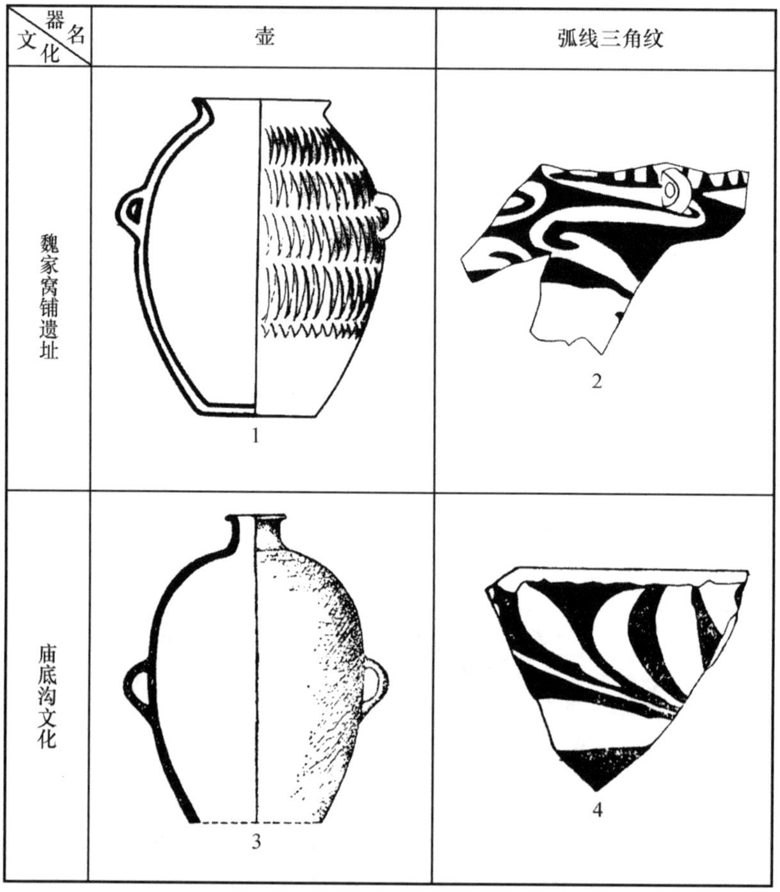

图四　魏家窝铺遗址与庙底沟文化陶器比较图

1. F64：7　2. G4③：12　3. F4：1　4. F5：2

（3、4出自三关遗址）

文化的影响。

通过以上魏家窝铺环壕聚落遗址与燕山以南同一时期诸考古学文化的比较可以明显看出，瓮、深鼓腹罐、釜、器盖、溜肩罐、红顶钵、彩陶钵、折腹盆、壶及彩陶纹饰等，这些器形及纹饰并非源于本地，而是通过与燕山以南地区同一时期诸考古学文化的互动以及渗透与影响而产生的。

魏家窝铺环壕聚落遗址发现的瓮，早在陕晋豫地区的半坡文化遗存中已有发现。瓮是来自燕山以南的文化因素。深鼓腹罐虽然在魏家窝铺环壕聚落遗址未见完整器，但其口沿下饰刻划凹弦纹，其下贴附有一周间距大体相等的竖向鸟喙状扁平耳，与半坡文化和后冈一期文化中发现的同类器风格如出一辙。

釜、器盖、溜肩罐、深鼓腹罐、红顶钵、彩陶钵、折腹盆、壶、圈足罐等器类因素，主要是来源于后冈一期文化和庙底沟文化，所不同的是，主要体现在器身所饰的纹饰方面。如魏家窝铺环壕聚落遗址的壶（F64：7），从器形来看，整体形状与庙底沟文化三关遗址的壶（F4：1）相同，但其上装饰的之字纹又具有浓厚的红山文化特征。这些都充分显示出南、北方文化传统在红山文化之中相互交融的文化现象。

众所周知，红山文化中最具有本地特色的陶器是饰有之字纹的筒形罐、斜口器和尊形器等，这些无疑是继承了本地区兴隆洼文化、赵宝沟文化发展而来的。这些特点在魏家窝铺环壕聚落遗址中得到了充分体现的同时，还通过与燕山以南地区同一时期诸考古学文化的互动关系，增加了新的器类，形成了新的器物组合，从而扩大了魏家窝铺环壕聚落遗址的陶器种类。

三、房址中反映的外来文化渗透与影响

魏家窝铺环壕聚落遗址揭露的114座房址绝大多数都发现有灶和火塘，大多数房址居住面的中部有相互连接的灶和火塘，基本上与火塘方向一致处设有门道。门道大部分为斜坡状，部分有台阶。有的房址门道一侧的穴壁较宽，略呈扇面形，这应当有利于采光。

房址中有两类结构不同的灶坑：一类为灶坑深度大于火塘深度的深坑灶；另一类为灶坑深度不及火塘深度的浅盘灶。经过对灶坑的解剖可知，两类灶坑均有不同程度的烧结现象。深坑灶的烧结层厚3～5厘米，仅为一层；浅盘灶的烧结层厚10厘米以上，均为两层以上的烧结层。如F86有5层烧结层。具有深坑灶的房址大多分布在遗址的中部，浅盘灶大多密集地分布在G3两侧。发掘中发现，叠压于G3之上的房址均为浅盘灶，这说明深坑灶与浅盘灶可能有相对早晚的关系。

遗址中的F73是一座深坑灶房址，为圆角方形土坑半地穴式，门道位于房址北略偏东。门道平面为长方形，门道呈斜坡状，有一级台阶。圆形灶坑位于房址中央，剖面为袋状，平底。火塘为圆角长方形，剖面呈倒梯状，灶坑与火塘之间有一突起隔段（图五）。

F73的形制结构、灶坑和火塘之间的结合方式，在辽西地区早于红山文化的兴隆洼文化和赵宝沟文化中均未曾发现，仅在红山文化的赤峰西水泉遗址[6]偶有发现，而与南杨庄遗址二期F3（图六）发现的灶和火塘完全相同。由此可见，这种先进灶和火塘相结合的方式，毋庸置疑是受到了后冈一期文化的影响。

在此应当提及的是：房址的火塘和灶坑以及房址的结构、面积等则与房屋的功能密切相关。以往有些考古发掘报告和研究文章将火塘称为烟道[7]。我们认为将其称为烟道可能与实际用途有所不符，烟道应当具有排烟功能，为排烟所设。但在魏家窝铺环壕聚落遗址揭露的火塘上部未发现有覆盖的石板，用易燃的木板覆盖则更不可能。在魏家窝铺环壕聚落遗址中，有些灶址或火塘内发现了当时主要的炊器陶釜或支脚，这或许表明陶釜的使用方式应当有两种可能：一种是陶釜与支脚配套使用，主要是在灶上进行；而另一种方式推测可能是将陶釜直接置于火塘之上使用。

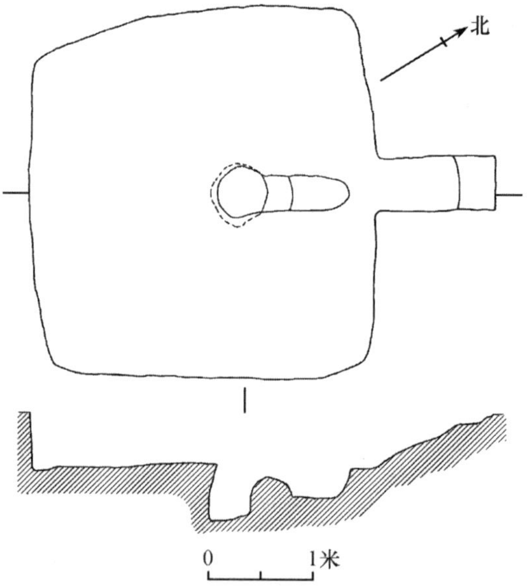

图五　魏家窝铺F73

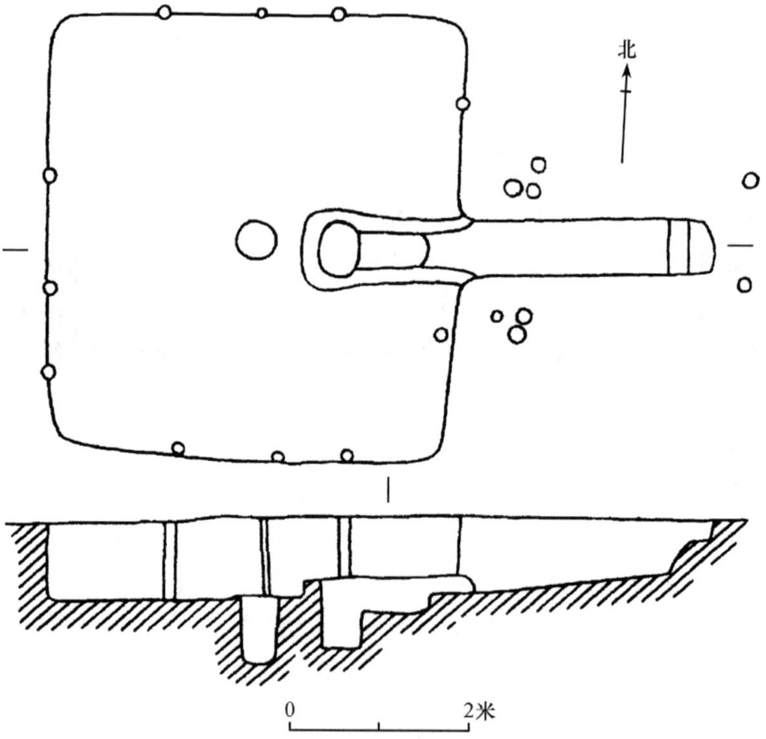

图六　南杨庄F3

四、结　语

通过四个年度对魏家窝铺环壕聚落遗址的发掘和研究，我们认为该遗址是属于红山文化早、中期的大型环壕聚落遗址，为辽西地区新石器时代环壕聚落遗址的研究提供了重要的考古资料。

通过比较研究，可以得出这样的结论：该遗址中很多陶器的产生，以及房址中灶与火塘相结合的先进方式，显然是受到半坡文化、后冈一期文化和庙底沟文化的渗透与影响而产生的。所有这些充分反映出以辽西地区为代表的红山文化与燕山以南的中原文化区诸考古学文化之间的互动关系，这对于进一步推动包括红山文化在内的中国文明起源的研究具有十分重要的意义。

注　释

[1] 内蒙古自治区文物考古研究所，吉林大学边疆考古研究中心. 赤峰魏家窝铺红山文化环壕聚落遗址考古.（待刊）

[2] 中国科学院考古研究所等. 西安半坡［M］. 北京：文物出版社，1959.

[3] a. 中国科学院考古研究所安阳发掘队. 1971年安阳后冈发掘简报［J］. 考古，1972（3）.
b. 中国科学院考古研究所安阳发掘队. 1972年安阳后冈发掘简报［J］. 考古，1972（5）.

[4] 河北省文物研究所.正定南杨庄——新石器时代遗址发掘报告［M］. 北京：科学出版社，2003.

[5] 张家口考古队. 一九七九年蔚县新石器时代考古的主要收获［J］. 考古，1981（2）.

[6] 中国社会科学院考古研究所内蒙古工作队. 赤峰西水泉红山文化遗址［J］. 考古学报，1982（3）.

[7] 同［6］.

The Suffusing and Impaction of Other Exotic Cultures to the Settlement of Ditch Circled Weijiawopu

HOU Jing-bo　CHEN Guo-qing

The disclose of the ditch circled settlement site in Weijiawopu village provided important archaeological materials for the study on Neolithic settles in Liaoxi area. The suffusing and impaction between Weijiawopu site and other exotic cultures can reflect the interactive relationship between Hongshan culture represented by Liaoxi area and other contemporaneous archaeological cultures in Huanghe River basin. The discoveries in Weijiawopu site are very important in promoting the research on origin of Chinese civilization, including Hongshan culture.

柳湾墓地齐家文化墓葬三题*

蒋 辉[1] 胡佳琪[2] 甄 强[3]

（1. 四川大学考古文博学院，成都，610207；2. 西北大学文化遗产学院，西安，710000；
3. 青海省文物考古研究所，西宁，810007）

20世纪70～80年代，中国社会科学院考古研究所与青海省文物管理处联合对青海乐都柳湾墓地进行全面发掘，共发掘墓葬1714座[1]。1974～1978年发掘的1500座墓葬资料已发表[2]，包括马家窑文化半山类型墓葬257座、马厂类型墓葬872座、齐家文化墓葬366座及辛店文化墓葬5座，为研究河湟地区新石器时代末期至青铜时代的考古学文化提供了丰富的实物资料。学界已对柳湾墓地齐家文化墓葬分期[3]、年代[4]、文化因素[5]等进行了较深入的研究。但我们在学习与整理柳湾墓地资料的过程中，发现上述问题还有进一步探讨的必要。故不揣浅陋，笔者拟在前人的研究基础上，试图对柳湾墓地齐家文化墓葬的上述几个问题进行再分析。不当之处，望方家斧正。

一、柳湾墓地齐家文化墓葬分期再探讨

关于柳湾墓地齐家文化墓葬的分期，主要有以下诸种意见（表一）：

表一 研究者及本文对柳湾墓地齐家文化墓葬的分期对照

研究者	分期（段、组）	代表墓葬
《报告》	早期	M399、M857、M1128
	中期	M398、M1008、M1127、M856
	晚期	M271、M383、M966
水涛	第一段	M965、M133、M869、M943、M271
	第二段	M972、M1103、M1325、M1332、M1062
	第三段	M1108、M155、M871、M308、M1033、M1127

* 本文是国家社科基金重点项目“青海大通长宁遗址发掘报告”（20AKG003）的阶段性成果。

续表

研究者	分期（段、组）	代表墓葬
张文立	第一段	M965、M1128、M963、M359、M1337
	第二段	M1325、M1103、M843、M392
	第三段	M972、M856
	第四段	M271
	第五段	M369、M1006、M1008
张天恩	早期	M271、M965、M1103
	中期	M1108
陈小三	第一组	M1039、M857、M990、M397
	第二组	M392、M745、M856、M972、M992、M1008、M1017、M1056、M1061、M1128、M1241
	第三组	M141、M271、M369、M738、M951、M968、M1103、M1106、M1108
任瑞波	早期	M130、M392、M398、M857、M990、M992、M1061、M1128
	中期	M856、M972、M1008、M1039、M1127
	晚期	M44、M369、M696、M738、M871、M1108、M1325
段天璟	早段	M857、M410、M399、M975
	中段	M965、M398、M1128、M412、M992
	晚段	M972、M1127、M383、M400、M1008
本文分期	第一段	M857、M965、M990、M397、M1006、M771、M165、M1356、M1337、M132、M713、M366、M1241、M843、M1017、M1179、M1056、M547、M834、M392、M855、M359、M398
	第二段	M856、M992、M1128、M972、M271、M1445、M1061、M1039、M1332、M267、M1119、M951、M292、M740、M136、M1004、M1003、M1325、M963、M954、M871、M1062、M155、M370、M141
	第三段	M1127、M1008、M44、M876、M959、M726、M127、M869、M217、M977
	第四段	M1108、M738、M849

第一种，《青海柳湾——乐都柳湾原始社会墓地》发掘报告（以下简称《报告》）将齐家文化墓葬分为三期，早期以M399、M857、M1128等为代表；中期以M398、M1008、M1127、M856等为代表；晚期以M271、M383、M966等为代表[6]。

第二种，水涛先生将柳湾墓地齐家文化墓葬分为三段，第一段以M965、M133、M869、M943、M271等为代表；第二段以M972、M1103、M1325、M1332、M1062等为代表；第三段以M1108、M155、M871、M308、M1033、M1127等为代表[7]。

第三种，张文立先生认为柳湾墓地齐家文化墓葬可以分为五段，第一段以 M965、M1128、M963、M359、M1337 等为代表；第二段以 M1325、M1103、M843、M392 等为代表；第三段以M972、M856等为代表；第四段以M271等为代表；第五段以M369、M1006、M1008 等为代表[8]。

第四种，张天恩先生认为齐家文化早期以柳湾M271、M965、M1103及皇娘娘台M29、M47等为代表；中期包括柳湾M1108、皇娘娘台M27、M38等[9]。

第五种，陈小三先生将柳湾墓地齐家文化墓葬分为三组，第一组以M1039、M857、M990、M397 为代表；第二组以M392、M745、M856、M972、M992、M1008、M1017、M1056、M1061、M1128、M1241 为代表；第三组以M141、M271、M369、M738、M951、M968、M1103、M1106、M1108为代表[10]。

第六种，任瑞波先生将柳湾墓地齐家文化墓葬分为三期，早期以M130、M392、M398、M857、M990、M992、M1061、M1128等为代表；中期以M856、M972、M1008、M1039、M1127等为代表；晚期以M44、M369、M696、M738、M871、M1108、M1325等为代表[11]。

第七种，段天璟先生将柳湾墓地齐家文化墓葬分为三期，分别以M857组、M965组、M972组为代表[12]。

排除因本身随葬品较少及发表器物不全导致一些墓葬难以分期外，总体来看，学界对柳湾墓地齐家文化墓葬的分期已达到诸多共识，如对随葬品丰富或自身具备打破关系的M857、M965、M972、M992、M1008、M1127、M1128、M1108等典型墓葬，绝大多数学者都同意以M857或M965为代表的墓葬年代最早，而M972、M992、M1008、M1127、M1128、M1108等年代较晚。只是在具体的期别安排上，研究者仍存在较多分歧，例如对M1008的归属，有学者将其放在中期（第二期），有学者则将其置于最晚期（段）。更有甚者，如M271则出现了截然相反的认识，有的学者认为其年代最早，有的则认为最晚。这表明学界对柳湾墓地齐家文化器物的演化序列及组合关系还缺乏一致意见。可见，进一步分析柳湾墓地发掘资料，对上述有争议的墓葬的期别进行再研究就显得很有必要了。鉴于此，下文将利用层位及组合关系，仔细梳理柳湾墓地齐家文化器物的演化及共存规律。具体步骤是，先根据打破关系建立几组“标准墓葬”，再以它们为标尺对比、系联其他墓葬，以期厘清分期问题。

（一）层位关系

柳湾墓地齐家文化墓葬共有11组打破关系。其中有两组墓葬因一座出土器物，另一座出土器物，故不能用来分期。剩下的9组打破关系中，有部分墓葬没有发表材料，或者发表材料很少。这样，真正能够用来分期的就只有以下五组，即M856打破M857、M1008打破M992、M972打破M965、M1127打破M1128及M392打破M397。

1. M856打破M857

后者出有马厂类型彩陶双耳罐M857：4。陶壶M857：1-3、M857：8-11（《报告》称之为陶壶，与高领双耳罐造型很接近，但腹部没有纹饰，本文从之）肩部或耸或溜，领较短，口沿外侈程度较弱。双大耳罐M857：4领部较短，腹较深。前者不出马厂类型彩陶双耳罐，出现齐家文化典型器物高领双耳罐M856：5及三大耳罐M856：3。陶壶M856：1肩微鼓，领变长，口沿外侈程度加剧。双大耳罐领变长，腹变浅（图一）。

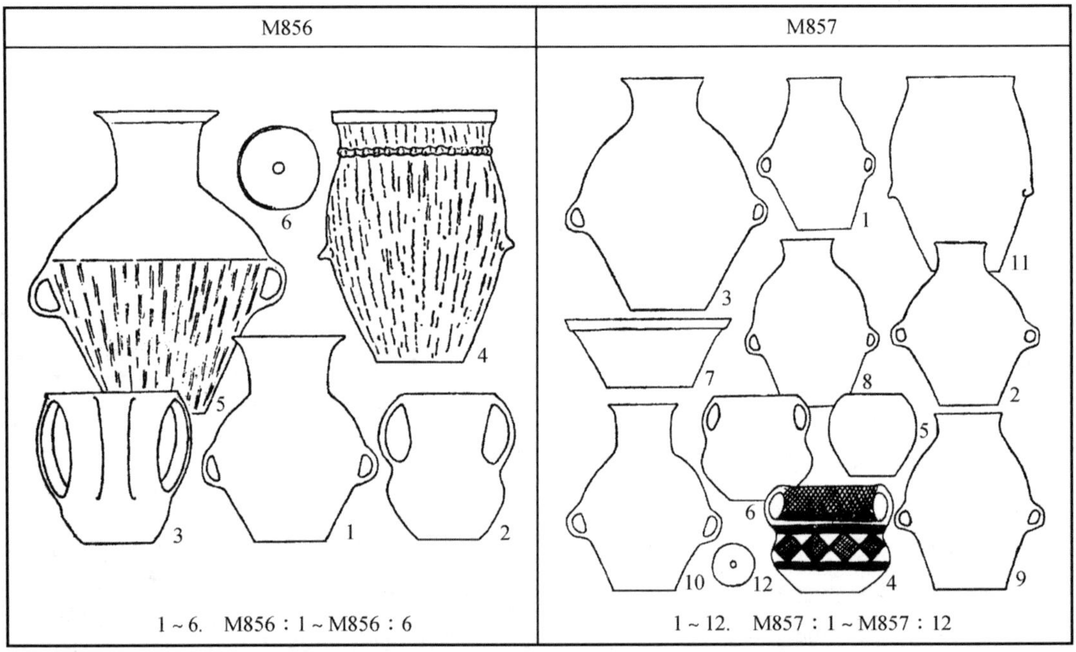

图一　M856与M857出土器物对比
（引自《报告》图一〇一）

2. M1008打破M992

后者出有马厂类型彩陶双耳罐M992：3、M992：9。彩陶壶M992：6形制基本同于高领双耳罐，只是肩部施彩，腹部素面无纹。陶壶大致可分两种，一种瘦高，如M992：2、M992：7、M992：8；另一种相对宽矮，如M992：1、M992：4、M992：5。双大耳罐M992：10、M992：16口径小于腹径，领长腹浅，与师赵村T388②：11相似[13]，只是后者略显宽扁，年代当更早。陶壶M1008：1、M1008：2、M1008：5、M1008：7均较瘦长，出现夹砂双耳罐M1008：3。双大耳罐M1008：6领较短，鼓腹较深（图二）。

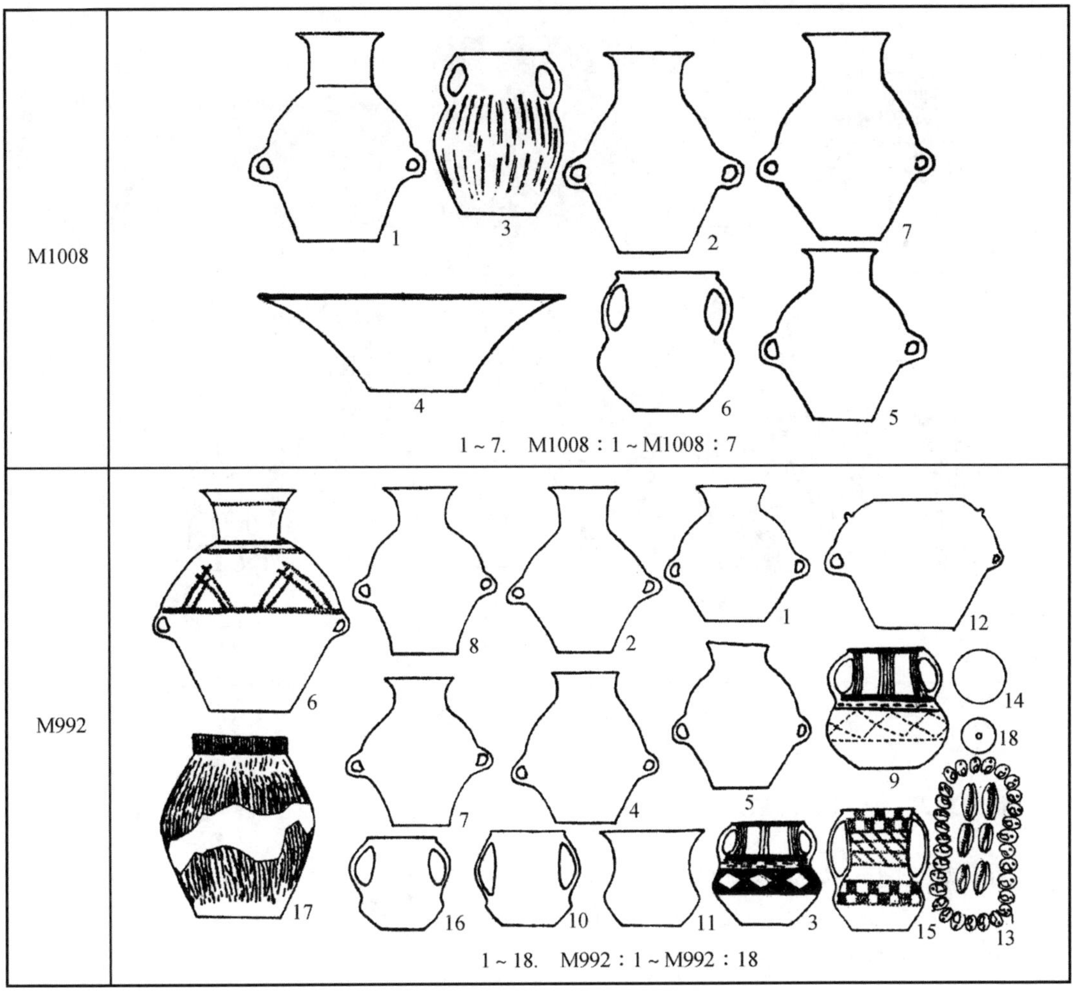

图二 M1008与M992出土器物对比

（改绘自《报告》图一〇五及图一〇四）

3. M972打破M965[14]

后者出有马厂类型彩陶双耳罐M965：7。前者出现齐家文化典型器物高领双耳罐M972：5、M972：16、M972：26、双大耳罐M972：8、M972：11、M972：12、三大耳罐M972：19。双耳罐M972：1、M972：6、M972：9、单耳罐M972：13、M972：15、M972：18及罐形盉M972：21、M972：22等也都是M965所不见的（图三）。

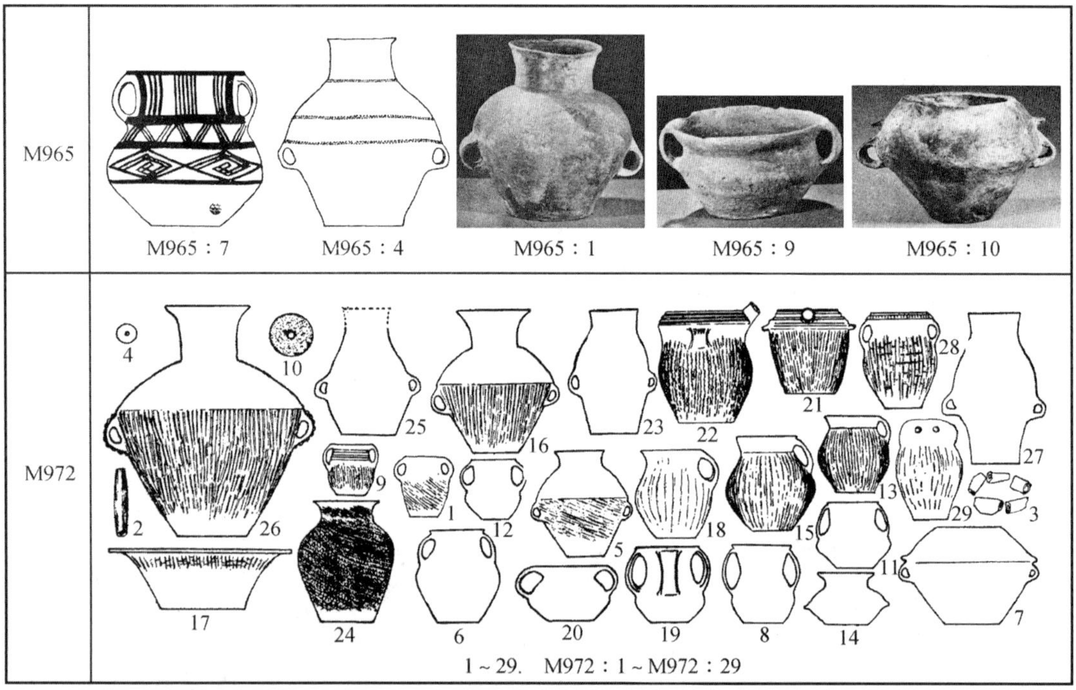

图三　M965与M972出土器物对比

4. M1127[15]打破M1128

后者出有马厂类型彩陶双耳罐M1128：7。彩陶壶M1128：5形制与高领双耳罐相同，只是其领、肩及腹上部施彩，腹下部素面无纹。高领双耳罐M1128：13领较短，口沿外侈程度较弱，腹部饰斜向绳纹。陶壶M1128：3-4、M1128：6、M1128：9-10、M1128：12均较宽矮。前者出现齐家文化典型器物双大耳罐M1127：2，其领较短，鼓腹较深。高领双耳罐M1127：1领变长，口沿外侈程度加深，腹部饰竖向篮纹（图四）。

5. M392打破M397

《报告》将M397归为马厂类型晚期墓葬[16]，但从器物组合如陶壶、彩陶罐、陶盆、粗陶瓮等来看，M397与齐家文化M857很接近。李伊萍先生曾指出该墓可能属于齐家文化[17]，本文同意这种意见。故这组打破关系也可用来讨论齐家文化的分期。

前者高领双耳罐M392：7与后者陶壶M397：8形制接近，均矮领，口沿外侈程度较弱。前者陶壶M392：8与后者同类器M397：7相似，领部均较短。但两者组合略有差异，如前者的带鋬罐（M392：4）、绳纹侈口罐（M392：5）以及几种双耳罐（M392：1、M392：6、M392：9）不见于后者，而后者的彩陶双耳罐（M397：2）、陶尊（M397：1）及粗陶瓮（M397：6）则为前者所无（图五）。

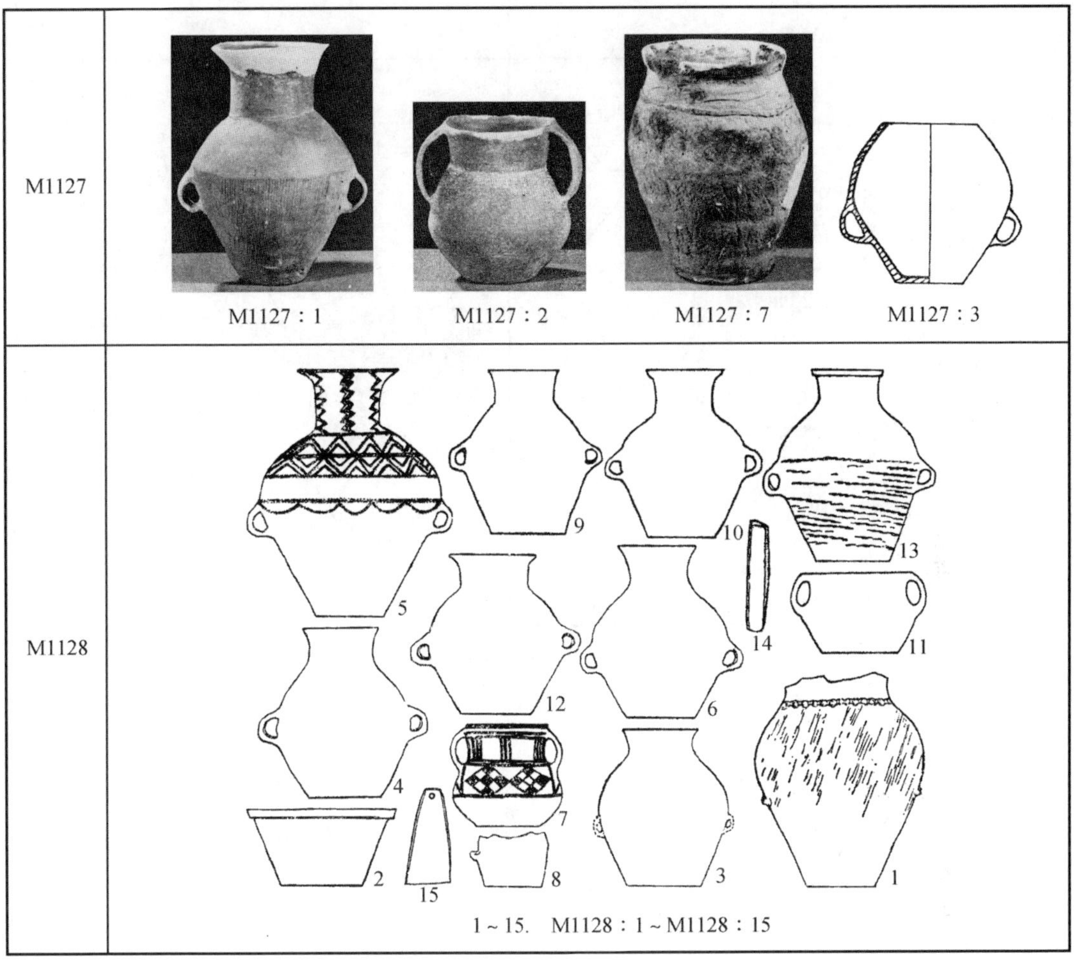

图四 M1127与M1128出土器物对比

（二）组合关系

接下来，我们将通过对比组合关系，运用横联的方法[18]来确定M857、M992、M965、M1128、M392及M856、M1008、M972、M1127、M397的相对年代。

陶壶M857：3、M857：10、M857：9分别与M990：6、M990：18、M990：8相似，所以M857与M990时代相当。彩陶双耳罐M965：7与M990：2相近，陶壶M965：4、M965：1与M990：1、M990：12相似，所以M965与M990年代相同。高领双耳罐M392：7、陶壶M397：8与M990：6、M990：9相似，陶壶M392：8、M397：7与M990：5、M990：18相似，故虽然M392与M397存在打破关系，但它们的年代很可能相去不远，均与M990年代相同。而两者的组合差异，反映的可能是受马厂类型影响程度不同，M397的彩陶双耳罐及粗陶瓮，均显示出与马厂类型的强烈互动（详见下文）。

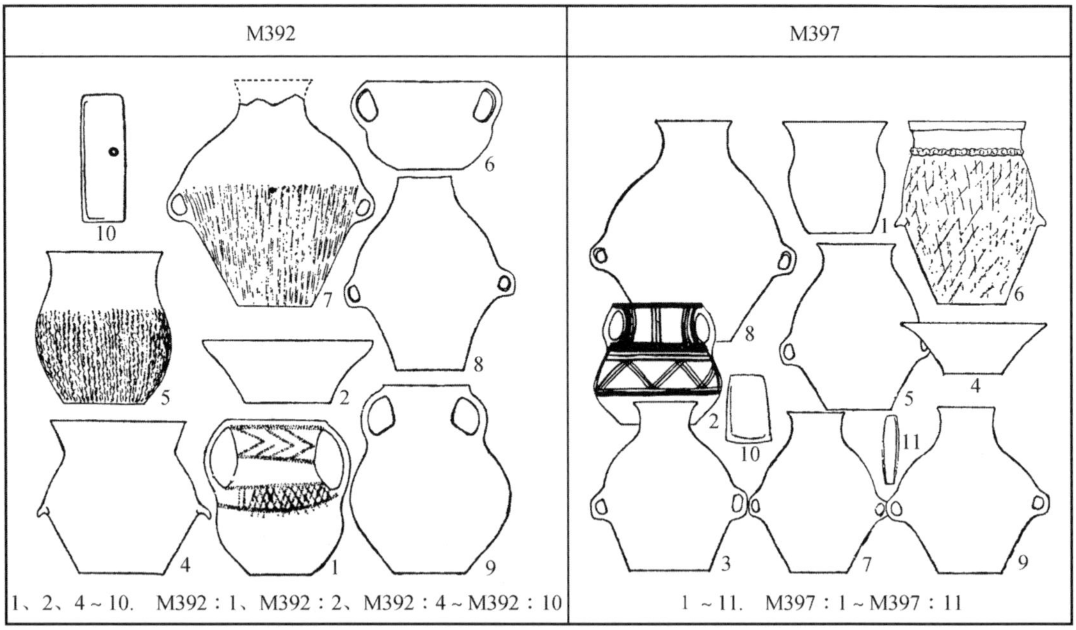

图五　M392与M397出土器物对比
（改绘自《报告》图一〇〇）

这样，可将M857、M965、M990、M392、M397归并为年代相当的一组。

高领双耳罐M856：5与M972：16、M972：26相似，双大耳罐M856：2与M972：8相似，三大耳罐M856：3与M972：19相似，故M856与M972年代相当。彩陶壶M992：6与高领双耳罐M856：5、M972：16、M972：26相似，陶壶M992：2与M856：1相似，敛口瓮M992：12与M972：7相似，故M992与M972年代相当。彩陶双耳罐M1128：7与M992：3相似，陶壶M1128：9、M1128：10分别与M992：4、M992：2相似，故M1128与M992年代相当。所以M856、M972、M992、M1128年代相当，可归并为一组。

M1127：2与M1008：6相似，故M1127、M1008年代相当，可归并为一组。

从层位关系可知，M857、M965、M990、M392、M397组早于M856、M972、M992、M1128组，后者又早于M1127、M1008组。

综上，我们可以总结出柳湾墓地齐家文化几类典型器物的演化规律（图六）：

双大耳罐：领部逐渐变长，腹部变浅。

三大耳罐：领部变长，口逐渐外侈，器身变瘦长。

高领双耳罐：领部变长，口外侈程度加大，器身变瘦高。

陶壶：口沿逐渐外侈，由矮领变为高领。

根据上文总结的器物演化规律，高领双耳罐M1108：7、双大耳罐M1108：11（图六）明显晚于M1127、M1008组同类器，因为前者领部较长，器身瘦高，时代明显偏晚，故可作为单独一组置于M1127组之后。但M1108还出土了一件双耳彩陶罐

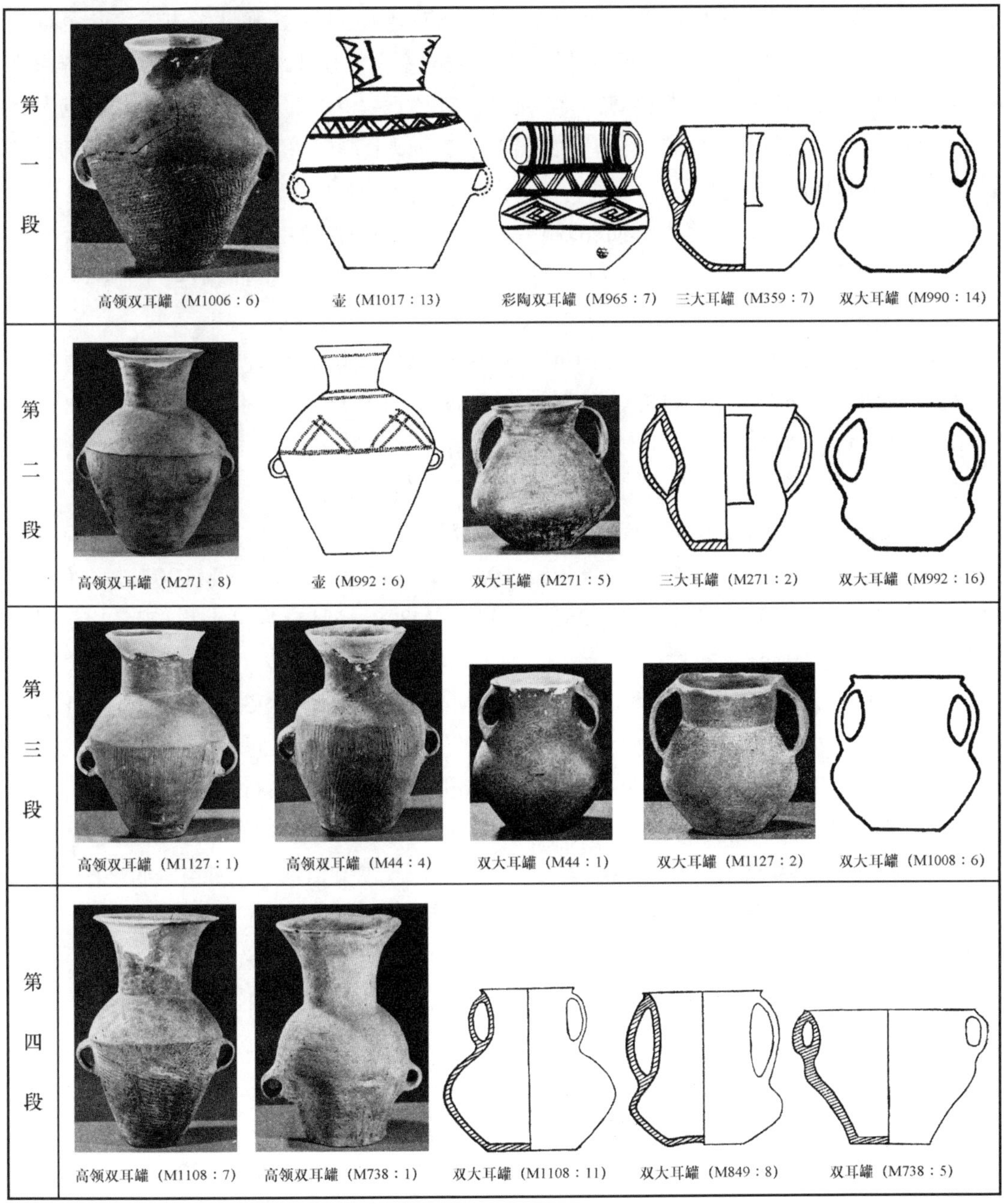

图六　柳湾墓地齐家文化陶器分段

M1108：1，花纹脱落严重，然其形制与M857组及M856组出土的同类器很接近，这便和共出的时代偏晚的高领双耳罐M1108：7、双大耳罐M1108：11的年代出现了矛盾。一般来说，墓葬内随葬的器物尤其是陶器，共时性理应很强。因此，M1108这种年代差距较大（超过一期）的器物共存一墓的现象确实值得深思。不过，这种现象似乎不是孤例，如有学者在详细分析了阳山墓地半山文化中期晚段彩陶和马厂文化早期彩陶共存的这种“阳山现象”之后指出，“在西北地区相关的彩陶文化中，晚期考古学文化墓葬出现早期考古学文化的典型器物并非不见，虽然数量不多，但也绝非偶然”[19]。齐家文化虽然严格来说不能算是一支彩陶文化，但其较晚的墓葬中出现较早时期的彩陶与上述现象却是相通的。因此，M1108年代的确定，应该以形制较晚的高领双耳罐M1108：7及双大耳罐M1108：11为依据。

以上分析可以使我们建立起M857组、M856组、M1127组、M1108组由早至晚发展的四组“标准墓葬”；再以它们为标尺对比、系联其他墓葬，就可以对整个柳湾墓地齐家文化墓葬进行分期（表一）：

第一段：以M857、M965、M990、M397、M392组为代表，M1006、M771、M165、M1356、M1337、M132、M713、M366、M1241、M843、M1017、M1179、M1056、M547、M834、M855、M359、M398等出土器物与M857组同类器相近，可归入此段。

第二段：以M856、M992、M1128、M972为代表，M271、M1445、M1061、M1039、M1332、M267、M1119、M951、M292、M740、M136、M1004、M1003、M1325、M963、M954、M871、M1062、M155、M370、M141等出土器物与M856组同类器接近，可归入此段。

第三段：以M1127、M1008组为代表，M44、M876、M959、M726、M127、M869、M217、M977等出土器物与M1127组同类器相近，可归入此段。

第四段：以M1108为代表，M738、M849等出土器物与M1108相近，可归为此段。

以上四段紧密相连，中间没有缺环。根据我们对齐家文化的分期[20]，可以将以上四段归并为三期：柳湾第一、二段相当于齐家文化总分期的第一、二期；柳湾第三、四段相当于齐家文化总分期的第三期，代表着第三期的早、晚两个阶段。

二、从柳湾墓地看齐家文化与马厂类型的年代关系

发掘者将柳湾墓地分为东、中、西三个文化性质不同的墓区，认为不同文化类型的墓葬都有自己的分布区域，半山、马厂、齐家及辛店文化墓葬的分布是有一定规律的[21]。诚如《报告》所言，半山类型墓葬主要分布于墓地东部Ⅵ区，Ⅲ、Ⅴ区东南角亦有少量分布。从墓葬分布总况及墓葬坑位分幅图上可以明显看到，半山类型与马厂类型、齐家文化、辛店文化墓葬之间很少存在交错分布，二者可谓泾渭分明（图七、图八）。其原因应该是半山类型年代最早，所以在墓地规划上有单独的墓区。

366座齐家文化墓葬分布在柳湾坪台地的西部及东部，即《报告》划分的Ⅰ、Ⅱ及Ⅳ区，Ⅴ区南部亦有少量分布。从墓葬分布图上可以看到，绝大部分齐家文化墓葬与马厂类型墓葬呈密集状交错分布在一起（图七、图九、图一〇）。可以这样说，除极少数齐家文化墓葬，如分布于Ⅳ区东部外围的M366、M370、M871、M1211等十余座外（图

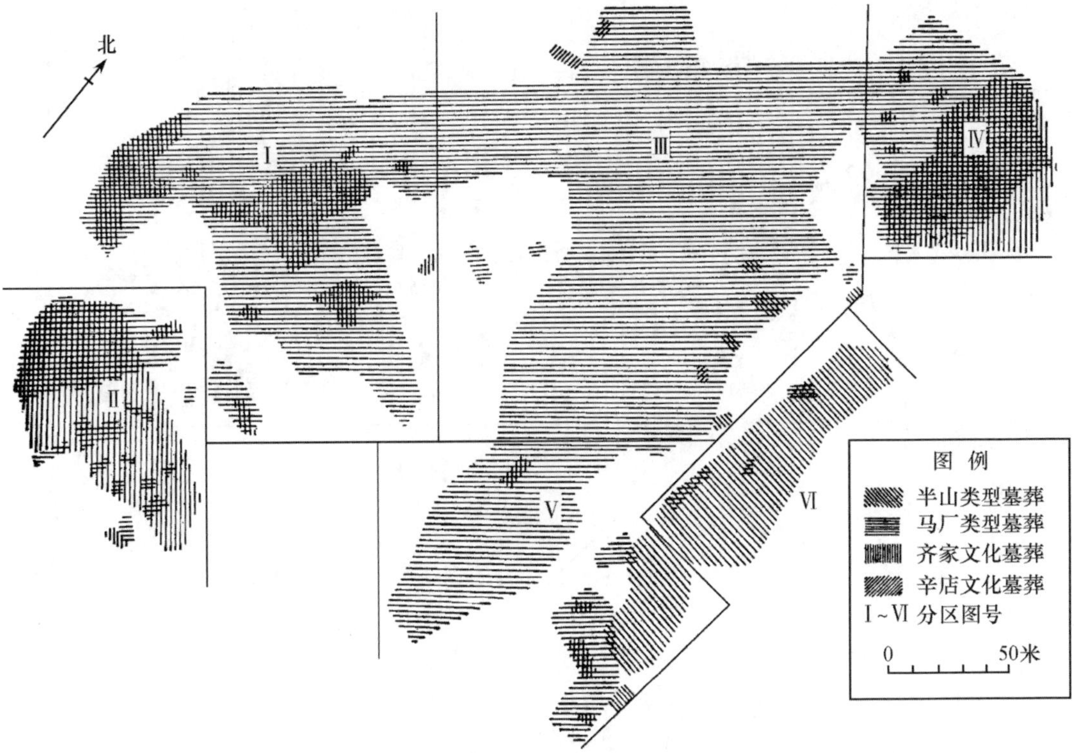

图七 柳湾墓地墓葬分布图
（引自《报告》图三）

一〇），绝大多数齐家文化墓葬与马厂类型墓葬混杂在一起，它们没有单独的墓区。但据《报告》，齐家文化墓葬与马厂类型墓葬之间存在打破关系的仅14组[22]，这对于数百座呈密集状交错分布的且被认为时代不同的两种类型墓葬来说是不可想象的，因为目前没有证据表明马厂类型墓葬存在坟丘等标示墓葬位置的墓上标志物[23]。这便促使我们反思，柳湾墓地齐家文化墓葬与马厂类型墓葬二者到底是怎样一种关系？

笔者以为，若仅依墓葬分布来看，马厂类型与齐家文化墓葬之间不太可能是绝对的早晚关系，二者极有可能是同一时期埋葬的，只是部分马厂类型墓葬年代稍早，但二者应该共时过。只有这样才能解释为何在长达数百年[24]的时间里，呈密集状交错分布在一起的数百座墓葬，却仅有14组28座存在打破关系（表二）。另外，和柳湾墓地相距仅600米的柳湾遗址的发掘，同样提供了齐家文化与马厂类型器物共存的重要证据[25]。其实，早有学者指出，柳湾墓地齐家文化墓葬出土器物中齐家陶器与马厂陶器存在跳跃式共存现象，说明二者曾在某段时间上共时过[26]。上述考古现象，可以说是对这一认识的又一佐证。

但是，既然二者有共存的时段，为何全是齐家文化墓葬打破马厂类型墓葬，而没有一组相反的例子？

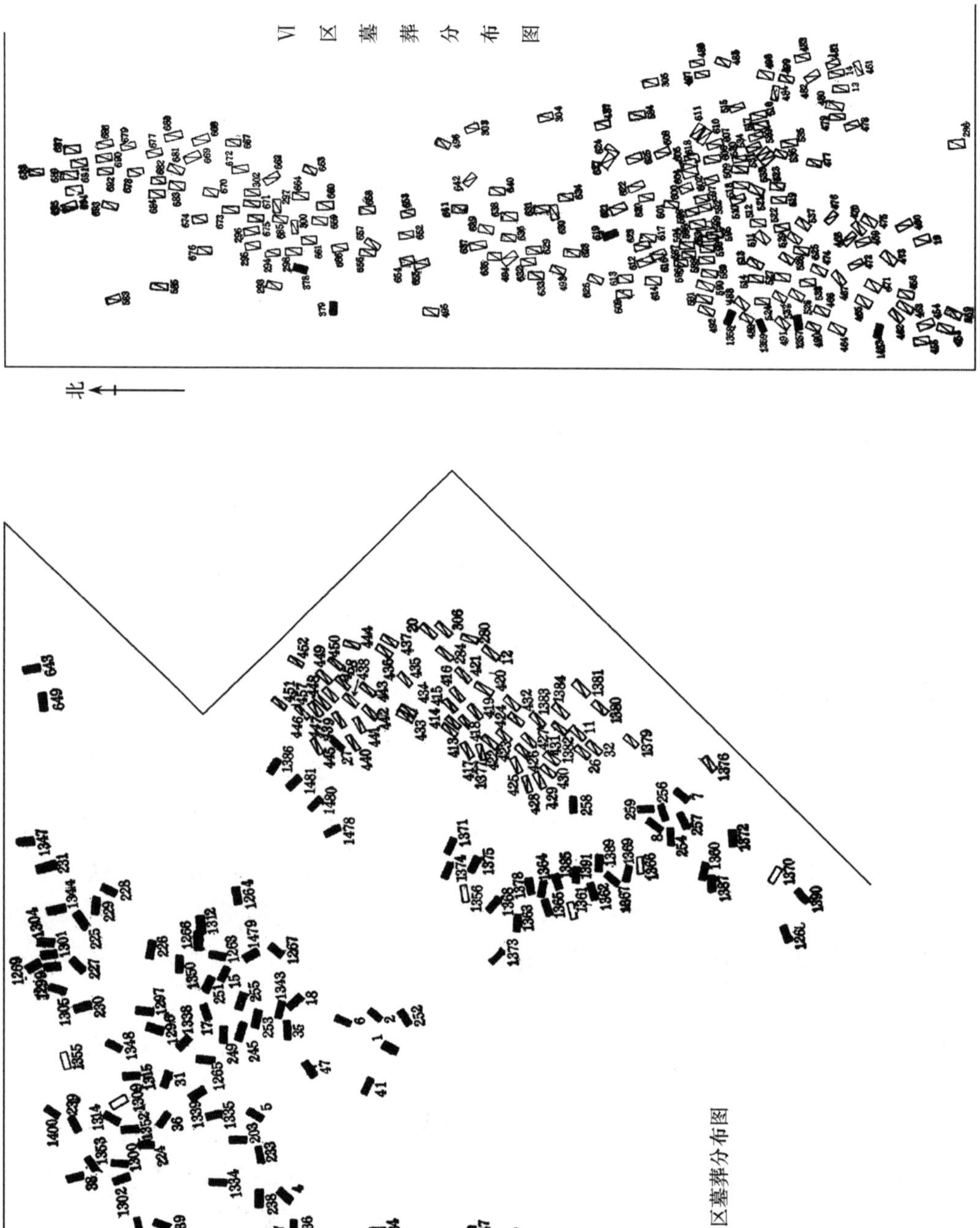

图八　柳湾墓地半山类型墓葬分布图
（改绘自《报告》图六）

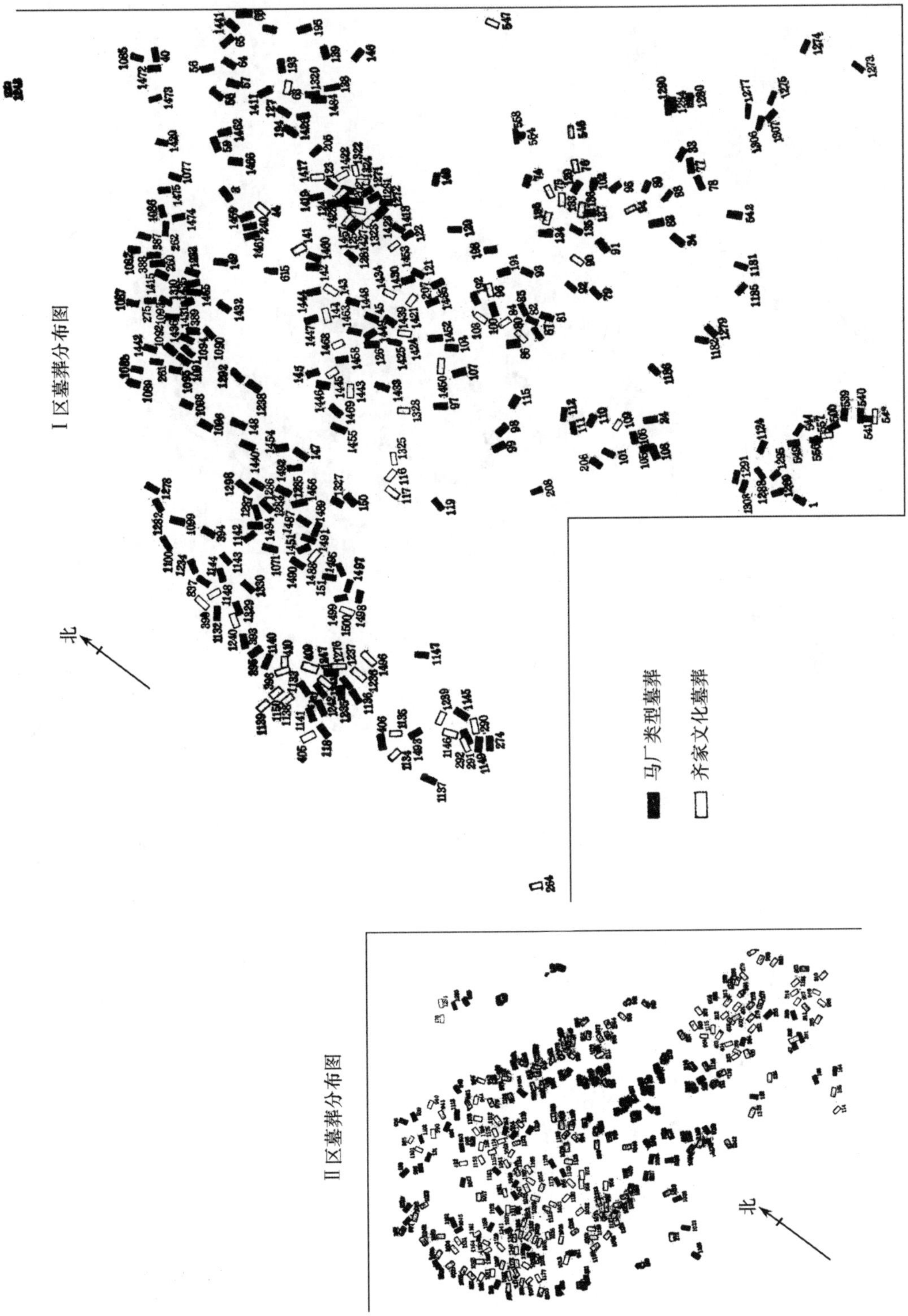

图九 柳湾墓地Ⅰ、Ⅱ区齐家文化墓葬分布图
（改绘自《报告》图四）

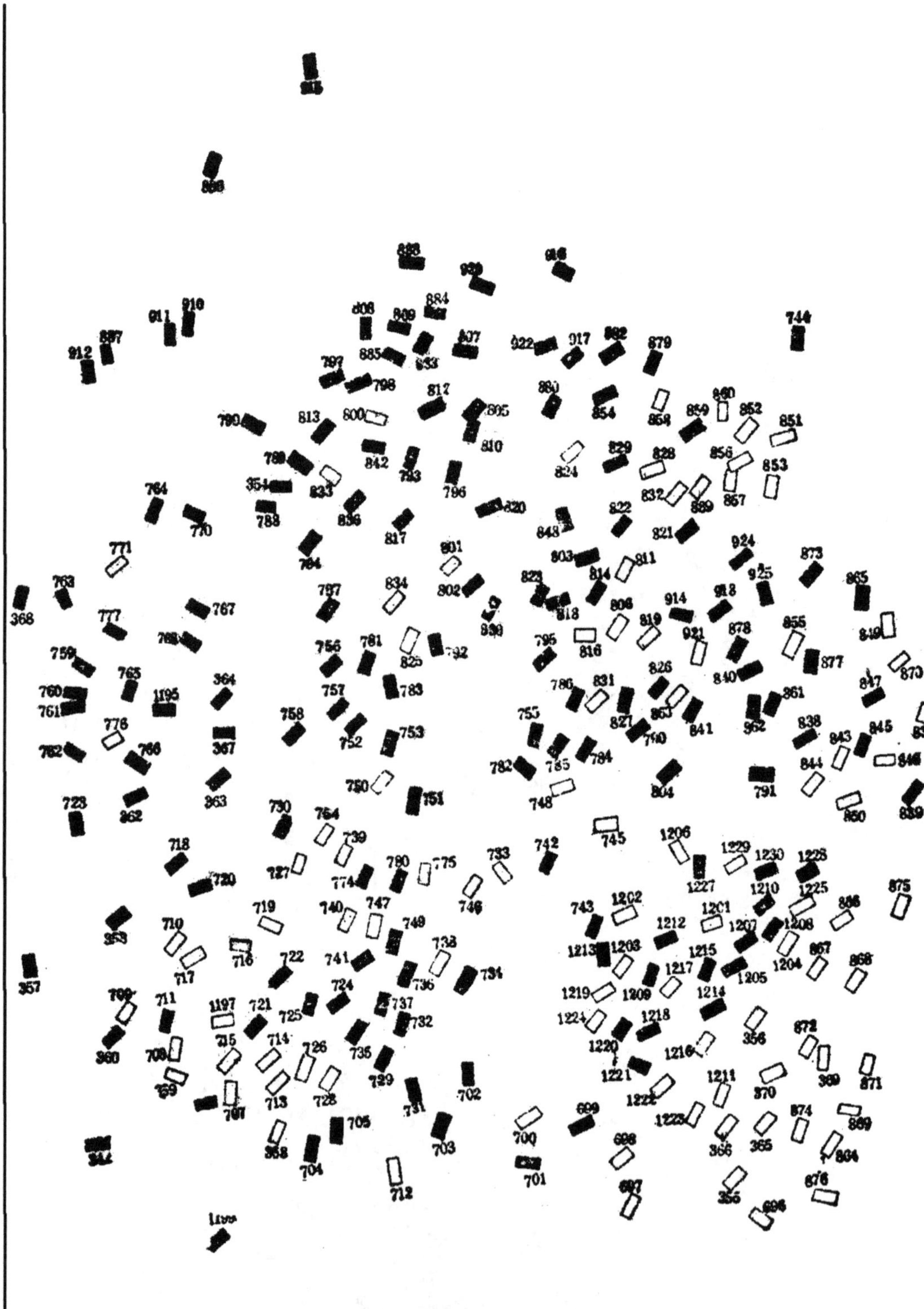

图一〇　柳湾墓地Ⅳ区齐家文化墓葬分布示意图
（改绘自《报告》图五-2）

以上14组打破关系中，有两组为齐家文化早期墓葬打破马厂类型晚期墓葬，即M392打破M391及M1169打破M1172（M1169打破M1172因未发表器物而无法进一步分析）。从逻辑上说，这两组打破关系是可以证明齐家文化早期晚于马厂类型晚期的。但有学者经过仔细分析随葬陶器形制之后，指出M391很可能更接近柳湾马厂类型中期[27]，我们同意这种意见。因此，从已发表材料的诸打破关系来看，一般是齐家文化各期墓葬打破马厂类型早、中期墓葬；齐家文化早、中期器物分别与马厂类型中、晚期器物存在共存[28]，说明柳湾墓地齐家文化墓葬的年代上限不早于马厂类型中期，可见二者确实共时过。

发掘者曾对柳湾墓地墓葬所出棺木进行了^{14}C测定[29]，现整理如下（表三）。

表二　齐家文化墓葬打破马厂类型墓葬一览

齐家文化墓葬	马厂类型墓葬
M392（早期）	M391（中期）
M271（晚期）	M281（早期）
M292（晚期）	M291（晚期）
M136（？）	M137（中期）
M543（中期）	M541（中期）
M557（中期）	M556（中期）
M1013（中期）	M1014（早期）
M1061（早期）	M1060（早期）
M1111（晚期）	M1117（晚期）
M1161（中期）	M1164（晚期）
M1169（早期）	M1172（晚期）
M1276（？）	M1247（中期）
M1323（中期）	M1423（中期）
M1428（晚期）	M1438（中期）

注：？表示报告中未分期者。

表三　柳湾墓地^{14}C测年数据

实验室标本号	墓号	文化类型	树轮校正年代（公元前/年）
BK75033	284	半山早期	2505±150
BK75009	281	马厂早期	2280±140
ZK345	505	马厂早期	2280±160
BK75010	266	马厂中期	2250±140
BK75012	236	马厂中期	2145±120
ZK346	397	齐家早期	2040±100
ZK348	391	马厂中期	2415±265
ZK347	392	齐家早期	1915±155

从表三可以得出如下信息：

第一，马厂类型早期测得两个数据，中期测得三个数据。除标本ZK348年代偏早，与其所属期别为马厂类型中期相矛盾而不宜采用外，其余标本年代分布在公元前2280年±160年~前2145年±120年之间，代表了马厂类型早、中期的年代区间，则马厂晚期的年代肯定更晚。最近有学者系统梳理了马厂类型^{14}C测年数据，指出其年代在公元前2300~前1900年前后[30]。柳湾墓地马厂类型的测年数据基本落在此区间内，应比较接近柳湾墓地马厂类型墓葬实际的存续年代。

第二，齐家文化墓葬仅测得两个数据，即ZK346与ZK347，均属齐家文化早期，分别为公元前2040年±100年与公元前1915年±155年。这两个数据似乎能说明齐家文化早期晚于马厂类型晚期。但正如夏鼐先生指出的那样："只有一系列的基本一致的^{14}C年代才是有价值的，而一两个孤零的数据，就其本身而论，是没有多大意义的。"[31]因此，齐家文化墓葬的绝对年代，还应对比其他遗址的测年数据。

齐家文化^{14}C测年数据目前报道较多。张雪莲等学者通过整合分析，认为齐家文化偏早段的年代为公元前2300~前2000年；偏晚段的年代为公元前2000~前1900年[32]。但从前文分析来看，齐家文化的年代上限应晚于马厂类型最早的年代。看来齐家文化绝对年代的确定还需更多的测年数据支撑。但无论如何，齐家文化与马厂类型有相当的共存时间是可以肯定的。

综合上文陶器类型学、墓葬分布及^{14}C测年数据分析，可以看出柳湾墓地齐家文化墓葬与部分马厂类型墓葬应是同时下葬的，前者的年代上限晚于后者，但二者应有较长的共存时段。同时，二者交错杂处也说明当时在墓地规划上并未将齐家文化与马厂类型截然分开，结合上文提到的柳湾遗址中马厂类型和齐家文化器物在地层和遗迹中大量共存的现象，我们可以推测：齐家文化人群与马厂类型人群生时共同居住在柳湾地区，死后即埋葬在柳湾坪台地上，二者虽然在葬俗上存在差别，但已经高度融合。

三、柳湾墓地齐家文化墓葬中的马厂类型因素

由于齐家文化墓葬与马厂类型长期共存，二者免不了出现互动。事实确实如此，柳湾墓地发现的齐家文化墓葬与马厂类型关系密切，呈现出较强的地域色彩，李伊萍及许永杰两位先生早已指出这点[33]。李伊萍先生还注意到在一份有关柳湾墓地的^{14}C测年数据中，M266被认定为属齐家文化，而在正式的发掘报告（《报告》）中，M266则被定为马厂类型中期[34]。这种前后矛盾的现象正好说明柳湾墓地齐家文化与马厂类型陶器共存的事实，也表明柳湾墓地齐家文化部分墓葬中确实含有马厂类型因素。其实不单是随葬器物，包括墓葬形制等埋葬习俗，都能看到马厂类型对齐家文化的强烈影响。这一点发掘者也注意到了，如发掘者指出"柳湾发现的齐家文化与甘肃省永靖大何庄、秦魏家出土的齐家文化不同，有其独自的特点：它既包含有齐家文化的基本因素，又保留

有马厂类型的某些成分”，并将其命名为齐家文化“柳湾类型”[35]。但由于发掘者认为齐家文化与马厂类型属于同一谱系的考古学文化[36]，所以齐家文化墓葬中出现较多的马厂类型因素就成了二者一脉相承的最好证据。因此，《报告》并未对齐家文化墓葬中的马厂类型因素进行系统梳理。鉴于此，笔者将根据学界对马厂类型及齐家文化的研究成果及自己的认识，对齐家文化墓葬中源自马厂类型的文化因素试做如下分析。

（一）凸字形墓

《报告》指出“凸字形墓可能是我国最早的土洞墓”[37]。发掘者之一的谢端琚先生后来撰文将“凸字形墓”归入土洞墓[38]，袁靖[39]及张弛[40]先生也持同样的观点。这种墓葬均有一条窄于墓室、呈长方形或近长方形的墓道，有的墓道与墓室之间还以木板（或木棍与石块）封门，如M990[41]、M972[42]等，这些都是洞室墓（即上文“土洞墓”，本文称“洞室墓”）的典型特征。目前，除临潭磨沟[43]及柳湾墓地外，洞室墓在其他齐家文化中极少见到。磨沟墓地齐家文化年代较晚[44]且主要为偏洞室墓（又称平行线洞室墓），与柳湾墓地直线洞室墓不同，后者出现于马厂类型早期，盛行于整个马厂时期。据《报告》，马厂类型墓葬中凸字形墓共387座[45]，约占马厂类型墓葬总数的44%。齐家文化墓葬中共发现凸字形墓48座[46]，约占总数的13%。考虑到二者在柳湾墓地长期共存，因此，齐家文化墓葬中出现的洞室墓很可能是从马厂类型中引入的（图一一）。

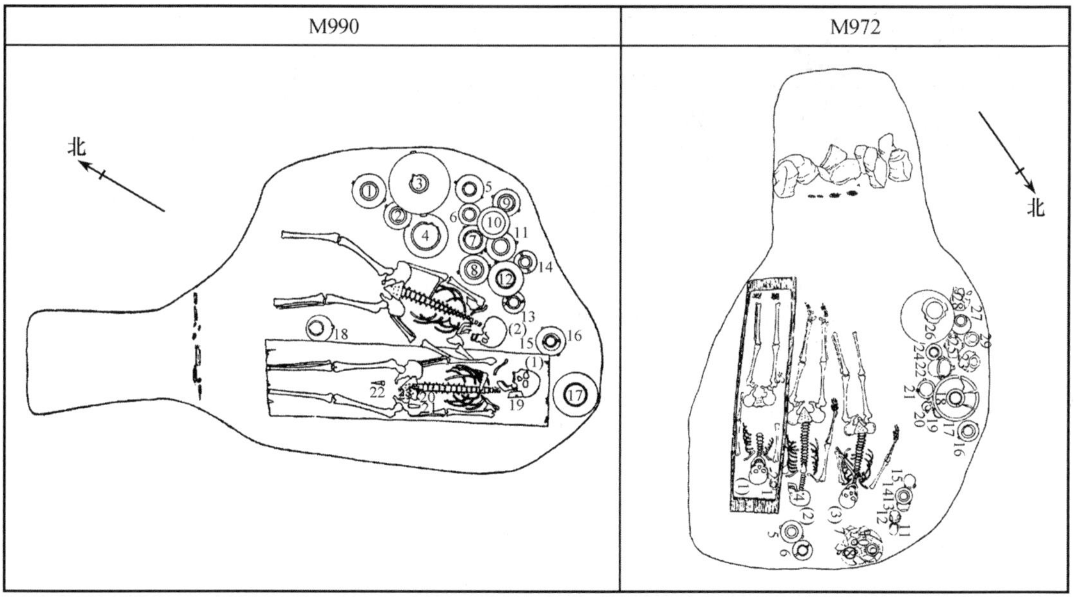

图一一　齐家文化中的凸字形墓

（二）马厂类型彩陶

齐家文化墓葬出土了大量彩陶，丰富了学界对齐家文化彩陶的认识。然而有两点值得注意：

第一，齐家文化墓葬中出土的彩陶可分为两类。第一类与李水城先生划分的皇娘娘台甲类彩陶[47]相同，属于典型的齐家文化彩陶，纹样包括倒三角纹、对三角纹（“蝴蝶纹”）、折线纹、网格纹等，多施于双大耳罐等器物领、腹部。第二类与马厂类型彩陶非常接近，多施于双耳罐领及肩腹部（图一二）。在《报告》中，第一类彩陶被划分为Ⅲ、Ⅳ型，第二类彩陶被划分为Ⅰ、Ⅱ型。根据公布的资料及墓葬登记表，我们发现这两类彩陶很少共存，只有少数如M155、M992等墓葬中存在此类情况[48]。

第二，上述第二类彩陶目前为止大都见于柳湾墓地，个别见于其他遗址，如青海大通陶家寨[49]。此类彩陶不单纹样与马厂类型非常相似，有的施彩器物如双耳罐等也和马厂类型如出一辙。根据我们的分期[50]，齐家文化早期墓葬中出土彩陶较多，而晚期出土彩陶较少。柳湾墓地齐家文化墓葬与马厂类型交错杂处，上文分析已表明二者曾有过共存的阶段。还需要指出的是，第二类彩陶的分布区为河湟谷地，属于马厂类型的核心分布区[51]。因此综合来看，第二类彩陶并非齐家文化所固有，而是齐家文化吸收的马厂类型文化因素[52]。

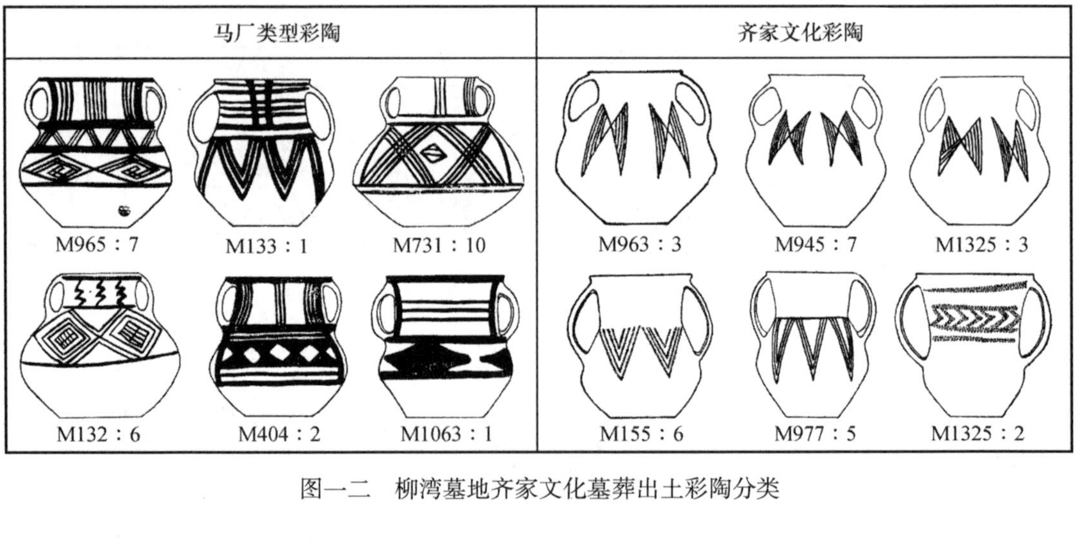

图一二　柳湾墓地齐家文化墓葬出土彩陶分类

（三）马厂类型其他器物

除去马厂类型彩陶之外，其他一些器物在柳湾墓地以外的齐家文化遗存中也非常少见。这些器物也是马厂类型固有的，而它们出现在齐家文化墓葬中，则是由于齐家文化与马厂类型的文化互动所致。这些器物至少包括以下几类（图一三）。

图一三　柳湾墓地齐家文化墓葬出土的马厂类型其他器物

第一，瘦长型粗陶瓮，即《报告》中的部分Ⅰ1、Ⅱ1、Ⅱ2式及Ⅲ型粗陶瓮，李伊萍先生已指出这类器物是“齐家居民借用马厂陶器的表现”[53]。从《报告》的描述、线图及图版来看，这类粗陶瓮器表多有较细的绳纹，但纹道较杂乱，有的素面；唇部外叠，领下部或领肩交界处、肩部附加一道花边泥条；有的泥条不规整，且首位不衔接呈交错状。这与齐家文化绳纹较规整、多于口外或领上部附加花边泥条[54]不同，而与马厂类型墓葬所出的粗陶瓮很相似，应属马厂类型。

第二，瘦长型陶壶，如《报告》中的部分Ⅱ、Ⅲ型陶壶。从《报告》描述、线图及图版来看，这类陶壶多为素面，器表较粗糙，与马厂同类器很相似。

以上分析将促进我们对柳湾地区齐家文化面貌的认识。但在漫长的发展过程中，齐家文化与马厂类型在柳湾地区具体是如何共存与互动的？下面将在前文分期[55]的基础上，从齐家文化墓葬的角度，结合文化因素法进行历时性分析，揭示二者此消彼长的具体过程。

第一期：包括M857、M965、M990、M397、M1006、M771、M165、M1356、M1337、M132、M713、M366、M1241、M843、M1017、M1179、M1056、M547、M834、M392、M855、M359、M398等，均含有较多的马厂类型因素，如洞室墓、双耳彩陶罐（《报告》中的Ⅰ、Ⅱ型彩陶）、陶壶（彩陶壶）、粗陶瓮等，显示出齐家文化初来柳湾之际受马厂类型影响颇深。但必须注意的是，一些马厂类型器物的形制，已经与齐家文化颇为相似，如前举高领双耳罐M392：7与陶壶M397：8就很接近，说明齐家文化的顽强生命力。

第二期：包括M856、M992、M1128、M972、M271、M1445、M1061、M1039、M1332、M1119、M951、M740、M136、M1004、M1003、M1325、M963、M954、M871、M1062等，仍有一定数量的马厂类型彩陶，但彩陶纹样简化变形，流行典型的齐家文化彩陶（《报告》中Ⅲ、Ⅳ型彩陶）。多见齐家文化典型器物双大耳罐、高领双耳罐、侈口罐、盉、敛口瓮等。马厂类型的影响减弱，此时齐家文化已在柳湾地区扎稳脚跟，齐家文化“柳湾类型”形成[56]。

第三期：如M1127、M1008、M44、M876、M959、M726、M127、M869、M217、M977、M1108、M738、M849等，洞室墓及马厂类型双耳彩陶罐已较少见，大部分陶壶（《报告》中的Ⅰ型陶壶）形制与高领双耳罐非常接近，或可直接称其为高领双耳罐。随葬品稍丰富的墓葬中，双大耳罐、高领双耳罐、陶壶及双耳罐等成为较常见的器物组合，马厂类型的影响进一步减弱，显示出齐家文化已是柳湾地区的主流。

可以看到，齐家文化在柳湾地区的发展过程中，曾受到马厂类型的强烈影响。李伊萍先生指出，“在柳湾墓地马厂与齐家的交往中，先是马厂文化对齐家文化有较大的影响，而后则逐渐以齐家文化影响为主”[57]。本文的分析立足于齐家文化墓葬，从一个侧面印证了这一结论。当然，齐家文化与马厂类型的文化互动是双向的，这表现在除了马厂类型对齐家文化的影响之外，马厂类型中晚期墓葬中也出现了典型的齐家文化器物，如高领双耳罐（M131：7）、三耳罐（M130：20）、单耳罐（M956：1）等（图一四）。这对于我们理解齐家文化与马厂类型的关系、齐家文化的发展历程等具有重要意义。

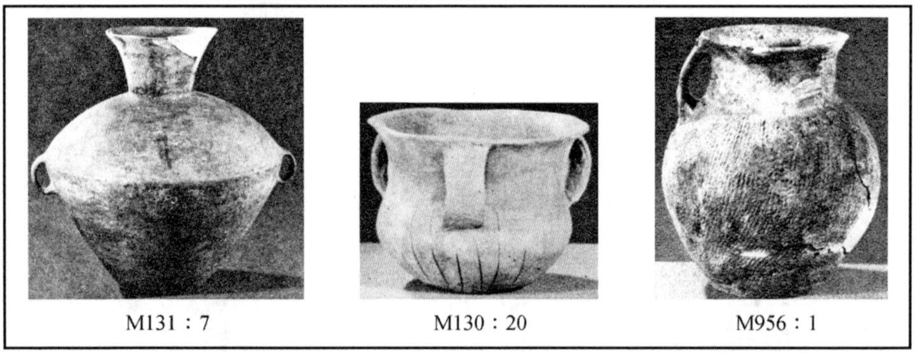

图一四　柳湾墓地马厂类型墓葬出土的齐家文化器物

附记：本文写作得到四川大学考古学系于孟洲先生的悉心指导，并承蒙匿名审稿专家提出的宝贵修改意见，谨致谢忱！

注　释

[1] 中国社会科学院考古研究所. 中国考古学·夏商卷［M］. 北京：中国社会科学出版社，2003：537.

[2] 青海省文物管理处考古队等. 青海柳湾——乐都柳湾原始社会墓地［M］. 北京：文物出版社，1984.

[3] a. 同［2］：242-246.

b. 水涛. 甘青地区青铜时代的文化结构和经济形态研究［C］. 中国西北地区青铜时代考古论

集. 北京：科学出版社，2001：200-204.

c. 张文立. 青海地区青铜时代文化研究［D］. 吉林大学，2003：50-51.

d. 张天恩等. 川口河齐家文化陶器的新审视［C］. 中国史前考古学研究——祝贺石兴邦先生考古半世纪暨八秩华诞文集. 西安：三秦出版社，2003：361-367.

e. 陈小三. 河西走廊及其邻近地区早期青铜时代遗存研究——以齐家、四坝文化为中心［D］. 吉林大学，2012：56.

f. 任瑞波. 西北地区彩陶文化研究［D］. 吉林大学，2016：360.

g. 段天璟. 关于齐家文化的三个问题［C］. 边疆考古研究（第20辑）. 北京：科学出版社，2016：205-220.

［4］ a. 同［3］e.

b. 张雪莲等. 民和喇家遗址碳十四测年及初步分析［J］. 考古，2014（11）：91-104.

［5］ a. 文物编辑委员会. 文物考古工作三十年（1949～1979）［M］. 北京：文物出版社，1981：142-151.

b. 同［3］f.

［6］ 同［3］a.

［7］ 同［3］b.

［8］ 同［3］c.

［9］ 同［3］d.

［10］ 同［3］e.

［11］ 同［3］f.

［12］ 同［3］g.

［13］ 中国社会科学院考古研究所. 师赵村与西山坪［M］. 北京：中国大百全书出版社，1999：200.

［14］ 根据墓葬登记表，M965出土器物包括陶壶6件，双耳罐2件，双耳彩陶罐、粗陶瓮、敛口瓮、彩陶壶及纺轮各1件。但M965出土器物并未完全公布，故笔者只能就其所发表之材料进行比较。墓葬登记表见［2］：370.

［15］ 根据墓葬登记表，M1127出土器物包括陶壶、双大耳罐、高领双耳罐、粗陶瓮、敛口瓮及石纺轮各1件。墓葬登记表见［2］：380.

［16］ 同［2］：336.

［17］ 李伊萍. 半山、马厂文化研究［C］. 考古学文化论集（三）. 北京：文物出版社，1993.

［18］ 张忠培. 关于地层学与类型学的若干问题［C］. 中国北方考古文集. 北京：文物出版社，1990.

［19］ 同［3］f：159-167.

［20］ 蒋辉. 齐家文化研究［D］. 四川大学，2017.

［21］ 同［2］：250.

［22］ 同［2］：246.

［23］　据目前考古发现，甘青地区最早的坟丘出现于磨沟墓地齐家文化墓葬中，如M901、M933等。具体情况见钱耀鹏等. 甘肃临潭磨沟齐家文化墓地发掘及主要收获［C］. 考古学研究（九）. 北京：文物出版社，2012.

［24］　见下文分析。

［25］　肖永明. 乐都柳湾遗址［C］. 再现文明：青海省基本建设考古重要发现. 北京：文物出版社，2013：46-50.

［26］　许永杰. 河湟青铜文化的谱系［C］. 考古学文化论集（三）. 北京：文物出版社，1993：194.

［27］　同［17］.

［28］　许永杰及李伊萍两位先生均有对比，见［17］：57-60及［25］.

［29］　同［2］：248.

［30］　同［4］b.

［31］　夏鼐. 碳-14测定年代和中国史前考古学［J］. 考古，1977（4）：217-232.

［32］　同［4］b.

［33］　a. 同［17］：63.
　　b. 同［26］.

［34］　a. 同［17］.
　　b. 北京大学历史系考古专业碳14实验室. 液体闪烁法碳14年代测定工作初步报告［J］. 文物，1976（12）：80-84.
　　c. 同［2］：327.

［35］　同［2］：255.

［36］　a. 青海省文物管理处考古队，北京大学历史系考古专业. 青海乐都柳湾原始社会墓葬第一次发掘的初步收获［J］. 文物，1976（1）：67-78.
　　b. 端居. 齐家文化是马家窑文化的继续和发展［J］. 考古，1976（6）：352-355.

［37］　同［2］：253.

［38］　谢端琚. 试论我国早期土洞墓［J］. 考古，1987（12）：1097-1104.

［39］　袁靖. 试论马厂类型墓葬的几个问题［C］. 中国原始文化论集. 北京：文物出版社，1989：112.

［40］　张弛. 理论、方法与实践之间——中国田野考古中对遗址堆积物研究的历史、现状与展望［C］. 考古学研究（九）. 北京：文物出版社，2012.

［41］　同［2］：183.

［42］　同［2］：189.

［43］　a. 甘肃省文物考古研究所等. 甘肃临潭县磨沟齐家文化墓地［J］. 考古，2009（7）：10-17.
　　b. 甘肃省文物考古研究所等. 甘肃临潭磨沟墓地齐家文化墓葬2009年发掘简报［J］. 文物，2014（6）：4-23.

［44］　同［20］.

[45] 同 [2]：53.
[46] 同 [2]：170.
[47] 李水城. 四坝文化研究 [C]. 考古学文化论集 (3). 北京：文物出版社，1993：80-121.
[48] 同 [2]：309-403.
[49] 青海省文物考古研究所. 青海大通陶家寨齐家文化遗址发掘简报 [J]. 考古与文物，2002 (增刊)：1-8.
[50] 同 [20].
[51] a. 同 [17].
b. 谢端琚. 甘青史前考古 [M]. 北京：文物出版社，2002：88.
[52] 同 [17]：63.
[53] 同 [17]：63.
[54] 于孟洲，蒋辉，王倩倩. 大通长宁遗址齐家文化制陶工艺及相关问题研究 [C]. 南方民族考古 (第十二辑). 北京：科学出版社，2016：41.
[55] 由于本文只能对发表材料较好的墓葬的分期问题进行再检视，因此下文的分析将以这些墓葬材料为基础。
[56] 同 [20].
[57] 同 [17]：65.

Three Questions about the Qijia Culture Tombs in Liuwan Cemetery

JIANG Hui HU Jia-qi ZHEN Qiang

This paper discussed three problems of the Qijia culture tombs in Liuwan cemetery. Firstly, on the basis of previous studies, the author restudied the period of the Qijia culture tombs in Liuwan cemetery by the stratigraphy and coexistence, and finally divided them into three stages. Secondly, through the analysis of the distribution of different types of tombs in Liuwan cemetery and the carbon dating data, it was pointed out that the Qijia culture should coexist with the Machang type culture for a long time, but the earliest age of the former may be later than the latter. On this basis, through a detailed comparison of the two cultures, it was concluded that many cultural factors in the Qijia culture tombs came from the Machang type culture. In other words, the Qijia culture was strongly influenced by the Machang type culture, which was of great significance for us to understand the relationship between the Qijia culture and the Machang type culture.

试论辉卫型遗存的性质

李鹏辉

（吉林大学边疆考古研究中心，长春，130012）

20世纪70年代末邹衡先生首次全面分析豫北冀南地区二里头文化时期考古遗存，称其为先商文化，分为漳河型、辉卫型和南关外型三种地方类型[1]。随着考古学材料的日益丰富，学术界对于先商文化的认识也不断深入。李伯谦先生根据考古学文化定名原则，将此类遗存称为下七垣文化，同时将南关外型排除在外[2]。王立新先生亦将南关外期遗存视为由不同考古学文化因素相互碰撞、融合所形成的新型遗存[3]。沈勇先生依据河北保定北部的二里头文化时期遗存，提出先商文化保北型[4]。另有学者提出辉卫文化[5]、下岳各庄文化[6]、鹿台岗类型[7]、补要类型[8]等命名。关于下七垣文化的类型分析，可谓是百家争鸣，异彩纷呈。本文仅对辉卫型遗存的性质归属试作讨论。

辉卫型遗存分布于豫北地区，“北自淇河，南至黄河，包括沁河下游、卫河上游一带，大约都是辉卫型的分布范围”[9]。张立东先生进一步推断其北界在淇、洹之间，“东南可能已越过古黄河而逼近今黄河”[10]。

辉卫型遗存的性质，目前主要存在两种认识：其一，认为该类遗存属于下七垣文化的一个地方类型；其二，将其视为一支独立的考古学文化，命名为辉卫文化或“潞王坟-宋窑类遗存”。对辉卫型遗存与下七垣文化漳河型关系的不同认识，是观点分歧的关键点，下文就此试做分析。

一、辉卫型遗存的分期

目前，豫北地区发表材料较丰富的辉卫型遗址有淇县宋窑[11]、辉县孟庄[12]、孙村[13]、琉璃阁[14]、新乡李大召[15]、潞王坟[16]、焦作府城[17]、修武李固[18]、浚县大赉店[19]、鹤壁刘庄[20]等。

宋窑遗址地处太行山东麓，北京大学考古系商周组于1988年春秋两季进行了两次发掘，揭露面积约284平方米，发现有丰富的辉卫型遗存。

检视宋窑遗址的地层关系，可做分期依据的有以下两组：

T301②→T301③→T301④；

T302③→H43、H44、H45、H46、H47、H50、H51→T302④-⑫。发掘者特别指出T302④～⑫为同一灰坑堆积。

发掘者张立东先生认为T301④、T301③早于T302④～⑫，从而将宋窑遗址的辉卫型遗存分为五组[21]。后来，《中国考古学·夏商卷》将T301③与T302④～⑫合并为一期，认为其晚于T301④[22]。而胡保华先生等参照漳河型夹砂深腹罐的演变规律，将T302④～⑫置于T301④、T301③之前，并将T301④、T301③合为一组[23]。另外，其他学者也对宋窑遗址分期做出过调整[24]，但其关键看法均不出以上三种意见的范畴。

两组地层中可资对比的器物主要有鬲、深腹罐、深腹盆、浅腹盆四类（图一）。T302④～⑫仅发表T302⑩：141一件鬲，侈口卷沿，高领，圆唇，上腹外鼓明显。可惜T301④无可复原陶鬲，无法确定其整体形态，但细察口部及上腹部形态，依然可以发现T301④：67鬲沿外侈程度加大，上腹部外鼓不明显，呈现较晚的特征；T301④：58鬲与T301④：67形态相似。T301③：40鬲形态近似T301④层陶鬲，上腹部外鼓不明显，腹最大径靠下。各家分期中均晚于以上两组地层的T302③也出有一件陶鬲

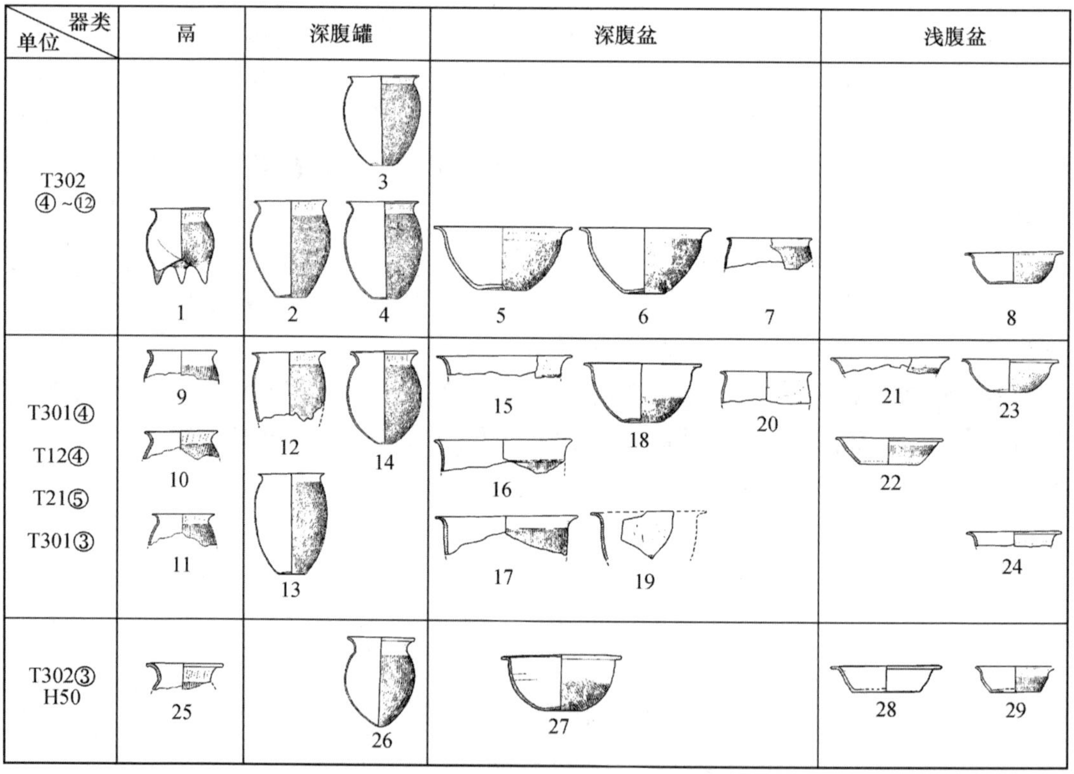

图一　宋窑遗址部分器物对比图

1. T302⑩：141　2. T302⑨：140　3. T302⑫：155　4. T302⑨：148　5. T302⑩：220　6. T302⑧：179　7. T302⑤：119　8. T302⑩：150　9. T301④：67　10. T301④：58　11. T301③：40　12. T301④：54　13. T301③：105　14. T12④：315　15. T301④：84　16. T301④：85　17. T301③：134　18. T21⑤：58　19. T301③：32　20. T301④：83　21. T301④：86　22. T21⑤c：56　23. T12④：302　24. T301③：45　25. T302③：282　26. H50：14　27. H50：12　28. H50：11　29. H50：15

T302③：282，沿外侈程度更大，领中段斜直。所以，胡保华先生对辉卫型卷沿高领鬲“由高领直颈逐渐发展为斜直领，鼓腹逐渐不明显[25]”的认识是有道理的。

深腹罐是宋窑遗址分期的一个关键因素，更关系到辉卫型遗存的文化性质归属。张立东先生在《论辉卫文化》一文中认为，辉卫型遗存的深腹罐整体由瘦高而矮胖，由平底而圜底，与漳河型同类器演变规律不甚相同，进而作为命名辉卫文化的一个依据。胡保华先生等通过对遗存组的调整，认为辉卫型遗存中的深腹罐与漳河型同类器演变规律相似，即整体由矮胖到瘦高，同时认为辉卫型遗存属于下七垣文化。有鉴于此，这里有必要对宋窑遗址的深腹罐再做一详细分析。

T302④～⑫出土深腹罐标本10余件，其中T302⑨：168领部特高，鼓腹，其他地层和遗迹单位中不见同类器，故暂不做讨论。其余深腹罐标本可分二型。

A型 T302⑨：140，有领，溜肩，鼓腹，下腹部内收明显。

B型 T302⑫：155，有领，溜肩，弧腹。T302⑨：148形态与其相似，唯领部稍高，体型略瘦长。

T301④层发表的一件深腹罐残器T301④：54，无法确知其整体形态，但其有领，溜肩，上腹微鼓的形态特征明显和T302⑨：140一脉相承。再观T301③：105，矮领，微鼓腹，体型瘦长，也是晚于T302⑨：140、T301④：54的特征。T301④、T301③中不见B型深腹罐，但T12④、H50中均有发现，此型深腹罐领部渐高，由平底而圜底，亦有向瘦高发展的趋势。

H50：12深腹盆口沿近平，上腹近直，下腹弧收，这些特征与T301③：32深腹盆更为接近，应上承T301③：32发展而来。由此观之，上腹近直，腹部弧收是深腹盆的较晚特征，而T302④～⑫深腹盆多为上腹微曲，仅见少量上腹近直者，应为较早阶段深腹盆的特征。

T301④：86浅腹盆为敞口，沿外侈，圆唇，斜直腹，整体形态与T21⑤c：56、H50：11近似，只是后二者口沿逐渐下压至平。而另一种卷沿、腹部弧曲的浅腹盆，则存在腹部弧曲逐渐不明显的变化趋势。故从浅腹盆的演变来看，T302④～⑫亦早于T301④、T301③，而后一组单位又早于H50。

综上，通过对鬲、深腹罐、深腹盆和浅腹盆的分析，其演变规律均与T302④～⑫早于T301④、T301③的分期判断相符。所以，胡保华先生等对宋窑遗址的分期意见基本可从，分为三段：1段以T302④～⑫为代表，2段以T301④、T301③、T12④、T21⑤等单位为代表，3段以T302③、H50等单位为代表。

孟庄遗址发现于1951年，发掘工作始于1992年，共历经六次发掘，发掘面积达4600平方米，文化遗存丰富。但已报道的资料缺乏可用的层位关系，故而只能根据器物特征，同时参照宋窑遗址分期结果，对孟庄遗址进行分期。由于对孟庄遗址辉卫型遗存存在不同的分期意见，所以在此对其做一简单梳理。从深腹罐来看，H158：34与H199：35、H199：78近似，均为卷沿束颈，上腹外鼓；H44：2与H199：3腹部形态相似，唯后者束颈较高。平底的深腹罐是下七垣文化漳河型的常见器物，依据学术界的研究成果，漳河型的平底深腹罐的演变规律为腹部外鼓逐渐不明显，体型逐渐瘦长。H158、H199两单位存在鼓腹深腹罐的同时，又都存在腹部近直的深腹罐，此种共存现象似乎表明二者时代大体相当，无法确切分出早晚。T86⑪：17深腹罐与H199：33相比，上腹近直，下腹内收，体型更加瘦长，可证T86⑪晚于H199。综合鬲、甗、圆腹罐、长颈罐、豆等器物特征，同时参照宋窑遗址分期，可将孟庄遗址辉卫型遗存分为三段：1段以H199、H158、H44、H69、H23、M51、M1等为代表；2段以T86⑪、M10、M26、M28、M45、H144、H413、H165、H126、H37等为代表；3段以M6、M8、M20、M36、M17、T149⑤、H9、H301、H101、H139等为代表。孟庄1～3段分别与宋窑遗址1～3段相当。

辉县孙村遗址于2006年进行了抢救性发掘，揭露面积2020平方米，发现了部分辉卫型遗存。孙村遗址辉卫型遗存不甚丰富，器物特征相似。H68：2鬲与孟庄M26：1相似；H135：5、H73：1高领罐与孟庄H165：2相似，因此，孙村辉卫型遗存与孟庄2段基本相当。

辉县琉璃阁H1：87鬲与宋窑H34：10、孟庄M20：1近似；H1：133大口尊口径大于肩径，与孟庄J2：1相似；H1：108圜底尊与孙村M1：2近似，唯前者变为圜底。因此，琉璃阁H1时代基本相当于宋窑3段。

新乡李大召遗址H12：3、H12：37鬲分别与宋窑T12④：192、T12④：176相似；H299：70、J2②：6捏口罐与宋窑T23⑤：122相似；H205：54、H12：21大口尊口径小于肩径，与孟庄T45⑤：1相似；H28：22深腹盆与宋窑H50：12相似，且H28其余深腹盆均口沿下压至平，甚至略下折。因此，可将该遗址辉卫型遗存分为早晚两段，分别与宋窑2、3段基本相当：1段以H12、H299、H205、J2等为代表；2段以H28为代表。

新乡潞王坟下层遗存在器物形制上似乎存在早晚两段。T3：19鬲与宋窑T12④：192相似；T4：81深腹盆与宋窑T13④：67相似；T4：8大口尊口径小于肩径，明显较早。T4：74深腹罐与宋窑H50：14相似；T4：82大口尊口径大于肩径，体型瘦长，与琉璃阁H1：133相似，明显较晚；T4：79圆腹罐长颈、圆鼓腹、圜底的特征与琉璃阁H1：108相似。因此，将其分为前后两段：1段以T3：19鬲、T4：81深腹盆、T4：8大口尊为代表；2段以T4：74深腹罐、T4：82大口尊、T4：79圆腹罐为代表，分别与宋窑2、3段基本相当。

焦作府城已发表两批辉卫型遗存材料，但无可用层位关系。经检视其发表器物，似可分为早晚两段。1段H50、H71、H73、T0115⑦中的折腹盆、圆腹罐、深腹罐与宋窑2段同类器有较多相似之处。2段H200、H119、H6、H124中的鬲、斝、簋则与孟庄3段同类器相似，且H77：3大口尊口径大于肩径，明显较晚。因此，如上所述，将焦作府城辉卫型遗存分为两段，分别与宋窑2、3段大体相当。

修武李固的辉卫型遗存为调查和试掘材料，不甚丰富，从公布的鬲、深腹盆、小口瓮、甗等器物来看，其年代大体相当于宋窑2段。浚县大赉店的调查材料与宋窑T301④颇多相似，据此将其归入宋窑2段。

鹤壁刘庄历经四次发掘，发现和完整揭露了一处规模较大的墓地，依其文化面貌归入辉卫型遗存。墓葬之间仅见六组叠压打破关系，排除未出随葬品的墓葬，仅存M22→M23，M261→M263两组。不过M22、M23分别随葬鬲、盆，无同类器可类比。另外，报告在介绍M261、M262时，给出的打破关系为M261→M262，在“刘庄遗址下七垣文化墓葬分布图”与“刘庄遗址下七垣文化墓葬发掘登记表”中也均为M261→M262。因此，M261→M263的打破关系存疑。我们借鉴周边地区研究成果，如淇县宋窑、太谷白燕[26]等，参考张翠莲先生的分期意见[27]，大体上可将刘庄墓地辉卫型遗存分为三段（图二）。刘庄2段的M46：1鼎与宋窑T302⑩：153相似，M96：1盆与宋窑T302⑩：150相似，因此该段约当宋窑1段；刘庄3段的M311：1鬲与宋窑T12④：193相似，M292：3与宋窑T12④：196相似，因此该段约当宋窑2段。至于刘庄1段，应稍早于宋窑1段，但从器物特征来看，其年代要晚于下七垣遗址第4层。

由诸遗址的分段研究，可将辉卫型遗存总体划分为三期（表一）。本文分期与胡保华先生等分期大体相同，故各期年代的判断参照胡保华先生等意见。下文比较研究中漳河型的分期也参照胡保华先生等意见。不再赘述。

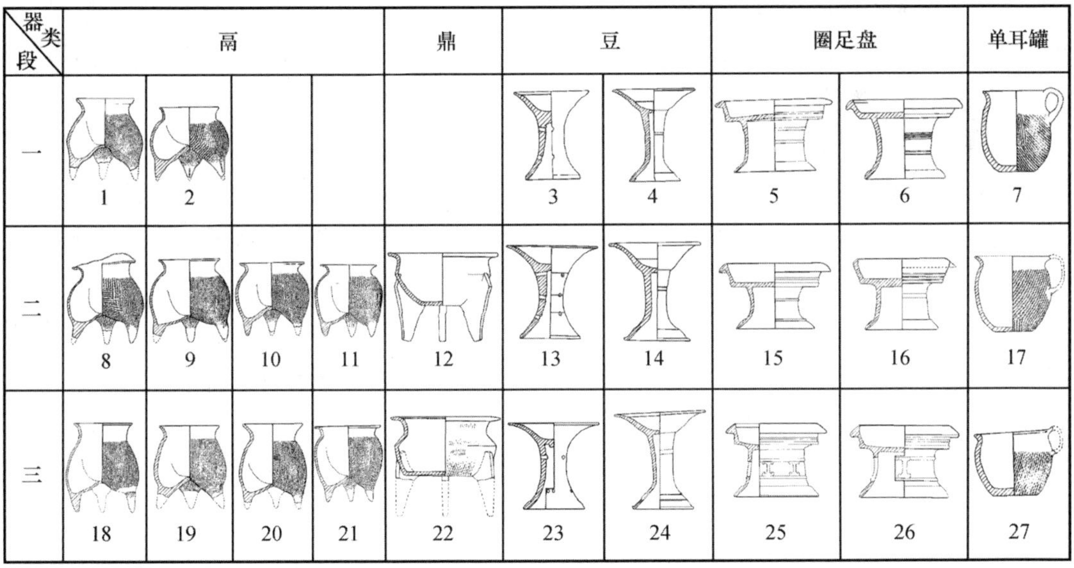

图二 鹤壁刘庄陶器分段图

1. M103：1 2. M10：2 3. M10：1 4. M34：1 5. M117：1 6. M231：1 7. M193：2 8. M315：4 9. M61：1 10. M242：3 11. M96：2 12. M46：1 13. M37：2 14. M240：1 15. M242：2 16. M71：4 17. M71：1 18. M275：1 19. M173：2 20. M292：3 21. M289：1 22. M337：1 23. M39：1 24. M99：5 25. M218：1 26. M99：2 27. M14：1

表一 辉卫型遗存遗址分期表

	宋窑	孟庄	孙村	琉璃阁	李大召	潞王坟	府城	李固	大赉店	刘庄
三期	3	3		1	2	2	2			
二期	2	2	1		1	1	1	1	1	3
一期	1	1								1、2

二、辉卫型遗存与漳河型、二里头文化的比较

经过上文对辉卫型遗存分期的调整，有了分析其与漳河型关系的基础。为了解二者文化面貌的异同，可从遗迹、陶系、纹饰、器类组合等方面进行比较。下文就此试做分析。

1. 遗迹

灰坑　从平面开口形状来看，辉卫型、漳河型均存在四种形制，即圆形、椭圆形、长方形和不规则形，且均以圆形和椭圆形居多。

房址　两种类型中房址都发现较少，辉卫型仅孟庄发现6座，其中2座圆形半地穴式，其余4座为地面式建筑。漳河型在下七垣[28]、葛家庄[29]、鄣邓[30]、北羊台[31]、鹿台岗[32]均有房址发现，前四处地点均为圆形或不规则形半地穴式，唯有鹿台岗发现似圆形的地面式建筑。

陶窑　辉卫型中在李大召、潞王坟发现有陶窑遗迹，前者被晚期灰坑打破，残缺甚多，但仍可看出其为竖穴窑，潞王坟的陶窑保存较好，为圆形竖穴窑。漳河型在下七垣、北羊台、涧沟[33]均发现陶窑，前两处陶窑为圆形竖穴式，与辉卫型相同，涧沟报告未详述其形制，但其窑箅为圆形，似可说明其形制与前两处相同。

墓葬　辉卫型发现有刘庄墓地，另外孟庄也发现20余座墓葬，可以说辉卫型墓葬材料比较丰富。反观漳河型，仅在葛家庄、鄣邓发现零星几座墓葬。辉卫型墓葬大都为长方形竖穴土坑墓，也有少量石棺及简化石棺墓，而漳河型既有长方形竖穴土坑墓，又有洞室墓及瓮棺葬。葬式上，辉卫型以仰身直肢葬为主，有一定俯身直肢葬，屈肢葬极少；漳河型仅发现俯身直肢、侧身屈肢葬各一座。头向上，辉卫型内部不尽相同，刘庄以北、东向为主，孟庄以南、西南向为主，漳河型则东、东南向各一座。

2. 陶系与纹饰

据已发表的诸遗址典型单位陶系、纹饰统计表，再结合发掘者公布的陶器标本统计，制成表二。第一期中的辉卫型与漳河型均以夹砂陶为主，唯有孟庄H199泥质陶稍多于夹砂陶，这或许与灰坑内堆积的偶然性有关。第二期辉卫型与漳河型的多数单位内夹砂陶比例高于泥质陶，二者也有少量单位存在泥质陶多于夹砂陶的情况。第三期鹿

表二　辉卫型与漳河型陶系、纹饰统计表

			陶质%		陶色%			纹饰%						
			泥质	夹砂	黑	红（褐）	灰（灰黑）	素面	绳纹	附加堆纹	圆涡（圈）纹	楔形点纹	篮纹	戳印纹
一期	漳河型	下七垣③层	√	√	√	√	√	极少	多	极少				
		葛家庄部分单位	少	多		少	多	次之	为主	少	少	少	极少	
		宜丘H4	少	多		少	多		多					
		何庄H1等	27.2	72.8	6.1	26.2	72.1	29	65.8			1.2		
	辉卫型	宋窑T302④~⑫	2.11	97.9	37.98	4.1	57.92	8.56	89.18	0.04				0.54
		孟庄H199	55	45	6.7	7.1	86.2	30.7	46	0.5	√	1.6	15.6	
		孟庄H158	39	61	1.6	10.1	88.3	28.5	64.1				3.7	
		刘庄1段单位	42	58	35.5	6.5	58	35.5	61.3		3.2			
		刘庄2段单位	48.8	55.2	34.4	5.2	60.4	24.2	73.8		2			
二期	漳河型	葛家庄部分单位	多	少		少	多	次之	为主	少	少		极少	
		宜丘H2	25	66.6		41.6	58.3	50	50					
		何庄H5等	37.5	62.5	6.5	34	59.5	28.4	66.9		0.05	1.1		
		小屯西H49等	44.5	55.5	43.8	9.1	47.1	次之	为主		√		√	
	辉卫型	宋窑T12④	10.2	86.7	31.1	3.2	62.7	17.8	81	0.6				0.1
		孙村H68	17.5	82.5	23.7	8	68.3	20.6	76.2	1.6				
		李大召H299	48.1	51.8	24.3	13	62.7	14.5	81.7	0.4				
		李大召H205	92.7	6.9	17.3	4	78.7	37.5	51.7	0.1	0.1			
		刘庄3段单位	45.7	54.3	33.5	5.5	61	30	66.9	0.6	2.5			
三期	漳河型	鹿台岗H9	32.4	67.6	2.5	0.3	97.2	12	78.7	1.9				
	辉卫型	孟庄H301	59.6	40.4			100	45.8	37.9				16.3	
		李大召H28	75.8	24.2	25.7	17.2	57.1	3.3	60.1	1.1			6.6	

台岗H9[34]夹砂陶比例高于泥质陶，而辉卫型孟庄H301、李大召H28泥质陶比例高于夹砂陶，接近二里冈文化[35]。辉卫型、漳河型从早到晚均以灰陶为主，有一定黑陶与褐陶。纹饰上，辉卫型、漳河型均以绳纹为主，都发现有一定素面、涡纹、楔形点纹、篮纹、指甲纹等纹饰。安阳鄣邓漳河型遗存虽以绳纹为主，但存在较多的楔形点纹和以涡纹为主的印纹。

3. 器类组合

炊器方面，辉卫型和漳河型均以鬲和深腹罐为主（表三）。整体来看，漳河型鬲多于深腹罐，如葛家庄早期以鬲、甗为主要炊器，到晚期则以深腹罐、鬲为主要炊器[36]；北羊台也以鬲数量最多，次为罐、盆、瓮等；义西也以鬲为大宗[37]。唯有宜丘[38]、鹿台岗等遗址深腹罐占主导地位。而辉卫型的情况略有不同，一期时部分遗址深腹罐较多，部分遗址鬲较多，二期时鬲的数量均有所增加，如孙村、李大召、刘庄和李固遗址等，三期时鬲的数量似乎有所减少，但依然占有相当比例，与深腹罐一同作为主要炊器。以鬲、深腹罐为代表的炊器系统与周边地区的考古学文化均有所不同，二里头文化以深腹罐和圆腹罐为主要炊器，东下冯文化以单耳罐、甗及深腹罐为主要炊器，岳石文化则以素面的甗和夹砂罐为主要炊器。

表三　辉卫型与漳河型部分单位主要炊器统计表[39]

			鬲%	罐%	深腹罐%	鼓腹罐%	鼎%	甗%	甑%
一期	漳河型	下七垣③层	最多						
		何庄H1等	20		5.2	19	1.1	6.3	
	辉卫型	宋窑T302④～⑫	4.9		60.76		1.61	1.6	1.91
		刘庄1段	22.3	25.8					
		刘庄2段	42.2	12.3			1.3		
二期	漳河型	何庄H5等	15.2		10.5	7.6			
	辉卫型	宋窑T031④	8.93		25		3.57	8.9	3.57
		孙村H68等	40.6	40.6				3.1	
		李大召H299	31.91	24.5					2.13
		李大召H205	18.75	15.6					
		刘庄3段	37.8	14			4.3	0.6	
三期	漳河型	鹿台岗	20		30				
		小屯H49等	13.9	36.1					5.5
	辉卫型	宋窑T302③	12		37.33		2.67	2.7	2.67
		李大召H28		21.9			3.12		6.25

辉卫型遗存与漳河型器物群基本相同，都包括鬲、深腹罐、鼎、盆、瓮等，且器物形制也颇为相似（图三）。原来不见于漳河型的捏口罐、刻槽盆、花边罐、甗形斝、圆腹罐、盉等器物，也随着考古材料的丰富而渐有发现。诚然，辉卫型与漳河型依然有极少量器物不互见，如漳河型中的单把鬲、箍状堆纹缸、三足盘等不见于辉卫型遗存，辉卫型遗存中的双耳罐、圈足盘等亦不见于漳河型。但这些器类均非辉卫型遗存与漳河型的主体因素，如单把鬲、双耳罐来自晋西南地区，箍状堆纹缸、三足盘来自二里头文化，不足以证明二者文化面貌相异。

辉卫型分布地域毗邻二里头文化，较之漳河型受到的二里头文化影响更多。如夹砂中口深腹罐、圆腹罐、捏口罐、扁足罐形和盆形鼎、爵、鬶、盉、刻槽盆、鸡冠耳深腹盆等。不过，在器物数量和形制上，辉卫型中所见的二里头文化因素都和二里头文化中同类器有所不同。

深腹罐　二里头文化的深腹罐除早期存在少量平底器外，皆为圜底器。辉卫型之深腹罐则多为平底、弧腹匀称的橄榄状深腹罐，仅见少量圜底深腹罐。

鼎　二里头文化所见盆形鼎以无肩、圜底为主。而辉卫型的盆形鼎均为有肩深腹盆形，且多为平底。辉卫型中罐形鼎发现数量极少，均为平底，与二里头文化中罐形鼎多圜底的特征明显不同。

爵　二里头文化中多见平底爵。辉卫型中的爵，不仅数量极少，且大都为圜底。

鬶　鬶在辉卫型中同样少见，所见者袋足皆瘦削，有锥状实足根。二里头文化之鬶多为细高袋足，大都无实足根。

辉卫型所见圆腹罐、捏口罐、盉、刻槽盆、鸡冠耳深腹盆等虽然与二里头文化同类器形制相近，但发现数量很少，演变序列不清晰，不足以改变辉卫型的文化性质归属。

经过上述分析可以发现，辉卫型与漳河型遗迹现象相似，陶质以夹砂陶和泥质陶为主，陶色以灰陶为主，且有一定数量的褐陶和黑陶，纹饰以绳纹为主，兼有素面、以涡纹为代表的戳印纹、楔形点纹、篮纹、指甲纹等，炊器系统以鬲、深腹罐为主，主体器物群极为相似。由此可见，二者文化性质相同。当然，二者之间存在一定区别，但正如李伯谦先生所言，这种差别“只是同一个考古学文化内部的地域差别[40]”。因此，辉卫型遗存应属于下七垣文化的一个地方类型，即下七垣文化辉卫型。

三、余　论

对辉卫型性质归属的认识之所以存在分歧，还有一个重要因素便是对考古学文化与类型概念的把握不同。苏秉琦先生在论述考古学文化的区系类型问题时，指出“区是块块，系是条条，类型则是分支[41]”，严文明先生认为考古学文化是有层次的，文化下分类型，类型下分小区，甚至小区下还可分出第四层次[42]。这些认识是极为精当

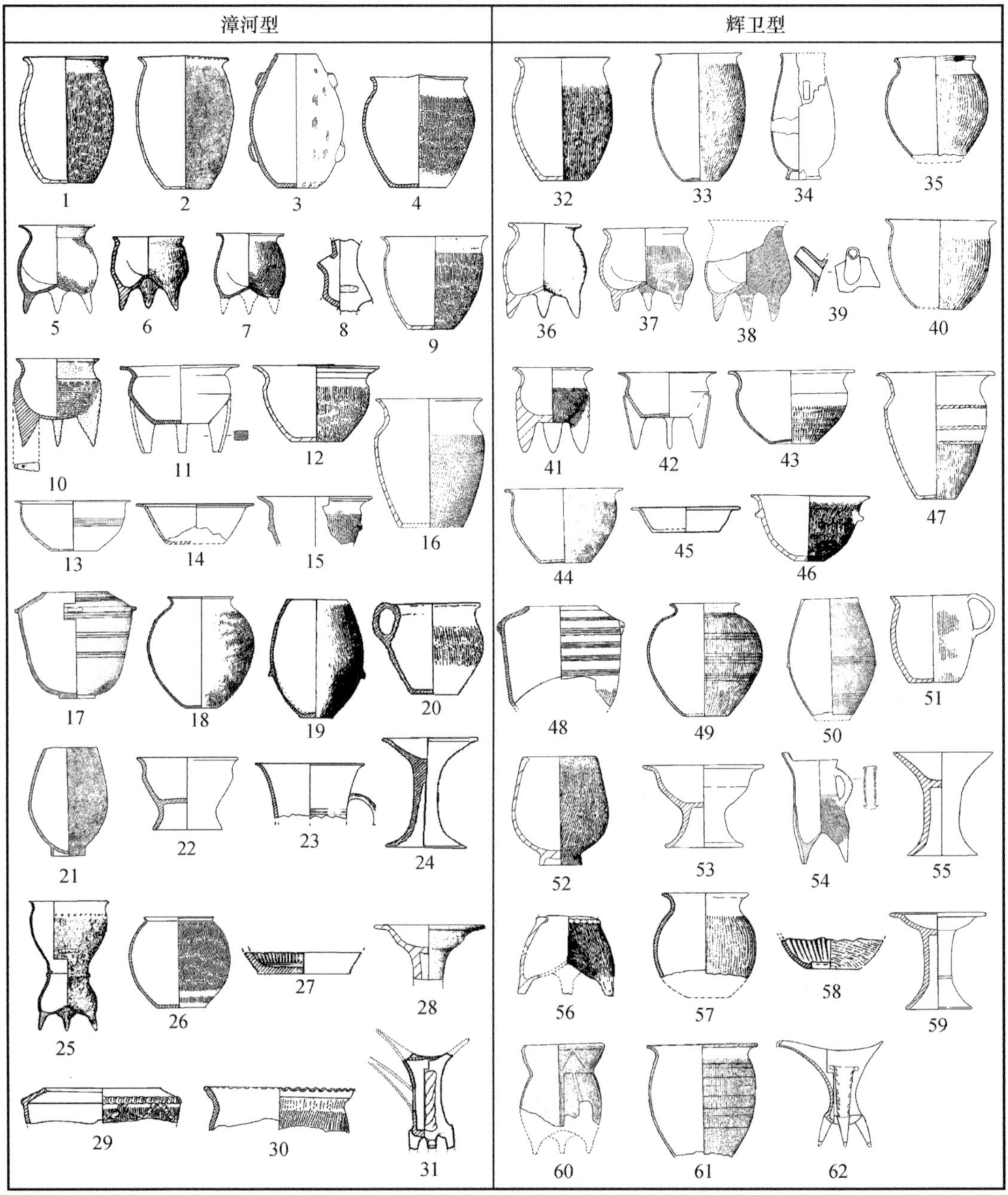

图三　辉卫型与漳河型器物群对比图

1、10. 下七垣（T7③：954、H61：782）　2、21、31. 薛庄（H277：17、G6：2、H323：12）　3、8、15、16、22、23. 鄣邓（H18：144、H64：209、H50：68、H32：60、H32：41、H64：255）　4、11、13、26、30. 葛家庄（H17：10、H2：2、99H57：3、96H40：12、H78：8）　5. 界段营（H8：35）　6、7、14、17、18、27. 鹿台岗（F1：2、H9：15、H39：26、H9：19、H9：18、H39：44）　9. 小屯西（H49：4）　12、20、24. 南城（M69：1、M88：2、M15：3）　19. 何庄（T12②：1）　25. 涧沟（T10②：14）　28. 南三歧（T9①：2）　29. 西蒋村（H16③：11）　32、41、46、52、56. 孟庄（H158：34、M45：1、H69：2、H199：80、H44：23）　33～35、39、40、43～45、47、49、50、57、60、61. 宋窑（T301③：105、T302⑨：228、T23⑤：122、T22④：140、T11⑤：105、T23④：100、T302⑩：142、H50：11、T11⑥：131、T302⑧：169、T302⑧：94、T302⑦：183、T12④：340、T11④：144）　36. 潞王坟（T3：19）　37、38、42、51、53～55、59、62. 刘庄（M111：1、M298：2、M29：4、M121：1、M161：1、M147：1、M193：1、M236：2、M262：2）　48、58. 李固（T1⑤C：53、D1③b：36）

的。然而，即使研究者都认同类型是考古学文化下的分支，在划分考古学文化与类型时依然存在分歧。出现这种情况的原因就在于各人把握材料的尺度不同，即何种程度的差异是考古学文化之间的差异，何种程度的差异是类型的差异？

要解决上述问题，有赖于考古学文化概念的不断深化。夏鼐先生依据柴尔德的观点，以一群具有明确特征、经常共同伴出的类型品作为区分考古学文化的标志[43]。张忠培先生将之进一步细化为一群稳定共存的基本陶器组合[44]，林沄先生则从苏秉琦先生的研究中提炼出“平行序列法”[45]，作为区分考古学文化的标志。由上文可知，辉卫型与漳河型存在一群相同的稳定共存的基本陶器组合，而且存在多组文化特征平行演变，因此，二者同属下七垣文化。

总之，随着近年来考古学材料的日益丰富，可以对辉卫型遗存的性质归属做出更为确切的判断。本文对辉卫型遗存的分期进行了必要的调整，总体划分为三期。在此基础上，通过对遗迹、陶系、纹饰、器类组合等方面的比较分析，以及辉卫型中所见二里头文化因素的辨析，笔者认为辉卫型和漳河型文化性质相同，仍应归属于下七垣文化。

注　释

[1] 邹衡. 试论夏文化［C］. 夏商周考古学论文集. 北京：文物出版社，1980：95-182.

[2] 李伯谦. 先商文化探索［C］. 庆祝苏秉琦考古五十五年论文集. 北京：文物出版社，1989：280-293.

[3] 王立新. 早商文化研究［M］. 北京：高等教育出版社，1998：203-207.

[4] 沈勇. 保北地区夏时代的两种青铜文化之探讨［J］. 华夏考古，1991（3）.

[5] 张立东. 论辉卫文化［C］. 考古学集刊（10）. 北京：地质出版社，1996：206-256.

[6] 张翠莲. 论冀中北部地区的下岳各庄文化［J］. 文博，2002（3）.

[7] 中国社会科学院考古研究所. 中国考古学·夏商卷［M］. 北京：中国社会科学出版社，2003：156.

[8] 王迅. 论先商文化补要类型［C］. 早期夏文化与先商文化研究论文集. 北京：科学出版社，2012：291-295.

[9] 同［1］：119.

[10] 同［5］：227.

[11] 北京大学考古系商周组. 河南淇县宋窑遗址发掘报告［C］. 考古学集刊（10）. 北京：北京地质出版社，1996：89-160.

[12] 河南省文物考古研究所. 辉县孟庄［M］. 郑州：中州古籍出版社，2003.

[13] 河南省文物局. 辉县孙村遗址［M］. 北京：科学出版社，2012.

[14] 中国科学院考古研究所. 辉县发掘报告［M］. 北京：科学出版社，1956.

[15] 韩国河，赵海洲. 新乡李大召——仰韶文化至汉代遗址发掘报告［M］. 北京：科学出版社，2006.

［16］　河南省文化局文物工作队. 河南新乡潞王坟商代遗址发掘报告［J］. 考古学报，1960（1）.

［17］　袁广阔，秦小丽. 河南焦作府城遗址发掘报告［J］. 考古学报，2000（4）.

［18］　北京大学考古专业商周组. 晋豫鄂三省考古调查简报［J］. 文物，1982（7）.

［19］　北京大学考古系，濮阳市文物保管所. 豫东北考古调查与试掘［J］. 考古，1995（12）.

［20］　河南省文物局. 鹤壁刘庄——下七垣文化墓地发掘报告［M］. 北京：科学出版社，2012.

［21］　同［5］.

［22］　同［7］：158-160.

［23］　胡保华，王立新. 试论下七垣文化的类型与分期［C］. 早期夏文化与先商文化研究论文集. 北京：科学出版社，2012：296-322.

［24］　a. 常怀颖. 夏商之际豫北诸遗存的年代和性质［J］. 中国历史文物，2009（6）.

b. 张渭莲，段宏振. 中原与北方之间的文化走廊——太行山东麓地区先秦文化的演进格局［M］. 北京：文物出版社，2015：99-147.

c. 史炎炎. 夏商之际豫北地区考古学文化研究［D］. 河北师范大学，2019.

［25］　胡保华. 下七垣文化分期研究［D］. 吉林大学，2007.

［26］　a. 晋中考古队. 山西太谷白燕遗址第一地点发掘简报［J］. 文物，1989（3）.

b. 武俊华. 论东太堡文化［D］. 山西大学，2010.

［27］　张翠莲. 刘庄墓地的埋葬格局［J］. 华夏考古，2018（6）.

［28］　河北省文物管理处. 磁县下七垣遗址发掘报告［J］. 考古学报，1979（2）.

［29］　郭瑞海，任亚珊，贾金标. 邢台葛家庄先商文化遗存分析［C］. 三代文明研究（一）. 北京：科学出版社，1999.

［30］　河南省文物考古研究所. 安阳鄣邓［M］. 郑州：大象出版社，2012.

［31］　河北省文物研究所等. 河北邯郸市峰峰矿区北羊台遗址发掘简报［J］. 考古，2001（2）.

［32］　郑州大学考古专业等. 河南杞县鹿台岗遗址发掘简报［J］. 考古，1994（8）.

［33］　北京大学，河北省文化局邯郸考古发掘队. 1957年邯郸发掘简报［J］. 考古，1959（10）.

［34］　魏兴涛. 试论下七垣文化鹿台岗类型［J］. 考古，1999（5）.

［35］　邹衡. 试论郑州新发现的殷商文化遗址［C］. 夏商周考古学论文集. 北京：文物出版社，1980：3-30.

［36］　任亚珊，郭瑞海，贾金标. 1993～1997年邢台葛家庄先商遗址、两周贵族墓地考古工作的主要收获［C］. 三代文明研究（一）. 北京：科学出版社，1999：7-25.

［37］　河北省文物研究所等. 邯郸市峰峰电厂义西遗址发掘报告［J］. 文物春秋，2001（1）.

［38］　郑州大学历史与考古系等. 河南长垣宜丘遗址发掘简报［J］. 中原文物，2005（2）.

［39］　因部分报告中的器类统计资料未细分罐的种类，故均视为罐统计。

［40］　同［2］.

［41］　苏秉琦，殷玮璋. 关于考古学文化的区系类型问题［J］. 文物，1981（5）.

［42］　严文明. 关于考古学文化的理论［C］. 走向21世纪的考古学. 西安：三秦出版社，1997：78-

93.
[43] 夏鼐. 关于考古学上文化的定名问题 [J] . 考古，1959 (4) .
[44] 张忠培. 研究考古学文化需要探索的几个问题 [C] . 中国北方考古文集. 北京：文物出版社，1986：254-262.
[45] 林沄. 考古学文化研究的回顾与展望 [C] . 林沄学术文集. 北京：中国大百科全书出版社，1998：224-239.

On the Nature of the Remains of Huiwei Type

LI Peng-hui

On the basis of gradually rich archaeological materials, it is possible to make a more precise judgement on the nature of the remains of Huiwei Type. On the whole, the remains of Huiwei Type can be divided into three stages. Based on the periodization, the remains of Huiwei Type and Zhanghe Type are extremely similar in terms of features, texture and color of potteries, decorative patterns, and combination of objects. They have the same cultural characteristics as a whole. Combined with the conception of archaeological culture, the remains of Huiwei Type should still belong to Xiaqiyuan Culture, and should not be treated as an independent archaeological culture.

试论邢台葛家庄M10墓主身份

张　玲

（吉林大学考古学院，长春，130012）

邢台葛家庄M10是1993年在邢台市河北轮胎厂扩建工程中发现的一座规模较大的墓葬。1993年11月至1994年5月，河北省文物研究所（现河北省文物考古研究院）和邢台市文物管理处对墓葬进行了清理，发掘简报已在《考古》上发表。由于墓葬被盗严重，器物残缺不全，学者对其年代和墓主身份做过一些讨论，但尚不够深入。本文试图对墓葬进行重新梳理，以期对墓主身份有新的认识。

一、墓葬概况及研究现状

葛家庄M10为刀形竖穴土坑墓，方向0°，墓道位于墓室南部，为长方形斜坡式，长47.2米，宽4.6米，坡度为13°。在墓道距墓道口近8米处有一道由砾石砌成的宽约2米的石墙，再往里3米有一道宽近0.7米的砾石堆积。在墓道距墓室5.3米处置一车，为单辕双轮方舆车，墓道与墓室连接处也出有一车，因腐朽严重无法清理，仅发现几件车器。墓室为长方形竖穴，南北长7.8米，宽5米，深13.2米。墓室底部中央有椁室，葬具为一椁三棺，棺均髹漆，外棺镶以石、蚌饰件。在内棺顶部置一带匣铜剑，匣为皮质，外髹漆，漆片上饰云雷纹。葬式为仰身直肢，头向北，经鉴定为成年男性。由于盗扰严重，礼器大多无存，出土器物包括铜、玉、石、骨、漆等几类，共127件（组）。其中容器6件，仅存器盖、器耳、器足等；乐器6件（组），包括编镈1件，纽钟2件，甬钟组1件，冥器纽钟1组（8件）等；兵器19件，包括戈、剑、矛、削、镞等；工具2件；车马器12件（组），包括軎、衔、铜泡等；玉石器24件（组），包括石磬（1组10件）、玉戈、玉柄形器等；骨角蚌器12件（组）；漆木器9件；其他器物37件（组），包括带钩、带扣、铜环、包金铜贝等[1]。

发掘者将该墓随葬品与太原金胜村M251和侯马上马墓地M5218等出土器物进行对比，认为其年代在春秋战国之际，墓主为晋国重卿，与赵氏家族有千丝万缕的联系，并结合玄镠戈铭文和文献记载，考证葛家庄M10为赵襄子之墓[2]。庞小霞认同发掘者的意见[3]。李学勤认为玄镠戈为吴器，年代在春秋末年，葛家庄M10为晋墓[4]。赵福寿认为葛家庄M10墓主是邢国归晋后，自楚投晋而被封为邢大夫的申公巫臣[5]。杨博也认为葛家庄M10所出玄镠戈为吴器，而墓主人应为申公巫臣，而非赵襄子或赵氏家臣[6]。

葛家庄M10的年代和墓主身份的判定主要依据与太原金胜村M251的对比研究，并结合玄镠戈铭文及相关文献记载所推知。已有的研究认为葛家庄M10的年代与太原金胜村M251年代相同，或稍晚一些，墓主为赵襄子或申公巫臣。细细梳理，葛家庄M10随葬器物虽与太原金胜村M251同类器相似，但是葬俗却有很大的差别，以往研究完全忽略了这一点。

二、墓葬年代判定

墓主身份的判定是以墓葬年代的判定为基础和前提的，因此有必要先讨论葛家庄M10的年代问题。该墓由于被盗严重，器物残缺不全，青铜容器大多不存。葛家庄M10：119-A器盖上所饰的蟠虺纹与侯马上马墓地M1002：7铜鼎[7]腹部蟠虺纹、侯马上马墓地M15：13铜甗[8]甑部蟠虺纹、太原金胜村M251：537铜簠[9]器身上的蟠虺纹相似（图一）。葛家庄M10：30鼎足和太原金胜村M674出土的附耳蹄足蟠螭纹鼎足[10]相似（图二）。太原金胜村M251和M674、侯马上马墓地M1002和M15的年代为春战之交。李学勤通过对玄镠戈M10：1的研究，也认为该墓的年代在春秋末年，所以将葛家庄M10的年代定在春战之交是没有太大问题的。春战之交是个相对模糊的概念，是一个年代范围。在这个年代范围内，太原金胜村M251的研究取得了较大进展，墓葬年代和墓主身份基本确定，是这个时期墓葬断代的标尺。太原金胜村M251墓主原有赵简子和赵襄子二说。发掘报告通过和长子M7、潞河M7等墓葬对比，分析认为M251的埋葬时代为春秋晚期，具体年代在公元前475～前450年，墓主是赵简子[11]；姑射亦认为M251墓主为赵简子，绝对年代不晚于公元前475年[12]；李建生则提出1994年太原金胜村发掘的M674、M673等墓葬，墓主为赵卿的属臣，时代与M251相当，从而佐证M251墓主为赵鞅（？～公元前475年）[13]。另一些学者则持不同意见。例如，陈秉新通过对赵氏戈铭文考释，认为M251墓主为赵襄子[14]；张崇宁对《赵氏戈铭考》一文提出商榷，并结合M251墓中青铜戟等器物，认为墓主为赵襄子的可能性极大[15]。目前的主流观点认为太原金胜村M251墓主是赵简子。根据文献记载，赵简子死于公元前475年。葛家庄M10和太原金胜村M251随葬器物、纹饰相似，年代应相当或稍晚。关于春秋、战国的节点，公元前453年赵氏联合韩、魏灭掉智氏，已逐渐形成独立的国家[16]，所以本文采用公元前453年韩、赵、魏三家分晋作为春秋、战国的分界线。

既然葛家庄M10的年代为春秋末年或春战之交，那么，葛家庄M10墓主为申公巫臣之说，当不成立。《左传·成公二年》载，公元前588年，巫臣“将奔齐，齐师新败，曰：‘我不处不胜之国。’遂奔晋，而因郤至。以臣于晋，晋人使为邢大夫”。杜注“邢，晋邑”[17]。巫臣投晋之后在邢邑经营多年，死后其子狐墉继续控制这一地区。《左传·昭公十四年》载，公元前528年邢侯和雍子争鄐田而终被杀。杜注“邢侯，楚

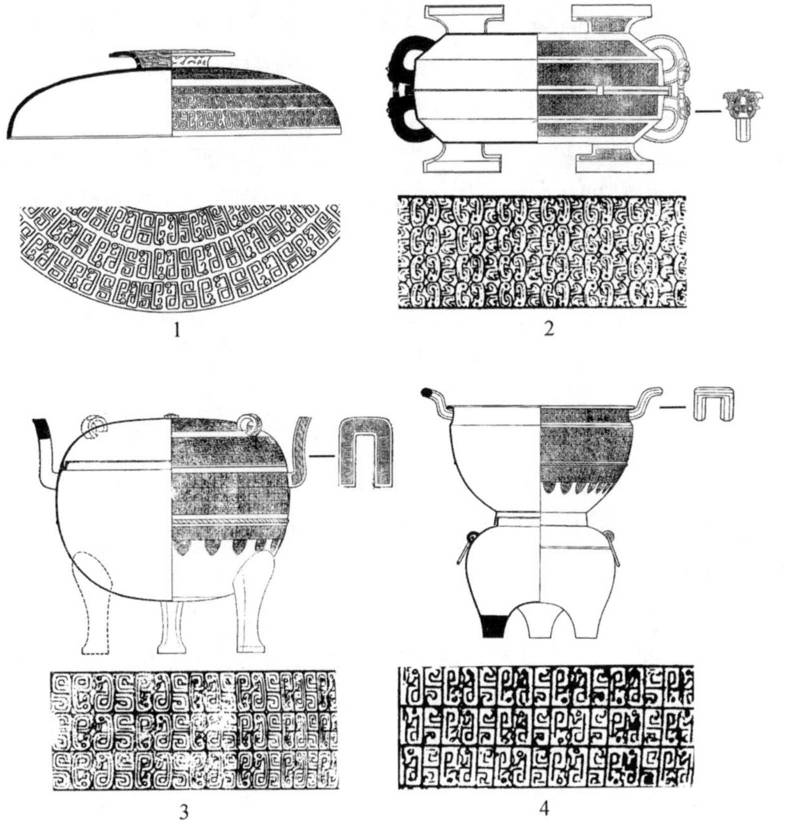

图一 纹饰对比图

1. 邢台葛家庄M10：119-A铜器盖及盖部蟠虺纹 2. 太原金胜村M251：537铜簠及腹部蟠虺纹 3. 侯马上马墓地M1002：7铜鼎及腹部蟠虺纹 4. 侯马上马墓地M15：13铜甗及甑部蟠虺纹

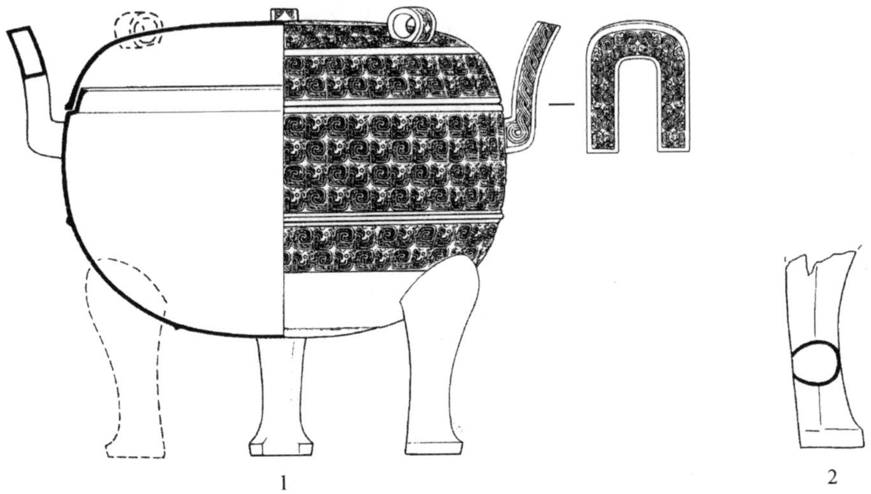

图二 鼎足对比图

1. 太原金胜村M674铜鼎 2. 邢台葛家庄M10：30鼎足

申公巫臣之子也”[18]，学者也多认为此邢侯即巫臣之子狐墉。从文献资料来看，申公巫臣父子的统治年代在公元前588～528年，处于春秋中期，与葛家庄M10的年代不符。

根据文献资料记载，《左传·定公十三年》（公元前497年）晋赵鞅开始由山西晋阳向太行山东麓渗透自己的势力[19]。《汉书·地理志》河南郡中牟县条称“赵献侯自耿徙此”，学者多认为耿即今邢台。邢邑在战国早期还曾做过赵国的都城，时在赵襄子统治期间[20]。从时间角度来看，葛家庄M10的年代可能在赵襄子的统治时间内。

三、葬俗特征比较

上文对葛家庄M10的年代进行了讨论，认为M10年代与申公巫臣统治时间不符，墓葬年代应在赵襄子的统治时间范围内。墓中随葬器物、纹饰等与太原金胜村M251同类器相似，属于晋文化系统，而且从墓葬规模来看，属于高级贵族墓葬，所以，以往就有学者认为墓主可能为赵襄子。

但是从墓葬的葬俗来看，却有很大的不同。葛家庄M10有长墓道、无车马坑，墓葬方向为南北向，头向北，无殉人，而太原金胜村M251无墓道、有曲尺形车马坑，墓葬方向为东西向，头向东，殉4人（墓葬对比图见图三）。赵简子和赵襄子均为嬴姓赵氏，除太原金胜村外，邯郸百家村、邯郸周窑等地也发现了赵氏高等级墓葬。邯郸百家村战国墓地是赵国的贵族墓地，其中M1、M3、M20、M25和M57墓内有殉人，M3和M57墓葬内随葬有铜鼎，墓葬地位较高，且此二墓方向均为东西向。该墓地还发掘了6座车马坑，仅有马坑而无车者2座，马坑车坑兼有者4座，具体属于何墓，简报未提及[21]。邯郸周窑M1，墓葬方向为东西向，东墓道内置一车马坑，西墓道内有殉葬坑，殉2人[22]。邯郸市区西北约8千米的邯郸县陈三陵村至永年县温窑村一带为赵国王陵区，虽未发掘，经过调查，现有5座王陵，坐西朝东，呈东北—西南走向分布[23]。目前来看赵氏家族高等级墓葬方向均为东西向，墓内有殉人（墓葬详细情况见表一）。

三晋同源，青铜器所呈现的特点均属于晋文化系统。葛家庄M10和太原金胜村M251随葬的青铜器绝大多数具有典型的晋文化特点，这一点不足为奇。但是丧葬习俗与墓葬朝向的选择，在一定程度上可能反映着族属的差异，这与祖先崇拜和宗教中灵魂不死的观念有关。但是葛家庄M10的丧葬习俗、墓葬朝向和赵氏贵族墓完全不同，从侧面可以反映葛家庄M10与太原金胜村M251可能不是同一宗族。也就是说，葛家庄M10也不应是赵襄子之墓。

葛家庄M10的墓主究竟为何人呢？根据上文梳理，葛家庄M10的年代应在赵襄子的统治时间内，此时邢地被赵氏家族所控制，既然M10不是赵襄子之墓，那么最有可能是与赵氏家族有关的重卿或属臣。根据李建生的介绍，我们可以了解到太原金胜村除了1988年发掘的大墓M251外，1994年还发掘了M674、M673、M656、M88等6座中型墓，位于M251东100多米，时代与M251年代相当，是相对独立、排列有序的墓群。这6

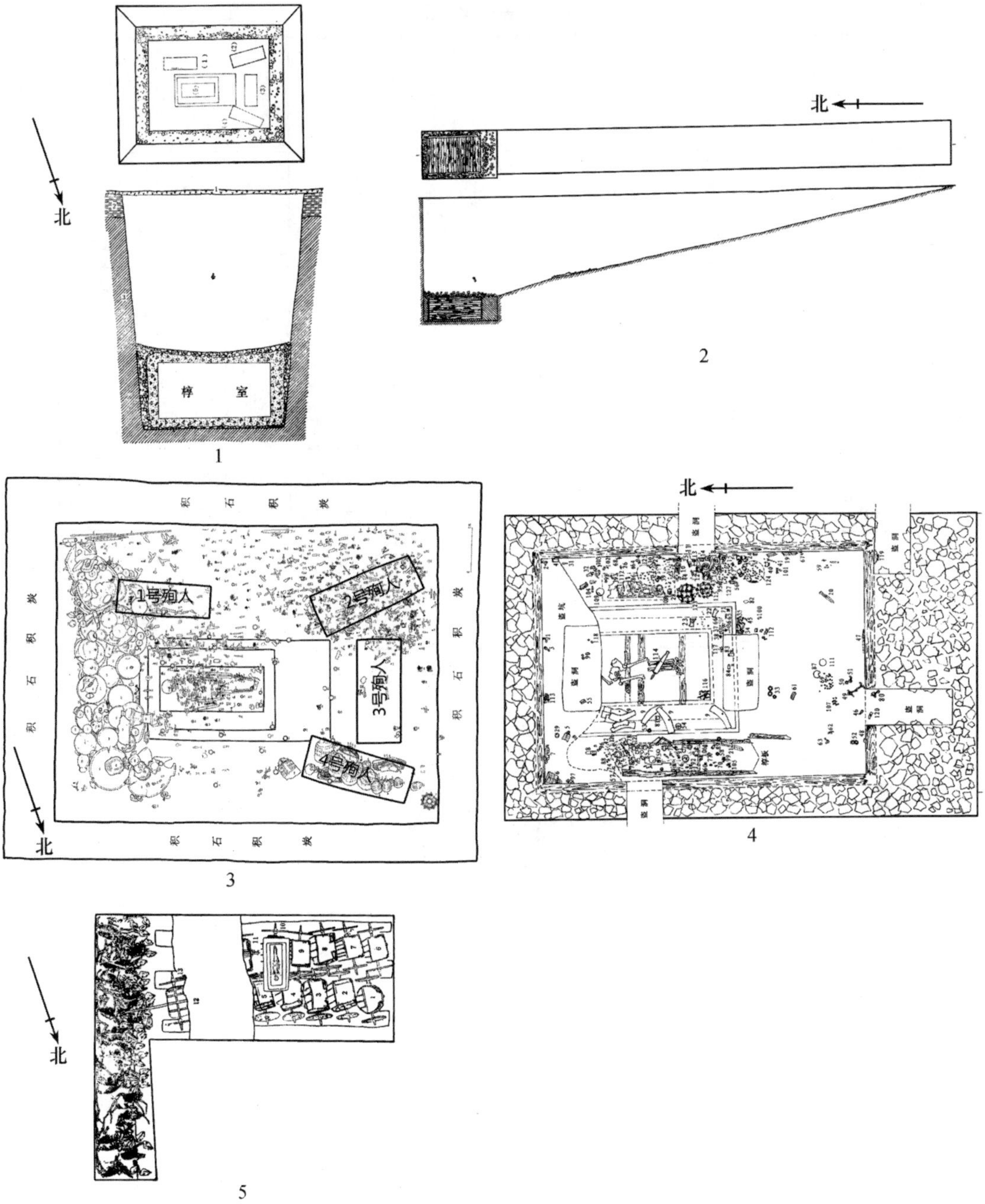

图三　太原金胜村M251和邢台葛家庄M10对比图

1. 太原金胜村M251平、剖面图　2. 邢台葛家庄M10平、剖面图　3. 太原金胜村M251墓室平面图　4. 邢台葛家庄M10墓室平面图　5. 太原金胜村M251车马坑

（1、3、5采自山西省考古研究所等《太原晋国赵卿墓》第7页图二、第16页图三；2、4采自河北省文物研究所等《河北邢台市葛家庄M10号墓的发掘》图一、图二）

表一　高等级墓葬统计表

墓葬	墓葬形制	墓室面积（平方米）	墓道	方向	头向	棺椁形式	葬式	车马坑	殉人	时代
太原金胜村M251	长方形竖穴积石积炭木椁墓	101.2、61.2	无	东西向	向东	一椁三棺	仰身直肢	有曲尺形车马坑	殉4人	春战之交
邯郸百家村M3	长方形竖穴土坑墓	不详、20.5	无	东西向	向西	一棺一椁	仰身直肢	不详	殉3人	战国
邯郸百家村M57	长方形竖穴土坑墓	23.78、16.66	无	东西向	向东	一棺一椁	仰身直肢	不详	殉3人	战国
邯郸周窑M1	“中”字形竖穴土坑墓	181.25、115.92	有，东西向	东西向	不详	两椁：一石一木，木棺不存	不详	有车马坑，在墓道内	殉2人	战国
邢台葛家庄M10	刀形竖穴土坑墓、有砾石	39、39	有，南北向	南北向	向北	一椁三棺	仰身直肢	无车马坑，墓道随葬2车	无殉人	春战之交

注：墓室面积统计中，第一个数据为墓口面积，第二个数据为墓底面积。

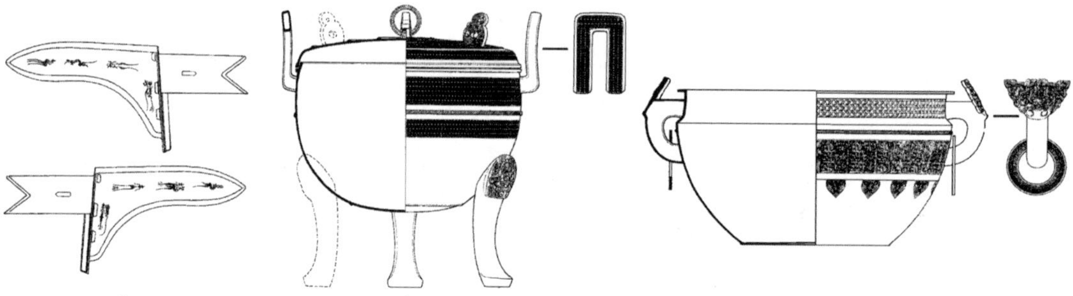

图四　吴国器物

1. 邢台葛家庄M10：1玄镠戈　2. 太原金胜村M674吴国附耳盖鼎　3. 太原金胜村M673吴王夫差鉴

座墓面积均不足20平方米，方向为南北向，头北足南，不见殉人，器物组合以鼎、壶、鉴、编镈为主，少见有豆，不见M251随葬的簠、匜、盘、舟。金胜村M674墓口面积只有M251的五分之一，选择了僭越鼎制，出土了仅次于M251规格的3套鼎和1件大镬鼎，3套鼎分别为附耳蹄足鼎1套（7件晋式升鼎）、吴式附耳盖鼎1套（3件以上，有铭文，待考）、立耳蹄足蟠螭纹鼎一套。除此之外还出土一对蟠螭纹盖壶、一对蟠螭纹鉴、龙凤纹鼓座和饕餮衔龙纹镈钟1套（11件）。金胜村M673距M674很近，为五鼎铜器墓，M673墓中还随葬了一对吴王夫差鉴、一对蟠螭纹莲盖壶、镶嵌红铜龙纹圆壶、蟠螭纹铜罍和明器纽钟一套（8件），吴王夫差鉴腹内壁有铭文："攻吴王夫差择厥吉金，自作御鉴。"金胜村M656出土资料未整理，但出土蟠螭纹甗1件。李建生认为同一墓地，同一时段，M674、M673、M656、M88这4座铜器墓相对独立、排列有序，墓主头向与M251墓主头向不同，不见殉人，未随葬带钩，礼器组合不同，且随葬吴式附耳盖鼎和吴王夫差鉴等吴国器物，这组墓葬的主人并非赵氏家族之成员，有可能是赵卿的属臣，是来自姬姓吴国的贵族[24]。

葛家庄M10和太原金胜村M251、M674、M673、M656、M88的时代相同，或略晚一些。M10虽然被盗严重，器物组合不清，但在椁室北壁出土了1件错金鸟篆文铜戈，中胡三穿，援部不起脊而有明显的刀缘，内部一长穿，穿的外端呈圭首状，内端作歧尖的鱼尾形，援部正、背面有错金鸟篆文铭文，均为援部三字，胡部一字："玄镠赤镛之用戈，擗。"李学勤通过对铭文研究，认为此戈是吴器，年代在春秋末年。金胜村M674出土的一套吴国附耳盖鼎、M673出土的一对吴王夫差鉴与葛家庄M10的玄镠戈处于同一时期，且为一国之物，其应当有一定的联系（图四）。葛家庄M10葬俗和金胜村M674、M673的葬俗相同，均为南北向，头北足南，无殉人。葬俗相同，且均在赵氏统治区域范围内，有理由判断葛家庄M10与金胜村M674、M673的族属可能相同。

葛家庄M10的墓室面积较大，葬具规格较高，且有长墓道，僭越了诸侯之礼。金胜村M674作为赵卿属臣，墓中随葬了仅次于M251的3套鼎和1件大镬鼎，尤其是随葬1套标准晋式七列鼎，也僭越了诸侯之礼，这说明在实力较为强盛的赵氏统治范围内，礼制的僭越要比其他封国严重。从葛家庄M10所出器物来看，其华丽精美程度远远不及金胜村大墓M251所出器物，且随葬少量明器，例如冥器纽钟M10：24（1～8）、鼎足M10：96和鼎足M10：67[25]。除此之外葛家庄M10随葬的礼乐器与金胜村M251随葬的礼乐器不同，金胜村M251随葬编镈19件，均为实用器，葛家庄M10虽然盗扰严重，但仍可以看出镈钟与甬钟、纽钟混杂出土，质量很差。葛家庄M10从残存器物来看，制作不够精细，地位应低于金胜村M251。所以推测葛家庄M10墓主可能是赵卿重臣。从文献记载来看，吴晋关系密切，吴国灭亡后，公元前473年延陵季子的宗族中有一大批人流亡在三晋地区，如春秋末年晋国赵襄子的谋臣延陵玉等。所以葛家庄M10的墓主可能是来自吴国的贵族。

四、结　　语

本文通过对葛家庄M10的年代进行梳理，排除了墓主为申公巫臣之说。从葬俗方面与同时期的太原金胜村M251进行对比，认为葛家庄M10和金胜村M251的葬俗有很大不同，应属于不同的族群，排除了墓主为赵襄子之说。葛家庄M10墓中随葬的吴器玄镠戈与太原金胜村M673、M674墓中随葬的吴王夫差鉴和吴式附耳盖鼎为一国同期之物，均在赵氏统治的时空范围内，应有一定的联系，而且葛家庄M10的葬俗与金胜村M673、

M674陪葬墓的葬俗相同。所以本文推测葛家庄M10的墓主可能是赵卿重臣，是来自吴国的贵族。

注　释

［1］河北省文物研究所，邢台市文物管理委员会. 河北邢台市葛家庄M10号墓的发掘［J］.考古，2001（2）：45-54.

［2］a. 同［1］.

b. 任亚珊，郭瑞海，贾金标. 1993～1997年邢台葛家庄先商遗址、两周贵族墓地考古工作的主要收获［C］. 三代文明研究（一）. 北京：科学出版社，1999：7-25.

［3］庞小霞. 商周之邢综合研究［M］. 北京：社会科学文献出版社，2014：128-129.

［4］李学勤. 论邢台葛家庄玄鏐戈［C］. 三代文明研究（一）. 北京：科学出版社，1999：51-52.

［5］赵福寿. 邢台通史［M］. 石家庄：河北人民出版社，2003：141.

［6］杨博. 邢台葛家庄玄鏐戈考略［J］. 河北青年管理干部学院学报，2010（2）：48-49.

［7］山西省考古研究所. 上马墓地［M］. 北京：文物出版社，1994：43.

［8］同［7］：49.

［9］山西省考古研究所，太原市文物管理委员会. 太原晋国赵卿墓［M］. 北京：文物出版社，1996：45.

［10］李建生. 辉县琉璃阁与太原赵卿墓相关问题［J］. 中国国家博物馆馆刊，2012（2）：6-42.

［11］同［9］：232-245.

［12］姑射. 太原金胜村215号墓墓主及年代［J］. 北方文物，1992（1）：26-29.

［13］同［10］.

［14］陈秉新. 读金文札记二则［J］. 东南文化. 2000（5）：80-81.

［15］张崇宁. 太原金胜村215号墓主探讨［J］. 中国历史文物，2005（1）：64-68.

［16］刘绪. 晋与晋文化的年代问题［J］. 文物季刊，1993（4）：83-87.

［17］杨伯峻. 春秋左传注［M］. 中华书局，1990：805.

［18］同［17］：1366.

［19］同［17］：1589-1592.

［20］孙继民. 战国赵都迁耿管见［C］. 邢台历史文化论丛. 石家庄：河北人民出版社，1990：204-217.

［21］河北省文化局文化工作队. 河北邯郸百家村战国墓［J］. 考古，1962（12）：613-634.

［22］河北省文管处，邯郸地区文保所，邯郸市文保所. 河北邯郸赵王陵［J］. 考古，1982（6）：597-605.

［23］同［22］.

［24］同［10］.

［25］鼎足M10：96和鼎足M10：67未在简报上发表，这两件器物是参与葛家庄墓地整理时获得的材料。

Study on the Identity of the Owner of Tomb M10 in Xingtai Gejiazhuang

ZHANG Ling

Gejiazhuang M10 is the largest tomb in Xingtai during the Spring-and-Autumn period. At present, most scholars believe that the chronological of M10 Tomb is at the period between the Spring-and-Autumnperiod and the Warring Statesperiod, and there is little disagreement. As for the identity of the owener of Tomb M10, there are two main statements: Zhao Xiangzi and Shen Gong Wu Chen. Through the comparison with the funerary objects and burial customs of the tomb M251, M674, M673, M656 and M88 in Jinsheng village of Taiyuan city, this paper holds that the tomb owner of M10 in Geguzhuang is a key official of Zhao Qing, probably an aristocrat from the state of Wu.

东周时期中国北方与贝加尔地区的文化交往

权乾坤　杨建华

（吉林大学考古学院，长春，130012）

从青铜时代开始，贝加尔地区与蒙古高原以及中国北方在金属器方面有着密切的联系，根据这种联系可以将其划为“中国北方-蒙古高原冶金区”[1]。它们之间的青铜器中晚期，即相当于中国北方的夏家店上层文化时期，从工具武器到饰品都有着很大的相似度。在世纪之交俄罗斯学者公布了一批贝加尔湖北部的北贝加尔斯克地区出土的重要材料，科学发掘后整理出的详细描述[2]，使我们准确地了解到相关墓葬的形制和随葬品数量以及放置位置。通过分析，可以看出在青铜时代晚期和铁器时代早期的上述地区存在文化交往，并且在文化交往的过程中展现出相当的复杂性。而这种联系为匈奴时期的兴起奠定了文化基础。

一、贝加尔斯卡耶31号墓地相关情况

贝加尔斯卡耶31号墓地位于贝加尔湖西北岸，在俄罗斯联邦行政区划上属于布里亚特共和国北贝加尔斯克市贝加尔斯卡耶村，距市中心西南41千米，列利河口左岸。墓地位于距贝加尔湖东南0.2千米处的坡地上（图一）。1999～2002年由A. V. 哈林斯基（А. В. Харинский）带队进行了发掘，共清理8个墓葬。我们选取保存最好、随葬品比较丰富的M1、M3、M5、M8进行分析研究。

M1墓葬地表呈椭圆形，面积为2.2米×3.5米，墓向135°，由一层从5厘米×8厘米到34厘米×46厘米大小不等的石头围筑而成。除墓东南部有三块竖立的石头外，其余石头均为水平放置（图二，1）。墓坑略偏于西北部，面积为0.65米×1.3米，深40厘米。坑顶部压有四块石头（图二，2）。 在墓坑内的西南角和东北角，以及墓坑的北壁均发现有烧骨。通过辨识，其中一些骨骼为墓主人的腿骨和盆骨。墓坑的西南部找到下颌骨（图二，3）。在东北壁附近找到了臂骨。从残留骨骼的分布状况分析，可判断该墓葬为屈肢葬，且头向东南。

M1出土随葬品包括铁刀、饰牌以及骨制品。其中铁刀1件，发现于墓的东南部，刀身残缺，刀尖上翘（图三，1）。S形铁饰牌（原报告称作蝴蝶状饰牌）2件，出土于墓的西南边缘，其中1件上下两部分各有一个格里芬状的鸟头图案，朝不同方向；另1件纹

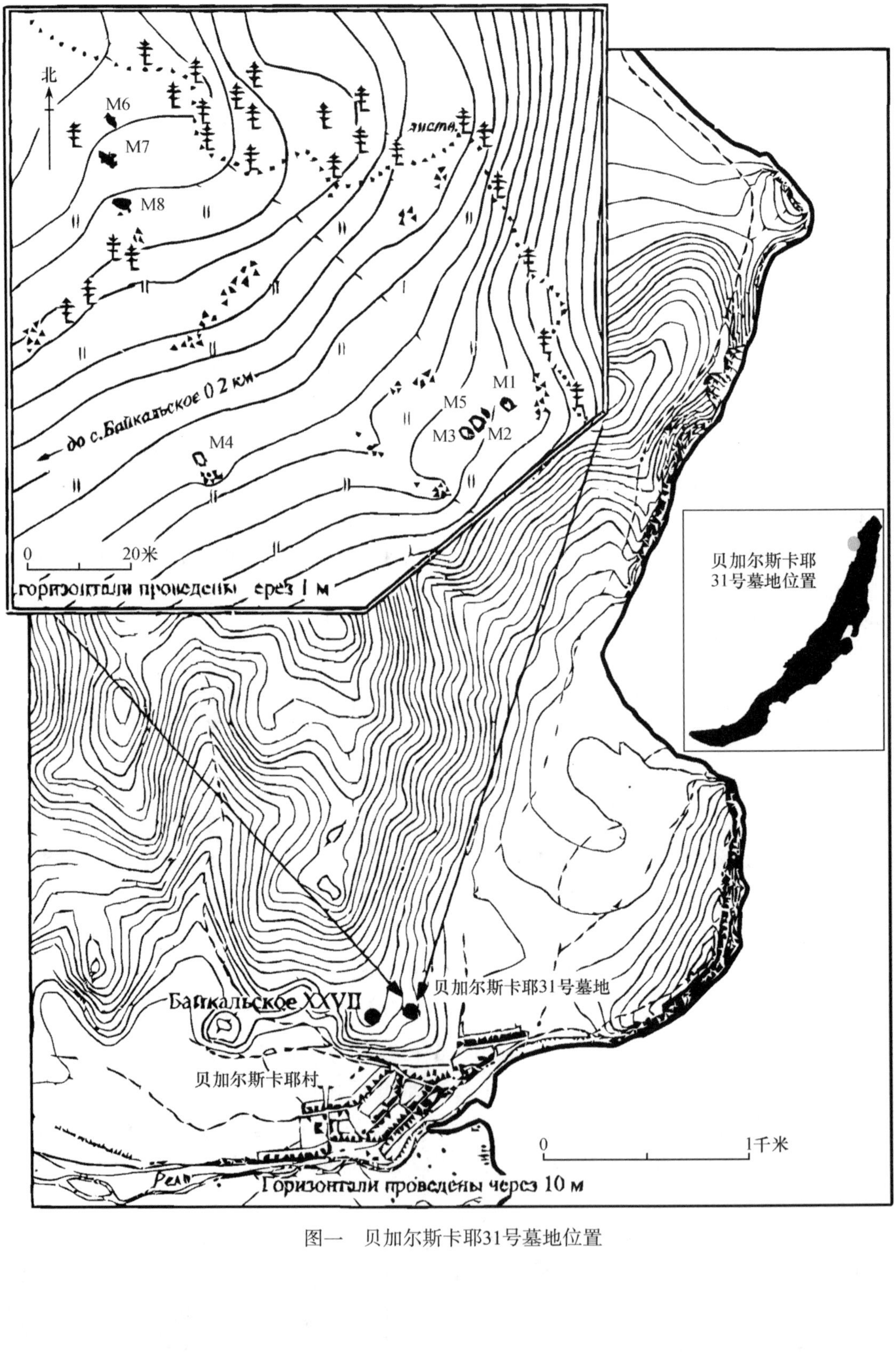

图一　贝加尔斯卡耶31号墓地位置

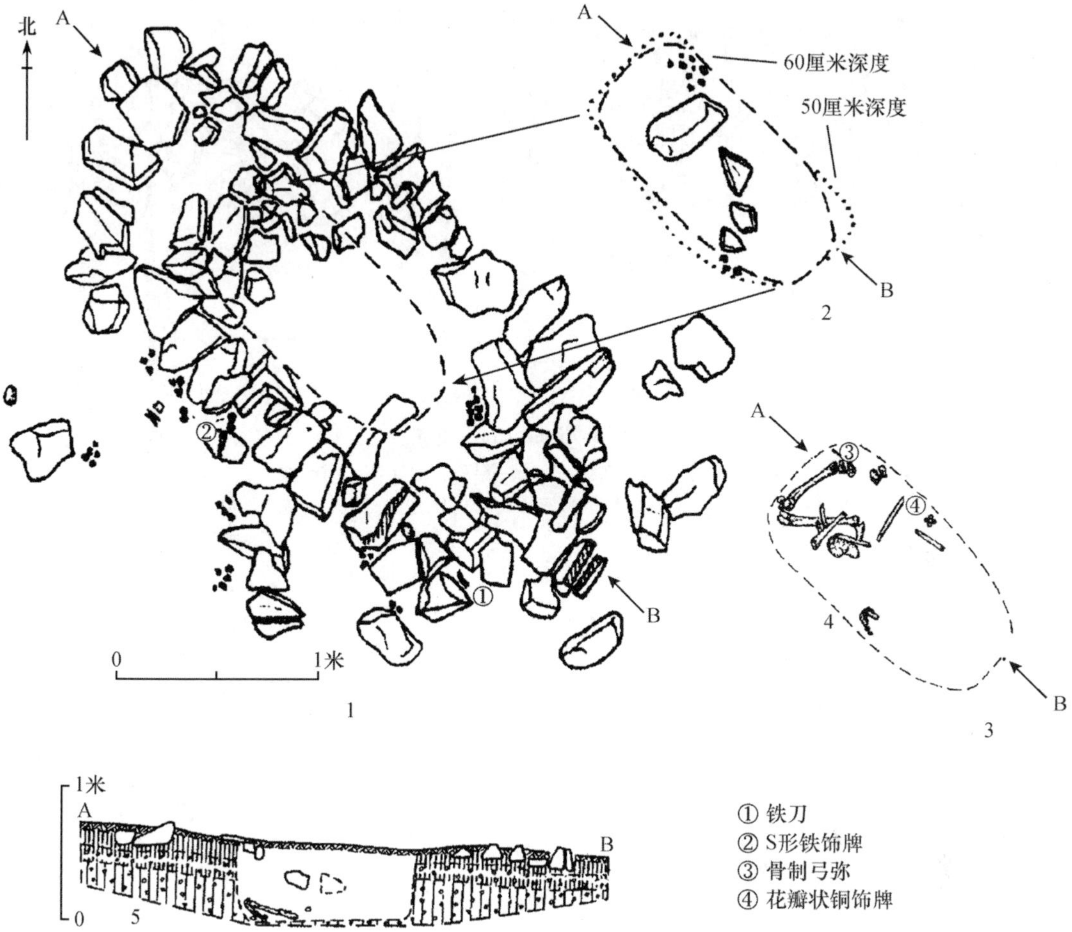

图二 M1墓葬形制

（改自А. В. Харинский，2004[2]）

饰不清晰。背部有纽（图三，2）。花瓣状铜饰牌1件，出土于墓坑东北壁的臂骨附近，呈四瓣状，背面附桥形纽，四个花瓣上均有圆形小孔，小孔处有放射线装饰（图三，4）。骨制弓弥2件，出土在腿部附近，端部有凹槽，用来固定弓弦（图三，3）。从器物出土的位置看，弓应该是放置在身体一侧的腿附近；花瓣状铜饰牌为服装上的扣饰；S形铁饰牌和铁刀都是填埋后放置在地表的石堆中。

M3位于M1西南7米处，呈椭圆形，面积为2.2米×3.4米，墓向135°。地表堆有一层石头，大小不一，从5厘米×9厘米到28厘米×43厘米不等。在墓的西南垂直竖立了两块石头（图四，1）。墓坑位于整个墓结构的中心正下方。墓坑底部尺寸为0.7米×1.45米，深40厘米，墓向125°。墓底上方10多厘米处开始填埋石头（图四，2），东南部有一块立石。墓主人头骨部分残存，位于墓坑的东南部，左颞骨朝下，应为侧身葬，头朝东南（图四，3）。坑的长度很小，故推测为屈肢葬。

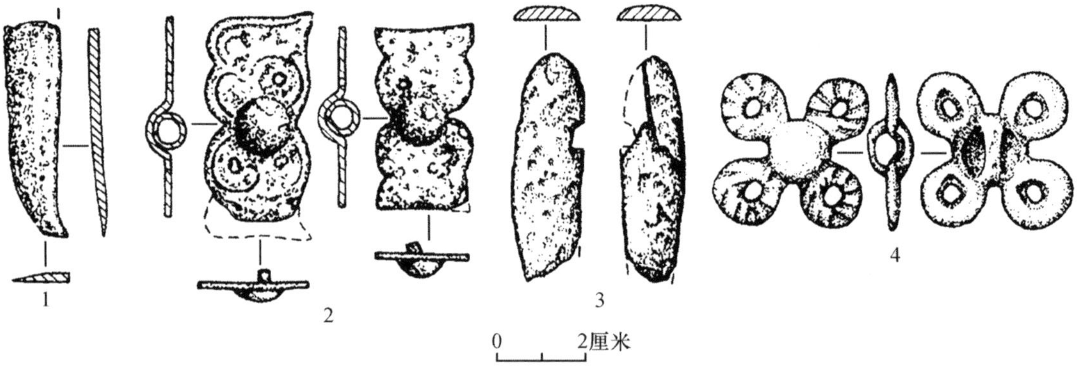

图三　M1出土随葬品

（改自A. B. Харинский，2004[2]）

1. 铁刀　2. S形铁饰牌　3. 骨制弓弥　4. 花瓣状铜饰件

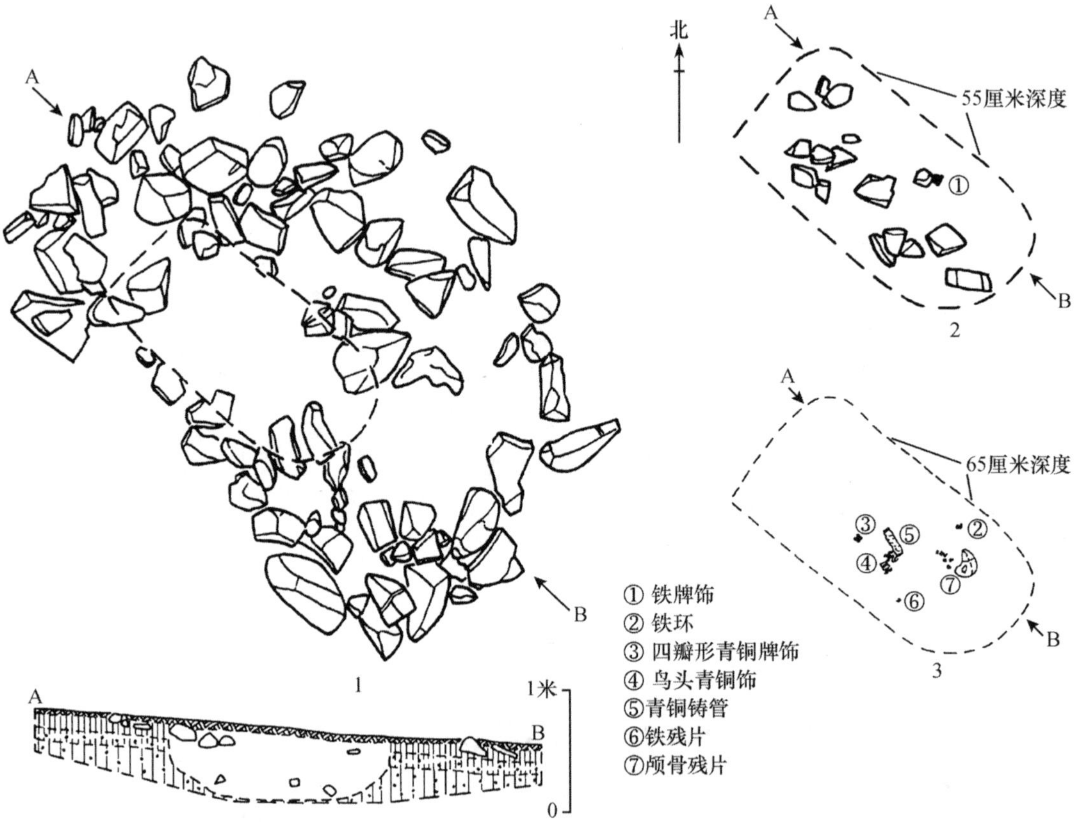

图四　M3墓葬形制

（改自A. B. Харинский，2004[2]）

随葬品以金属制品为主。其中包括S形铁饰牌4件，发现于墓坑东南部填土10厘米左右的石堆中，与M1的铁质饰牌相似，但饰牌上的纹饰不清晰，制作也比较粗糙（图五，1）。铁环3件，发现于枕骨附近，可能被用作辫饰（图五，2）。四瓣形青铜饰牌1件，发现于墓坑中部，饰牌背面附有桥形纽，残留的皮革条从纽中穿过，显然借助它可以将饰牌缝合在衣服上（图五，3）。鸟头青铜饰2件，发现于墓主人腰部附近，为带有四个格里芬状鸟头的青铜饰牌，鸟头两两相对。背部附有桥形纽，有皮带穿过，其中一个皮带的一端扎成一个结以防止滑落（图五，4）。青铜铸管1件，发现于鸟头饰牌的东北部，上面装饰着间断的弦纹，可能是鞭子的手柄。柄内留有皮带残余（图五，5）。从器物出土的位置看，四瓣形铜饰牌应该是在腰部以下服装上的扣饰，鸟头青铜饰牌是腰带饰，青铜铸管应该别在腰带上，头部为由铁环做成的束发器。与M1相同，4个S形铁饰牌也是放置填土的石堆中。

M5在M1和M3之间，地表无大范围积石，只在墓坑上面有较窄的石堆，石头大小从7厘米×9厘米到45厘米×50厘米不等。石堆范围呈椭圆形的，0.7米×1.7米。墓坑为椭圆形，0.5米×1.8米。墓坑壁垂直，底部水平，深25厘米。在清理墓时，沿着墓壁发现了约1厘米厚的褐色条带，为盖在墓主人身上的白桦树皮（图六，1、2）。墓主人为

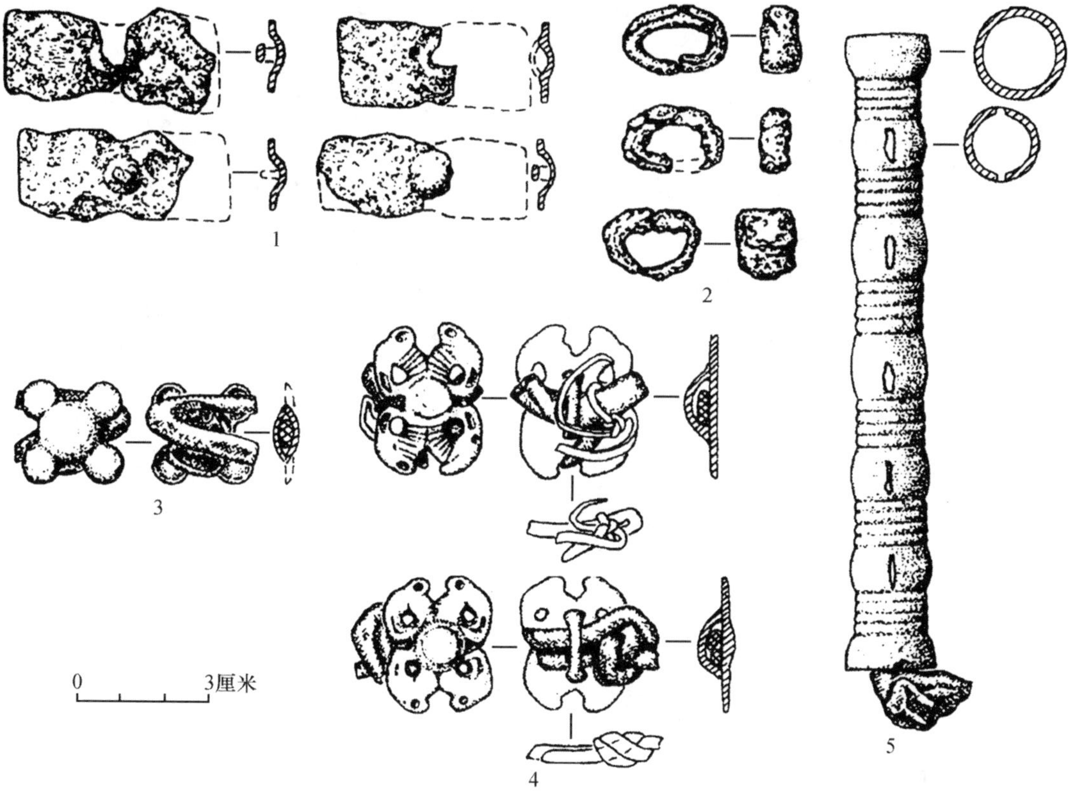

图五　M3出土随葬品

（改自A. B. Харинский，2004[2]）

1. S形铁饰牌　2. 铁环　3. 四瓣形青铜饰牌　4. 鸟头青铜饰　5. 青铜铸管

年轻女性，葬式为仰身直肢，头向东南，约140°。右臂沿身体延伸，左臂在肘部略微弯曲。头骨被压碎，骨骼保存较差，手和脚以及大部分肋骨和脊柱均未保存。该墓发现了几十件饰牌，分别装饰在头部、颈部、前胸以及腿部（图六，3）。

M5出土随葬品较丰富。在头骨上发现3件铜饰牌，分布在额头前的左、中、右三个位置，饰牌分别为2件双联的四瓣形（图八，11、12）和1件三联的四瓣形饰牌（图八，8），应该是缝缀在帽饰上的。在颈部有一串两端为圆形的锯齿形饰牌（图八，1、2、9、10）。在其旁边分布有4件8字形饰牌，背部有纽（图八，3～5、14）。胸前有装饰着各式青铜饰牌的条带。一共可见四组条带（图七，1）。墓主人左侧第一条上装饰有10件双联四瓣饰牌（原报告仅有文字描述，未提供线图）。第二条上（图七，1最右侧）装饰有13件三联四瓣饰牌。再往右第三条装饰有8件锯齿状两端呈圆形的青铜饰牌

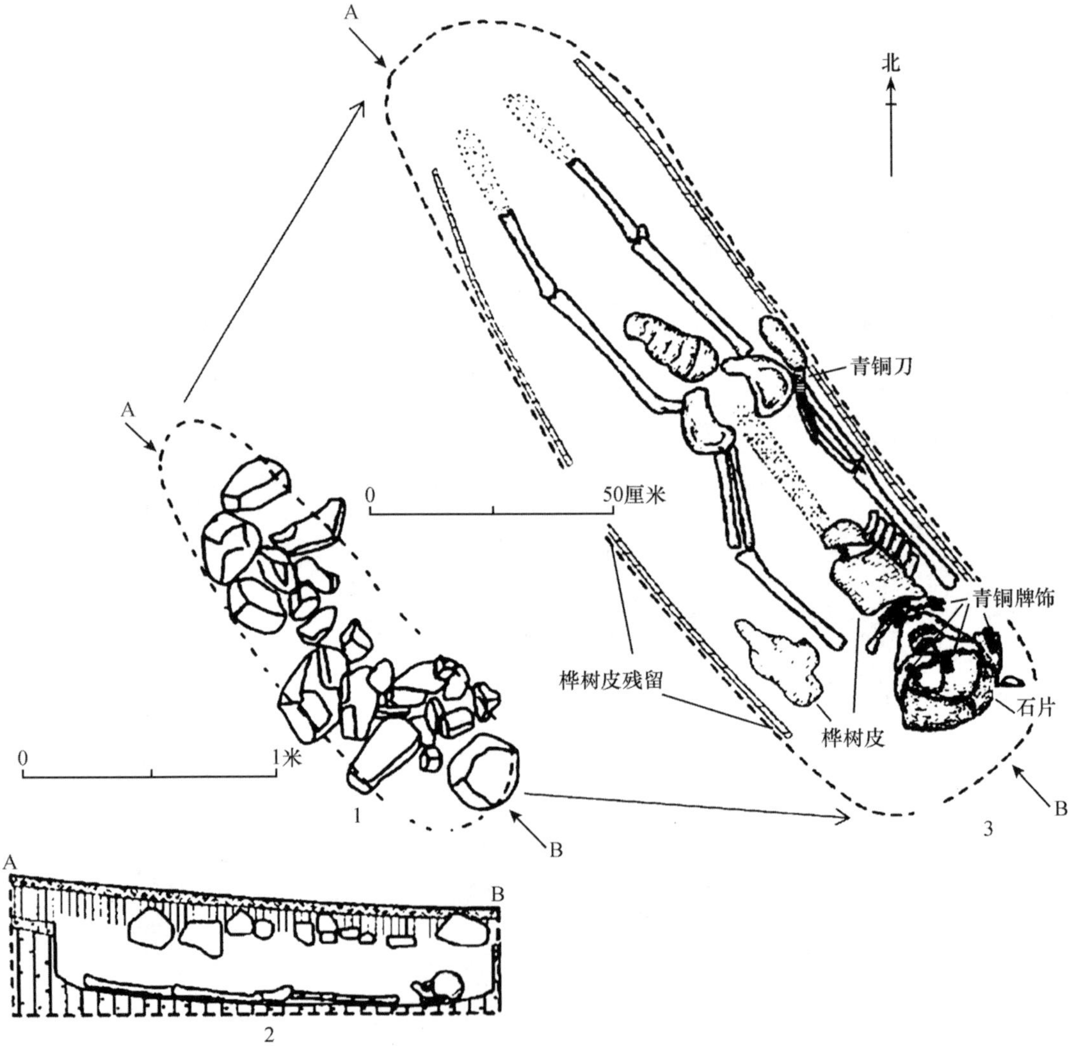

图六　M5墓葬形制

（改自А. В. Харинский，2004[2]）

装饰，再往下是一件锯齿形和一件双联四瓣饰牌。第四条条带叠压在第三条之上，条带上半部分别装饰有4件三联四瓣饰牌，下部装饰有9件双联四瓣饰牌（大多已脱落）。在第四条条带的右侧分布有一列8字形铜饰牌（原报告仅有文字描述，未提供线图）。此外，在胸部的装饰品附近发现了几件单独的青铜饰牌和1件圆形青铜珠（图八，13、15）。整体上看，这些条带上有些地方是空白的，按照排列规律分析，曾有过饰牌，只是因为埋藏环境的原因脱落，从而散落在墓主人上身的其他地方。在墓主人的两腿之间发现两个皮革条，向下逐渐变细，宽6～8厘米，长11厘米，很可能被编成辫子。横截面呈椭圆形的青铜套箍挂在条带上。右侧条带上固定有28件套箍，左侧条带上固定有29件套箍（图七，3）。除上述青铜饰牌外，还发现有1件青铜刀，位于墓主人右手附近，刀尖朝向头的方向。刀柄上保留了木柄碎片，由0.5厘米宽的皮带包裹（图七，2）。此外还在墓坑东南部的头骨附近发现燧石石片（图八，16）。

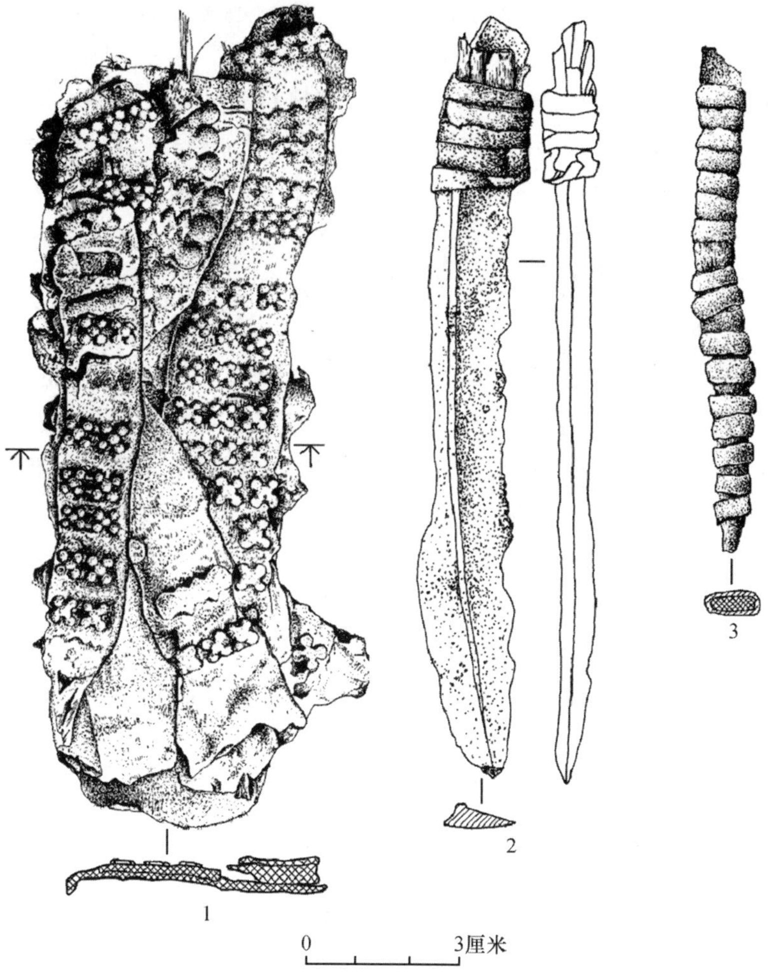

图七　M5 出土随葬品（一）
（改自A. B. Харинский，2004[2]）
1. 条带　2. 青铜刀　3. 皮革条

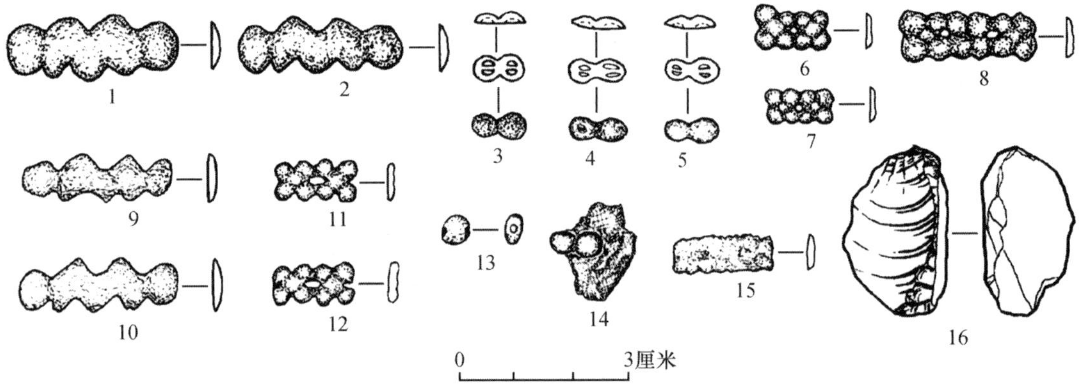

图八　M5 出土随葬品（二）

（改自А. В. Харинский，2004[2]）

1、2、9、10.两端为圆形的锯齿形饰牌　3～5、14. 8字形饰牌　6、7、11、12. 双联四瓣饰牌
8.三联四瓣饰牌　13. 铜珠　15. 矩形铜片　16. 燧石石片

M8呈椭圆形，面积为1.6米×3米，由一层紧密铺设的石头覆盖。墓葬中心区域的石头尺寸略小于周边的石头，中心区石头大小从8厘米×8厘米到17厘米×35厘米，而周边的石头从15厘米×15厘米到30厘米×58厘米不等。墓坑位于墓葬中部下方，呈椭圆形，尺寸为0.55米×1.85米，深0.3米。墓坑的底部发现了一具男性遗骸，葬式为仰身直肢，头向115°。面部朝着脚的方向。手肘部弯曲，略抬起。骨头保存情况很差，肩胛骨，锁骨，肋骨，骨盆，以及大部分脊柱，脚和手均未保留。

在墓主人下腹与腿骨之间的区域发现了6件可能是装饰在皮带上的铁质S形饰牌。其中3件位于一排，位于股骨上方，呈一字排列，应该是装饰在身前的皮带上，另外3件饰牌位于腰下，所以这6件饰牌是固定在腰带上的，而且腰带是死者下葬时佩戴在身上的。在其左手的附近发现一把青铜刀，刀尖朝逝者的肘部。手的附近有一个圆形的骨制品。头骨的左侧，发现了一个带有两个圆形孔的梯形骨带扣。在带扣的南部发现了红色的鹅卵石。

二、与中国北方相关遗存的类比分析

这4座墓葬的共性是朝向大体相同，基本都是东南向。按照葬式可以分为两类，M1和M3 为有立石的积石墓，侧身屈肢葬，M5和M8为不发达的积石墓，积石面积略小，基本就在墓坑的上方，没有立石，仰身直肢葬。在随葬品摆放的习俗方面，M1和M3的S形饰牌都是一对，放置在积石中；而M5和M8的饰牌数量多，固定在服装或者带饰上，穿戴在死者身上下葬。

从随葬品的种类和形制看，M1、M3和M8都随葬S形饰牌，尽管使用方法不尽相同；M5随葬大量的联珠纹饰牌。从装饰的部位看，M8是装饰在腰带上，M5是装饰在头部、颈部、胸部等，但是没有腰部装饰。

贝加尔斯卡耶31号墓地的这4座墓葬，与中国北方地区的同时期文化有很密切的关系，在器物和葬俗方面也有很多相似的地方。

M1的四瓣形铜泡与桃红巴拉[3]的相似（图九，6），S形饰牌有清晰的纹饰，与毛庆沟墓地[4]的早期墓葬的相似（图九，8）。根据已有的研究，内蒙古的这2座墓葬的年代在春秋战国之际。

M3的S形饰牌没有纹饰，制作粗糙，年代比较晚，见于毛庆沟墓地晚期和水泉墓地[5]（图九，9），年代在战国中期左右。这里的四瓣形泡饰与内蒙古呼鲁斯太墓葬[6]的相似（图九，7），年代也接近战国中期。四鸟头饰牌与毛庆沟M44的相似（图九，10），这个墓的年代介于毛庆沟墓葬的早期偏晚，应该在战国前期。

M5的随葬品完全不同，只出土联珠纹饰牌。双联珠纹的年代跨度很大，在夏家店上层文化[7]和毛庆沟墓地代表的内蒙古岱海地区墓地[8]都有出土（图九，2，3）。两端圆形的锯齿形饰牌多见于内蒙古岱海地区（图九，4），双联或三联的做法与内蒙古的双排联珠纹应该有关（图九，5）。但是内蒙古的联珠纹都是装饰腰带饰的。M5的饰牌缝缀在皮条上，其排列和玉皇庙墓地[9]的非常相似（图九，1）。M5的皮条保存完好。这也给我们一个启示，玉皇庙文化中的饰牌很可能也是这样缝缀在条带形的织物或是皮条上，因为两者的饰牌的排列形状基本相同。但是M5的饰牌是装饰在胸前，而玉皇庙墓地的饰牌是装饰在腰部和腿部，而且饰牌形状完全不同。贝加尔地区只有各种变形的联珠纹，而玉皇庙文化的种类很多，分为动物纹和几何纹两大类（图九的1装饰的

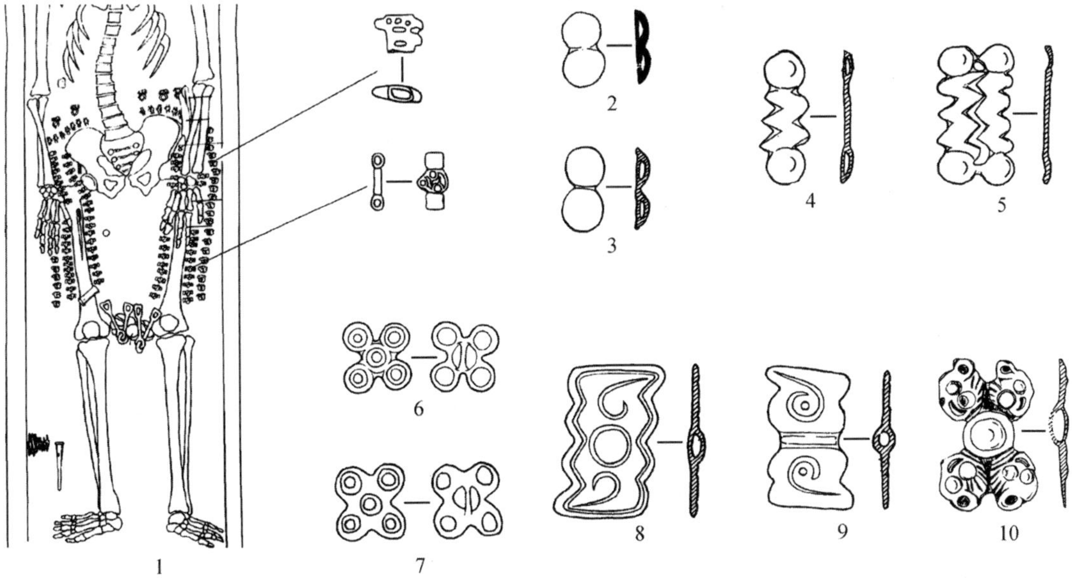

图九　中国北方相关遗存举例

1. 玉皇庙M52　2. 小黑石沟M9601：433　3. 忻州窑子M34：8　4. 毛庆沟M2：4　5. 毛庆沟M2：8　6. 桃红巴拉M1：30　7. 呼鲁斯太M2：7　8. 毛庆沟M63：1⑥　9. 毛庆沟M31：1②　10. 毛庆沟M44：5

是鹿纹与变形鸟纹），文化的发达程度完全不能相比。M5的年代应该在玉皇庙文化和毛庆沟墓地之间，即春秋晚期到春战之际。

M8的S形饰牌没有发表图，但是用法非常清楚，是固定在腰带上的，身上和身下都有。但是从出土的刀来看，年代应该与M5的相同，因此年代应该早于M1或大体同时。

我们再结合简报的作者给出的年代，M1为公元前358～公元2年，M5为公元前757～前382年，M8为公元前338～公元129年。这3座墓中，M5最早，M1和M8基本同时，与我们根据器物形态分析的结果是一致的。可惜M3没有测年，根据器物分析其年代应该是最晚的。

三、结　　语

通过我们对这4座墓的分析以及与中国北方相关文化的比较可以看出，这4座墓不仅存在着年代的差别，而且还有文化属性的不同。总体上分为有立石的积石墓和无立石的仿积石墓两大类，这两类分别体现了当地文化传统与外来文化传统。前者的M1和M3是当地的石板墓传统，有立石，与后来当地的匈奴积石墓也有承袭关系，但是M1 和M3的侧身屈肢葬比较少见，石板墓[10]有少量屈肢较轻的墓葬。2座墓的年代有所差异，M3略晚于M1，体现了这个传统的自身延续。无立石的仿造积石墓M5，年代很早，与中国北方的葬俗相近，但是到了这里受到当地文化的影响，也在仿造积石的特点。M8也是仿造积石墓的做法，其中S形饰牌的用法与中国北方内蒙古地区的使用方法相同，即装饰有饰牌的腰带是佩戴在身上下葬的（如毛庆沟M43，M3等）。而在中国北方的宁夏地区，装饰有这种饰牌的腰带有的是戴在身上下葬，有的是把腰带放在墓穴的某一个位置，例如王大户M1[11]出土了一副完整的带饰，包括1件带钩和13件S形饰牌，放置在人骨肩部南侧的一块树皮上[12]。

总之，从贝加尔斯卡耶31号墓地可以看出，中国北方冀北地区的玉皇庙文化和内蒙古毛庆沟类型都与贝加尔地区有着文化联系，见证了中国北方-蒙古高原冶金区内各种文化因素交织在一起的复杂面貌。

注　　释

［1］ 杨建华，邵会秋，潘玲. 欧亚草原东部的金属之路［M］. 上海：上海古籍出版社，2016.

［2］ Харинский, А. В. Погребальный ритуал населения Северного Прибайкалья в середине I тыс. до н. э.—начале I тыс. н. э.: по материалам могильника Байкальское XXXI［C］. *Центральная Азия и Прибайкалье в древности*. Вып. 2. Улан-Удэ: Издво БГУ, 2004: 134-150.〔A. V. 哈林斯基. 公元前一千纪中叶到公元一千纪贝加尔北部人群的墓葬习俗（以贝加尔斯卡耶31号墓地材料为基础）［C］. 古代亚洲中部与贝加尔（第2辑）. 乌兰乌德：布里亚特国立大学出版社，2004：134-150.〕

［3］ 田广金. 桃红巴拉的匈奴墓［J］. 考古学报，1976（1）.
［4］ 内蒙古文物工作队. 毛庆沟墓地［C］. 鄂尔多斯式青铜器. 北京：文物出版社，1986.
［5］ 内蒙古自治区文物考古研究所. 凉城县水泉东周墓地发掘简报［J］. 草原文物，2012（1）.
［6］ 塔拉，梁京明. 呼鲁斯太匈奴墓［J］. 文物. 1980（7）.
［7］ 刘国祥. 夏家店上层文化青铜器研究［J］. 考古学报，2000（4）.
［8］ 内蒙古自治区文物考古研究所，内蒙古自治区文物保护中心. 岱海地区东周墓群发掘报告［M］. 北京：科学出版社，2016.
［9］ 北京市文物研究所. 军都山墓地：玉皇庙［M］. 北京：文物出版社，2007.
［10］ A. Д. 策比克塔洛夫著，孙危译. 蒙古与外贝加尔地区的石板墓文化［M］. 北京：商务印书馆，2019.
［11］ 宁夏文物考古研究所等. 王大户与九龙山：北方青铜文化墓地［M］. 北京：文物出版社，2016.
［12］ 杨建华，李宜峰. 东周时期北方腰带饰的起源与传播［J］. 西域研究，2018（2）.

The Cultural Communication of the Northern China and the Baikal Area in the Eastern Zhou Dynasty

QUAN Qian-kun　YANG Jian-hua

The Bronze Age culture around Lake Baikal has close ties with northern China. Especially in the middle and late Bronze Age, there is a great similarity from tools, weapons and accessories. This paper analyzes in detail the Baikalskaye Cemetery No. 31 in the northwestern part of Lake Baikal. It conducts research from the aspects of tomb structure, burial objects, absolute age, etc., and compares the Yuhuangmiao culture in northern China, the Maoqinggou type, etc., which are considered to belong to “The Northern China—Mongolian Plateau Metallurgical Zone”, but also has different cultural characteristics.

苏贝希文化洞室墓研究

孙少轻

（河北省文物考古研究院，石家庄，050031）

洞室墓是墓葬结构中较为特殊的一种，根据墓道形制的不同，可分为竖穴洞室墓和斜坡墓道洞室墓两大类。本文所指为前者，一般由竖穴墓道和洞形墓室构成，墓室开于竖穴墓道的一端或侧壁，双墓室一般开于“对称”的两侧。由于洞室的位置与进深不一，学术界亦有称之为“土洞墓”“偏室墓”“侧室墓”“偏洞室墓”等，其实是同一类墓葬的不同亚型罢了。根据墓室所在的位置，其平面形状可分为“凸”字形、“曰”字形和“日”字形三大类[1]，双墓室或可称为“目”字形。早期铁器时代，苏贝希文化中洞室墓的来源一直是学术界关注的一个焦点，尤其是与甘青地区沙井文化和伊犁河流域索墩布拉克文化之间洞室墓关系的争论，至今仍莫衷一是。

一

就苏贝希文化洞室墓的来源，目前学术界有两种截然不同的观点：来源于甘青地区的沙井文化、来源于伊犁河流域的索墩布拉克文化。前者可以陈戈[2]、郭物[3]为代表，后者可以韩建业[4]、刘建锋[5]为代表。

陈戈较早讨论了新疆地区的洞室墓问题。作者从年代早晚、形制结构、文化内涵，以及文献记载等方面对洞室墓做了综合分析，认为新疆地区的洞室墓来源于甘青地区的洞室墓传统，尤其是沙井文化的洞室墓，宁夏同心倒墩子墓地的洞室墓也与之关系密切，而沙井文化的洞室墓则传承自当地青铜时代文化。郭物的认识与之大致相同。由于文章发表年代较早，作者所掌握的材料有限，以前的结论如今看来有值得商榷的地方。

韩建业亦从年代关系、形制结构、文化内涵方面系统梳理了中国先秦时期的洞室墓谱系，认为苏贝希文化的洞室墓来自伊犁河流域，属于洞室墓“西方传统”的“天山支系”；沙井文化的洞室墓是天山地区洞室墓进一步东传的结果，称为“西方传统”的“河西支系”。

但是苏贝希文化洞室墓来源于伊犁河流域的认识仍有待进一步廓清，而沙井文化洞室墓来自天山地区的观点尚需讨论。

刘建锋虽也认为伊犁河上游地区的洞室墓先后影响到了新疆天山以北、以南地区，且伊犁河上游洞室墓与同时期沙井文化洞室墓有着一定程度的文化交流，但也指出沙井文化洞室墓来自伊犁河流域的观点目前缺乏有力证据。由于作者的着力点是伊犁河上游地区的洞室墓，对东部洞室墓的分析比较粗略，对伊犁河上游洞室墓“东传”的分析也尚待明晰，而与甘青地区沙井文化洞室墓之间的关系等问题更是有待进一步地讨论。

上述观点之外，吕恩国根据洋海墓地的资料，结合相关文献记载和其他墓地的考古资料，提出了洋海墓地洞室墓墓主人很可能主要是西迁至此的匈奴人的新认识[6]。但是洋海墓地的洞室墓墓主人是否属于匈奴人，又是否以之为主体还需要进一步讨论，而洋海墓地洞室墓的情况又显然不能代表整个苏贝希文化洞室墓的情况。

总体而言，研究者主要是从墓葬形制结构、年代早晚、文化内涵和文献记载四个方面来讨论苏贝希文化洞室墓的。但具体认识有待清晰，以西天山北麓、哈密地区为代表的“中间地带”洞室墓的分析有待加强，人种学研究也有所忽略，近年来新材料也是不断涌现，且洞室墓的来源与发展并不等同。因此，需要对苏贝希文化、沙井文化，以及西天山北麓、哈密地区所见洞室墓做进一步地系统梳理。

二

苏贝希文化是新疆青铜时代晚期—早期铁器时代的一支考古学文化，主要分布在吐鲁番盆地、博格达山北麓、吐乌天山通道和阿拉沟地区，以吐鲁番盆地为核心。洞室墓主要见于阜康臭煤沟墓地[7]、南泉墓地[8]，木垒四道沟遗址[9]，乌鲁木齐柴窝堡及林场墓地[10]、萨恩萨伊墓地[11]，吐鲁番加依墓地[12]、交河沟北墓地[13]、巴旦木墓地[14]、三个桥墓地[15]、苏贝希墓地[16]、胜金店墓地[17]和洋海墓地[18]。

苏贝希文化洞室墓总体文化特征相仿（表一；图一）。洞室墓平面形状基本呈“曰”字形，萨恩萨伊墓地还存在“凸”字形和“日”字形；洞室进深不一，所处的位置也并无统一，开于四壁的均有，但总体上以北壁和南壁为主，而开于南壁则是该文化洞室墓的一大特点；墓道底部多带有生土二层台，墓室口有以圆木封堵，并外附芦苇、杂草等，萨恩萨伊墓地则存在以石封堵；无二层台的，其剖面呈“靴形”。在丧葬习俗方面，部分存在木质葬具，个别还有石椁，普遍流行单人仰身直肢葬，洋海Ⅲ号墓地则以多人合葬为主，部分墓地墓葬人骨被严重扰乱；多数墓地人骨头向以西或西北为主，洋海墓地则有东或东南向、东北向，其中Ⅲ号墓地则以东北向为主。随葬品方面，除个别墓葬见有彩陶外，其余均随葬素面陶器，以单耳筒形杯、小单耳杯、平底陶钵、实心柄豆、颈耳罐、腹耳壶为主，洋海墓地、胜金店墓地等还见有较为特殊的木冠饰。这些墓葬多有殉牲，以羊为主，马较少，洋海Ⅱ、Ⅲ号墓地、交河沟北墓地、萨恩萨伊墓地还见有整马殉葬。三个桥墓地也有，但不确定是否与洞室墓相关联。巴旦木墓地09M3可能也存在殉马坑[19]。

表一 苏贝希文化洞室墓一览表

小区	地点	数量（座）	特征
博格达山北麓	臭煤沟墓地	4	有封堆，开于南壁，浅室，头向西或西北，仰身直肢为主
	四道沟遗址	1	开于北壁，头向西南，仰身直肢
	南泉墓地	1	有封堆，开于北壁，浅室，头向西北，仰身下肢微屈
吐乌天山通道	柴窝堡及林场墓地	7[20]	有封堆，个别墓葬口大底小，个别墓葬墓口外设器物坑，开于南壁，墓室深浅不一，有圆木封堵和二层台，头向西或西北，仰身直肢，个别有葬具
	萨恩萨伊墓地	13[21]	有封堆，开于南壁、西壁为多，墓室较深，有二层台，以石封堵，头向均有，以西北向多，仰身直肢、曲肢多，个别有葬具、殉马坑
吐鲁番盆地西部	加依墓地	1（公布）	开于南壁，墓室较深，头向西北，仰身直肢
	交河沟北墓地	12	有封堆，多开于南壁，个别在北壁，墓室较深，有二层台，仰身直肢为主，头向不明，有圆木封堵，有殉马坑且大量殉马
吐鲁番盆地东部	巴旦木墓地	1	地表应有石封堆，开于北壁，较深，外石椁、内木椁，葬式不明
	三个桥墓地	1	开于北壁，浅室，头向西北，仰身直肢，墓地有殉马坑
	苏贝希Ⅰ、Ⅲ号墓地	8（已发掘）	有不明显的石堆，开于南壁，墓室进深不一，有二层台，圆木封堵，头向西或西北，仰身直肢，部分有尸床
	胜金店墓地	7	开于南壁为主，墓室进深不一，以圆木封堵，头向西北为主，仰身直肢
	洋海Ⅱ、Ⅲ号墓地	56（已发掘，不含双室墓）	个别有封堆，以北壁为多，南壁次之，墓室进深不一，有圆木封堵和二层台，头向以东北向为主，仰身直肢为主，部分墓葬设殉马坑

诸墓地洞室墓的年代需要逐个分析。就洋海墓地洞室墓的年代，笔者基本同意属于报告所分第四期的认识[22]，但是四期遗存中以ⅢM76为代表的遗存（也即邵会秋所分三期晚段遗存）在文化内涵上与同时期遗存大相径庭，且出土有带字木片，与之类似的Ⅰ06M4已经到了北凉时期。这类遗存早不到西汉，也属于苏贝希文化的范畴。另外，以ⅡM47为代表的洞室墓可早至洋海三期后段偏晚。如此，洋海墓地洞室墓主要见于第四期，个别见于第三期后段偏晚，绝对年代在公元前3世纪～公元前后。

苏贝希遗址与Ⅲ号墓地遗存、Ⅰ号墓地遗存可分别与洋海墓地第三期后段、第四期遗存相对应，1980年发掘的Ⅰ号墓地洞室墓M3 ^{14}C测年结果（经校正）为2220年±85年[23]。与洋海墓地第四期遗存可相互对应的还有胜金店墓地、交河沟北墓地、臭煤沟墓地、阿拉沟竖穴木椁墓，以及萨恩萨伊墓地第四、五组墓葬。其中胜金店墓地^{14}C测年为距今2200～2050年（含洞室墓）[24]，交河沟北墓地^{14}C测年（经校正）为公元前178～公元36年，且M01mj出土有五铢钱[25]，阜康臭煤沟墓地中的两座洞室墓^{14}C测年（经校正）为距今公元前380～前200年、公元前240～前50年[26]。巴旦木墓地09M3[27]被盗，^{14}C测年经树轮校正后在公元前8世纪，但是墓葬出土的扭曲三角纹彩陶

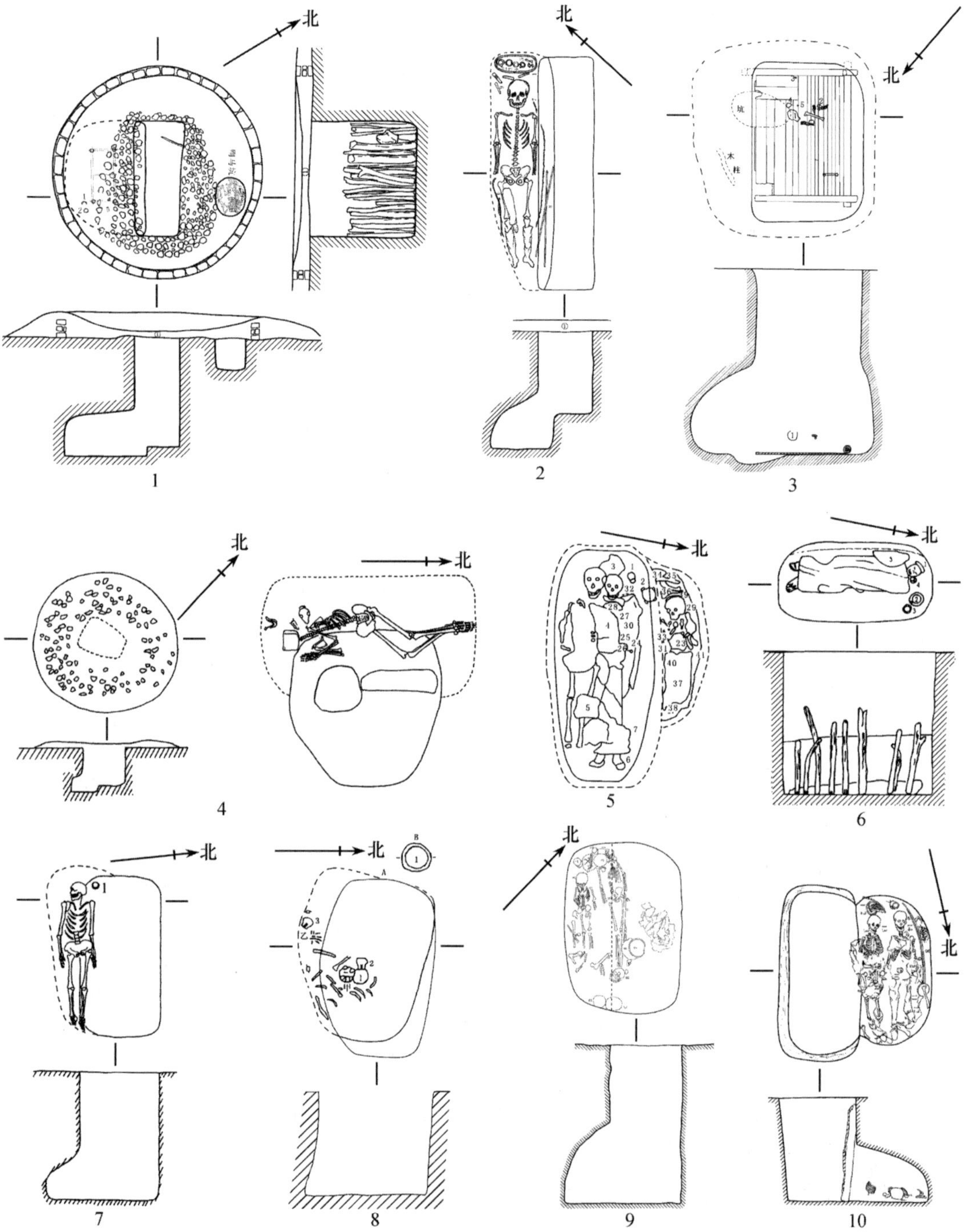

图一　苏贝希文化洞室墓

1、2. 洋海Ⅱ号墓地M49、M15　3. 巴旦木墓地09M3　4. 萨恩萨伊墓地M83　5. 三个桥墓地M13　6. 苏贝希Ⅲ号墓地M25　7. 臭煤沟墓地M16　8. 柴窝堡林场Ⅱ号点M3　9. 加依墓地M184　10. 胜金店墓地M20

以及外石椁、内木椁的洞室墓特征显示其年代应在公元前3世纪左右。柴窝堡及其林场洞室墓的年代存有争议，发掘者认为年代在相当于中原地区的战国时期或略晚[28]，郭物认为1994年发掘的Ⅰ号点M1年代早于Ⅲ号点M1，分别属于其分期中的苏贝希文化早期晚段和中期，也即公元前8～前5世纪；Ⅱ号点M3A、M10A分别为公元前7世纪、公元前4世纪[29]。邵会秋也将柴窝堡及林场墓地归于其所作分期中的苏贝希文化中期，绝对年代为公元前7～前5世纪[30]。实际上，Ⅲ号点M1和Ⅱ号点M3、M10墓口外都设有器物坑，且出土器物总体上与洋海墓地第三期后段遗存相似，绝对年代当在公元前5～前3世纪。至于Ⅰ号点M1，或许早于Ⅲ号点M1，但不会早于公元前6世纪，就目前的资料而言，将其暂推定为公元前5世纪左右或许更为妥当。

吐鲁番盆地的考古实践表明，在墓葬形制的逻辑演变序列上，竖穴墓一般早于洞室墓[31]，且洞室墓往往伴出较多铁器而少与彩陶伴出。尽管两类遗存之间的差别较为明显，但洞室墓时常与竖穴墓共处一片墓地也是不能忽略的事实。因此，洞室墓遗存的上限可能与竖穴墓遗存的下限存在交叉。综合文化内涵和^{14}C测年，苏贝希文化的洞室墓年代应主要集中在公元前2世纪～公元前后，部分或可早至公元前5～前3世纪，总体上相当于中原地区的战国—西汉时期。

人骨研究[32]显示，吐鲁番盆地是一个人种混杂的区域，但总体以欧洲人种为主，洋海墓地四期遗存中，蒙古人种成分明显增加。就苏贝希文化的族属，研究者多倾向于车师（姑师）[33]，但是否可以认为整个苏贝希文化的族属都是车师，或者以“前车师”指称车师以前的考古遗存，是需要慎重的，毕竟目前对早期车师的认识非常模糊，而环博格达山南北又是文化交流的重要通道，人群变动比较频繁。也有学者认为是月氏[34]，或洋海地区洞室墓墓主人可能主要是匈奴[35]。

三

沙井文化是甘青地区早期铁器时代的一支考古学文化[36]，主要分布在河西走廊的东北部，即张掖、民勤、金昌、永昌、武威和古浪一带[37]。洞室墓主要见于西岗墓地与柴湾岗墓地[38]、蛤蟆墩墓地[39]。西岗墓地共发掘墓葬452座，其中洞室墓282座；柴湾岗墓地共发掘墓葬113座，其中洞室墓46座；蛤蟆墩墓地共发掘墓葬20座，其中洞室墓12座[40]。沙井文化的洞室墓平面形状呈“曰”字形，洞室开于西壁，较早者洞室高深，且多带生土二层台，偏晚者洞室低浅，多无二层台，墓室口多用木椽封堵，上又覆芨芨草或草席（见图二）。葬俗上以仰身直肢葬为主，多为二次扰乱葬，存在“割体”葬仪和火葬，头向东北为主，人骨下常铺有芨芨草和白灰，动物殉牲有羊、马、牛等，但总体上不算普遍，存在人牲。随葬品中青铜饰品大量，陶器少，以素面为主，常见器物有铲足鬲、单耳杯、筒形杯、腹耳壶等。值得注意的是，部分洞室墓墓主人的等级可能较高。

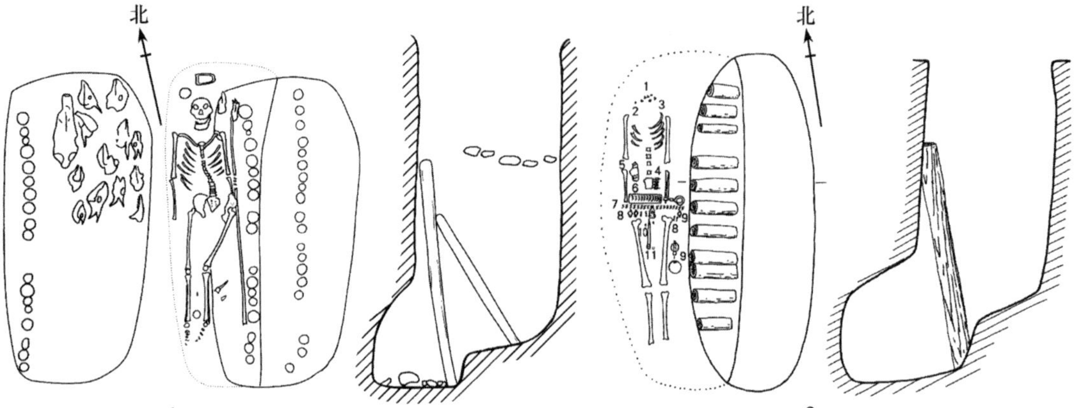

1　　2

图二　沙井文化洞室墓

1. 蛤蟆墩墓地M15　2. 西岗墓地M140

关于沙井文化的分期，学术界一般将其分为早、晚两期，早期以民勤沙井周围遗存为代表，竖穴墓为主；晚期以金昌三角城周围遗存为代表，洞室墓为主[41]。就沙井文化洞室墓的年代，本文基本同意洪猛的认识，即主体年代当在春秋中期前后至战国早期，部分则可晚至战国中期前后[42]。

人骨研究表明，“三角城组”人骨属于“古蒙古高原类型”（也即蒙古人种北亚类型），与蒙古“中央石板墓组”的人种学特征相同[43]。但是所谓“三角城组”的人骨主要来自蛤蟆墩墓地（西岗墓地也有两例），而蛤蟆墩墓地大量殉牲的习俗等有别于西岗、柴湾岗墓地，洪猛曾指出，沙井文化中以“古蒙古高原类型”为代表的人群可能属于融入当地土著文化的外来移民[44]。甘青地区大量的人骨资料研究显示，这一地区人种总体属于蒙古人种东亚类型（“古西北类型”），且自新石器时代至青铜时代当地先民在人种学上一脉相承[45]，青海陶家寨汉晋墓地仍然如此[46]。北方长城文化带地区春秋中期以前居民体质特征也是以蒙古人种东亚类型（“古华北类型”与“古中原类型”）为主，春秋晚期至战国中期前后，“古蒙古高原类型”人群从蒙古高原和外贝加尔地区大量南下，出现在中国北方长城文化带地区，使得该区域的人种类型交错分布，最终可能是融入了匈奴联盟之中[47]。由此可见，西岗、柴湾岗墓地的人种应该主要属于蒙古人种“东亚类型”，晚期南下的“古蒙古高原类型”融入了当地土著之中，并接受了洞室墓这种墓葬形制。就沙井文化的族属，有三种观点：大月氏说[48]、乌孙说[49]、羌戎说[50]。

四

西天山北麓作为沟通伊犁河流域和吐鲁番盆地的文化通道，近年来也发现较多洞室墓遗存，主要见于沙湾大鹿角墓地[51]、石河子南山墓地[52]、昌吉努尔加墓地[53]

和萨恩萨伊墓地[54]。沙湾大鹿角墓地发现有9座洞室墓，地表有石圈土堆，洞室开于东北侧，有二层台，以圆木封堵墓室，外压片石，人骨多被扰动，但头向应为西北向，墓道内多殉马、牛、羊的头骨，随葬品多见铜、骨镞。石河子南山墓地发现有10座洞室墓，地表有土堆，外覆石块，墓内填石，洞室开于北壁，个别以石板封堵，部分有二层台，单人仰身直肢葬，头向西北，随葬品中以素面陶器为主，少量彩陶，殉牲以羊为主（图三，1）。昌吉努尔加墓地发现有3座洞室墓，地表有石堆，墓室较浅，其中的M29为双洞室，开于南、北壁，M34A开于北壁，M34D开于南壁，均为单人仰身直肢葬，头向西北（图三，2、6）。萨恩萨伊墓地另有不属于苏贝希文化的4座洞室墓：第一组的M127、第三组的M89A、M97和未分组的M182，墓葬地表有石封堆，墓道内填卵石和土，除M182洞室开于南壁且以圆木封堵外，其余均开于北壁，M127则以石块封堵墓

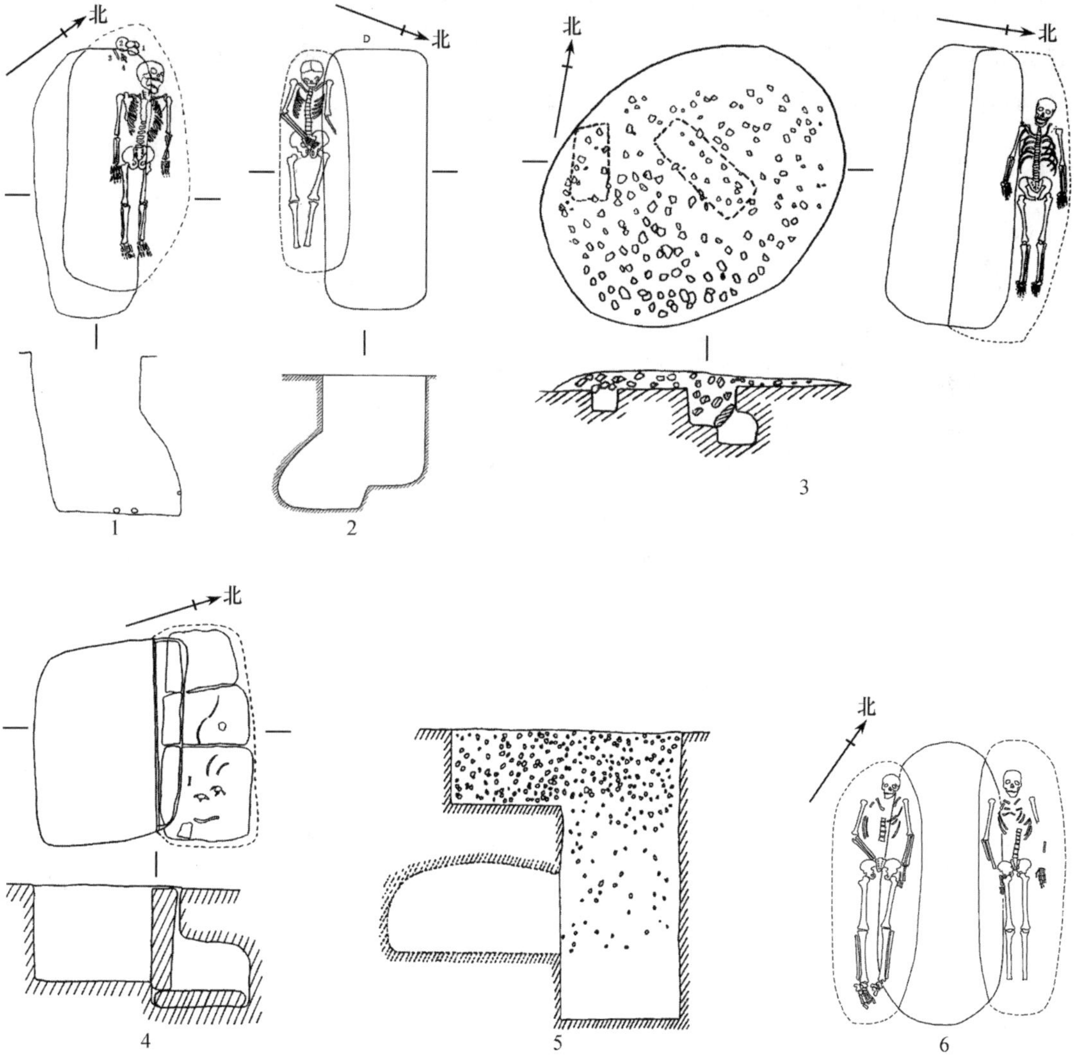

图三　西天山北麓洞室墓

1. 石河子南山墓地M6　2、6. 昌吉努尔加墓地M34D、M29　3～5. 萨恩萨伊墓地M89A、M127、M97

室，都带有二层台，仰身直肢或屈肢葬，头向西北，个别头下枕石块（图三，3～5）。

根据沙湾大鹿角M11发表的铜、骨镞、大角羊形骨器，石河子南山墓地出土的部分彩陶判断，两墓地洞室墓的年代当在公元前5～前3世纪。昌吉努尔加墓地M29出土有柳叶形的带倒刺銎孔铜镞和有铤铜镞，其年代或可早至公元前7世纪甚至更早一些[55]；M34A出土有铜锥、铜刀、素面平缘铜镜，当不会晚于公元前3世纪。萨恩萨伊墓地M127被归为第一组，绝对年代在公元前1800～前1500年，但是M127仅出土陶器残片一块，年代难以准确判断，而以石板封堵墓室的特征则与伊犁河流域所见一致，年代可能严重偏早；M89A出土有铜刀、折缘铜镜，^{14}C测年数据集中在公元前1090～前900年，可能略偏早；M97竖穴中部横向开挖洞室的结构与交河沟北墓地[56]所见相似，但无随葬品；M182敛口、垂鼓腹、圜底近平的陶罐与汤巴勒萨伊墓地M21[57]所见相似，年代当不早于公元前5世纪。综合来看，以昌吉努尔加墓地M29和萨恩萨伊墓地M89A为代表的部分洞室墓遗存年代可能早至公元前7世纪左右，其他洞室墓遗存主要集中在公元前5～前3世纪。

五

哈密地区的洞室墓，目前考古发现主要见于巴里坤黑沟梁墓地[58]、伊吾沙梁子墓地[59]。黑沟梁墓地共发掘墓葬64座，其中40座为洞室墓[60]，墓葬地表均有石堆，洞室开于南壁，总体偏浅，有的底部有生土二层台（图四）。丧葬习俗方面以单人仰身直肢葬为主，头向一般为西北向，大多使用木质葬具，常见羊、牛、马殉牲，并存在“人牲”。随葬品中陶器有单耳罐（杯）、钵、腹耳壶、豆等，且存在明器，典型器物有双孔马镳、鹤嘴斧、羽状地纹铜镜、漆皮、海贝等。沙梁子墓地发掘有4座洞室墓，地表也有石堆，洞室开于墓道南壁（进深浅，不明显），人骨仰身直肢、头向西北，墓口西

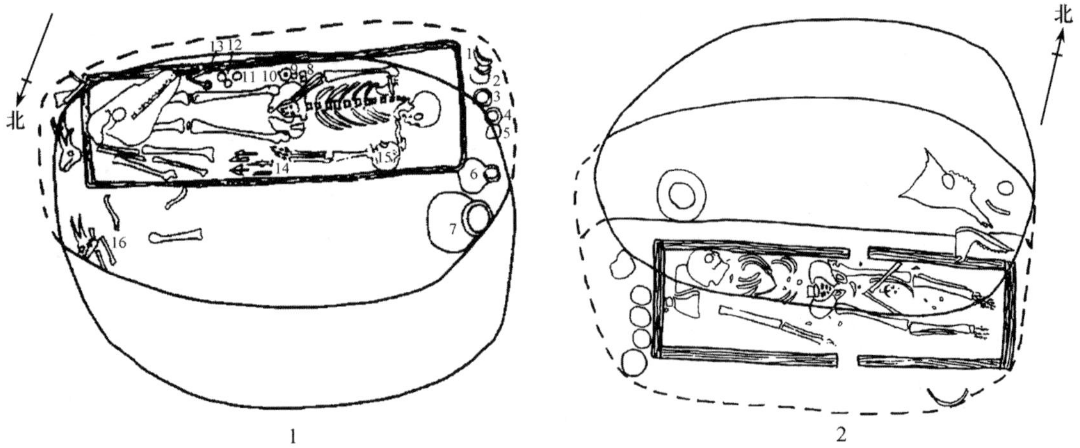

图四　哈密地区洞室墓

1、2. 黑沟梁墓地ⅠM28、M52[63]

侧设有殉马坑，与托背梁墓地文化内涵比较接近。此外，巴里坤弯沟也发现有1座洞室墓[61]，哈密拜契尔墓地似也存在洞室墓，且陶器类型与黑沟梁墓地相似[62]，但囿于资料，具体文化内涵与年代不明。

黑沟梁墓地的绝对年代，目前存在很大争议。发掘者认为此类遗存的年代在西汉时期[64]，任萌早期也认为在汉代前期，后又修改为公元前3世纪～公元前后，并认为可能延续至东汉时期[65]；习通源认为木材测年数据存在问题，黑沟梁墓地年代在西汉时期[66]；陈戈认为不应晚到西汉前期[67]；邵会秋认为黑沟梁墓地的年代可能为战国时期，下限到汉代前期，而以石人子沟遗址为代表的遗存可分为早晚两期，早期相当于春秋时期，晚期主要相当于战国时期，部分遗存下限进入汉代[68]。据披露的以石人子沟墓地为代表的此类遗存的^{14}C测年数据，其晚期年代主要集中在公元前300～公元前后[69]。此外，除研究者所指出的彩陶纹饰、铜带饰、小铜刀与苏贝希文化相似[70]外，黑沟梁墓地所见的铁带钩、平底陶钵、铁马衔、“S”形铁马镳、镜饰、骨扣（甲）、三翼铁镞等也与洋海墓地同类遗存相似，沙梁子墓地的殉马坑亦见于洋海墓地。综合文化内涵与测年数据，以黑沟梁墓地为代表的洞室墓遗存的主要年代当在公元前3世纪～公元前后。

人骨研究[71]表明，哈密地区作为蒙古人种与欧罗巴人种地理分布的过渡带，自天山北路文化至焉不拉克文化，人群内部相对稳定，体质特征逐步趋同，但是在以黑沟梁墓地为代表的时期，该地区居民体质特征则呈现为动荡的多元并存局面。弯沟墓地人骨初步鉴定结果为蒙古人种[72]。有研究者认为以黑沟梁墓地为代表的遗存属于匈奴遗存[73]，并进一步指出该群体可能来自蒙古高原及其周边地区[74]。

六

苏贝希文化与沙井文化洞室墓遗存之间存在着明显的异同点。相同之处如下：①墓葬平面形状基本都为“曰”字形，洞室深浅不一，多数带有生土二层台，并用圆木封堵墓室；②都流行单人仰身直肢葬，人骨头向都有向东北；③存在殉牲，以羊为主，并有牛、马；④部分洞室墓墓主人等级相对较高；⑤都存在蒙古人种成分；⑥都有单耳筒形杯和腹耳壶（瓮）等器物。不同之处也很明显：①前者洞室墓平面形状还存在罕见的“凸”字形，洞室以开于南壁或北壁为主，后者洞室则以开于西壁为主；②前者除洋海墓地外，人骨头向基本以西或西北为主，后者人骨头向则以东北为主；③后者大多数洞室墓中殉牲罕见，且以羊为多，而殉整匹马基本不见，前者相对普遍，以羊为主，并多见整马殉整；④前者人种构成中以欧洲人种为主，并存在欧洲人种与蒙古人种的混血人种，后者则以蒙古人种为主；⑤前者随葬品中陶器、木器丰富，并有木冠饰、弓弭等较为特殊的器物，后者青铜饰品丰富，存在铲足鬲等较为典型的器物。

可以看出，上述每一处共性中都还存在着明显的差异，而以往研究者在做分析时，都尤为强调两者之间洞室墓形制结构、随葬品中单耳筒形杯与腹耳壶（瓮）、殉牲的流行等较为一致的因素，很少论及相异之处。此外，“曰”字形加二层台的洞室墓结构还较早见于伊犁河流域，仰身直肢葬和殉牲的盛行在早期铁器时代的诸文化中都相对普遍，均不能作为两者之间存在相互关系的有力证据。两文化中单耳筒形杯和腹耳壶（釜）的相似也需要细加分析。沙井文化的下限在战国中期前后，筒形杯器身由圆鼓腹向直腹、宽带大耳向小环儿的演变趋势较为清晰，晚期典型的小耳、素面、直腹筒形杯也并不多见（图五，9～12）；腹耳壶（釜）形体由粗、短、圆向长、高、瘦（图五，17、18）的演变同样比较清晰[75]。苏贝希文化的单耳筒形杯出现于洋海墓地第三期后段，基本上均为彩陶，以筒形、直腹、小耳为主要特征，数量较少（图五，6、7）。在此之前，洋海墓地已有少量的双耳筒形杯（图五，5）。洋海四期的筒形杯则以素面

图五　诸文化筒形杯、腹耳壶（釜）比较图

1～4. 察吾呼文化（察吾呼ⅣM66：2、ⅣM17：8、ⅣM156：14、察吾呼ⅡM207：1）　5～8. 苏贝希文化（洋海ⅡM122：3、洋海墓地M87：219、苏贝希ⅢM15：10、洋海ⅢM72：2）　9～12. 沙井文化（79STM2：1[76]、西岗M308：1、甘博藏[77]、三角城遗址采集：02）　13～16. 其他（尼勒克加勒克斯卡茵特墓地M79：1、M93：1、2005巩留山口水库墓地M37：1、2009伊吾托背梁墓地M15：2）　17～20.腹耳壶（釜）（三角城遗址采集：01、西岗墓地采集：01、胜金店墓地M2：1、洋海ⅡM205：3）

（图五，8）为主，广见于吐鲁番盆地同时期遗存中，个别还见有带流的筒形杯。腹耳壶（釜）在洋海墓地四期以前即已出现，同样有着较为完整的发展序列，且形体偏矮胖，腹部圆鼓更明显（图五，19、20），与沙井文化同类器有明显的差异。可见，不仅两文化中的筒形杯和腹耳壶有着各自的发展演变轨迹，而且沙井文化典型的小耳、素面、直腹筒形杯在年代上亦略早于苏贝希文化。值得注意的是，察吾呼沟口Ⅰ、Ⅱ、Ⅳ号墓地出土有较多的单耳带流筒形杯、筒形杯，多数是彩陶（图五，1～4），同样有着完整的发展演变序列且年代要略早于苏贝希文化所见的单耳彩陶筒形杯，两文化之间的关系也尤为密切。哈密地区虽然也存在筒形杯，但年代早、发展序列不完整，且以黑沟梁墓地为代表的遗存中很少见到此类器物（图五，16）。因此，从器物特征、年代早晚、地域联系和文化关系方面看，反而是存在苏贝希文化单耳筒形杯来源于察吾呼文化的可能性。可见，上述几个方面的相似不能有力说明两文化之间存在相互交流关系，除此之外，两文化之间更是看不出有其他方面的联系。

就年代关系而论，沙井文化洞室墓的年代上限反而略早于苏贝希文化早期洞室墓的年代，与吐乌天山通道周缘的部分非苏贝希文化洞室墓年代上限则可能略同。但是，柴窝堡林场墓地位于吐乌天山通道地区，哈密地区出现的洞室墓不仅年代较晚，而且洞室开于南壁、进深较浅、头向西北等文化特征也与沙井文化迥异。吐乌天山通道周缘的部分非苏贝希文化的洞室墓乃至伊犁河流域洞室墓的文化内涵与沙井文化亦差别甚大，很难与沙井文化建立直接联系，跨越大范围的“空白”地带去探讨文化传播与影响并不十分恰当。沙井文化晚期墓葬绝大多数都是洞室墓，这不是一般的文化传播所能解释的。一般而言，墓葬形制结构等丧葬习俗的变化很可能与人群地变动有关，如上所述，人种学的研究不支持两文化间存在规模性人群移动的可能性。此外，相关研究表明，沙井文化与内蒙古南部、以陇山为中心的甘宁地区遗存关系密切，内蒙古西部地区和甘宁地区的固原小区在春秋晚期至战国时期出现的洞室墓与甘青地区文化的东向影响有关，可能伴随着人群的迁移[78]。而这一时期，甘青地区主要是沙井文化流行洞室墓且年代较早。这说明，沙井文化先民在这一阶段是在东向或北向移动，李水城也曾指出沙井文化的先民可能最终融入了匈奴联盟之中[79]。

因此，现有资料表明，苏贝希文化早期洞室墓来源于沙井文化的认识不能成立，沙井文化洞室墓的来源也难与天山地区的洞室墓（索墩布拉克文化、吐乌天山通道周缘早期洞室墓）建立直接的相互关系。就沙井文化洞室墓的来源，诚如马金磊所言，目前难以确定[80]。

七

就苏贝希文化早期洞室墓的来源，本文倾向于来自伊犁河流域的观点。伊犁河流域索墩布拉克文化的分期研究[81]和洞室墓遗存已有的系统梳理[82]显示，洞室墓贯穿索墩布拉克文化发展的始终。综合这些研究成果，索墩布拉克文化大致可分为早、中、晚三个发展阶段，绝对年代在公元前10世纪～前5世纪、公元前5世纪～前3世纪、公元前3世纪～公元前1世纪。近年来，以下坂地墓地AⅡM103[83]、特克斯阔克苏西2号墓地M24、M82[84]为代表的安德罗诺文化晚期遗存中洞室墓的出现，进一步证实了伊犁河流域洞室墓来自中亚地区的观点。

索墩布拉克文化的洞室墓有石堆、土石封堆、石围石圈等地表设施，部分封堆下有数个墓室，墓葬平面形状以“曰”字形为主，另见有“日”字形、“目”字形和“凸”字形，洞室进深不一，绝大多数开于北壁，也见有开于南壁、西壁、东壁者，多数有二层台，部分以石板或圆木封堵墓室，墓室内填卵石（图六）。葬式以单人仰身直肢葬为主，人骨多被扰乱，头向西北为主。随葬品不甚丰富，陶器以单耳杯、单耳罐、钵、“梨”形壶等圜底器为常见，早、中期多见彩陶。动物随葬以羊骨为常见。

从年代关系看，索墩布拉克文化洞室墓明显早于苏贝希文化早期洞室墓，以及吐

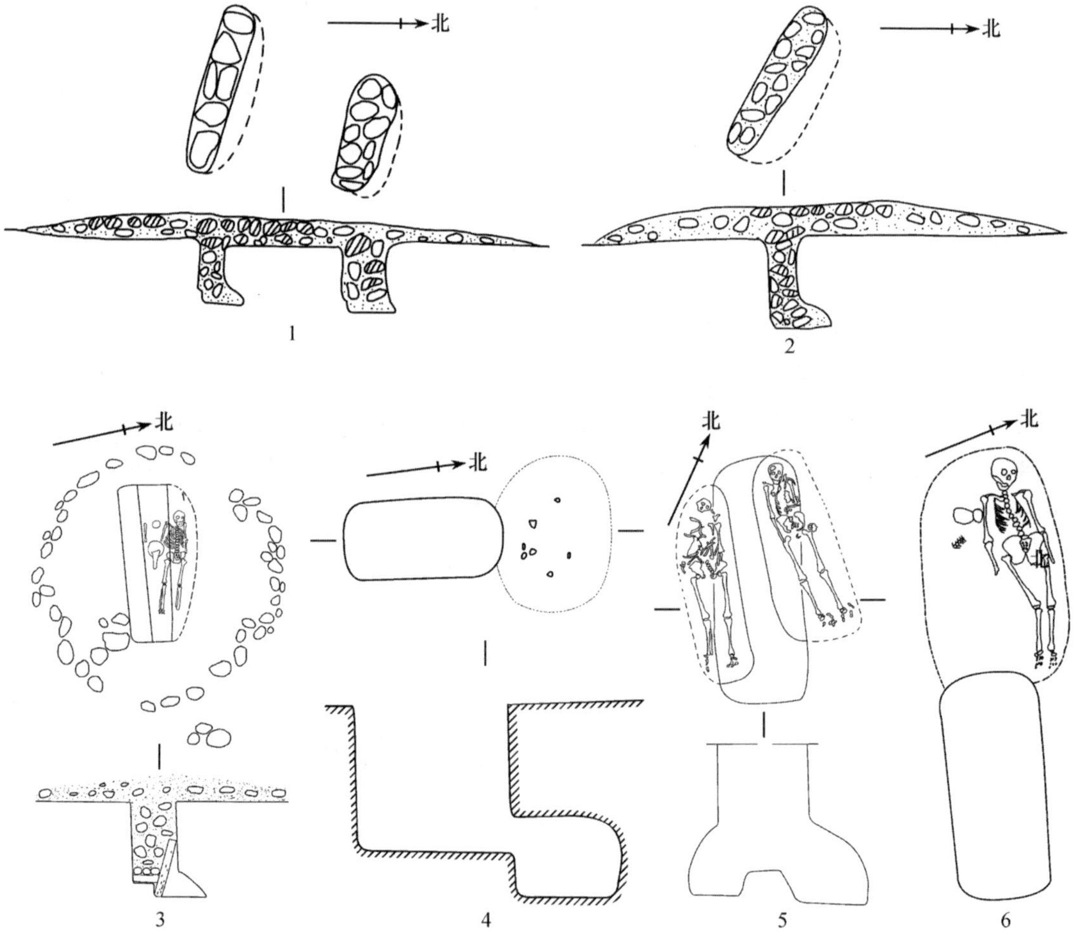

图六　伊犁河流域洞室墓

1、2. 尼勒克穷克科一号墓地M15、M7　3. 察布查尔索墩布拉克墓地M6　4、6. 巩留山口水库墓地M5、M40
5. 尼勒克加勒克斯卡茵墓地M105

乌天山通道地区的非苏贝希文化洞室墓，中晚期则与之略同。从形制结构看，索墩布拉克文化洞室墓地表有石封堆，平面呈“曰”字形、带二层台、开于北壁，以及墓道填石、墓室以石板或圆木封堵等特征，不仅与苏贝希文化早期洞室墓相近，而且与西天山北麓地带所见洞室墓相一致。从丧葬习俗看，单人仰身直肢葬、人骨被扰乱、头向西北等特征也基本相同。从人种学上看，苏贝希文化的人种整体上以欧洲人种为主，与伊犁河流域一致。从文化关系看，两地区自青铜时代以来，之间的人群移动与文化交流一直存在，石河子南山墓地的人骨研究也显示，石河子南山墓地人群与伊犁河流域人群之间有着密切关系[85]。因此，有理由推测，苏贝希文化早期洞室墓和仰身直肢葬等因素来自伊犁河流域索墩布拉克文化，可能伴随着人群持续性地移动。

另外，哈密地区洞室墓的总体特征、丧葬习俗与苏贝希文化较为一致，两地区之间的文化联系也较密切，且年代晚于后者。因此，该区域洞室墓很可能来自苏贝希文化，这一进程仍不能排除有人群地流动。

由此观之，伊犁河上游的洞室墓因素沿天山北麓东进，经吐乌天山通道向东分至吐鲁番盆地、博格达山北麓，并由博格达山南北进一步东向影响至哈密地区的路线（见图七）是较为清晰的，苏贝希文化的洞室墓应当来自伊犁河流域的索墩布拉克文化。

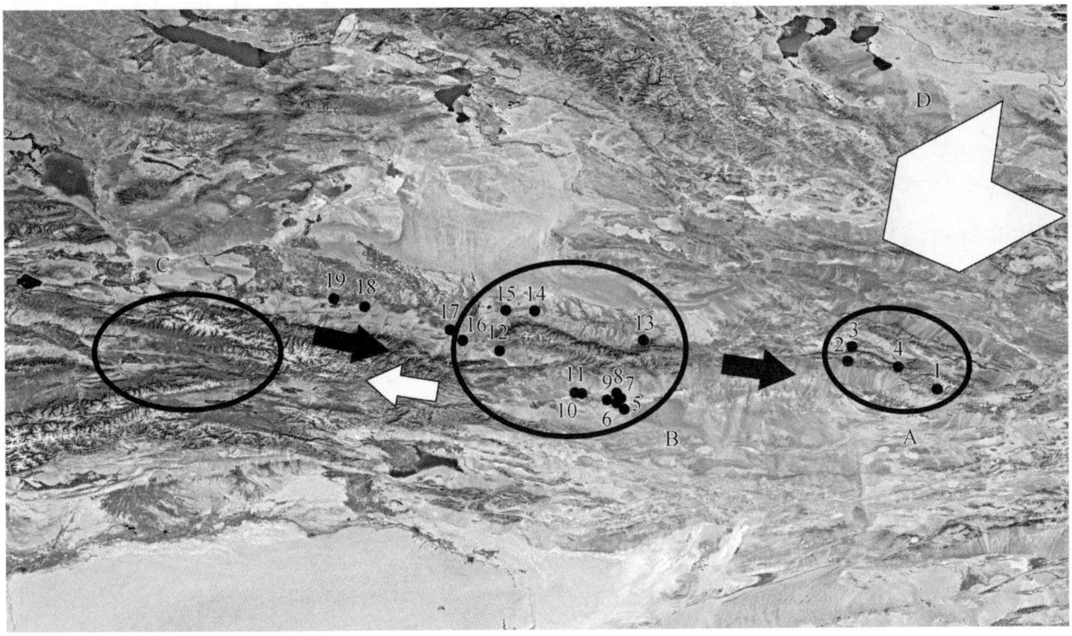

图七　苏贝希文化及其周缘洞室墓分布与传播示意图

A. 哈密地区洞室墓　B. 苏贝希文化洞室墓　C. 伊犁河上游洞室墓　D. 匈奴联盟

1. 伊吾沙梁子墓地　2. 巴里坤黑沟梁墓地　3. 巴里坤弯沟墓地　4. 哈密市拜契尔墓地　5. 鄯善三个桥墓地　6. 鄯善洋海墓地　7. 鄯善苏贝希墓地　8. 吐鲁番胜金店墓地　9. 吐鲁番巴旦木墓地　10. 吐鲁番加依墓地　11. 吐鲁番交河沟北墓地　12. 乌鲁木齐柴窝堡及林场墓地　13. 木垒四道沟遗址　14. 阜康南泉墓地　15. 阜康臭煤沟墓地　16. 乌鲁木齐萨恩萨伊墓地　17. 昌吉努尔加墓地　18. 石河子南山墓地　19. 沙湾大鹿角墓地

八

苏贝希文化的洞室墓尽管出现于洋海三期后段，且来自伊犁河流域索墩布拉克文化，但是大量发展则是在洋海四期。这一时期，洞室墓不仅在数量和空间分布上均突然性大量扩展，而且洞室也变得复杂起来，墓室开于四壁的均有，以南壁和北壁为多，萨恩萨伊墓地还出现了平面呈“凸”字形的洞室墓，且以石封堵墓室。洋海墓地的部分高等级墓葬继续使用洞室墓，交河沟北墓地大墓也开始使用洞室墓。仰身直肢葬也在这一时期成为主流葬式，洋海墓地部分人骨头向更是发千年之巨变：洋海Ⅲ号墓地中北部大部分洞室墓人骨头向东北，有别于当地的东向传统和苏贝希文化的西向传统，这意味着洋海Ⅲ号墓地东北向的洞室墓墓主人很可能是外来移民。

这一时期，洋海墓地在内的苏贝希文化晚期遗存中出现了匈奴文化的因素[86]，巴里坤地区以黑沟梁墓地为代表的遗存也多被认为是匈奴遗存[87]。人骨研究也显示，这一时期哈密地区居民体质特征也由早期的相对趋同向动荡的多元并存局面发展[88]，洋海墓地第四期明显增加的蒙古人种成分与北亚类型、东北亚类型关系疏远，与甘青地区的古代东亚类型相近，很可能来自黄河流域[89]。这一点也为两地区的丧葬习俗所支持。洋海墓地洞室墓人骨头向以东北为主，有别于当地传统的东向或东南向，以及苏贝希文化西或西北向的传统，与伊吾-巴里坤地区的西北向为主也有别，反而是与内蒙古中南部、甘宁地区传统的东北向[90]一致。尽管属于匈奴的洞室墓较为明确的仅有宁夏同心倒墩子墓地，其年代基本在公元前 1 世纪[91]，但甘宁地区在春秋战国时期有洞室墓和仰身直肢葬的传统，且沙井文化洞室墓的下限可能晚至战国晚期，这一地区的先民很可能是最终融入了匈奴联盟之中。马健便认为公元前2世纪左右图瓦、额吉河发现的洞室墓（人骨头向北，仰身直肢）可能就是融入匈奴联盟，并随匈奴联盟北伐西征而迁入此地的羌系先民[92]。

至于洋海墓地与黑沟梁墓地人种学分析的差异，或许与人骨资料的局限有关，但也暗示活动于东部天山地区的匈奴联盟群体的复杂性，甚至内部不同成员可能在社会组织结构与行动中扮演着不同的角色，两墓地文化内涵的差异即是一种表现。据《史记·匈奴列传》，冒顿时期，匈奴联盟西进的顺序是先“西击走月氏，南并楼烦、白羊”，后“北服浑庾、屈射、丁零、鬲昆、薪犁之国”，后“定楼兰、乌孙、呼揭及其旁二十六国”。这一“西进运动”发生在公元前3世纪末～前2世纪上半叶。公元前2世纪下半叶～前1世纪上半叶，汉匈“五争车师”，且《汉书·西域传》亦有汉昭帝时“匈奴发骑田车师、匈奴复使四千骑田车师”的记载。尽管这一时期战争频发，但考虑到洋海Ⅲ号墓地外来移民与当地土著共处同一墓地，绝大多数洞室墓无马匹随葬、镞类武器罕见以及少量农业工具的存在，洋海墓地的外来移民多数可能不是武士，或许一定程度上承担着“屯田”的义务，他们与当地土著和平相处。而黑沟梁墓地“人牲”、铁剑和镞类武器较多的存在等都意味着黑沟梁墓地或许存在武士，他们中的匈奴群体可能承担着“西进运动”中的作战任务，或者说哈密地区是匈奴联盟“西进运动”中的一个主要战略点。

综合文化内涵、文献记载和人种学分析，洋海四期，苏贝希文化洞室墓大发展的背后反映的是人群的变动，可能主要来自“内”与“外”两个方面。“内”是指苏贝希文化内部人群的变动，表现为先民对早段洞室墓、仰身直肢葬等因素的进一步承袭与发展；“外”则是指吐鲁番盆地东部或北部西进的或南下的匈奴联盟，即匈奴联盟成员随着匈奴的西进，部分融入了苏贝希文化之中，并自然地接受了洞室墓这种墓葬类型。因此，苏贝希文化晚期洞室墓遗存的族属并不单纯，总体上由当地土著和外来移民构成，但以前者为主。洋海Ⅱ号墓地和Ⅲ号墓地少量头向东的墓主人，以及其他墓地头向西或西北的洞室墓墓主人应以当地土著为主，洋海Ⅲ号墓地中北部头向东北的墓主人则可能是融入匈奴联盟且随之西进而迁入的原黄河上游甘宁地区的先民。而这一时期，上层贵族对于洞室墓作为自己死后“家园结构”的认可，也应在一定程度上推动了洞室墓在苏贝希文化的发展。

九

相关研究表明[93]，伊犁河流域在公元前3世纪以后洞室墓的文化内涵发生了显著变化，具体表现为：土封堆、北首葬盛行，二次葬增多，洞室略深，开于四壁均有，西壁者明显增多，几无随葬品、殉牲中马骨增加等。有学者认为可能是匈奴西进引发的文化迁移的结果[94]，其族属较为复杂，可能包含西迁的月氏、乌孙或原羌系先民，以及土著塞人[95]。这一时期，匈奴西进所引发的人群迁徙在文献记载中比较明确，尽管伊犁河流域有洞室墓的传统，但这并不能排除匈奴联盟西进过程中将苏贝希文化先民或原羌系先民裹挟西进的可能性。早期铁器时代，伊犁河流域陶器始终是以圜底器为主，常见圜底钵、单耳杯、“梨”形壶，加勒克斯卡茵特墓地[96]、巩留山口水库墓地[97]年代基本在公元前5世纪以后，所见的零星筒形杯（图五，13～15）迥异于当地传统，而加勒克斯卡茵特墓地所见的铁钩、骨扣与黑沟梁墓地、洋海墓地、萨恩萨伊墓地所见基本一致。奇仁托海墓地[98]部分石圈石堆墓殉葬整马以及人骨头向东的特征亦与洋海墓地相似。谭玉华也曾指出，加勒克斯卡茵特墓地部分洞室墓开于南壁可能是苏贝希文化影响的结果[99]。

如果我们把时间再向后拉伸，即相当于中原地区的东汉魏晋时期，可以看到以交河沟西墓地[100]为代表的洞室墓依然在吐鲁番盆地发展，洋海墓地还出现了“目”字形的双洞室墓，洞室仍开于南壁或北壁，普遍较高深，部分还以土坯或圆木封堵，头向或东或西，仰身直肢为主。这一时期发现的洞室墓地点、数量都较少，吐鲁番盆地竖穴洞室墓的发展似已处于衰落状态。焉耆盆地的察吾呼Ⅲ号墓地也出现了洞室墓，而学术界基本上认为这批洞室墓属于匈奴遗存[101]。洞室墓平面形状呈“曰”字形或“目”字形，开于南壁或北壁、洞室较高深、土坯封堵、仰身直肢葬、人骨头向东等丧葬习俗与洋海墓地基本一致。尉犁县营盘墓地[102]也发现有少量洞室墓，洞室开于北壁，以木柱、木板、芦苇等封堵，单人仰身直肢葬，人骨头向东或东北，总体与洋海墓地相似。伊犁河流域这一时期的洞室墓文化内涵依然是传承自上一阶段[103]，但不能排除东部文化的新一轮西向影响。

要之，两汉时期，匈奴联盟“西进运动”所引发的人群迁移又将苏贝希文化传统的洞室墓等因素进一步向西远播（见图七）。

附记：在本文的修改过程中，导师韩建业教授、新疆文物考古研究所研究员吕恩国先生都给予了很多宝贵的建议，吕恩国先生、吐鲁番学研究院舍秀红女士还提供了相关的图片资料，在此一并表示感谢！

注　释

［1］ a. 谢端琚. 试论我国早期土洞墓［J］. 考古，1987（12）：1097-1104.
b. 韩建业. 中国先秦洞室墓谱系初探［J］. 中国历史文物，2007（4）：16-25.

［2］ a. 陈戈. 新疆发现的竖穴洞室墓［C］. 中国考古学论丛. 北京：科学出版社，1993：401-414.
b. 陈戈. 苏贝希文化的源流及其与其它文化的关系［J］. 西域研究，2002（2）：11-18.

［3］ 郭物. 新疆史前晚期社会的考古学研究［M］. 上海：上海古籍出版社，2012：295，353，366-368.

［4］ 韩建业. 中国先秦洞室墓谱系初探［J］. 中国历史文物，2007（4）：16-25.

［5］ 刘建锋. 伊犁河上游早期铁器时代偏洞室墓研究［D］. 新疆大学，2017：48-64.

［6］ 司艺等. 新疆洋海墓地先民的食物结构及人群组成探索［J］. 科学通报，2013（15）：1422-1429.

［7］ 新疆文物考古研究所. 阜康市臭煤沟墓地考古发掘简报［J］. 新疆文物，2012（1）：25-46.

［8］ 新疆文物考古研究所. 阜康市南泉“胡须”墓［J］. 新疆文物，1996（2）：10-13.

［9］ 羊毅勇. 新疆木垒县四道沟遗址［J］. 考古，1982（2）：113-120.

［10］ a. 新疆文物考古研究所等. 乌鲁木齐柴窝堡墓葬发掘报告［J］. 新疆文物，1998年（1）：11-31.
b. 新疆文物考古研究所. 1993年乌鲁木齐柴窝堡墓葬发掘报告［J］. 新疆文物，1998（3）：19-22.
c. 新疆文物考古研究所等. 乌鲁木齐市柴窝堡林场Ⅰ、Ⅲ、Ⅳ号点墓葬发掘［J］. 新疆文物，2000（1-2）：6-10.
d. 乌鲁木齐市柴窝堡林场Ⅱ号点墓葬的发掘［J］. 考古，2003（3）：219-229.

［11］ 新疆文物考古研究所. 新疆萨恩萨伊墓地［M］. 北京：文物出版社，2013.

［12］ 吐鲁番学研究院，新疆文物考古研究所. 吐鲁番加依墓地发掘简报［J］. 吐鲁番学研究，2014（1）：1-19.

［13］ 联合国教科文组织驻中国代表处等. 交河故城——1993、1994年度考古发掘报告［M］. 乌鲁木齐：东方出版社，1998：15-74.

［14］ 新疆文物考古研究所. 吐鲁番市巴旦木墓地考古发掘报告［J］. 新疆文物，2011（2）：78-91.

［15］ 新疆文物考古研究所等. 新疆鄯善县三个桥墓葬发掘简报［J］. 文物，2002（6）：46-56.

［16］ a. 吐鲁番地区文管所. 新疆鄯善苏巴什古墓群［J］. 考古，1984（1）：41-50；

b. 吐鲁番地区文管所. 鄯善县苏巴什古墓群的新发现［J］. 考古，1987（6）：502-506.

c. 新疆文物考古研究所，吐鲁番地区博物馆. 新疆鄯善县苏贝希遗址及墓地［J］. 考古，2002（6）：42-57.

［17］ a. 吐鲁番学研究院. 新疆吐鲁番胜金店墓地发掘简报［J］. 考古，2013（2）：29-55.

b. 新疆吐鲁番学研究院. 新疆吐鲁番胜金店墓地2号墓发掘简报［J］. 文物，2013（3）：20-24.

［18］ 吐鲁番市文物局等. 新疆洋海墓地［M］. 北京：文物出版社，2019.

［19］ 此墓被盗，墓室较大较深、似为有封堆的外石椁、内木椁墓，出土有彩陶和金器，绝非一般墓葬，简报中指出此墓西侧、南侧可能还存在墓葬，笔者认为此墓西侧或北侧可能存在殉马坑，同［14］.

［20］ 1991、1993年柴窝堡墓地发掘有4座，1994年柴窝堡林场Ⅰ、Ⅲ号点各1座，Ⅱ号点M3应属于进深甚浅的洞室墓。同［10］.

［21］ 即发掘者所归纳的第四、五组共有13座。同［11］.

［22］ 同［18］.

［23］ 同［16］.

［24］ 同［17］.

［25］ 同［13］.

［26］ 同［7］.

［27］ 同［14］.

［28］ 同［10］.

［29］ 同［3］：89-90，105-107.

［30］ 邵会秋. 新疆史前时期文化格局的演进及其与周邻地区文化的关系［M］. 北京：科学出版社，2018：91-117.

［31］ a. 王樾. 吐鲁番盆地竖穴墓葬初探［J］. 吐鲁番学研究，2001（1）：42-63.

b. 刘文锁. 吐鲁番盆地古墓葬的几种基本形制［J］. 吐鲁番学研究，2001（1）：64-77.

［32］ a. 邵兴周，王博. 吐鲁番盆地古墓人颅的种系研究——洋海古墓［J］. 新疆文物，1991（3）：44-54.

b. 陈靓. 鄯善苏贝希墓葬人骨研究［J］. 新疆文物，1998（4）：65-78.

c. 王博. 吐鲁番盆地青铜时代居民种族人类学研究［C］. 交河故城保护与研究. 乌鲁木齐：新疆人民出版社，1999：387-395.

d. 李志丹. 新疆吐鲁番胜金店墓地人骨研究［D］. 吉林大学，2015：34-42.

e. 韩康信，谭婧泽，李肖. 洋海墓地头骨研究报告［M］. 新疆洋海墓地. 北京：文物出版社，2019：641-901.

［33］ a. 张玉忠. 汉代以前车师人的社会经济生活［J］. 新疆社会科学，1987（2）：61-69.

b. 羊毅勇. 新疆古代文化的多样性和复杂性及其相关问题的探讨［J］. 新疆文物，1999（3-4）：116-126.

c. 羊毅勇. 交河故城沟北一号台地墓葬所反映的车师文化［J］. 西域研究，1996（2）：15-22.

d. 同［13］.

e. 崔银秋等. 吐鲁番古墓葬人骨遗骸的线粒体 DNA分析［C］. 边疆考古研究（第 1 辑）. 北京：科学出版社，2002：352-356.

［34］ 林梅村. 大月氏人的原始故乡——兼谈西域三十六国之形成［J］. 西域研究，2013（2）：90-104.

［35］ 同［6］.

［36］ 韩建业. 中国西北地区先秦时期的自然环境与文化发展［M］. 北京：文物出版社，2008：382.

［37］ 甘肃省文物考古研究所，北京大学考古文博学院. 河西走廊史前考古调查报告［M］. 北京：文物出版社，2011：424-426.

［38］ 甘肃省文物考古研究所. 永昌西岗柴湾岗——沙井文化墓葬发掘报告［M］. 兰州：甘肃人民出版社，2001.

［39］ a. 甘肃省博物馆文物工作队，武威地区展览馆. 甘肃永昌三角城沙井文化遗址调查［J］. 考古，1998（7）：598-601.

b. 甘肃省文物考古研究所. 永昌三角城与蛤蟆墩沙井文化遗存［J］. 考古学报，1990（2）：205-237.

［40］ 洪猛已指出西岗、柴湾岗墓地的发掘报告中存在一些“技术性”的错误，本文的统计数据以报告中的墓葬登记表为准，且不含竖井过洞墓。见洪猛. 双湾墓葬及沙井文化相关问题研究［D］. 吉林大学，2008：2-3.

［41］ a. 李水城. 沙井文化研究［C］. 国学研究（第2卷）. 北京：北京大学出版社，1994：493-524.

b. 水涛. 甘青地区青铜时代的文化结构和经济形态研究［C］. 中国西北地区青铜时代考古论集. 北京：科学出版社，2001：327.

［42］ 同［40］：13-19.

［43］ a. 韩康信. 甘肃永昌沙井文化人骨种属研究［M］. 永昌西岗柴湾岗——沙井文化墓葬发掘报

告. 兰州：甘肃人民出版社，2001：235-264.

b. 张全超. 内蒙古和林格尔县新店子墓地人骨研究［M］. 北京：科学出版社，2010：37-99.

［44］ 同［40］.

［45］ a. 韩康信，谭婧泽，张帆. 中国西北地区古代居民种族研究［M］. 上海：复旦大学出版社，2005.

b. 朱泓. 中国西北地区的古代种族［C］. 中国古代居民体质人类学研究. 北京：科学出版社，2014：44-54.

［46］ 张敬雷. 青海省西宁市陶家寨汉晋时期墓地人骨研究［D］. 吉林大学，2008：59-106.

［47］ a. 张全超，朱泓. 关于匈奴人种问题的几点认识［J］. 中央民族大学学报（哲学社会科学版），2006（6）：34-38.

b. 马利清. 关于匈奴人种的考古学和人类学研究［J］. 中央民族大学学报（哲学社会科版），2007（4）：48-54.

c. 张全超. 内蒙古和林格尔县新店子墓地人骨研究［M］. 北京：科学出版社，2010：37-99.

d. 杨建华，邵会秋. 匈奴联盟与丝绸之路的孕育过程——青铜时代和早期铁器时代中国北方与欧亚草原的文化交往［J］. 吉林大学社会科学学报，2015（1）：154-176.

［48］ a. 同［39］.

b. 蒲朝绂. 试论沙井文化［J］. 西北史地. 1989（4）：1-12.

［49］ 赵建龙. 关于月氏族文化的初探［J］. 西北史地，1992（1）：62-74.

［50］ a. 俞伟超. 古代“西戎”和“羌”考古学文化归属问题的探讨［C］. 先秦两汉考古学论文集. 北京：文物出版社，1985：189-192.

b. 同［41］a.

［51］ 张杰，白雪怀. 新疆沙湾县大鹿角湾墓群的考古收获［J］. 西域研究，2016（3）：136-139.

［52］ 新疆文物考古研究所等. 新疆石河子南山古墓葬［J］. 文物，1999（8）：38-46.

［53］ 新疆文物考古研究所. 昌吉市努尔加墓地考古发掘简报［J］. 新疆文物，2013（3-4）：75-87.

［54］ 同［11］.

［55］ 戴玥. 早期铁器时代欧亚草原东部青铜镞的发展与演变——以青铜镞武器机能的强化为中心［J］. 西域研究，2019（2）：97-102.

［56］ 同［13］.

［57］ 新疆文物考古研究所. 尼勒克县汤巴勒萨伊墓地考古发掘报告［J］. 新疆文物，2012（3）：4-20.

［58］ 资料未发表，见：

a. 任萌. 从黑沟梁墓地、东黑沟遗址看西汉前期东天山地区匈奴文化［C］. 西部考古（第5辑）. 西安：三秦出版社，2011：252-290.

b. 任萌. 公元前一千纪东天山地区考古学文化遗存研究［D］. 西北大学，2012：98-107.

c. 磨占雄. 新疆巴里坤黑沟梁墓地与东黑沟墓地的考古类型学比较研究［J］. 考古与文物，

2010（5）：51-56.

d. 磨占雄. 黑沟梁墓地与东黑沟墓地的考古类型学比较研究［D］. 西北大学，2008：8-42.

［59］ 资料未发表，见新疆文物考古研究所. 伊吾县沙梁子墓地考古发掘［Z］. 2013-2014文物考古年报，2014：51-52.

［60］ 多数洞室墓进深较浅、不明显，任萌在其博士学位论文中甚至质疑是否是发掘不当的人为结果，根据披露的资料和沙梁子墓地的情况判断，黑沟梁墓地或许存在发掘不当的可能性，洞室墓数量可能没有现在认为的那么多。同［58］b.

［61］ 伊弟利斯·阿不都. 巴里坤县弯沟古墓［C］. 中国考古学年鉴1985. 北京：文物出版社，1985：257.

［62］ 资料未发表，见潜伟. 哈密地区史前时期铜器及其与邻近地区文化的关系［M］. 北京：知识产权出版社，2006：83-84.

［63］ M28图转引自［58］a；M52图转引自［58］c.

［64］ a. 新疆文物考古研究所，西北大学文化遗产与考古学研究中心. 新疆巴里坤县东黑沟遗址2006～2007年发掘简报［J］. 考古，2009（1）：3-27.

b. 王建新. 新疆巴里坤东黑沟（石人子沟）遗址考古工作的主要收获［J］. 西北大学学报（哲学社会科学板），2008（5）：86-91.

c. 王建新，席琳. 东天山地区早期游牧文化聚落考古研究［J］. 考古，2009（1）：28-37.

［65］ 同［58］a.

［66］ 习通源. 青铜时代至早期铁器时代东天山地区聚落遗址研究［D］. 西北大学，2014：116-118.

［67］ 陈戈. 关于新疆巴里坤县东黑沟等遗存文化性质的讨论［J］. 新疆文物，2014（1）：76-93.

［68］ 同［30］：67-80.

［69］ 同［58］b：143-144.

［70］ 同［58］a.

［71］ a. 魏东. 青铜时代至早期铁器时代新疆哈密地区古代人群的变迁与交流模式研究［M］. 北京：科学出版社，2017：94-122.

b. 陈靓，马健，景雅琴. 新疆巴里坤县石人子沟遗址人骨的种系研究［C］. 西部考古（第12辑）. 北京：科学出版社，2017：112-123.

［72］ 同［61］.

［73］ a. 同［58］a.

b. 马健. 匈奴葬仪的考古学探索——兼论欧亚草原东部文化交流［M］. 兰州：兰州大学出版社，2011：207-209.

［74］ 同［58］a.

［75］ 同［38］.

［76］ 同［41］a，图四，3.

［77］ 转引自［41］a，图五：5.

［78］ a. 杨建华. 春秋战国时期中国北方文化带的形成［M］. 北京：文物出版社，2004：103-108.
b. 同［40］：35.
［79］ 同［41］a.
［80］ 马金磊. 甘青地区青铜时代土洞墓的初步研究［J］. 考古与文物，2013（2）：32-40.
［81］ a. 韩建业. 新疆的青铜时代和早期铁器时代［M］. 北京：文物出版社，2007：20-24，32-40.
b. 丁杰. 论伊犁河谷索墩布拉克文化［J］. 伊犁师范学院学报（社会科学版），2011（3）：30-39.
c. 同［3］：218-251.
d. 同［30］：135-150.
［82］ 伊犁河流域的洞室墓已有研究者做过系统总结，可参见：
a. 王博. 伊犁河谷洞室墓和偏室墓研究［C］. 汉代西域考古与汉文化. 北京：科学出版社，2014：104-120.
b. 同［1］b.
c. 同［5］：14-47.
［83］ 新疆文物考古研究所. 新疆下坂地墓地［M］. 北京：文物出版社，2012.
［84］ 新疆文物考古研究所. 新疆特克斯县阔克苏西2号墓群的发掘［J］. 考古，2012（9）：3-16.
［85］ 陈靓. 新疆石河子南山石堆墓人骨的种系研究［J］. 考古与文物，2002（1）：112-123.
［86］ a. 李遇春，柳鸣亮. 新疆吐鲁番艾丁湖古墓葬［J］. 考古，1982（4）：365-372.
b. 同［13］.
c. 同［73］b：213-215.
d. 同［3］：107.
e. 张良仁，吕恩国，张勇. 吐鲁番地区早期铁器时代考古［C］. 早期中国研究（第2辑）. 北京：文物出版社，2016：116-155.
［87］ a. 同［58］a.
b. 同［73］b：207-209.
［88］ 同［71］a：94-122.
［89］ 同［32］e.
［90］ 杨建华教授曾对北方文化带地区的诸遗存做过系统的梳理与研究，见：
a. 同［77］a.
b. 同［40］.
［91］ a. 钟侃，乌恩，李进增. 宁夏同心县倒墩子汉代匈奴墓地发掘简报［J］. 考古，1987（1）：33-37.
b. 乌恩，钟侃，李进增. 宁夏同心倒墩子匈奴墓地［J］. 考古学报，1988（3）：333-356.
［92］ 同［73］b：200-203，212.
［93］ 同［5］：40-47.

［94］ 杨建华，邵会秋，潘玲. 欧亚草原东部的金属之路——丝绸之路与匈奴联盟的孕育过程［M］. 上海：上海古籍出版社，2017：439-440.

［95］ 同［5］：74-80.

［96］ a. 新疆文物考古研究所，伊犁州文物局. 尼勒克县加勒克斯卡茵特山北麓墓葬发掘简报［J］. 新疆文物，2006（3-4）：1-28 .

b. 新疆文物考古研究所等. 尼勒克县加勒克斯卡茵特墓地发掘简报［J］. 新疆文物，2007（3）：1-14.

c. 新疆文物考古研究所等. 新疆尼勒克县加勒克斯卡茵特墓地发掘简报［J］. 考古与文物，2011（5）：20-29.

［97］ 新疆文物考古研究所. 2005年度伊犁州巩留县山口水库墓地考古发掘报告［J］. 新疆文物，2006（1）：1-40.

［98］ 新疆文物考古研究所. 伊犁州尼勒克县奇仁托海墓地考古发掘简报［J］. 新疆文物，2004（3）：66-87.

［99］ 谭玉华. 新疆加勒克斯卡茵特墓地围沟墓的年代及文化属性［C］. 边疆考古研究（第16辑）. 北京：科学出版社，2014：111-122.

［100］ 新疆文物考古研究所. 交河沟西——1994～1996年度考古发掘报告［M］. 乌鲁木齐：新疆人民出版社，2001：41-74.

［101］ a. 新疆文物考古研究所. 新疆察吾呼——大型氏族墓地发掘报告［M］. 乌鲁木齐：东方出版社，1999：253-271.

b. 中国社会科学院考古研究所新疆队，新疆巴音郭楞蒙古自治州文管所. 新疆和静县察吾乎沟口三号墓地发掘简报［J］. 考古，1990（10）：882-889.

c. 同［73］b：211-213.

［102］ 新疆文物考古研究所. 新疆尉犁县营盘墓地 1999年发掘简报［J］. 考古，2002（6）：58-74.

［103］ 同［5］：44-47.

Study of the Cave Tombs of Subeixi Culture

SUN Shao-qing

This paper makes a systematic study of the cave tombs of Subeixi Culture and Shajing Culture and the cave tombs in the relevant areas, and holds that there is no direct relationship between Subeixi Culture and Shajing Culture. The existing data do not support the idea that the former was from the Gansu and Qinghai or the latter was from Tianshan area. The cave tombs of

Subeixi Culture originated from Suodunbulake Culture in the Ili Rriver Valley and affected the Hami Region to the east, but its prevalence was the result of a combination of factors, and the Xiongnu's westward movement may furtherly spread the factor of subexi culture cave to the west.

羊角纽钟初步研究

卢荣俊

（中山大学人类学系，广州，510275）

羊角纽钟是战国秦汉时期流行于中国南方和越南北部地区的一种特色乐器，因其顶部歧出两个羊角状鋬纽而得名。目前发现的羊角纽钟数量不多，但有出土情境的钟大多出自等级较高的墓葬中。蒋廷瑜曾经讨论过羊角纽钟的年代、族属、使用方法等问题[1]，开创了系统研究羊角纽钟的先河。此后，陆续有学者对羊角纽钟的名称、形制、年代、纹饰、音乐性能、功能、族属等做过探讨[2]，但未见系统研究。本文拟在全面收集羊角纽钟资料的基础上，对相关问题进行综合分析。

一、发现情况

目前在中国境内发现并见诸报道的羊角纽钟有60余件，其中广西30件[3]，云南26件[4]、贵州3件[5]、湖南5件[6]（图一），包括发掘出土、采集和征集[7]等来源。另外，在越南北部地区东山文化中见于报道的也有10件以上。

发掘出土的羊角纽钟包括云南楚雄万家坝墓地6件[8]、晋宁石寨山6号墓1件[9]、广南牡宜4号墓2件[10]、贵州安龙新安窖藏1件[11]、广西西林普驮铜鼓墓2件[12]和贵县（今贵港，下同）罗泊湾1号墓1件[13]。这些钟有明确的出土情境，为年代讨论提供了线索。

采集来源的钟数量最多，包括云南新平腰街1件[14]、广南小尖山1件[15]、麻栗坡新堡寨4件[16]、新平漠沙西尼河4件[17]、元江牛街4件[18]、文物商店1件[19]、广西灵山社公岭4件[20]、恭城东寨1件[21]、浦北利竹逵3件[22]、浦北大岭脚4件[23]、玉林兴业龙安1件[24]、容县龙井化4件[25]、贵州安龙德卧1件、文昌宫1件[26]、湖南博物馆所藏5件[27]等。由于有明确的出土地点，这些钟有助于探讨羊角纽钟的分布规律。

征集所得的羊角纽钟无出土地点或伴出物，包括云南文山西畴1件[28]、广西贵县1件[29]、浦北印刷厂检选2件[30]、柳江骆越博物馆所藏2件[31]、柳州大埔1件[32]等。

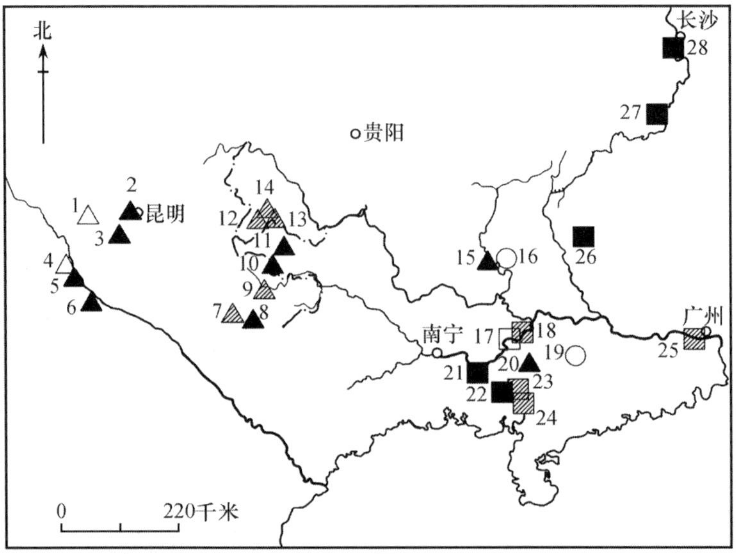

图例：△滇系A型 ▲滇系B型 滇系C型 □桂系A型 ■桂系B型 桂系C型 ○异型

图一　羊角纽钟分布示意图

1. 楚雄万家坝M1　2. 文物商店　3. 晋宁石寨山M6　4. 新平腰街　5. 新平漠沙　6. 元江牛街　7. 文山西畴　8. 麻栗坡新堡寨　9. 广南牡宜　10. 广南小尖山　11. 西林普驮　12. 安龙德卧　13. 安龙文昌宫　14. 安龙新安　15. 柳州大埔　16. 骆越博物馆　17. 贵县罗泊湾M1　18. 贵港钟　19. 容县龙井化　20. 兴业龙安　21. 灵山社公岭　22. 浦北利竹逵　23. 浦北大岭脚　24. 浦北印刷厂　25. 广州钟　26. 恭城东寨　27. 衡阳　28. 长沙

二、类型与年代

（一）类　　型

目前所见羊角纽钟的形制基本相同，均为铜质，合瓦式，合范铸造，平面呈半橄榄形或半椭圆形，上小下大，顶端一对羊角状銎纽，钟口平直、呈橄榄形或椭圆形。但各钟的形态仍存在差别，有必要作进一步划分。李纯一曾根据钟体通高与铣间比值将羊角纽钟分为二型，其中Ⅰ型下又据钟口平、凹区别细分二式，并推测其发展序列[33]，现在看来仍有合理之处。黄德荣将云南的羊角纽钟按体型大小分为三型[34]，但大小无明确标准，主观性较强。袁华韬据钟体整体形态划分四型，其中第Ⅰ型下据钟口形状细分五式，第Ⅲ型据銎纽形状细分二式[35]，各型、式之间无统一标准，且较烦琐。黄启善综合了李纯一的“比值”法和考古学分类方法，将广西的羊角纽钟分为二型，各型下分二式[36]。

由于羊角纽钟在各地发现时间早晚不一，报道有详有略，照片或线图质量良莠不齐，因此难以全面把握所有钟的资料。现对有较详细资料的羊角纽钟作类型分析，难免有以偏概全之嫌，但应不至于影响整体把握。

根据羊角纽钟的形态特点和分布区域，可将其分为滇系和桂系两个系统。两个系统的形态差别表现在銎纽和钟体的特征上。滇系钟钟体呈半橄榄形；钟体两侧与钟口平面成锐角；銎纽外卷。桂系钟钟体略呈半椭圆形且较滇系钟饱满；钟体两侧近竖直，与钟口平面略成直角；銎纽分上、下两部分，上部外卷，下部近竖直。

1. 滇系

主要分布于云南地区，广西也有少量分布。据钟体和銎纽形态分三型。

A型　钟体近等腰三角形，两侧近斜直；銎纽外侈；素面。包括楚雄万家坝1号墓一组6件（图二，1）、新平腰街1件（图二，2）。

B型　钟体半橄榄形，两侧近钟口处斜直；钟体顶部微鼓；两銎纽对称外卷；素面为主，少量带纹饰。包括柳州大埔1件（图三，1）、西林普驮墓2件（图三，4）、广南小尖山1件、新平漠沙4件、元江牛街4件、石寨山6号墓1件（图三，2）、麻栗坡新堡寨4件（图三，3）、云南文物商店1件等。

C型　钟体形态与B型相近；两銎耳较长且不对称；钟体顶部圆鼓；素面。包括贵州安龙3件（图四，1、2）、文山西畴1件（图四，3）、广南牡宜4号墓2件（图四，4）。

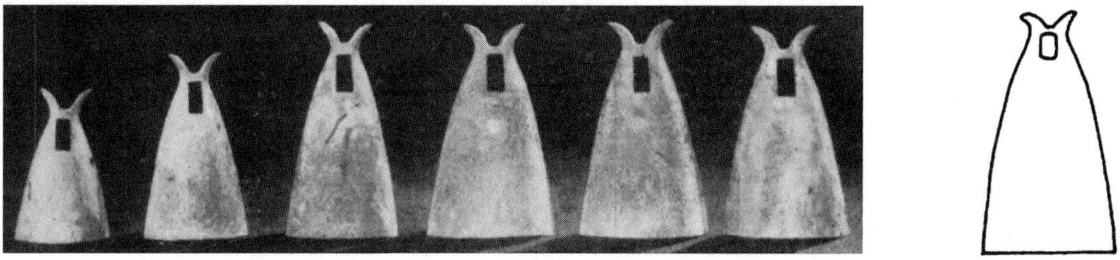

1　　2

图二　滇系A型钟[37]

1. 楚雄万家坝M1（6件）　2. 新平腰街

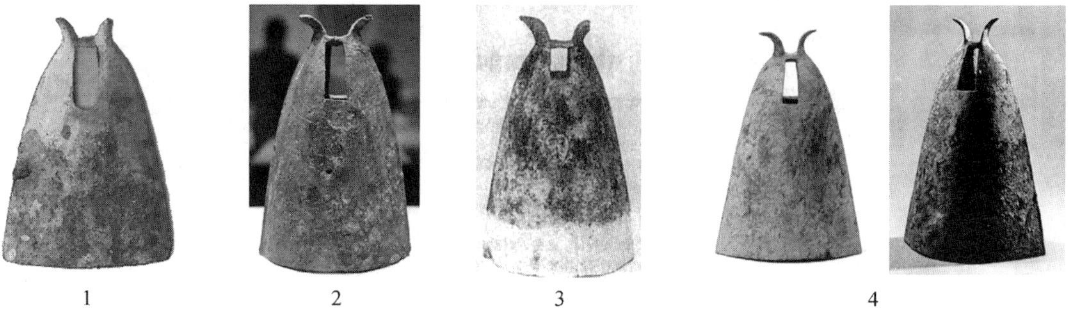

1　　2　　3　　4

图三　滇系B型钟[38]

1. 柳州大埔　2. 晋宁石寨山M6：125　3. 麻栗坡新堡寨　4. 西林普驮墓（2件）

1　2　3　4

图四　滇系C型钟[39]

1. 贵州安龙德卧　2. 贵州安龙新安　3. 文山西畴　4. 广南牡宜M4（2件）

2. 桂系

主要分布于广西地区，湖南长沙、衡阳等地有少量出土。据钟体和鋬纽形态分三型。

A型　钟体呈半椭圆形；鋬纽对称，略分为上、下两部分，但不明显。贵县罗泊湾1号墓1件（图五，1），饰人面纹。

B型　钟体呈半椭圆形，钟体较饱满，顶部斜弧；两侧近竖直；鋬纽对称，下部竖直，上部向两侧外侈；素面。包括广西灵山社公岭4件（图五，2）、恭城东寨1件、浦北利竹逵3件、湖南省博物馆所藏5件等。

C型　与B型相近，但钟体顶部圆鼓。素面为主，少量有纹饰。包括广西贵港1件、浦北印刷厂2件（图五，3）、浦北大岭脚4件、兴业龙安1件、广州1件等。

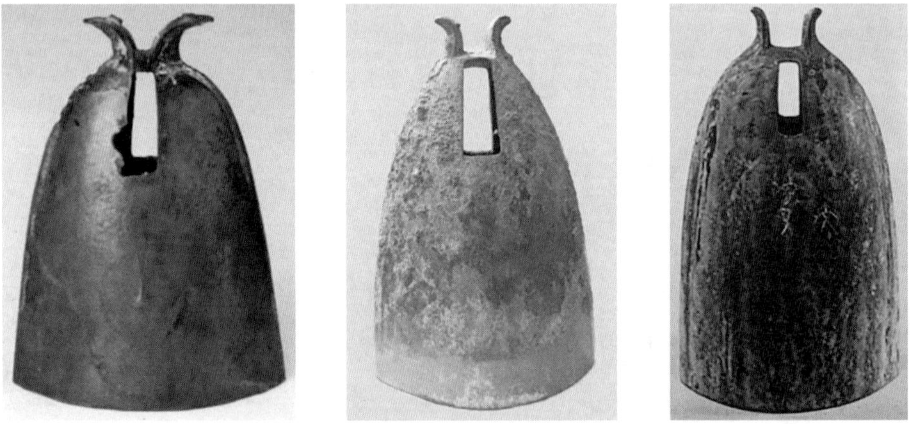

1　2　3

图五　桂系钟[40]

1. A型（贵县罗泊湾M1：37）　2. B型（灵山社公岭）　3. C型（浦北印刷厂）

3. 异型

有少量钟形态特殊，暂统归为异型。

异型，6件，仅见于广西地区。广西柳江骆越博物馆所藏2件，出土地点不明，首尾相套；钟体平面近等腰梯形，两銎纽短且外侈不明显；长方形穿孔靠下；器身遍饰翔鹭纹（图六，1）。广西容县龙井化出土4件，均呈半橄榄形，钟体两侧近钟口处竖直，两銎纽相连；钟体表面饰S形云纹，其下饰细密弦纹（图六，2、3）。

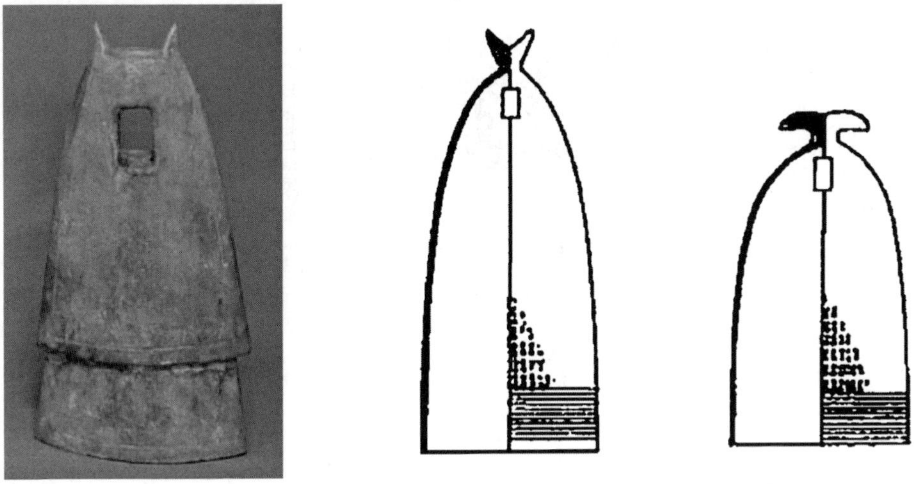

1　　2　　3

图六　异型钟[41]

1. 骆越博物馆藏　2、3. 容县龙井化

（二）年　　代

有明确出土情境的云南楚雄万家坝M1钟、晋宁石寨山M6钟、广南牡宜M4钟、贵州安龙新安钟、广西贵县罗泊湾M1钟和西林普驮钟的年代可为各型钟的断代提供参考。

滇系A型钟见于云南万家坝M1和新平腰街。万家坝M1的年代颇具争议，原报告将万家坝M1定为Ⅱ类墓，并据其与大波那木椁墓的对比和M1棺木^{14}C测年将Ⅱ类墓的年代定为春秋晚期至战国时期[42]。彭长林将其归入滇西地区青铜文化第二期后段，并通过与滇池地区遗存的对比将其年代定在战国早期左右[43]。徐学书根据M1所出的铜鼓和羊角纽钟将其年代改定为西汉景帝至武帝元鼎年间[44]。李龙章据其所出羊角纽钟，认为“其年代最早只能到西汉中期”[45]。杨勇认为万家坝M1与M23的年代相近，通过与云贵高原其他遗存的对比，认为两者“年代大致应在战国晚期至西汉这一范围内，其中属于西汉早期的可能性最大”[46]。吴小平则根据万家坝M1所出铜釜与羊甫头墓地所出铜釜的对比，认为其年代为西汉早中期[47]。

由于缺少绝对纪年物，万家坝M1的年代只能根据其随葬器物与邻近地区同类器物的对比来判断。M1随葬有铜锄、铜斧、铜镦、铜鼓、铜羊角纽钟和铜釜等，其中羊角纽钟与晋宁石寨山M6和西林普驮墓所出的滇系B型钟、贵县罗泊湾M1所出桂系A型钟在形制上有明显区别，因此不宜进行直接对比，徐学书、李龙章的断代根据值得商榷。另外，M1随葬器物均为附近地区战国至西汉早期遗存所常见，如铜釜（M1：1、M1：4）与赫章可乐属战国晚期至西汉前期的第二、三期墓所出同类器相同（图七），故其年代应属战国晚期至西汉前期。如此，滇系A型钟的流行年代大体应在战国晚期至西汉早期。

图七　楚雄万家坝M1所出铜釜与赫章可乐墓地所出同类器对比图[48]

1. 万家坝M1：1　2. 可乐M91：1　3. 万家坝M1：4　4. 可乐M271：1

滇系B型钟的年代可参考石寨山M6和普驮铜鼓墓的年代。石寨山M6的年代为西汉中期，学界基本无异议。普驮铜鼓墓的年代则存有争议，主要有西汉前期[49]和西汉中晚期[50]二说。铜鼓墓出土的铜六博棋盘、洗、车马器、盖弓帽等的确可在岭南地区西汉中期以前的墓葬中找到同类器物，但部分器物却表现出年代较晚的特征。如羊角纽钟的形制不同于罗泊湾M1：37而与石寨山M6所出相同，山羊纹牌饰与晋宁石寨山M7（西汉中期）[51]、江川李家山M50（西汉晚期至东汉初期）[52]所出同类器相似，铜耳杯、铜骑俑等器物可在邻近地区找到年代较晚的对比标本（图八）。另外，原报告定为Ⅱ式的282和283号铜鼓表现出晚于石寨山型铜鼓的特征，故原本持西汉前期说的蒋廷瑜后来也认为此二鼓"明显地显得高瘦，已不是标准型的石寨山型，时代要略晚"[53]，并接受墓葬年代为西汉中晚期的说法[54]。因此，普驮铜鼓墓的年代应定为西汉中晚期。B型钟的年代应为西汉中晚期。

滇系C型钟的年代可据贵州安龙新安窖藏和云南广南牡宜M4来推定。安龙新安窖藏中有两件器物带铭文，铭曰"延光元季朱提作"和"延熹四季朱提堂狼造"[56]，可知钟的埋藏年代可至东汉中晚期。广南牡宜M4的详细资料尚未公布，难以讨论其年代。据杨帆的分析，M4的年代大体在西汉晚期至东汉初[57]。此外，从形制上看，C型钟钟体与B型钟基本相同，仅銴纽较长且不对称，应继承自滇系B型钟，也可说明其年代晚于B型钟。因此，可将C型钟年代大体定在东汉时期。

桂系钟方面，学界对罗泊湾M1年代的认识基本一致，为南越国时期，此亦即A型钟的年代。由于缺少共存物，B、C型钟的年代只能根据形态和纹饰作初步推测。从形制看，B型钟与A型钟应有承袭关系，钟体较A型钟饱满、高大，且双銴纽更规整，故

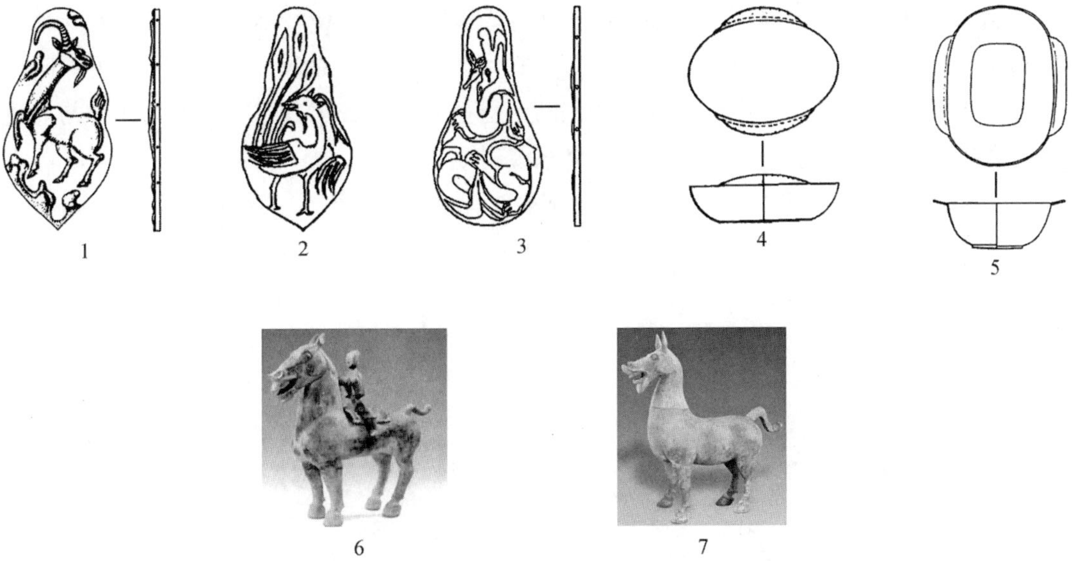

图八 西林普驮铜鼓墓随葬器物与周邻地区同类器物对比图[55]

1. 铜鼓墓所出山羊纹牌饰 2. 晋宁石寨山M7：93 3. 江川李家山M50：43 4. 铜鼓墓所出铜耳杯

5. 合浦10HTQM6a：13 6. 铜鼓墓所出铜骑俑 7. 合浦风门岭M26：6

推测B型钟应晚于A型钟。此类钟在越南东山文化中也有发现，有的钟钟面上饰有菱格纹、回纹、圆圈纹、翔鹭纹、稻秆纹、划船纹等[58]（图九，1～3），与石寨山型铜鼓上的纹饰相近，故年代亦应相近。此外，越南鼎乡（Làng Vạc）遗址出土的羊角纽钟（图九，4）亦与B型钟相近，有学者认为其年代不会晚于公元前1世纪[59]。据此，可推测B型钟的年代为西汉早中期。C型钟銎纽与B型钟相同，但钟体顶部圆鼓、钟体较C型钟更饱满，推测它们存在承袭关系，C型钟应晚于B型钟，但具体年代难以确定。

异型钟方面，骆越博物馆所藏两件钟銎纽短小且外侈不明显、钟体近等腰梯形、长方形穿孔位置较其他钟靠下，与其他型钟有较大区别。此钟所饰翔鹭纹似乎更接近于冷水冲型早、中期铜鼓的纹饰，推测其年代大致在东汉时期。广西容县龙井化所出的4

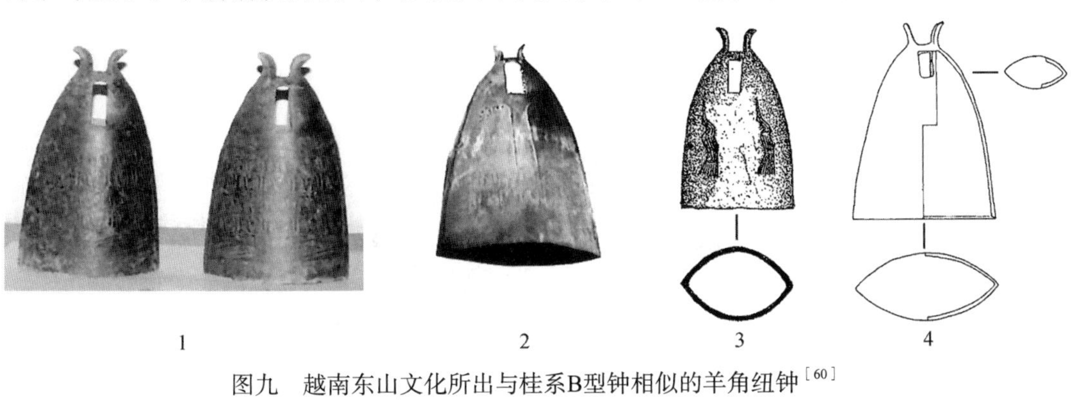

图九 越南东山文化所出与桂系B型钟相似的羊角纽钟[60]

1. 饰菱格纹、回纹和圆圈纹的羊角纽钟 2. 饰稻秆纹、划船纹的羊角纽钟 3. 河内历史博物馆藏羊角纽钟（I.25457） 4. 鼎乡遗址所出羊角纽钟件形制上与其他钟无太多可比之处，所饰的云雷纹和弦纹年代特征亦不明显，其年代难以确定，目前有“战国时期”“西汉”[61]和“西汉晚期至东汉时期”[62]三说。限于材料，我们无法对其年代作出太准确的判断，但据其穿孔较小且靠下、所饰纹饰与北流型铜鼓更接近的情况来看，其年代可能为东汉时期。

值得注意的是，张合荣根据花山岩画发现有使用羊角纽钟的画面，认为羊角纽钟“直到南朝以后还在使用”[63]，但目前未见年代明确地晚于东汉的羊角纽钟。

三、纹　　饰

羊角纽钟多素面，仅少量带纹饰。纹饰简朴，施于钟体表面，施纹方式有阴刻和铸造两种，铸造者均为阳纹。关于羊角纽钟纹饰的题材和内涵，已有学者做过讨论[64]。下面拟对其纹饰进行分类，并作简要分析。

相关报道多未见对羊角纽钟的详细描述，此情况限制了对纹饰的深入研究。据纹饰内容，大致分为四类。

第一类，云雷纹和弦纹，多呈带状绕钟体一周。浦北大岭脚钟钟体下部饰一周菱形雷纹图案；容县龙井化钟4件均于钟体饰S形云纹，下部饰密集弦纹。云雷纹在岭南的甬钟和云南地区的茧形纽钟、万家坝型铜鼓中均可见。浦北大岭脚钟于钟体下部饰一周菱形雷纹，与云南地区茧形钟和万家坝型铜鼓的施纹方式相近，两者可能有一定联系。容县龙井化钟于钟体下部饰S形云纹，有论者认为其与北流型铜鼓[65]或岭南地区的铜甬钟的纹饰相似。

第二类，人物、动物纹。浦北印刷厂钟1件正背两面均阴刻人物、动物图像（图一〇），或称“舞人纹”[66]，论者多认为与左江流域岩画图像相似[67]。谢崇安认为其为“天（人）”字纹，来源于越族的农业祭祀[68]。左江流域岩画的图像内容、工艺手法等与滇、黔两地岩画相同，且地域上与云南南部岩画相邻，人物、巨兽等图像亦见于云南南部岩画[69]。

石寨山M6钟钟身上部阴刻一牛头纹，下部图像因锈蚀模糊不清，“好像是二人头纹”。牛的纹饰或立体装饰在滇池地区十分普遍，多见于模型、贮贝器、扣饰、杖

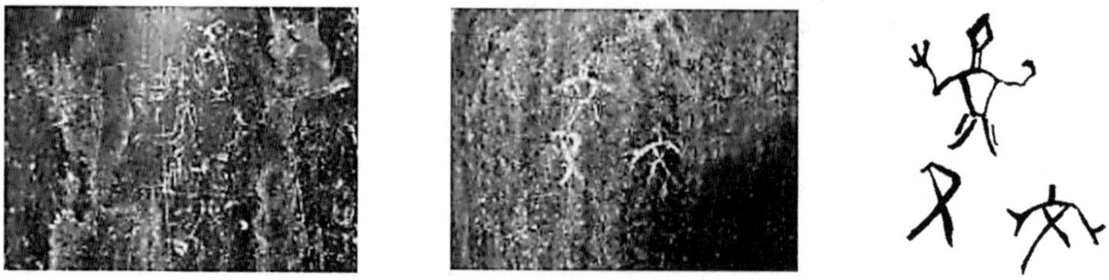

1　　2　　3

图一〇　浦北印刷厂羊角纽钟所饰图像[70]

1. 正面照片　2. 背面照片　3. 背面线图

头饰、铜枕、葫芦笙、兵器等器物之上，牛头形象的雕塑亦十分常见。而牛头纹则相对较少，万家坝和石寨山墓地均可见牛头纹，与石寨山M6钟的牛头纹十分相似（图一一）。

元江牛街4件钟均有阴刻纹饰，但模糊不清，一件钟体一面刻一伫立瘤牛，另一面似为一跃虎；云南文物商店钟正面有阳线牛纹。人物、动物题材[71]的图案或立体装饰在云南地区十分常见，而且虎、牛、鹿等动物纹饰也常见于滇东、滇西地区的铜编钟中[72]。

第三类，人面纹，均为浮雕式，铸造而成。麻栗坡新堡寨1号钟两面均铸人面，长脸尖颌，杏眼圆睁，鼻梁微凸；束发成长条形高髻，顶端中分且外撇成倒八字状，下巴下似有一小撮胡子[74]（图一二，1、2）。罗泊湾M1：37所饰人面纹亦为尖颌、呈桃子形，头顶有一对倒八字外撇的弯角（图一二，3）。石寨山M6所出的羊角纽钟钟面上有编发人头纹，但已因锈蚀而漫漶不清[75]。

人面图像在西南和岭南地区均有发现。在西南地区，人面图像见于铜扣饰、铜盏、铜剑、铜矛、铜铃等器物上，立体人头或人形装饰也十分常见，但其形象多与

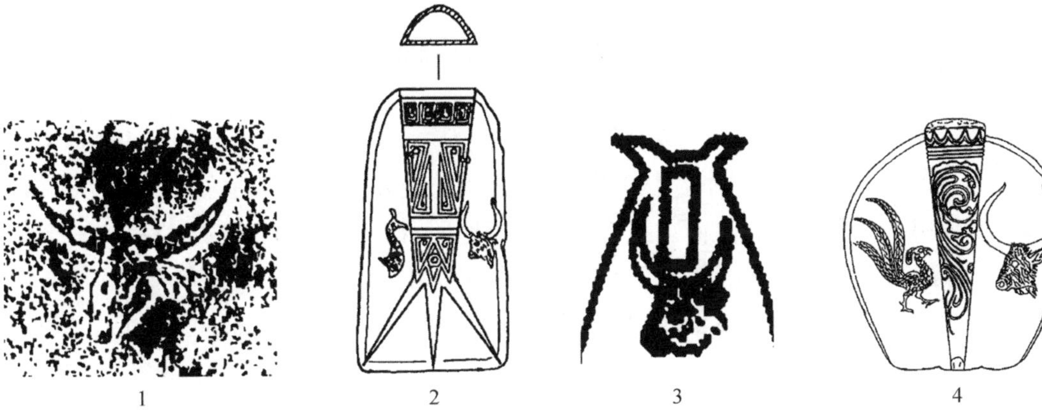

图一一 牛头纹[73]

1. 楚雄万家坝M1：66铜锄所饰牛头纹 2. 石寨山M1所出铜铲所饰牛头纹 3. 石寨山M6所出钟所饰牛头纹 4. 石寨山M12所出铜铲所饰牛头纹

图一二 人面纹[76]

1、2. 麻栗坡新堡寨1号钟 3. 罗泊湾M1：37

羊角纽钟所饰人面纹有较大差距，应没有太大联系。赫章可乐M373出土的一件铜铃（M373：5），表面饰人面纹图案，人面顶部似有两角状纹饰（图一三，1），整体与罗泊湾M1钟所饰人面十分相近。另外，西林普驮铜棺在棺两侧壁板挂两块鎏金青铜人面具[77]，五官清晰（图一三，2），其是否与羊角纽钟上的人面纹有关系尚难判断。

1　　2

图一三　铜铃、铜面具[78]

1. 赫章可乐M373：5　2. 西林普驮铜棺人面具

另一方面，人面纹装饰也习见于越族青铜器[79]，其中以岭南地区的人面弓形格短剑最具代表性。这类短剑目前仅见于两广（包括香港）和越南北部地区，年代约为战国时期[80]。另外，在江苏、陕西、河南、广东等地还出土装饰人面纹的扁茎铜短剑，年代可早至西周早期，岭南的人面弓形格短剑可能来源于这类扁茎短剑[81]。

殷墟晚期的一件人面纹剑所饰人面为长窄脸，蓄长发并向两边披（图一四，2）。人面纹扁茎短剑在岭南见于广东曲江、海丰、香港等地，其中曲江和香港出土的短剑所饰人面纹相同，为光头、头顶饰二云雷纹，云雷纹外卷呈羊角状（图一四，1）。而人面纹弓形格剑在岭南分布较广，包括广西的百色、田阳、柳江、贵港、灵川，广东广州，香港大屿山、赤立角、南丫岛等地。各地发现的短剑所饰人面纹基本相同，圆头、尖颌，略呈倒三角形，以若干短竖线所表示的鼻梁明显（图一四，3）。同时，百色河2号剑和灵山罗埇塘所出人面纹顶部两侧有角状装饰（图一四，4、5）。

可见，羊角纽钟上的人面纹与岭南地区人面弓形格剑的人面纹十分接近，两者应有密切的联系，前者可能受后者影响。而云贵高原地区的人面图像在细节上与羊角纽钟上的人面纹有较大差别，未见明显的联系。

第四类纹饰为内外相套的菱形纹，均为铸造，见于新平西尼河4件钟上，有内菱形纹和外菱形纹两种（图一五，1）。类似的纹饰多见于万家坝型铜鼓，称“菱形网状纹”“四足爬虫纹”或“鼍纹”，亦多铸造，多饰于铜鼓内壁或外部[83]（图一五，2、3）。另外，石寨山型铜鼓的长杆纹上也有类似的图案（图一五，4、5），有论者认为可能是云雷纹的复合形象[84]。

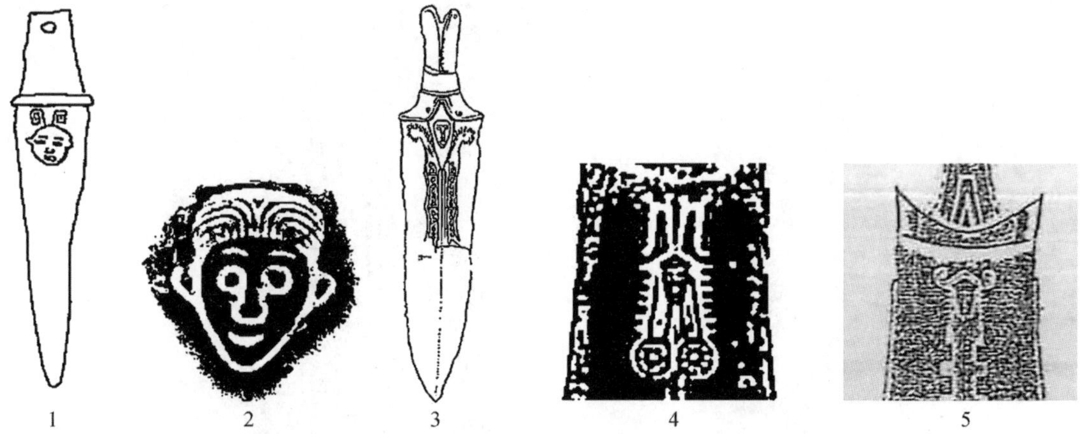

图一四　人面纹[82]

1. 曲江石峡遗址上文化层短剑　2. 殷墟晚期人面纹剑纹饰　3. 柳州木罗村人面弓形格短剑　4. 灵山罗埇塘人面弓形格短剑所饰人面纹　5. 百色河人面2号剑纹饰拓本

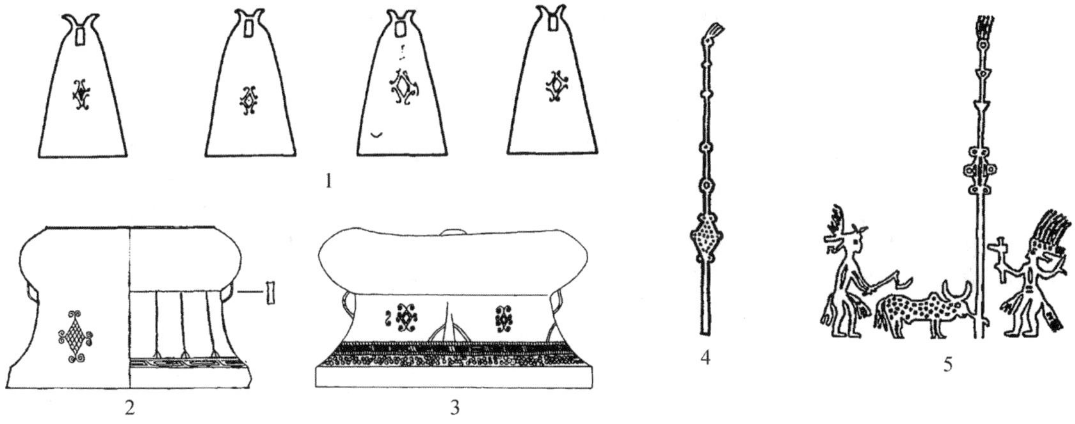

图一五　菱形纹[85]

1. 新平西尼河钟　2. 万家坝M23：161　3. 八塔台M1：1　4. 广南鼓剽牛图长杆纹样　5. 广南鼓椎牛图

东山文化的羊角纽钟纹饰相对单一，以阳铸为主。纹饰有菱格纹、稻穗纹、翔鹭纹（图九，1、2）、绳纹附加堆纹等。另外还见立体装饰，如铸蛙形动物粘于钟体两侧、钟体顶部铸象形立饰等（图一六）。这些纹饰或立体装饰均常见于东山文化。

除纹饰和立体装饰外，还可见其他特殊装饰。普驮钟表面有粘贴鸟羽的痕迹[87]，在同墓作葬具的铜鼓上可见相似的现象，有学者推测可能是祭祀杀牲的鸟类形成的[88]，也有学者认为这些鸟羽为孔雀羽毛，与现今云南地区少数民族中巫师装束的配饰相近[89]。原报告对此现象未做报道，据蒋廷瑜的观察，鸟羽毛附于钟体绿锈之上[90]，可能并非原来钟面上的装饰。这种现象少见于云南地区或岭南地区，含义不明。另外，牡宜M4的羊角纽钟通体鎏金，鎏金铜器在广南牡宜汉墓[91]和普驮铜鼓墓[92]、铜棺[93]中常

1　　2

图一六　东山文化羊角纽钟的装饰[86]

1. 绳纹附加堆纹和蛙形饰　2. 象形立饰

见，也多见于云南地区。

总的来看，虽然羊角纽钟多与铜鼓伴出，但中国境内发现的羊角纽钟的纹饰与铜鼓纹饰并无太多相似之处。此外，钟上的纹饰与其所属型别似乎无对应关系，同一型钟可能饰不同纹饰，而同一类纹饰也可见于不同型别的钟。钟上的纹饰或装饰手段似乎与其所属地区的文化背景有关，由此可推测各地的羊角纽钟可能是当地铸造。

四、组合方式

羊角纽钟多成组出现，故学者有以“编钟”名之[94]。此外，羊角纽钟还有与其他乐器组合的情况。

成组的羊角纽钟目前可见九组。2件一组的可见两组，包括西林普驮墓和浦北印刷厂，每组内的钟尺寸相仿。4件一组的有五组，包括浦北大岭脚、容县龙井化、麻栗坡新堡寨、新平漠沙和元江牛街，每组各钟大小相近。3件一组和6件一组的各有一组，浦北六寮出土的3件，有2件已散失[95]；楚雄万家坝M1出土一套6件，形制相同而大小依次递减，通高15～21.9厘米[96]。可见，除万家坝M1外，其余成组出土的羊角纽钟均大小相若。从编列来看，有一组2件、一组3件、一组4件和一组6件等，以一组2件和一组4件为主。

除自身的编列组合外，羊角纽钟还与其他乐器构成组合，如铜鼓、铜钟、铜钲等。

羊角纽钟与铜鼓伴出的情况最多，可见于万家坝M1、石寨山M6、普驮铜鼓墓、广南牡宜M4以及东山文化的鼎乡遗址[97]等遗存中。除万家坝M1钟与万家坝型铜鼓伴出外，其余均为与石寨山型铜鼓伴出。

石寨山M6还见环纽编钟与羊角纽钟伴出[98]。环纽编钟主要流行于滇西和滇池地区，有1件、2件、3件、4件或6件等编列方式，多为大小递减、不同规格的组成编钟，也常与铜鼓伴出，有论者认为其可能演变自万家坝所出铜铃[99]。环纽编钟与羊角纽钟有相似的组合方式，但在形制、纹饰方面完全不同，且两者共存的情况仅见于石寨山M6，故可能分属不同的文化系统。

罗泊湾M1中，羊角纽钟与1件小铜鼓和2件筒形铜钟共存于东器物坑。筒形纽钟目前发现较少，此二钟均有刻铭，铭曰"布八斤"和"布八斤四两"，应为当地制造。且形制与广州淘金坑M6所出铜铃相近，两者可能存在亲缘关系[100]。此外，此墓还有其他乐器，包括铜锣、革鼓、竹笛、筑和十二弦乐器等[101]。这些乐器可能分属汉、越两个礼乐体系[102]。

据相关人员回忆，安龙新安窖藏的3件铜钲出土时被羊角纽钟套合，竖立放置[103]。铜钲作圆管柄、柄上有穿、直长身，饰叶脉纹、X形纹、斜线纹等。湖南衡阳出土一件形制与其基本相同的铜钲，素面无纹[104]。此外，类似的铜钲也见于广东清远马头岗墓地，但其柄带纽上无穿。与安龙所出相同的铜钲兴义也见出土，两者与贵州其他地区所出铜钲有别。李飞认为安龙、兴义所出铜钲"可能来自百越地区，也不排除其为土著遗物的可能性"[105]。

综上所述，可对羊角纽钟的组合情况做些推测。万家坝M1所出一套羊角纽钟，大小依次递减，具有"编钟"的功能[106]，并与万家坝型铜鼓相组合。其后，这种大小递减的编钟组合不再见于其他地区。

石寨山M6中，一组环纽编钟与铜鼓、羊角纽钟组合。环纽编钟流行于滇池和滇西地区，并有固定的组合。因此，此时羊角纽钟可能不具备"编钟"的功能，在该乐器系统中处于次要位置。

滇南、滇东南和桂中、西部地区是铜鼓的集中分布区，羊角纽钟只见与铜鼓组合，而战国秦汉时期流行于岭南东部的甬钟、流行于云南其他地区的环纽编钟均不见于这一地区。此时羊角纽钟自身的组合也有变化，主要是2至4枚大小相若的编钟组合。在花山和宁明岩画中可见下图形象（图一七），论者多认为描述的是2件或4件羊角纽钟组合方式[107]。羊角纽钟在这一区域内组合稳定，可能正处于成熟时期。

罗泊湾M1和贵州安龙新安有单件羊角纽钟与其他乐器组合的情况。罗泊湾M1羊角纽钟只出1件，且形制较特殊，当地仿制的可能性较大。安龙新安可见羊角纽钟与铜钲于窖藏中共存。其中羊角纽钟"器形厚重，一望即知与另两组7件铜器非产自一地"[109]，此类两銎纽较长的钟目前只见于贵州地区，属当地制造的可能性较大。

图一七　左江岩画所见疑似羊角纽钟挂设方式的图像[108]

1. 总第一一组岩画局部　2. 总第七七组岩画局部　3. 高山第一地点五处2组

五、起源与传播

目前学界对羊角纽钟的起源地和传播方向认识较为一致，一般认为滇中楚雄一带是其发源地，随后沿东、南两个方向传播到其他地区。但是，对于其起源、传播历程以及传播过程中的形态演变等问题尚不清晰。

滇系钟方面，A型钟发现于元江沿岸的楚雄、新平等滇中地区。B型钟分布在A型钟以东，流行于滇东南、桂西一带。C型钟则主要见于滇、黔、桂交界处。滇系各型钟的分布区域比较明确。桂系各型钟的分布范围则有较大的重合。A型钟仅见贵港一例。B型钟主要分布于桂东南西部的灵山、浦北，桂东北也见一处。C型钟见于贵港、浦北、玉林、广州等地，地域上较B型钟偏东（图一）。

（一）起　　源

关于羊角纽钟的起源主要有两种观点。其一，认为羊角纽钟是在中原甬钟的影响下产生的，持此观点者众。其二，认为羊角纽钟是在当地独立创造、发展起来的另一体系的钟类乐器[110]。

羊角纽钟在形态和使用方式上与甬钟有可比之处。首先，其钟体为合瓦形，这与甬钟和纽钟一致，故有学者认为其仍属中国先秦乐钟体系[111]。其次，出土的羊角纽钟也多成编列，其发音可能已构成五声音阶体系[112]。再次，羊角纽钟的埋藏方式与甬钟相似，有单个或成组出土，但多不见共存物，可能也是“用毕即秘埋土中”的重器[113]。

另一方面，羊角纽钟与甬钟、纽钟有明显的区别。其一，形态特点区别明显，羊角纽钟的羊角状鋬纽与甬钟、纽钟看不出有承袭关系。其二，羊角纽钟钟体无枚、无铭文、纹饰本地特征明显、无调音痕迹[114]等，均与甬钟、纽钟不同。其三，羊角纽钟的悬挂方式、编列方式等均自有特点。此外，时空范围上羊角纽钟与岭南甬钟可能略有重叠，但迄今未见羊角纽钟与甬钟共存。

因此，羊角纽钟可能在一定程度上受到中原编钟的影响，但未有确凿的证据。

当前，羊角纽钟的资料还比较单薄，未见与其在形制上相似的器物，因此要探明其起源还比较困难。但据现有资料，可对其起源做些初步推测。

羊角纽钟主要发现于中国的滇、黔、桂和越南北部地区，中国境内的羊角纽钟可分两系六型，而越南北部地区仅见与本文所分滇系A型、滇系B型、桂系B型相似的钟，且纹饰也较为单一。目前看来，羊角纽钟起源于越南北部地区的可能性较小。

目前看来，万家坝M1的羊角纽钟年代最早。万家坝M1随葬器物有铜锄、斧、镦、斧、鼓、钟等，地域特征明显，未见中原文化因素。另外，万家坝墓地以及“万家坝文化”[115]遗存中也基本不见中原文化的直接影响。以万家坝墓地为代表的这类遗存，从所出的陶双耳罐、铜三叉格剑、柳叶形矛、圆形牌饰等可以看出其与滇西、滇西北的联系。但此类遗存中却少见滇西地区流行的环纽编钟。因此，本文推测羊角纽钟在楚雄地区独立起源的可能性较大。

（二）形态演变

各型羊角纽钟呈现年代相接、地域相连的特点，它们之间应存在承接关系。下面将从各型钟的形态特点出发，讨论各型钟的形态演变过程。

滇系羊角纽钟的形态演变主要表现于器体尺寸、鋬纽和钟体顶部形态。尺寸上，A型钟尺寸较小，通高不超过23厘米，最小仅15厘米；口长径在13厘米左右。B型钟较A型钟大，通高通常为23～24厘米，口长径一般大于13厘米。C型钟尺寸最大，通高在30厘米以上，口长径在18厘米以上。鋬纽形态上，A、B型钟鋬纽均对称。其中A型钟鋬纽微曲外侈，B型钟鋬纽则呈对称外卷。C型钟鋬纽较长且不对称，外弯程度更甚。钟体顶部方面，A型钟钟体近梯形，顶部隆起不明显；B型钟顶部较饱满，隆起较明显；C型钟顶部圆鼓，钟体近半椭圆形。滇系钟的演变趋势为：体型逐渐增大；鋬纽长度逐渐增加，外卷的程度逐渐加剧；鋬纽从对称到不对称；钟体逐渐变得饱满，顶部形态从斜直到圆鼓（表一）。此外，钟体的长方形穿孔似乎呈逐渐变小的趋势。

表一　滇系钟形态演变示意

型别 / 形态	A型	B型	C型
鋬纽			
钟体顶部			

桂系钟的形态演变主要表现于鋬纽、钟体底部上。鋬纽方面，A型钟鋬纽外卷，上、下两部分区分不明显。B、C型钟的鋬纽形态基本相同，明显分为上、下两部分，

上部略外卷，下部竖直。钟体底部方面，A型钟钟底两侧近钟口处斜直，与钟口平面成锐角，而C型钟钟底两侧与钟口平面近垂直，B型钟则介于两者之间。滇系钟的演变趋势为：鋬纽从外卷到下直上卷；钟底两侧近口处从斜直逐渐演变为竖直（表二）。

表二　桂系钟形态演变示意

型别 / 形态	A型	B型	C型
鋬纽形态			
钟体底部形态			

（三）传　　播

根据上述的分析，我们可以大致勾勒出羊角纽钟的传播路线。

滇系钟方面，分布于滇中楚雄、新平一带的A型钟是目前发现年代最早的羊角纽钟，年代在战国末至西汉初期，可能起源于当地。B型钟自A型钟发展而来，属B型的柳江大埔钟，整体形态与A型钟有相似之处，但鋬纽较弯、钟体较鼓，可能是A、B型钟之间的过渡形态。楚雄、新平一带与滇南、滇东南地区地域相连，有元江水系沟通两地，在元江沿岸的新平、元江等地均发现有A、B型钟，越南北部也发现形态与A型钟相近的羊角纽钟（图一六，2），推测元江水系是A型钟向滇南、滇东南地区乃至越南北部传播的通道之一。B型钟多见成组出土，有较稳定的编列组合，故推测B型钟所代表的西汉中晚期是羊角纽钟最成熟的时期。蒋廷瑜认为羊角纽钟在滇池地区发展成熟[116]，但目前看来，B型钟可能才是发展成熟的阶段，羊角纽钟应是在B型钟的主要分布区滇南滇东南地区发展成熟。C型钟仅见单件出土，年代不早于西汉晚期，主要分布于滇、桂、黔交界的黔西南地区。黔西南地区自先秦时期即表现出与南部的滇东南、桂西、桂西北相似的文化面貌，两地有南盘江、北盘江、红水河等河流相连，文化交流频繁。C型钟应是在此文化交流的过程中从滇东南、桂西等地传播至黔西南地区。

桂系钟的分布地域较集中，主要在桂东南的贵港、灵山、浦北、兴业一带。A型钟仅见罗泊湾M1：37，年代为南越国时期。B型钟晚于A型钟，年代大体为西汉早中期。而C型钟的年代难以确定，从鋬纽、钟体形态来看，应发展自B型钟。B型钟应有两个传播方向。一为向东北传播，广西恭城、湖南长沙、衡阳均有羊角纽钟出土。桂东北地处湘桂走廊，沿湘江流域可达衡阳等地，湖南中南部地区与岭南地区的青铜文化有密切的联系[117]，长沙、衡阳发现的羊角纽钟应是两地交流的产物。二为向西南传播，在越南北部的东山文化中，多见形态与桂系B型相似的羊角纽钟，其纹饰有东山文化的特点，可能是B型钟经陆路或海路传播至越南北部后与当地文化发生融合的结果。C型钟主要分布于贵港、浦北、兴业一带，位置上较B型钟偏东，广州市博物馆所藏的羊角纽钟无明确出土地点，暂推测可能存在一条沿西江流域向东的传播路线（图一八）。

此外，蒋廷瑜曾推测羊角纽钟可能伴随万家坝铜鼓从楚雄地区向红河三角洲、西江流域传播[118]。羊角纽钟和铜鼓的传播可能有相似的路线，但并非完全同步，而是各有特点。目前发现的羊角纽钟与铜鼓的组合有四组，其中有一组是万家坝型铜鼓，其余均为石寨山型铜鼓。另外，田东大岭坡曾发现万家坝型铜鼓与甬钟伴出，而已发现的羊角纽钟未见与甬钟伴出的情况[119]。因此，羊角纽钟的传播过程与被认为是铜鼓原始形态的万家坝型铜鼓可能并非完全相同。

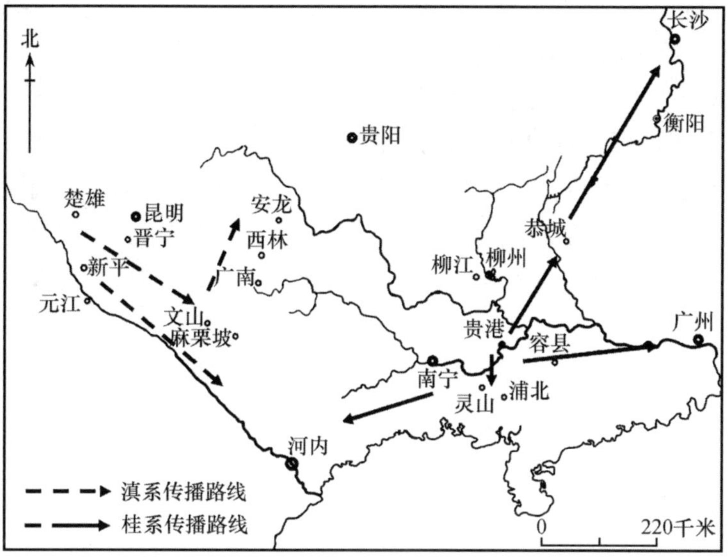

图一八　羊角纽钟传播路线示意图

六、族　　属

学界一般认为使用羊角纽钟的人群与濮、越有关，但在具体认识上却仍存争议，主要由于对出土羊角纽钟的墓葬的族属有不同认识。

从万家坝M1出土器物看，有大量的青铜农具，所出铜锄也与滇池地区的同类遗存相似。但另一方面，万家坝墓地出土有三叉格剑、饰孔雀翎纹铜矛、铜斧、陶双耳罐等，表明其与滇西、滇西北乃至川西南也有密切的关系。西林和广南被认为是句町的活动中心，西林普驮铜鼓墓与广南牡宜汉墓在文化面貌上有同有异。两者的差异在墓葬形制上表现得最明显，牡宜汉墓多见封土堆墓，墓葬形制有楚文化特征，而与普驮铜鼓墓的圆形墓坑、石条封墓、铜鼓作二次葬葬具等有显著的区别。两者的相似之处主要表现在出土的金器、鎏金铜器上。同时，由于对其所含文化因素的认识不同，两处墓地的族属有较大争议[120]。同样地，罗泊湾M1兼有南越文化因素和中原文化因素，因此对其墓主的身份和族属也有不同认识[121]。由于出土有“滇王之印”，石寨山M6的墓主身份十分明确。但对于其族属，学界仍有“僰人”“濮人”“越人”等不同认识[122]。

可见，以上出土羊角纽钟的墓葬其文化面貌互不相同，且兼有多种文化因素，其族属难以判定。

羊角纽钟自身也呈现复杂的文化面貌。羊角纽钟在中国境内集中出土于滇、黔、桂交界及其邻近地区。根据相关记载，战国秦汉时期这一区域族群众多，见诸史籍就有夜郎、滇、句町、漏卧、进桑、骆越、西瓯等。汉晋时期这一地区较为频繁的政区变动也表明此地族群关系的复杂。另外，羊角纽钟的纹饰无统一风格，其题材和内容与钟的形态未见对应关系，所表现的应是其出土区域的文化特征。此外，除常见与同样流行于该分布区域内的铜鼓的组合外，羊角纽钟与其他乐器的组合并不稳定，似乎也与出土地的文化背景相关。

因此，羊角纽钟可能难以与历史上的某一族群挂钩，它的流行可能只是滇、黔、桂交界及其邻近地区在战国秦汉时期的一种文化现象。这一时空范围内遗存的文化面貌呈现一种过渡性和复杂性的特征。一方面，这一地区是藏彝走廊和南岭走廊两大走廊的交汇处[123]，族群众多且关系复杂。另一方面，战国秦汉时期这里是云贵高原、岭南地区和越南北部地区三大文化区的过渡地区，文化面貌相当复杂。生活于这里的族群，可能有着不同的文化背景，但由于相似的自然环境以及频繁的相互交流，所以形成了许多相似的文化因素，而羊角纽钟可能是其中一个表现。

致谢：本文写作过程中得到中山大学人类学系郑君雷教授的悉心指导，在此谨致谢忱。

注　释

[1] a. 蒋廷瑜. 羊角钮铜钟初论［J］. 文物，1984（5）：66-69.

b. 蒋廷瑜. 羊角钮铜钟补述［J］. 广西民族研究，1989（4）：102-108.

[2] a. 殷玮璋. 从青铜乐钟的类型谈中国南方青铜文化的相关问题［C］. 南方民族考古（第二辑）. 成都：四川科学技术出版社，1990：41-50.

b. 罗坤馨. 人面纹羊角钮钟浅议［J］. 中国古代铜鼓研究通讯，2003（19）：25-29.

c. 黄德荣. 云南羊角编钟初探［J］. 四川文物，2007（5）：75-81.

d. 袁华韬. 羊角钮钟若干问题研究［D］. 广西民族大学，2007.

e. 蒋廷瑜. 羊角钮铜钟纹饰研究［C］. 中华历史文化探源：云南抚仙湖与世界文明学术研讨会论文集. 昆明：云南人民出版社，2012：230-234.

f. 黄启善. 广西羊角纽铜编钟的研究［C］. 广西与东盟青铜文化学术研讨会论文集. 北京：科学出版社，2012：140-154.

g. 别志安. 羊角钮钟及其若干问题研究［C］. 广西音乐文化历史研究. 桂林：广西师范大学出版社，2018：20-34.

[3] a. 同[2]d.

袁华韬未将灵山社公岭所出4件、柳江骆越博物馆所藏2件、玉林兴业龙安所出1件等统计在内。

分别见：

b. 蒋廷瑜，彭书琳. 广西考古所见音乐文物概述[C]. 广西博物馆文集（第十辑）. 南宁：广西人民出版社，2014.

c. “骆越博物馆”网站.

d. 广西壮族自治区人民政府. 广西年鉴（2002）[M]. 南宁：广西年鉴社，2002：468.

e. 2008年在广西灵山平南乡大山塘村出土4件，但未见详细资料，见同[2]g：23.

另外，有学者指出象州发现有羊角纽钟，但未见相关报道。见覃丽丹，覃彩銮. 广西边疆开发史[M]. 北京：社会科学文献出版社，2014：69.

[4] a. 同[2]d.

此外，西畴县发现1件，见：

b. 云南省文物考古研究所，文山州文物管理所，红河州文物管理所. 云南边境地区（文山州和红河州）考古调查报告[M]. 昆明：云南科技出版社，2008：36-37.

另外，2011年云南广南牡宜汉代墓地M4出土2件羊角纽钟，具体数据不明，从照片上看，似有于铜钟表面鎏金的情况。见：

c. 杨帆，何林珊. 云南文山州广南县牡宜句町贵族墓地[C]. 2011中国重要考古发现. 北京：文物出版社，2012：94-99.

[5] a. 李飞. 贵州安龙新出铜器——兼论贵州西南地区的青铜文化[J]. 四川文物，2009（3）：69.

另外，有学者指出在六枝特区底簸镇曾发现一套7件羊角铜钟，但据描述应为贯耳铜铃而非羊角纽钟。见：

b. 邓光华. 夜郎遗响——贵州少数民族音乐探源[J]. 中国音乐，2007（4）.

c. 贵州省博物馆文物鉴定室. 鉴定书[C]. 夜郎文化丛书之一·夜郎文化研究. 中国人民政治协商会议贵州省六枝特区委员会学习文史委员会，2003：142.

[6] a. 熊传薪，吴铭生. 湖南古越族青铜器概论[C]. 中国考古学会第四次年会论文集. 北京：文物出版社，1985：152-166.

b. 高至喜，熊传薪. 中国音乐文物大系Ⅱ·湖南卷[M]. 郑州：大象出版社，2006：112-113.

[7] 黄德荣曾做类似的分类，现参考其分类方法，略作补充、调整。见[2]c：77.

[8] 云南省文物工作队. 楚雄万家坝古墓群发掘报告[J]. 考古学报，1983（3）：347-382.

[9] 云南省博物馆. 云南晋宁石寨山古墓群发掘报告[M]. 北京：文物出版社，1959.

[10] 杨帆，何林珊. 云南文山州广南县牡宜句町贵族墓地[C]. 2011中国重要考古发现. 北京：文物出版社，2012：94-99.

[11] 李飞. 贵州安龙新出铜器——兼论贵州西南地区的青铜文化[J]. 四川文物，2009（3）：69.

［12］ 广西壮族自治区文物工作队. 广西西林县普驮铜鼓墓葬［J］. 文物，1979（9）：43-51.
［13］ a. 广西壮族自治区博物馆. 广西贵县罗泊湾汉墓［M］. 北京：文物出版社，1988.
b. 潘汁. 西汉人面纹羊角钮铜钟［J］. 民族艺术，2016（2）：36.
［14］ 同［2］c.
［15］ 王金光，张祖光. 广南小尖山青铜时代古墓群调查［J］. 中国古代铜鼓研究通讯，1987（5）：18-19.
［16］ a. 刘波. 人面纹羊角纽编钟［C］. 大理丛书・考古文物篇（卷五）. 昆明：云南民族出版社，2009：2143.
b. 刘永剑. 云南麻栗坡出土人面纹羊角纽钟［J］. 文物，2008（10）：95-96.
［17］ a. 杨树林. 新平羊角编钟［C］. 玉溪文博——政协玉溪市文史资料（第三辑）. 昆明：云南人民出版社，2002：124-125.
b. 同［2］c.
［18］ 同［2］c.
［19］ 同［2］c.
［20］ 同［2］b.
［21］ 俸艳. 广西恭城县东寨村发现一件汉代羊角钮铜钟［J］. 考古，2002（9）：95.
［22］ 同［2］b.
［23］ 蒋廷瑜. 羊角钮铜钟补述［C］. 桂岭考古论文集. 北京：科学出版社，2009：114-123.
［24］ 玉林市编辑组. 发现羊角钮铜钟［C］. 广西年鉴（2002）. 南宁：广西年鉴社，2002：468.
［25］ 蒋廷瑜. 羊角钮铜钟初论［J］. 文物，1984（5）：66-69.
［26］ 宋世坤. 安龙县羊角钮钟［C］. 中国考古学年鉴（1998）. 北京：文物出版社，2000：226.
［27］ 同［6］. 此5件虽无确切出土地点，但可以确定分别出于长沙和衡阳两地。
［28］ 云南省文物考古研究所，文山州文物管理所，红河州文物管理所. 云南边境地区（文山州和红河州）考古调查报告［M］. 昆明：云南科技出版社，2008：36-37.
［29］ 覃枝全. 介绍馆藏青铜短剑及羊角纽铜钟［J］.中国古代铜鼓研究通讯，2000（16）：7-8.
［30］ 蒋廷瑜. 羊角钮铜钟补述［J］. 广西民族研究，1989（4）：102-108.
［31］ 同［3］c.
［32］ 同［30］.
［33］ 李纯一. 中国上古出土乐器综论［M］. 北京：文物出版社，1996：280-282.
［34］ 同［2］c.
［35］ 同［3］d：12.
［36］ 同［2］f.
［37］ 1引自［6］的图版拾陆，1；2引自［34］的图六。比例不一。
［38］ 1引自［20］的图二；2 由云南省博物馆馆员刘西诺提供，云南省博物馆杨雪吟摄；3引自［13］a；4引自广西壮族自治区文化厅，广西壮族自治区文物局. 左江右江流域考古［M］.

南宁：广西科学技术出版社，2015：229. 比例不一。

[39] 1引自贵州省文化厅，贵州省博物馆. 贵州文物精华［M］. 贵阳：贵州人民出版社，2005：61；2引自［3］的图一，6；3引自［25］的图一一，7；4引自［8］。比例不一。

[40] 1引自韦江. 馆藏瓯骆精品文物［J］. 文物天地，2015（7），图十三；2、3引自［17］的图三十二、图二十九。比例不一。

[41] 1引自同［3］c；2、3引自［22］的图二，4、5。比例不一。

[42] 云南省文物工作队. 楚雄万家坝古墓群发掘报告［J］. 考古学报，1983（3）：347-382.

[43] 彭长林. 云贵高原的青铜时代［M］. 南宁：广西科学技术出版社，2008：85.

[44] 徐学书. 关于滇文化和滇西青铜文化年代的再探讨［J］. 考古，1999（5）：75-84.

[45] 李龙章. 楚雄万家坝墓群及万家坝型铜鼓的年代探讨［J］. 文物，2003（12）：49-55.

[46] 杨勇. 战国秦汉时期云贵高原考古学文化研究［M］. 北京：科学出版社，2011：207-208.

[47] 吴小平. 战国秦汉时期云贵地区青铜炊具的考古学研究［J］. 考古，2015（3）.

[48] 1、2引自［42］，图二七，1、2；3、4引自贵州省文物考古研究所. 赫章可乐二〇〇〇年发掘报告［M］. 北京：文物出版社，2008，图版一〇，3；图八〇。比例不一。

[49] 持此说者见：

a. 广西壮族自治区文物工作队. 广西西林县普驮铜鼓墓葬［J］. 考古，1978（9）：43-51.

b. 蒋廷瑜. 西林铜鼓墓与汉代句町国［J］. 考古，1982（2）：198-203.

c. 吴鹏. 西林铜鼓墓及相关问题再探［C］. 南方民族考古（第十三辑）. 北京：科学出版社，2017：241-254. 等等。

[50] 持此说者见：

a. 李龙章. 广西右江流域战国秦汉墓研究［J］. 考古学报，2004（3）：271-294.

b. 彭长林. 云贵高原的青铜时代［M］. 南宁：广西科学技术出版社，2008：70.

c. 周志清. 浅析广西西林县普驮铜鼓葬［J］. 江汉考古，2008（4）：68-71.

d. 何正廷. 句町国史［M］. 北京：民族出版社，2011：11. 等等。

[51] a. 云南省博物馆. 云南晋宁石寨山古墓群发掘报告［M］. 北京：文物出版社，1959.

b. 同［49］b.

[52] 云南省文物考古研究所，玉溪市文物管理所，江川县文化局. 江川李家山——第二次发掘报告［M］. 北京：文物出版社，2007.

[53] 蒋廷瑜. 西林普驮铜鼓再研究［C］. 句町国与西林特色文化. 南宁：广西人民出版社，2009：87-91.

[54] 蒋廷瑜. 句町活动中心再议［C］. 2011中国广南句町文化旅游经济研讨会论文集. 昆明：云南大学出版社，2011：101-108.

[55] 1、4引自［49］a：图三，图六、1；2引自［49］b：图三，2；3引自［52］：图一〇一；4引自广西文物保护与考古研究所，合浦县文物管理局. 2009~2013年合浦汉晋墓发掘报告［M］. 北京：文物出版社，2016，图四三，4；6引自［50］d：图版；7引自广西壮族自治

区文物工作队，合浦县博物馆. 合浦风门岭汉墓——2003 ~ 2005年发掘报告［M］. 北京：科学出版社，2006，彩版二七（比例不一）.

［56］ 铭文释读见［55］，“季”应为“年”。

［57］ 万杨. 每月一讲——话说牡宜遗址出土的金带扣［EB/OL］. “云南考古”微信公众号，2019-2-25.

［58］ Hoàng Xuân Chinh, ĐỒ ĐỒNG VĂN HÓA ĐÔNG SƠN: The Bronze Artifacts of Dong Son Culture［M］. Nhà xuất bản văn hóa thông tin, 2012: 166-168.

［59］ 钱诚. 云南青铜礼乐祭祀用器研究兼论与越南红河流域青铜时代文化的关系［D］. 云南大学，2014：65.

［60］ 1、2引自［54］：167；3引自Hà Văn Tấn. VĂN HÓA ĐÔNG SƠN ở VIỆT NAM［M］. Hà Nội： Nhà xuất bản khoa học xã hội,1994: 483, Bản vẽ XXXVI-4; 4据3：513，36绘制。比例不一。

［61］ 蒋廷瑜先断在西汉，后改为战国。见：

a. 同［25］.

b. 蒋廷瑜. 广西先秦青铜文化初论［C］. 中国考古学会第四次年会论文集. 北京：文物出版社，1985：252-263.

［62］ a. 同［33］：282.

b. 同［2］f.

［63］ 张合荣. 夜郎青铜文明探微：贵州战国秦汉时期青铜器研究［M］. 上海：上海古籍出版社，2018：158.

［64］ a. 罗坤馨. 人面纹羊角钮钟浅议［J］. 中国古代铜鼓研究通讯，2004（19）：25-29.

b. 罗坤馨. 人面纹羊角钮钟考［C］. 广西博物馆文集（第三辑）. 南宁：广西人民出版社，2006：158-164.

c. 蒋廷瑜. 羊角钮铜钟纹饰研究［C］. 中华历史文化探源. 昆明：云南人民出版社，2012：230-234.

［65］ a. 同［25］：68.

b. 同［2］g：49.

［66］ 邓兰. 浦北舞人纹羊角钮铜钟［J］. 浦北县文史资料，1995（6）：126-127.

［67］ a. 同［30］：103.

b. 覃圣敏. 广西左江流域崖壁画考察与研究［M］. 南宁：广西民族出版社，1987：135.

［68］ 谢崇安. 从南方上古青铜器纹饰看骆越族造物神祭礼的源流［J］. 艺术考古，2015（3）：86-88.

［69］ 杨帆，万扬，胡长城. 云南考古：1979~2009［M］. 昆明：云南人民出版社，2009：304-305.

［70］ 1、2引［2］e：232，图十一；3引自［67］b：136，图三一八.

［71］ 邢林. 滇文化青铜器动物形象浅析［C］. 南方丝绸之路与滇国历史文化. 昆明：云南人民出版

社，2017：356-372.

［72］ 耿德铭. 哀牢夷青铜器种类分说［J］. 保山师专学报，2009（1）：3.

［73］ 1引自［42］：图二六，1；2引自云南省博物馆考古发掘工作组. 云南晋宁石寨山古遗址及墓葬［C］. 大理丛书·考古文物篇（卷三）. 昆明：云南民族出版社，2009：1419-1435，图十五，1；3引自［2］c，图一.

［74］ a. 刘永剑. 云南麻栗坡出土人面纹羊角纽钟［J］. 文物，2008（10）：95-96.

b. 刘波. 人面纹羊角纽编钟［C］. 大理丛书·考古文物篇（卷五）. 昆明：云南民族出版社，2009：2143.

c. 同［64］a.

［75］ 樊海涛. 石寨山第6号墓出土文物的科技考古与研究［D］. 广西民族大学，2008：12.

［76］ 1、2引自刘永剑. 云南麻栗坡出土人面纹羊角纽钟［J］. 文物，2008（10），图二、图三；3引自［64］a.

［77］ 梁福，梁伟. 广西西林西汉铜棺出土始末［J］. 文史春秋，2015（11）.

［78］ 1引自贵州省文物考古研究所，赫章县文物局. 贵州赫章可乐墓地两座汉代墓葬的发掘［J］. 考古，2015（2），图七，7；2摄于广西壮族自治区博物馆.

［79］ 谢崇安. 试论越族青铜器人面纹饰与农业祭礼的关系——兼析盘古化身神话的文化意蕴［J］. 广西民族研究，2007（3）：168-172.

［80］ 蒋廷瑜. 岭南地区的人面弓形格铜剑［J］. 收藏家，2003（3）：24-27.

［81］ a. 钟少异. 略论人面纹扁茎铜短剑［J］. 考古与文物，1994（1）：61-63.

b. 陈亮. 先秦人面纹扁茎短剑试论［J］.东南文化，2001（1）：63-66.

［82］ 1、3、4引自李龙章. 岭南地区出土青铜器研究［M］. 北京：文物出版社，2006，图六十八-14，图六十九-7、2；2引自上海博物馆青铜器研究组. 商周青铜器纹饰［M］. 北京：文物出版社，1984：346，992；5引自［80］.

［83］ a. 李昆声，黄德荣. 再论万家坝型铜鼓［J］. 考古学报，2007（2）：207-232.

b. 李昆声，黄德荣. 中国与东南亚的古代铜鼓［M］. 昆明：云南美术出版社，2008：64-66.

［84］ 彭长林. 石寨山型铜鼓研究［C］. 南方民族考古（第十三辑）. 北京：科学出版社，2018：223.

［85］ 1引自［2］c，图五；2引自［8］，图三〇，2；3引自云南省文物考古研究所. 曲靖八塔台与横大路［M］. 北京：科学出版社，2003，图五七；4、5引自［84］，图一一，5、15. 比例不一.

［86］ 1引自［58］：168，62. 2引自Bảo Tàng Lịch Sử Quốc Gia. Văn Hóa Đông Sơn: Sưu tập hiện vật Bảo tang Lịch sử quốc gia［M］. Nhà Xuất Bản Văn Hóa Dân Tộc, 2014: 156.

［87］ 同［25］.

［88］ 蒋廷瑜，彭子成，黄允兰. 西林铜鼓的套合形式及铜鼓面上的小珠［J］. 中国古代铜鼓研究通讯，1995（11）.

［89］ 同［50］c.

［90］ 同［25］.

［91］ 何林珊. 广南县牡宜汉代墓地［C］. 中国考古学年鉴 2012. 北京：文物出版社，2013：401-402.

［92］ 同［49］a.

［93］ 梁福，梁伟. 广西西林西汉铜棺出土始末［J］. 探索发现，2015（11）：59-63.

［94］ 但也有学者据音乐性能认为其不属于中原地区的编钟，见：
a. 邹衡，谭维四. 湖北省博物馆音乐考古系列・曾侯乙编钟・下［M］. 北京：西苑出版社，2015：452.
b. 李莉. 从罗泊湾汉墓音乐文物看南越国礼乐［J］. 民族艺术，2018（2）：125-133.

［95］ 同［30］.

［96］ 同［42］.

［97］ 钱诚. 云南青铜礼乐祭祀用器研究兼论与越南红河流域青铜时代文化的关系［D］. 云南大学，2014：65.

［98］ 同［51］a：14-15.

［99］ 同［33］：279.

［100］ a. 同［33］：279.
b. 李龙章. 岭南地区出土青铜器研究［M］. 北京：文物出版社，2006：104.

［101］ 广西壮族自治区. 广西贵县罗泊湾汉墓［M］. 北京：文物出版社，1988：19.

［102］ a. 蒋廷瑜. 贵县罗泊湾汉墓墓主族属的再分析［J］. 学术论坛，1987（1）：55-59.
b. 同［49］b.

［103］ 同［11］：62-69.

［104］ 湖南省博物馆. 湖南衡南、湘潭发现春秋墓葬［J］. 考古，1978（5）：297.

［105］ 同［11］：62-69.

［106］ 经测音分析，前五枚钟发音按自然音阶各级顺序排列，但第五、六枚钟似有所缺漏。见［8］：377.

［107］ a. 广西壮族自治区文化厅文物处，广西壮族自治区博物馆. 广西左江岩画［M］. 北京：文物出版社，1988：193.
b. 同［67］b：127.
c. 黄德荣. 云南羊角编钟初探［J］. 四川文物，2007（5）：75-81. 等等.

［108］ 1引自［107］a：34，图51；2引自［107］a：82，图135；3引自［67］b：128，图三〇九，2.

［109］ 同［5］a：62-69.

［110］ 吴学源. 云南古代编钟初识［J］. 民族音乐，1986（2）：36.

［111］ 殷玮璋. 从青铜乐钟的类型谈中国南方青铜文化的相关问题［C］. 南方民族考古（第三辑）. 成都：四川大学出版社，1990：41-50.

［112］ a. 同［8］：377.
b. 吴学源. 云南古代编钟初识［J］. 民族音乐，1986（2）：37.
［113］ 黄展岳. 论两广出土的先秦青铜器［J］. 考古学报，1986（4）：414.
［114］ 同［94］b.
［115］ 杨勇. 战国秦汉时期云贵高原考古学文化研究［M］. 北京：科学出版社，2011：254.
［116］ 同［30］.
［117］ a. 蒋廷瑜. 从银山岭战国墓看西瓯［J］. 考古，1980（2）：170-178.
b. 李龙章. 岭南地区出土青铜器研究［M］. 北京：文物出版社，2006.
［118］ 同［25］.
［119］ 陈其复，黄振良. 广西田东县再次出土万家坝型铜鼓［J］. 中国古代铜鼓研究通讯，1994（10）.
［120］ a. 蒋廷瑜. 西林铜鼓墓与汉代句町国［J］. 考古，1982（2）：198-204.
b. 杨帆. 句町·漏卧初探［C］. 句町国与西林特色文化. 南宁：广西人民出版社，2009.
［121］ a. 蓝日勇. 试论罗泊湾一号墓墓主身份及族属［J］. 广西民族研究，1986（2）：57-64.
b. 蒋廷瑜. 贵县罗泊湾汉墓墓主族属的再分析［J］. 学术论坛，1987（1）：55-59.
［122］ 袁华韬. 羊角钮钟若干问题研究［D］. 广西民族大学，2007：17.
［123］ 李星星. 论“民族走廊”及“二纵三横”的格局［J］. 中华文化论坛，2005（3）：124-130.

A Preliminary Study of Sheep-horn Bells

LU Rong-jun

The sheep-horn bell is a kind of musical instrument which was prevalent in southern China and northern Vietnam during the Warring States period and the Qin and Han Dynasties. The sheep-horn bells found in China can be divided into two systems, which can be called Dian System and Gui System. Besides, each system can be divided into three types. The ornamentation of sheep-horn bells, which has four classifications, is related with its cultural background. The sheep-horn bells can not only assemble into chimes, but also combine with other instruments. The sheep-horn bells of Dian System first appeared in west-central Yunnan Province, then spread to northern and southeastern Yunnan, and probably reached southwestern Guizhou in the Eastern Han Dynasty. On the other hand, the sheep-horn bells of Gui System was first seen in Guigang, Guangxi Province, then spread towards the northeast, southeast and southwest. The popularity of sheep-horn bells may be a kind of cultural phenomenon in specific time and space.

川渝地区胡人吹笛俑研究

宋　蓉

（北京联合大学应用文理学院历史文博系，北京，100191）

川渝地区汉晋时期墓葬中常见一类跽坐吹奏陶俑，因其深目高鼻、头戴尖帽，手执酷似洞箫的长管状乐器，早年多被称为“胡人吹箫俑”。今已有研究考证先秦两汉文献中的“箫”为排箫，长管状的直吹乐器当为“笛”，故为其正名为“胡人吹笛俑”[1]。围绕此类陶俑，有研究从古代民族关系的视角，通过对陶俑所执乐器来源的考察，结合文献中汉羌关系的记载，推断胡俑可能表现了流寓蜀地的羌人[2]。还有研究从中西文化交流的视角，通过对陶俑容貌装束的分析，认为胡人吹笛俑的出现反映了开通西域后中亚乐舞对汉代社会的影响[3]。也有研究从早期佛教流传的视角，通过对汉晋时期佛教遗物中胡人形象的比较分析，认为吹笛胡俑或为胡僧[4]。这些主要以胡俑造型为视角的研究丰富了我们对汉代社会中“他者”形象的认识。但目前所见胡人吹笛俑均出自墓葬，墓葬并非现实生活的单纯镜像，还蕴含着当世的埋葬理念与生死观念，胡人吹笛俑也并非单独随葬，而是以组合的形式与其他形象的陶俑共同配置在墓室内或贴塑于陶楼上，构成一组较为固定的场景，当有一定的象征意义。因此，本文将从墓葬整体着眼，通过对墓葬时代、规格、属性的考察，探讨胡人吹笛俑流行的社会群体；通过对陶俑形制、组合、场面的分析，探讨胡人吹笛俑的寓意内涵。在此基础上，通过与其他地区汉代伎乐图像的比较，探讨川渝胡人吹笛俑的起源和发展。

一、胡人吹笛俑的形制与墓葬背景

川渝地区胡人吹笛俑的发现主要集中在成都平原以东的区域，以重庆一带的沿江地区为中心，散布于达州、彭山、内江、武隆、璧山、武胜等地，此外在邻近的贵州金沙、交乐、云南大理等地也有零星发现（详见附表）。这类陶俑大多为泥质红陶，合范模制成型，人物形象高度模式化，均作跽坐、双手互执长笛直吹状。陶俑面部除着意表现出高挺的鼻梁、突出的颧骨和深陷的双目外，眉眼、髭须、表情等容貌细节基本未予表现。人物衣着清晰可见交领、窄袖的款式，腰无束带，亦无裳幅相交的痕迹。人物形象唯发式刻画稍细，表现出两种不同式样，据此可将其分为A、B二型。

A型　束发，前平后鼓、略前倾的尖帽罩住头顶，如巫山琵琶洲M4：27（图一，

1）[5]。目前已有的发现多属此型。

B型　仍为略前倾斜的尖帽罩住头顶，唯前额至脑后露出一圈卷发，如丰都槽房沟M9：30（图一，2）[6]。此型数量极少，仅有重庆丰都、贵州交乐出土的数件。

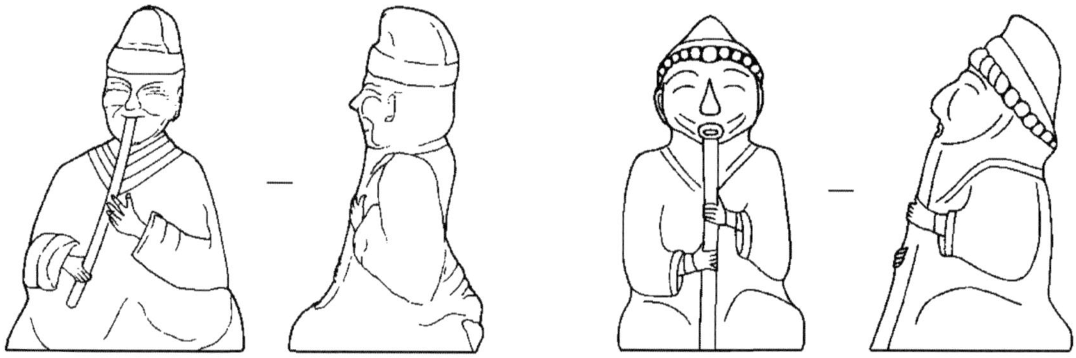

1　　2

图一　胡人吹笛俑的形制

1. A型（巫山琵琶洲M4：27）　2. B型（丰都槽房沟M9：30）

以上两型胡人吹笛俑的高多在20～25厘米，也有个别器高不足15厘米或大于28厘米者。其大小、精粗往往与同墓共出的其他随葬明器水平相当。可见，它们与其他明器一样均为当地生产的可能性较高。

除单体陶俑的形式，还有少数胡人吹笛俑以陶楼为载体，组成场景式的大型模型明器。巫山麦沱M47和忠县涂井M5所出者尤为典型。麦沱M47中的陶楼，建筑结构和楼中场景相对简单，楼高两层，庑殿顶，一层台基正中立柱，右侧方格棂门紧闭，门廊左侧置榻，榻上盘坐一吹笛胡人，陶俑形制与共出陶俑组合中的胡人吹笛俑相同（图二，1）[7]。涂井M5出土了2件陶楼，其结构、场景均更为复杂。楼体为庑殿式的三层楼，一层台基立两柱，正中设门，或门扉微启，或中门大敞左右侍立吹笛胡人。二层人物众多，景象虽不尽相同，但主题近似，均以帷幄中的安卧者为中心，周围歌舞伎乐环侍。顶层屋宇装饰华丽，乐人、歌者前后簇拥着凭栏而立的男女（图二，2、3）[8]。陶楼中的胡人吹笛俑制作略粗，体量较小，高度仅7～8厘米。此外，丰都槽房沟M10和云阳洪家包M3虽未见完整陶楼，却出有数件残高仅7厘米有余的半身胡人吹笛俑，手制成型，背面近平，形态酷似涂井M5：40、大理下关墓中凭栏而立的吹笛俑[9]。据此推断，除以上完整个例，此类陶楼在当地应有一定数量的随葬，只因墓葬盗扰仅存残件。

以上随葬胡人吹笛俑（含陶楼）的30余座墓葬，仅巫山琵琶洲M4（永初五年，公元111年）和丰都槽房沟M9（延光四年，公元125年）2座纪年墓，其余均无明确年代信息。参照川渝汉墓分期研究的成果，可知这些墓葬的年代基本在章帝之后的东汉中、晚期[10]，也有个别墓葬如涂井M5，年代已至晋初[11]。在墓葬属性方面，胡人吹笛俑大多出自砖室墓，少量出自崖墓，这两种形制的墓葬均属汉文化系统，且都与中原移民有

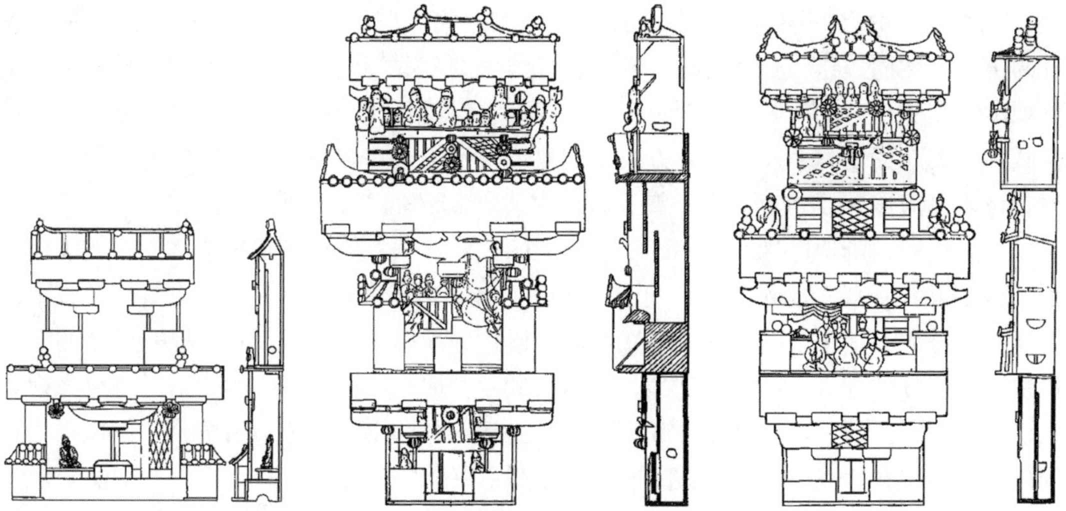

1 2 3

图二 川渝地区贴塑伎乐俑的陶楼

1. 巫山麦沱M47：24、M47：25 2. 忠县涂井M5：34、M5：38、M5：40 3. 涂井M5：87、M5：94、M5：99

着密切关系[12]。其中，砖室墓均为刀形或“凸”字形单室墓，墓室面积多在8～18平方米，墓主人生前多是有一定社会地位的富裕阶层。虽有个别如琵琶洲M4、丰都大湾02M19等超过或不及此规模的墓葬，但其墓葬形制和随葬品种类均与其他墓葬无异，墓主人的社会地位应无显著差距，可能只是经济能力略有高下。崖墓中，涂井崖墓群被认为与盐商或盐官家族有关[13]，彭山崖墓群被推断为蓝田令杨子舆的家族墓群[14]，墓主人身份与砖室墓相当。因此可以说，川渝胡人吹笛俑主要流行于东汉中晚期至晋初的富裕的士绅商贾群体之中（墓葬情况详见附表）。

二、胡人吹笛俑组合分析

墓室中，胡人吹笛俑常与抚琴[15]、击鼓、舞蹈、歌唱[16]、庖厨、执剑执盾武士、执物侍者、守犬等陶俑组合放置。此外，墓中还常见袖手侍立的男女仆从俑。从制作精粗和尺寸大小看，人物俑的象征意义应有不同。仆从俑往往有大小相近的数件，甚至数十件，三五成群列于墓室各处。高度一般仅10余厘米，身着长衣，袖手侍立，只粗略表现外形轮廓，有的忽略性别，有的以戴巾或挽髻区分男女。这些模糊了个体差异、高度明器化的侍俑有的位于棺侧，有的与鸡、猪、壶、罐等共置一处。它们没有明确的角色，更像是墓主人财富的笼统表达。与之相比，吹笛、抚琴、击鼓、歌唱、舞蹈、庖厨、武士、执物侍者等陶俑的体量则要大出很多，站立者高度通常在30厘米以上，坐姿者大多20厘米有余。这些姿态各异、面容生动的人物俑，个体特征鲜活，它们在地下世界中似乎都有着各自的角色分工。

以往的研究多因组合中的伎乐俑和庖厨俑，将其归结为墓主人生前生活中宴乐场景的再现。然而，作为丧礼的最终环节，宅地化的墓葬不仅是现实生活的镜像，更是生死观念和丧葬仪节的反映。陶俑组合的内涵不宜仅凭某几个形象予以简单判定，而应结合其中各类陶俑的寓意及其组合方式、摆放位置等因素综合考量。上述墓俑组合中，不仅有伎乐、庖厨，还常有武士、魌头[17]和守犬的形象。武士俑手执剑、盾，气势威严地立于墓门旁，酷似画像石中刻画于墓门上的执戟武士，应有镇守护佑之意。魌头代表了入墓驱鬼者，现实仪式中常由武士充任。巫山麦沱M47中的魌头俑，除头部和右手执握器物之外的其他细节均与共出的武士俑相同，即应是这种头戴面具充任驱鬼者的武士形象。墓门处的守犬往往体量超大，通高在30～40厘米，而墓室内的陶猪、陶鸡通常高度仅有10厘米上下，可见其非一般家畜。《史记·封禅书》中记载秦德公“作伏祠。磔狗邑四门，以御蛊菑”[18]。汉代画像石和墓室壁画中也常有在门旁画狗的做法。此类守犬当亦是镇墓驱邪之物。以上镇墓驱邪类陶俑在前，居于其后的伎乐队伍中舞蹈女俑列于队首，吹笛俑排于队尾，它们或自墓门向内一列排开，如涪陵太平村M6（图三，1）[19]；或隔墓门左右两列相对，如巫山麦沱M47（图三，2）。整个场面的中心聚焦

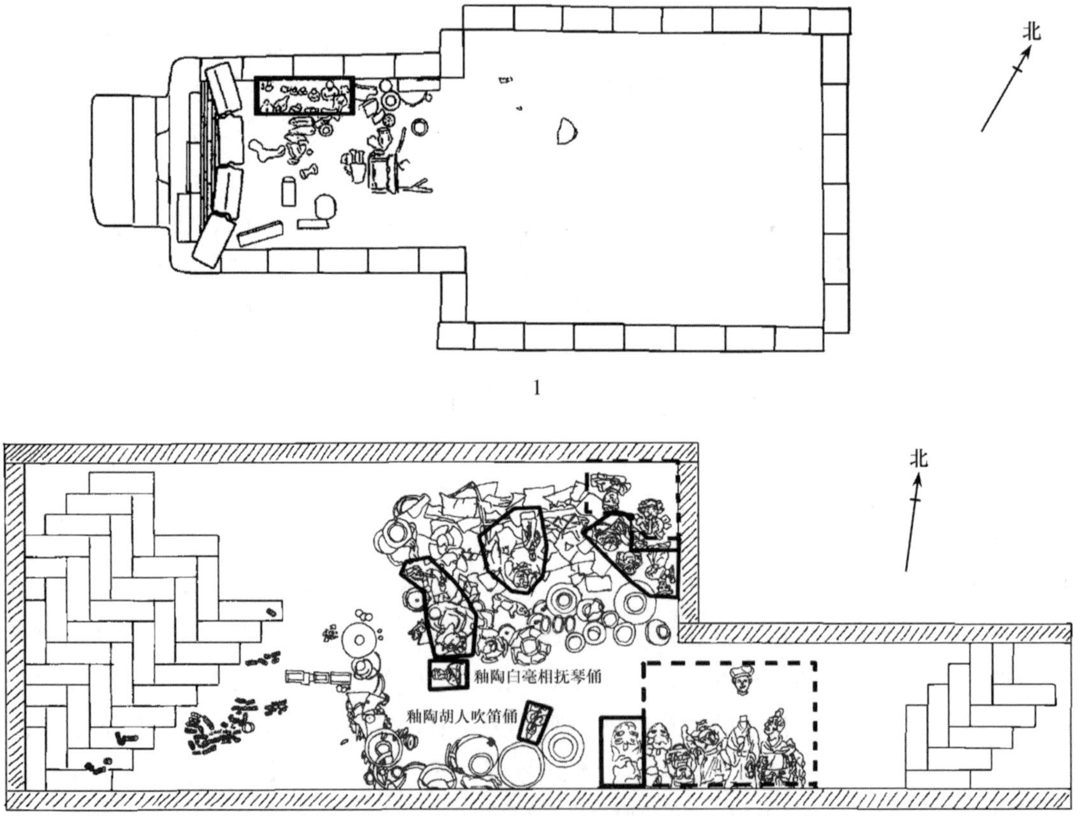

图三　胡人吹笛俑组合在墓中的位置及摆放方式

1. 涪陵太平村M6（方框内为陶俑组合）　2. 巫山麦沱M47（方框内为无釉陶俑组合，椭圆框内为釉陶俑组合）

墓门以及由此进入墓室的通道，而非安放于墓室后段的墓主棺椁。如此配置的一组陶俑似乎很难以寻常生活中的宴乐予以解释。

此外，未被盗扰的麦沱M47完整再现了上述陶俑组合在墓室内的景象，为推断其内涵提供了重要线索。麦沱M47的甬道和墓室中放置了质地、大小不同而角色多有重合的两组陶俑。无釉陶俑体量较大，站立者通高57～88厘米，坐姿者通高42～57厘米。其中舞蹈俑、庖厨俑和守犬立于甬道后段南壁下，魌头俑、抚琴俑、武士俑、歌唱俑和提灯女俑位于墓室前段北壁下（图三，2虚线框内）。釉陶俑体量较小，仅有无釉陶俑的二分之一左右，站立者高20～30厘米，坐姿者的通高多在20厘米上下。其中釉陶犬紧随甬道口的灰陶犬之后，釉陶舞蹈、说唱、歌唱和执扇俑位于墓室北侧的无釉俑前方，釉陶白毫相抚琴俑和胡人吹笛俑居中，面向墓门夹道而坐（图三，2实线框内）。视觉上，不同质地的两组陶俑比例差距明显。巫鸿认为墓葬中比例相同的随葬品代表着同一空间框架内的景象[20]。从这个角度看，麦沱M47中的无釉俑组合和釉陶俑组合应是分属两重空间框架中的两组场景。

无釉俑的质地与实用器相同，其中的人物角色，抚琴、歌唱、舞蹈的伎乐，驱鬼的武士、魌头以及提物的侍者、庖厨都真实存在于丧礼之中，它们以接近真人二分之一的尺寸呈现，似乎意在重现丧礼场景。釉陶俑则以铅釉的材质和显著明器化的尺寸强调了它们与现实世界的距离，特别是眉间施白毫相的抚琴俑。白毫相本为佛的三十二相之一，在麦沱M47所处的东汉晚期，普罗大众对佛教的理解还停留在黄老方技的层面，神仙世界中的西王母也常被施以白毫相，如绵阳何家山M2和西昌高草东汉墓出土的钱树西王母像额中均施白毫相[21]。据此推断，麦沱M47中的白毫相抚琴俑或许即如“身生毛”的羽人一般，以特别的样貌表明其非凡人伎乐的身份。那么，与之比例相同、处于同一空间框架内的其他釉陶俑当亦非人间景象。汉晋文献的记载中，宴饮乐舞是祀神、求仙仪式上必不可少的环节。如《汉书》所记哀帝建平四年的“行西王母诏筹”事件，京师郡国民众“歌舞祠西王母”[22]。《搜神记》和《西京杂记》收录的西汉后宫轶闻中有每年十月十五日宫人“以豚黍乐神，吹笛击筑，歌上灵之曲”入祭灵女庙的故事[23]。《抱朴子内篇·道意》中也有“烹宰肥腯，沃酹醪醴，撞金伐革，讴歌踊跃……求乞福愿”[24]的说法。此外，汉代人想象中的神仙世界也常常是仙人、瑞兽汇聚，一派歌舞升平的景象。如临沂吴白庄画像石墓前室西过梁东面所绘画像，画面顶部正中东王公的左右各有一羽人吹笛、抚琴（图四，2）[25]。又如彭山双河崖墓石棺，西王母右侧蟾蜍直立起舞，身后两位裸身跽坐的仙人，一人吹箫一人抚琴（图四，3）[26]。据此分析，麦沱M47中的釉陶俑所构成的场面或许正是一幅神仙世界图景。从摆放位置看，无釉俑组合居前、靠近墓门，釉陶俑组合深处墓室之中，由外及内实现了两组陶俑所框定的两重空间的转换，也就寓意着墓主人由现实世界归往仙界。其中，仅见于釉陶俑组合中的胡人吹笛俑居中放置，其在墓主通向仙界的旅程中似有着特殊的意义。

三、胡人吹笛陶楼场面分析

当上述胡人吹笛的伎乐场面以陶楼为载体呈现时，建筑本身的象征意义和空间结构又为理解其内涵提供了更多佐证。东汉时期的陶楼均为上下两层，或许是受限于制作技术，各层人物较少，仅在底层或各层的大门旁塑出吹笛胡人（图二，1）。蜀汉之后，楼高增至三层，各层的建筑装饰和人物场面更加丰富，尤其是陶楼中层出现了一组由吹笛胡人、肃立侍者和帷帐中人物组成的新场景（图二，2、3）。

陶楼是东汉时期墓葬中习见的一类模型明器，其超高、不合比例的建筑结构以及屋顶立鸟等装饰表明它们并非全然写实。所谓“仙人好楼居”，汉墓中的陶楼还常常寄托着人们死后成仙的愿望。川渝地区的东汉石刻画像中也常以高大的阙楼象征仙界入口的天门，阙楼旁有时亦可见吹笛人。如合江草山砖室墓2号石棺的仙境迎谒图，天门前即有吹奏横笛的乐者（图四，4）。又如彭山江口951-2号崖墓，墓门两侧刻双阙象征天门，其上的第一层门楣正中即刻有跽坐的吹笛人（图四，1）[27]。画像中天门处的吹笛人当为仙界接引的使者。与之相较，陶楼大门旁的吹笛胡人可能也有着类似的功能。

陶楼层层升高的建筑结构将各层中的场景有机组合，赋予了“升仙”更多细节。

图四　汉代石刻画像中的“仙界”

1. 彭山江口951-2号崖墓墓门石刻画像　2. 临沂吴白庄画画像石墓前室画像局部　3. 彭山双河崖墓石棺画像　4. 合江草山汉墓2号石棺画像

自下而上，楼体装饰由朴素到华丽，场面由清简到盛大，似呈现了从迎谒引导到登临仙境的各个环节。东汉时期，对这一过程的表现较为简单，仅有大门迎谒的场景，这与同时期画像的表现方式大致相同，体现了东汉的时代风格。蜀汉之后，陶楼所展现的内容逐渐丰富，增加了从迎谒到进入仙境的中间环节。涂井M5中的两件陶楼颇为典型（图二，2、3）。虽然景象略有不同，但主题均是一场围绕房间帷幄内人物展开的仪式。以往研究多将涂井M5所出各层陶楼视为独立的单体房屋，有学者从M5：94屋檐的莲花装饰和吹笛人的异域装束推断其为葬礼中的佛教仪式[28]。也有研究结合崖墓的寓意及川渝地区道教的发展，就M5：40和M5：94的场景提出了道教尸解说[29]。虽然，涂井M5所处时代较晚，真正意义上的佛教、道教均已在民间出现[30]。但值得注意的是，M5：94（后室陶楼中层）门外廊下并排而坐的吹笛胡人、抚琴人、歌者及其身后袖手而立的侍者和门边静卧的守犬，从组合到配置均与东汉墓中的单体陶俑如出一辙，二者之间的传承关系清晰可见。因此，虽不排除蜀汉之后的陶楼在一定程度上可能受到了佛教或道教的影响，但其本源还应是根植于本土文化之中的死后成仙信仰。综合前文对单体陶俑组合的分析，胡人吹笛俑似乎象征着仙界接迎的使者，一步步引导着墓主人魂神归往神仙世界。

四、胡人吹笛俑的来源及相关问题

川渝之外，胡人吹笛俑在陕西扶风、韩城和河南洛阳等中原地区也有少量发现。中原的发现年代普遍偏早，韩城芝川镇、洛阳市区M24的年代约在东汉早、中期，扶风官务村M1的年代可早至新莽时期[31]。从陶俑造型看，除官务村M1中的胡俑为一腿前屈一腿前踞的箕坐姿态，川渝地区的A型俑在面貌、衣着以及吹奏的乐器、动作等方面均与中原所出别无二致（图五，4）。而胡俑所表现的深目高鼻、身着窄袖衣衫、头戴尖帽的形象也是中原各地的汉代图像中塑造胡人时惯常使用的形式，邢义田将其归结为汉文化对异域民族模式化、刻板化的形象认知[32]。由此可见，这一形象并非专指羌人或中亚来客，而是汉文化对他者形象的笼统表达。

此外，从随葬伎乐俑的做法看，此风在川渝地区兴起于东汉章帝至顺帝时期[33]，而在中原地区则由来已久。东周时期中原的贵族墓葬已常有伎乐俑及乐器出土。西汉时期的帝王陵寝以及王侯级别的墓葬中也不乏伎乐俑的发现，文帝窦皇后陵丛葬坑出土的抚琴女俑，西北医疗设备厂M92、M120出土的奏乐女俑，徐州顾山M1出土的抚琴、吹奏、舞蹈女俑等是其中的典型代表[34]。这些陶俑往往质地坚实，制作考究，器高可达50～60厘米，器表敷彩。人物体态端庄，身着深衣华服，是典型的宫廷女子形象（图六）。同时期的普通墓葬并不见伎乐俑随葬。以长安地区为例，龙首原42座西汉早期墓葬中仅有3座王侯级别大墓随葬伎乐俑[35]。《长安汉墓》收入的50余座西汉中、晚期墓葬均无伎乐俑随葬[36]。可见，西汉时期伎乐俑的随葬应有着严格的等级限制。新莽前后，这种限制逐渐被破除，济源泗涧沟M8、M24及扶风官务村M1等普通墓葬中也出现了伎乐俑的身影[37]。不过此时的伎乐俑已全然没有了西汉时期考究的做工和典雅的风格，大都制作粗糙、外形高度明器化，组合中还加入了说唱、滑稽、杂技等百戏类陶俑，所构成的场面也不再是庄严的殿堂气派，而是充满了热闹欢愉的民间气息（图五，2～6）。除单体陶俑外，此时的伎乐俑还常被贴塑在一类器形高大的彩绘陶枝灯之上。前文所述的官务村M1中即出有一件，灯座正中贴塑着一件与墓中随葬陶俑各方面特征完全相同的胡人吹笛俑（图五，1、4）。这类彩绘陶枝灯从造型到装饰集合了诸多当时人所共识的神仙世界的元素，底座所表现的瑞兽穿行的神山，层层上升的承盘周边交相辉映的飞鸟和羽人御龙，顶层所立展翅欲飞的凤鸟，无一不是人们对死后所归之处的想象。而置身其中的吹笛胡人等伎乐也应是神仙世界的一部分。据此可见，至少在新莽时期中原地区的民间社会已兴起了伎乐俑随葬，伎乐俑的象征意义也一改以往对帝王贵族奢华生活的重现，转而成为民间信仰中神仙世界的景象。东汉时期，大量中原移民入川，致使当地汉文化不断强化，川渝地区此时兴起的随葬伎乐俑之风应是受到了中原汉文化的影响，其组合中的胡人吹笛俑，无论表现形式还是象征意义也均是源自中原汉文化。

不过，胡人吹笛俑在川渝地区却有着明显不同于中原地区的发展轨迹。中原的胡人吹笛俑自新莽时期兴起，仅在扶风、韩城、洛阳等个别东汉早、中期墓葬中有所发现。同时期的伎乐俑组合中，吹奏俑绝大多数均为汉人形象，所执乐器也多为排箫、埙等传统汉式管乐[38]。反观川渝，胡人吹笛俑流传甚广，影响远至西南夷地区，还衍生

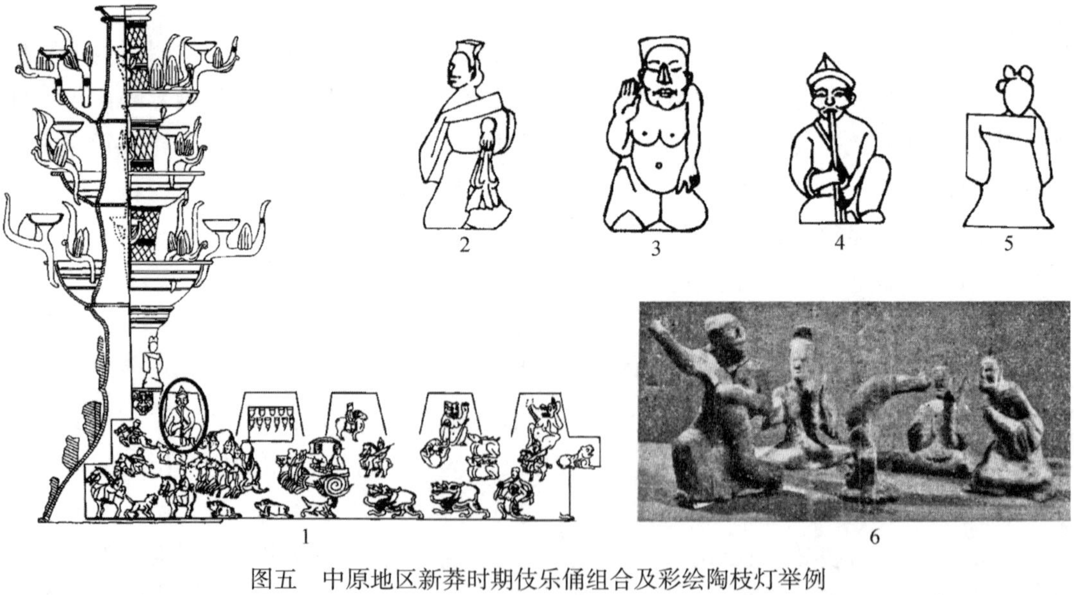

图五　中原地区新莽时期伎乐俑组合及彩绘陶枝灯举例

1. 彩绘陶枝灯（扶风官务村M1：14）　2. 舞蹈女俑（官务村M1：27）　3. 滑稽俑（官务村M1：25）　4. 胡人吹笛俑（官务村M1：23）　5. 吹排箫女俑（官务村M1：24）　6. 伎乐杂技俑（济源泗涧沟M24：55～M24：57、M24：59、M24：60）

图六　中原地区西汉时期伎乐俑组合举例（徐州顾山M1）

1. 舞蹈俑（M1：37）　2. 抚琴俑（M1：47）　3. 击钟俑（M1：46）　4. 击钟俑（M1：48）

出了卷发的B型俑。川渝地区的吹奏类陶俑中，虽然也有忠县石匣子M1：58、丰都汇南M22：3等汉人吹笛俑[39]，但胡人形象更为普遍，还有汇南M9：24等少量的胡人吹埙俑。陶俑所使用的乐器以长笛为最多，偶见埙，几乎不见排箫。这与中原以汉人形象和汉式乐器为主流的情况大相径庭，川渝地区的独特性清晰可见。B型俑最为突出的特点是额前的一圈卷发。卷发形象的族群虽不见于先秦两汉的文献记载，但在考古发现中并非孤例，贵州兴义M2和湖南长沙发现的胡人俑座铜灯上就可见到类似的卷发胡人形象[40]。有研究者认为这是当时西南地区少数民族的形象。而从汉代以降的文献记载看，“卷发（鬈发）”也确与“深目高鼻”一样，成为异域民族相貌的代名词。如《北史》记王世充“本西域胡人也，……卷发豺声，沉猜多诡诈”；《太平寰宇记》中的扶南国和黠戛斯国，其国人亦均为“鬈发”；唐诗中也有“鬈发胡儿眼睛绿，高楼夜静吹横竹”的诗句。另外，胡人俑所执长笛也非汉式乐器，所谓“近世双笛从羌起”[41]。有研究考证“双笛”即羌笛与长笛，长笛形似洞箫，长一尺八寸，竖吹[42]，正是胡人吹笛俑所执之笛。综合上述胡人吹笛俑的流行情况，可以看出在汉代川渝地区地域特征的形成过程中，对异域文化的接受度比中原地区更大、更显著。

川渝地处汉代的西南边疆，是西域与西南夷的交通要道。早在汉王朝势力进入之前，巴蜀已与西域和西南夷地区，甚至更远的中亚、西亚地区建立起了直接或间接的民间贸易[43]。通过长期的商旅往来，人员流动，文化交流，川渝民间社会对异域民族及其文化早已有了一定的了解，特别是富裕的士绅商贾，更有机会成为贸易的参与方和受益者。交往中不可避免的文化碰撞、习俗冲突，可能也使得当地民间逐渐形成了某些对周边族群的模式化的集体记忆。东汉时期，随着中原移民大量到来，随葬伎乐俑之风在川渝民间日益流行。远离汉文化中心，没有传统的羁绊，民间社会又有着与异域族群交往的基础和渠道，新兴的胡人吹笛俑在川渝地区遂获得了更为合适的土壤，在与当地本土文化深入融合的基础上，得到了比起源地更大的发展。

五、结　论

要言之，川渝地区的胡人吹笛俑流行于东汉中晚期至晋初的富裕阶层之中，寄托了人们死后魂神升天的愿望。现有考古资料显示，胡人吹笛俑先在中原汉地出现，但在汉晋时代的川渝之地获得了更大的发展，数量更多，延续更久，还与本土文化融合衍生出土了卷发的B型俑。这些地域特性的形成应与川渝地区的地理位置及其在边疆地区甚至域外交流中的重要地位密切相关。

注　释

［1］ 霍巍等. 战国秦汉时期中国西南地区的对外文化交流［M］. 成都：巴蜀书社，2007：273-281.

［2］ 同［1］.

［3］ 郑岩. 汉代艺术中的胡人图像［C］. 艺术史研究（第一辑）. 广州：中山大学出版社，1999：133-150.

［4］ a. 吴焯. 四川早期佛教遗物及其年代与传播途径的考察［J］. 文物，1992（11）.

b. 罗世平. 汉地早期佛像与胡人流寓地［C］. 艺术史研究（第一辑）. 广州：中山大学出版社，1999：79-101.

［5］ 中国社会科学院考古研究所三峡工作队. 巫山琵琶洲遗址发掘报告［M］. 重庆库区考古报告集·1998年. 北京：科学出版社，2003：172-188.

［6］ 重庆市文物考古所等. 丰都槽房沟墓地发掘报告［M］. 重庆库区考古报告集·2001年. 北京：科学出版社，2008：1789-1831.

［7］ 重庆市文化局等. 重庆巫山麦沱古墓群第二次发掘报告［J］. 考古学报，2005（2）.

［8］ 涂井M5前室西壁龛和后室西壁下各置三件排列整齐的陶屋模型，简报中将其视为独立的建筑单元。但从其结构看，仅有M5：38和M5：99有完整的屋顶结构，其余上部中空。参考麦沱M47和大理下关等墓葬出土陶楼，推测涂井M5中的这两组陶屋模型应是将两件陶楼拆分放置的组件，本文据其结构做出如图二中所示的简单复原。详见：四川省文物管理委员会. 四川忠县涂井蜀汉崖墓［J］. 文物，1985（7）.

［9］ a. 同［6］.

b. 成都市文物考古研究所，绵阳博物馆，云阳县文物管理所. 云阳洪家包墓地发掘报告［C］. 重庆库区考古报告集·2002年. 北京：科学出版社，2010：427-466.

c. 同［8］.

d. 大理州文物管理所. 云南大理市下关城北东汉纪年墓［J］. 考古，1997（4）.

［10］ 川渝东汉墓葬的分期，东汉早期约为光武、明帝两朝（公元40～75年）；中期大致是章帝至

质帝时期（公元76～146年），晚期为桓帝至献帝时期（公元147～220年）。参见：罗二虎. 四川汉代砖石室墓的初步研究［J］. 考古学报，2001（4）.

［11］ 钟治，韦正. 忠县涂井崖墓的时代与相关问题［J］. 东南文化，2008（3）.

［12］ 关于川渝砖室墓、崖墓的兴起与发展参见：

a. 同［10］.

b. 罗二虎. 四川崖墓的初步研究［J］. 考古学报，1988（2）.

c. 索德浩. 四川崖墓起源再论［J］. 中国国家博物馆馆刊，2018（11）.

［13］ 同［8］.

［14］ 南京博物院. 四川彭山汉代崖墓［M］. 北京：文物出版社，1991：98-99.

［15］ 本文中的抚琴俑包括部分发掘报告中所称的“击筑俑”。《汉书·高祖纪》应劭注释“筑”为“状似琴而大头安弦，以竹击之”的乐器。目前所见此类凑乐俑均作双手抚弦状，未见执物击打的动作，故还应是抚琴俑。

［16］ 本文中所指“歌唱俑”即简报中常称的“抚耳俑”或“听琴俑”。这类陶俑常位于吹笛、抚琴、击鼓等乐俑旁侧，与众乐俑的发式、穿戴、体量相近，应是与之同类的表演者。成书稍晚的《宋书·乐志》追忆汉代曾有和丝竹乐曲吟唱的歌谣，名为“相和”。丝竹乐者与歌者配合应是汉代的音乐表演形式。抚耳者身微侧，口微张，似正随乐声浅吟低唱，称其为“歌唱俑”似更合宜。

［17］ 此类陶俑身体装束、动作似执盾武士俑，唯头戴大耳、长舌面具，手中握蛇。《四川彭山汉代崖墓》中称其为“魌头”，其他报告、简报中多称其为“方相俑”或“镇墓俑”。《周礼·夏官·方相氏》记“方相氏掌蒙熊皮，黄金四目，玄衣朱裳，执戈扬盾……大丧，先柩，及墓，入圹，以戈击四隅，驱方良”。郑玄注：“冒熊皮者，以惊疫厉之鬼，如今魌头也。”可知，东汉时人将丧礼下葬时入墓驱鬼者称为魌头，本文依当时称谓称此类俑为“魌头俑”。

［18］ （汉）司马迁. 史记·封禅书［M］. 北京：中华书局，1959：1360.

［19］ 陕西省考古研究所，重庆市文物局，重庆市涪陵区博物馆. 涪陵太平村墓群考古发掘报告［C］. 重庆库区考古报告集·2000卷. 北京：科学出版社，2007：1143-1186.

［20］ 巫鸿. 说“俑”——一种视觉文化传统的开端［C］. 礼仪中的美术——巫鸿中国古代美术史文编. 北京：生活·读书·新知三联书店，2005：587-615.

［21］ 相关研究和发现参见：

a. 汤用彤. 汉魏两晋南北朝佛教史［M］. 武汉：武汉大学出版社，2008：79.

b. 刘世旭. 四川西昌高草出土汉代“摇钱树”残片［J］. 考古，1987（3）.

c. 何志国. 四川绵阳何家山2号东汉崖墓清理简报［J］. 文物，1991（3）.

［22］ （汉）班固. 汉书·五行志［M］. 北京：中华书局，1962：1476.

［23］ a.（晋）干宝撰，汪绍楹校注. 搜神记·卷二·贾佩兰［M］. 北京：中华书局，1979：24.

b.（晋）葛洪撰，周天游校注. 西京杂记·卷三·戚夫人侍儿言宫中事［M］. 西安：三秦出版社，2006：146.

c.（晋）干宝撰，李剑国辑佚. 新辑搜神记·卷七·灵女庙［M］. 北京：中华书局，2007：115.

此处需要说明的是，李剑国据《初学记》等古籍重录此条时，将“吹笛击筑”改为“吹埙击筑”，可见埙、笛当有流行时间的早晚之分，这与后文所论“笛”所代表的文化属性正相吻合。

［24］ 王明. 抱朴子内篇校释［M］. 北京：中华书局，1985：171.

［25］ 临沂市博物馆. 临沂吴白庄汉画像石墓［M］. 济南：齐鲁书社，2018：178-179.

［26］ 罗二虎. 汉代画像石馆［M］. 成都：巴蜀书社，2002：46.

［27］ a. 同［26］：54，134.

b. 谢荔等. 四川合江县东汉砖室墓清理简报［J］. 文物，1992（4）.

［28］ 吴焯. 四川早期佛教遗物及其年代与传播途径的考察》［J］. 文物，1992（11）.

［29］ 吴桂兵. 忠县涂井M5与蜀地早期佛教传播［J］. 四川文物，2002（5）.

［30］ 学界对汉代佛教遗存的属性存在不同理解，但越来越多的学者倾向认为，真正意义上的佛教当始于桓帝时期（公元147年后）安世高到达洛阳翻译佛经、教授弟子。道教的研究则多以顺帝时太平道的出现作为道教形成的标志。分别参见：

a. 荣新江. 陆路还是海路？——佛教传入汉代中国的途径与流行区域研究述评［C］. 北大史学（第9辑）. 北京：北京大学出版社，2003：320-343.

b. 傅勤家. 中国道教史［M］. 北京：东方出版社，2008：51.

［31］ a. 陕西省文物管理委员会. 陕西韩城县芝川镇东汉墓［J］. 考古，1961（8）.

b. 河南省博物馆. 济源泗涧沟三座汉墓的发掘［J］. 考古，1973（2）.

c. 周原博物馆. 陕西扶风县官务汉墓清理发掘简报［J］. 考古与文物，2001（5）.

［32］ 邢义田. 古代中国及欧亚文献、图像与考古资料中的“胡人”外貌［C］. 画为心声：画像石、画像砖与壁画. 北京：中华书局，2011：167-314.

［33］ 索德浩. 四川汉晋陶俑的初步研究［J］. 考古学报，2018（1）.

［34］ a. 王学理，吴镇烽. 西汉任家坡汉陵从葬坑的发掘［J］. 考古，1976（2）.

b. 徐州博物馆. 江苏徐州市顾山西汉墓［J］. 考古，2005（12）.

c. 西安市文物保护考古所. 西安龙首塬汉墓［M］. 西安：西北大学出版社，1999：122，143.

［35］ 同［34］c，256-261.

［36］ 西汉市文物保护考古所. 长安汉墓［M］. 西安：陕西人民出版社，2002：856-863.

［37］ a. 河南省博物馆. 济源泗涧沟三座汉墓的发掘［J］. 考古，1973（2）.

b. 周原博物馆. 陕西扶风县官务汉墓清理发掘简报［J］. 考古与文物，2001（5）.

［38］ 先秦两汉文献中均不乏埙、箫的记载，《诗经·小雅·何人斯》有“伯氏吹埙，仲氏吹篪”；《史记·绛侯周勃世家》记“（周）勃以织薄曲为生，常为人吹箫给丧事”。另外，前文注19中《新辑搜神记》将“吹笛击筑”修订为“吹埙击筑”也在一定程度上说明了这点，西汉时期流行的吹奏乐器当为埙，而非笛。参见：

a. 李学勤. 十三经注疏·毛诗正义［M］. 北京：北京大学出版社，1999：763.

b.（汉）司马迁. 史记·绛侯周勃世家［M］. 北京：中华书局，1962：2065.

［39］ a. 北京大学三峡考古队. 重庆忠县石匣子东汉大墓发掘报告［C］. 南方民族考古（第十辑）. 北京：科学出版社，2014：287-324.

b. 丰都县文物管理所. 丰都县汇南两汉——六朝墓发掘简报［J］. 四川文物，1996（增刊）.

［40］ 贵州省博物馆考古组. 贵州兴义、兴仁汉墓［J］. 考古，1979（6）.

［41］（清）严可均辑. 全后汉文·卷十八［C］. 全上古三代秦汉三国六朝文. 北京：中华书局，1958：566.

［42］ 王子初. 笛源发微［J］. 中国音乐，1988（1）.

［43］ a. 余英时. 汉代的贸易与扩张：汉胡经济关系结构研究［M］. 上海：上海古籍出版社，2005：92-112.

b. 童恩正. 古代中国南方与印度交通的考古学研究［J］. 考古，1999（4）.

c. 霍巍. “西南夷”与南方丝绸之路［J］. 中华文化论坛，2008（12）.

d. 李永平. 简牍和考古所见汉代河西走廊与蜀地之间的交往及相关的几个问题［J］. 四川文物，2004（6）.

附表　川渝及其周邻地区出土胡人吹笛俑情况简表

时代	胡人吹笛俑（含陶楼）			墓葬		陶俑组合/陶楼场面	
	器物号	类型	通高 cm	形制	规模 m²/m	共出其他种类陶俑	放置位置
东汉中期	巫山琵琶洲 M4：27	A型	21	刀形单砖室墓	29	抚琴、男侍、守犬2	不明
	巫山麦沱 M47：68	A型	20.6	刀形单砖室墓	10.2	抚琴、歌唱、舞蹈2、庖厨、武士、魌头、执镜、抱袋、提桶、守犬2	甬道后段、墓室前段
	麦沱 M47：24、25	A型	不明			一层：吹笛胡人跽坐于门廊左侧	墓室前段
	万州礁芭石 Ⅰ区M3：60	A型	19.7	凸形单砖室墓	19.4	男侍2、女侍4、守犬	散落墓道后段
	万州青龙嘴 M49：11	A型	19	刀形单砖室墓	17.1	抚琴、歌唱2、击鼓、侍俑、守犬	散落甬道
	丰都槽房沟 M9：30	B型	25	刀形单砖室墓	10.7	歌唱、舞蹈2、庖厨、武士、执袋、执镜、守犬	甬道前部
	武隆蔡家村墓	A型	20	凸形单砖室墓	19.9	抚琴2、击鼓、歌唱、庖厨、执扇、抱袋、侍者3	散落墓室
	太平村 M12：58	A型	18.7	刀形单砖室墓	10.7	胡人吹埙、抚琴、歌唱、击鼓2、舞蹈2、抱袋、女侍2、守犬2	集中在甬道
	太平村 M14：14	A型	18.6	刀形单砖室墓	9.8	抚琴、歌唱、击鼓、武士、男侍2、女侍2	集中在甬道
	丰都大湾 01M4：2	B型	25.8	刀形单砖室墓	8.8	抚琴、庖厨、守犬	甬道后段
	大湾 02M3：7	A型	21.8	刀形单砖室墓	残存8.8	抚琴、击鼓、抱袋、女侍、守犬	甬道后段
	大湾 02M12：24	A型	20	长方形单砖室墓	3.3	舞蹈、歌唱、击鼓、庖厨侍者4、守犬	墓室前段
	大湾 02M21：6	A型	20.1	刀形单砖室墓	8	击鼓、庖厨、男侍、守犬	甬道后段墓室前段
	大湾 02M24：16	A型	16.6	凸形单砖室墓	10.7	歌唱、舞蹈、执扇、侍者5、守犬	甬道
东汉晚期	达县曹家梁M1	A型	25	长方形单砖室墓	10.3	抚琴2、说唱	不明
	曹家梁M2	A型	25	甲形单砖室墓	不明	不明	不明

续表

时代	胡人吹笛俑（含陶楼）			墓葬		陶俑组合/陶楼场面	
	器物号	类型	通高cm	形制	规模m²/m	共出其他种类陶俑	放置位置
东汉晚期	涪陵太平村M6：15	A型	18.5	凸形单砖室墓	11.1	抚琴、歌唱2、击鼓、舞蹈、武士、抱袋、女侍	散落甬道
	巫山胡家包M26：13	A型	19.5	刀形单砖室墓	17	抚琴、击节、击鼓、歌唱、执袋、执扇、女侍、男侍4、守犬	不明
	忠县老鸹冲AM14：3	A型	14.4	凸形单砖室墓	15.5	击鼓2、胡人击节、舞蹈2、庖厨、执扇、执物4、农夫2、顶罐2、男侍4、守犬	集中在甬道
	丰都汇南M15：22	A型	21.8	刀形单砖室墓	11.5	歌唱、击鼓、舞蹈、武士	集中在甬道
	丰都汇南M25：26	A型	24.6	刀形单砖室墓	9.5	歌唱、武士、执袋、男侍、童俑	不明
	万州松岭包M4：25	A型	22	刀形单砖室墓	11.7	歌唱、武士、抱袋、男侍、女侍	墓室西侧
	丰都汇南M3：19	B型	25.7	凸形单砖室墓	8.7	抚琴、歌唱、击鼓、击钹、庖厨、魌头	墓室前段
	涪陵北岩M10：19	A型	20.3	凸形单砖室墓	7.8	不明	不明
	丰都槽房沟M10：10	立姿	残高7.2	刀形单砖室墓	残存9.3	仅存1件胡人吹笛俑，场面不明	不明
	忠县宣公M3：23	A型	27	甲形单砖室墓	不明	抚琴、歌唱、击鼓、舞蹈2、庖厨、执袋执扇2、女侍、男侍7、守犬	集中在墓室前部
	忠县将军村M101：53	A型	18	刀形单砖室墓	8.9	抚琴、歌唱、击鼓、舞蹈、侍者11、守犬2	甬道后段墓室前段
	万州庙梁M11：30	A型	19	凸形单砖室墓	8.3	歌唱、武士	散落墓室
	云阳洪家包M3	立姿	残	凸形单砖室墓	16.8	仅存3件胡人吹笛俑，场面不明	不明
	涪陵横梁子M5：10	A型	18.9	刀形单砖室墓	14.3	男侍	不明
	涪陵吴家石梁M2：58	A型	24.8	凸形单砖室墓	16.7	击鼓、跽坐女俑4、执扇、抱袋、侍者9	散落墓室

续表

时代	胡人吹笛俑（含陶楼）			墓葬		陶俑组合/陶楼场面	
	器物号	类型	通高cm	形制	规模m^2/m	共出其他种类陶俑	放置位置
东汉晚期	彭山M550	A型	27.9	崖墓	不明	抚琴、歌唱2、击鼓、魌头、舞蹈、抱袋、女侍、守犬	不明
	璧山棺山坡M1：3	A型	18.8	崖墓	全长12.4	抚琴、舞蹈、执扇、女侍	散落墓室
	棺山坡M5：3	A型	18.5	崖墓	全长13.3	抚琴、舞蹈2、抱袋、女侍4	散落墓室
	武胜山水崖M1：9	A型	19.3	崖墓	全长8.91	抚琴、舞蹈、庖厨、侍者8、守犬	不明
	山水崖M2：12、M2：21	A型	18.2 18.5	崖墓	全长6.97	歌唱2、庖厨2、击鼓、武士、守犬	不明
	山水崖M6：6	A型	20.1	崖墓	不明	侍者5、守犬	不明
	贵州金沙画像石墓石俑	A型	38	凸形单砖室墓	7.3	石执丸俑	不明
	贵州兴仁交乐M19：20	B型	36	十字形多砖室墓	28.7	歌唱、舞蹈、滑稽、庖厨	已扰乱
	云南大理下关DX：55	A型	不明	横前室双后室墓	14.4	一层：中门大开，门旁左侧坐吹笛胡人；二层：门前廊下左侧坐吹笛胡人	前室西侧
	大理下关DX：60	A型	不明			一层：门内楼梯后坐吹笛胡人；二层：男女居中凭栏而立，左右各有一吹笛胡人坐于栏上	西后室前部
蜀汉晋初	丰都汇南M18：36	A型	23.8	凸形单砖室墓	10.9	抚琴2、歌唱2、击鼓、庖厨、侍俑25	墓道后段
	丰都赤溪M2：60	A型	26	刀形单砖室墓	11.1	抚琴、击鼓、歌唱、庖厨、执扇、抱袋、男侍20	不明
	丰都大湾02M19：4	A型	22.6	刀形单砖室墓	6	不明	不明
	忠县涂井M14：33	A型	25	崖墓	全长6.8	抚琴、舞蹈、执扇、抱袋2、男侍	不明

续表

时代	胡人吹笛俑（含陶楼）			墓葬		陶俑组合/陶楼场面	
	器物号	类型	通高 cm	形制	规模 m²/m	共出其他种类陶俑	放置位置
蜀汉晋初	涂井M5：34、M5：38、M5：40	A型，立姿	不明	崖墓	全长12.37	一层：中门大开，门旁两侧各立一吹笛胡人；二层：房间帷幄内安卧一人，吹笛胡人、侍者环侍其周；三层：男女众人凭栏而立，抚琴、歌唱伎乐坐于栏上	前室西侧壁龛
	涂井M5：87、M5：94、M5：99	A型，立姿	不明			一层：门微启；二层：房间帷幄内安卧一人，男女侍立，门前卧守犬，廊下坐吹笛胡人、抚琴和歌唱伎乐，屋顶两端坐歌唱者及吹笛胡人；三层：男女凭栏而立，三位吹笛胡人立于两侧、其间	后室西壁后段

A Study of Terracotta Hu Piper in Sichuan and Chongqing

SONG Rong

In the tombs of the Eastern Han Dynasty to the Shu Kingdom in Sichuan and Chongqing, there is a common type of kneel-seated piping pottery figurine. Because of its deep eyes, high nose, pointed cap and playing the flute, it was named “terracotta Hu piper”. Around this kind of pottery, research has been carried out from different perspectives such as ancient ethnic relations, cultural exchanges between China and the West, and early Buddhist circulation. These studies, which are purely from the perspective of sculpt, enrich our understanding of the image of “the Other” in the Han Dynasty. However, as funerary ware, terracotta Hu piper does not occur alone, but in the form of a combination with other terracotta figurines in the tomb or plastered on the pottery building, forming a particular scene, which should have a certain meaning. Therefore, this article will focus on the whole tomb, through the comprehensive analysis of grades, attributes of the tombs, the shape, combination, scene of the terracotta Hu piper, then explore its connotation. And through the comparative study with other regions of Han Dynasty, this article discusses the origin, development and causes of the terracotta Hu piper.

丝绸之路沿线所见金属下颌托葬俗再考察

——以中亚、新疆及固原三地出土金属下颌托为中心

马 伟

（中山大学人类学系，广州，510275）

迄今为止，我国丝绸之路沿线发现的金属下颌托[1]，自北魏平城时期直至元大德九年间共计59例，此外，贵州遵义、铜仁等地的土司墓（13～16世纪）中也发现有形制近似于唐宋时期的金属下颌托，共计11件，材质有玉、金、银三种，有的还伴出有金属覆面，但其装饰意味已十分明显，结构也大大简化，可视作北朝以来此类葬俗的余绪，由于本文所讨论的问题主要为金属下颌托葬俗的渊源、产地及形成过程，因此选择不纳入唐代以后发现的金属下颌托[2]。而与金属下颌托材质不同的毛麻编绳、丝绢一类的下颌托却集中出土于新疆地区，时代一般较早。与中原内地相比，新疆地区北魏至隋唐的墓葬尚未发现金属下颌托随葬的葬俗，反而继续流行丝绢一类的下颌托，可见两种材质不同的下颌托葬俗意涵可能存在差异。

近年来根据固原所见金属下颌托葬俗的启示，冯恩学先生首次提出“下颌托可能源于祆教文化”这一观点[3]，紧接着学界展开了有关金属下颌托葬俗文化属性的讨论。吴小平先生认为“金属下颌托是萨满灵魂观的产物”[4]；王维坤先生与宋馨博士则分别结合了中国境内金属下颌托的发现，认为金属下颌托与萨满信仰有关的说法毫无根据，同时也认为金属下颌托与祆教无涉[5]；还有学者关注到固原九龙山M33所见下颌托还对欧亚草原地带的帐幕进行了模仿，同时冠饰上的弯颈鸟状图案形似天鹅，或许代表了琐罗亚斯德教的祖尔万神[6]；此外，日本学者大谷育慧还注意到了北魏时期流行的金属下颌托常与金属项饰共出，通过对比出土有金属项饰的毕克齐镇古墓、伊和淖尔北魏墓M3及贝加尔湖附近墓葬发现的金银器，发现金属下颌托组合项饰的葬俗可能与欧亚草原游牧民族迁徙或文化交流有关[7]，为我们认识该类葬俗提供了一种新的思路。

毋庸讳言，笔者对于部分学者关于金属下颌托的论断无法苟同。所谓下颌托，必然与固定死者下颌紧密相关，因此“颊带＋颌勺”的形制特点是判断其源流的重要依据。同时下颌托葬俗中不同材质、功用以及有无特殊信仰意涵等问题也愈发难以回避。但是目前来看，既往研究尚存在两种误区：对于与金属下颌托组合或伴出的其他装饰物

存在关照不足的情况，即并未区分哪些金属下颌托是单独下葬，而哪些则是与其他器物组合使用，所以会对其功能的认识出现偏差；将下颌托葬俗与汉地“口含”“九窍塞”等葬俗相连接，这无疑将此种葬俗的外延进一步扩大，并不利于有效解决此类问题。因此笔者不揣冒昧，以时间上互为早晚、部分接续，并且下颌托材质及使用情况差异显著的中亚、新疆以及中原内地为考察区域，欲重新探讨此种葬俗的具体内容、来源以及所产生的动因等问题。

一、新疆及中亚地区所见金属下颌托的形制及特点

目前中亚地区金属下颌托葬俗最早出现于阿富汗黄金之丘墓地，年代为公元前1世纪至公元1世纪，该墓地6座墓葬中发现有4件金质下颌托，且均发现有额饰，墓主可能为大月氏或早期贵霜王朝的贵族，该墓地出土的金属下颌托被认为是中国境内所见金属下颌托的主要来源[8]。在公元前后直至5世纪的阶段内，中亚及新疆地区又相继出现了与金属覆面相组合的下颌托葬俗，新疆地区出土的下颌托材质还几乎都为纺织品，更说明了这一葬俗实际流传过程的复杂性。以下着重通过对新疆地区下颌托葬俗、覆面葬俗以及中亚所见金属下颌托的梳理与分析，讨论此种葬俗早期阶段的特点。

1. 新疆地区下颌托葬俗的产生

根据新疆地区已发现的下颌托葬俗来看，大致可分为三个阶段：①形制、用途均不固定，推测仅作绑带或帽绳之用；②下颌托的雏形出现，但不具备颏带+颌勺的基本形制；③真正意义上的下颌托葬俗产生，下颌托为造型精致的绢所制，且形制固定为勺形，与金属覆面伴出。

首先，有必要梳理新疆地区已发现的形制、用途不甚固定但在发掘报告中称其为下颌托的一类葬俗。以墓葬发现来看，新疆地区自公元前1000年至约公元1000年之间，不时发现此类葬俗。男女性墓主均有佩戴，其丧葬意涵尚不清楚。如公元前8世纪扎滚鲁克多人葬85M2出土的毛编绳绑带[9]，用编绳系在下颌位置，且都与死者头部帽饰相连，形制简单，这让人怀疑其可能仅为死者的帽绳（图一）。该墓地89M2还发现有婴儿使用编绳的情况，同时在M14中还发现死者下颌处垫高木块的情况，更说明绑带并非固定下颌的用途[10]。可见，如扎滚鲁克墓地所出原报告认作下颌托的绑带，可能并无实际固定下颌的用途，并且由于形制简单极易与帽饰佩绳混为一谈。值得注意的是，普遍随葬织物的葬俗是新疆地区固有的特色。

图一　扎滚鲁克多人葬出土高帽及下颌托
（采自《新疆且末扎滚鲁克一号墓地》，《新疆文物》1998年第4期，第38页，图四六）

其次，稍晚在公元前后，尼雅、山普拉等地则逐渐出现下颌托的雏形，即一种使用素绢绑住死者下颌的葬俗开始出现[11]。绢虽然为简单丝料，但当时西域各地仍需从中原内地进口，属贵重物品，因此用于随葬表明了墓主的身份。如山普拉墓地M01出土带有针绣纹饰的素绢即包裹于男性死者下颌部位，有意做出勺形，且留孔以露出胡须。而尼雅95MNIM3和M6墓主下颌以上明显系有双条绢带固定于死者脑后[12]。以上两地出土素绢绑带，仔细观察与“颊带+颌勺”的下颌托仍有不少差距，山普拉墓地M01出土素绢整体装饰性强，虽有勺形素绢包裹死者下颌，但是并无明显的颊带固定痕迹；尼雅95MNIM3和M6使用的双条绢带固定性虽强，但无形制明确的颌勺。因此，以上两地发现的素绢仅算作下颌托的雏形。此外，山普拉墓地中同时也有毛编绳绑带发现（5例），更说明该阶段尚处于新疆本土葬俗与外来葬俗交流的初期。尼雅墓地M1还出土有四件倒梯形覆面，两侧各连一条红色绢带，不与纺织品下颌托共出（图二），可见这一时期覆面与下颌托组合的葬俗也并未产生。

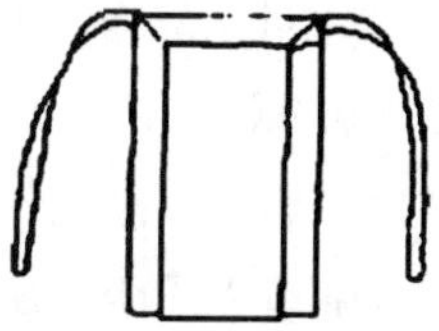

图二　民丰尼雅遗址出土织品覆面
（采自《95年民丰尼雅遗址Ⅰ号墓地船棺墓发掘简报》，《新疆文物》1998年第2期，第31页，图一二）

最后，在公元2～3世纪的营盘地区出现了一种使用勺形素绢组合仿五官覆面的葬俗。以东汉晚期营盘墓地M15为例[13]，墓主面部先用麻布糊成人形，前额处贴饰有长条形金箔片，面罩涂白并用墨线勾勒出五官，绢带绣成精致的勺形以贴合下颌，颊带固定在死者头部（图三）。应该说，M15出土的下颌托既符合颊带+颌勺的基本形制，还发现与仿五官覆面（带有圆形铜牌额饰）配套使用，使得新疆地区真正意义上的下颌托葬俗开始出现。

总结来看，从新疆地区雏形下颌托的出现直至真正下颌托的产生，经历了葬俗内容与意涵逐步确立的过程，在这个过程中既有本土化的影响，也有外部因素的介入。可

图三　营盘15号墓发现胶麻胎面具
（采自《尉犁县营盘15号墓发掘简报》，《新疆文物》1998年第2期，第11页，图一二）

以想见，中亚地区使用的金属下颌托约在公元前后进入新疆地区，并与本地纺织品随葬传统产生交流，从而异化出了形制上相似，但材质有所区别的葬俗形式。此种丧葬文化上的连接关系，在中亚至新疆地区仿五官金属覆面的流传细节中表现更为明显。

2. 从金属覆面葬俗的传播看中亚对新疆地区的影响

与下颌托葬俗类似的是，几乎在同一时间，墓主佩戴写实化金属覆面的葬俗也开始在新疆地区流行，其形制与工艺均受到了中亚地区的影响，面具不开孔洞，使用人群多为这一时期新徙入新疆地区的居民。

以新疆昭苏县波马土墩墓发现的金面具为例，该面具比例仿真，面部刻画入微，以金箔为原料使用镶嵌、锤揲、模压和抛光等技法，表现了一位蓄须的男子形象（图四）。从随葬品角度分析，波马古墓无论从金丝编织带还是出土剑鞘，或是戒指的工艺、纹饰等方面，均与阿富汗黄金之丘墓地的金器相仿，年代可能为汉晋时期。该墓形制在伊犁河流域尤其是昭苏草原较为常见，甚至在哈萨克斯坦、吉尔吉斯斯坦境内也普遍存在。一般认为其墓葬族属与月氏或乌孙人有关，显然此地出土的金面具葬俗可能受月氏影响，即源自中亚。

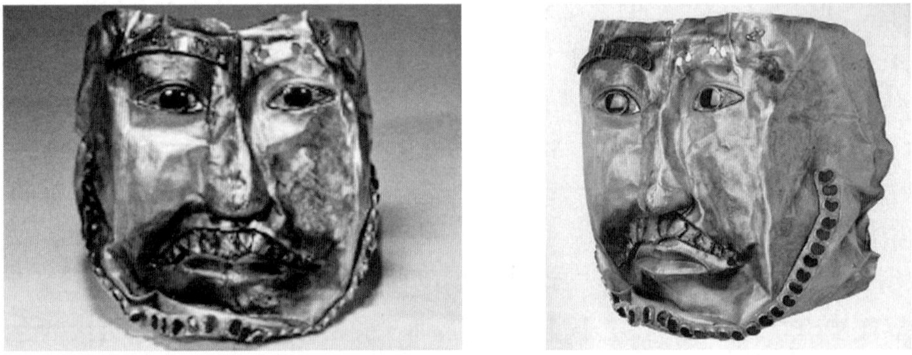

图四　昭苏波马古墓镶嵌红宝石金面具

（采自《新疆伊犁昭苏县古墓出土金银器等珍贵文物》，《文物》1999年第9期，彩版四）

无独有偶，中亚地区也发现有类似形制的金面具，可使我们更为直观地理解仿五官金属覆面葬俗自西向东的传播情况。收藏于吉尔吉斯斯坦国家博物馆的一件金面具（图五），出土于比什凯克（Bishkek）附近的沙姆西墓地（Shamshi，楚河河谷，Chu Valley），年代在公元3～4世纪。该金面具与波马古墓所出金面具同样采用了宝石镶嵌、抛光等工艺加工金箔并覆与墓主面部，面具高度仿照五官，眼部罩有宝石，鼻脊与两颊还留有细密小孔，可能缀有附加装饰。以金质面具下葬的习俗在中亚地区流传已久，它是该地区贵金属葬仪中的一种，并至迟大约在两汉之际可能已经影响至新疆地区。

此外，吉尔吉斯斯坦科特门-特尤比尤（Ketmen-Tyobyo）遗址曾出土有一件金面具及下颌托，首次为我们展现了中亚地区金属下颌托与金面具组合的葬俗形态，尤其是

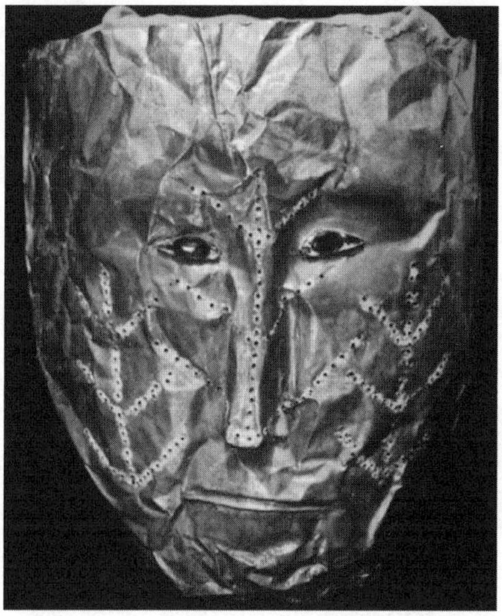

图五　比什凯克出土镶嵌红宝石金面具

（采自*Gold of Ancient Kyrgyzstan*，第36页）

该遗址还出土有一些微型面具，为我们提供了金属下颌托组合覆面葬俗曾在中亚流行的证据（图六）。该件金面具残长24厘米、宽15.5厘米，在覆面眼部上方可见由背部锤揲出竖条纹饰表现眉毛，眉尾处有细小穿孔，可能用作丝织品连接之用，护眉下方清晰可见两个眼部留孔，护眉与护鼻相连，鼻饰一侧残存原面部装饰一角，以下残缺不见。与之伴出的还有1件下颌托，单颊带，颌勺不开口，边沿有细密凸起点纹。墓葬年代大约在公元3至6世纪初，墓主推测可能为游牧民族，随葬有较多贵金属制品。从金面具与下颌托的组合情况来看，最有可能的丧葬形态应是下葬时先于墓主面部罩上仿五官面具，然后才套上下颌托并系于额部（即原护眉末端的穿孔处），这一点也与营盘M15出土绢带绑于贴金额饰两侧的情况相类似。

经上所述，一方面，新疆地区固有的随葬纺织物的传统流传有序；另一方面，中

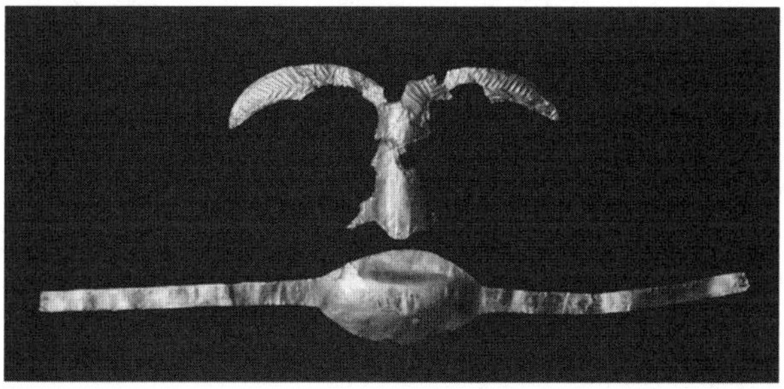

1

2

图六　中亚出土面具

1. 中亚出土金面具、下颌托（采自*Gold of Ancient Kyrgyzstan*，第25页）　2. 中亚出土微型面具

亚地区的金属下颌托葬俗在新疆地区发生了异化，体现了交流与融合的特点。同时，中亚本土金属下颌托与覆面或单独下葬或配套使用的情况，也造成了此类葬俗在传播过程中存在进一步异化的可能。可见，使用人群的不同，可能造成金属下颌托葬俗内容与表达具有较大差异，以下就中原内地与中亚、新疆地区所见金属下颌托葬俗的异同做简要分析。

二、中原内地所见金属下颌托葬俗与中亚、新疆的异同

上文介绍了中亚金属下颌托葬俗在进入新疆地区后发生异化，出现了形制类似而材质不同的情况。与之相反，中原内地所发现的金属下颌托葬俗则形制固定、发展有序，与新疆地区差异明显。中原内地发现的金属下颌托，数量上，自北魏至隋唐时期较为集中；形制上，以北魏平城所见的下颌托形制与功能最为明确，隋唐及以后装饰意味较浓。因此本文将中原内地北魏至隋唐时期出土的金属下颌托与中亚、新疆地区比较，先根据形制差异列表如下（表一）[14]：

1. 中原内地所见金属下颌托的主要类型

如表一所示，中国境内北魏至隋唐墓葬出土的金属下颌托根据形制差异可分为双颊带有头箍型、覆面（有额饰）组合单颊带型以及无头箍型三种。其中，无头箍型下颌托大约在唐初至盛唐之间发展出花冠组合无头箍型下颌托的新样式。

表一　北魏至隋唐时期金属下颌托的类型

	双颊带有头箍型下颌托	覆面（带有额饰）组合单颊带型下颌托	无头箍型下颌托
北魏	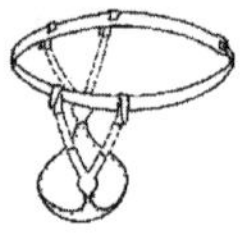 大同南郊墓群M107（470年）		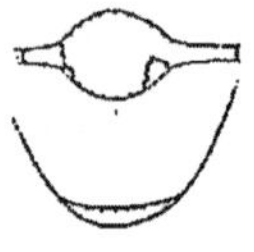 大同南郊墓群M214（470年）
隋		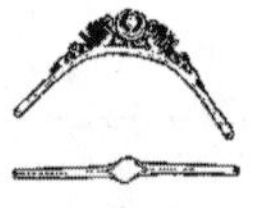 固原九龙山M33 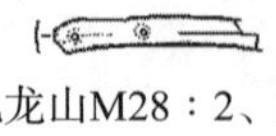 固原九龙山M28：2、M28：3	

续表

	双颊带有头箍型下颌托	覆面（带有额饰）组合单颊带型下颌托	无头箍型下颌托
唐初至中唐		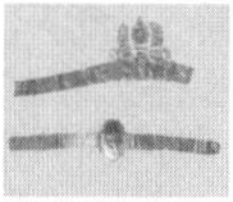 固原征集品 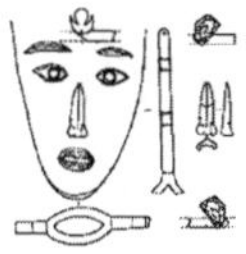 固原史道德墓（678年）	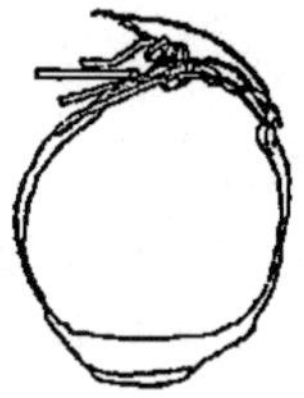 有花冠 贺若厥墓（621年）  有花冠 金乡县主墓（722年）  有花冠 李倕墓（736年）
中唐以后			 有花冠 广州皇帝岗木椁墓（晚唐）

北魏平城时期典型的金属下颌托为双颊带有头箍型，该型下颌托的颌勺一般较大且装饰繁缛，颊带与颌勺相连处采用合页结构，并紧紧缠扣在头箍上，固定下颌的实际用途明显。此类下颌托的流行时间较短，北魏平城时期以后基本不见。北魏还发现有一种无头箍型下颌托，颌勺装饰不再繁缛，颊带一般为多条，颌勺较大，形制简单，对后世影响较深。北魏时期的金属下颌托还常与金属项饰共出，两端穿孔，边沿同样捶揲出细密的针点纹，还镶嵌有宝石，较常出现于今山西大同、内蒙古中、东北部地区[15]。

大约在唐初至盛唐之际，长安、洛阳等地新出现有一种花冠组合无头箍型金属下颌托的样式，形制受北魏影响，只是与花冠组合下葬，表现为贵族女性特有的礼仪性葬俗。由于下颌托只是系于花冠上，颌勺形制简单，多为薄片，装饰性较强。虽然下颌托与花冠共出，但二者并不成为一体，只是搭配使用，装饰性意味较强。唐后期发现的金属下颌托，主要受上述新风尚的影响，下颌托形制进一步简化，南北方地区均有发现，且不再受制于墓葬等级的约束，平民化趋势明显。

总而言之，中亚、新疆所见金属下颌托葬俗与中原内地异大于同。相同点在于，虽然金属下颌托葬俗会根据使用人群做出调整，颊带与颌勺的基本要素却一以贯之。而差异表现有三：①形制上，中原内地发现的金属下颌托，尤其是北魏平城出现的金属下颌托其多颊带或带有头箍的配置，与中亚、新疆有所不同；②丧葬用途上，中原内地发现的金属下颌托，主要都以女性为主，进入唐代更是主要为李唐皇族所特有，而中亚、新疆地区发现的金属下颌托葬俗基本不做性别的区分；③组合关系上，中原内地发现的金属下颌托，除固原地区外鲜有组合关系出现，大多为单独下葬，中亚、新疆地区发现的金属下颌托则多与覆面相伴出。

2. 固原地区所见金属下颌托葬俗的“异质感”

固原地区北魏至隋唐时期的金属下颌托葬俗则十分耐人寻味。进入隋代，继中亚、新疆之后，固原地区首次出现了金属覆面组合金属下颌托的葬俗，无论从形制还是丧葬意涵来看，均与中亚关系密切。目前，固原地区共发现4件，这里选取出土信息明确且形制完整者，尝试与中亚相关出土物做一些对比（表二）：

表二　固原史道德墓、九龙山M33与科特门-特尤比尤遗址出土金面具及下颌托对比

	固原史道德墓	固原九龙山M33	科特门-特尤比尤遗址
时代	公元678年	隋	3至6世纪初
有无额饰	有	有	无
具体形制	五官饰边缘均穿孔用以丝织品缀合，结构为丝织品上缀合金属饰的覆面；发现有下颌托，单颊带，颌勺开口	额带、颊带与颌勺均有细小穿孔，有较多丝织品残余，推测原为覆面；发现有下颌托，单颊带，颌勺子不开口；颌勺表面有联珠纹	护眉部开圆孔，鼻饰以下残，原结构应为覆面；发现有下颌托，单颊带，颌勺不开口；颌勺表面有联珠纹
制作工艺	焊接、锤揲，工艺较为复杂	金箔剪刻，锤揲，工艺较史道德墓简单	

从时间上看，科特门-特尤比尤遗址与固原出土的金属下颌托相比，前者时间较早，后两者较晚，或存在接续关系；从制作工艺上看，九龙山M33所出金属下颌托组合覆面的情况与科特门遗址有所接近[16]，固原史道德墓所出下颌托工艺则稍显复杂，细部纹饰如云气纹等有汉化的特征；3件下颌托均与覆面共出，科特门遗址未发现有额饰，固原所见金属下颌托葬俗使用的额饰与下颌托是2套器物，只是配套使用[17]。结合前文所述，新疆地区公元2、3世纪已经出现额饰与下颌托的组合葬俗，其影响来自中

亚地区，因而才会被粟特人所沿用并带入汉地。

在丧葬意涵的表达方面，固原与中亚地区的渊源颇深。九龙山M33额饰中央为新月抱日图案，其两侧各有一组对称分布的颔首飞舞翘尾状鸟、小型新月抱日和卧伏状小鸟，额饰边沿还锤揲起联珠凸点纹装饰（图七）。固原史道德墓覆面额饰中央也为新月抱日图案，中央两侧锤揲起凸叶脉纹（图八）。征集品虽然丧失出土原境，但显然与以上两件额饰内容相似。因此可从新月抱日图案出发，与中亚地区类比将其丧葬表达进一步复原。

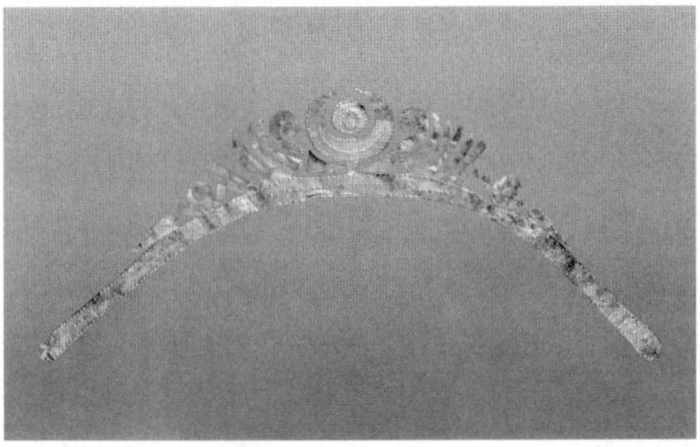

图七　固原九龙山M33所出金额饰
〔采自《固原文物精品图集》（下册），宁夏人民出版社，2011年，第15页〕

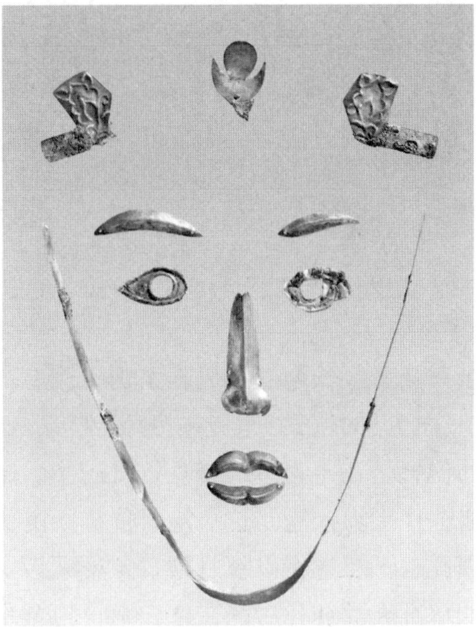

图八　史道德墓金覆面及颌饰
〔采自《固原文物精品图集》（下册），宁夏人民出版社，2011年，第19页〕

8世纪中叶托克-卡拉（Tok-Kala）遗址的纳骨瓮上描绘的亲者举哀的拜火教超度亡灵的仪式（图九），提供了这方面的证据。纳骨瓮的图案分上下两部分，下方绘有一个专人守护的圣火坛，侧边为穿白袍的死者，被祭司、亲友围着。上方顶部中央绘有新月抱日图案，两侧各有一个飞舞的翅膀，同时几个女子正在欢乐舞蹈。通过瓮表面的图案可知，该场景描绘的是拜火教葬礼的内容。瓮的下半部分表现了葬礼进行时亲者恸哭、拜火教祭司主持仪式的严肃场面，而瓮的上半部分则表达了死者仪式后领受上天光明到达天界的美好祝愿，即用新月抱日图案表现拜火教天界是“提供奴婢和欢乐的地方”[18]。在中亚艺术中，以乐舞场景指代天界的做法也很常见，而天界的欢乐与葬礼的悲伤之间形成的巨大反差，也反映了拜火教追求光明美好的仪轨[19]。

另一个可资比较的纳骨瓮实物出土于7世纪撒马尔罕（Samarkand）的穆拉-库尔干（Murra-Kurgan）遗址（图一〇），展现了更为精确的拜火教内容。瓮下方为长方形，

图九　乌兹别克斯坦托克-卡拉遗址出土纳骨瓮
（采自葛乐耐：《驶向撒马尔罕的金色旅程》，
漓江出版社，2016年，第154页）

图一〇　撒马尔罕发现纳骨瓮
（采自葛乐耐：《驶向撒马尔罕的金色旅程》，
漓江出版社，2016年，第4页）

绘有两个穿长袍的拜火教祭司，戴有口罩与裹头，二人围着一个圣火坛，正在进行某种超度亡灵的仪式。上方则为尖锥形，绘有两个相对起舞的女子或是神祇，她们头顶居中的位置是花卉衬边的新月抱日图案，暗示了祭司主持仪式的目的是为死者超度灵魂并使之去往天界极乐。这一纳骨瓮描绘的场景明确了整个葬礼在严格的拜火教仪轨中进行，因此综上所述，由新月抱日象征死者灵魂去往天界是拜火教葬礼的重要环节，它不仅象征了拜火教徒死后的最终归宿，还常出现在纳骨瓮顶部中央，纹样形制与头冠类似，也具有信仰意涵。

据此，我们可以说固原粟特人墓葬所出额饰上的新月抱日图案，很可能脱胎于上述拜火教语境下的中亚传统丧葬习俗。首先，墓主在葬礼中所戴象征拜火教信仰的额饰，常出现于中亚图像艺术中，由神祇佩戴并参与亡灵升天的过程，因此这些额饰可能具有拜火教超度灵魂的含义；其次，在仪式结束后额饰与墓主进入墓室，继续保护墓主使之灵魂去往天界并领受上天光明[20]；最后，其对中亚丧葬文化的借鉴还体现在与日月组合的其他图案上，如九龙山M33额饰上的一组飞鸟就可能源于袄教艺术“吉祥鸟”的形象，颈部常系有绶带，通常与头光、火焰等伴出，有吉祥和好运的象征[21]，它与日月图案组合的形式是中亚拜火教艺术常见的母题，而史道德墓所出额饰上的叶脉卷草纹也可与撒马尔罕纳骨瓮上簇衬新月的四叶花卉植物纹饰相类比。

结合前文所述，我们可进行如下推论：金属下颌托葬俗从中亚、新疆传至中原内地应存在两种模式，其一为由中亚经草原地带至平城的间接传播的模式，即先由中亚地区向西伯利亚地区播迁，后经蒙古进入中原内地长城沿线，最后到达平城，再传播至中原内地各个区域；其二则为中亚向中原内地的直接传播的模式，该路径可能与中亚粟特裔族群的东渐路线有关[22]。前者由于拿来主义意味更浓，所以不免导致与中亚本土之间差异明显，后者使用人群仍为中亚族群，因而更具原貌。

三、中亚、新疆以及固原三地所见金属下颌托特殊性葬俗的动因分析

通过前文所述，中亚、新疆以及固原三地所见金属下颌托葬俗都不约而同地使用了下颌托组合覆面的特殊性葬俗，这些葬俗或包含着中亚旧俗，或具有一定的信仰意涵，分析其形成的动因主要包含两个层面。

首先，不管是中亚、新疆还是固原，三地所发现葬俗传统均与汉地有异。如马王堆M1墓主面部也罩有织锦与素绢，最外层可能原覆有面巾，但是下颌部位却不见任何丝织品，因而墓主尸体虽保存完整，但舌头却因尸僵被挤压出口腔[23]。武威磨咀子汉墓同样墓主只见覆面，不见下颌有被固定的情形[24]。汉地口含一类的葬俗更是要求上下牙床分离，下颌更不可能做到紧闭的状态，只有西方惯以唇盖封口并垫高死者头部以保持下颌紧闭。应该说，使用下颌托随葬在西方由来已久，早在公元前1200～前800年的阿提卡（Attica）与雅典（Athens）就发现有金质下颌托，与唇盖并存，并持续保留至前4世纪，在公元前2世纪前后继续向中亚地区传播，阿富汗黄金之丘即为一例，该墓地的金质下颌托以及众多发现都佐证了古希腊罗马对大夏的文化移植。而使用黄金面具下葬的习俗在西方也有悠久的传统，如古代埃及、迈锡尼、科索沃、色雷斯、乌尔、沙特阿拉伯东北部地区等，从公元前3千纪直至公元前1千纪后半段一直流行有该种葬俗，其通常用细线通过面具四角的圆孔固定在死者头部，并约在公元前后也进入了中亚地区，从而出现了下颌托与覆面组合的葬俗类型，新疆地区更是利用当地既有的丝织品随葬传统，进一步将其异化，产生了使用金属覆面与丝织品下颌托组合下葬的新方式[25]。总之，使用下颌托随葬具有一定的主观性，其传统并非始自汉地，而在西亚及地中海地区，虽然使用金属下颌托随葬的年代更早，但是金属下颌托组合覆面的葬俗却仅集中于中亚及新疆地区，似乎也意味着中亚地区应是此类组合型葬俗的来源地。

其次，中亚地区出现金属下颌托组合覆面葬俗也具有一定的地域逻辑。众所周知，中亚地区一直是连接东西方的桥梁，也是文化交流的使者。在外部环境的长期冲击下，使得中亚更易于接受不同民族的丧葬文化并加以改造、融合。而根据固原入华粟特裔墓葬所戴额饰来看，这种被粟特裔族群所改造的葬俗，在既有的额带上先"添加"了产自波斯王冠的日月冠图案，其次根据本地区的信仰习惯，在丧葬意涵的表达上又"置换"了原有的表达，成为专门表现神祇或丧葬仪式"天国"的象征意象。

同理，固原地区下颌托葬俗出现的原因也包含了两个层面。从客观因素看，寓居固原的粟特人从北魏中期至隋唐时期延绵不绝，他们借军功入宦，空前团结。同时，管

理马政与毗邻六胡州等便利条件则使得他们极大地保留了“本土特色”，这是唐代其他区域所不具备的[26]。从主观因素看，固原地区隋唐时期入华粟特人墓葬在丧葬文化上的自我选择同样不容忽视，粟特人将自身的信仰文化融入源自中亚草原地带的丧葬习俗中去，更在进入汉地后与汉族埋葬方式相折中，包含了深厚的民族情感与记忆。例如，史道德墓将原穿孔佩戴于胸前的金币死后口含下葬，既反映了中亚的葬俗特点，也有汉化的特点[27]。恰如荣新江先生所言，固原粟特人虽然较早地接受了汉族的土葬方式，但其汉化速率却不如凉州、长安、洛阳的粟特人，因此其墓葬中必然有着浓厚的中亚文化色彩[28]。

正是出于以上所述主、客观因素的影响，才使得中亚、新疆及固原的金属下颌托葬俗呈现出相似且特殊的丧葬表达。在笔者看来，客观性条件因为“显而易见”所以被较多提及，但中亚内迁民族的属性则往往变成“隐性因素”并被视而不见。

四、结　　论

本文重新考察了新疆、中亚及中原内地所见金属下颌托葬俗的葬俗内容，注意到了中亚、新疆及固原地区的联系。中亚地区金属下颌托组合覆面葬俗产生较早，约在两汉之际传播至新疆地区，并与新疆本地丧葬传统产生交流。中原内地金属下颌托葬俗的流变则主要受使用人群的影响，如北魏至隋唐时期金属下颌托主要由贵族使用，并在中唐后有平民化的趋势。而固原地区出土的金属下颌托由于受墓主粟特裔身份的影响，因此更多地表现出拜火教信仰的特色，同时粟特人对金属下颌托葬俗的改造也说明了此种葬俗流传的复杂程度。

事实上，古代文化交流的具体情形可能远比我们想得要复杂得多，这就要求我们对既有考古发现做全面关照，就下颌托研究而言，针对下颌托的材质差异、与其他伴出物的组合关系，甚至是不同墓葬的出土情境等，都需要就具体情况做出具体分析，而不能简单地将其归作一类，忽视出土原境以及与其他伴出物之间的关联，窥豹一斑拈出讨论。概言之，某些古代随葬物品的使用功能与意涵不存在绝对的一成不变，在某种葬俗的实际流传过程中很可能受使用人群的影响而存在一定的异化与嫁接。

附记：本文撰写过程中得到姚崇新先生诸多指教，受益良多，谨致谢忱！

注　　释

［1］下颌托一词，最早由周大成先生提出，详见周大成. 我国古代的“下颌托”——介绍一种防止死后下颌骨脱落的特殊装置［J］. 口腔学纵横，1986（2）：39.

［2］相关统计见：

a. 霍巍，庞政. 试论中国境内出土的下颌托［J］. 考古学报，2020（2）：141-160.

b. 李飞. 颜面——贵州出土的黄金覆面与下颌托（上）［J］. 当代贵州，2018（37）：80.

c. 李飞. 颜面——贵州出土的黄金覆面与下颌托（下）［J］. 当代贵州，2018（41）：80.

固原九龙山M28曾发现有一件下颌托残件，为学界所忽视。另据霍巍提示，香港梦蝶轩展出的金银器中，也有一组嵌套使用的器物，包括了额带、项圈、指环与下颌托，与固原地区所见金属下颌托有相似之处，详参：

d. 霍巍，霍川. 青藏高原发现的古代黄金面具及其文化意义［J］. 敦煌学辑刊，2019（3）：148-149.

因此截至2020年，金属下颌托的相关发现共计59例，当然也不应排除还存在因本文统计遗漏或散见于个人收藏的金属下颌托，为了方便讨论金属下颌托的来源、形制变化与丧葬意涵，本文并不涉及出土信息不明或是宋元及以后墓葬出土的装饰化明显、结构简单的下颌托，特此说明。

［3］ 冯恩学. 下颌托——一个被忽视的祆教文化遗物［J］. 考古，2011（2）：62-67.

［4］ a. 吴小平. 论我国境内出土的下颌托［J］. 考古，2013（8）：97-103.

相似观点还见：b. 付承章. 中国古代北方民族下颌托问题初探［J］. 赤峰学院学报，2014（7）：9-13.

［5］ a. 王维坤，赵今. 再论我国境内出土下颌托的性质及其来源——兼与冯恩学、吴小平二位先生商榷［C］. 两个世界的徘徊——中古时期丧葬观念风俗与礼仪制度学术研讨会论文集. 北京：科学出版社，2016：3-36.

b. 宋馨. 中国境内金属下颌托的源流与演变——兼谈下颌托与流寓中国粟特人的关系［C］. 粟特人在中国：考古发现与出土文献的新印证（下册）. 北京：科学出版社，2016：510-519.

［6］ 陈婧修. 固原九龙山M33出土下颌托研究［C］. 西域文史（第十三辑）. 北京：科学出版社，2018：145-158.

［7］ 大谷育慧. 北魏・北朝並行期の遺跡より出土した金属製頭部結束具と頸部飾：ユーラシア東部草原地帯での広がりに着目して［J］. 金沢大学考古学纪要，2019（40）：123-140.

［8］ 同［5］b：508-509.

［9］ 新疆博物馆文物队. 且末县扎滚鲁克五座墓葬发掘报告［J］. 新疆文物，1998（3）：5-8.

［10］ 新疆博物馆，巴州文管所，且末县文管所. 新疆且末扎滚鲁克一号墓地［J］. 新疆文物，1998（4）：14.

［11］ 和田山普拉M1根据出土器物可推测年代约在公元前1世纪至公元1世纪之间，相当于中原地区西汉晚期至东汉早期，详参：

a. 新疆维吾尔自治区博物馆暨新疆文物考古研究所. 中国新疆山普拉——古代于阗文明的揭示与研究［M］. 乌鲁木齐：新疆人民出版社，2001：43.

民丰尼雅遗址如95MNIM3、M4、M8出土双条固定下颌的绢带，其下限可能至公元3世纪，参：

b. 新疆文物考古研究所. 新疆民丰县尼雅遗址95MNI1号墓地M8发掘简报［J］. 文物，2000

（1）：40.

［12］ 新疆文物考古研究所. 95年民丰尼雅一号墓地船棺发掘简报［J］. 新疆文物，1998（2）：25.

［13］ 新疆文物考古研究所. 新疆尉犁县营盘墓地M15发掘简报［J］. 文物，1999（1）：4-15.

［14］ 参看：

a. 山西大学历史文化学院，山西省考古所，大同博物馆. 大同南郊北魏墓群［M］. 北京：科学出版社，2006：230.

b. 同a：298.

c. 宁夏文物考古研究所. 固原九龙山汉唐墓葬［M］. 北京：文物出版社，2012：129.

d. 负安志. 陕西长安南里王村与咸阳飞机场出土大量隋唐珍贵文物［J］. 考古与文物，1993（6）：50.

e. 罗丰. 固原南郊隋唐墓地［M］. 北京：文物出版社，1996：91.

f. 宁夏固原博物馆. 固原文物精品图集（下册）［M］. 银川：宁夏人民出版社，2013：20.

g. 西安文物管理局. 西安唐金乡县主墓清理简报［J］. 文物，1997（1）：14，图34.

h. 西安市文物保护考古研究院. 唐李倕墓发掘简报［J］. 考古与文物，2015（6）：10，图29-7.

i. 广州市文物管理委员会. 广州皇帝岗唐木椁墓清理简报［J］. 考古，1958（12）：66，图1.

j. 山西省考古所. 我国历代古墓出土下颌托登记表［M］. 大同南郊北魏墓群［M］. 北京：科学出版社，2006：492-495.

［15］ 参看中国人民大学历史学院考古文博系. 锡林郭勒伊和淖尔文物保护管理站、正镶白旗文物管理所. 内蒙古正镶白旗伊和淖尔M1发掘简报［J］. 文物，2017（1）：22-23.

［16］ 同［14］c：128.

［17］ 据笔者观察，固原所见覆面额饰均呈弧形结构，其长度未必能如北魏平城时期典型下颌托的头箍一样绕颅骨一周，原因是覆面与下颌托的组合并非固定下颌。

［18］ ［法］葛乐耐（Frantz Grenet）著，毛铭译. 驶向撒马尔罕的金色旅程［M］. 桂林：漓江出版社，2016：165.

［19］ ［俄］马尔夏克（Boris Marshak）著，毛铭译. 突厥人、粟特人与娜娜女神［M］. 桂林：漓江出版社，2016：138-142.

［20］ 类似情况可参看罗丰，荣新江. 北周西国胡人翟曹明墓志及墓葬遗物［M］. 粟特人在中国：考古发现与出土文献的新印证（上册）. 北京：科学出版社，2016：269.

［21］ 姜伯勤. 中国祆教艺术史研究［M］. 北京：生活·读书·新知三联书店，2004：48.

［22］ 青海都兰热水墓地曾出土有一批黄金面具及金质下颌托，即提供了这样的证据，详参［2］d.

［23］ 湖南省博物馆，中国科学院考古研究所. 马王堆一号汉墓［M］. 北京：文物出版社，1973：28.

［24］ 甘肃省博物馆. 武威磨咀子三座汉墓发掘简报［J］. 文物，1972（12）：11-12.

［25］ a. 同［5］b.

b. 仝涛，李林辉. 欧亚视野内的喜马拉雅黄金面具［J］. 考古与文物，2015（2）：96.

［26］ a. 李锦绣. 史诃耽与隋末唐初政治——固原出土史诃耽墓志研究之一［C］. 丝绸之路上的考古、宗教与历史. 北京：文物出版社，2011：49-60.

b. 李锦绣. 史诃耽与唐初马政——固原出土史诃耽墓志研究之二［C］. 欧亚学刊（第10辑）. 北京：中华书局，2012：261-276.

［27］ a. 林英. 九姓胡与中原地区出土的仿制拜占庭金币［C］. 欧亚学刊（第4辑）. 北京：中华书局，2004：119-129.

b. 姚崇新. 北朝晚期至隋入华粟特人葬俗再考察——以新发现的入华粟特人墓葬为中心［C］. 粟特人在中国：考古发现与出土文献的新印证（下册）. 北京：科学出版社，2016：603.

［28］ 荣新江. 中古中国与外来文明（修订本）［M］. 北京：生活 · 读书 · 新知三联书店，2014：403.

A Re-examination of the Metal Chin-Straps Burial Custom along the Silk Road

MA Wei

This article re-examines the metal chin-straps burial customs of tombs along the Silk Road, and noticed the differences between such funeral customs in the process of circulation. Regardless of diachronicity or synchronicity, it were significantly different from the shape of the metal chin-straps in most areas of Mainland China, instead, it were closer to the funeral form in Guyuan. The metal chin-straps combined with coverings excavated in Central Asia, Xinjiang and Guyuan, sometimes the special crowns were also been found. Therefore, it is not appropriate to investigate the use of the metal chin-straps. Then, after analysison the relationship between the metal chin-straps burial customs of tombs in Guyuan during Sui and Tang Dynasty with Central Asia and Xinjiang, and its source is likely to be in Central Asia. Finally, it was also believed that the burial customs of the metal chin-straps and masks in Central Asia and Xinjiang were the product after undergoing the process of alienation and grafting, and which were inherited and transformed by Sogdians to give meaning to the faith. Thus it could be seen that the content and meaning of the metal chin-strips burial customs are not static, and it is necessary to analyze the different situations. It is wrong to ignore the origin and its relationship with other companions, and draw a conclusion simply.

十六国早期拓跋部与慕容部联姻考*

——从内蒙古达茂旗出土金步摇冠饰谈起

吴松岩[1]　赵　菲[2]

（1. 内蒙古大学历史与旅游文化学院，呼和浩特，010070；2. 内蒙古自治区长城保护工作中心，呼和浩特，010010）

1981年10月，在内蒙古达茂旗西河子公社前河大队（今西河乡前河村），发现5件金饰品，其中4件为金步摇冠饰，原简报分别称为“马头鹿角饰”“牛头鹿角饰”。

“马头鹿角饰”2件，形制几乎完全相同。基座为马头形，马头上分出呈鹿角形的枝杈，每根枝杈梢头卷成小环，环上悬一片金叶。马头和鹿角形枝杈上镶嵌珠饰。长16.2厘米，分别重68克、70克（图一，1）。

“牛头鹿角饰”2件，形制几乎完全相同。基座为牛头形，两牛角中间有一鹿角形枝杈，每根枝杈梢头卷成小环，环上悬一片金叶。牛头上镶嵌珠饰。长17.5厘米，分别重89克、92克（图一，2）。

原简报认为，这4件饰品与《魏书·序纪》中记载拓跋鲜卑南迁时所遇“其形似马，其声类牛”的神兽相似，推测是鲜卑族的遗物。同时，与辽西地区慕容鲜卑遗存类似，认为是文献中记载的慕容鲜卑喜爱的步摇冠饰。最后认定这几件金饰品的年代大体为北朝，更有可能是北魏六镇起义时，鲜卑贵族仓皇出逃下埋藏的遗物[1]。

拓跋与慕容均为鲜卑，但两个部落的起源、发展及习俗都有较大差异。原简报对遗物属性的判断有些模糊，这就造成后来的研究者对其产生歧义。例如，有的学者认为这是北魏时期拓跋鲜卑的遗物[2]，有的则认为这是北魏时期慕容鲜卑的遗物[3]。

以步摇为题的研究成果也会提及达茂旗出土的这4件步摇冠饰，但其重点一般是步摇的起源与传播以及辽西地区的步摇饰[4]。对这4件步摇冠饰的属性和年代也未做深入探讨，一般沿用原简报的结论。

事实上，宿白先生早就指出达茂旗发现的步摇冠饰“和北票房身村慕容氏墓葬所出步摇冠饰相似，估计这批金饰件的年代，相当于3～4世纪的西晋晚期。”[5]也许是

---

* 基金项目：国家社会科学基金一般项目“北魏北疆地区社会变迁的考古学研究”（项目编号18BKG021）阶段性成果。

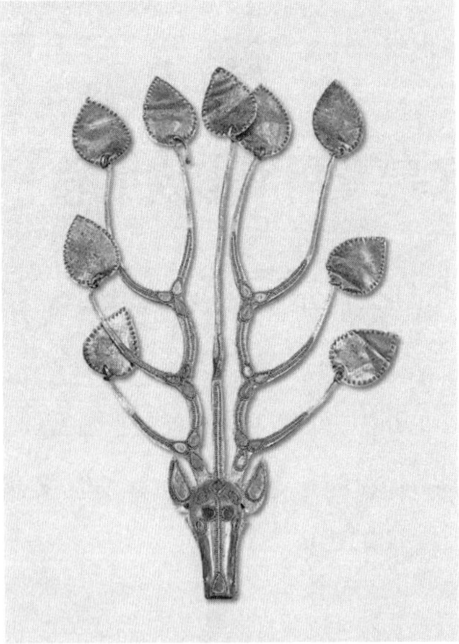

1

2

图一　达茂旗出土金冠饰

1. 马头金冠饰　2. 牛头金冠饰

（选自张景明：《中国北方草原古代金银器》，文物出版社，2005年，图版六五、图版六六）

仅在《大百科全书·考古学》一语带过，并未引起学者们的注意。近年，对达茂旗步摇冠饰年代提出异议的是徐秉坤先生，他认为或也和慕容的步摇文化有关，而从形制观察，其基座为牛、马头形象，又显示着一些游牧文化特点，具有一定的特殊性和原始性，可能早到魏或更早[6]。

笔者认为达茂旗发现的金步摇冠饰，可能与十六国早期[7]拓跋部与慕容部的频繁交往尤其是联姻有关。

一、步摇与慕容鲜卑

"步摇"之名虽然早在战国时期就见于记载[8]，但在中国北方地区发现的缀以金属的步摇饰品，与其分属不同系统，一般认为是受到中亚地区大月氏的影响。至公元3世纪初至5世纪中叶，缀以金属的步摇饰品在辽西地区广泛流行，这和生活在该地区的慕容鲜卑息息相关[9]。

《晋书·慕容廆载记》云，"莫护跋魏初率其诸部入居辽西，从宣帝伐公孙氏有功，拜率义王，始建国于棘城之北。时燕代多冠步摇冠，莫护跋见而好之，乃敛发袭冠，诸部因呼之为步摇，其后音讹，遂为慕容焉。"[10]慕容音讹之说虽不足信，但慕容鲜卑喜爱步摇饰却得到了考古发现的有力证实。目前见诸报道的辽西地区出土的金步摇冠饰共16件，除此之外还发现了大量带具、耳坠、马具上的步摇饰，步摇饰品成为十六国时期慕容鲜卑最显著的文化特征之一，被认为是一种“以金步摇饰为主要内涵的特殊的文化现象——慕容氏摇叶文化”[11]，并且对东北亚地区影响深远。

目前已经刊布的16件金步摇冠饰，其中14件形制基本相同，由博山形基座、枝干、摇叶三部分组成，仅在枝干的表现手法，树枝、基座的繁简程度上略有不同[12]（图二）。这类步摇冠饰时代最早在3世纪中叶，多数属于3世纪末至4世纪中叶[13]。如果将公元337年慕容皝称燕王视为慕容鲜卑建立政权之始，那么辽西地区发现的金步摇冠饰应该属于前燕政权建立之前及之初。有的学者甚至认为这种金饰皆见于前燕以前的鲜卑墓葬中，几乎可以作为判定慕容鲜卑建国以前早期墓葬的标志性器物[14]。由此可见，此类形制的金步摇冠饰具有十分鲜明的时代特征。

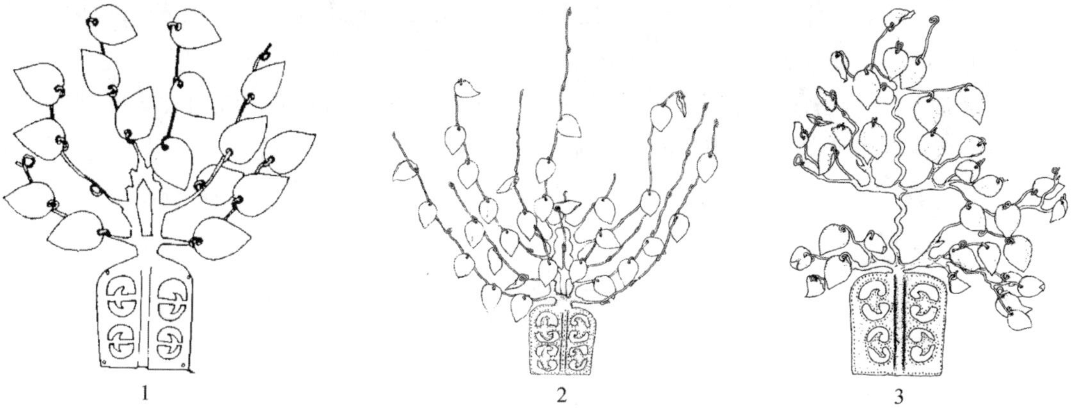

图二　辽西地区出土金步摇冠饰

1. 朝阳王子坟山M8713：1[15]　2. 田草沟M1：05[16]　3. 田草沟M2：22[17]

（线图均采自原发掘简报，出处见注释）

达茂旗出土的步摇冠饰与辽西地区相比，整体风格极为相似，均在基座之上伸出枝杈，上缀摇叶。不同之处主要表现在基座部分，达茂旗所见为草原色彩浓郁的牛头、马头，辽西地区的可能是受中原冠饰金珰的影响呈博山形[18]。从整体形制观察，达茂旗出土的金步摇冠饰应该属于慕容鲜卑步摇冠饰系统，其年代也应与辽西地区的同类步摇冠饰大体相近，即3世纪末至4世纪中期，不会晚至北魏。

二、拓跋部与慕容部的联姻

据文献记载慕容鲜卑于曹魏初年在首领莫护跋带领下入居辽西，即今辽宁省大小凌河流域，之后逐渐以龙城（今辽宁省朝阳市）为政治中心，建立前燕。未入辽西之前，其活动区域应在檀石槐鲜卑大联盟的中部。东汉晚期鲜卑在檀石槐的领导下，建立过“南抄缘边，北拒丁零，东却扶余，西击乌孙”地域广阔的联盟，檀石槐将联盟划分为东、中、西三部，每部各有大人数名，其中“从右北平以西至上谷为中部，十余邑，其大人曰柯最、阙居、慕容等”[19]。一般认为中部大人慕容即慕容部之始[20]，那么慕容部在未居辽西之前最西可能到达的区域应该在上谷郡附近，上谷郡西线在今河北省蔚县至张北一线[21]。

但达茂旗地处内蒙古中西部，与慕容鲜卑的主要活动区域并无交集。这里是魏晋时期拓跋鲜卑活动的主要区域。20世纪30年代曾经在达茂旗白灵庙砂凹地发现过一处鲜卑墓群[22]，被认为是拓跋鲜卑迁徙至内蒙古草原初期的遗迹[23]。拓跋鲜卑在内蒙古中西部地区经过力微、禄官、猗卢等几代首领百余年的发展，至公元338年拓跋什翼犍即位，改元建国、置百官，初具国家雏形，史称代国。什翼犍即位初期，其控制的地域大致为“东接濊貊，西及破落那，南距阴山，北尽沙漠”[24]，政治中心应在阴山以北一带。公元340年，什翼犍移都于云中之盛乐宫；第二年筑盛乐城（今呼和浩特市和林格尔县）[25]。即使移都盛乐[26]，阴山以北依然是其重要活动区域。

那么属于慕容鲜卑系统的步摇冠饰怎么会出现在拓跋鲜卑控制的中心地带呢？这可能与十六国早期两部鲜卑频繁的交往尤其是联姻有关。根据《魏书·序纪》和《资治通鉴》的记载，在公元339年至362年间，拓跋部建立的代国与慕容部所建前燕有频繁的交往以及数次联姻（详见表一）。

表一　十六国早期拓跋部与慕容部联姻、交往文献对照表

序号	东晋年号 公元纪年	《魏书·序纪》	《资治通鉴》
1	咸康五年 公元339年	（建国二年）娉慕容元真妹为皇后。	什翼犍求昏于燕，燕王皝以其妹妻之。（卷九十六）
2	咸康七年 公元341年	（建国四年）皇后慕容氏崩……十二月，慕容元真遣使朝贡，并荐其宗女。	代王妃慕容氏卒。（卷九十六）
3	建元元年 公元343年	六年秋八月，慕容元真遣使请荐女。	代王什翼犍复求婚于燕，燕王皝使纳马千匹为礼；什翼犍不与，又倨慢无子婿礼。（卷九十七）
4	建元二年 公元344年	七年春二月，遣大人长孙秩迎后慕容氏元真之女于境。夏六月，皇后至自和龙。秋七月，慕容元真遣使奉聘，求交婚，帝许之，九月，以烈帝女妻之。	代王什翼犍遣其大人长孙秩迎妇于燕。（卷九十七）
5	永和元年 公元345年	八年，慕容元真遣使朝贡。	燕王皝以为古者诸侯即位，各称元年，于是始不用晋年号，自称十二年。（卷九十七）
6	永和九年 公元353年	十六年慕容儁遣使朝贡。	
7	永和十年 公元354年	十七年遣使于慕容儁。	
8	永和十二年 公元356年	（建国十九年）冬，慕容儁来请婚，许之。	

续表

序号	东晋年号 公元纪年	《魏书·序纪》	《资治通鉴》
9	升平元年 公元357年	二十年夏五月，慕容儁奉纳礼币。	
10	升平三年 公元359年	（建国二十二年）三月，慕容儁遣使朝贡。	
11	升平四年 公元360年	二十三年夏六月，皇后慕容氏崩……是岁，慕容儁死，子暐立，遣使致赙。	夏，六月，代王什翼犍妃慕容氏卒。（卷一百一）
12	隆和元年 公元362年	（建国二十五年）十一月，慕容暐荐女备后宫。	冬，十一月，代王什翼犍纳女于燕，燕人亦以女妻之。（卷一百一）

两部史书所载内容大体相同，只在遣词造句等方面略有差异，主要是由于《魏书》存在夸大或粉饰历史的情况，例如常使用“遣使朝贡”“奉纳礼币”等词句。

拓跋部其实很早就开始与东部鲜卑建立联系。在与慕容部联姻之前，拓跋绰、拓跋禄官在位期间都曾经与宇文部联姻，“（拓跋绰）七年（公元293年），匈奴宇文部大人莫槐为其下所杀，更立莫槐弟普拔为大人。帝以女妻拔子丘不勤”；“（禄官）五年（公元299年），宇文莫廆之子逊昵延朝贡。帝嘉其诚款，以长女妻焉”[27]。在檀石槐大联盟瓦解后，分布在辽西、辽东一带的主要是慕容、段氏及宇文三部，三部常发生争夺战争。初期，三部中的段部与宇文部的势力较为强劲，当时的慕容部只能“卑辞厚币事之”[28]，因此拓跋部选择了与其东境相邻，势力强大的宇文部联姻，宇文部对其政局也产生了一定的影响。

十六国时期局势瞬息万变，至什翼犍即位时，慕容、段氏及宇文三部鲜卑的力量对比发生了极大的变化。慕容部在慕容廆领导下，积极整顿内政、网罗人才，公元319年，攻破了段部、宇文部和高句丽的联合进攻，尽得辽东之地；公元325年，又攻破宇文部的反攻，徙其民数万户以归。此后，宇文部一蹶不振。

至公元4世纪中期，慕容部东破高句丽、西平段部，成为东北地区最强大的部族[29]。与拓跋部东境相邻的不再是宇文部而是慕容部。拓跋部转而与慕容部以联姻的方式建立联系。

公元339～362年，正是慕容部所建前燕开疆辟土的全盛时期，如表一序号5一栏，东晋永和元年（公元345年），“燕王皝以为古者诸侯即位，各称元年，于是始不用晋年号，自称十二年”，前燕已有与东晋王朝分庭抗礼之势；而同年《魏书·序纪》则记载“慕容元真遣使朝贡”，显然是自诩之词，不符史实。相较而言《资治通鉴》的记载更具客观性。

综合两部史书，拓跋部与慕容部共发生了三次联姻（表一序号1、4、12栏）。什翼犍即位后，公元339年迎娶了慕容皝的妹妹为妻，但公元341年慕容氏去世；不久拓跋部又主动要求与慕容部联姻，但是由于什翼犍不能接受慕容部“马千匹”的要求而作罢，但是第二年两部又达成共识，什翼犍迎娶了慕容皝的女儿为妻，这位慕容家的女儿在拓跋部生活了17年直至去世，在拓跋部有相当的影响力，《魏书·皇后列传》载，“后至，有宠，生献明帝及秦明王。后性聪敏多知，沉厚善决断，专理内事，每事多从。……太祖即位，配享太庙。”[30]在这17年间两部之间也未发生冲突，并有较频繁的往来。最后一次联姻发生在慕容皇后去世两年后，但是关于这位女性在史书中并无更多记载，可能与前秦崛起，前燕衰败并被攻灭（公元370年）有关，而且六年以后（公元376年）拓跋部也遭到前秦的攻破而离散。

达茂旗发现的金步摇冠饰，应该与两部鲜卑之间的联姻有密切的关系。根据辽西地区的考古发现可知，有少数墓葬出土大小两件步摇，应该是“一冠双饰”。随葬双步摇的墓葬与其他墓葬相比，在其他随葬品的数量上也有差异，应该有等级之别[31]。达茂旗所见金步摇冠饰均成对出现，也应为“一冠双饰”[32]，分属于两顶冠，能够佩戴这种金冠的人，必然有较高的身份和地位。

纵观慕容部与拓跋部的三次联姻，拓跋什翼犍前两次迎娶的分别是慕容皝的妹妹和女儿，尤其是《魏书·皇后列传》中记载的那位慕容皇后，拓跋部非常重视，当时还特别派遣大人长孙秩至两国边境迎接。这位慕容皇后不论是在慕容燕国还是拓跋代国都拥有较高的地位，有资格拥有如此高等级的双步摇金冠饰。

三、是谁制作——拓跋？慕容？

具有如此浓郁草原色彩的牛头、马头金步摇冠饰，很有可能是由拓跋部匠人借鉴了慕容部金步摇冠饰而特别制作的。与慕容部的金步摇冠饰相比，虽然整体风格极为相似，除去基座部分的不同之外，两者在制作工艺以及佩戴装饰方面也存在明显差异。

在制作工艺上，两者主体都采用了锤鍱技术，但在基座部分细部的装饰则显示出不同的制作工艺（图三）。马头、牛头金步摇冠饰，使用了掐丝、焊珠、镶嵌等不同的工艺技术，使饰品更加华丽繁复；慕容部所见步摇冠饰惯用镂孔技术。之所以有这些差异可能与两地工匠来源不同有关。在内蒙古中部地区发现过几批比较重要的金饰品，如和林格尔另皮窑墓[33]、讨和气墓[34]；凉城小坝子滩窖藏[35]，年代大约为东汉中晚期至魏晋时期[36]，这些金器具有较强的匈奴风格[37]。拓跋鲜卑南迁至“匈奴故地”后，加入了很多匈奴部落，在这些匈奴人中一定有熟练掌握金属铸造技术的匠人[38]。另一方面，慕容鲜卑所居的辽西地区，是魏晋时期汉族流亡的主要区域之一，这些人中应该也有金银器制作工匠。韦正先生曾对汉末曹魏两晋时期墓葬中出土的步摇构件做过统计和分析[39]，其中的桃形叶片、金饰片上的镂孔花纹等，与慕容鲜卑金步摇饰颇多

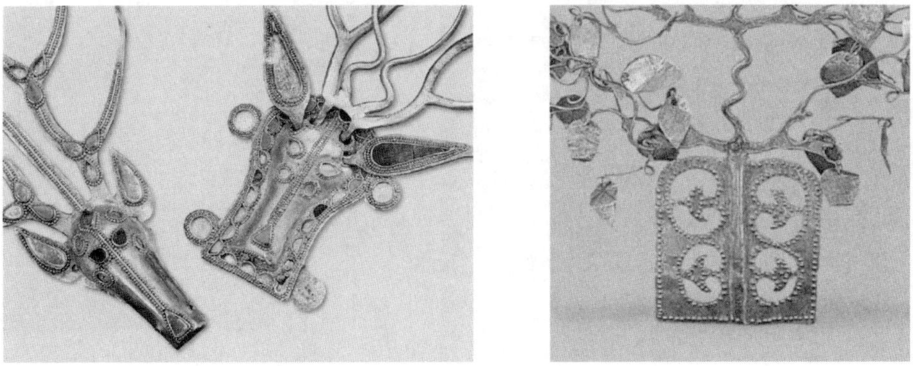

图三　金步摇冠饰基座细部比较图

（选自张景明：《中国北方草原古代金银器》，文物出版社，2005年，图版六七、图版六〇）

相似。因此魏晋十六国时期，内蒙古中部地区与辽西地区发现过题材相同的金牌饰，但是制作工艺却不尽相同，如双羊纹金饰牌（图四）、三鹿纹金饰牌（图五）。这种差异可能是由两地工匠来源不同、制作传统不同造成的。

四、结　论

综合上述分析，笔者认为达茂旗西河子窖藏所出金步摇冠饰，年代应在4世纪中期，推测它们是十六国早期拓跋部与慕容部联姻的物证，很可能是由拓跋部的匠人仿制慕容步摇冠饰制作而成。鉴于笔者学识尚浅，研究过程中一定有疏漏之处，敬请专家同行批评指正。

1　　2

图四　双羊纹金饰牌

1. 呼和浩特市添密梁墓葬出土（选自张景明：《中国北方草原古代金银器》，文物出版社，2005年，图版五〇）

2. 喇嘛洞ⅠM13出土（选自辽宁省文物考古研究所：《三燕文物精粹》，辽宁人民出版社，2002年，图版14）

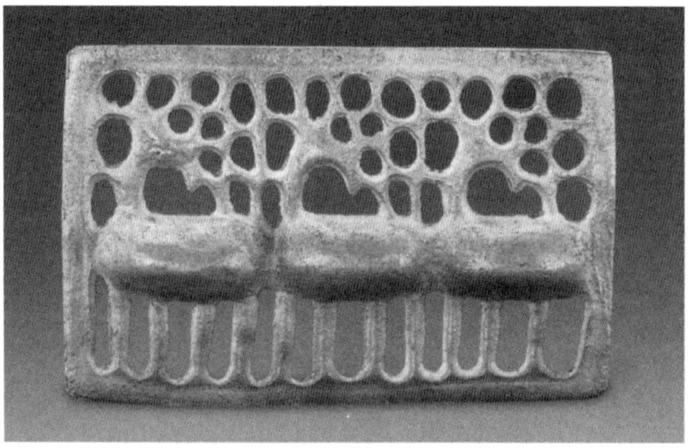

1

2

图五　三鹿纹金牌饰

1. 乌兰察布察右后旗井滩村出土（选自张景明：《中国北方草原古代金银器》，文物出版社，2005年，图版四七）
2. 义县保安寺出土（选自辽宁省文物考古研究所：《三燕文物精粹》，辽宁人民出版社，2002年，图版13）

致谢：本文是笔者2018年9月至2019年6月在北京大学考古文博学院做访问学者期间撰写，得到了访学导师韦正教授的指导和帮助。

注　释

［1］ a. 陆思贤，陈棠栋. 达茂旗出土的古代北方民族金饰件［J］. 文物，1984（1）.
b. 陆思贤，陈棠栋. 达茂旗出土古代北方民族金龙等贵重文物［J］. 内蒙古社会科学，1983（2）.

［2］〔日〕毛利光俊彦. 中国古代北方民族的冠［C］. 东北亚考古学论丛. 北京：科学出版社，2010：135-154.

［3］ a. 江楠. 中国东北地区金步摇饰品的发现与研究［D］. 吉林大学，2007：18.
b. 张景明. 中国北方草原古代金银器［M］. 北京：文物出版社，2005：93-94.
c. 张景明. 北方草原地区鲜卑金银器造型艺术研究［J］. 民族艺术，2008（1）.

［4］ a. 孙机. 步摇、步摇冠与摇叶饰片［J］. 文物，1991（11）.
b. 万欣. 鲜卑墓葬、三燕史迹与金步摇的发现与研究［C］. 辽宁考古文集. 沈阳：辽宁民族出版社，2003：268-281.
c. 田立坤. 步摇考［C］. 4～6世纪的北中国与欧亚大陆. 北京：科学出版社，2006：47-67.

［5］ 中国大百科全书总编辑委员会. 中国大百科全书·考古学［M］. 北京：中国大百科全书出版社，2004年：425.

［6］ 徐秉坤. 步摇与慕容鲜卑［C］. 文史（第4辑）. 北京：中华书局，2014：5-35.

［7］ 一般认为十六国时期始于公元304年匈奴刘渊建汉，下讫公元439年北魏太武帝灭北凉。其间前秦曾一度统一北方，但因淝水之战（公元383年）的失利，各民族政权纷纷复辟，北方再度陷入混战，本文以公元383年前秦政权瓦解作为十六国早期、晚期的分界。

［8］ 江楠. 金步摇饰品的发现与研究［J］. 草原文物，2012（2）.

［9］ 同［4］c.

［10］ 晋书·卷一〇八·慕容廆载记［M］. 北京：中华书局，1974：3803.

［11］ 辽宁省文物考古研究所. 三燕文物精粹［M］. 沈阳：辽宁人民出版社，2002：10.

［12］ 另外2件出土于冯素弗墓和王坟山一号墓，为双十字金条组成的冠帽型框架，其上有枝干、叶片，此类金步摇冠饰年代为北燕时期，属于十六国晚期。

［13］ 孙机. 步摇、步摇冠与摇叶饰片［J］. 文物，1991（11）.

［14］ 同［11］：6.

［15］ 辽宁省文物考古研究所，朝阳市博物馆. 阳十二台乡砖厂88M1发掘简报［J］. 文物，1997（11）.

［16］ 辽宁省文物考古研究所，朝阳市博物馆，朝阳县文物管理所. 辽宁朝阳田草沟晋墓［J］. 文物，1997（11）.

［17］ 同［16］.

［18］ 同［4］c：55.

［19］ 三国志·卷三十·乌丸鲜卑东夷传［M］. 北京：中华书局，1964：838.

［20］ 资治通鉴·卷八一·晋纪三［M］. 北京：中华书局，1976：2576.

［21］ 谭其骧主编. 中国历史地图集·东汉［M］. 北京：中国地图出版社，1996.

［22］ 〔日〕江上波夫. 内蒙古百灵庙凹地の古坟［M］. 转引自孙危. 鲜卑考古学文化研究［M］. 北京：科学出版社，2007：1.

［23］ 宿白. 东北、内蒙古地区的鲜卑遗迹——鲜卑遗迹辑录之一［J］. 文物，1977（5）.

［24］ 资治通鉴·卷九六·晋纪十八（什翼犍即位初期“东接濊貊，西及破落那，南距阴山，北尽沙漠”）［M］. 北京：中华书局，1974：3025.

［25］ 魏书·卷一·序纪［M］. 北京：中华书局，1974：12.

［26］ 虽然在拓跋力微时期《魏书·序纪》中即有“迁于定襄之盛乐”，但当时的拓跋鲜卑，很大程度上仍是游牧行国的状态。所谓“迁于定襄之盛乐”，应理解为驻牧于盛乐，而不是迁都于盛乐。猗卢时期曾以盛乐为北都，但猗卢死后，拓跋鲜卑内忧外患不断，政治中心发生多次波动。详见毋有江. 北魏政治地理研究［M］. 北京：科学出版社，2018：144-146.

［27］ 同［25］：5.

［28］ 资治通鉴·卷八二·晋纪四（“时鲜卑宇文氏、段氏方强，数侵掠廆。廆卑辞厚币以事之”）［M］. 北京：中华书局，1974：2593.

［29］ 马长寿. 乌桓与鲜卑［M］. 桂林：广西师范大学出版社，2006：198-199.

［30］ 魏书·卷一三·皇后列传［M］. 北京：中华书局，1974：323-324.

［31］ 万欣. 鲜卑墓葬、三燕史迹与金步摇的发现与研究［C］. 辽宁考古文集. 沈阳：辽宁民族出版社，2003：268-281.

［32］ 从金步摇冠饰的装饰佩戴的部位看，辽西地区的金步摇冠饰类似于“一冠双饰”一大一小，应该是一前一后缝缀于冠上，达茂旗所见金步摇冠饰大小相同应是左右对称钉缀于冠上。

［33］ 内蒙古自治区博物馆，和林格尔县文化馆. 和林格尔县另皮窑村北魏墓出土的金器［J］. 内蒙古文物考古，1984（总3）.

［34］ 伊克坚，陆思贤. 土默特左旗出土北魏时期文物［J］. 内蒙古文物考古，1984（总3）.

［35］ 张景明. 内蒙古凉城县小坝子滩金银器窖藏［J］. 文物，2002（8）.

［36］ 另皮窑、讨和气出土金饰品，发掘者认为年代为十六国晚期到北魏早期鲜卑族遗物，但已有多位学者就其年代及属性做出重新判定，本文采纳倪润安先生的观点，认为可能是东汉中晚期至魏晋时期南匈奴遗物。详见：倪润安. 光宅中原——拓跋至北魏的墓葬文化与社会演进［M］. 上海：上海古籍出版社，2017：127-129.

［37］ 宿白. 盛乐、平城一带的拓跋鲜卑——北魏遗迹［J］. 文物，1977（11）.

［38］ 林梅村先生认为起源于哈萨克斯坦南部草原的乌禅幕部落，西汉武帝时期东迁新疆天山地区并加入匈奴，西汉晚期东迁至蒙古高原。在东迁以前，乌禅幕与擅长金银器制作的中亚粟特人为邻，掌握了高超的金银器制作工艺，而中亚黄金制作工艺就是由乌禅幕传入匈奴统治下的天山地区和蒙古高原的。详见：

a. 林梅村. 乌禅幕东迁蒙古高原考——兼论匈奴文化对汉代艺术之影响［C］. 欧亚学刊（第3辑）. 北京：中华书局，2015：1-13.

b. 林梅村，李军. 乌禅幕东迁天山考——兼论公元前2～1世纪匈奴再西域的遗迹［J］. 西域研究，2012（4）.

［39］ 韦正. 金珰与步摇——汉晋命妇冠饰试探［J］. 文物，2013（5）.

Study of the Marriage between Tuoba and Murong in the Early Sixteen Kingdoms: Talking from the Golden Crown-shaking Decoration Unearthed in Damao Banner, Inner Mongolia

WU Song-yan   ZHAO Fei

Four golden crown-shaking decorations were unearthed in Damao Banner, Inner Mongolia, which was believed to be the relics of the Xianbei in the Northern Dynasty. By comparing with the same kind of artifacts and combining with the historical documents, this paper holds that the four golden crown-shaking decorations should be dated in the middle of the 4th century. It is speculated that they are the material evidence of the marriage between Tuoba and Murong in the early period of the Sixteen Kingdoms. They were probably made by the craftsmen of Tuoba who imitated Murong's crown-shaking decoration.

渤海釉陶建筑构件的几个问题*

李含笑

（北京大学考古文博学院，北京，100871）

渤海国是唐至五代初期以粟末靺鞨为主体而建立的一个地方民族政权，高王大祚荣于公元698年建立，公元926年契丹耶律阿保机率部东征将其灭亡，国祚二百二十九年。渤海国初建时称振国（震国）[1]，唐玄宗开元元年（公元713年），大祚荣接受唐朝册封，成为唐朝的藩属，改称渤海[2]。渤海国与中原唐王朝关系密切，政治制度上仿效唐朝实行五京制，“地有五京、十五府、六十二州”，发展盛期有“海东盛国”之称，统治疆域以中国东北的东部区域为主，包括朝鲜半岛东北部、俄罗斯滨海边疆区，东靠日本海，西至辽河中游，南达泥河（今朝鲜咸镜南道龙兴江），与新罗隔水相望，西北至嫩江和松花江交汇处，与室韦接壤。史料中关于渤海国手工业的记载很少，制陶手工业的记载更是缺失，所以对于渤海国陶瓷手工业的认识基本是通过考古研究不断得以深化的。近十年来，随着渤海上京城[3]、中京西古城[4]、东京八连城[5]、六顶山渤海墓地[6]等大型考古报告的刊布，出土渤海釉陶材料已经有了相当数量的积累，尤其是釉陶建筑构件方面，这些材料为研究渤海国手工业生产水平、建筑等级、都城营建、东北亚釉陶文化圈的生产技术交流与传播等问题提供了重要的实物资料。但目前关于渤海陶器、釉陶日用器的学术研究颇多，釉陶建筑构件只有零散的论述，且主要集中在产地讨论，其他方面的研究基本处于空白阶段。基于此，本文简单梳理了渤海釉陶建筑构件的发现情况，并对几个相关问题进行了探讨。

一、渤海釉陶建筑构件的发现情况

渤海的釉陶建筑构件主要出土于五京中的都城址，包括渤海上京城、中京西古城、东京八连城，主要宫殿址部分出土数量最多（表一）[7]。此外也见于一些中小型城址中，如州或县一级的和龙北大古城[8]、州一级的俄罗斯滨海边疆区克拉斯基诺城

---

* 本文得到北京大学大成国学基金资助（项目名称：唐代釉陶器的考古学研究，项目编号：DC202013）；本文系国家社科基金专项项目中期成果（17VGB013），汉唐至清朝吉林省“冰雪丝绸之路”历史遗迹调查研究子课题中期成果。

址（盐州城）[9]，县一级的朝鲜半岛北部的城岘里土城[10]、云头山城[11]等。除城址外，珲春六号洞遗址[12]、哈达渡口遗址[13]、图们市河北遗址[14]、汪清县幸福建筑址[15]等遗址也有釉陶建筑构件出土，但数量及种类远远不及都城。寺庙址中也有少量出土，见于上京城内及周边寺庙址[16]、珲春古城村2号寺庙址[17]、新生寺庙址[18]、汪清县新田寺庙址[19]以及朝鲜北部开心寺址[20]。墓葬中则十分少见，仅在宁安三陵屯一号墓[21]及敦化六顶山墓群址[22]中采集有少量鸱尾残件，可能用于墓上建筑（图一）。种类主要有筒瓦、瓦当、板瓦、兽头、套兽、鸱尾、柱围、方砖、“三叶形”建筑构件等。

筒瓦，出土数量最多，分为屋面筒瓦和檐头筒瓦两类。胎体厚重，夹砂红胎为主，少量白胎，红褐胎上多施白色化妆土。施绿釉，釉色深浅有多种表现，瓦舌多不施釉。屋面筒瓦瓦舌有曲节形和直节形两型，檐头筒瓦可见有平当面和斜当面两型。另外见有2件曲背筒瓦，瓦头部分残缺。大部分釉陶筒瓦尺寸较普通灰陶筒瓦大，宽度多大于20厘米，长度多在40厘米左右。目前所见渤海釉陶檐头筒瓦的瓦当部分均施“倒心形”花纹。

板瓦数量很少，分为屋面板瓦和檐头板瓦两类。普通板瓦一端多有指压纹。檐头板瓦可细分为平直瓦檐和斜面瓦檐两型。胎体厚重，多为红褐胎，少量白胎，施绿釉，釉色深浅有多种表现。瓦身多前窄后宽，宽度均大于20厘米，长度不等，多在35

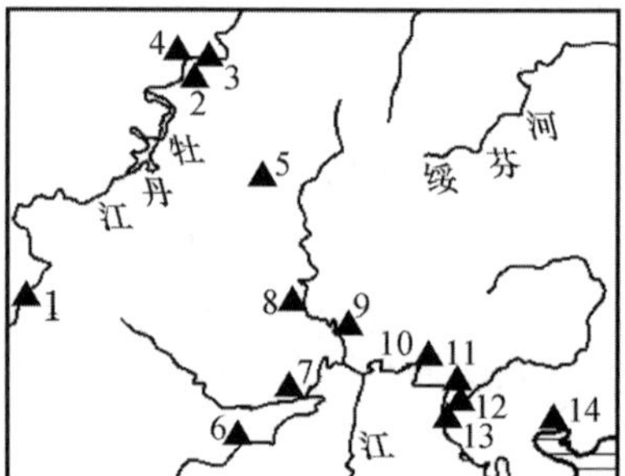

图一　出土渤海釉陶建筑构件分布图

1. 六顶山古墓群　2. 渤海上京城　3. 哈达渡口遗址　4. 三陵屯墓群　5. 幸福建筑址　6. 中京西古城　7. 北大古城　8. 新田寺庙址　9. 河北遗址　10. 东六洞二号遗址　11. 东京八连城　12. 新生寺庙址　13. 古城村2号寺庙址　14. 克拉斯基诺城址　15. 云头山城　16. 开心寺庙址　17. 城岘里土城　18. 土元里遗址

厘米左右。

兽头，实心，整体形象狰狞，两眼鼓出，鼻子突出，鼻孔置于两侧，双耳竖起，耳上有环鬣，张口，舌卷曲幅度不同。脑后有三根鬃毛，其下有圆饼装饰，圆饼两侧各置一泥丸。底座略上凹，形如板瓦。鼻后部与底座间有斜向贯通的孔，用于插入铁条固定兽头，与《营造法式》记载“凡兽头皆顺脊用铁钩一条，套兽上以钉安之”[23]一致。白胎居多，红胎少，器表施绿、黄或紫釉。高度不等，小者30厘米左右，大者可达50余厘米[24]。

套兽，内部中空，眼眶多平直，圆眼珠，眼皮弯曲，眉脊厚重，额头双角，两耳矗立。上唇上卷或上翘，也有一部分仅在唇部刻划棱线。额顶、下颌和颈部有卷曲的鬃毛。胎体呈灰白色或红褐色，多施三彩，少数两彩。尺寸数据不完善。

鸱尾[25]，多残块，仅三件可复原。器身内空，形如鱼尾，鳍部较宽，利用凸棱线表示鳍刺，鳍部内侧一排圆孔，插入连珠状装饰。系分片分段塑制，然后粘接成形。完整者长度可达90余厘米。

柱围，又称覆盆，多为残块。俯视图呈圆环形，弧壁。由若干块拼接而成，内面边缘可见拼接符号。红褐胎为主，少量白胎，表施白色化妆土，外壁施墨绿、浅绿釉，内壁不施釉。有素面和莲瓣纹两种。内径尺寸不等[26]，总体来看，八连城及上京城柱围内径较大，多在37厘米以上，西古城釉陶柱围内径多小于35厘米。

压当条，数量较多，多由筒瓦改制，仅在露明部分施釉，宽度多在10厘米左右。

当沟，共发现两件，形似伸出的舌头，红褐胎绿釉，其中一件宽17.5厘米。

方砖，仅有一残件见于宁安上官村哈达渡口遗址。泥质褐胎，一侧施绿釉并饰缠枝花纹。

“三叶形”建筑构件[27]，均残，板状，背面无釉，正面施釉，装饰有缠枝忍冬纹，外围圆弧，有边轮，部分残件中部有小孔，“一叶”直径15厘米左右。

表一 都城址中主要宫殿址出土釉陶建筑构件数量统计[28] （单位：件）

遗址	遗迹	普通筒瓦	檐头筒瓦	瓦当	普通板瓦	檐头板瓦	压当条	当沟	鸱尾	兽头	套兽	柱围	其他
上京城[29]	宫城西区“堆房”			3									
	2号宫殿	14		2		1	2	1	18	13	35	8	
	3、4号宫殿建筑群	4		3					1	2	1完	15	三叶瓦2
	5号宫殿	1残							6残	1残			
	50号宫殿	15	11	18	10	14	32	1	1	4	32	8	
	皇城南门								4残	1完			
	郭城南门			1					1残	8残			

续表

遗址	遗迹	普通筒瓦	檐头筒瓦	瓦当	普通板瓦	檐头板瓦	压当条	当沟	鸱尾	兽头	套兽	柱围	其他
上京城[29]	郭城北门								2残	1			
	1号佛寺	24							1	13			
	9号佛寺	70							2	8			
西古城	1号宫殿	1	1						1	5	≥4	5	4
	1号宫殿西廊庑									3	6		
	1号宫殿东廊庑		1							1		1	
	2号宫殿[30]												
	2号宫殿西配殿								1				
	2号宫殿东配殿	2							1				
	3号宫殿	1								1			
	4号宫殿	1							2	4		1	1
	5号宫殿	2							1	6			
八连城[31]	内城南门	43								共5			
	一号建筑	4							1		1完 17残	2	2
	一号建筑东西漫道、行廊	3								2		2	1
	一号建筑西廊庑	9								2			
	一号建筑东廊庑	7											
	二号建筑主殿	无数据								1			
	二号建筑北部建筑			1									
	二号建筑东朵殿、廊道	21								1		2	
	二号建筑西朵殿、廊道	8								5			
	一、二号建筑址间廊道									6		6	

二、对渤海兽头及“三叶形”建筑构件的新认识

兽头为安装在建筑垂脊或戗脊的脊端兽状瓦件，又可称为垂兽、戗兽。《营造法式》卷十三《瓦作制度·用兽头等》载：“殿阁垂脊兽，并以正脊层数为祖……堂屋等正脊兽，亦以正脊层数为祖。其垂脊兽降正脊一等用之……”，文中还按兽头高度值将其分为了七种规格[32]。可见，兽头在使用时根据建筑的规模及安装部位的不同具有使用等级的差异，而高值是确定规格的重要数据，对于判断兽头的使用等级、建筑的形制规模具有重要参考意义。正确测定兽头高值的前提需要明确其安装方式，从《渤海上京城》《西古城》《八连城》报告中兽头摆放方式、器物描述及公布的尺寸数据来看，文中应认为兽头底座与屋面平行或有小度数倾斜，即仰面朝天，拥有“朝天鼻”，因此高值为底座至最高点之间的部分，并据此测定了相关数据（图二，1、2）。但这种安装方式的解读存在一定角度错误，实际上底座应是垂直屋面与脊端相接，即立面朝前，从地面观者角度基本可见狰狞的兽面全貌。这种安装方式在北宋《瑞鹤图》（图三）、辽宁法库叶茂台辽墓中的棺床小帐（图四）中有直观体现，另外从五代后蜀孟知祥夫妇墓墓门、北宋《清明上河图》中的屋顶描绘细节以及朔县崇福寺弥勒殿等建筑也可见相同的兽头安装方式[33]。因此，兽头的高值应为下颌最低端至最高鬃毛之间的距离（图二，3），渤海遗迹中出土的较完整的兽头高值均需要重新测定，方可对兽头规格以及使用等级等问题进行分析。

“三叶形”建筑构件[34]均出土于渤海上京城。20世纪30年代发掘出土的两件[35]似可拼合，拼合后尺寸或可达30～40厘米，其中一件中部有小孔，各叶直径约四寸五分（约15厘米）（图五，3、4）。2000年左右出土的两件图案与形制均相同，可能原为同一件器物（图五，1、2），在报告中被归为用途不明器[36]。目前尚未见有相同形制的完整器出土，但从汉墓出土陶楼和画像石中的建筑图（图五，5、6）以及河北磁县南营村窑址采集品[37]中（图五，7）可见类似的瓦件用法。这几件资料与渤海上京城发现的三叶形瓦年代相隔较远，不能明确瓦件形制之间是否有演变关系，但可以提供使用形

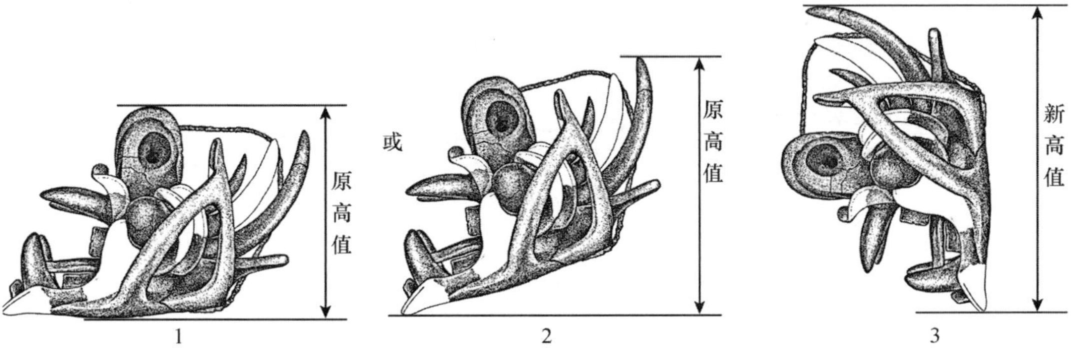

图二　兽头高值测定方式示意图

式参考。从这类建筑构件的尺寸及形制来看，我们推测其功能与列举的几件实物资料相同，可能是脊头瓦一类的脊端构件。瓦背因无须考虑美观因素，且要方便安装，所以无须施釉。中部的小孔应是与兽头及套兽上的孔作用相同，用于穿铁条将其固定于脊端。

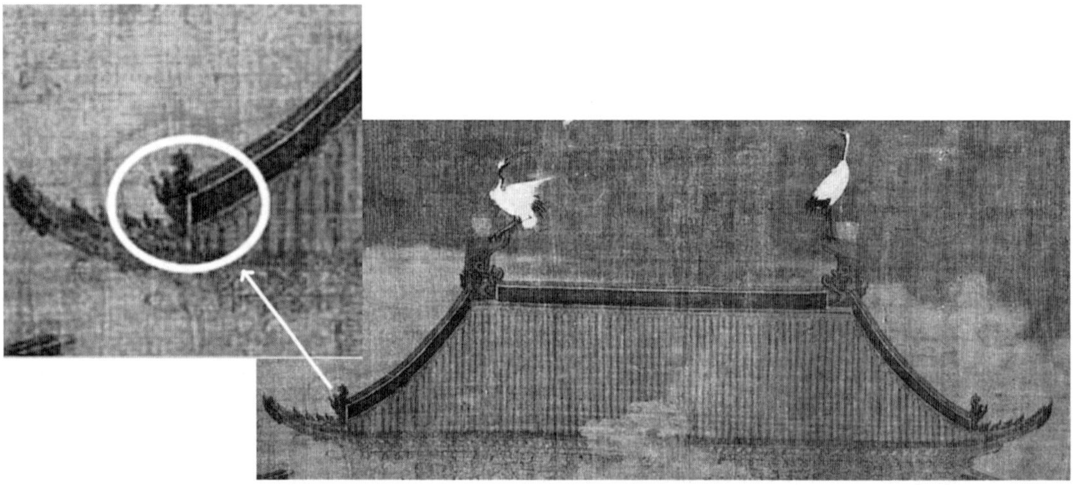

图三　北宋《瑞鹤图》局部图[38]

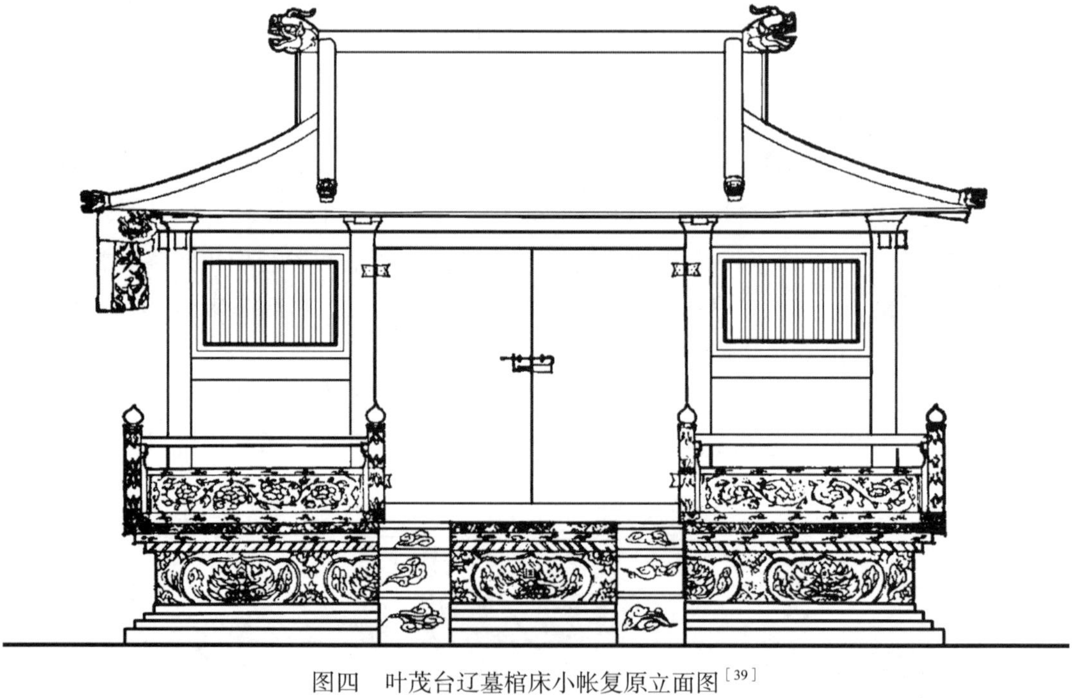

图四　叶茂台辽墓棺床小帐复原立面图[39]

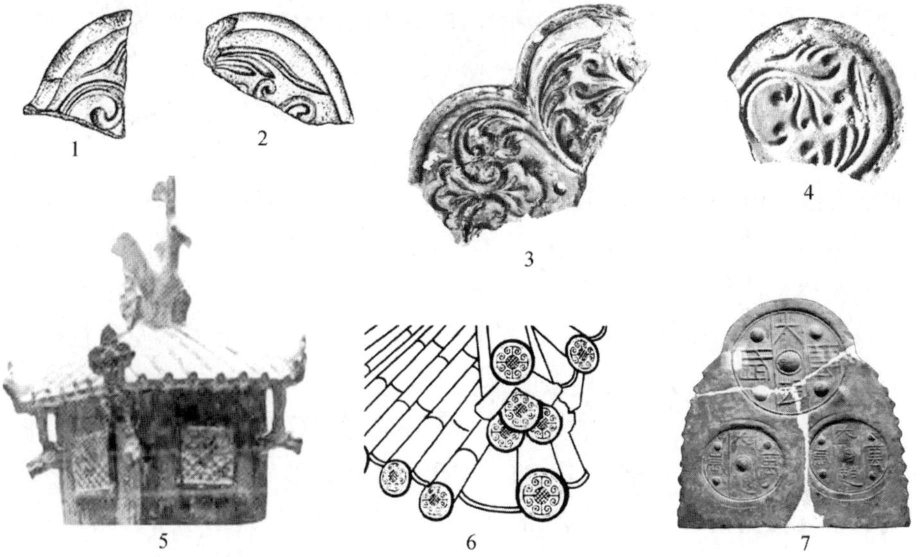

图五　釉陶“三叶形”建筑构件及相似的脊饰

1、2. 上京城第3、4号宫殿建筑群出土　3、4. 20世纪30年代日本人发掘“东京城”出土　5. 河南项城县老城邮电所出土陶楼[40]　6. 汉画像石中建筑岔脊装饰示意图[41]　7. 河北磁县南营村窑址采集“大赵万岁”（公元335～350年）瓦件

三、渤海釉陶建筑构件的产地问题

由于渤海国境内迄今尚未发现烧制釉陶的窑址，所以其产地问题一直是学界的讨论热点，由于渤海国与中原唐王朝的密切联系，研究者多将渤海国釉陶器与中原唐三彩进行对比，讨论其是本地生产，还是中原地区的传入品。我们通过综合分析认为釉陶建筑构件的地方特色显著，应系本地窑场烧制。

从器形对比来看，渤海兽头、套兽及“倒心形”莲纹瓦当表现出了鲜明的渤海文化特色，渤海都城建筑中常见的釉陶柱围更是不见于中原地区同时期的建筑，而且大部分渤海釉陶建筑构件可在同一遗址中见有相同器形的灰陶制品。从装饰风格来看，渤海的兽头及套兽不同部位使用不同釉色，界限分明，与唐三彩釉色流窜现象不同[42]。值得注意的一点是西古城内还出土有印字釉陶筒瓦，文字内容及印字风格与陶质筒瓦上所见的一致[43]。从产品运输线路来看，渤海国以上京为中心，开辟了五条通往唐朝以及邻族、邻国的交通道[44]，其中鸭绿江朝贡道在安史之乱后是中原—东北线的主要交通道，这条线路需要陆—水—陆之间多次转运，首先由唐长安城东行到登州（今山东蓬莱），后走水路航行至辽东半岛南端，再由神州（今临江镇）东北改为陆路，经显州到上京龙泉府[45]。建筑构件体量很大且易碎，不易长途运输，并且建筑本体的屋顶部分需要不断维修，依靠从中原地区输入大量的釉陶建筑构件是不太现实的。从科技检测方面看，有学者认为渤海绿釉瓦不同于唐三彩和日本三彩，是不经过素烧，挂釉后低温一次烧成的[46]，其烧成温度也比唐三彩低，且胎土成分及釉中铅同位素含量情况均与中原三彩建筑构件存在区别[47]，胎料为本地的高铁易熔类黏土，釉料来源多元，主要来自中原地区和日本，配釉工艺可能是效仿了中原唐釉陶，但工艺原始，多以黏土混合铅粉[48]。

因此，渤海国的釉陶建筑构件应为本地生产，只是还没发现对应的窑址，一些普遍的考古现象可以引发一些思考。在考古发掘中，我们经常发现不同性质的窑炉会存在不同程度的维修、改建、重建现象，使用年限差别很大。有的窑群需要长期面向皇室或社会从事专业生产，窑炉的使用会历经数十年甚至上百年。而有的窑炉仅需要临时兴建，短期地为某一目的（宫殿或陵墓的兴建等）进行生产活动，存在时间较短，仅数年或十余年。比如西安汉长安城北宫南侧有20余座砖瓦窑作坊遗址[49]，其使用时间仅仅是汉初至汉武帝时期的数十年甚至更短，应是为建造宫殿而在施工现场建窑[50]。唐长安城大明宫含元殿附近也发现有为建造宫殿特设的窑址[51]。洛阳市定鼎北路有一批唐代砖瓦窑址距洛阳城宫城应天门仅百米余[52]。渤海国烧造釉陶建筑构件的窑址很可能也属于这种情况，为满足宫殿建设需要在施工现场设窑从事短期烧造任务，工程完后，当即废止。2012年发掘渤海上京城第1号宫殿东廊庑东北角时便发现一系列匠作遗迹，有用来沤制涂墙颜料及冶铁的灰坑，而H5出土较多陶质兽头附件，可能为烧造兽头的窑址，但面积仅有几平方米[53]。由于营建宫殿所需釉陶建筑构件数量相对较少，符合小规模生产条件，类似H5这样的小窑便可满足烧造需求，又或许根本不需要为釉陶建筑构件单独设窑，可与陶质建筑构件使用同一窑炉，只是在烧造技术上有所区分。以往的考古工作似乎未重视宫殿主体周边区域的发掘[54]，另外随着宫殿的建成，不再承担烧造任务的窑炉很可能被当即清理，因此在考古发掘中一直很难寻其踪。这种认识或为寻找渤海烧造釉陶窑址提供了一个新思路，有利于今后寻找烧造渤海釉陶器窑址工作的开展。

四、釉陶建筑构件反映的建筑等级问题

釉陶建筑构件是辨识渤海国都城的标尺之一[55]，而且渤海建筑中的釉陶建筑构件并未铺满屋顶，使用数量较陶质构件少很多，算是“珍惜品种”，因此是否使用釉陶建筑构件、使用多少在一定程度上可以体现出建筑等级，但前提是需要确定遗存的共时性。此外，不同遗迹单位出土釉陶建筑构件的种类以及尺寸差异也能反映出建筑的等级，在具体分析的过程中还应结合建筑形制、区位、性质等因素综合讨论。

上京城宫城中位于中轴线上的第3、4号宫殿建筑群整体布局与渤海国早期西古城、八连城的宫城内建筑布局基本相同，可能为渤海早期都城的核心建筑，据报告推测具有寝殿性质，出土有一定数量釉陶建筑构件。宫城中位于非中轴线上的西区寝殿也同属于上京城中兴建年代较早的一批建筑，功用与第3、4号建筑址群相同，却不见有釉陶

建筑构件（图六）；上京城城东1号佛寺遗址中大型釉陶筒瓦发现在主殿及其附近，中型釉陶筒瓦则发现在东、西二室及廊的附近[56]；上京城第4号宫殿址的宫殿正面出土有三彩釉陶兽头，而北面的烟囱部位出土普通灰陶兽头。另外，釉陶瓦当目前来看仅见于都城址，且上京城出土数量最多[57]。可见不同城址间、同一城址不同区位的同一功用宫殿址、同一建筑不同位置在釉陶构件的使用上具有等级色彩。

不同尺寸的兽头在建筑中的使用差异也是等级判断的重要数据标准[58]，但由于渤海各都城、同一都城内部不同建筑址的营建时序仍存争议，难以确定共时性，尚不能确定这种差异反映的是建筑构件年代上的演变还是宫殿等级的差异，故此处不做等级讨论。

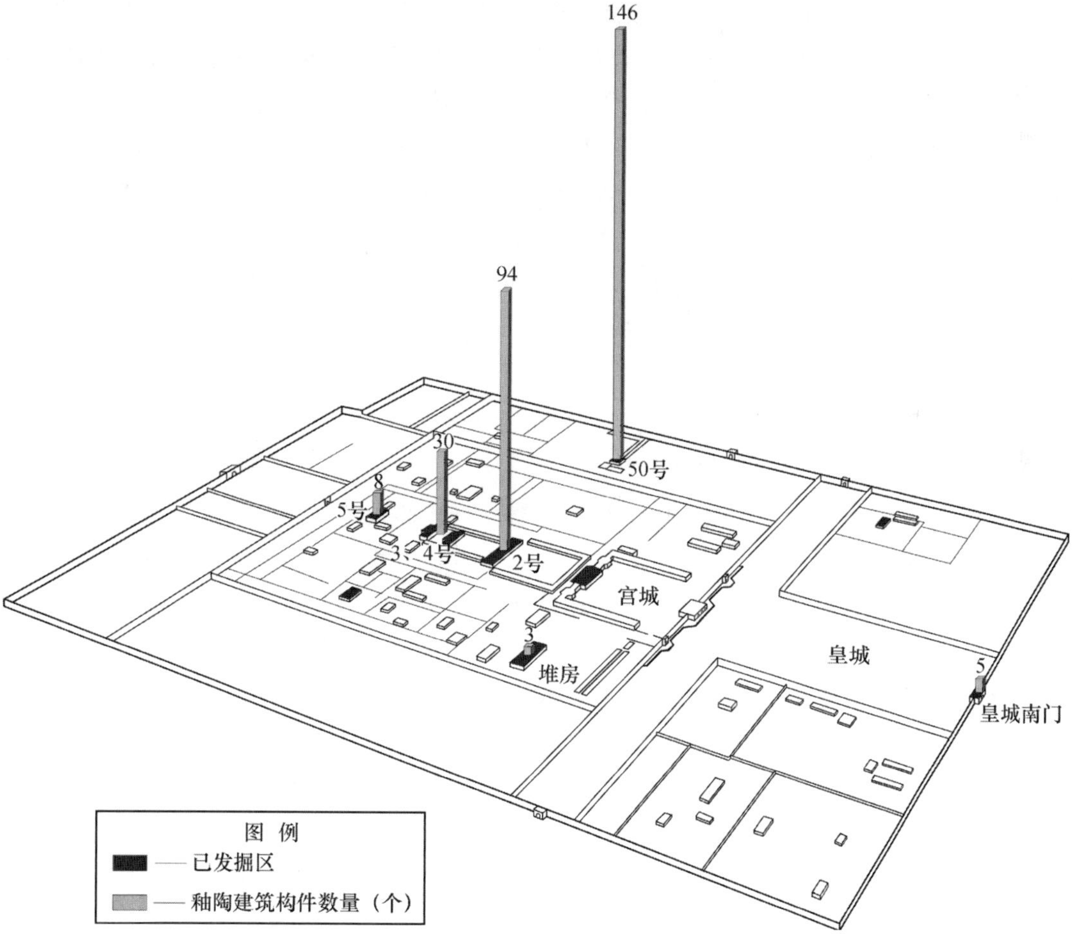

图六　上京城宫城内出土釉陶建筑构件数量示意图[59]

五、釉陶建筑构件反映的建筑营建问题

1. 用瓦制度

以往多认为渤海都城中的宫殿建筑址采用了绿边灰心的“剪边”[60]做法或仅在小型且重要的建筑中采用[61]，本文通过统计研究认为渤海都城中除了上京城第50号宫殿址外，大部分宫殿或许并未采取此做法，而仅在屋脊处使用了少量釉陶筒瓦，部分规模较大或较为重要的宫殿（如上京城第2号宫殿址）使用数量较多，并安装有兽头、套兽等脊端饰件或在近脊端处使用曲背檐头筒瓦[62]，屋面无釉陶板瓦使用。此中原因有三：第一，从出土釉瓦数量来看。渤海釉陶瓦件在陶质建筑构件中所占比例是非常小的，尚达不到“剪边”做法所需要的数量。第二，从釉陶筒瓦与板瓦比例来看。渤海上京城、八连城以及西古城宫殿址出土的釉陶瓦件中釉陶筒瓦与釉陶板瓦数量严重失衡，除上京城第50号宫殿址外，仅在上京城第2号宫殿址见有一小块残件（残宽10、残长7厘米，可能是脊瓦破碎形成[63]），其他宫殿遗迹则不见有釉陶板瓦出土（表一）。第三，从筒瓦尺寸来看。同一宫殿址出土的釉陶筒瓦宽度多大于普通灰陶瓦，应是用于屋脊位置。同一宫殿址出土的釉陶筒瓦之间也有一定规格差异，应是用于正脊、垂脊、戗脊等不同位置。

上京城第50号宫殿址出土的釉陶建筑构件种类及数量均明显多于其他建筑址（图六；表一），但这并不能说明其等级高于其他殿址，因为第50号宫殿址出土的十余个三彩套兽集中埋藏在很小的范围内，很可能是大规模维修或重建时的废弃堆积[64]，如此一来，这些套兽饰件便失去了共时性[65]。另外第50号宫殿址在布局上并未遵从左右对称的宫殿营造惯例，而是在殿的东侧建直廊、亭，其东接大型厅堂，殿的西侧则是曲廊、亭，殿南部有突出的月台，殿址南侧有假山、廊榭、土堤、水池，这种布局形式与中原地区具有离宫性质的隋仁寿宫（唐九成宫）宫殿[66]大致相同，所以第50号宫殿基址可能是禁苑中渤海贵族宴飨、游乐的地方[67]。由于功用上的特殊性，会更加注重建筑的外观，出现破损便会及时进行修缮，并且使用的釉陶瓦件与饰件相对多一些，除了屋脊装饰外还会在屋面使用釉陶板瓦拼接出几何图案。值得注意的是，第2号宫殿址是宫城中规模最大的宫殿址，处于宫城对角线交汇的中心位置，而第50号宫殿基址则与第2号宫殿址同处于宫城的东西中轴线上（图七），可见第50号宫殿址的位置应是经过了精心挑选。

本文新辨识出的“三叶形”釉陶脊头瓦在上京城多次发掘中也见有同类陶质构件（图八，1～4）[68]。《东京城》报告中明确记录出土地点为第4宫殿址[69]，《渤海上京城》报告记录出土位置为第3、4号宫殿建筑群，但从构件所属探方来看，位于第4号宫殿址范围内。如此一来，第4号建筑址仅见脊端饰件中的“三叶形”脊头瓦，第3号建

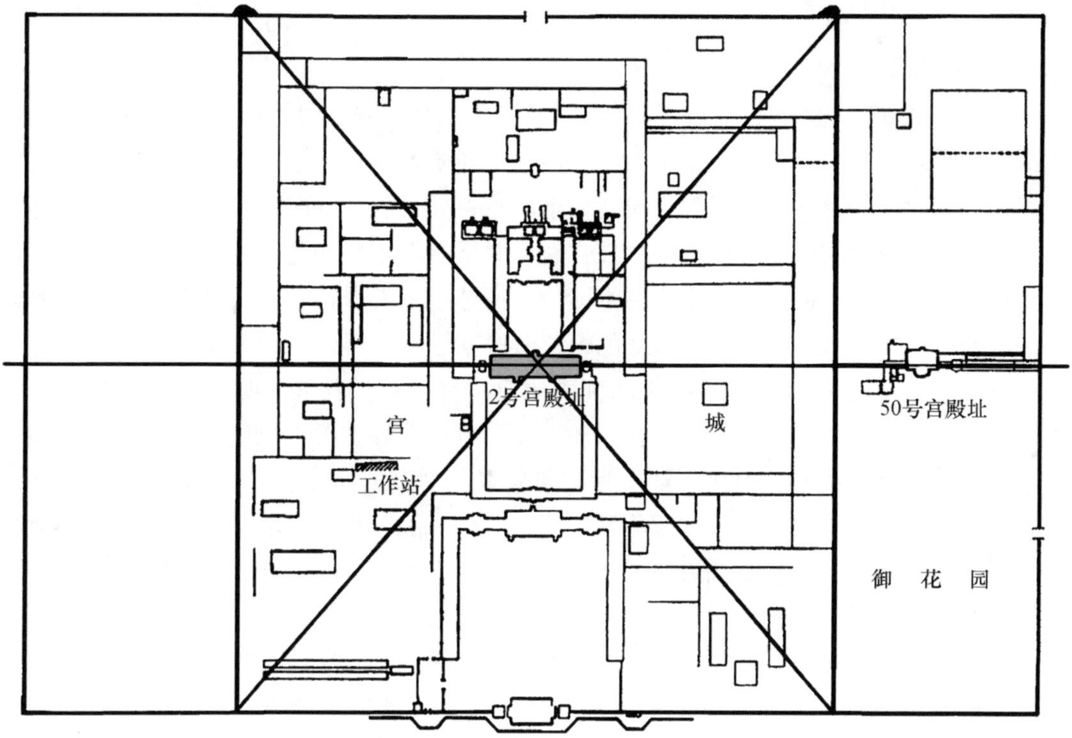

图七 上京城宫城对角线交汇点示意图

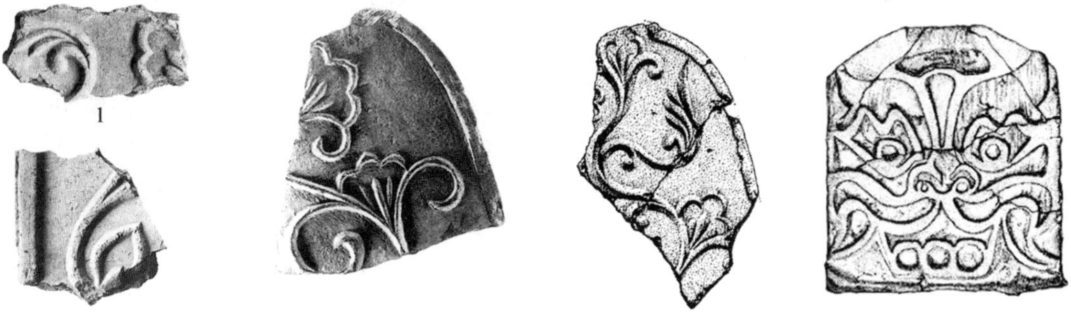

图八 渤海陶质“三叶形”建筑构件及脊头瓦

1、2. 20世纪30年代日本人发掘“东京城”出土 3、4. 上京城第3、4号宫殿建筑群出土

5. 六顶山渤海墓葬兽面脊头瓦

筑址仅见套兽，若该组建筑群前殿后寝性质无误的话，此类建筑构件或与建筑性质具有密切联系[70]。另外，以往仅在六顶山早期渤海墓葬中出土有一件陶质的兽面脊头瓦[71]（图八，5），本文的新认识为渤海的用瓦制度提供了一个新的线索。

2. 营建时序

理论上来说，釉陶建筑构件的形制差异可能反映建筑构件在年代上的演变，对于认识宫殿的营建时序具体一定参考意义。但由于建筑址存在建造、维修及使用等过程，所以在分辨建筑构件的使用时间上具有一定困难，而且渤海釉陶建筑构件出土的数量很少，尚不能构建完整的演变序列，所以在讨论时具有诸多局限性。以下仅列出渤海国不同都城、同一都城不同宫殿址出土的釉陶构件所体现的差异性，希望以后在材料不断积累的过程中对探讨渤海都城及宫殿址的营建时序问题有所帮助。

从统计数据上看，上京城出土的釉陶建筑构件的种类及数量明显多于西古城与八连城，这种情况可能与不同时期的宫殿建筑用瓦制度差异有关，也可能与渤海国都城变迁过程中城址地位的转换有关。从文献记载来看，渤海国都城经历了四次迁都[72]，其中上京城自从渤海第三代王大钦茂将其定为王都后，除了大钦茂晚年有过短暂的迁都东京城外，直至灭亡，一直是渤海国的统治中心。在上京城为都时期，八连城与西古城的地位自然不比从前，这种情况下，宫殿的修缮问题可能也会被忽视，建筑构件的维修周期以及替换构件质量都会有所下降，会导致釉陶建筑构件越来越少。

不同都城宫殿建筑址、同一城址内宫殿建筑址在使用釉陶建筑构件时存在形制及尺寸差异。比如上京城及八连城出土的柱围内径尺寸均在37厘米以上，明显大于西古城柱围内径。上京城第2宫殿址是宫城内最大、等级最高的建筑，出土釉陶建筑构件的数量相对较多，且较为完整的兽头尺寸均较大，不见小型兽头，而西古城1号宫殿址则仅有两件小型兽头。另外，第2号宫殿址兽头高度也大于第3、4号宫殿建筑群的兽头，这种情况结合上京城内都城营建时序来看，可能有两种解释，一种是体现用瓦制度的时代演变，因为中国学界多认为渤海上京城的第3、4、5号建筑址属于早期建筑，早于第2号宫殿址的始建年代[73]。一种是体现建筑等级的差异，因为近年有学者对于上京城内建筑址的营建时序提出了新主张，认为第2、3宫殿址属于同时期建筑[74]，如此一来，在确定建筑的共时性前提下，兽头的尺寸差异反映出的是宫殿等级的不同。

注　　释

［1］a. 刘昫. 旧唐书［M］卷一百九十九下·渤海靺鞨传："祚荣骁勇善用兵，靺鞨之众及高丽余烬，稍稍归之。圣历中，自立为振国王。"北京：中华书局，1975：5360.

b. 宋祁，欧阳修等. 新唐书［M］卷二百一十九·渤海传："祚荣即并比羽之众，恃荒远，乃建国，自号震国王。"北京：中华书局，1975：6179.

［2］宋祁，欧阳修等. 新唐书［M］卷二百一十九. 渤海传："自是始去靺鞨号，专称渤海。"北京：中华书局，1975：6180.

［3］黑龙江省文物考古研究所. 渤海上京城——1998～2007年度考古发掘调查报告［M］. 北京：文物出版社，2009.

[4] 吉林省文物考古研究所，延边朝鲜族自治州文化局，和龙市博物馆等. 西古城：2000 ~ 2005 年度渤海国中京显德府故址田野考古报告［M］. 北京：文物出版社，2007.

[5] 吉林省文物考古研究所，吉林大学边疆考古研究中心，珲春市文物管理所. 八连城 2004 ~ 2009 年度渤海国东京故址田野考古报告［M］. 北京：文物出版社，2014.

[6] 中国社会科学院考古研究所. 六顶山与渤海镇［M］. 北京：中国大百科全书出版社，1997.

[7] 由于涉及文献较多，此处不逐一进行罗列，详情参见李含笑. 渤海釉陶的考古学研究［D］. 吉林大学，2019.

[8] a.〔日〕鸟山喜一，藤田亮策. 间岛省古迹调查报告［M］. 满洲民生部，1942.

b. 吉林省文物志编委会. 延吉市文物志［M］. 内部刊物，1985：59.

[9] a. 吉林省文物考古研究所，俄罗斯科学院远东分院远东民族历史・考古・民族研究所. 俄罗斯滨海边疆区渤海文物集萃［M］. 北京：文物出版社，2013.

b. 吉林省文物考古研究所，俄罗斯科学院远东分院远东民族历史・考古・民族研究所. 2011 年俄罗斯滨海边疆区克拉斯基诺城址考古勘探报告［J］. 北方文物，2016（2）.

c. 林树山. 俄罗斯滨海边疆区的渤海文化遗存［J］. 东北师大学报，1993（2）. 译文见东北亚历史与考古信息，1997（1）.

[10] 城岘里土城从规模来看，并没有达到府或州级别，但出土有釉陶瓦，周边有规模不大的堵截城及墓群，应为渤海的一个县城。参见〔朝〕柳炳兴著，李云铎译. 关于在东海岸一带渤海遗迹发掘中取得的成果［J］. 东北亚历史与考古信息，2000（1）.

[11] a.〔朝〕韩国文化财管理局，文化财研究所编，包艳玲译. 朝鲜文化遗迹发掘概报1991［M］. 朝鲜文化古迹调查报告（第3册），2011.

b.〔朝〕李俊杰. 关于咸镜两道一带渤海遗址遗物的调查报告［J］. 朝鲜考古研究，1986（1）. 译文见东北亚考古资料译文・渤海专号［M］. 黑龙江：北方文物杂志社，1998.

[12] 吉林省图珲铁路考古发掘队. 珲春市东六洞二号遗址发掘简报［J］. 北方文物，1990（1）.

[13] 黑龙江省文物考古工作队. 宁安县镜泊湖地区文物普查［J］. 黑龙江省文物丛刊，1983（2）.

[14] 吉林省文物考古研究所. 图们江流域渤海遗存调查报告［J］. 地域文化研究，2017（1）.

[15] 吉林省文物志编委会. 汪清县文物志［M］. 内部刊物，1984：47.

[16] a.〔日〕鸟山喜一著，郝海波译，李光日校. 东京城寺庙址调查简报［J］. 东北亚历史与考古信息，2016（1）.

b. 同［6］.

[17] 发掘报告待刊。

[18] 吉林省文物志编委会. 珲春县文物志［Z］. 内部刊物，1984：72.

[19] 同［11］：52.

[20] 同［11］b.

[21] 〔日〕东亚考古学会. 东京城——渤海国上京龙泉府址的调查发掘［M］. 东方考古学丛刊（第5册），1939.

［22］ a. 王承礼. 敦化六顶山渤海墓清理发掘记［J］. 社会科学战线，1979（3）.

b. 吉林省文物考古研究所，敦化市文物管理所等. 吉林敦化市六顶山墓群2004年发掘简报［J］. 考古，2009（6）.

c. 吉林省文物考古研究所，敦化市文物管理所. 六顶山渤海墓葬——2004～2009年清理发掘报告［M］. 北京：文物出版社，2012.

［23］ 李诫. 营造法式（二）［M］卷十三. 瓦作制度・用兽头等. 上海：商务印书馆，1933：56.

［24］ 兽头高度测量方式见下文。

［25］ 渤海遗迹中暂未见釉陶鸱吻，珲春市东六号洞二号遗址发现一种黄绿釉建筑饰件，呈鸡头状，可辨嘴、眼、冠等，简报中不能确定是否为鸱吻。从描述及线图来看，可能为鸱尾或兽头残块。 参见吉林省图珲铁路考古发掘队. 珲春市东六洞二号遗址发掘简报［J］. 北方文物，1990（1）.

［26］ 部分报告中未提供柱围内径尺寸，本文数据为根据报告中提供线图复原后测量，或存在误差。

［27］ 此类建筑构件尚无完整器出土，暂沿用《东京城——渤海国上京龙泉府址的调查发掘》报告中的名称。

［28］ 在出土釉陶数据统计上，不同报告之间、同一报告不同章节之间采取的统计标准不一致，如有的提供可复原器数量，有的包括了残片数量，有的报告中甚至并未提供出土釉陶的具体数量。此外，还存在分遗迹介绍出土釉陶遗存数据与后文总述附表处总数量不一致的情况。因此，难以进行细致的定量分析，相关数量统计仅作参考。

［29］ 早年日本人发掘出土釉陶建筑构件多未统计数据，此处不收录；《上京城》报告中许多遗迹未提供出土釉陶建筑构件的具体数据，仅列举部分标本，且不同遗迹之间统计数量的标准不一（有的是完整及复原器数量，有的是残件数量）。此处数据按可获取的最大数量计算。

［30］ 20世纪30～40年代日本人曾对西古城二号宫殿址进行盗掘，一定程度导致遗迹、遗物被破坏。

［31］ 《八连城》报告中的釉陶建筑构件数据统计存在正文部分与附表单位及数量不统一、部分单位未提供数量的问题，附表一仅提供了第一号建筑址东、西侧廊庑，第二号建筑址东、西朵殿，内城南门址出土的釉陶瓦件数量。此处的数量统计结合了正文与附表两部分内容。

［32］ 《营造法式》是我国古代第一部详细论述建筑工程的官方著作，虽为宋代，但其对兽头按高值判断使用等级的记载对于渤海兽头的等级判断仍具有一定参考意义。见李诫. 营造法式（二）［M］. 上海：商务印书馆，1933：56.

［33］ 虽与渤海兽头有一定年代差异，但可提供安装形式参考，相关线描图可参考祁英涛. 中国古代建筑脊饰［J］. 文物，1978（3）.

［34］ 此类建筑构件尚无完整器出土，暂沿用《东京城——渤海国上京龙泉府址的调查发掘》报告中的名称。

［35］ 同［21］：图版九十，1、2.

［36］ 同［3］：389，390.

［37］ 现藏邺城博物馆。

［38］ 赵佶. 瑞鹤图（绢本）［Z］. 辽宁省博物馆藏.

［39］ 曹汛. 叶茂台辽墓中的棺床小帐［J］. 文物，1975（12）：图二十二.

［40］ 周口地区文化局文物科. 项城县老城汉墓出土陶楼［J］. 中原文物，1984（3）. 图片转引自韩冰. 汉代建筑上的屋脊装饰［J］. 中原文物，2015（2）：图5.

［41］ 图片转引自韩冰. 汉代建筑上的屋脊装饰［J］. 中原文物，2015（2）：图13.

［42］ 赵虹光. 渤海上京城考古［M］. 北京：科学出版社，2012：208.

［43］ a. 同［4］：图一二九，2；图版三三，5.

b.〔日〕斋藤优. 半拉城和其他的史迹［M］. 日本：日本京都半拉城址刊行会，1978.

c.〔日〕小岛芳孝著，吴丹丽等译. 图们江流域的渤海都城和瓦当——根据斋藤优先生的调查资料［J］. 东北亚历史与考古信息，2008（2）.

［44］ 宋祁，欧阳修等. 新唐书［M］卷二百一十九. 渤海传："龙原东南濒海，日本道也；南海，新罗道也；鸭绿，朝贡道也；长岭，营州道也；扶余，契丹道也。"北京：中华书局，1975.

［45］ 长岭—营州道在"安史之乱"以前是中原—东北线的主要交通道之一，线路为唐长安至营州（今朝阳市），后经辽阳转到渤海上京城。但之后由于战争之乱和契丹的兴起，营州道多次被阻，其地位被鸭绿江朝贡道取代。参见王绵厚，朴文英. 中国东北与东北亚古代交通史［M］. 辽宁：辽宁人民出版社，2016：252-256.

［46］〔日〕山崎一雄. 渤海三彩和唐三彩的化学研究［M］. 中国古代陶瓷和科学技术第二回国际讨论会论文摘要. 中国学术出版社，1985. 译文见山崎一雄. 渤海三彩与唐三彩的釉药及胎土比较［J］. 博物馆研究，1996（4）.

［47］〔日〕Furihata Junko (降幡顺子), Nakamura Akiko (中村亚希子), etc. In Pursuit of Evidence for Local Production of Bohai Tricolored Earthenware: Chemical Analyses of Lead Glaze Ceramics Excavated from Kraskino and Gorbatka in the Russian Maritime Province［C］. *Asian Archaeology*. Beijing: Science Press, 2015 (3): 145-165.

［48］ 常东雪. 渤海国釉陶的产地研究［D］. 南京大学，2019.

［49］ 中国社会科学院考古研究所汉城工作队. 汉长安城北宫的勘探及其南面砖瓦窑的发掘［J］. 考古，1996（10）.

［50］ a. 白云翔. 汉长安城手工业遗存的考古学研究［M］. 汉长安城考古与汉文化. 北京：科学出版社，2008：130.

b. 白云翔. 关于手工业作坊遗址考古若干问题的思考［J］. 中原文物，2018（2）.

［51］ 中国社会科学院考古研究所西安唐城工作队. 唐大明宫含元殿遗址1995～1996年发掘报告［J］. 考古学报，1997（3）.

［52］ 洛阳市文物考古研究院. 洛阳市定鼎北路唐代砖瓦窑址发掘简报［J］. 洛阳考古，2013（1）.

［53］ 黑龙江省文物考古研究所. 渤海三彩——渤海上京城出土釉陶［M］. 北京：文物出版社，

2013：前言.

［54］ 同［42］.

［55］ 有学者认为，辨识渤海都城有3个重要标尺：城市设施的中轴线布局、大型宫殿建筑、釉陶建筑构件。参见宋玉彬，魏铁莉. 渤海国的五京制度与都城［J］. 东北史地，2008（6）.

［56］ 同［6］：81.

［57］ 朝鲜半岛北部平安北道大城山宫殿址从报道来看也有釉陶瓦当出土，但位置存疑，且无详细资料，具体情况不详。参见〔朝〕朱宪荣. 渤海文化［M］. 平壤：社会科学出版社，1971. 部分内容译文参见滨海译. 渤海时代滨海地区居民的物质文化（下）［J］. 东北亚历史与考古信息，1997（1）.

［58］ 参见［25］《营造法式》中关于兽头的使用记载。

［59］ 此示意图据《渤海上京城》中的上京城宫城平面图制作，数据来自《六顶山与渤海镇》《渤海上京城》两本报告，虽然报告中许多类构件无具体数量，但报告中提供的标本数一定程度上与出土的各类釉陶器总数呈正相关，具有一定统计意义。需要说明的是第1号宫殿址20世纪30年代日本人进行过发掘，但报告中未提供数据，故此图不做标注。

［60］ “剪边”做法一般指在屋脊的檐口或轮廓安装与屋顶中心部分不同颜色、不同质地的筒瓦或板瓦（多为琉璃瓦）。主要有三种做法，一种是使用釉陶筒、板瓦沿檐口周边布置，屋面中心用灰瓦或琉璃瓦组成几何形状；二种是沿檐口和屋脊安置琉璃瓦件或饰件；三种是仅屋顶中心部分由琉璃瓦组成几何形状。参见李剑平. 中国古建筑名词图解辞典［M］. 太原：山西科学技术出版社，2011：192.

［61］ a. 中国社会科学院考古研究所. 六顶山与渤海镇［M］. 北京：中国大百科全书出版社，1997.
b. 赵虹光. 渤海上京城考古［M］. 北京：科学出版社，2012.

［62］ 曲背檐头筒瓦的相关研究参见：
a. 宋玉彬. 曲背檐头筒瓦研究［C］. 庆祝宿白先生九十华诞文集. 北京：科学出版社，2012.
b. 国庆华. 唐时期瓦作新识——渤海上京筒瓦和兽头之启示［J］. 中国建筑史论汇刊，2014（2）.

［63］ 同［56］b.

［64］ 同［3］：636.

［65］ 一般来说，位于中轴线上的整点在维修时所替换下来的废瓦往往会被清理干净，很难形成废品堆积层。第50号宫殿址处于宫城外的园林区，从其位置来看，这种清理行为相对减弱，这可能是第50号宫殿址存在一些废品堆积的原因。另外这种不断修缮的行为可以体现出皇室对此宫殿址的重视。

［66］ 中国社会科学院考古研究所. 隋仁寿宫·唐九成宫［M］. 北京：科学出版社，2008.

［67］ 同［3］：527.

［68］ a. 同［21］：图版九十，3、4.
b. 同［6］：98. 报告中仅记为宫殿址出土.

c. 同［3］：图版二六五-1.
［69］ 该报告中的第5号宫殿址在之后的发掘报告中编号发生变化，改为第4号宫殿址。
［70］ 《渤海上京城》报告中认为第3、4号宫殿建筑群是前寝后殿式布局，并主观地将两个建筑址中出土的釉陶建筑构件合起来介绍，没有明确区分单位，仅在介绍套兽时提到均出土于第3号宫殿址范围内。
［71］ 同［22］c.
［72］ 旧国（旧国何在尚存争议）→显州（西古城）→上京（渤海上京城）→东京（八连城）→上京（渤海上京城）。
［73］ a. 刘晓东，魏存成. 渤海上京城营筑时序与形制渊源研究［M］. 中国考古学会第六次年会论文集. 北京：文物出版社，1990.
b. 刘晓，魏存成. 渤海上京城主体格局的演变——兼谈主要宫殿建筑的年代［J］. 北方文物，1991（1）.
c. 魏存成. 渤海都城的布局发展及其与隋唐长安城的关系［C］. 边疆考古研究（第2辑）. 北京：科学出版社，2004.
d. 刘晓东. 渤海文化研究——以考古发现为视角［M］. 黑龙江：黑龙江人民出版社，2006.
［74］ 赵虹光. 渤海上京考古［M］. 北京：科学出版社，2012：151. 但宋玉彬认为其根据在第二号宫殿北部散水与第三号宫殿东、西廊南端之间开辟的解剖探沟而获取的层位关系描述并不足以解释宫殿址间的相对早晚关系。参见宋玉彬. 渤海都城故址研究［J］. 考古，2009（6）.

Some Questions about the Structural Components of Bohai Glazed Potteries

LI Han-xiao

Structural components of Bohai glazed potteries are an important subject of archaeological research. Through the collection and analysis of materials, the following conclusions can be drawn: the newly identified “three-leaf-shaped” structural components may be a special ridge tile. Building components from Bohai sites have obvious Bohai characteristics and are likely produced locally (although no local kilns have been discovered yet). In addition, the study on the structural components of Bohai glazed potteries, not only can reflect the skill of Bohai potters, building grade and building construction, but also can contribute to the study of the wider glazed pottery cultural complex in 7-10th century in northeast Asia.

考古与科技

辽代“斫冰烧酒”遗存研究*

冯恩学[1] 谷 峤[2]

（1. 吉林大学边疆考古研究中心，长春，130012；2. 白城师范学院历史文化学院，白城，137000）

辽朝从辽上京（内蒙古巴林左旗的辽上京城址）到宁江州（吉林省松原市宁江区的伯都城址）的春捺钵之路是东北地区草原丝绸之路的重要组成部分[1]，在吉林西部的春捺钵区域内保留下众多的文化遗存，其中对我国传统文化贡献最大的是“斫冰烧酒”遗存。由笔者撰写的该遗址的考古调查简报自见刊以来[2]，引起了社会的广泛关注，鉴于大安酒厂遗址又有新的重要发现，且简报对辽代烧酒研究的模拟过程和其重要价值尚未阐述，故有必要再加以讨论。

一、大安酒厂遗址年代新识

2006年吉林省大安市酒厂在厂区南部基建盖楼时发现锅灶和一批铁器。2012年春，笔者对该遗址进行了考古调查，确定该遗址的年代是辽金时期。2014年3月26日，在大安酒厂院内基建盖楼时又发现了一处钱币窖藏，因此对遗址的年代有必要重新考虑。

大安酒厂遗址窖藏是在基建施工时偶然发现，该窖藏为土窖坑，坑内有1个陶罐，内藏有一批铜钱，数量达4000余枚，且大多数可识别钱文。

辽代铸币数量很少，基本流通唐、五代和北宋的钱币，这批钱币除了37枚唐代开元通宝外均为北宋铜钱。这些宋钱从太宗时期的淳化元宝到徽宗时期的政和通宝，包含了此百余年间的26个币种。值得注意的是，这批宋钱年号序列基本连续，却在政和通宝后突然停止，引人深思。钱文及铸造年代如下（表一）：

---

* 本文是吉林省冰雪丝绸之路研究子项目“辽春捺钵与金春水路线辽金遗迹调查与应用价值研究”的中期成果。

表一　吉林大安酒厂遗址钱币窖藏出土北宋铜钱一览表

钱文	皇帝谥号	铸造年代（年）	数量（枚）	钱文	皇帝谥号	铸造年代（年）	数量（枚）
淳化元宝	太宗	990 ~ 994	3	治平元宝	英宗	1064 ~ 1067	147
至道元宝		995 ~ 997	2	熙宁元宝	神宗	1068 ~ 1077	663
咸平元宝	真宗	998 ~ 1003	211	熙宁重宝			
景德元宝		1004 ~ 1007	233	元丰通宝		1078 ~ 1085	681
祥符元宝		1008 ~ 1016	88	元祐通宝	哲宗	1086 ~ 1093	280
祥符通宝				绍圣元宝		1094 ~ 1097	200
天禧通宝		1017 ~ 1021	75	元符通宝		1098 ~ 1099	6
天圣元宝	仁宗	1023 ~ 1032	284	圣宋元宝	徽宗	1101	82
景祐元宝		1034 ~ 1038	61	崇宁通宝（折十）		1102 ~ 1106	34
皇宋通宝		1039 ~ 1053	711	崇宁重宝			
至和元宝		1054 ~ 1055	41	大观通宝		1107 ~ 1110	1
至和通宝				政和通宝		1111 ~ 1117	11
嘉祐元宝		1056 ~ 1063	297				
嘉祐通宝							

钱币窖藏多为主人遇到大的突发事件来不及携带或转运沉重的钱币而匆忙埋藏，一般与战事兵灾有关。大安酒厂钱币窖藏中所出年代最晚的钱币为政和通宝，即1111 ~ 1117年，而在此期间，该地确曾发生过重大的战事，即著名的出河店之战。据《金史・太祖纪》载，辽天庆四年（1114年），女真部首领完颜阿骨打起兵反辽，十月攻克宁江州[3]。辽天祚帝命都统萧糺里、副都统萧挞不也“引军屯出河店。两军对垒，女直军潜渡混同江，掩击辽众”[4]。《金史・太祖纪》载，“辽都统萧糺里、副都统挞不野将步骑十万会于鸭子河北（乃西之误）。太祖自将击之。未至鸭子河，既夜，太祖方就枕，若有扶其首者三，寤而起，曰：‘神明警我也！’即鸣鼓举燧而行。黎明及河，辽兵方坏陵道。选壮士十辈击走之。大军继进，遂登岸。甲士三千七百，至者才三之一。俄与敌遇于出河店。会大风起，尘埃蔽天，乘风势击之，辽兵溃。逐至斡论泊，杀获首虏及车马甲兵珍玩不可胜计。”[5]这个以少胜多的著名战役，坚定了女真人战胜貌似强大的辽军的信心，翌年（1115年）正月初一，完颜阿骨打正式即皇位，取国号为大金。天会八年（1130年），金太宗为纪念出河店之战修建肇州城。《金史・地理志》载：“肇州，下，防御使。旧出河店也。天会八年，以太祖兵胜辽，肇基王绩于此，遂建为州。”[6]文献中的金代肇州城旧址即为吉林松原的塔虎城遗址[7]，该城址位于嫩江南岸的前郭县八郎镇，平面呈方形，方向正南，城墙高5 ~ 6.5米，周长5213米，规模宏大，保存较好，向西北10千米即是大安酒厂遗址。大安酒厂遗址距离出

河店战场仅十余千米，所以我们有理由推测：出河店之战中辽军的溃败殃及此地，钱币主人匆忙离开时无法携带或转运沉重的钱币，故而就地掩埋。出河店之战发生于1114年11月，即北宋的政和年间（1111～1117年），窖藏中这批宋钱从淳化元宝到政和通宝，年号序列基本连续，而继政和通宝之后直至宋亡（1127年）的重和通宝（1118年）、宣和通宝和宣和元宝（1119～1125年）以及靖康通宝（1126～1127年），在该窖藏中却均没有发现。文献记载加之窖藏钱币的佐证可将窖藏掩埋的年代确定在辽天庆四年（1114年）11月。

从大安酒厂遗址2006年基建期间出土的遗物来看，瓷瓮、錾耳铁锅和陶片均为辽金两朝的共用之物，其中的篦齿纹灰陶片更是契丹文化的典型器物，为辽代所特有。瓷瓮内土层中出土物的^{14}C检测数据为公元1035年±25年（辽兴宗重熙九年至道宗寿昌六年），树轮校正年代在1030～1190年（辽圣宗太平年间至金世宗大定年间）。以此看来，该遗址迄今尚未发现属于金代开始出现的遗物。笔者在考古调查简报结语中把遗址年代定为辽金时期，是出于谨慎。根据新发现的钱币窖藏年代，可把遗址的年代范围从辽金时期缩小至辽代晚期。钱币窖藏与铁锅灶的出土位置大约相距20米，应是受1114年11月的出河店战祸波及，烧锅店主人逃离后废弃。

二、蒸酒模拟试验的意外启示

大安酒厂遗址曾发现石块砌筑的圆形灶台，灶台与地面平行，台面狭窄，灶口放置宽沿浅腹大锅，大锅直径146厘米，高仅27厘米。笔者和大安酒厂的孔令海反复分析，认为该大锅显然不适合日常做饭使用。灶台的形制结构与辽金时期遗址常见居室内的灶台形制不同，而与该酒厂遗址发现的近代砖砌圆形地灶的形状、大小基本一致，故推测其可能为置于酿酒地灶上的地锅。

为了探究大安酒厂遗存的古代蒸馏酒的方法，笔者查阅了大量传统酿酒资料，其中启发最大的是中国科学院微生物研究所方心芳院士的《关于中国蒸酒器的起源》，其中介绍了多种传统蒸馏酒器具。方心芳在1933年亲自调查山西省汾阳县杏花村汾酒厂，看到的传统蒸酒器具是由灶、地锅、甑、天锅和承接匙组成，并有示意简图。其地锅是沸水锅，直径2尺6～7寸，深尺余。上与铁甑连接，甑直筒状，腰部有孔，插管流。甑上是天锅，天锅为冷水锅，圆锥状底。甑内安装承接匙，匙勺接天锅底心垂下的酒滴，匙柄成管流状导出酒液体于甑外，方院士把这种方法称为“锅式蒸酒器”。他在1960年考察贵州茅台酒厂时看到的也是锅式蒸酒器，细节略有不同。其“甑是柏木制作，高1米，下口直径1.2米，上口直径1米”。可知这个甑是木甑，圆台筒形。地锅没有介绍，但是从木甑下口直径可知地锅的直径在1.2米以上。天锅是锡质，底是弧形。承接酒露的器皿是圆盘形，称为“天盘”，直径27厘米，中央有孔，孔下接1米长的管流[8]。大安出土的大锅直径1.47米，比茅台厂的地锅略大。大安酒厂遗址没有发现铁甑，可能如茅台酒厂使用木甑。出土的六耳铁锅直径61厘米，做天锅使用，木甑应该是圆台筒形，也和茅台酒厂的木甑为圆台筒形相似。酒厂遗址也曾经出土1件铁圆盘，中心有孔，类似茅台厂的天盘。所以主要参照茅台酒厂1960年传统蒸馏器结构，笔者和孔令海研究设计出一套复原蒸馏工艺的设备（图一）。

天锅和地锅按照1：1比例复制，地灶也按照发现的石头灶直径和形制复原。为了验证设计的古法酿酒蒸馏设备是否可行，需要进行蒸馏烧酒的模拟试验。模拟试验是检验所设想的设备是否可以还原古代蒸馏酒方法的关键环节，在白酒起源研究史上曾经对两种古代蒸馏器做过蒸馏酒模拟试验。1975年河北省承德市青龙县发现1件青铜的蒸馏器，该蒸馏器出于窖穴内，最先报道年代为金代[9]，后在距离窖藏4米处发掘一探沟，根据其中出土房檐滴水瓦的年代判定，该蒸馏器可以晚到元代[10]。蒸馏器由甑锅和冷却器两部分组成，通高41.6厘米，甑锅最大腹径36厘米，环槽深1厘米，宽1.2厘米。在承德酒厂师傅指导下进行了2次烧酒试验，第一次是8斤料，出0.9斤9.4°酒；第二次是6斤料，出0.56斤9.7°酒。上海市博物馆收藏1件东汉青铜蒸馏器，由甑、釜、盖三部分组成，盖丢失，通高53.9 厘米。在甑内壁的下部有一圈环形槽，可积累蒸馏液，而且有导流管至外。釜的肩部有一条朝上的回收管。上海市博物馆的马承源先生主持了4次系列蒸馏试验。第一次以上海七宝大曲酒厂的发酵糯米酒醅为原料，得到20°～27°酒；第二次以51.1°的酒为原料蒸馏，得到79.4°酒，用15.5°酒蒸馏得到42.5°酒；第三、四次做蒸馏香水试验，把上下管连接，连续蒸馏，用肉桂蒸馏得到肉桂油，用茴香蒸馏得到了茴香油[11]。烧酒的酒精含量在40°以上，能够点燃，所以称为烧酒。这两类蒸馏器的模

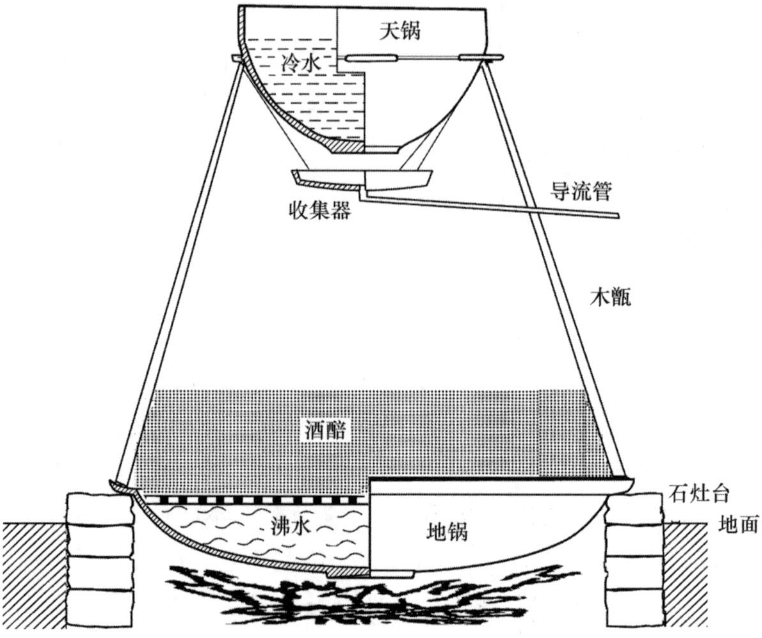

图一　辽代蒸酒工艺示意图

（笔者绘）

拟试验结果都否定了用发酵好的酒醅能直接蒸馏出烧酒的可能性，需循环反复蒸馏才能获得少量的烧酒，所以其主要功能是蒸馏花露水。

大安酒厂的古法烧酒模拟试验是在2014年 4 月14日上午进行的，室外气温10°。模拟试验由大安酒厂孔令海主持，吉林大学考古系教师冯恩学、吴敬、王春雪和大安酒厂技术人员张伊波等参加了试验过程。在酒厂院子的地面挖出灶坑，坑上边缘用石块垒砌灶台，顶层用酒厂遗址出土的18块方形灶石垒砌而成。本次模拟试验使用的地锅直径为125厘米，燃料为木柴。首先，在地锅内注水约20厘米后放入木篦，在木篦上铺一层酒醅（大安酒厂木板窖发酵的酒醅），点燃灶坑里的木柴，在木篦冒气处续添酒醅。而后把上细下粗的圆台筒形木甑立坐在地锅宽沿之上，木甑上置一深腹天锅，锅内注入冷水。5分钟后，导流管开始冒出酒气，接着流出滚烫的酒液。该酒头液的酒精度经测量为72°。但天锅内的冷水很快变热，导流管的酒流逐渐变细至断流。工人将天锅内的部分热水舀出，续添冷水，但导流管却只有白色酒蒸汽冒出，无酒液。孔令海亲自蹬上架子用水瓢快速舀热水、添凉水，导流管仍只冒白色气体，而无酒液流出。情急之下，孔令海环视四周，看到院子墙角下有未融化的残冰坨，立即喊工人把墙脚的冰坨砸碎，投入天锅内，天锅水温立刻降下，导流管又开始流出清澈滚烫的酒液，一直持续到试验结束未再加冰换水。二次流出的酒头液测量为45°。本次用发酵酒醅200斤（高粱黄米原料约50斤，加水发酵为200斤），出酒18斤。

本次试验验证了我们研制古法烧酒锅灶设备结构的想法是符合实际的，能够用发酵的酒醅蒸馏出高度烧酒。同时得到5个重要认识：①大锅的边沿宽平且外边上卷，适合快速安放筒形甑。②使用大口径浅腹平底锅，水沸腾快，蒸汽足，能更快制出酒液，且浅腹平底的形制可减少地灶坑的深度，易于填柴燃烧。③锅内水量与投料量比例适度，能提高制酒的效率。④台筒形甑上口小、底口大，具有比直筒形甑稳固的优点，而且上口小使得天锅可以使用日常圜底锅，不必特制。⑤用自然冰块给天锅内的水降温，可实现持续冷却出酒液的功效，方法简单实用，免于更换天锅冷水的环节，大大减少工作量，保证出酒平稳，提高出酒率。这种方法可概括为：固体发酵、锅甑式蒸馏器具与天锅加冰制冷工艺。

本次试验过程没有预想的顺利，但是情急之下出现的砍冰制冷的情景，恰与“斫冰烧酒赤”的文献记载吻合，确是新的意外收获。北宋欧阳修在仁宗至和二年（1055年）冬，为祝贺辽道宗即位，奉命出使辽国至辽上京。他在次年初春回程途中写下了《奉使道中五言长韵》，其中有“讲信邻方睦，尊贤礼亦隆。斫冰烧酒赤，冻脍缕霜红。白草经春在，黄沙尽日濛”的诗句[12]。《宋史·欧阳修传》载：“奉使契丹，其主命贵臣四人押燕，曰：‘此非常制，以卿名重故尔。’”[13]辽道宗以陈留郡王宗愿、惕隐大王宗熙、北宰相萧知足、尚父中书令晋王萧孝友陪同宴会，这是道宗对一代文豪欧阳修的特殊款待。诗句“尊贤礼亦隆”是其真实写照。“斫冰烧酒赤，冻脍缕霜红”是二十句长诗中唯一描述契丹饮食风俗的叙事之句，作者目睹了种种契丹饮食，仅选择这两个风俗入诗一定是南国不见的契丹最独特者。欧阳修是北宋的大文学家，“斫冰烧酒赤，冻脍缕霜红”，五言诗句，高度凝练，字字斟酌。“冻脍缕霜红”较前半句容易解读，“脍”是切薄的肉片，“缕”是切细的肉丝。“霜红”意为霜叶那样的鲜红色，意为冻肉被切成薄片细丝红色鲜艳，点出契丹冬天饮食吃肉与南国不同的特色。“斫冰烧酒赤”则很难理解，若从模拟试验的辽代烧酒工艺角度解读则豁然开朗。“斫冰”，即砍砸冰块准备烧酒。“烧酒”做动词组解，意为点火蒸馏出酒；“烧酒”还可以做名词解，为可以燃烧的酒，一词双关。《说文解字》赤字部，赤“从大从火”[14]，故“赤”有“火红”“赤热”二义项，如北宋王令《暑热思风》诗：“坐将赤热忧天下，安得清风借我曹。”[15]根据观察现场模拟蒸馏酒过程，“赤”若按照“火红”义项解释，应指灶火赤红旺盛，酒蒸馏时必须旺火，才能汽盛，盛汽遇冷才能凝结成酒流。“斫冰烧酒赤”意为契丹人砍冰、点火蒸馏烧酒，灶火赤红炙烈。“赤”若按照“赤热”之义项解释，应该指新流出的酒液是热烫的，则“斫冰烧酒赤”五个字表现出准备、蒸烧、出酒三个过程环节特点，抓住了点火蒸馏、用冰降温、酒液赤烫的特点，突出了契丹之地制作烧酒的特殊风俗，可谓神来之笔，字字珠玑。故认为按第二义项解释更贴切。欧阳修“斫冰烧酒赤”诗句不仅形象描写了酿造蒸馏酒的场面和过程，还点出了辽地烧制蒸馏酒工艺的特点是加冰制冷。此外，南宋人周麟之在《海陵集》中论及“金澜酒”时记载：“又燕中暑月，于冰窖造御酒，甚清洌”[16]。这表明在金代的燕京一带，伏天造酒需用到冰窖之中的冰，可见“斫冰烧酒”的工艺在金代也在使用，为“斫冰烧酒”工艺的真实性又添例证。

三、大安酒厂遗址与辽春捺钵关系

中国烧酒起源的争论是学界长期争论的话题，众说纷纭。在时间上有汉、唐、宋、元多种观点，在来源上有外来说和本土起源说两种，以元代外来说流传最广[17]。元代说的主要依据是李时珍在《本草纲目》“烧酒”条释名说“火酒，阿剌吉酒”，在集解中说“烧酒，非古法也，自元时始创其法，用浓酒和糟入甑，蒸令气上，用器承取滴露，凡酸坏之酒，皆可蒸烧。近时惟以糯米或粳米或黍或秫或大麦蒸熟，和曲酿瓮中七日，以甑蒸取。其清如水，味极浓烈，盖酒露也”[18]。该书撰成于万历六年（1578年），距离明朝建立（1368年）已经二百余年，“近时”应该指明代中后期。这里说烧酒法是元代发明的，元代是用酸坏的发酵酒蒸烧得到浓烈的烧酒，明代中后期才用发酵的谷物蒸酒。以往研究者皆忽视两条重要史料的价值，一是欧阳修的“斫冰烧酒赤”诗句，一是北宋初成书的《物类相感志》中“饮食篇”载有“酒中火焰，以青布拂之自灭”[19]，只有蒸馏酒才能燃烧，故此为蒸馏酒无疑。《物类相感志》旧本题北宋苏轼著，今经考证是北宋高僧赞宁撰写[20]，赞宁卒年为宋真宗咸平四年（1001年，即辽圣宗统和十八年）[21]。“酒中火焰，以青布拂之自灭”说明，至迟在10世纪中国已经有蒸馏酒，元代始有蒸馏酒之说是错的。考古发现元代已有固体蒸馏工艺的酒窖，证明《本草纲目》对烧酒的起源解释是错误的。如1997年河北徐水的刘伶醉酒厂平整厂区时出土的小口黑花四系瓶、鸡腿瓶、残矮足杯等，都具明显的金元时期文化特征；1998年其古井内发掘出土的文物，确定该酿酒遗址的时代为金元时期[22]。再如2002年江西进贤县李渡酒厂在改造车间时发现了元代的烧酒作坊遗址，有2排13个地缸酒窖[23]。大安酒厂遗址出土的酿酒锅以及模拟试验成功，把我国烧酒出现的可靠历史上推到辽代。

烧酒，也叫白酒，中国白酒是以加曲子的谷物固体发酵物为原料蒸馏所得的酒液。东汉已经有先进的青铜蒸馏器用于提取花露水，形体较小，如果用米酒或果酒等发酵酒为原料，反复蒸馏能够得到很少的高度蒸馏酒。北宋《北山酒经》言酒“礼天地、事鬼神，射乡之饮，鹿鸣之歌，宾主百拜，左右秩秩，上自缙绅，下逮闾里，诗人墨客，渔夫樵妇，无一可以缺此”[24]。全书详细阐述了酿造酒的方法，但并未提及蒸馏酒，考古也没有发现唐宋时期有关蒸馏酒的遗存，故推测《物类相感志》所记述的蒸馏酒可能是用小蒸馏器获得的自用酒，并不普及。大安酒厂遗址的铁锅直径达145厘米，用发酵酒醅200斤（高粱黄米原料约50斤，加水发酵为200斤）可出酒18斤，半小时内结束一锅，效率很高。第二次试验投料发酵酒醅400斤，出酒达50余斤。如此大的出酒量，已经是商业生产规模。

为什么辽代能出现锅式蒸馏烧酒，为什么在偏远的大安市能发现大型斫冰烧酒的铁锅遗存？这与辽地气候和契丹皇帝四时捺钵习俗有关。

《本草纲目》说烧酒“气味辛甘，大热有大毒，主治消冷积寒气”，“烧酒纯阳毒物也，面有细花者为真，与火同性，得火既然，同乎焰消。北人四时饮之，南人只暑月饮之。”[25]疑“暑月”是“数月”之误。从这条记载可以知道，在明代晚期北方人一年四季都饮用烧酒，南方人只是几个月饮用烧酒，饮用习俗南北差别巨大。可见南北气候差异对烧酒需求影响之大。

除了气候因素外，辽代的捺钵活动也是该地出现“斫冰烧酒”遗存的重要原因。捺钵为契丹语，本指皇帝的行在大帐。契丹是游牧民族，辽代皇帝四季都在野外进行射猎生活，四季活动地点不同，称“四时捺钵”。春捺钵时不仅百官随行，还有工匠、亲王家属陪同。自圣宗皇帝开始，便到长春州与宁江州之间的一河两江（洮儿河、嫩江、松花江）沿岸的地带进行春捺钵，踏雪涉猎，凿冰钩鱼，冰面融化后，放鹰捕天鹅。洮儿河从大兴安岭东坡发源，向东流淌，在大安市北部的月亮泡注入嫩江。洮儿河在唐至辽代早期称挞鲁河，后因辽代皇帝常在此进行春捺钵而改名长春河。《辽史·圣宗纪》载，太平四年（1024年），“诏改鸭子河曰混同江，挞鲁河曰长春河”[26]。随后在其岸边修筑长春州城，城址即洮南市城四家子古城，金代称泰州城[27]。“宁江州去冷山百七十里，地苦寒，多草木，如桃李之类，皆成园，至八月，则倒置地中，封土数尺，覆其枝干。季春出之，厚培其根，否则冻死。每春冰始泮，辽主必至其地，凿冰钓鱼，放弋为乐。”[28]宁江州城即松原市宁江区伯都古城，位于北流松花江的东岸。松花江在唐代称粟末水，辽代改称混同江。北流松花江与嫩江汇合后向东流汇入黑龙江入海[29]。在乾安县的花敖泡水边和查干湖的西南岸均发现了春捺钵的营地遗址，笔者主持了该遗址2012年到2018年的考古发掘工作[30]。根据考古发现和文献记载，笔者绘制出春捺钵的区域示意图（图二）。

大安市酒厂遗址位于长春河河口与混同江河口中间段的嫩江西岸，是春捺钵区域的中心节点区。《辽史·圣宗纪》载[31]："（太平）二年（1022年）春正月，如纳水钩鱼。二月辛丑朔，驻跸鱼儿泺。三月甲戌，如长春州。""（太平）八年春正月乙亥，如混同江。三月，驻跸长春河。""（太平）十一年春正月己酉朔，如混同江。二月，如长春河。"纳水，又称那河，今嫩江[32]。从这些记录次序看，辽圣宗首先卓帐于混同江，接着驻跸于大安酒厂遗址附近的嫩江，再沿着嫩江冰面向北行进30里到月亮泡湖进行春捺钵，后又沿着洮儿河河道西行到达长春州城。每年春捺钵时获得头鱼和头鹅，皇帝要分别举行盛大的头鱼宴、头鹅宴，宴会之间酒是必备之品。宴会饮酒、举杯酬酢、歌舞助兴，还有威服四方的巡边安抚之意。在天庆二年（1112年）的头鱼宴上，酒至半酣时天祚帝命诸酋次第起舞，独完颜阿骨打拒绝。天祚帝想除掉他，被大臣萧奉

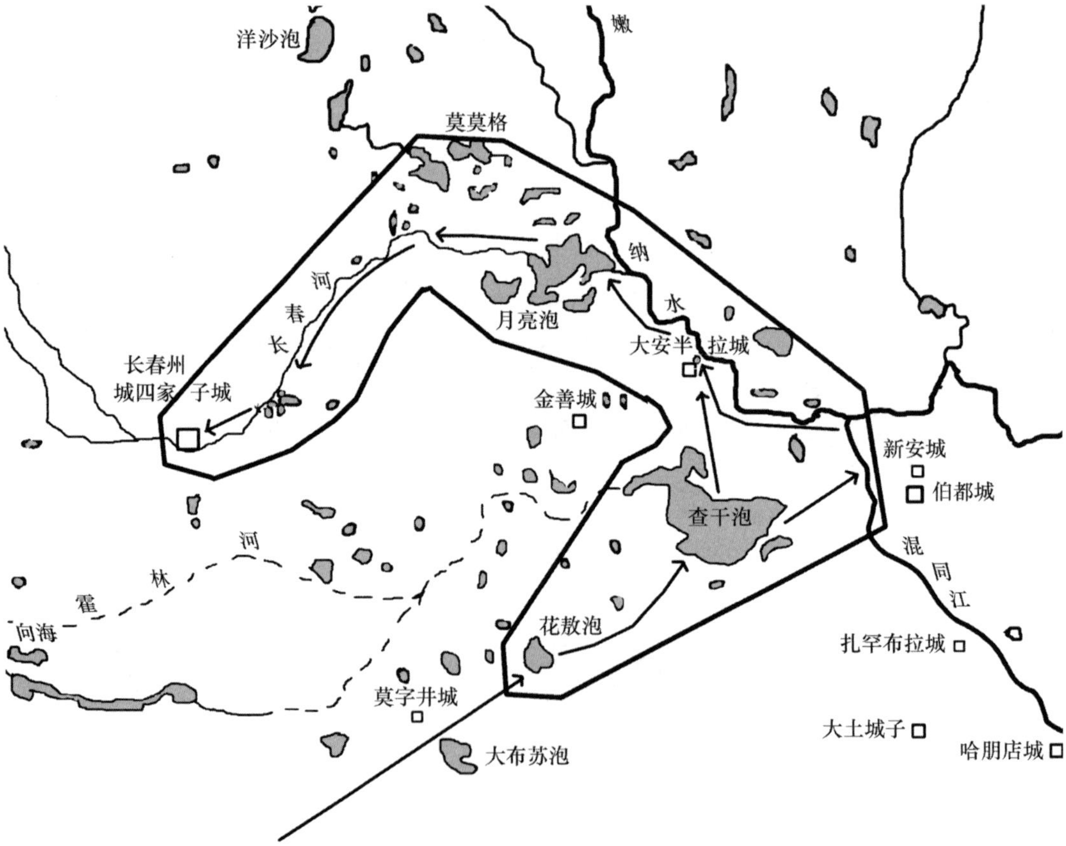

图二　春捺钵区域示意图（笔者绘）

先阻止，此事成为阿骨打日后反辽的直接导火索。辽帝春捺钵时，百官随行，队伍庞大，野外生活，天寒风硬，烧酒饮之发热，有驱寒之功效，故对烧酒需求增大。需求推动技术发展，通过技术革新，发明固态发酵技术，改进蒸馏设备，出现口径达140厘米以上的大型酿酒锅，从而大幅提高产能，满足市场需求。大安酒厂遗址是双锅并置，日产可达千斤，可见市场需求之大，这与宋人对白酒的需求量形成强烈的反差。春捺钵地区的自然冰易得无成本，直到春季之末，墙角坎阴之处仍有残冰可寻。冰可以储藏于窖穴内，当地至今为了储存鲜鱼，仍把江湖之冰储藏在地窖中供夏秋使用。因此斫冰烧酒的工艺能够在辽地流行。据《辽史》记载，辽朝皇帝自圣宗太平二年（1022年）春到天祚帝天庆四年（1114年）春到长春州进行春捺钵的时间长达92年。出河店之战后再也没有到长春州地域春捺钵，大安酒厂遗址也在此时间被废弃掩埋。

总之，大安酒厂发现的地锅巨大，直径比茅台酒厂的地锅还大20厘米，而且双锅并列，产量巨大。遗址又位于春捺钵区域的中心节点，嫩江岸边，应是供应辽皇帝庞大春捺钵队伍用酒的烧锅店。

四、斫冰烧酒遗存的重要价值

2014年7月24日中国酿酒工业协会理事长、白酒分会会长王延才主持了大安古法酿酒技术鉴定会，对此项复原设备和试验成果给予了肯定。英国剑桥大学李约瑟主编的《中国科技技术史》中论中国烧酒的起源时写道，“确实，这可能是中国化学和食品科学史上最具挑战性的悬而未决的问题。”[33]大安酒厂遗址发现的烧酒蒸馏锅具和石灶，确定为辽代晚期烧酒蒸馏器具，通过模拟试验首次破解和复活了辽代蒸馏烧酒工艺的过程，不仅把烧酒出现的可靠历史提前到辽代，还确认了中国烧酒是中国人自己发明创造的，彻底否定了其在元代从阿拉伯传入之说，为维护国家文化主权做出了重要贡献。

辽代斫冰烧酒完成了由传统米酒液态发酵向固态发酵，由压榨取酒向大规模蒸馏取酒的技术转变，奠定了高度酒商业化供应的基础。考古研究的成果证实了已故中国工业微生物学的开拓者方心芳院士提出的中国烧酒蒸馏设备起源于传统的锅甑炊器文化论断的正确性。

春捺钵之路是东北冰雪丝绸之路的重要组成部分。长春州是因辽代皇帝每年到这一带进行三个月的春捺钵而设立，长春州城内设有“盐铁、转运、度支、钱币诸司，以掌出纳”[34]，都城的机构在长春州设置，俨然“春都”。春捺钵区域内人口集聚，农业、手工业、渔猎业、商业都发展迅速。这里湖泊湿地众多，鹅鸭鱼资源丰富，林多榆柳，水果资源匮乏，谷物丰盈，道宗时“春州斗粟六钱”，因米贱而载入《辽史》[35]，所以大安烧酒的原料应该是谷物。烧酒的发明，是根植于我国传统的酿酒文化和锅甑炊煮器具，并受辽朝皇帝春捺钵活动时对蒸馏酒大量需求的驱动而产生的，可以说斫冰烧酒是冰雪丝绸之路多种文化交融碰撞的结晶。白酒蒸馏技术又随着冰雪丝绸之路的文化交流，向中原、南方等周围地区传播，至少到元代已经遍布全国，成为世界六大蒸馏酒之一。大安酒厂烧锅和窖藏钱币就是这独特历史的见证。

注　释

［1］ 武松. 吉林省松原市伯都古城的调查——兼论宁江州位置［C］. 边疆考古研究（第25辑）. 北京：科学出版社，2019：155-180.

［2］ 冯恩学，吴敬. 吉林省大安辽金酿酒遗址调查［C］. 东北亚古代聚落与城市国际研讨会论文集. 北京：科学出版社，2014：107-121.

［3］ 金史［M］. 卷二. 太祖纪.

［4］ 辽史［M］. 卷二十七. 天祚皇帝一.

［5］ 金史［M］. 卷二. 太祖纪.

［6］ 金史［M］. 卷二十四. 地理志上.

［7］ 吉林省文物考古研究所，吉林大学边疆考古研究中心. 前郭塔虎城：2000年考古发掘报告［M］. 北京：科学出版社，2017.

［8］ 方心芳. 关于中国蒸酒器的起源［J］. 自然科学史研究，1987（2）.

［9］ 承德市避暑山庄博物馆. 河北青龙县出土金代铜烧酒锅［J］. 文物，1976（9）.

［10］ 林荣贵. 金代蒸馏器考略［J］. 考古，1980（5）.

［11］ 马承源. 汉代青铜蒸馏器的考察和试验［J］. 上海博物馆集刊，1992（6）.

［12］ 张春林. 欧阳修全集［M］. 北京：中国文史出版社，1999：71-72.

［13］ 宋史［M］. 卷三百一十九. 欧阳修传.

［14］ 说文解字［M］. 卷十.

［15］ 缪钺等. 宋诗鉴赏辞典［M］. 上海：上海辞书出版社，1987：294-295.

［16］ （清）厉鹗辑撰. 宋诗纪事 2［M］. 上海：上海古籍出版社，2013：1202.

［17］ a. 李华瑞. 中国烧酒起始的论争［J］. 中国史研究动态，1990（8）.
b. 罗丰. 蒙元时期的酿酒锅与蒸馏乳酒技术［J］. 考古，2008（5）.

［18］ 本草纲目［M］. 卷二十五.

［19］ 苏轼. 物类相感志［M］. 北京：中华书局，1985：6.

［20］ 赵美杰. 赞宁《物类相感志》研究［D］. 华东师范大学，2008：11.

［21］ 陈垣. 释氏疑年录［M］. 卷六. 北京：中华书局，1964：195-196.

［22］ 何伟. 刘伶醉古烧锅约有八百年历史［N］. 光明日报，1998-11-27.

［23］ 江西省文物考古研究所. 江西进贤县李渡烧酒作坊遗址的发掘［J］. 考古，2003（7）.

［24］ （宋）朱肱著，任仁仁整理校点. 北山酒经［M］. 卷上. 宋元谱录丛编 · 外十种. 上海：上海书店出版社，2016：13.

［25］ 本草纲目［M］. 卷二十五.

[26] 辽史［M］. 卷十六. 圣宗七.

[27] 彭善国. 吉林前郭塔虎城为金代肇州新证［J］. 社会科学战线，2015（10）.

[28] （宋）洪皓撰，翟立伟标注. 松漠纪闻［M］. 长春：吉林文史出版社，1986：26.

[29] 李健才. 松花江名称的演变［J］. 学习与探索，1982（2）.

[30] 冯恩学，武松. 吉林乾安县辽金春捺钵遗址群后鸣字区遗址的调查与发掘［J］. 考古，2017（6）.

[31] 辽史［M］. 卷十六. 圣宗七.

[32] 谭其骧. 中国历史地图集释文汇编·东北卷［M］. 北京：中央民族学院出版社，1988：129.

[33] 李约瑟，黄兴宗. 中国科学技术史［M］. 第六卷第五分册. 生物化学技术卷. 北京：科学出版社，2008：166.

[34] 辽史［M］. 卷五十九. 食货志上.

[35] 辽史［M］. 卷五十九. 食货志上.

The Reasearch of Liao Dynasty Distillery Site which Produce Distilled Liquors with Ice

Feng En-xue　Gu Qiao

In 2006, a stove and some pots and ironware were discovered in Da'an Winery of Jilin Province. It was judged as a distillery site of Liao and Jin Dynasties after archaeological investigation. Then a coin hoard of Liao Dynasty was found in this site in March 2014, which was abandoned mainly by the influence of Chuhedian's war in November 1114. The discovery of the coin hoard dates the distillery site to the late Liao Dynasty. The simulation experiment in Da'an Winery successfully recovered the distilled spirit craft of Liao Dynasty. It is found that the effect of cooling with ice is the best through the experiment, which is consistent with the verse of "hacking ice makes distilled spirit hot" that made by Ouyang Xiu. The discovery of Liao Dynasty distillery site which produce distilled liquors with ice proves that Chinese distilled liquor originated in China, and the origin has a close relationship with the activity of Chunnabo.

考古学史

殷墟十五次发掘形成的中国考古地层学叙议（上篇）

许永杰

（中山大学南中国海考古研究中心，中山大学历史人类学研究中心，广州，510275）

在20世纪50年代之前的中国考古舞台上，1928年至1937年中央研究院历史语言研究所（下文简称“史语所”）在河南安阳殷墟遗址所做的十五次发掘无疑是一部重头戏，其意义重大和影响深远是同时期的其他活动都不能比拟的。与殷墟发掘相伴，中国考古地层学逐步走向成熟。

从考古地层学[1]形成过程的角度划分，殷墟十五次发掘可以分为三个时期[2]，其中1928年至1929年的第一次至第三次发掘是起步时期，1931年至1932年的第四次至第七次发掘是成型时期，1933年至1937年的第八次至第十五次发掘是提升时期。如果把殷墟的发掘比作一部重头戏，那么，1926年山西夏县西阴村遗址的发掘则是其序幕，1930年和1931年山东章丘城子崖遗址的发掘则是其插曲，1939年云南苍洱马龙遗址的发掘则是该剧的谢幕。

一、起步时期

1928年殷墟第一次发掘由董作宾主持（图一）。史语所成立伊始就到河南安阳殷墟遗址发掘，对于此举的目的，董作宾在《民国十七年十月试掘安阳小屯报告书》的序言中讲：“吾人感于殷墟甲骨有大举发掘之必要，乃先从调查入手。调查之后，觉有可以发掘之机会，于是作为计划，着手筹备，而从事试掘之工作。”[3]

董作宾甫到小屯，便走访和查看曾出土甲骨的地方，随之制定了一个发掘计划。董氏的计划主要有四点想法：一是布方发掘，以4方丈（2丈×2丈；1丈≈3.3米）面积的

图一　董作宾指导第一次发掘

（采自李永迪、冯忠美：《殷墟发掘照片选辑》，台北"中央"研究院历史语言研究所，1992年，第13页，图9）

探方为发掘单位；二是平均深度下挖，以一尺为一层；三是挖掘深度停止在距地表3丈处；四是详细记录土色及出土物。

实际发掘工作分为三期进行。第一期，确定曾出土甲骨最多的谷地为发掘区域，参照村人挖甲骨的做法，将原本计划的方坑操作改做长坑操作，以同样的发掘面积，获取更多地下埋藏甲骨的信息；采用"轮廓之法"，在其东北、西北、西南、东南四角各开一条探沟，用以确定遗址范围。仅工作一日即放弃轮廓之法，而采用"集中求法"，集中全力向谷地出土甲骨多的地点探求。又采用"打洞之法"了解地下文化堆积，使用村民挖天花粉的木把铲子打出七八寸边长的方形探孔，深至一丈止，每深二尺为一层，土样按顺序整齐排列，以观察土色变化[4]。鉴于这三种方法都没有找到理想的甲骨埋藏地，第二期工作时又在出有少量残余甲骨的第九坑继续下挖至一丈五尺，同时将该坑向东南西北四个方向扩展成"十字形"探沟，用扩大探求跨度的方法，寻求甲骨埋藏的信息[5]。第三期工作挖掘的二十四坑被认为是未经扰动过的堆积（图二），报告除文字外还附一张示意图（图三），从中可以了解董氏对于地层堆积的认识，以及对土色和出土物的记录。"深五尺以下为灰色土，六尺，出有字骨版十五块，骨质坚硬而黝黑，字极清晰，由六尺乃至八尺，皆有字骨，土灰而含细沙，有绳纹陶片及木炭屑，八尺以下，有兽骨兽牙等。"

第三期发掘的第三十六坑出有字龟版135块，无字龟版175块，被认为是本次发掘的最大收获。报告附有该坑剖面图（图四）。

在该图中，出土龟版的地层自距地表5英尺（1英尺≈0.3米）处向下倾斜至15英尺，

图二　第一次发掘第二十四坑开工

（采自李永迪、冯忠美：《殷墟发掘照片选辑》，台北“中央”研究院历史语言研究所，1992年，第9页，图5）

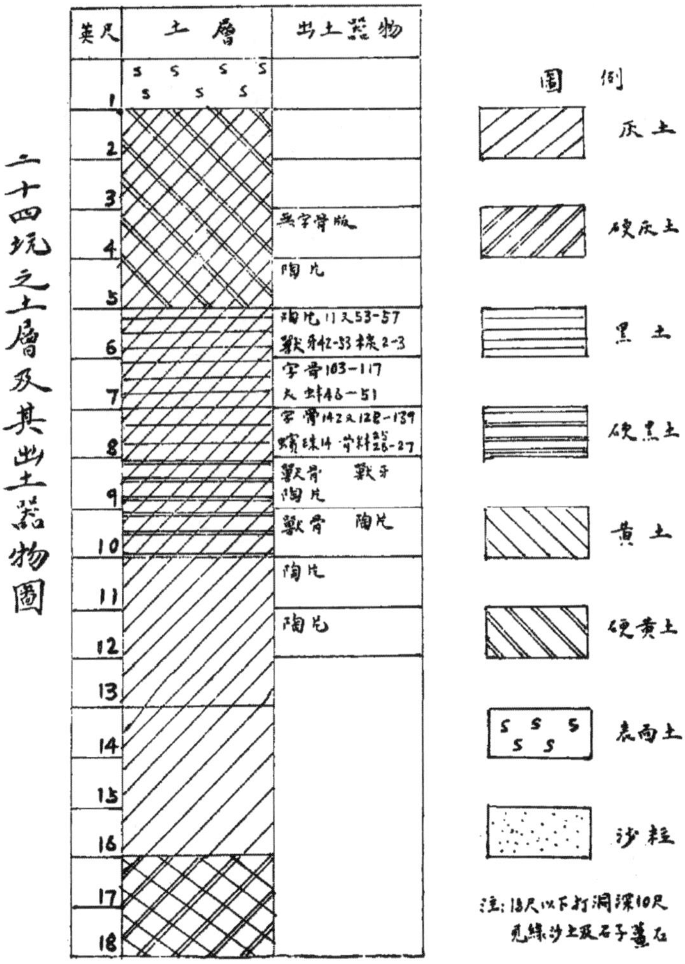

图三　小屯二十四坑剖面示意图

（采自董作宾：《民国十七年十月试掘安阳小屯报告书》，《安阳发掘报告》第一期，第20页）

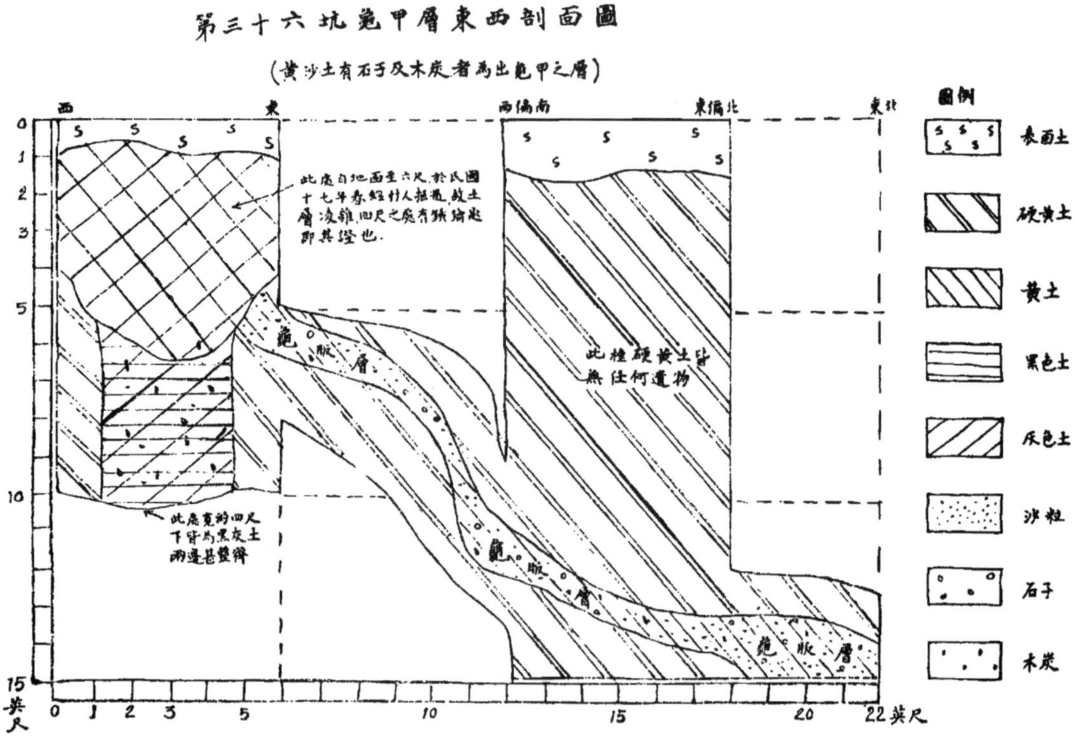

图四　小屯三十六坑剖面图

（采自董作宾：《民国十七年十月试掘安阳小屯报告书》，《 安阳发掘报告》第一期，第20页）

该层被呈层状的硬黄土包围，西侧有一直壁状竖坑，坑内堆积为含砂石的黑土，深未及底。至于这夹在层状硬黄土中的由西向东倾斜而下出有龟甲的堆积是如何形成的，董氏认为“殷墟遗物如甲骨之类在地下之形状，又确可断定其为漂流淤积所致”。

第一次发掘小结。发掘目的在于寻求刻字龟甲兽骨；选择发掘与钻探（使用挖天花粉铲子）相结合的田野工作形式；采用散点式布方的探沟发掘，探沟规格和方向无定制，以阿拉伯数字做序数编号，以“十字形”探沟扩大发掘跨度（图五）；采用平均深度下挖的操作方法，将发掘深度预设在距地表一丈，而不是“生土”（其二十四坑剖面图之注“18尺以下打洞深10尺，见绿沙土及石子姜石”当是生土——河相堆积）；注意记录堆积的土色和包含物；未能有效识别直壁坑和夯土——层状硬黄堆积等遗迹现象[6]；文化堆积的成因解释是漂流淤积。

1929年春季殷墟第二次发掘由李济主持（图六）。发掘区域分别在村南、村北和村中三处，开掘探沟二十余条，或为正方向，或为斜方向。探沟的分布在村南和村北是散点式（图七），在村中是由扩方而成的连片式（图八）。各探沟的规格不一，发掘深度不一，不以生土为限。李氏认为小屯地面下的情形扰乱的居多，发掘的目的在于弄清其原因，以获得对堆积的准确认识。因此，李济将本次发掘的报告称作《小屯地面下情形分析初步》[7]。李氏把对小屯地层破坏的形式总结为近几百年的建房、挖井、种

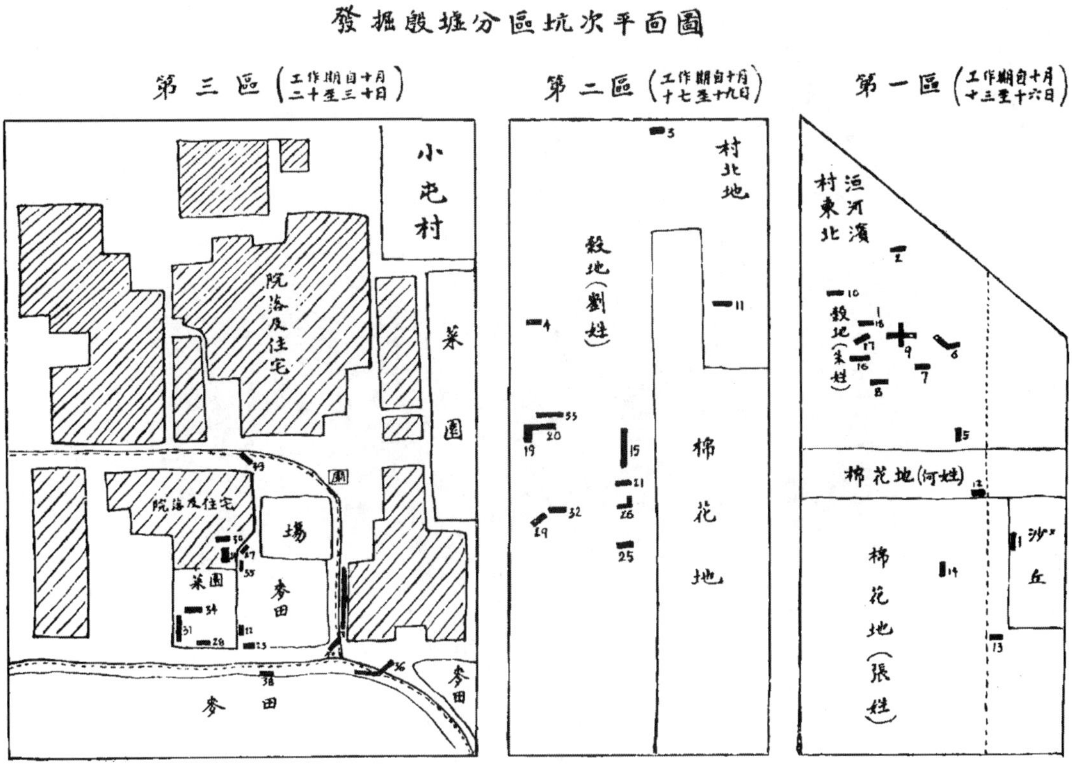

图五　小屯第一次发掘探坑位置图

（采自董作宾：《民国十七年十月试掘安阳小屯报告书》，《安阳发掘报告》第一期，第32页）

图六　李济指导第二次发掘

（采自李永迪、冯忠美：《殷墟发掘照片选辑》，台北“中央”研究院历史语言研究所，1992年，第22页，图14）

图七　第二次发掘村北发掘

（采自李永迪、冯忠美：《殷墟发掘照片选辑》，台北“中央”研究院历史语言研究所，1992年，第23页，图15）

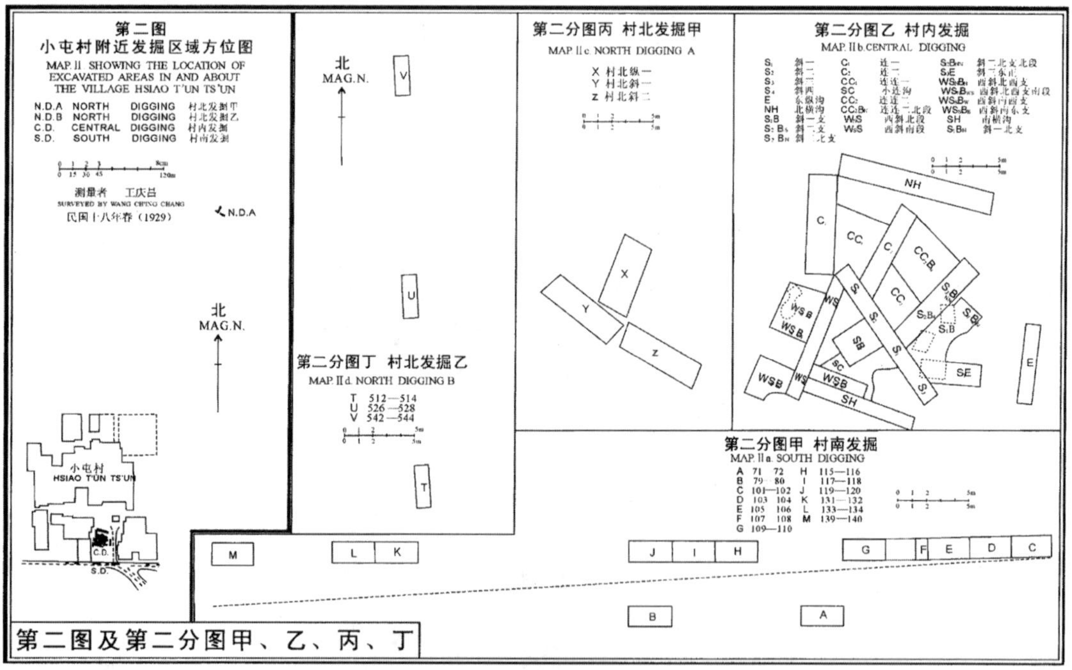

图八　小屯第二次发掘探坑位置图

（采自李济：《小屯地面下情形分析初步》，《李济文集》卷二，上海人民出版社，2006年，第221页插图）

树、埋人、平地及挖古董，南北朝隋唐时期作为墓地，还有洹河的水冲。

报告举例村中西斜北西支四墙、西斜北段北墙、斜二北支西北墙、西斜南东支与小连沟等剖面介绍小屯的地层堆积。

从西斜北西支剖面的介绍可知，发掘是按深度进行的，注意记录不同深度的土色土质和出土物，还特别统计了单位所出的石子量，如深1.05～1.75米处，每3.15立方米出石子100颗。报告认为，东北部1.75～2.25米处的黑黄夹杂土中出有瓷片、釉陶和甲骨是经过后来的翻动而得。

报告认为，斜二与斜二北支的地层是没有经过后来的翻动（图九）。这一剖面的地面层之下“有一层黄沙土夹着细的石子，极粘极硬，不容易挖动，确实带着最多的带字的骨头；除字骨头外，还有好多破的陶片及兽骨。这一层厚约一公尺至一公尺半；中间有好些软灰及炭的薄层隔断，带字的骨头见于上层者较多，但是好多都被虫蛀了。到了下段，土色渐暗，土质渐松，陶片渐多。土色变灰以后，就不很再变。陶片渐多的地方，字骨也渐少了。”从今天的发掘经验看，这样一层厚1～1.5米，上部土色为黏硬黄沙土（或为夯土），下部为松软灰土，中间且夹杂软灰及炭薄层的堆积，显然应在细分为两层或更多层的堆积。

报告认为，西斜南东支与小连沟剖面（图一〇）可以说明殷人活动后的地面变迁。该剖面左侧最下部为一隋代墓葬，墓上有1米厚的淤土，再上为黄沙土，再上为地面层。右侧地面层下为含石子硬黄砂土层，出字骨，再下为棕色灰土层。隋墓葬入之前，左侧地层应与右侧相同。对于这样的一种层位堆积，李氏给出的推测是：“墓葬上的成层淤土，是葬后又为水冲所堆积的。至于淤土上的那一层带沙的黄土，大概是墓葬原来的一部分。”这一倒装堆积的看法为殷墟第四次以后的发掘证明是错误的。

从隋代墓葬的上层有一水冲淤土推开去，李氏认为小屯“地下的文化层是由洪水冲积成的，殷商人所以放弃这个都城，也是因为这次的洪水”。其洪水成因证据是：黄灰沙土层内有重逾20磅的石蛋、小石子、砂砾；大片的骨质物在上，大片的陶片在下；

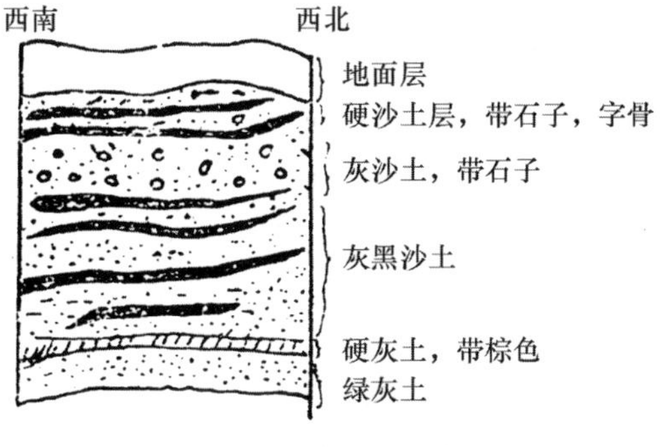

图九　斜二北支西北墙剖面图
（采自李济：《小屯地面下情形分析初步》，《李济文集》卷二，上海人民出版社，2006年，第223页，插图6）

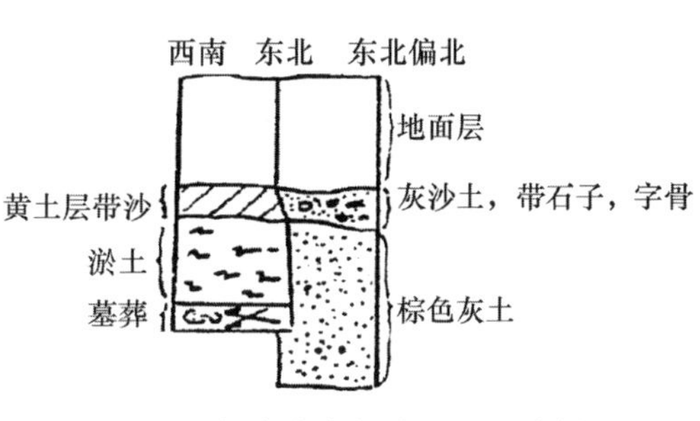

图一〇　西斜南东支与小连沟连接剖面图
（采自李济：《小屯地面下情形分析初步》，《李济文集》卷二，上海人民出版社，2006年，第224页，插图7）

灰土层发现一个淹死的成童；光绪初年的大水就曾在小屯村中弥漫。

关于遗迹现象李氏推测：遗物的出土都有一定的集中地方，字骨出在斜二和斜二北支探沟，箭镞出在村北，这些地方或许有储藏物品的房基。除怀疑有房基外，发掘工作还发现并清理出圆形和长方形灰坑。在西斜北西支2.5米处，弧形灰土进入南壁，弧缘边为净土，深5米，平底下为黄土，该坑北端与一长方形灰土坑相连。在斜二、斜二北支及斜三东正，有三处长方形灰坑。斜三东正灰坑深8米，底部“向北向东转”，坑下部有后来的侵入，出有晚期的砖片、瓦片和瓷器。

李氏把小屯地下堆积的扰动总结为三种形式：①表面的翻乱，如村中发掘所遇旧房基对地面的破坏。②全部的移动，如村中发掘的几座唐墓，挖出的土又被填进去，所以字骨和商朝的实物压在唐朝的墓葬之上；若是掘井则有两种可能，一是井废弃之后，填井土石从远处运来，一是填井之土原本就是掘井之土。③腰下的挖割，如斜三东正的深8米灰坑底部发现晚期遗物。

1929年秋季殷墟第三次发掘还是由李济主持。报告以《民国十八年秋季发掘殷墟之经过及其重要发现》为题发表[8]。主要发掘区域位于小屯村东北，原本计划在村北做大面积的揭露，后改为探沟法发掘，共开探沟83条，规格不一，以10米×1米为主（图一一）。探沟的布列为正方向纵横衔接的“网状”，探沟编号比较繁复，一般是东西横向探沟编号以汉字“横”表述，南北纵向探沟以汉字“纵”表述；横向和纵向探沟

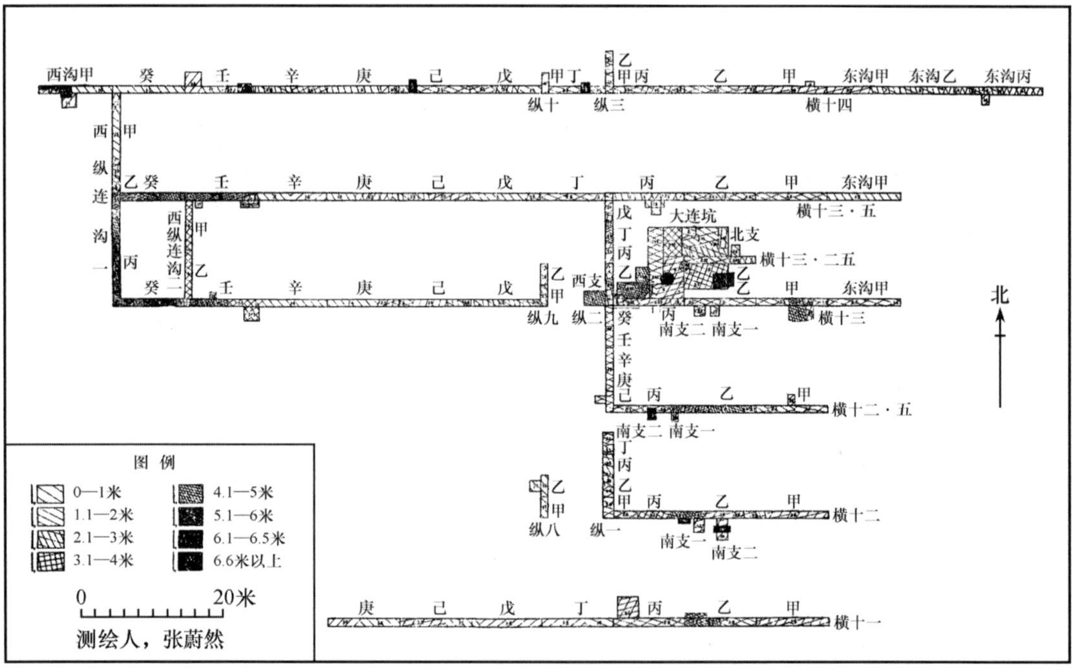

图一一　小屯第三次发掘探坑位置图

（采自李济：《民国十八年秋季发掘殷墟之经过及其重要发现》，《李济文集》卷二，上海人民出版社，2006年，第242页，图2）

的序号用汉字小写数字“一”“二”“三”等表述，如“横一”“纵一”等；每条探沟上的分段用汉字天干“甲”“乙”“丙”“丁”等表述，如“横一甲”“纵一甲”等。横向探沟若再向南、北扩方，则以“南支一”“北支一”等表述，纵向探沟若再向东、西扩方，则以“东支一”“西支一”表述，如“横一三丙北支一”“纵二甲乙西支”等。在主要发掘区域西北另开三条探沟，编号前冠以“西北”[9]。纵二与横十三之间的连片发掘则被称作“大连坑”（图一二）。

图一二　第三次发掘大连坑工作情形

（采自李永迪、冯忠美：《殷墟发掘照片选辑》，台北“中央”研究院历史语言研究所，1992年，第45页，图30）

李济延续第二次发掘的看法，认为由于葬人、掘井、移土和水冲，小屯村北大部分的地层都已经被扰动了，以隋代卜仁墓的堆积情况为例予以说明。该墓位于纵二甲乙西支，墓口距地表4.2米，墓上堆积有11层。其第3层为“1～1.45米，深1.15米时褐色土与黄土相间，北半褐色土中无炭及陶片，间有炼渣，南半黄土中间有陶片及红烧土”。第4层为“1.45～1.8米，南半黄黑土，北半褐黑土；南壁由东至西约2米为扰动之黄土；黑土中有大陶器残片、石刀片、白陶片、花骨、箭镞、绿松石；间有红烧土块”。从这段记述可知：从第3层和第4层南北土质土色不同上判断，可以肯定发掘是按照平均深度操作的。这样的揭露方法最大问题是不能及时发现遗迹的开口层位，不能准确认识遗迹形制。结合卜仁墓的照片看，墓葬是在人骨和随葬器物露出后才发现的。那么，报告所讲的“墓上堆积”是人骨和随葬器物之上的填土堆积，还是墓坑之上的地层堆积，因其语焉不详，不得而知。

报告又举例距卜仁墓不远处的横十三丙北支二北支探坑的17层地层堆积。把第2～6层堆积归为褐色极硬土堆积，很少包含遗物；把第6～8层归为杂有黄沙淤土的黑色硬土堆积，烧土块和陶片渐多；第8层及以下诸层均为文化层；3.3米深的第11层发现一圆形黑土坑，深7米仍不见底，出有陶片、蚌壳、兽骨、木炭、字骨等。

在将纵二甲乙西支和横十三丙北支二北支两处探坑的地层比较后，李氏认为卜仁墓上缺少后者的黑硬土和褐色硬土堆积是因为下葬卜仁时，下葬者挖穿了这两层堆积，填埋墓葬时又将这些堆积回填，以至于出现混合夹杂的不同颜色的地层。他的这一认识虽然不一定真实，但却启发了后来夏鼐对甘肃宁定阳洼齐家文化墓葬填土陶片早于墓葬本身的认识[10]。

与卜仁墓未能弄清墓葬形制相比，在第二次发掘对灰坑清理和认识的基础上，本次发掘发现并清理了11座长方形和圆形的灰坑，长方坑小者1.4米×1米，大者3.2米×3米，圆坑直径1.9米，坑深1.4～7.7米；坑内出有较多的陶器、骨器、卜骨、龟版、骨版、字骨、人骨、兽骨等。对于灰坑的性质与功用，李氏认为有些坑同当年安特生在仰韶村发掘的袋形坑一样[11]，是用于储藏物品的；有些坑内出有整副人骨和整副猪骨的坑，以及深不见底的坑则可能与祭祀有关。

第二次、第三次发掘小结。由李济主持的第二次、第三次殷墟发掘，除散点式布方外，更多采用的是集中布方[12]，第二次发掘时在村中麦场的布方和第三次发掘时在村北的“大连坑”布方是连片布方，第三次发掘时在村北采用大面积“网状”布方。探方编号一改第一次发掘董氏的简单阿拉伯数字排序法，而据探坑所在区域、方向、排序等采用汉字表述。各探沟的规格不一，发掘深度不一，不以生土为限。发掘按深度进行，注意记录不同深度的土色土质和出土物，未能有效识别不同土质土色的地层堆积。除发现并清理隋代墓葬和不明年代的屈肢葬外，有效地清理出圆形和长方形两种灰坑，这是中国考古工作者在田野发掘中掌握“找边”技术后，首次在地层堆积中成功清理出遗迹堆积。解释遗迹的功能——推测灰坑的功用有二，一是储藏坑，一是祭祀坑。发现灰坑与灰坑之间的打破关系，但未引起足够的重视。认识到墓葬之上的堆积包括挖墓时原有的地层堆积。将小屯地层的扰乱归结为葬人、掘井、移土和水冲等，进而认为“殷商人所以放弃这个都城，也是因为这次的洪水”。[13]

有着地质学学科背景的张蔚然参加了殷墟的第三次发掘（图一三），事后写成专门的地层学研究文章——《殷墟地层研究》[14]。张氏的殷墟地层的研究侧重于堆积成因的分析，尤其是自然成因的分析，其主要认识或核心思想是殷墟地层的形成是洪水淤积[15]。其具体看法如下。

（1）小屯的殷商文化层淤积于黄砂土上，是以黄土层为底床的，是河水泛溢淤积而成的平原。洹水位于小屯村东北，小屯村文化层就是洹水泛滥淤积而成的。此外，距小屯约20千米的北侧漳河和约15千米的南侧黄河也有泛滥淤积成小屯地层的可能。

（2）小屯文化层以黄沙土为底床，上覆盖地面土，其他各土夹在中间。褐色土是小屯地层堆积的土源，其他颜色的土均是由褐色土演变而成的，如黄褐土、红褐土、灰褐土、黑褐土等。褐色土为红褐色，夹有网状白线，质地坚硬，是由红页岩风化而成。小屯西北、西南各7.5千米均有红页岩山丘，自西东流的洹水泛滥夹带风化红页岩沙土而下，淤积成小屯的地层堆积。

图一三　第三次发掘时张蔚然测量
（采自李永迪、冯忠美：《殷墟发掘照片选辑》，台北"中央"研究院历史语言研究所，1992年，第38页，图25）

（3）黄砂土下再无文化遗物，但是黄沙土并不是商人活动的地面。因为殷人居住的凹形穴居挖在黄沙土内，地面和穴壁若是黄沙土，经洪水冲击则不能保持完好的形状。再则字骨、石刀、骨镞、鹿角、龟版等殷商遗物，以及红烧土、炼渣、大小卵石、黄土堆包、灰土堆包等均不在黄沙土面上。

（4）小屯的地层堆积不是一次大水积淤，有三类证据。一类是地层内的包含物分布的状态，如铜玉蚌骨等遗物，同类遗物高低皆有，不同类遗物则聚于同一水平，若一次大水，会按比重分布高低；文化层内大小石卵不成堆状或片状堆积，高低皆有，散乱分布；文化层内红烧土高低均有。一类是文化层内不同土质土色堆积的状态，灰土、黑土、炭灰土不在同一层面上，且间以纯净土层，当有不同层次的淤积；灰褐、黄褐、黄沙包三种淤土层，每种都是水面波动一次结果。一类是文化层内遗迹的状态，凹坑有呈台阶状者，其不是一次建房的遗留（详后）。

（5）小屯文化层的最终形成约经四次洪水，其判断的依据是洪水泛滥淤积地面应大抵平坦。第一次是黄砂土面上厚约0.2米的红褐土或其变质土；第二次在距地表2.2米处，保有各种土及石卵，且形成一水平层状；第三次在距地表1.5米处，保有灰土、红烧土、炭黑土、黄沙土、石卵及波浪皱纹遗痕等；第二次和第三次淤积层之间尚有纯净文化层土——红褐土为间隔；第四次是1.5米处以上厚约1米的河砂层。鉴于第四次淤积为河砂，不同于前三次的土砂淤积，应来自黄河的泛滥。

（6）小屯文化层中的遗迹现象也与洪水泛滥淤积相关。文化层由四次洪水淤成，应淤积一次有一次人类居住，但是只在最下的黄砂土上见有凹形穴居，其他时期的穴居则无保存。穴居无存是由于连降大雨，河水泛溢，泡塌的穴居为水所溶成粉，再与泥水重行沉积，融为一体。此外，文化层内还有一些现象应与房屋倒塌相关，如凸镜包式的堆积和波形堆积应为房屋倒塌堆积；直立的灰土堆积是受房屋倒塌激荡而形成的；黄褐土当为倒塌的墙壁或穴壁堆积；红烧土及炼渣原为屋内堆积，其与比重不同的灰土、黑灰土、炭黑土夹杂沉积在一处，也是由穴壁为水冲泡倒塌之故。

（7）小屯地层堆积的层与层之间界限不清，发掘时不易区分。之所以未能在文化层交界处划出明确的界限，或由于上下层土质土色一致，或由于上层形成之前，下层地面已经为水侵蚀失去原状，或由于沉积缓慢。

对于文化堆积中的遗迹现象，张氏有如下认识：

（1）关于凹形坑，据李济在山西所见、董作宾和其本人在河南所见当代民居，推断其为半穴居房屋。穴内灰土、黑灰土、炭黑土为居民燃烧之物灰烬与泥土混合而成（图一四）。有台阶的凹坑也为穴居房址，但台阶不是出入的台阶，而是因居民为躲避洪水，多次营建形成的。每次洪水过后，人们在原址不能准确定位原穴位置，错位挖穴致成的（图一五）。有台阶的大型凹坑不是民居房址，而是手工作坊，是因为坑内堆积中有红烧土、炼渣或兽骨、兽牙、蚌壳、残石器等。

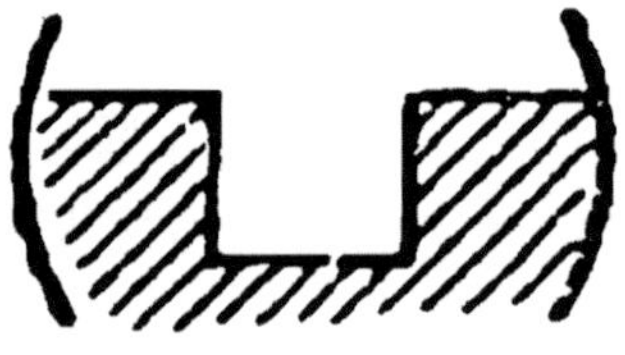

图一四　凹形坑

（采自张蔚然：《殷墟地层研究》，《安阳发掘报告》第二期，第256页插图）

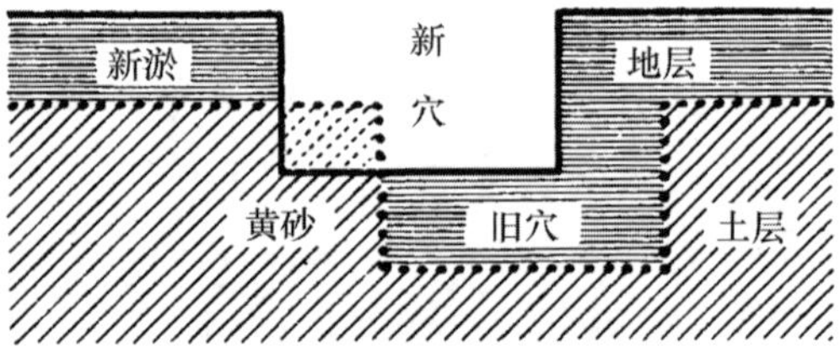

图一五　有台阶大型凹坑

（采自张蔚然：《殷墟地层研究》，《安阳发掘报告》第二期，第258页插图）

（2）在未经扰动的文化层下发现“直洞”，有长方形、斜方形和圆形三种，长方形直洞有长1.9、宽1米者，斜方形直洞有长2.9、宽2.2米者，圆形直洞有直径1.9米者。直洞最深有达10米见水者。直洞为殷商居民所挖无疑。长方形直洞出陶片、骷髅、整具猪豕，李济以为祭祀用；圆形直洞出较大兽骨和大宗蚌壳；斜方形直洞出刻字或不刻字的龟甲、蚌壳。斜方形、圆形内包含物自上而下都有，似不为储物的窖穴。

（3）堆积中的炭灰为居民燃烧树木和五谷的灰烬。以当代居民生活常识推知，燃烧木材成灰为黑灰色，燃烧杂草成灰为白灰色。

（4）文化层内的浪形堆积有两说，一为董孝先认为筑房时的夯锤技术的遗痕，一为李济认为水浪冲击。灰褐土、黄褐杂土、黄沙土的层状淤积，为薄层重叠，厚约0.2米，是因多次水的波动。

（5）凸镜包状黄沙土为居民掘坑之堆土。

（6）堆积中长10、厚0.15米的陶片堆积，当为人为所致，非自然力搬运；文化层内高低堆积的大石小卵为人工搬运，非洪水冲运。

张蔚然地层成因认识小结。张氏的小屯地层学研究具有浓重的地质地层学特点，特别重视文化堆积的自然成因分析，虽然其洪水淤积而成的核心认识为后来的发掘所否定，但是其关于文化堆积包括自然与人为两种成因的思想无疑是正确的。遗憾的是在后来的新石器时代及历史时期考古学研究中，就很少见到有从这两个方面去研究和认识遗址的堆积成因了，也很少见到这方面的研究文章了[16]。考古地层学发展至今天主要关注两点，一是按照土质土色及包含物认定堆积单位，二是确定堆积单位在堆积秩序中的位置。张氏所重视的文化堆积的成因尤是自然成因，由于在第四次殷墟发掘时彻底否定了殷墟地层堆积的淹没说，而为时人和后人视为敝屣而丢弃，“脏水与孩子一起泼掉”，殊为可惜。

二、成型时期

这一时期包括殷墟第四次至第七次发掘，第四次发掘包括小屯、后冈和四盘磨三个地点，第五次发掘包括小屯和后冈两个地点，第六次发掘包括小屯、高井台子、四面碑、王裕口和霍家小庄（遗址位于两村之间的马家地内）四个地点，第七次发掘只小屯一个地点。相关的考古报告主要有李济：《安阳最近发掘报告及六次工作之总估计》，“六次工作”是指殷墟第一次至第六次发掘，主要报道的是第四、第五和第六次发掘情况[17]；郭宝钧：《B区发掘记之一》《B区发掘记之二》，报道的是第四次和第五次发掘小屯遗址B区的情况[18]；梁思永：《小屯龙山与仰韶》，报道的是第四次发掘后冈遗址第一次发掘情况；《后冈发掘小记》，报道的是第五次发掘后冈遗址第二次发掘情况[19]；吴金鼎：《摘记小屯迤西之三处小发掘》，报道的是殷墟第四次发掘的四盘磨遗址、殷墟第六次发掘的高井台子遗址和王家峪口及霍家小庄遗址情况[20]；石璋如：《第七次殷墟发掘E区工作报告》，报道的是第七次发掘小屯遗址E区的情况[21]等。

1931年春季殷墟第四次发掘由李济总领队。小屯遗址分作五个掘区，以英文A、B、C、D、E表述，每区的探方顺序编号，如A1、A2、B1、B2、C1、C2等；于小屯村西南定发掘基点，设定殷墟的范围都在基点的东北方向，把新、旧探方均绘制在同一图纸上[22]，每一探方均有其具体坐标位置，诸如东90、北440，东80、北570等；探方（沟）以磁北为正方向。

与前三次发掘相比，从第四次发掘开始有了一个重大的变化，这就是主持第四次小屯B区发掘的郭宝钧（图一六）所讲的：“吾人发掘殷墟已四次，于第一次发掘，颇注意甲骨文之搜集，于第二、三次发掘，颇注意其他遗物之网罗。而遗迹之特别注意，实以此次为始。”在B区遗迹方面的收获，主要有三点：殷人版筑遗迹之判定，殷墟淹没说之修正，殷人居住状况之两个时代。

郭宝钧针对前三次发掘地层内所见的“聚凹纹”遗迹，尤其是张蔚然的解释，列举七条证据说明此乃版筑遗迹，并征引《史记·殷本纪》关于武丁得善筑之术的传说等相关文献，证明殷人于武丁时期已善版筑之术。郭氏之所以能够识别出“聚凹纹”为版

图一六　第四次发掘时郭宝钧审视夯土层
（采自李永迪、冯忠美：《殷墟发掘照片选辑》，台北“中央”研究院历史语言研究所，1992年，第57页，图36）

筑遗迹，李济是这样讲的：“十九年秋季在山东城子崖发掘，得了城墙的基址，完全是版筑的。那些凹纹，宛然似我们在殷墟所见的。二十年春季继续殷墟工作，就不期而然的特别注意了这个问题。”

由于前三次发掘所认定的殷墟淹没说有一主要依据是地层内的 “聚凹纹”，既然聚凹纹为版筑夯土的夯窝遗痕，与大水的波浪遗痕无关，那么淹没说就自然不成立了。郭氏在一一驳斥张氏证明淹没的五项证据后，认为这些现象“乃都市废弃后，倾圮堆积之当然现象，与大水丝毫无关”。小屯遗址的层状堆积非因洪水淤积而成，而是版筑夯土层的认定的重要意义，不仅是排除了小屯地层堆积的成因解释，还在于为此后殷墟黄土建筑的认定提供了技术保证。

B区发掘共发现8处版筑遗迹，郭宝钧从平面形制之宏大整齐、正方向、出土物非日常生活用品、与建筑相关的古文字字形等推断，其应为宫室基础。B区发掘共发现6处居穴遗迹，郭氏从10平方米的面积、出土物为日常生活用品、文献中的“陶覆陶穴”等记载推断，其应为穴居遗迹。关于两类居住遗迹的年代关系，郭氏从B37、B43坑中，“土墙跨圆穴而筑”的叠压现象推断，殷人在小屯居住有两个时代——“穴居居先，堂居居后”，“距地面2.5米处，系殷代地面。由此而上，为版筑分布层。由此而下，为居穴分布层。”李济则将其表述为殷商文化层的“方圆坑时期”和“版筑时期”（图一七）。

1931年秋季殷墟第五次发掘由董作宾总领队。小屯B区于遗迹方面的收获有二，一是穴类遗迹功能的认识，二是黄土堂基的发现。关于穴类遗迹的功能，郭宝钧认为：

图一七　第四次发掘后冈遗址发掘情形

（采自李永迪、冯忠美：《殷墟发掘照片选辑》，台北"中央"研究院历史语言研究所，1992年，第67页，图44）

径约2.5米、深可容人直立的圆形的坑穴为居穴，其中穴上加培矮墙者为复，《诗·大雅》所谓"陶复陶穴"是也；口小底深，多在居穴内或版筑堂基中，出土物丰富完整的坑穴为窦窖，其中圆者为窦，方者为窖。

关于夯土堂基，是一座在耕土之下的正南北向黄土建筑基址，长12、厚1米。该基址南为广大的坛面，北为出土物丰富的"大连坑"，东为另一版筑方台，西为大片版筑土，西北为治石治玉之所，西南为治骨治铜之所。参以《考工记》等文献，郭氏推测："此广大方庭，正居四堂中心，有名堂、太室、路寝中庭之可能。"对于此黄土堂基，李济是这样总结的：有高出地面2、南北宽约10、东西长约20米者，版筑层有厚达4米者。版筑台西、北、南三面，多为圆井与方井，西南出大量骨镞，西北出大量石刀，北侧出整架野猪，正北还有另一边长12米的正方形黄土高台。黄色夯土堂基的发现及清理，郭氏与李氏将其与周边的其他遗迹现象联系在一起考虑，得出了其性质与功能的认识，这样的研究方法和研究内容，以今日的考古学观点视之，当属聚落考古学。

1932年春季殷墟第六次发掘由李济总领队。在遗迹的清理上主要有两项收获，一是在B区的方形坑中，发现了直线排列的上下的脚蹬，还发现了灶坑遗迹；二是弄清了隋代墓葬的形制是通过墓道进入墓室的，于是解开了曾经困扰人们多时的卜仁墓上为何有殷代堆积的疑惑。

梁思永主持的后冈遗址的发掘。共进行过两次，分别被列入殷墟发掘的第四次、第五次。后冈遗址的发掘在中国考古学史上，尤其是考古地层学的形成上，被视作具有划时代意义的第一块里程碑[23]。后冈遗址发掘划分地层堆积的方法，梁思永在报告中并没有明确交代[24]，在史语所同事们的相关文章中，也只是讲梁思永是一位以田野方法见长的考古学家，也没有具体介绍他的田野操作方法[25]。一直到了20世纪80年代初，黄景略、张忠培才在《梁思永先生与中国现代考古学》中讲："思永先生比他的先行者和同代人的科学水平高出一着。从《小屯龙山与仰韶》一文可以清楚地看到，他发掘后冈遗址不是像当时许多人那样按深度计分地层，而是以土色区分地层的。同时，在整理材料时又能结合地层正确地进行类型学研究。"另外，20世纪末陈星灿在50年代前的中国考古学史的研究中对梁思永的后冈发掘方法做了比较详细的分析[26]，他推测梁氏的按土色区分地层的方法，应当来自其美国导师祁德。

那么，黄、张二位又是如何从《小屯龙山与仰韶》一文中读出梁氏地层堆积的划分方法的呢？首先，梁思永给出了两份探方剖面表格，其中第241、243、244表格如下（表一）：

表一　后冈遗址第241、243、244剖面表

第241、243、244坑土层	深度（米）	出土遗物	文化期
耕土	0～0.2	瓷片，厚重灰陶片	近代
浅灰色（土色与小屯灰土同）	0.2～1	厚重灰陶片，带彩陶片1块，大块盖骨，骨锥，卜骨，石斧，炭渣，铜锈	小屯
灰褐土	1～2	厚重灰陶片，白陶片1块，带彩陶片1块，大块兽骨，骨锥，卜骨，蚌刀，石斧，月牙形石刀	小屯
深灰土，中有烧炭土一块	2～3	厚重灰陶片，黑陶片，带彩陶片1块，兽骨，骨锥，蚌刀，石斧	小屯与龙山
绿土（绿土坑深至7公尺）	3～4	黑陶片，薄灰陶片，篮纹、方格纹陶片	龙山
黄土	4～	不出文化遗物	

在上表中，依次列有土层、深度、出土遗物和文化期四栏，土层栏自上至下按照土的颜色列出，有耕土、浅灰土、灰褐土、深灰土、绿土、黄土等，计6层，与6层对应的深度分别为0～0.2、0.2～1、1～2、2～3、3～4、4～，如此整齐的数字，看上去是很像平均深度，对此梁氏是这样解释的："这两个表完全是撮要的性质，所以和实际的土层不免有出入之处。但是图版壹的两幅地层图可以校正这过于整齐的现象，并且表现出详细的情形。从两图我们看出土层的深度不是全层一律的，有厚处薄处，是高低不平的；又可以看出241、244坑的小绿土坑和坑里分层的绿土，和283坑包含仰韶遗物的深灰土层向下倾斜的情形。"

那么，再看文中列举的241、243、244探方剖面图（图一八）。

在上图中，地层是使用不同图例表现的高低起伏的非水平的堆积，似乎可以理解为发掘不是按深度计分地层，而是以土色区分地层的。但是在后冈两次发掘之前和之间的山东城子崖的两次发掘，地层堆积剖面图也是使用不同图例表现的高低起伏的非水平

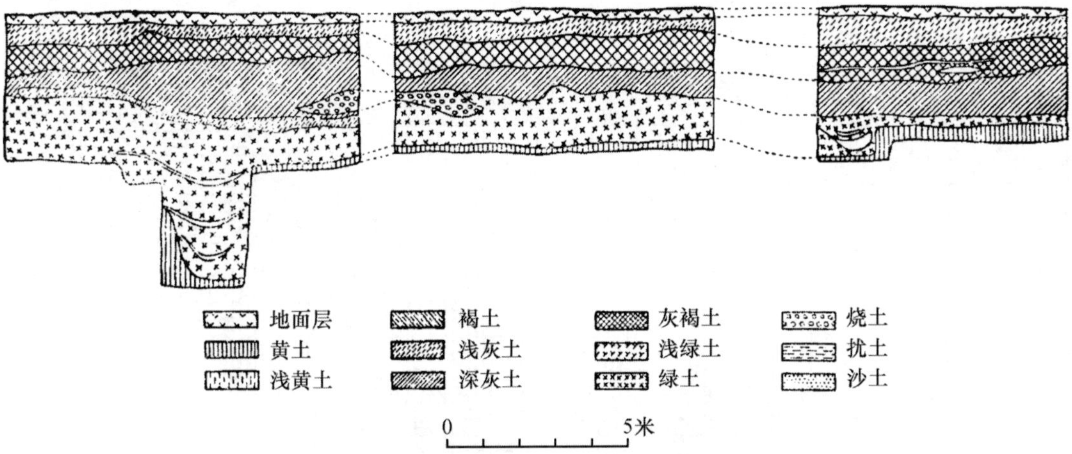

图一八　后冈遗址第241、243、244剖面图
（采自梁思永：《小屯龙山与仰韶》附图，《梁思永考古论文集》，科学出版社，1959年，第98页）

的堆积（图一九）[27]。如果说，城子崖的第二次发掘梁思永是参与者，其地层可能是按土色区分的话[28]，可是由董作宾主持的殷墟第一次发掘，也使用不同图例绘出凸凹起伏的地层堆积图（参见图四）；甚至1926年李济主持的山西西阴村遗址的发掘，给出的地层剖面图也是不同图例表现的凸凹起伏的地层堆积（图二〇）[29]；更甚至1921年安特生主持发掘的河南仰韶村遗址和属于旧石器时代的北京周口店遗址的发掘，所给出的地层剖面也都是凸凹起伏的地层堆积。看来，不能简单从地层剖面图上判定发掘采用的方法是按水平计分地层，还是按土色区分地层。这是因为，发掘时虽然是按平均深度下挖的，但是下挖后再于探方壁上按土色补划地层堆积，如同今日发掘从地表下挖一锹深后，再于探方壁上划出表土层一样。

理解后冈发掘按土色区分地层的关键是要看梁思永按照地层堆积合并的文化层。在第241、243、244探方剖面中，自上而下浅灰、灰褐、深灰三层为上层，包含殷商时期的遗物；最下的绿色层以及第283、284探方中的绿土为中层，包含龙山时期的遗物；第283、284探方中的褐色“鸡屎瓣土”和深灰土为下层，包含仰韶时期的遗物。这就是著名的“后冈三叠层”。将不同颜色质地的自然堆积地层，依据包含物的不同，合并为殷商文化层、龙山文化层和仰韶文化层，自此中国考古地层学中有了两种地层堆积概念，即按土质土色认定的自然堆积和按包含物认定的文化堆积。

遗憾的是，梁思永文章后附的图版贰中的三期器物没有器物编号，使得读者无法进一步从器物的记录中看出遗址发掘的方法[30]。

黄、张二位认为的：“思永先生认识到，多层堆积遗址的绝大多数的年代较晚的地层，由于当时人们往往破坏了早些时期的堆积，而常常将早期遗存混入本地层来。所以，除了最早的堆积是单纯的外，后来的堆积一般都混入了早期的遗物。思永先生采取从早到晚按地层或按单位的整理方法，从掌握年代最早的遗存面貌入手，自早至晚逐步

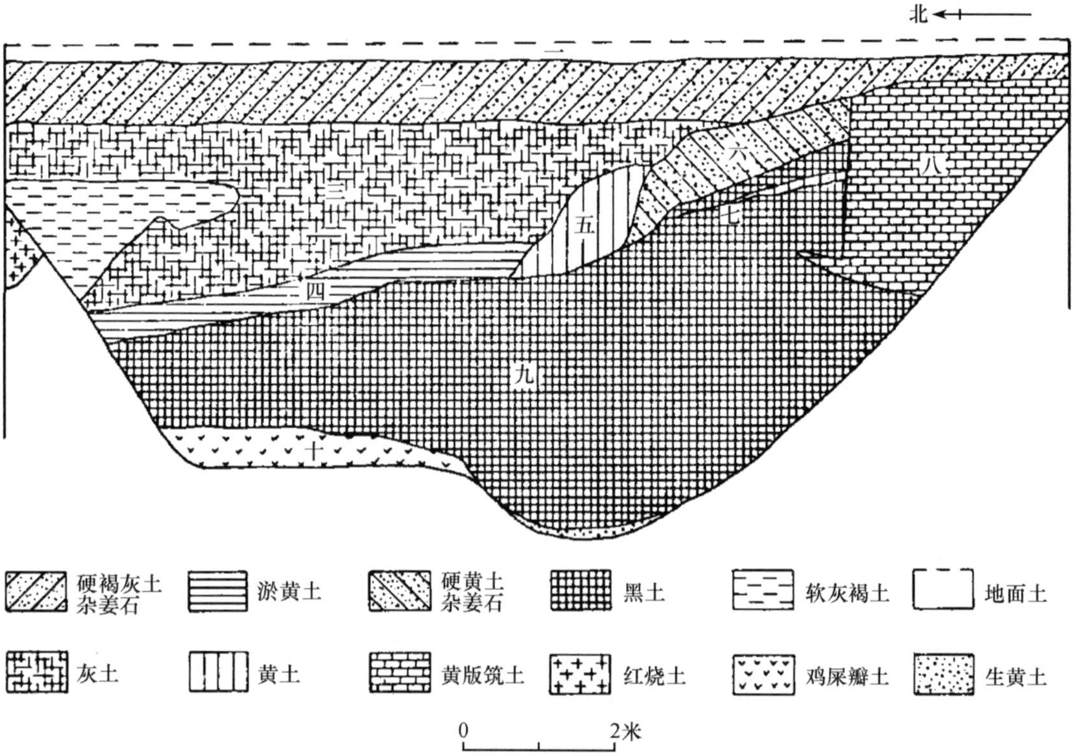

图一九　城子崖遗址地层剖面

（采自傅斯年、李济等：《城子崖——山东历城县龙山镇之黑陶文化遗址》，中央研究院历史语言研究所，1934年，第30页，插图四）

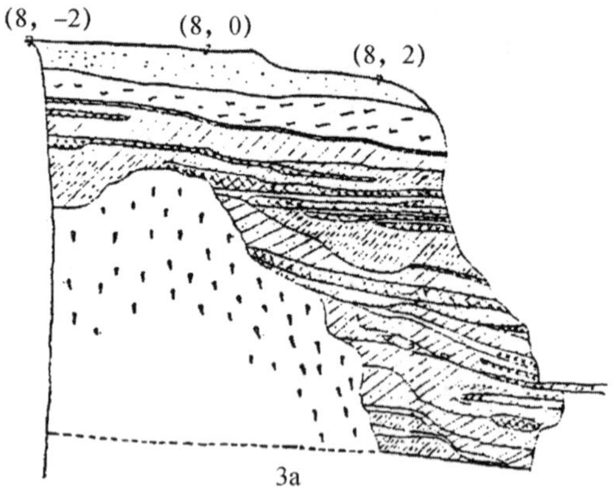

图二〇　西阴村遗址地层剖面图

（采自李济：《西阴村史前的遗存》，《李济文集》卷二，上海人民出版社，2006年，第188页插图）

地清除那些混入后期堆积的早期遗物，以认清各期堆积的自身面貌。”应当本自梁氏“这上、中、下3层，除了土色土质的分别外，每层还包含有1种与其他两层不相同的文化遗物”的认识。

后冈遗址的发掘还有一项重要收获，就是在龙山文化堆积中清理出白灰面房址（梁氏当时认为是宗教活动的遗迹）。

由吴金鼎主持的四盘磨遗址的工作，与后冈遗址第一次发掘同时，均属殷墟第四次发掘，地层堆积的划分虽然也注意到了土色的不同，但是显然还未受到梁思永的影响。吴氏所讲的：“黄色耕土之下为一层黑灰褐土和灰色土”，显然应该是两种堆积；“往往于五公尺之坑内，一端含物异常之多，而一端则异常之少。且凡出物较多之层，其土色必深。反之必浅。”这也应该是两种堆积；“与此灰褐土或灰色土同层者，有时发现被夯过之硬土，色较淡。”这也应该是打破地层的另一种遗迹堆积。

吴金鼎主持的王裕口和霍家小庄遗址的发掘属于殷墟第六次发掘，晚于后冈遗址第二次发掘。关于地层堆积吴氏是这样介绍的：由上及下，农耕黄土，约深七公寸；灰色土，厚一至二公尺（1公尺=1米），含有黄色或褐色夯土，夯土下压有墓葬；绿灰土，厚二至三公尺；褐色生土。其记述的要点及次序与后冈遗址相同，因此，可以认为以土色区分堆积的方法，至第六次发掘时已经为同仁接受并得以推广和普及。

第四次、第五次、第六次发掘小结。修正小屯地层堆积成因淹没说、以土色区分地层、重视遗迹现象的发现和清理是殷墟第二阶段发掘于考古地层学方面取得的三项重大收获。

1932年秋季殷墟第七次发掘小屯E区由石璋如主持。他在总结这一时期发掘注意遗迹现象时说：第五次发掘“重视夯土的范围，窖穴的形式，遗物出土的位置，和地层排叠的情形。结果找到了藏骨料的方窖，废弃而改造过的竖穴，浅小特异的方穴，及宝藏甲骨文的处所。”**第六次发掘**“重视遗物的位置，兼注意遗址的范围；可以说由支离片段的寻找，走上系统发掘的道路。结果遗址方面，找到了齐全的台基，与完整的小灶；遗物方面以黑陶及黑陶时期的灰陶为最多；并在黑陶丛中找到字骨，灰土坑里发现墓葬；殷墟遗址的问题，益趋复杂化了。”**第七次发掘**“注重在殷墟中找遗址，从遗址中觅遗物，远窥遗址与遗址的联络，近察物与物的关系，并详记物址个体所占的精确处所，做探讨它们彼此相互的深刻意义。”

从这样的记述中可以看出其包含的地层学思想：①注重遗迹自身的形制。②遗迹与遗迹之间的时间关系。③遗迹与遗迹之间的空间联系。④遗物与遗物之间的时空关系。⑤遗迹与遗物之间的联系。

在这样的考古地层学水平和发掘理念的支配下，石氏主持的殷墟第七次发掘小屯E区于遗迹方面有了这样的收获和认识：①关于建筑基址。是由版筑夯打而成的，夯土质密而坚硬，夯层的交接处有圆形小夯窝；基址平面呈矩尺形、凹形、条形等（图二一）；台基之上或周边的天然础石排列有序，或露出地面，或埋于地下。②关于穴和

图二一　E区西长方夯土台
（采自李永迪、冯忠美：《殷墟发掘照片选辑》，台北“中央”研究院历史语言研究所，1992年，第101页，图67）

窖。有凹入地下深度较浅而轮廓较大的穴，有凹入地下深度特深而范围较小窖。穴类遗迹按平面形状主要有圆形、长形、方形等，其圆形穴又有浑圆、椭圆、心形数种等；穴壁有斜壁、直壁；穴底有平底、斜底等；另外还清理有上部盆形下部袋形的穴。窖有的是从地面挖掘的，有的是在穴底挖出的，圆角方形，直壁无脚窝。

注　释

［1］考古地层学是研究考古遗存相对年代的方法，是指导田野考古发掘的方法论，也称为考古层位学。考古地层学源自地质地层学，它保留了地质地层学的两个合理内核，即地层是可分的，地层的堆积是遵循由下及上，由早到晚的秩序形成的。考古地层学认为地层堆积是统领文化堆积的纲，遗迹堆积应归属于地层堆积。考古层位学是考古地层学的继续和发展，考古层位学认为，无论是地层堆积还是遗迹堆积，都是独立的堆积单位，不存在统属关系，在考古年代学上具有同样的意义。划分堆积单位、建立层位关系、构建遗址形成过程是考古层位学的主要内容。

［2］石璋如把殷墟的十五次发掘分为5个阶段，第1～3次为第一级阶段，第4～6次为第二阶段，第7～9次为第三阶段，第10～12次为第四阶段，第13～15次为第五阶段，见石璋如. 殷墟最近之重要发现附论小屯地层［M］. 中国考古学报（第二册）。陈洪波把1928～1949年的史语所的田野活动分为四个时期：探索期，即殷墟的前三次发掘；发展期，即城子崖发掘到殷墟第九次发掘；鼎盛期，即殷墟第十次至第十五次发掘；延续期，即到李庄之后的时期。见陈洪波. 中国科学考古学的兴起——1928～1949年历史语言研究所考古史［M］. 南京：广西

师范大学出版社，2011。

［3］ 董作宾. 民国十七年十月试掘安阳小屯报告书［C］. 安阳发掘报告（第一期），1929. 引文中的下划线为本文作者所加。对于殷墟发掘的目的，后来傅斯年所长有过修正："近代的考古学更有其他重大之问题，不专注意于文字彝器之端。就殷墟论，我等已确知其年代，同时并知其地铜器石器兼出。年来国内发掘古代地方，每不能确定时代，如安特生李济诸君所作，虽生绝大之学术问题，而标年之基本工作，仍不免于猜度。如将此年代确知之墟中所出器物，为之审定，则其他陶片杂器，可以比较而得其先后，是殷墟知识不啻为其他古墟知识作度量也。又如商周生活状态，须先知其居室；商周民族之人类学的意义，须先量其骨骼。兽骨何种，葬式何类。陶片与其他古代文化区有何关系，此皆前人所忽略，而为近代欧洲治史学古学者之重要问题。故吾人虽知河南省内弃置三十年从不过问之殷墟已有更无遗留之号，仍颇思一察其实在情形。遂于民国十七年夏敝院派编辑员董作宾先生前往调查，看其尚续出陶片否。盖所欲知者，为其地下情形，所最欲研究者，为其陶片战具工具之类，所最切搜集者，为其人骨兽骨。"见傅斯年. 本所发掘殷墟之经过［C］. 安阳发掘报告（第二期），1930.

［4］ 据挖甲骨村人介绍，甲骨多出在含有黑炭的土层中。据1973年小屯南地发掘可知，所谓含有黑炭或灰黑土出甲骨的土层，应为灰坑堆积，见a. 中国社会科学院考古研究所. 小屯南地甲骨（上、下册）［M］. 北京：中华书局：1980～1983；中国社会科学院考古研究所安阳工作队. 1973 年小屯南地发掘报告［C］. 考古学集刊（第 9 集）. 北京：科学出版社，1995.

［5］ 2006年，中山大学南水北调考古队在河北新乐何家庄遗址发掘时，基于第一发掘地点不理想的情况，通过地面调查选定了第二发掘地点，将探方布置成"十字形"，收到了很好的效果。

［6］ 据石璋如《考古年表》，本次发掘获灰坑一处，见石璋如撰，"中央"研究院历史语言研究所. 考古年表［M］. 1952.

［7］ 李济. 小屯地面下情形分析初步［M］. 安阳发掘报告（第一期），1929.

［8］ 李济. 民国十八年秋季发掘殷墟之经过及其重要发现［M］. 安阳发掘报告（第二期），1930. 本文在收入《李济文集》卷二时增加了若干插图.

［9］ 报告并未交代发掘的探沟编号方法，此段文字是本文据报告布方图的理解。

［10］ 夏鼐. 齐家期墓葬的新发现及其年代的改订［M］. 中国考古学报（第5册）. 参见许永杰. 中国考古层位学的里程碑之作——《西安附近古文化遗存的类型和分布》导读［J］. 南方文物，2012（1）.

［11］ 安特生当年在河南渑池仰韶村发掘时，遇有袋形坑，但限于水平发掘的方法，并未有效清理。对此，陈星灿指出："安氏的发掘并未详细观察地层的自然叠压情况，也没注意到遗迹的打破关系，从安氏所绘第Ⅱ、Ⅲ探沟近旁土沟上众多的灰坑及打破关系看，第Ⅱ、Ⅲ探沟肯定也存在灰坑或其它遗迹，甚至也可能存在打破关系，但是安特生采取人为的水平层位发掘法，最终使我们无法看到地层的叠压情况。"（见陈星灿. 中国史前考古学史研究［M］.

北京：生活 · 读书 · 新知三联书店，1997.

［12］　如果说散点式布方是延续董作宾第一次发掘为寻找龟甲的布方形式的话，那么，集中布方则是延续其1926年西阴村遗址发掘的布方形式。西阴村遗址发掘于断崖边上连片布2米×2米探方8个。见李济. 西阴村史前的遗存［M］. 清华研究院丛书（第三种），1927. 收入李济文集（卷二）［M］. 上海：上海人民出版社，2006.

［13］　李济在《安阳》一书中讲："城子崖遗址周围有一圈已坍塌的墙，此墙是用夯土建的。仔细审查夯土使人们回忆起前三次在小屯发掘中出现的地层与此惊人地相似；当时董作宾和张蔚然解释这为洪水沉积层。"《李济文集》卷二，页362。张蔚然在《殷墟地层研究》中解释小屯地层中的波形堆积时讲："李济之先生则谓此形为波浪皱纹之遗痕或波浪遗痕。"见［14］。小屯地层为洪水淤积而成，应是小屯第一次至第三次发掘者的共识。

［14］　张蔚然. 殷墟地层研究［M］. 安阳发掘报告（第二期），1930.

［15］　此文完成后，曾呈地质学家李四光审阅。见［14］，文末附记。

［16］　a. 王建新. 文化层和自然层［J］. 中国历史博物馆馆刊，1995（1）.

b. 周昆叔. 周原黄土及其与文化层的关系［J］. 第四纪研究，1995（2）.

c. 赵春青. 环境考古中地层学研究的几个问趣［J］. 东南文化，2001（11）.

［17］　李济. 安阳最近发掘报告及六次工作之总估计［M］. 安阳发掘报告（第四期），1933.

［18］　郭宝钧. B区发掘记之一，B区发掘记之二［M］. 安阳发掘报告（第四期），1933.

［19］　a. 梁思永. 后冈发掘小记［M］. 安阳发掘报告（第四期），1933.

b. 梁思永. 小屯龙山与仰韶［C］. 庆祝蔡元培先生六十五岁论文集，1935.

两文后收入梁思永考古论文集［C］. 北京：科学出版社，1959.

［20］　吴金鼎. 摘记小屯迤西之三处小发掘［M］. 安阳发掘报告（第四期），1933.

［21］　石璋如. 第七次殷墟发掘E区工作报告［M］. 安阳发掘报告（第四期），1933.

［22］　1998年，黑龙江省文物考古研究所在渤海上京城的宫城内设立一永久坐标基点，将上京城置于坐标系的四个象限内，将1932年发掘、1963年发掘、1980年代之后的历次发掘都置于同一坐标体系内，绘制在同一图纸上。

［23］　参见：

a. 黄景略，张忠培. 梁思永先生与中国现代考古学［J］. 考古与文物，1981（3）.

b. 许永杰. 中国考古层位学的里程碑之作——《西安附近古文化遗存的类型和分布》导读［J］. 南方文物，2012（1）.

［24］　在考古发掘报告中，明确言明地层堆积的划分方法的是马龙遗址发掘报告［M］（载于云南苍耳境发掘报告，1942），遗址发掘和报告执笔者吴金鼎讲："文化层分层方法，大致言之，乃视其土色之差异，硬度之不同及其所处地位之高下而定。"依此，马龙遗址地层计分六层，即草根土：草根密集，土色黑或深灰，遍布遗址，厚约1.5公寸（1公寸=10厘米）。黄灰土：此层下或为深灰土或为红灰土或为生土，厚3～7公寸。深灰土：土色深灰或黑，厚处1公尺。浅灰土：为水流或人类傍水居住区域，厚处1公尺2寸。红灰土：为杂木炭点之红

土，各处散布，厚处1公尺1寸。沙土：一为纯沙积，细沙在下，粗沙在上；一为沙淤，沙粒与淤土在一起。厚2～7公寸。

［25］ 李济在《安阳最近发掘报告及六次工作之总估计》中讲："梁君是一位有田野工作训练的考古家，并且对于东亚的考古问题做过特别的研究。两年来他对于考古组的组织上及方法上均有极重要的贡献。"尹达在《悼念梁思永先生》中讲："思永先生对科学事业是热情的，工作精细、忠实，且富于创造性。因之，当时在考古发掘的方法上，思永先生起了积极的推动作用，使中国的青年考古工作者逐渐积累了比较丰富的中国田野考古工作的经验。"（原载：文物参考资料，1954（4）. 后作为序言收入梁思永考古论文集［C］. 北京：科学出版社，1959.）夏鼐在《梁思永先生传略》中讲："先生在学术研究上的贡献，野外考古工作方面，自加入殷墟发掘团后，对于组织上和方法上都有重要的改进，提高了我国田野考古的科学水平。"（原载：考古学报（第七册），1954. 后作为序言收入梁思永考古论文集［C］. 北京：科学出版社，1959.）

［26］ 陈星灿. 中国史前考古学史研究［M］. 北京：生活·读书·新知三联书店，1997.

［27］ 傅斯年，李济等. 城子崖——山东历城县龙山镇之黑陶文化遗址［M］. 中央研究院历史语言研究所，1934.

［28］ 孙祖初在《考古地层学的中国化历程》一文中认为："在城子崖遗址的发掘中，人们首次完全按土质土色划分地层，进而把整个遗址划分为三大层。每个探沟都绘有详细明了的地层剖面图。""人们习惯于把这一发现与梁思永的留学经历联系在一起，但却忘记或忽略了梁思永曾主持编写《城子崖》一书的重要事实。"

［29］ 李济. 西阴村史前的遗存［C］. 清华学校研究院丛书（第三种），1927. 后收入李济文集（卷二），上海：上海人民出版社，2006.

［30］ 据石璋如回忆，殷墟第八次发掘时也还是按照探坑和深度记录陶片。"在田野时各个人都把陶片依照发现时的坑名和深度及数量等写记录字条，和实物请工人送到城内办事处，刘耀再做登记作总编号，交给工人清洗，干后再把总号及坑名、深度等用毛笔写在陶片上，分储。""中央"研究院近代史研究所. 石璋如先生访问记录［M］. "中央"研究院近代史研究所口述历史丛书（80），76.

朝鲜半岛考古学的发端*

成璟瑭

（吉林大学考古学院，长春，130012）

朝鲜半岛位于亚洲东部偏北位置，根据1953年签署的《朝鲜停战协定》，目前朝鲜半岛由北部的朝鲜民主主义人民共和国（Democratic People's Republic of Korea，简称“朝鲜”）与南部的大韩民国（Republic of Korea，简称“韩国”）组成，两个国家为同一民族（朝鲜称为“朝鲜族”，韩国称为“韩民族”），他们的语言、文字以及文化等基本相同，政治体制以及社会制度等差异较大。

朝鲜半岛南北（东北端至西南端）直线距离最长约1012千米，东西（西北端至东端）直线距离最宽约598千米，总面积约22.3万平方千米，朝鲜与韩国以停战线为界，朝鲜的国土面积约为12.3万平方千米，韩国的国土面积约为10万平方千米。朝鲜与韩国的国土均由本土与岛屿构成，本土面积约占整个国土面积的98%，另有约5000个大小岛屿，其中面积最大的岛屿为半岛南部的济州岛[1]。

朝鲜半岛多山地，少平原，整体地形东部高，西部相对较低，岛内主要有与长白山相连的咸镜山脉及其余脉、太白山脉、小白山脉等。朝鲜半岛除北部隔鸭绿江、图们江与中国东北地区的辽宁、吉林以及俄罗斯滨海局部地区接壤之外，其余三面环海，半岛内河流众多，多东西流向，由北向南主要有清川江、元江、大同江、临津江、汉江（北汉江与南汉江）、锦江、荣山江、蟾津江、南江、洛东江等。

由于地理上的邻近关系，从人类史、文化史、文明史的角度考察，至晚在旧石器时代中晚期开始，古代朝鲜半岛就与中国有着千丝万缕的联系，新石器时代的“筒形罐文化区”、青铜器时代的“短茎式铜剑文化区”先后从中国东北地区波及朝鲜半岛北部乃至全域[2]。自高丽时代（918～1392年）中晚期，一度成为元朝的行省（征东行省），至朝鲜时代（1392～1897年），一直依附明朝和清朝[3]。

朝鲜时代晚期，朝鲜改国号为“韩”，成为“大韩帝国”，而此时，日本逐渐控

---

* 本文为教育部人文社科重点研究基地重点项目“史前和历史时期山东半岛、辽东半岛以及朝鲜半岛之间的人群迁徙与文化整合———兼论民族学上的‘辽海民族走廊’与考古学上的‘东北文化区’”（16JJD780012）；2016年度吉林大学哲学社会科学研究重大课题培育项目“从辽河到汉江：中国东北与朝鲜半岛青铜时代的交流与互动”的阶段性研究成果。

制了朝鲜半岛，并于1910年签订了《日韩合并条约》，在朝鲜半岛设置总督府，直到1945年第二次世界大战结束，朝鲜半岛形成南北对峙的局面。

考古学作为一门科学、系统的学问，在朝鲜半岛开始的年代无法以具体的事件一言蔽之，循不同的发展线索，以西方考古学理论基础与以田野考古为核心的考古学传播到朝鲜半岛、朝鲜半岛逐步建立起相对完善的考古学体系为两个节点，将朝鲜半岛考古学的发端区分为自发、萌芽、成长三个阶段。

一、自发意识的考古活动

1910年，日本完全控制朝鲜半岛后，通过设置在朝鲜半岛的朝鲜总督府博物馆、朝鲜古迹研究会等机构，开始相对系统地在朝鲜半岛搜集考古学资料并进行研究，以此为节点，之前零星的考古学发现及研究，可以认为是朝鲜半岛考古学的自发期，以个人自发意识的活动为主。

自发期的开始年代无从准确考证，有认为高丽时代末期便有文人进行业余的“考古工作”[4]。而朝鲜时代末期的金正喜（1786～1856年）通过对庆州一带“人工假山”以及北汉山“真兴王巡守碑”的考察，认为所谓的“假山”应是人工堆砌的重要遗址，是新罗时代的真兴王陵，并著有《新罗真兴王陵考》一文，得到后世学者的高度评价[5]，甚至被誉为“金石学”的代表[6]，考古学的一粒种子[7]（图一）。

我们再来看看朝鲜半岛的“金石学”。朝鲜半岛自青铜器时代到统一新罗时代均有卜骨资料出土[8]，但青铜器时代的资料非常少，仅有一处遗址出土卜骨[9]，并无文字可考。从青铜器等遗物的出土情况来看，大部分为武器或工具类青铜器，鲜有生活用器与礼器等[10]，铸铭更为罕见，仅有朝鲜平壤的石岩里遗址出土一件中原式铜戈上有“廿五年上郡守造，高奴工师竈，丞申，工鬼薪诎”的铭文[11]，疑为中国中原地区直接流入[12]。因此，时代较晚的竹木简与石碑刻成了之后“金石学”研究的主要内容，因资料稀少，发展相对薄弱，直到现在也无法与考古学相提并论，当然也不可能成为现

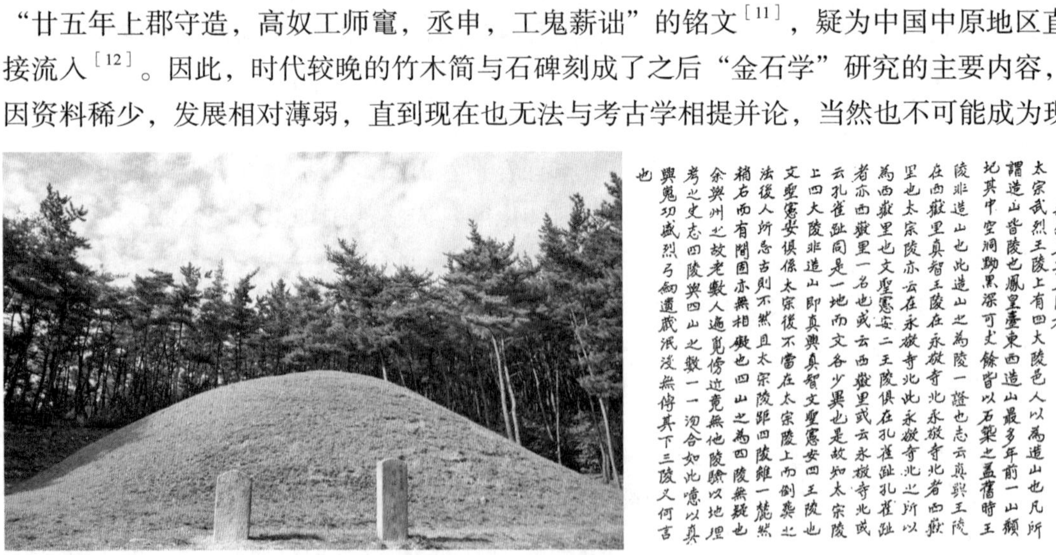
新羅真興王陵考
太宗武烈王陵上有四大陵邑人以為造山也凡所謂造山皆陵也鳳皇臺東西造山最多年前一山頹圮其中空洞黝黑深可丈餘皆以石築之蓋舊時王陵非造山也此造山之為陵一證也志云真興王陵在西嶽里真智王陵在永敬寺北永敬寺北者西嶽里也太宗陵亦云在永敬寺北此永敬寺北之所以為西嶽里也文聖憲安二王陵俱在孔雀趾孔雀趾者亦西嶽里一名也或云西嶽里或云永敬寺北或云孔雀趾同是一地而文各少異也是故知太宗陵上四大陵非造山即真興真智文聖憲安四王陵也文聖憲安俱係太宗後不當在太宗陵上而倒葬之法後人所忌古則不然且太宗陵距四陵雖一麓然稍右而有間固亦無相礙也四山之為四陵無疑也余與州之故老數人遍覓傍近竟無他陵驗以地理考之史志四陵與四山之數一一泓合如此噫以真興鬼功盛烈乃剏遺藏泯沒無傳其下三陵又何言也

图一　庆州新罗真兴王陵与金正喜著《新罗真兴王陵考》

在朝鲜半岛考古学的直接源头。

这一时期，也有一些外籍人士，他们或出于对朝鲜半岛历史的好奇，或出于其他目的，在朝鲜半岛进行收集遗物，调查民俗等活动，甚至也有一些简单的发掘行为[13]，因相对零星，学术意义不大，暂且略过。

从工作内容来看，朝鲜半岛自发期的考古学大致可以分为两个类型，一是发现型，多体现在游记、笔谈之类的文学作品中，多为描述性语言，几无论证。二是考证型，相对较少，除前文提到的《新罗真兴王陵考》之外，朝鲜后期实学者对磨制石器、支石墓以及土城等，也有简单的分析[14]。需要说明的是，这一时期，一些日本学者在日本领事馆的庇护下零星开展考古发掘工作并发表文章等，观点及论调极具殖民主义色彩[15]。

自发意识的考古活动缺乏体系性，更无严谨的方法论支撑，也无先进的学术理论指导，这些工作是在当时复杂的社会历史中自发产生，虽并不是科学考古学的直接源头，但却也是科学考古学产生的重要背景，或许可以看作陈星灿在评价中国考古学史时提出的“前史”阶段[16]。近来，作为朝鲜半岛考古学的发端，学术界越来越重视对这一阶段相关活动的考察与研究。

二、田野考古学的萌芽

如果把田野考古学作为科学考古学的开端，那就有1907年日本学者今西龙主持发掘的庆尚道金海凤凰台贝塚遗址[17]与1946年国立博物馆金载元主持发掘庆州壶杅塚遗址[18]两个节点，其中壶杅塚是朝鲜半岛光复之后韩国人主持独立发掘的第一个遗址。从客观来讲，今西龙发掘凤凰台贝塚地表调查后的发掘工作，测绘、解剖、试掘的性质更明显。而更为系统、规划性的考古发掘工作还应该是依托了日本在朝鲜半岛设置朝鲜总督府及其内设博物馆。

朝鲜总督府建于1910年，总督府博物馆是朝鲜半岛第一个进行田野考古发掘、流散文物征集以及科学研究的重要机构，是整合原朝鲜总督府内务部的古迹调查与总督府学务局的编辑职能，增加向一般公众开放的展示职能而设置的[19]。后来还以此为依托，先后成立了朝鲜古迹调查委员会（1916年）、朝鲜古迹研究会（1931年）等，这些机构的成立与运行，极大地促进了朝鲜半岛考古学的实质性发展。

但需要说明的是，朝鲜总督府博物馆的建立，是在总督府建立后的1915年9月在景福宫举办了“始政五周年纪念朝鲜物产共进会”的展览后，于当年12月成立的[20]。因此，朝鲜半岛科学考古学的开端就有1907年（日本学者发掘金海凤凰台贝塚遗址），1910年（朝鲜总督府设立），1915年（朝鲜总督府博物馆设立）以及1946年（韩国学者发掘庆州壶杅塚遗址）几个节点。

总的来讲这一时期是田野考古学生根发芽、朝鲜（韩国）的本土学者逐步成长的时期。

但纵观朝鲜半岛考古学史，科学考古学的萌芽绕不过朝鲜总督府博物馆。朝鲜总督府博物馆是参照东京帝室博物馆建立的，建立之初便围绕“田野考古发掘、古物陈列展示、研究成果发表以及学术机构建设”四方面开展工作。

田野考古发掘应该是该机构的主要工作，从1916年刊发的《朝鲜古迹图谱》来看（图二），日本人可能在博物馆成立之前就已经在朝鲜半岛开展零星的田野考古调查及发掘工作，发掘的遗址多为古坟、墓葬类遗址以及贝塚、城址、寺庙址等。截止到1945年9月总督投降，以朝鲜总督府的名义在朝鲜半岛发掘了多少遗址暂无确数，但以朝鲜总督府署名发表的《田野考古发掘报告》至少有二十五本，发掘的墓葬、遗址遍布朝鲜半岛南北全域[21]。

从以上材料可以看出，朝鲜半岛至晚在1920年已经开始采用考古地层法进行发掘[22]。在此前后，日本人在朝鲜半岛的田野考古发掘工作中已经开始采集人骨、动物骨骼以及鱼贝类遗存，并进行全面统计与初步研究。所有资料的分类整理也很精细，但并非严格意义上考古地层学基础上的类型学研究，因此，直到现在，韩国以及朝鲜考古学研究中

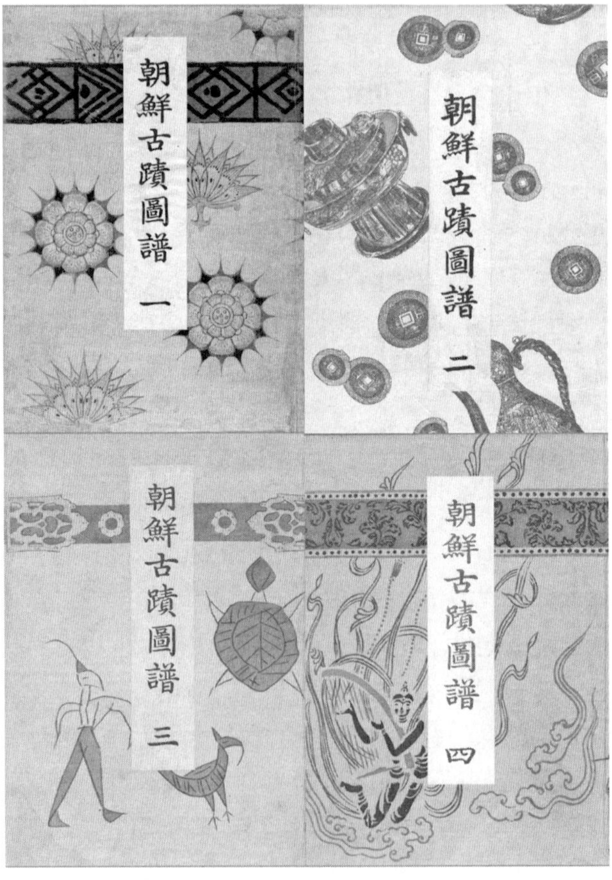

图二　《朝鲜古迹图谱》（1～4）

的类型学研究仍很薄弱。

朝鲜总督府博物馆的展览陈列是伴随着博物馆的开馆而开始的，开馆之初，共有两层四个陈列室并利用馆舍中央、回廊等空间布展陈列（图三）。1918年博物馆展示空间扩大，1926年完成通史陈列并长期展示，之后总督府博物馆陆续仍举办临时陈列与专题陈列等[24]，一些考古发掘的成果也通过陈列进行展示[25]。另有最新资料显示，朝鲜总督府博物馆还收藏有大量中国内陆的文物资料，其中大部分是日本人在中国沈阳、大连（含旅顺）、辽阳以及北京、河北、河南、山西等地通过各种途径收集的[26]。

图三 朝鲜总督府博物馆（外景与内设）[23]

朝鲜总督府博物馆非常重视科研成果的发表，开馆当年便出版发行了四卷《朝鲜古迹图谱》，后来又有新刊陆续出版，共计十五卷。除图谱之外，朝鲜总督府以田野考古发掘为基础，发表了大量考古发掘报告以及田野调查报告等，极大地促进了朝鲜半岛考古学的发展。1926年开始，朝鲜总督府博物馆陆续出版了五期《博物馆报》，及时报道博物馆的田野发掘与展示陈列信息，同时，还有诸如"见闻记""案内（介绍）"之类的成果发布[27]，以期达到考古学及博物馆成果向公众传播的目的。

朝鲜总督府为了进一步推动学术工作的开展，除1931年初组建成立朝鲜古迹研究会之外，还以此为依托，分别在平壤与庆州组建成立研究所，着重进行乐浪以及新罗的研究。

各类机构建设及相关工作的开展，一方面表明朝鲜总督府对文化考古等工作的重视，另一方面也体现日本势力在朝鲜半岛的稳步发展。虽然也有学者认为这些所谓的科研机构是日本推行殖民政策的具体执行工具，但不可否认这些机构与学者客观上推动了朝鲜半岛考古学的进步与发展。

曾在这些机构工作过的日本学者有黑板胜美、滨田耕作、藤田亮策、梅原末治、关野贞、原田淑人、鸟居龙藏、今西龙、小泉显夫、有光教一、斋藤忠等（图四）。这一阶段，朝鲜半岛本土学者开始成长，其中都宥浩、韩兴洙、金载元三位学者，均有西方考古学专业的学习背景，获得博士学位回到朝鲜半岛后，南北辗转开展考古工作；此外，尹潽善（1897～1990年）也曾在英国爱丁堡大学学习考古学，授业于英国著名考古学家柴尔德[28]，只是回到朝鲜半岛后放弃学术工作而转向从事政治活动，并于1960～1962年担任了19个月的韩国第二任总统。

图四　1925年原田淑人等发掘平壤石岩里205号乐浪古坟[29]

如果按照“科学的考古学强调方法与理论的分离”[30]这个标准衡量的话，尽管这一阶段朝鲜半岛的考古学缺乏成熟的理论指导，但在获取资料以及解释资料等方面，逐渐形成了比较科学、规范的操作方法，我们可以将这一阶段看作科学考古学的萌芽。具有殖民色彩的朝鲜总督府在朝鲜半岛科学考古学萌芽过程中的积极作用应该给予客观评价，而由此逐渐成形的考古学研究方法，也成为朝鲜半岛考古学体系建立的重要基础。

以田野考古学为基础的科学考古学在朝鲜半岛的萌芽，还有一个直接影响就是拓宽了朝鲜历史研究者的视野，丰富了历史学研究对象的来源。并且，具有浓郁史学倾向的科学考古学一直影响着当代韩国与朝鲜的学术研究。

三、考古学科体系的建立

1945年，随着第二次世界大战的结束，朝鲜半岛分裂为朝鲜与韩国两个国家，尽管两个国家政治制度差异很大，但由于相同的历史文化背景以及共同受到当时国际环境的影响，很长时间以来，两国的考古学在科学研究、理论创新、人才培养、机构建设等方面均有较多的相似，基本各自建立了比较完备的考古学学科体系。直到20世纪60年代末，两个国家在意识形态方面差异扩大，朝鲜逐渐形成“主体思想”，而韩国则从朴正熙执政（1961～1979年）开始，逐渐形成了军政合一的政局，自此，两国的考古学研究走上了不同的发展道路。

朝鲜半岛“光复”前后，毕业于德国慕尼黑大学的金载元逐渐从驻韩美军处掌握了“总督府博物馆”的领导权，开始主导朝鲜半岛的考古学发掘调查与研究。他推迟了总督府博物馆日方负责人有光教一的回日时间，于1948年申请洛克菲勒财团资助，派遣金元龙赴美国、加拿大接受为期一年的考古学与博物馆学的专门训练[31]，后又介绍金元龙赴美国纽约大学留学。与此同时，正在汉城大学（Seoul National University，现国立首尔大学校，下同）博物馆工作的尹武炳与毕业于日本明治大学建筑学专业的金正基受到金载元的重用，参与了新罗王京庆州感恩寺的发掘[32]，由此形成了韩国学术界有关研究古代建筑、壁画、陶瓷、服饰等为主要内容的建筑史与美术史倾向，直到现在，韩国学术界的“考古学”与“美术史”是两个相关但不相同的研究领域，它们一起与“国史学”“东洋史学”“西洋史学”等构成了广义历史学科。

朝鲜半岛北部，考古学的发展更为活跃（图五）。在都宥浩、韩兴洙等学者的指导下，先后发掘了黑隅里、猿岩里等旧石器时代遗址，屈浦里、弓山里等新石器时代遗址，美松里、墨房里等青铜器时代遗址以及平壤乐浪洞、贞柏洞一带的乐浪时代的遗址与大成洞一带的安鹤宫等[33]。大量的遗址发掘，一方面逐步建立了朝鲜半岛北部地区从旧石器时代到历史时期考古学文化框架，为下一步的编年研究提供了重要的物质资料；同时，活跃的田野考古发掘锻炼了朝鲜的考古学队伍，黄基德、郑白云、金用玕、朴晋煜、郑燦永、孙英钟等学者脱颖而出。

都宥浩（1910～1982年）　金载元（1909～1990年）　金元龙（1922～1993年）

图五　朝鲜半岛的考古学者

考古学科体系的建立，还体现在研究方法的完善与研究理论的探索。这一阶段，朝鲜考古学无论是田野考古发掘方法还是研究理论背景，均受苏联影响很大，在当时政治环境的影响下，马克思主义的社会发展学说成为指导朝鲜考古学研究的重要理论。需要说明的是都宥浩与韩兴洙都非常重视以田野考古发掘为主要手段的资料获取方式，只是都宥浩在中国、日本、奥地利等国留学，视野相对开阔，理论背景也丰富一些，就目前来看，其主要观点仍比较客观；韩兴洙虽曾留学德国，但回国后其学术思想逐渐受政治氛围影响，常采用马克思主义的经典理论解释考古学现象。两位学者的学术主张逐渐发生了分歧，并且在当时的社会环境中，韩兴洙代表的考古学思想曾一度占据上风。

1949年，都宥浩发表《先史学的唯物史观考察及几个问题》，反驳韩兴洙等对他主张用“传播论”“文化圈”等概念解释考古学文化的形成过程违背了辩证主义基本原理的批判[34]。在大量田野考古学的支撑下，朝鲜考古学迎来了第一个学术高峰，都宥浩于1960年参加了苏联举办的“东洋学者大会”，并于当年出版了朝鲜第一部考古学概论性著作——《朝鲜原始考古学》[35]。这部著作的出版标志着学术界一个新的时代，无论是朝鲜学者还是韩国学者，在讨论朝鲜考古学史时，均将其视为重要的时间节点[36]。这部著作利用朝鲜半岛大量新发现的考古学资料，强调物质材料为基础的年代学考察，注意到新石器时代以来，鸭绿江流域与图们江流域考古学文化面貌的差异，对日本学者提出的“朝鲜半岛不存在青铜器时代，只存在金石并用时代”等殖民学术思想予以批判[37]，重新构建了朝鲜半岛史前考古学的时空框架。

此外，朝鲜半岛考古学科体系的建立，还体现在高等院校专门教育的设立与人才培养方面。随着朝鲜南北战争的结束以及战后社会秩序的恢复，韩国大约在20世纪50年代末到60年代初，逐渐在首都圈的高丽大学、汉城大学、延世大学[38]等高校兴办了考古专业，一方面培养考古专业人才，另一方面也积极从事田野考古发掘与科学研究，直到90年代，韩国的高等院校与国立文化财研究所以及国立博物馆系列单位，一直是韩国考古学的主导力量。受当时韩国社会环境的影响，包括汉城大学在内的韩国高校培养的学生，很多都有海外留学的经历，以补充国内考古学理论与方法的不足，例如，首尔大学第一届毕业生郑永和去了法国博尔德大学学习旧石器考古，金秉模去了罗马文化遗产中心，后又去了伦敦大学和牛津大学学习考古学，任孝宰去了美国德克萨斯大学，孙秉宪去了哈佛大学学习考古[39]，这些学者回到韩国后，大部分从事考古学的教育和管理工作，为80年代之后韩国考古学的发展积淀了丰富的人才储备。

前文所述，韩国很早就有美术史的研究传统，但由于从包括金元龙在内，他在美国同时接受了考古学和美术史方面的训练，因此以首尔大学为代表的韩国大学教育也是考古学、美术史学二者相辅相成，虽研究倾向有所区别，但早期学者往往二者兼修。

朝鲜金日成综合大学何时创办考古专业暂不明确，但至晚在1946年10月，都宥浩已经开始在那里讲授考古学课程，直到目前为止，金日成综合大学也是朝鲜考古学教育的重要基地。在都宥浩、韩兴洙等第一代考古学家的直接领导下，朝鲜的考古学教育如火如荼，考古学研究也轰轰烈烈，20世纪50～60年代还派员来中国留学，甚至还多次到中国内蒙古、辽宁、吉林、黑龙江等地组织联合发掘。遗憾的是，朝鲜的考古学，发展于40年代，繁荣于50年代，固步于60年代，再往后，到了90年代，考古学技术止步不前，受意识形态影响，利用口头传说、文学作品、历史文献等为考古学做注脚，对考古学材料的解释更失客观。任何学科的发展都离不开当时的社会环境，朝鲜的考古学起步很早、起点很高，发展很好。但后来又生变数，都宥浩不幸去世[40]，有学者也对此有过评论[41]。

四、余　言

如果从1921年安特生发掘河南渑池仰韶遗址算起[42]，中国考古学走过了100年的历程。而朝鲜半岛考古学的发生、发展也有百年左右的历史，受当时社会文化的影响，两国的考古学发展多有相似。

近代朝鲜也曾有过“研究古迹、考证历史”的金石学萌芽，但受材料的限制，不仅没有成为考古学的前身，而且相对于后来兴起的科学考古学，其自身的发展相当缓慢，只是这些考证活动与考古学研究的内容多有交叉而已。反观当代中国考古学，虽有相对较多的学术传统，但就目前来讲，把马克思主义理论与世界上独一无二的中国社会历史与民族文化相结合的“中国学派”[43]仍是主流派[44]。朝鲜半岛的考古学传统除稀薄的金石学影响之外，最主要的还是日本殖民期间以及近代西方的学术影响，正如许宏在评价这一时期的城市考古工作所言，这些活动尽管有些是伴随着劫掠进行的，以今天的眼光看，当时的工作也显然失之粗疏和缺乏规范，其历史局限性不言而喻[45]，但我们还应该坚持要评价这一时期的考古活动，必须将政治与学术分开的原则[46]，从学术史的角度客观评价这些工作。当拥有西方学习背景的韩国（朝鲜）学者，逐渐掌握了学术领导权，成为朝鲜半岛考古学的中坚力量后，朝鲜半岛的考古学进入了快速发展的轨道。但随着朝鲜和韩国政治经济等社会环境的差异逐步增大，具有相同历史渊源的两地在考古学发展道路上却渐行渐远。

1945年之后，朝鲜的学术界一度走向繁荣，随着都宥浩和韩兴洙两位学者在围绕“原始社会的生产问题”“原始社会的所有权问题”“原始社会的生产率与社会分工问题”“血族与生产关系”“文化圈说”“文化系统与交流”等多个具体学术问题出现争论[47]，由于二者重要的学术地位，在当时社会影响很大，都宥浩后来还就“古朝鲜”问题与文献史学家发生学生争论，影响也很大[48]。60年代末以后，力主马列主义的考古学家韩兴洙在朝鲜考古学界逐渐占据上风，但朝鲜的马克思主义考古学被韩国学者批判为机械的、教条的马克思主义[49]。反观考古学史，都宥浩的思想、主张以及主要活动，极大影响了包括韩国在内的朝鲜半岛考古学[50]，因此，如果说都宥浩是朝鲜半岛的“考古学之父”，那么韩兴洙可谓是“马克思主义考古学之父”。

金载元接管朝鲜总督府博物馆，并将其一手改造为韩国国立博物馆（中央博物馆的前身），担任首任馆长25年（1945～1970年），直接领导并积极参与田野考古发掘、流散文物征集、历史文化展示以及科学研究等诸项业务，通过这些工作也培养了金元龙、尹武炳、金正基、韩炳三、李兰暎、郑永和、安辉濬等大量考古学、美术史、博物馆学人才[51]，为韩国考古文博事业的发展奠定了重要的业务基础，是当之无愧的韩国“博物馆学之父”。金载元的女儿金英那，也以汉城大学考古美术史学科教授的身份，成为韩国国立中央博物馆第11任馆长，一时间，父女馆长成为一段佳话。

金元龙自1961年创办国立首尔大学考古学专业以来，积极开展正规、系统的考古学教育，1988年退休后仍被继续聘请到东亚大学、翰林大学等私立学校任教，其间还发起韩国考古学会并亲自担任首任会长，使其成为目前韩国考古学影响最大的学术团体。金元龙为韩国考古学的科学研究尤其是人才培养做出了不可磨灭的贡献，可谓“韩国考古学教育之父”。

20世纪60年代末期之后，朝鲜和韩国的考古学走上了不同的发展道路，直到今天，受社会政治环境影响，半岛南北的考古学交流也仅限于口号与纸面协议。反观百年中国考古学，从起步到进步，有成长，也有挫折，有争论，也有共识，其间也涌现了不少代表性人物，只是相对于朝鲜半岛学术界，中国可能缺少一位类似金载元那样的“博物馆学之父”。

注　释

［1］ 材料来源：〔韩〕国土交通部，国土地理情报院. 国家空间情报统计资料集［C］. 首尔：国土交通部，国土地理情报院，2016.

［2］ a. 赵宾福. 东北旧石器文化与邻区旧石器文化的关系［J］. 内蒙古大学学报（哲学社会科学版），2008（1）：46-51.

b. 李有骞等. 朝鲜半岛旧石器材料及工业类型的初步研究——兼谈对吉林省东部地区旧石器研究的几点认识［C］. 边疆考古研究（第7辑）. 北京：科学出版社，2002：10-33.

c. 王春雪等. 试析东北地区东部与朝鲜半岛旧石器时代晚期细石叶工业之间的文化关系［J］. 内蒙古文物考古，2009（2）：35-49.

d. 冯恩学. 东北平底筒形罐区系研究［J］. 北方文物，1991（4）：28-42.

e. 成璟瑭. 东北系青铜武器的初步研究［C］. 鄂尔多斯青铜器文化国际学术会议论文集. 北京：科学出版社，2009：600-610.

［3］ 朝鲜民主主义人民共和国科学院历史研究所编著，吉林省哲学社会科学研究所译. 朝鲜通史［C］. 长春：吉林人民出版社，1975.

［4］ 如：〔韩〕李奎报（1168～1241）在《东国李相国集》中曾有对全罗道益山金马面支石墓的描述。

［5］ 〔韩〕编辑部. 韩国考古学事典［C］. 首尔：国立文化财研究所，2001.

［6］ a.〔韩〕崔淑卿. 考古学成立以前的遗迹遗物观［C］. 三佛金元龙教授停年退任纪念论丛. 首尔：三佛金元龙教授停年退任纪念论丛刊行委员会，1987：747-754.

b.〔韩〕李鲜馥. 考古学概论［M］. 首尔：理论与实践出版社，1988.

c. 韩国考古学会. 韩国考古学的成立与发展［C］. 韩国考古学讲义. 首尔：韩国考古学会，2010：15-18.

［7］ 韩国考古学会. 韩国考古学的成立与发展［C］. 韩国考古学讲义. 首尔：韩国考古学会，2010：15-18.

［8］〔韩〕殷和秀. 关于韩国出土卜骨的研究［D］. 韩国国立全北大学校，1999.
［9］〔朝〕黄基德. 茂山虎谷洞遗址发掘报告［C］. 考古民俗论文集（6）. 平壤：社会科学出版社，1975.
［10］成璟瑭. 朝鲜半岛青铜武器［M］. 上海：上海古籍出版社，2019.
［11］〔日〕梅原末治，藤田亮策. 朝鲜古文化综鑑（第一卷）［C］. 东京：养德社，1947.
［12］同［10］.
［13］1888年，美国学者曾对釜山到首尔一路的古代遗址做过描述；1903年，法国学者对黄海北道凤山郡智塔里遗址支石墓做过介绍；1905年，日本东京帝国大学建筑学教研室的学者曾对整个朝鲜半岛的重要文化遗产进行调查统计及发掘等。
［14］〔韩〕李清圭. 总说［C］. 韩国青铜器文化概论. 首尔：真仁振出版社，2015：8-25.
［15］〔韩〕崔秉铉. 第一章研究环境的变化［C］. 学问研究的动向与争点・考古学. 首尔：大韩民国学术院，2017：7-22.
［16］陈星灿. 中国史前考古学史研究（1895～1949）［M］. 北京：生活・读书・新知三联书店，1997.
［17］〔日〕梅原末治，滨田耕作. 金海贝塚调查发掘报告（大正九年度古迹调查报告第一册）［M］. 首尔：朝鲜总督府，1920.
［18］只有英文报告，详见〔韩〕金元龙. 考古学——自传的回顾［J］. 震檀学报，1984（57）：142-160.
［19］〔韩〕李成市. 朝鲜总督府的古迹调查与总督府博物馆［J］. 美术资料，2015（87）：23-57.
［20］〔韩〕吴永赞. 殖民地历史博物馆的制造——朝鲜总督府博物馆常设展示室的变迁［J］. 历史与现实，2018（110）：219-251.
［21］参考韩国真仁振出版社影印出版的日帝时代考古发掘报告。
［22］由于发掘的遗址大部分为墓葬类遗址，是否采用地层学的方法发掘无从考证；但从1920年刊行的《大正九年度古迹调查报告（第一册）》中，可以确认在金海贝塚遗址的发掘过程中，已经采用了按照土质土色分类，并逐层发掘的地层学发掘方法。
［23］图片来源：〔韩〕刊行委员会. 韩国民族文化大百科事典［M］. 首尔：韩国精神文化研究院，1991.
［24］同［20］.
［25］同［19］.
［26］〔韩〕李泰熙（音译）. 朝鲜总督府博物馆的中国文化财收集——以关野贞的收集活动为中心［J］. 美术资料，2015（87）：153-184.
［27］同［20］.
［28］同［15］.
［29］转引自：〔韩〕郑仁盛. 考古学中的乐浪研究［C］. 乐浪考古学概论. 首尔：真仁振出版社，2014：8-29.

［30］ 陈胜前，李彬森. 作为科学的考古学［J］. 东南文化，2015（2）：6-12.

［31］ 同［18］.

［32］ 同［15］.

［33］〔韩〕国立文化财研究所. 北韩文化遗址发掘概报［M］. 首尔：韩国文化财管理局，1991.

［34］〔韩〕李广麟. 北韩的考古学——特以都宥浩的研究为中心［J］. 东亚研究，1990（20）：105-136.

［35］〔朝〕都宥浩. 朝鲜原始考古学［M］. 平壤：科学院出版社，1960.

［36］ a.〔朝〕李周贤（音译），韩银淑. 总论［C］. 朝鲜考古学丛书. 平壤：社会科学院考古研究所，2009.

b.〔韩〕李基星. 北韩先史考古学的范式［J］. 考古学，2015（14-3）：5-32.

［37］ 同［36］b.

［38］ 金廷鹤在高丽大学、金元龙在首尔大学、孙宝基在延世大学等陆续开展考古学教学科研工作。

［39］ 同［18］.

［40］〔韩〕韩昌钧. 荷潭都宥浩［M］. 首尔：慧眼（出版社），2017.

［41］ 同［36］b.

［42］ 张忠培. 中国考古学史的几点认识［C］. 中国考古学：实践·理论·方法. 郑州：中州古籍出版社，1994：45-57.

［43］ 孙庆伟. 考古学的“中国学派”——历史、现在与未来［N］. 学习时报（1314），2019.

［44］ 陈洪波. 中国科学考古学的兴起［M］. 桂林：广西师范大学出版社，2011.

［45］ 许宏. 始创期的高度：20世纪上半叶中国城市考古述评［C］. 徐苹芳先生纪念文集. 上海：上海古籍出版社，2012.

［46］ 同［16］.

［47］〔韩〕韩昌钧. 都宥浩与韩兴洙：他们的事迹及学术争论（1948～1950）［J］. 韩国考古学报，2013（87）：76-118.

［48］ 同［34］.

［49］ 同［7］.

［50］ 同［36］b.

［51］〔韩〕金载元. 博物馆与我的一生［M］. 首尔：探求堂，1992.

The Beginning of Archaeology in the Korean Peninsula

CHENG Jing-tang

In modern Korea, there has been a sprout of epistemology which is "to research monuments and history", but due to restrictions of materials, it has not become the source of archaeology on the Korean Peninsula. Around the establishment of the Japanese Government General of Korea and its museum in 1910, the scientific archaeology based on field excavations emerged on the Korean peninsula. These research institutions were implementation tools for Japan's colonial policy, while on the other hand, these institutions and scholars objectively promoted the progress and development of archaeology on the Korean Peninsula. Around 1945, Korean scholars with a Western learning background gradually gained academic leadership and became the backbone of archaeology on the Korean Peninsula. With the discovery and research of a large number of sites, archaeology has grown rapidly. Affected by society and politics, the archaeology of Democratic People's Republic of Korea has gradually embarked on the dogmatic Marxist road; in Republic of Korea, it has continued to develop into related disciplines such as archaeology and art history.

征稿启事

《边疆考古研究》是由教育部人文社会科学重点研究基地吉林大学边疆考古研究中心主办的学术刊物，自2002年创办以来，至今已连续出版28辑，在国内外学术界形成了一定影响，并连续两次入选CSSCI（中文社会科学引文索引）来源集刊。

为及时刊发田野考古新材料，反映考古研究新成果，自2012年起，《边疆考古研究》由原来每年一辑增加为每年两辑，在侧重边疆考古的同时，欢迎其他各个方面的考古发现与研究稿件。拟设置的栏目包括：①考古新发现；②研究与探索；③考古新视野；④考古与科技；⑤书评，等等。

稿件具体要求：①论文不超过12000字，考古发掘报告字数可适度增加；②来稿请附中、英文摘要（300字左右）、关键词（3～6个）及作者简介；③统一采用尾注，注释格式请参考近期出版的《边疆考古研究》；④译文需取得原作者的授权，以免发生版权纠纷。

本刊实行双向匿名审稿制度。审稿周期一般为3个月。3个月内未收到刊用意见，作者可自行处理来稿。本刊不收取任何版面费，一经刊用，即奉样刊5册。

本刊仅接受电子投稿。投稿邮箱为bjkgyj@126.com。请勿委托他人转投稿件。

联系人：彭善国

编辑部地址：长春市前进大街2699号 吉林大学边疆考古研究中心（前卫校区匡亚明楼）

邮编：130012

图版

图版一

1. 石核

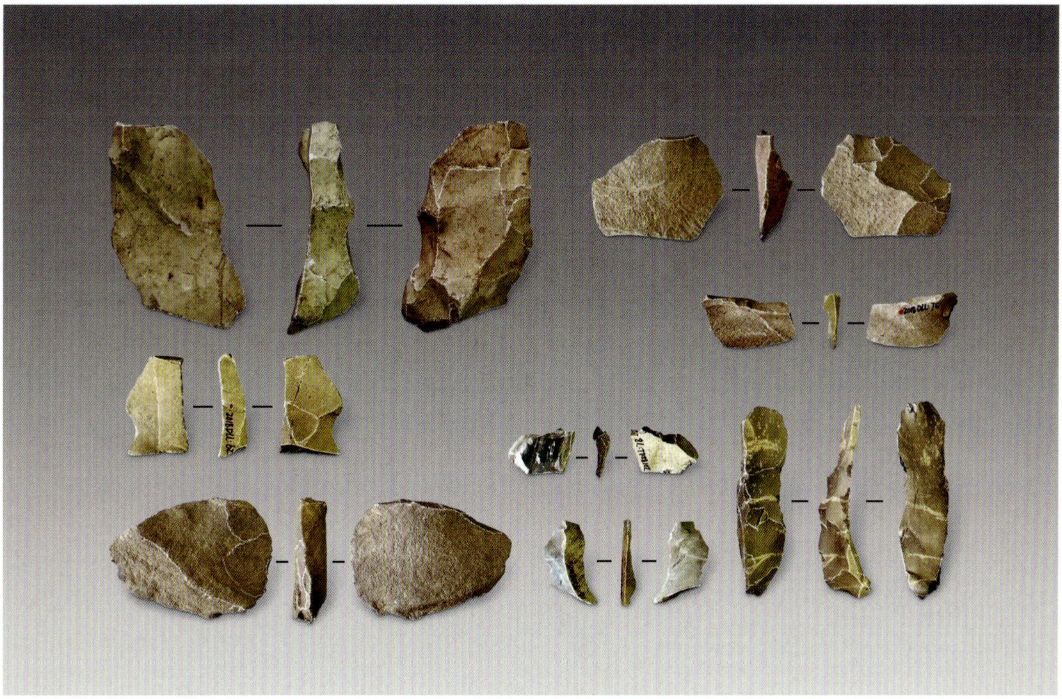

2. 石片与石叶

东宁老黑山旧石器地点发现的石制品

图版二

东宁老黑山旧石器地点发现的三类工具

图版三

1. 东宁老黑山旧石器地点发现的二类工具

2. 吉林抚松县大青川遗址发掘区（上为北）

3. 吉林抚松县黄家崴子洞穴残迹位置图

图版四

1. F1俯视图

2. 筒形罐（FXH标：131）

3. 筒形罐（F1：86）出土状态

4. 筒形罐（F1：86）

吉林抚松县大青山遗址的遗迹及出土器物

图版五

1. 燧石（H1：2）

2. 石核（T1106①：1）

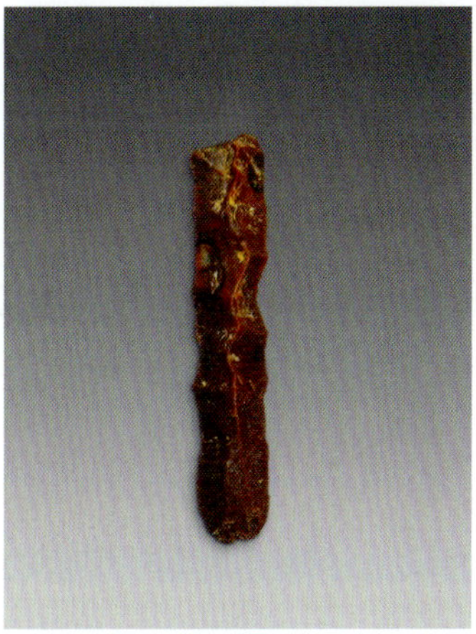
3. 燧石（T1107①：3）

4. 石镞（T1404①：21）

5. 石镞（T1404①：21-1）

6. 石核（T1506①：1）

7. 石镞（T1506①：19）

8. 燧石（T1507①：1）

9. 燧石（T1507①：3）

凌源市下台子红山文化遗址出土细石器